아고니스트 당신

오태규 일기체 수상록
아고니스트 당신

1판 1쇄 발행 _ 2023. 4. 25.

지은이 _ 오태규
발행인 _ 오나용
발행처 _ 아트테라피
출판등록 _ 2021년 8월 31일 제2016-000075호
서울특별시 성북구 삼선교로8길 57-13(101호)
전화 _ (02)743-0908, 010-4393-1505
이메일 _ nayongoh@hotmail.com

ISBN 979-11-982366-0-9 03810

오태규 일기체 수상록

아고니스트 당신

2014년

아트테라피

차례

작가의 말　6

무시무종이 좋다　13

자본주의 황혼/작가의 행운과 불행　61

초평리 가는 길　108

세월호 침몰 참절비절　154

성북동 문학기행　198

잠룡 좋아하네, "저건 이무기야"　248

우리집 풍경소리　292

제수이트의 부활　335

팬덤이여, 일어나라　369

호갱 갑질 밀당, 그 모멸감　410

현대판 반달리즘　451

골리앗보다 큰 적을 보았다　492

발문　526

작가의 말

'아고니스트 당신'은 MB가 2008년에 집권하자마자 내가 쓰기 시작한 일종의 난중일기(亂中日記)다. 지난 10여 년 동안, 일테면 2017년에 박근혜 정권이 붕괴되고 문재인 정부가 출범한 이후까지 매일같이 일어났던 일들을 빠짐없이 기록했다. 한 소설가가 '질풍노도시대'(疾風怒濤時代)를 살아가면서 보고 느끼고 생각한 것을 낱낱이 증언해놓았다. 오랜 고심 끝에 A4용지 3,213쪽에 달하는 이 방대한 기록을 1년씩 한 권의 책으로 만들어서 열두 권을 차례차례 출간하기로 결심했다.

나에게 소설은 인내요 시는 영감이요 일기는 직관이었다. 나는 한사코 일기체로 글을 썼다. 일기는 직관이 논리와 형식 속에 숨어버리지 않고, 내 생각과 느낌을 솔직히 털어놓을 수가 있고, 마치 환을 치듯이 사실에는 책임지지 않고, 느낌에 보다 충실한 말을 쏟아놓을 수 있어서 좋았다. 결국 자조문학(自照文學)의 매력에 흠뻑 빠지고 말았다.

'아고니스트 당신'이란 제목을 붙여놓자 부쩍 용기와 의욕이 샘솟았다. '아고니스트'(agonist)는 경연(競演), 갈등, 투쟁 등에 투신한 사람이나 문학작품의 주인공을 일컫는 말이다. 나는 '내적 갈등으로 고뇌하는 사람'(a person who is torn by inner conflict)이란 뜻으로 썼다. 가장 위대한 아고니스트는 예수였다. 겟세마네에서 그의 고뇌에 찬 기도는 핏방울이었다.

  내 글이 가끔 서사와 맥락이 없고 태깔만 고운 '추상덩어리'로 변질됐다는 생각이 들었을 때, 자신이 시대와 인간에 대한 불평이나 터뜨리는 '계정꾼 혹은 싸움닭'으로 전락한 사람으로 느껴졌을 때 나는 살을 에는 듯한 고통을 느꼈다. 그러나 나의 작가의식은 기를 쓰고 인간과 사물에 반응했고, 이를 악물고 기록했다. 가장 하찮은 것, 가벼운 것, 발칙한 것, 어설픈 것, 맞갖잖은 것에서도 삶의 가치와 의미는 얼마든지 캐낼 수 있다고 굳게 믿었다. 이 살아 있는 역사적 증언이 소중한 '인간의 정신적 유산'으로 영원히 살아남기를 몽매에도 기원하고 있다.

  작가가 성공하기 위해선 prodigy(재능) path-breaking(독창성) patron(후원자)등 3P가 필요하다는 게 평소의 생각이다. 연비연비(聯臂聯臂) 여러분이 많이 도와주기 바란다. 이 책에 대해 못다 한 이야기는 '아고니스트 당신'을 집필하기 시작했을 때 썼던 프롤로그와 책 끝에 붙인 발문을 소개함으로써 대신하고자 한다.

프롤로그

  그해 겨울, 세상이 바뀌었을 때 나는 즉시 '아고니스트 당신'을 쓰기로 결심했다. 나를 둘러싸고 날뛰고 있는 저 발칙하고 참월(僭越)한 시대적 정서와 이데올로기를 더 이상 보고 있을 수가 없었다. 이미 쓰러진 패잔병들을 에워싸고 확인사살을 하는 꿈을 꾸었다. 서로 삿대질을 하면서 욕설과 험담을 퍼붓고 있는 환상도 보았다. 나를 짓누르고 있는 시퍼런 '포위관념'을 돌파하기 위해 나는 한껏 객기를 부려보기로 마음먹었다. 북한산 기슭에 자리 잡고 있는 누옥(陋屋)에서 나는 오로지 글만 쓰면서 살아가기로 결심했다.

  어떻게 글을 쓸 것인가. 몇 가지 원칙을 세웠다.

  힘깨나 쓰고 말깨나 하는 사람들과 만나서 노닥거리고 수작하는, 그런 글은 절대로 쓰지 않기로 했다. 일테면 이 땅의 'bacchanalian'(酒豪, 주당)들이 한데 어울려서 억병으로 술을 마시고 호기를 부리는, 그 따위 이야기는 절대로 하지 않기로 했다. 자하문밖 황막한 내 영지(領地)에 납작 엎드려서 쓴소리나 실컷 쏟아내고 싶었다. 위로 층층시하 예수 석가 공자 그리고 수많은 성인 교부 선지식 선사들이 했던 말을 되풀이할 생각은 털끝만큼도 없었다. 무엇보다 용기가 필요했다. 닥쳐올 온갖 시련과 고난을 '아고니스트의 피할 수 없는 운명'으로 나는 받아들였다. 듣기 좋은 말, 아름다운 말, 감동적인 말이 난무하는 세상에서는 위선과 독선이 활개를 치게 마련이다. 참다운 이웃은 누구인가. 쓴소리하는 이웃이 그리웠다. 그 바보 같은 이웃이 되기로 마음먹었다.

전지적시점을 휘둘러서 함부로 인간을 평가하고 판단하지 않기로 했다. 작가는 오만과 독선과 싸우겠다고 자임하고 나선 사람인데, 어떻게 전지(全知, omniscience)를 고집할 수가 있겠는가. 프로타고니스트(protagonist)와 안타고니스트(antagonist)로 편을 가르고, 전자를 치켜세우고 후자를 짓밟는 일 따위는 하지 않기로 했다. 착한 사람, 아름다운 사람, 의로운 사람을 찾아서 모두 따뜻하고 밝은 데로만 가 버리면 이 사회는 결국 '페르소나'(가면을 쓴 사람) 천국이 되고 말 것이다. 때론 안타고니스트도 껴안아야 할 이유다. 역사는 심판하고, 철학은 주장하고, 문학은 묘사하는 것이 본령이다. 가치를 판단하고 논리를 세우고 주장을 펴는 것보다는 진실을 규명하고 불의를 고발하는 것을 제일의적(第一義的) 소명으로 삼고 살아가기로 마음먹었다.

세상의 창에 비친 '바람의 무늬'와 마음의 창에 비친 '영혼의 무늬'를 빠짐없이 표현하기로 했다. 감당해야 할 위험과 손실도 만만찮았다. 자신의 내면 풍경을 송두리째 드러내는 것은 때론 자해행위나 다름이 없었다. 특히 고심했던 것은 일기의 내용과 짜임새였다. 한마디로 잡탕이었다. 헉슬리는 조이스의 '율리시즈'를 잡탕(ollapodrida)이라고 혹평했다. 잡탕이 꼭 나쁜 것이라고 생각하지 않았다. 한바탕 뱃살을 거머쥐고 박장대소할 수 있는 것은 올리오(olio)만큼 좋은 것이 없었다. 시대의식과 영혼이 없는 신변잡기로 전락해버릴까봐 늘 노심초사했다. 나의 철학과 사유는 인류의 양심과 자유에 의해 보호받고 있다고 굳게 믿었다. 긍정이라는 말도 함부로 쓰지 않았다. 만약 그 긍정이 불의와 부정을 보고도 묵인 혹은 타협하는 것이라면 나는 그렇게 살고 싶지 않았다. 긍정은 부정(不正)의 부정(否定)을 통한 가치창조이기 때문이다.

때론 나쁜 언론, 나쁜 국민과도 싸우는 글을 쓰기로 했다. 나는 국민을 무턱대고 치켜세우고 언론에 비나리칠 생각은 눈곱만큼도 없다. 지지율은 물론이고 '나쁜 대통령'까지 뽑아버리는 나쁜 국민과 나쁜 언론을, 그 거대한 레비아탄(leviathan)을 옹호하고 두둔할 생각은 추호도 없었다. 고해성사처럼 늘 내 머릿속에 떠도는 말이 있다. ambivalence!(兩義性) 미움은 무관심보다 낫다. 미움은 사랑이란 동전의 다른 면일 수도 있기 때문이다. 내 미움 너머에는 늘 뜨거운 사랑이 가쁜 숨을 몰아쉬고 있었다.

강남친구가 향우회에 나오라고 전화했다. 나는 완곡하게 사양했다. "미안하다 친구야, 몇 가지 급히 처리해야 할 일이 있거든." 그가 전화를 끊으면서 던진 말이 비수처럼 가슴을 찔렀다. "이 어긋난 돼지발톱 같은 놈아. 넌 뭐가 아쉬워서 그렇게 사는 거야." 나는 거울을 들여다보면서 나에게 물었다. "아홉 번째의 이오타 'The I' 너는 누구냐?" 잠시 깊은 상념에 잠겼다. '어쩌다가' 태어난 것을 비롯해 보통 아홉 번의 우연으로 이루어져 있는 인간의 존재는 '우연'이 삶을 행운과 불운으로 판가름해 버리기 일쑤다.

비웃지 말라. 여태껏 나는 비교적 행운 쪽에서 살아왔다. 어쩌다가 고등학교 재학 중에 영어교사시험에 합격했고, 약관에 명문고에서 영어를 가르치기 시작했고, 대학에서 영어를 가르쳤고, 무난히 소설가로 등단했고, 시인인 아내를 맞아 문단생활을 함께하고 있고, 여태껏 큰 병치레 없이 건강하게 잘살고 있다. 소설가로서 뇌명(雷名)을 얻지 못한 것도 나의 선택에 의해 그렇게 되었다. 한때 몇 날을 뜬눈으로 새우며 고민했다. 이름을 낼 것이냐, 맘 편히 살 것이냐. 유명의 구속을 택할 것이냐, 무명의 자유를 택할 것이냐. 입신양명이냐 유유자적이냐. 결국 나는 무명의 자유를 선택했다. 바로 이 순간의 삶을 알차게 살아내는 것이 무엇보다 중요하다고 생각했기 때문이다.

내가 걸핏하면 세상을 부정하고 비판하는 것은 내 처지와 신분과는 아무런 상관이 없는, 내 의식과 사유와 영혼의 문제라는 것을 꼭 밝혀두고 싶다. 석가는 사문유관(四門遊觀)하고 나서 중생을 제도하기 위해 고행의 길을 택했다. 예수는 십자가에 못 박혀 죽음으로써 인류를 구원했다. 한분은 하나님의 아들이요 한분은 제왕의 아들이었다. 그들은 무엇이 아쉬워서 출가하고 십자가의 길을 걸어갔겠는가.

쓴 소리의 원조 격인 '징비록'의 서애 유성룡도 뭇매를 맞았다. '선조실록'은 이렇게 기록하고 있다. "그는 도량이 좁고 편협하며 조금이라도 자기와 다른 의견은 받아들이지 않았다. 일찍이 임진년의 일을 기록하며 '징비록'을 펴냈지만 식자들은 그가 자기 공만을 내세우고 남의 공은 덮어버렸다고 하여 이를 비웃었다." 임진왜란 때 서애만큼 진충보국(盡忠報國)한 사람도 없었다. 얼마나 충무공을 끔찍이 아끼고 사랑했는가. 소인배들이 그를 비방했던 것이 생각할수록 어처구니없고 못마땅했다. 충무공은 민족의 수호신이었고 서애는 충무공의 수호신이었다. 늘 '징비록'을 떠올리면서 이 글을 썼다. 그의 일편단심 나라사랑, 겨레사랑을 나는 한번도 의심해본 적이 없었다.

무시무종이 좋다

다시 한번 날자꾸나 2014. 1. 1.

갑오년 새아침이 밝았다. 조용히 집에서 휴식을 취했다. 아내는 집에서 사우나를 했다. 오전에 TV에서 연말행사 재방을 보았다. '갑오년의 동아시아 그리고 역사의 수레바퀴' 역사의 수레바퀴라는 말이 묘한 여운을 남겼다. 아주 평범하고 진부한 말이 새록새록 그 의미가 살아났다. 연륜이 쌓였다는 신호다. 김정은은 제법 부드러운 목소리로 신년사를 했다. 목소리만큼 남북관계를 좀 부드럽게 풀어나갔으면 좋겠다. "비정상을 정상으로!" 박근혜 대통령이 신년사에서 되풀이해서 강조했다. 정상 원칙 신뢰 이런 말들이 왠지 듣기가 거북살스러웠다. 그가 말하는 정상은 무엇이고 원칙은 누구의 원칙이고 신뢰는 그의 공약을 깨고도 과연 살아남을 수 있는 것인가. 국가기관의 대선개입, 복지공약 폐기, 이런 것이 원칙과 신뢰와는 눈곱만큼도 관계가 없다는 말인가. 그의 언행에는 불가사의한 것이 많았다.

아내는 회사에서 일종의 '서바이벌게임'을 하고 있었다. 우리는 '영진'이라는 회사의 실체와 구조와 그 운영비결에 대해 많은 이야기를 나눴다. 어느새 우리도 알아야 할 것은 대충 알고 있었다. 주어진 여건에 적응하고 극복할 일만 남아 있었다. "회의적이고 부정적인 태도를 버리고 인정하고 극복하고 이용해야 한다." 그게 생존의 방식이라고 생각했다. 실적을 올리는 문제에 대해서도 의논했다. 나는 부산의 이 서방에게 편지를 보내기로 했다. 사불연이면 아들 선이에게도 편지를 쓰리라 마음먹었다. 아내는 딸 용이에게 전화해서 오늘 집으로 오라고 했다. 용이는 오늘도 아침 9시부터 밤 11시까지 근무한다고 했다. 숨이 턱 막혔다. 아내는 덫에 걸려서 혹사당하고 있으니 용이를 구해야 한다는 말까지 했다. 나도 어렴풋이 노예선을 타고 있는 걸로 짐작하고 거의 체념하고 있는 상태였다. 새해 원단에 한껏 마음을 비웠다. 오후부터 밤까지 아내는 노래를 불렀다. 내일 시무식 때 회사에서 노래를 부르게 돼 있는데, 좋아하는 노래를 말하자면 리허설을 하고 있었다. 내가 좋아하는 '민들레 홀씨' '솔개' '제비' '초연' '사랑은' 등을 불렀다. 나도 인터넷으로 가사를 찾아서 흥얼거렸다. 저녁에 '세시봉 친구들'을 다시 보았다. 어쩐지 식상했다. 따라서 부르는 아내의 노래가 더 감동적이었다. 아내는 모르는 노래가 없었다. 놀라운 것은 영어로 된 가사를 정확하게 기억하고 있었다. 평생 영어를 가르쳐온 나는 그런 노래를 하나도 제대로 부를 줄을 모른다. 부끄러운 일이었다.

　가슴에 냉기가 스며든다면서 아내가 일찍 잠자리에 누웠다. 오랜만에 나는 '제왕의 딸 수백향'을 보았다. 이야기를 진행시킬 줄 모르고 어쩌면 저토록 늘어빼면서 시청자를 우롱할 수 있을까. 아내의 노래로 위로를 받았고 설날에도 근무하는 용이의 절박한 현실에 가슴이 미어졌고, 설날을 그렇게 보냈다. 잠든 아내의 얼굴에 미소가 번졌다. 꿈속에서도 조병화 시인의 '사랑'을 부르고 있는 게 틀림없었다. "고운 해야 솟아라. 다시 한번 날자꾸나." 나는 다시 비상(飛翔)을 꿈꾸고 있었다.

무시무종이 좋다 1. 2.

시작도 끝도 만들지 말자. 무시무종(無始無終)이 좋다. 시간의 시작과 끝에 집착하고 어떤 의미를 붙이는 것은 실속도 의미도 없고 모두 부질없고 어쭙잖은 일이다. 새해 원단을 의연하게 보내자. 시공을 초월하는 것이, 이런 초월 지향이 무엇을 뜻하는지 어렴풋이 알 것 같았다. 가만히 앉아 있으면 좀이 쑤시고 엉덩이가 들썩거려서 견딜 수가 없다. 오늘도 '아포리즘 사랑'을 쓰고 나서 셔틀버스를 타고 아내를 맞으러 종각으로 나갔다. 오전에 작업하고 점심을 먹고 나면 으레 그랬다. 종각서점에서 만나면 일종의 데이트가 되는데, 이렇다 할 화제는 없고 차를 마시면서 이런저런 몇 마디를 주고받다가 서로 얼굴을 바라보며 몇 번 미소를 보내고 나서 가까운 버스정류장으로 가서 버스를 타고 돌아오는 게 전부였다. 하지만 나의 오후를 꽉 채워주는 것 같았다. 오늘은 헛걸음을 했다. 경복궁에서 내려서 종각으로 걸어가는 도중에 전화가 안 오는 게 이상해서 휴대폰을 꺼내보니 꺼져 있었다. 아내는 통화가 되지 않자 곧장 집으로 발걸음을 돌렸는데 벌써 집 앞에 와 있다고 했다. 나는 부랴부랴 집으로 돌아왔다. 아내가 어제 밤까지 연습했는데, 그 노래자랑이 어떻게 되었는지 궁금했다. 노래를 부르지 않았다고 했다. 시무식에서 대신 준비해 간 '새해'라는 자작시를 낭송했다고 했다. 시를 넣은 액자를 이사를 비롯해 실장들에게 선사했다는 것이었다. 노래솜씨를 자랑하지 못한 게 좀 서운했지만 아주 뜻있는 일을 한 것 같았다.

안철수가 명동에서 새 정치 설명회를 했다. '거리의 스킨십'이라고 하는데 속이 보였다. 제풀에 인파는 많고 일부러 모을 필요도 없고 그가 말하는 새 정치는 여전히 '구름 속 해오라기'였다. 나는 왜 그를 한사코 부정하고 있는가. 괜히 내가 몹쓸 짓을 하고 있는 것 같아서 언짢았다. 하지만 왜 광주 가서 신당출범식 같은 것을 하면서 싸우고 있는가. 기껏 야권분열이나 가져올 공산이 크다. 그의 안태본(安胎本)인 부산에나 가서 야당의 외연(外延)을 확장해야지 왜 '집안통소'가 되려고 할까. 미운털이 박혀도 단단히 박혔다.

라텍스는 요원하다. 아내는 걱정이 태산 같다. 숭인동에 가서 이불 한 채와 푸짐한 먹거리를 가져왔다. 국민은행에 가서 돈을 찾고 할인마트에 가서 시장을 보았다. 밤 시간이 유난히 무료했다. 이렇듯 TV가 삭막하고 쓸쓸했던 적이 없었다. 보험광고, 드라마 재방, '정글의 법칙'을 흉내 낸 현장탐험 프로가 주종을 이루고 있었다. 영화가 제철을 만났지만 내가 볼만한 영화는 없었다. '태'가 전화했다. 늦더라도 라텍스를 실어가겠다고 했다. 질부는 오늘 내일 출산을 기다리고 있는 모양이다. 그는 착해서 복을 받은 것이다. 사람은 착해야 한다. 그래야 사업도 잘되고 성공도 하고 사람의 마음을 얻을 수 있다. 태가 12시 직전에 도착하여 라텍스를 가져갔다. 그가 탄 그랜저가 골목을 빠져나갈 때 아내와 나는 진심으로 질부의 순산과 그들의 행복을 빌었다.

남자의 향기 1. 3.

아침에 바빠졌다. 빵을 더 만들어야 한다. 남편이 만들어 준 샌드위치라고 해서 회사에서 관심을 끈 모양이다. 맛은 둘째문제다. 아내가 그것에 '남자의 향기'라는 이름까지 붙여 놓았다. 나는 세 개를 먹고 아내는 두 개를 먹고 나머지 네 개는 회사로 가져갔다. 그리해서라도 이벤트를 만들 수 있는 것은 다행이다. 왜냐하면 그곳은 시인(詩人)인 아내로서는 설 땅이 거의 없기 때문이다. 나는 내색을 하지 않고 있을 뿐, 아내의 기분과 입지를 잘 이해하고 있었다. 불확실성의 소용돌이 속에서 웃음을 잃지 않고 그저 지푸라기라도 잡는 심정으로 우뚝 서 있을 뿐이다. 생각하면 목이 메었다. 오늘은 아내가 퇴근하는 대로 편지를 마무리해서 띄우기로 했다. 아내는 점심때까지 돌아오기로 했는데 오지 않았다. 홀로 산책을 나갔다. 길에서 강 선생이 황급히 가는 것을 보았다. 그는 은행으로 들어가고 나는 뒤따라가다가 북악정 쪽으로 올라갔다. 언뜻 보니 은행에서 나온 강 선생이 셔틀버스 타는 곳으로 가고 있었다. 오늘도 인사동으로 나가는 모양이었다. 북악정에서 북한산둘레길로 오를까 말까 망설이다가 그냥 집으로 돌아와 버렸다. 아내가 기다리고 있었다. 아내는 내가 써놓은 편지를 읽고 나서 곧바로 프린트했다. 윤이의 주소를 몰라서 태한테 전화했는데 퍽 꺼려 하는 눈치였다. 어느새 나는 남을 성가시게 하는 사람이 되고 말았다. 우체국에 가서 편지를 부쳤다. 아내가 윤이에게 주소를 알려달라는 문자를 보냈지만 끝내 연락이 오지 않아서 이 서방, 김 서방, 선이에게만 편지를 부치고 돌아왔다.

아내가 부쩍 희사에 대해 회의적인 이야기를 많이 했다. 예능교회에서 근무해달라는 연락이 왔다는 이야기도 했다. 그리되면 회사를 그만두어야 한다. 언뜻 그런 아내를 이해할 수 없었다. 그동안 얼마나 공을 많이 들였는가. 오늘 띄운 편지만 해도 참으로 어려운 작업의 결과였다. 어찌됐건 아내는 그것을 일거에 날려버리려는 눈치였다. 잠시나마 내가 아내를 못마땅해 했던 것을 이내 후회했다. 얼마나 힘들면 저럴 것인가. 내일 아침에 이사를 면담할 것이라고 했다. 회사 사정을 아는 대로 이야기했는데 여전히 불확실하고 불안정하기 짝이 없었다. 그곳 실장들이 늘 오만상을 찡그리고 앉아 있다는 회사의 분위기를 이따금 귀띔해주었다. 나는 잠자코 듣고 있을 수밖에 없었.

지방선거가 벌써 달아오르고 있다. 호남에서 경쟁하고 다른 지역에서는 연대해야 한다는 안철수 말이 공감이 갔다. 그의 정치행보에 대한 나의 예언이 제발 빗나가기를 빌었다. 김한길이 청와대 만찬에 참석해 대타협위를 제안했다. 또 술덤벙물덤벙 되지 않으면 좋겠다. 앙뉘가 밀려왔다. 아내가 저녁식사를 하면서 포도주를 거푸 마셨다. 잠깐 아내의 기분이 뜨는 것 같더니 이내 시들해졌다. 나는 거실로 건너가서 작업을 시도했지만 맘대로 되지 않았다. 잠시 인간으로서 아무것도 할 수 없는 노예선 '개리슨'(Garrison)이 생각났다. 항심이 없는 인간의 '팔색조 마음'을 밤 깊도록 탄식했다. 나는 살아있는 인형이었다.

너를 굳세게 하리라 1. 4.

아내가 출근하지 않는 주말에는 나는 작업하지 않았다. 함께 즐거운 시간을 가질 수 있어서 좋았다. 아내가 오전에 예능교회에 면담하러 갔다. 그사이 모처럼 작업하려고 하자 머릿속이 하얗게 바랬다. 요즘 그런 증상이 자주 나타났다. 자주 부르던 찬송가의 음정과 가사를 모두 잊어버렸다. 세시봉은 금세 기억해냈다. 송창식, 윤형주, 김세환, 조영남, 윤형주에서 잠시 깜빡했다. 이런 기억력으론, 일테면 사유의 힘으론 글을 쓸 수 없다는 비관론이 고개를 들었다. 얼마 남지 않은 이 총기를 작업하는 데 쏟아야 한다. '아고니스트 환'을 완성하는 일뿐만 아니라 작품을 생산하는 데 써야 한다. 초조하고 불안했다. 아내는 점심시간이 기울어서야 돌아왔다. 예상했던 대로 불가를 선언했다. 감당할 수 없을 만큼 작업량이 너무 많다는 결론을 내린 것이다. 아쉽지만 다행이라고 생각했다. 당분간 영진에 올인 하겠다는 결심을 한 모양이었다. 나는 이사야 41장 10절을 되풀이해서 뇌고 있었다. "두려워하지 말라. 내가 너와 함께함이라. 놀라지 말라. 나는 너의 하나님이 됨이라. 내가 너를 굳세게 하리라. 너를 참으로 도와주리라. 참으로 나의 의로운 오른손으로 너를 붙들리라."

홀로 산책을 나갔다. 아내는 감기 때문에 집밖으로 나가는 것을 달가워하지 않았다. 밖으로 나가자 생각보다 바람 끝이 매서웠다. 시내로 나갈 생각을 버리고 가까운 글로리아타운으로 들어갔다. 공실이 많은 이층에서 왔다 갔다 하면서 운동을 했다. 실내 난방상태도 양호해서 내가 은밀히 자주 이용하는 공간이었다. 내가 만약 유명인사로 세상을 하직하게 되면 이곳은 내가 머물렀던 명소가 될 것이다. 이곳을 빛낼 수 있는 그런 사람이 되어야 한다. 그러려면 우선 '아고니스트 환'을 완성해야 한다. 그런 부질없는 생각을 하면서 어두워질 때까지 수없이 복도를 거닐었다. 아침나절의 증상이 또 나타났다. '내 영혼이 은총 입어'(amazing grace) 그리고 사도신경이 가물가물했다. 사도신경은 토씨 하나 틀리지 않고 암송을 할 수 있어야 한다. 기독교인으로서 최소한의 자격이다. 토씨는 물론이고 내용조차 기억에서 흐릿해 갔다. 나중엔 가만히 단념해 버렸다.

글로리아타운 2층에서 보면 예술고등학교가 한눈에 들어왔다. 용이가 그 학교에 입학했을 때 나는 환호작약했다. 벌써 30년 전의 일이다. 얼마나 꿈에 부풀었던가. 용이의 현실이 눈앞에 떠올랐다. 어두워가는 창밖을 내다보면서 딸의 성공을 위해 기도했다. 용이에게 전화했다. 왠지 소음 속에서 제대로 통화도 하지 못하고 끝났다. 6시에 집으로 돌아오자 아내는 홀로 블로그에 글과 사진을 올리고 있었다. 요즘 부쩍 많은 사람들이 블로그에 몰려왔다. 아내가 웬만큼 기력을 회복한 기색이었다. 영진에 대해 다시 결심을 다진 것 같았다. 안도했다. 밤 깊도록 우리는 많은 이야기를 나눴고 아내의 얼굴에 미소가 살아났다. "하나님, 아내를 굳세게 해주소서." 잠들 때까지 기도했다.

술덤벙물덤벙 1. 5.

혈압이 안 좋았지만 교회에 갔다. 지금 영진의 부진으로 아내가 위축되고 적잖이 실망하고 있는 터에 내가 연약한 모습을 보여서는 안 된다. 권사로 임직되었는데 그 과정이 끝날 때까지는 특히 교회에 빠져서는 안 된다고 생각했다. 의연히 참예하고 건재함을 보여주었다. 설교가 괴롭혔다. 여전히 고함을 지르는 설교를 했다. 꼭 성도를 길들이기 위해 질타하고 윽박지르고 있는 형국이었다. 교회에서 귀청을 찢는 소리가 나서는 안 된다. "주의 종은 외치지 않으며 목소리를 높이지 않으며 거리에 들리지 않을 것이다." 성경의 말씀이 떠올랐다. 기도할 때 부목사는 출석신도들의 수효를 헤아리고 있었다. 그들은 기도하지 않아도 된단 말인가. '새빛으로'를 보면 그 부목사가 계속 어려운 글을 권두언으로 쓰고 있었다. 신학을 공부한 나로서도 이해하기 힘든 글을 썼다. 내용이 난해해서라기보다 글이 서툴러서 그 논리와 문맥이 잘 전달되지 않았다. 게다가 목사가 '가을의 함박눈'이라는 얼치기 시를 게재했다. 현학과 치기와 허영으로 온통 가득 차 있었다. 짜장 불쾌하고 실망스러웠다. 아내가 헌금위원으로 자리를 뜨는 바람에 홀로 앉아서 예배를 보았다.

아내가 신천권사들의 모임에 간 사이에 박 장로를 만났다. 언제 보아도 그는 고고하고 별천지에 살고 있는 사람 같았다. 동구 유고슬라비아를 다녀온 이야기를 했다. 다음 주에 만나기로 했는데, 화제가 무궁무진할 것 같다. 그는 노후를 유복하게 보내고 있는 것 같았다. 교회에서 점심을 먹었다. 날씨가 쌀쌀해서 산책을 포기하고 차를 타고 돌아왔다. 아내는 계속 블로그에 글과 사진을 올렸다. 요즘 부쩍 블로그에 공을 들이고 있었다. 서로 그런 내색을 하지 않고 있을 뿐 영진을 생각하면 마음이 무거웠다. 한참 기다렸다가 K-pop을 시청했다. 고마웠다. 이것마저 없으면 일요일 오후가 퍽 허전했을 뻔했다.

밤에 잠깐 '아고니스트 당신'을 썼다. 계속 쓸 것인가 말 것인가를 고민했다. 이런 글을 쓸 시간과 여력이 있으면 이젠 '몽십야'나 '인간밀화집' 같은 소설을 써야 한다. 더 이상 술덤벙물덤벙할 시간이 없다. 세상일도 그랬다. 안철수의 새 정치는 이것도 저것도 아닌 희끄무레한 회색지대에서 싸움을 벌이고 있다. 기껏 민주당 호남 세력이나 야금야금 잠식(蠶食)하고 있었다. 깃발이나 명분도 없고 뒤죽박죽이었다. 그의 말에는 난해한 은유나 상징뿐이다. 안태본인 부산을 온통 새누리당에게 맡겨두고 애먼 호남이나 공략하고 있다. 아내는 눈이 쓰라려서 소금물로 눈을 씻고 일찍 잠자리에 들었다. 자정을 넘기면서까지 나는 '위험한 평등 이야기'를 구상하고 있었다. 입꼬리를 올리며 입맛을 다시는 YS의 얼굴을, 변함없이 그런 페르소나(persona)를 나는 꿈속에서 만났다.

누가 비정상인가 1. 6.

불통오명을 씻기 위해 박 대통령이 취임 1년 만에 기자회견을 했다. 일방통행을 확인하는 자리였다. 80분 동안 할 말만 하고 끝났다. 소통은 없었다. 잘 짜진 정부홍보전을, 그런 기자회견을 소통으로 보는 모양이다. 박 대통령은 '태생적'으로 소통을 몰랐다. 걸핏하면 떠올리는 비정상은 무엇인가. 누가 비정상인가. 기껏 한다는 소리가 통일대박, 경제개발 5개년계획의 사촌인 경제혁신 3개년계획, 이산가족 상봉이 전부였다. 교학사 역사교과서 문제는 '이념논쟁'으로 치부하고 대선개입은 재판 중인 사안으로 제쳐버리고, 법을 준수해야 소통할 수 있다는 말로 불통책임을 전가해버렸다. 뜬구름 같은 474비전이나 제시하고 경제민주화는 온데간데없었다. 난기류, 이상기온, 대기불안정, 민주주의 위기, 실종, 붕괴, 유신부활, 그 비정상을 몰고 온 사람은 누구인가. 그 주범, 장본인이 정상화를 부르짖고 있다. 특검 등 정치쟁점은 오불관언이었다. 역시 피는 못 속였다. 기자회견이 문제가 아니라 그 기장회견을 보도하고 있는 종편이 더 문제였다. 뉴스를 피하느라고, 보다 정확히 박 대통령의 얼굴을 보지 않으려고 채널을 돌리고, 돌리면서 하루 종일 허둥댔다. 불난집에 부채질하는 격으로 안철수의 분열행진은 야권의 가치와 명분과 대의를 뒤죽박죽으로 만들고 있었다. 맑은 샘물에 흙탕물을 일으키고 있었다.

지난 3일에 이 서방에게 보낸 편지에 대한 ex의 반응이 왔다. 강이를 괴롭히지 말라는 것이었다. 나는 격앙되었다. 이 서방을 나무라지 말고 강이를 감싸지 말라고 했다. 그것이 강이를 돕는 길이라고 했다. 깊은 상처를 입고 말았다. 그럴 수가, 재깍 이 서방에게 P.S.를 썼다. "보낸 편지가 아무래도 차단당한 것 같아서 이 편지를 다시 부치네. 자네가 알면 이혼당할지도 모른다는 말이 무슨 소리인가? 그렇게 강이를 닦달하고 있는가. 어쨌든 자네는 나를 무척 깔보고 있는 것 같아. 그깟 일로 ex가 나에게 그런 전화를 하게 하다니! 이 편지를 이번엔 자네가 근무하고 있는 대학으로 보내네." 아내가 풀이 죽은 모습으로 돌아왔다. 동기생들이 거의 승진했는데 자기는 아직 인턴으로 머물고 있다는 것이었다. 눈치꾸러기가 되고 있는 것은 아닌지 걱정이 되었다. 오후를 어떻게 보냈는지 모르겠다.

해질녘까지 제정신이 아니었다. 이 서방의 반응과 '아내의 외톨백이 처지'가 가슴을 때렸다. 아내도 안방에서 앉았다 섰다를 반복했다. 휴대폰을 들여다보면서 여기저기 광고를 보고 있었다. 나는 거실로 가서 '내 주를 가까이'를 계속 불렀다. "내가 너와 함께 함이라." 이사야 41장 10을 계속 뇌었다. 가까스로 마음의 평온을 찾을 수 있었다. 우체국에 가서 윤이에게 편지를 띄우고 싶었지만 아내가 꿈쩍도 하지 않았다. 홀로 외출할 엄두가 나지 않았다. 밤이 되자 뜬금없이 가슴속에서 여리고 슬픈 사랑의 빛이 파닥였다. 우리는 서로 맘껏 사랑했다. 드라마 '기황후'가 생각나서 민영 시인이 쓴 '고려이야기'를 꺼내서 충혜왕과 기황후 편을 읽었다. 그랬다, 깊은 밤에 나는 시인의 향기를 느끼면서 민 선배를 그리워하고 있었다.

정상과 원칙의 사유화 1. 7.

국정의 기조와 철학을 비정상에서 정상으로 바꾸겠다고 강변했다. 자기가 하면 정상이고 남이 하면 비정상이고 자기가 내세우면 원칙이고 남이 내세우면 변칙이라고 우겼다. 완전히 정상과 원칙을 사유화하고 있다. 원칙은 누구의 원칙인가. 누구를 위한 정상인가. 원칙을 일방적으로 사유하고 강요하는 것이 바로 불통이고, 권력이 강행하면 독재가 된다. 회견에서도 자신의 비정상에 대해선 철저히 침묵하거나 비켜갔다. 공약 파기, 복지 외면, 경제민주화 등은 아예 입도 벙긋하지 않았다. 관권불법선거 등 국정원 댓글사건은 재판 중이라는 말로 일언지하에 일축해 버렸다. 외국나들이 정상외교, 이딴 것은 아무나 할 수 있다. 외교안보를 자랑하고 있지만 대북관계랄까, 남북문제를 풀어가는 능력은 반공교육을 잘 받은 중학생 수준을 넘지 못했다. 북진통일 멸공통일 종북척결, 이런 말은 누가 못 하겠는가. 통일은 대박이라고 했다. 통일문제를 무슨 드라마나 복권당첨쯤으로 생각하는 모양이다. 대박이라는 지극히 통속적인 인기몰이 말을 차용해서 관심을 끌려고 하고 있다. 참으로 치졸한 발상이다. "오로지 국가 이익과 국민의 행복을 위해 어떤 비난을 받고 욕을 먹어도 모든 걸 역사의 심판에 맡기고 나의 길을 묵묵히 가겠다." 이런 식의 마이웨이는 파멸의 길이요 죽음의 길이다. 독재자들이 으레 써먹는 말이다.

교학사역사교과서는 2,318개교 중 1~2곳만 채택했다. 참담한 성적표다. 친일독재 미화를 현장서 외면한 것으로 사필귀정이다. 교학사를 거점으로 삼은 역사교과서국정화는 폐기해야 한다. 아내는 아침에 용기를 내서 출근했다. 일말의 좌절감, 소외감 등을 떨치고 밀고나간 것이다. 오전에 나는 '아고니스트환' 2009년 12월 중순 편을 마무리했다. 점심을 먹고 나서 운동 삼아 광화문으로 걸어 나갔다. 자하문고개를 오르고 있는데 아내가 퇴근해서 집에서 전화했다. 시간을 보니 2시였다. 창의문에서 발길을 돌려 집으로 돌아왔다. 아내는 블로그에 글을 올리고 있었다. 내가 윤이와 이 서방에게 써놓은 편지를 건네자 아내는 바로 프린트해서 동네우체국에 가서 부쳤다.

밤에 아내는 발끝부딪치기 운동을 했다. 낮에 팩스를 보내느라고 사무실에 들렀을 때 발끝부딪치기 효험을 소장에게 설명했다고 했다. 아내는 어느새 싱글벙글 웃고 있었다. 다시 영진에 올인하기로 마음을 굳힌 모양이다. 내일은 회사에 가서 EM 원액에 대한 강의를 하겠다고 했다. 우체국 다녀오는 길에 원액을 12병이나 사다놓았다. 자정까지 아내는 인터넷에서 EM 관한 자료를 빼냈다.

당신의 징벌이십니까 1. 8.

7시에 일어나서 샌드위치를 만들고 커피를 끓였다. 아내가 오늘 EM 원액 12병을 회사로 가져갔는데 무거워서 내가 동행했다. 회사 엘리베이터 앞까지 운반해주었다. 종묘에서 셔틀버스를 타고 돌아왔다. 이렇게 잘 마무리하고 돌아왔는데 돌발사태가 발생하였다. 전화가 빗발쳤다. 이럴 수가, 어제 오후 늦게 부쳤던 편지가 벌써 도착하여 그것을 항의하는 'ex'의 전화였다. 그는 하나도 변하지 않았다. 독살스럽고 표독하고 강퍅한 성격은 하나도 변하지 않았다. 독설과 악담을 퍼부었다. 나는 불같은 증오를 느꼈다. 나의 증오에 대해 금세 하나님에게 속죄했다. "이것이 당신의 뜻입니까. 당신의 징벌(懲罰)은 아직 끝나지 않았습니까." 나는 울부짖었다. 어제의 편지는 다소 감정이 섞이긴 했지만 나의 처지와 셈평을 절절이 호소했을 뿐이다. 곧바로 나는 정신을 가다듬었다. '자중자애 해야 한다. 몸과 마음이 상해서는 안 된다.'

아내의 전화가 왔다. 태의 아내가 아이를 낳았는데 함께 모태병원에 가보자는 것이었다. 일단 집으로 와서 차를 가지고 갔다. 여느 때 같으면 버스를 타고 갔을 텐데, 그만큼 나는 지쳐 있었다. 아내와 서울대학교 입구에 있는, 머나먼 '모태병원'을 찾아갔다. 병원을 찾지 못하고 한참 주위를 배회했다. 멀찍이 차를 길가에 세워놓고 내가 걸어서 병원을 찾아갔다. 모태병원은 바로 코앞 사거리에 있었다. 부랴부랴 병원주차장에 차를 세우고 병원으로 들어가 보니 오전에 퇴원했다고 했다. 한발이 늦어서 허탕을 친 것이다. 아직 나는 편지의 충격에서 벗어나지 못하고 있었다. 먼 길을 돌아오면서 내내 말이 없었다.

기쁜 소식이 없었다. 박 대통령은 이제 청와대초청 식사정치를 하면서 시대착오적인 발상을 쏟아놓고 있다. 그는 군림하고 바야흐로 권력을 즐기고 있다. "국가, 국민, 국익, 가치, 철학, 민주주의는 가라. 나는 만인지상의 대통령이다." 막강한 권력을 휘두르는, 통쾌하고 준열하고 짜릿짜릿한 맛을 즐기고 있었다. 연두기자회견을 하고 나서 정국은 더 얼어붙었다. 소통하려 하지 않고 군림하려고 하니까 당연한 결과다. 존재감도 없는 친박 실세들, 기껏 홍보수석이나 실장이 설치고 있다. 김무성도 야당의 불통비판은 옳다고 맞장구를 치고 나왔다. 오죽했으면 그랬을까. 기상천외한 경제혁신 3개년계획은 영락없이 경제개발 5개년계획을 꼭 닮았다. 그 애매모호하고 아리송한 창조경제와는 정반대의 발상이다. 국가가 주도하여 혁신하는 경제는 창조경제와는 거리가 멀다. 느닷없이 새마을운동이 들썩거리더니 이젠 개발도상국가의 경제개발타령이 나온다. 이쯤 되면 '아나크로니즘'(anachronism, 시대착오)도 극치를 보여주고 있다. 옛 향수가, 흘러간 노래가 그리운 모양이다. 낡은 필름을 다시 보고 있는 느낌이다.

'앵글로아메리카는 영하 40도, 라틴아메리카는 영상 50도' 자연이 반란을 일으켰다. 지구의 재앙이다. '철도노조 간부 8명의 구속영장 잇달아 기각' 경찰이 무슨 짓을 하고 있는지 잘 보여준다. 걸핏하면 불법으로 엮어서 구속하려는 것은 인권과 민주주의 적이다. 이래저래 위로를 받을 수가 없었다. 아내가 회사에서 배워온 운동을 전수(傳授)하려고 했지만 내가 시큰둥해하자 그만두었다. 아내는 한참동안 홀로 허리를 돌리고 엉덩이를 흔들고 하다가 잠잠해졌다. 밤에 나도 모르게 간간이 한숨만 나왔다. 나는 아내에게 ex의 전화이야기를 하지 않았다. 나, 디보세이(divorce -cee, 이혼자)는 벙어리 냉가슴 앓듯 홀로 낑낑거리면서 드라마 '제왕의 딸'을 보았다.

그 어디나 하늘나라 1. 9.

　아내는 8시 반에 출근했다. 회사 출근을 운동하러 간다고 했다. 아내의 말에 의하면 동료들은 승진하고 자기는 제자리걸음만 하고 있다는 것이었다. 편지의 반응은 실망만 안겨 주었다. 창피하다는 볼멘소리도 들었다. 윤이의 침묵은 적의까지 느끼게 했다. 그에게 보낸 것을 후회했지만 애초부터 일종의 도전이 아니었던가? 나날이 위태위태하고 아슬아슬했다. 아내가 회사에 있을 때 글을 썼지만 여의치 않았다. 아내가 안쓰러워서 견딜 수가 없었다. 유일한 버팀목이랄까, 의지했던 용이마저 표류하고 있다. 그와의 대화도 이제 편하지 않고 완악(頑惡)하고 강퍅해졌다. 번열증(煩熱症)이 나서 2시 30분 셔틀버스를 타고 외출했다. 국민은행에 가서 잔금을 확인해 보았다. 얼마 남아있지 않았다. 아내에게 전화했더니 화정박물관 앞에 와있다고 했다. 나는 즉시 집으로 돌아왔다.

　고 박건호 작사가의 가요에세이를 읽었다. 뜻밖에도 잘 쓴 글이었다. 가사나 시보다 소설을 썼으면 더 성공했을 것 같았다. 재미있었다. '오선지 밖으로 튀어나온 이야기'는 나의 오후를 구해냈다. 틈틈이 평강과 희락을 달라고 기도했다. '내 영혼이 은총 입어'를 되풀이해서 불렀다. 성경을 막:13:14, 눅:11:52, 사:41:10, 사:42:3 등을 읽었다. '주예수와 동행하니 그 어디나 하늘나라'를 계속 웅얼거렸다. 마음의 평화를 찾을 수 있었다. 아내는 내 옷을 인터넷으로 주문했다. 그리고 안방에서 계속 운동을 하고 있었다. 트롯메들리 앱을 다운받아서 그 노래에 맞춰서 춤을 추었다. 나도 같이 추자고 했다. 천진스러운 어린애 같았다. 온갖 시름과 걱정이 사라진 얼굴이었다. 아내의 장점이었다. 아내는 잠깐 영이에게 전화했다. 통사정을 하는 것 같았다. 공염불로 끝날 것은 뻔한 일이었다. 용이에겐 전화하지 않았다. 일요일에 늦게라도 오겠다고 했으니 기다릴 수밖에 없었다.

　기쁜 소식이 없었다. 교육부는 편수 조직 설치 등 국정화하려는 전지작업을 했다. 정부가 교학사국사교과서를 쓰도록 독려하고 있었다. 친일 독재를 미

화한 교과서다. '통일대박'이란 말이 계속 떴다. 요행 당첨 배팅 행운을 바라
는 것이 통일인 것 같다. 대북정책은 손놓고, 북의 붕괴나 바라고 있는 모양새
다. 감나무 밑에서 입 벌리고 있는 형국이다. 내가 뭐랬는가, 갈데없이 반공교
육 잘 받은 중학생 수준이라니까. 교학사교과서와 안철수의 신당이 계속 신경
에 거슬렸다. 새누리당이 이제 대놓고 안철수 신당에 후보를 내라고 부추겼
다. 고향인 부산에서 싸울 생각은 하지 않고 광주에서 민주진영끼리 제살 뜯
어먹기 싸움이나 하고 있다. 피로가 엄습했다. 자정을 넘기기도 어려웠다. 겨
우 '제왕의 딸'을 보았다.

탈만 사람 속은 불여우 1. 10.
    교육부가 친일독재 미화 교학사국사교과서의 채택을 추진했다가 실패한 꼴
이다. 교과서 채택이 수포로 돌아가자 이번엔 교과서국정화로 역습했다. 박근
혜 정부는 역사왜곡 의혹을 불러일으키는 일련의 행보를 멈춰야 한다. 왜 교
육부가 역사 퇴행과 왜곡의 한복판에 서있는가. 서남수 장관의 퇴진을 요구하
는 소리가 터져 나왔다. 정도전의 답전보(答田父)를 재밌게 읽었다. 나주 회진
현 거평부곡은 농민천민이 살던 곳, 상봉의 유배지다. 우왕 1년, 그곳에서 그
의 삶이 바뀌졌다. 계구수전(計口授田) 계민수전(計民授田) 공전(公田) 토지
개혁. 공자가 편찬한 예기여운 편에 나오는 말, 대동사회 소강사회. 지난해 시
월에 타계한 김열규 한국학자의 유고집 '아흔 즈음에'를 읽었다. 노년의 지루
함과 고독을 그려 놓았다.
    하루하루가 위태위태했다. 회사근무에서 실적을 올리지 못한 사람의 불안
하고 고달픈 일상이었다. 아내는 운동하러 출근한다고 하지만 집에서 그런 아
내를 기다리는 나는 한순간 한순간이 긴장의 연속이었다. 어쩌면 오늘이 아
내의 마지막 출근이 될지도 모른다는 불안에 떨었다. 오전에 이틀 치 '아고니
스트 환'을 첨삭하고 나서 오늘도 후닥닥 버스를 타고 종로로 나갔다. 조계사
에서 내려서 전화하니 이를 어쩌나, 아내는 벌써 버스를 타고 집으로 돌아가

고 있었다. 경복궁 앞이라고 하면서 다시 종각으로 오겠느냐고 하자 그냥 들어가겠다고 했다. 하릴없이 종로 르메이에르 빌딩 앞에서 셔틀버스를 타고 돌아왔다. 아내는 돌아와 자리에 누워 있었다. 무슨 일이 있었을까, 회사에서 무슨 좌절을 겪고 돌아왔을까. 나는 안절부절못했다. "탈만 사람 속은 불여우." 언뜻 아내가 하는 말을 나는 귓등으로 들었다. 누구를 두고 한 말인가 짐작할 만했다. 그때 뜻밖에도 막내 강이의 전화를 받았다. 참으로 얼마 만인가. 강이는 전화 속에서 애걸하고 있었다. 두 가지, 이 서방이 그런 사람이 아니라는 것과 자존심이 몹시 상했다는 말을 했다. 지금은 도와줄 만한 형편이 안 된다는 것도 강조했다. 형편이 풀리면 적으나마 도와주겠다고 말했지만 나는 더 이상 듣고 싶지 않았다. 부끄러워서 그냥 어디론가 도망치고 싶었다. 오랜만에 통화한 것으로 만족하고 전화를 끊었다. 길 터널 하나를 벗어난 기분이었다.

아내도 어제보다 기분이 가붓한 것 같았다. 아내가 달걀덮밥을 만들어주었다. 포식했다. 뜬금없이 회사에서 들었던 이사의 강의내용을 이야기했다. 어찌되었건 '영진'에서 다시 시작해보기로 마음먹은 모양이었다. 우리는 맛있게 식사도 하고 즐거운 대화도 나눴다. 과연 제살붙이란 무엇인가. 문득 용이가 헤어진 동생들을 두고 한 말이 떠올랐다. "차라리 남이 속 편해요. 아무 것도 변한 것이 없어요." 우리의 대화 속에 언뜻언뜻 어두운 그림자가 스쳐갔다.

천사와 마귀의 얼굴 1. 11.

귀에 들리는 소리는 오로지 relax, relax다. 편지의 후유증이랄까, 한 고비를 넘기고 평화를 느꼈다. 외형상으로는 어쨌든 화해했다. 어떤 실낱같은 가능성을, 실마리를 붙잡을 수 있었다. 강이와 통화를 하고 나서 특히 그랬다. 兩主가 안방에 죽치고 앉아서 달리 할 일이 없었다. 아내는 컴퓨터 앞에 장식처럼 붙어 있었고 나는 노트북을 치고 있었다. 한 폭의 그림이었다. 아내는 틈틈이 팔을 벌리고 다리를 쭉쭉 뻗고 몸통을 비틀고 허리를 돌리고 이런 운동을 했다. 태생적으로 그런 운동을 나는 좋아하지 않았다. 홀로 동네산책을 나갔다. 글로리아에 가서 이층으로 오르내렸다. 이층 안경점 복도에는 사람이 없었다. 나에겐 좋은 사색과 산책의 공간이었다. 하나님에게 부르짖는 회한과 contrition(痛悔)의 공간이었다. 이곳에 올 때마다 이층에서 한눈에 들어오는 예술고등학교 전경을 무연히 내다보는 버릇이 생겼다. 용이가 그 학교를 다니던 때가 내 인생의 황금시절이었다. 그때는 그것을 몰랐다. 용이는 지금 인생의 최대고비를 맞고 있다. 서울음대, 서울음대대학원, 파리유학, 파리의과대학 졸업, 예술치료연구, 모든 것이 흔적도 없이 꿈결 같이 지나가고 말았다. 어두워가는 바깥풍경을 내다보면서 오늘도 어김없이 용이의 성공을 빌고 있었다.

날이 저문 뒤에야 집으로 돌아왔다. 아내가 강이의 카톡에 내 사진을 올렸다. 다시 전화를 하라는 의사표시였다. 나는 당분간 관망하자고 했다. 어쨌든 강이와 통화한 것은 잘한 일이라고 했다. 그 말에 아내는 그게 그리 대견하냐고 핀잔을 주었다. 나도 언뜻 그런 통화밖에 할 수 없었던 것이 부끄러웠다. 새삼스레 천사와 마귀, 두 얼굴을 보았다. 어제는 제붙이와 화해하는 느낌이 들어서 기뻤는데 오늘은 어쩐지 의기소침했다. 피로를 이기지 못해 나는 좋아하는 누가복음도 읽지 못하고 곯아떨어지고 말았다.

새 추기경 탄생 1. 12.

11시에 교회예배를 보았다. 아내가 권사에 임직했다. 목사의 축하기도를 받았고 성도들의 축하도 받았다. 이상하게도 아내가 세검정교회를 떠날지도 모른다는 생각이 들었다. 목사의 설교도 시큰둥했고 눈에 보이지 않는 교회의 '하이어라키'(hierarchy, 성직자의 계급제도)가 우리를 움츠러뜨리는 것 같았다. 설교 중에 나는 '신학메모'를 읽었다. 일종의 저항의 몸짓이었다. 박 장로에게 아내의 시에 곡을 붙인 가곡CD를 선물했다. 박 장로가 만날 날짜와 시간을 말했는데 아내가 토요일밖에 없다고 해서 일단 유보되었다. 우리는 교회에서 바로 시내로 나갔다. 교보에 가서 신간 책을 구경했다. '정글만리'가 눈에 띄었다. 그의 글은 여전히 나의 마음에 들지 않았다. 조금 읽다가 내려놓았다. 왜

태백산맥을 비롯해 그의 작품을 내가 잘 읽지 못하는가를 사람들은 모를 것이다. 그는 나에게 무의미하고 아무런 감동을 주지 못하는, 그러니까 없는 사람이나 다름이 없었다. 강신주의 저서를 보았다. 많은 것을 생각하게 했다. 꼭 그의 책을 사서 읽어보리라 마음먹었다. 김열규의 '아흔 즈음에'도 눈에 다시 띄었다. 이젠 유명을 달리하고 있지만 그의 숨결과 체취가 훅 끼쳐오는 것 같았다. 오늘은 빈손으로 서점을 나올 수밖에 없었다.
　새 시청청사 지하에 있는 시민청으로 갔다. 그곳은 회복, 나눔, 재충전 이런 이미지들이 엉겨 있는 곳이었다. 거리에 나왔다가 피곤하고 막막할 때 곧잘 그곳을 찾아가서 휴식을 취하고 재충전을 하곤 했다. 마침 오늘 개관 일주년 돌잔치를 하고 있었다. 시장과의 토론이 있었다. 좋은 시간이었다. 박원순 시장은 실물이 더 젊어보였고 철두철미 시민과 함께하는 사람이라는 인상을 받았다. 집으로 돌아올 때 바람이 칼날같이 매섭고 거리에는 다시 한파가 몰려오고 있었다. 빵과 반찬거리를 사려고 할인마트에 들렀는데 빵이 동이 났다. 옆에 있는 홈플러스에 가보았는데 문을 닫았다. 우리는 빈손으로 집으로 돌아왔다.
　TV에 염수종 대주교의 추기경서임 뉴스가 특보로 떴다. 어쩐지 찜찜했다. 환영할 일이 아닌가. 사제들의 정치참여를 강하게 비판했던 그의 말이 생각났다. 그는 사제들의 시국미사에 반대하고 정치적 사회적 개입은 교회 사목자의 일이 아니라 평신도의 소명이라고 말했다. 나는 시대착오적인 교리라는 생각했고 그가 궤변을 늘어놓고 있는 것이라고 비판했다. 사제는 안 되고 평신도는 된다는 것, 복음적으로 개입하라는 그의 말도 아리송했다. 교황과는 정반대의 입장인 그를 교황이 추기경으로 서임한 것이 달갑지 않았고 당혹스러웠고 원망스러웠다. 함세웅 신부는 "시대착오적이며 성서적 기초도 없는 강론이고 가톨릭 교리를 아전인수식으로 왜곡했다"고 비판했다. 염 대주교는 사제의 정치참여를 비판한 이후, 철저하게 복음적인 방법을 선택해야 한다고 주장했다. 그리고 프란치스코 교황님은 "인간을 불행하게 만드는 세상의 부조리와 불평등의 구조에 짓눌리지 말고 개선하고 변화시키는 데 주저하지 말라"고 사제들의 사회참여를 촉구한다고 말했다. 앞뒤가 맞지 않은 염 대주교의 말을 이해할 수가 없었다. 강신주가 나에게 좋은 자극제가 되었다. 아내는 어제의 상처를 건드리지 않았다. 다행이었다. 밤에 주말드라마를 보면서 마음의 상처를 다독였다.

무항산 무항심 1. 13.

골몰, 친분, 후사, 아니꼽다, 이런 말을 왜 안 썼을까. '비라일클럽'이 망각의 바다에서 살아 돌아왔다. 시간을 물 쓰듯 하면서 얼마나 찾아 헤맸던가. 잠자리에서 벌떡 일어나 virile club(절륜한 정력을 자랑하는 클럽)을 확인해 두었다. '후로스키' 어느 나라 말일까. 이미 세상을 떠나고 없는 작사가 박건호가 새삼스레 생각났다. 다소 천덕스럽고 경박한 울림이 오히려 인간적으로 어필해왔다. '내가 버린 시대'와 '닐어드미러리'(niladmirari, to wonder at nothing, 태연자약함)를 구상하면서 시간을 보냈다. 염수정 추기경 서임을 기뻐하고 즐거워해야 하는데 그렇지 않았다. 김수환 추기경은 땅속에 묻힌 줄 알고 있지만 정진석 추기경은 어디로 갔나. 왜 이리 쓸쓸할까. 제발 이제 가난한 자, 소외받은 자를 보살피는 교회라는 말, 함부로 하지 말라. 난제 중의 난제다. 화해 용서 공존 복음 참여 구원 이런 말들, 그 난해한 상징과 함의를 갈수록 잘 모르겠다. 웃고 있는 두 추기경의 사진이, 진홍색 cardinal이 살찐 돼지로 보이지 않았으면 좋겠다.

왜 갑오년 세시원단에는 청랑하고 유쾌한 낭보가 없을까. 이건희의 근황을 알리는 단신이나 읽고 있는 자신이 한심했다. 여수 소라면 여자 근처에 별장을 짓는다고, 귀국한 지 보름 만에 일본과 하와이 쪽으로 또 출국을 했다고, 사업을 구상하고 휴양하기 위해서라고. 하나도 부럽지 않았다. 진짜 그랬다. 나의 기대를 한번도 채워주지 못했다. 그는 두꺼비같이 굼뜨게 운신하는 일개 부자일 뿐이다. 교학사국사교과서가 자멸한 후에 교육부가 검정강화, 국정전환을 위한 포석을 하고 있다. 그렇다면 친일독재를 미화하는 역사왜곡을 획책 추진하고 있는 것이 정부란 말인가. 어느새 그 후손들이 우리사회의 한 축을 형성하고 있다. 가장 우려했던 현상은 매국 민족 반역의 혈통이 버젓이 새끼를 쳐서 강고한 성을 이루고 있다는 것이다. 권력이 역사왜곡과 반민주 반민족 반인륜적인 세력의 전위부대로 전락했다는 것이 가슴 아프다. 역신(逆臣)은 구족을 멸했다는 것이 그래서였을까. 씨를 말려야 불온하고 불행한 역사가 반복되지 않는다는 이치일까.

아내는 영하 10도의 추위를 뚫고 출근했다. 어느 구석에도 온기라곤 없는 방안에서 바장이다가 나는 이를 악물고 '아고니스트 당신'을 썼다. '아고니스트 환' 2009년 12월 치를 다듬었다. 작업은 지지부진하고 아무리 발버둥을 쳐도 눈에 띨만한 약진이 없다. 무엇보다 이젠 항산(恒産)이 없다. 우리의 힘으론 한 푼도 벌수가 없다. 타인의 배려와 자선에 우리의 삶이 얹혀 있다. 한 발짝도 우리의 힘으로 내딛을 수 없게 되었다. 항산이 없는 곳에 항심이 없다. 마음은 매일같이 불연속선, 대기불안정, precarious(불확실한, 불안정한)한 생활을 하고 있다. 내가 좋아하는 말들과 생각들이 시시각각 앞 다투어 머릿속에서 빠져나갔다. 내가 가장 두려워하는 현상이다. 앙뉘가 밀려왔다. 권태로웠다.

집안에 머물 수가 없었다. 11시에 외출했다. 생각이 갈팡질팡했다, 종로5가로 갈 것인가. 광화문 '이남설렁탕집'을 찾아갈 것인가. 종로1가에 내려서 아내를 기다릴 것인가. 강추위 속에 거리를 걸어 다닐 수도 없었다. 하릴없이 버스를 타고 다시 집으로 돌아왔다. 집을 나간 지 채 1시간도 안 되었다. 시간을 앞으로 밀어낼 만한 힘이 없었다. 이를 악물고 작업하기 시작했다. 그러자 금방 몰두할 수 있었다. 아니꼬운 생각들이 말끔히 사라졌다. 때마침 2시에 아내가 전화를 하더니 금세 명랑한 얼굴로 집으로 돌아왔다. 나를 구원해 주었다. 나는 다시 희망을 갖기 시작했다. 아내는 블로그에 어제 시민청을 방문했던 것을 올렸다. 나는 오늘도 박건호의 가요에세이를 읽었다. 우리는 잠시 '영진'에 대한 이야기를 나누었다. 한 달여 만에 회사에 대해 참으로 많은 것을 알게 되었다. 그 정체를 이제 대충 파악한 것 같았다. 일종의 '네바다이'(교묘하게 남을 속여 금품을 빼앗는 짓)라고 아내가 말했다. 나도 회사의 실속과 한계를 느낀 대로 낱낱이 이야기했다. 아내는 내 말에 동의했다. 결론은 당분간 예의 관찰하면서 그 회사에 집중하기로 했다. 한순간의 실수나 방심도 용납되지 않는다는 것을 다시 명심했다. 요컨대 한번 더 희망을 걸어보자는 것이었다.

아내가 퇴근할 무렵에 으레 느끼는 극심한 불안을 극복하기로 결심했다. 저녁시간이 실종되었다. 실종이라는 말은 기억이 안 난다는 것, 막 지나고 보면 무슨 일을 했는지 모르겠다는 뜻이다. 김정희 이사가 주말에 당부했다는 '행복호르몬'을 아내가 귀띔해주었다. 나도 모르게 빙그레 웃었다. 나의 웃음을 보고 아내도 싱긋 웃고 돌아앉았다. 이심전심으로 내 웃음의 의미를 알아챈 것이다. 오늘의 하이라이트는 '무항산 무항심'이었다.

남대문시장의 훈풍 1. 14.

교육부가 교학사의 후견인 혹은 비호세력이었다. 친일 독재미화교과서도 정권의 속셈이었다. 이건희는 다시 해외나들이를 떠나고, 아마도 일본이나 하와이로 갔을 것이고, 싸움을 걸어온 그의 조카는 감옥에 갔고, 그러게 왜 역린(逆鱗)을 건드렸느냐 말이다. 민주당은 계속 인기가 추락하고 안철수는 바퀴벌레처럼 스멀스멀 기어 나오고 박 대통령은 또 그 화려한 외교행각을 위해 해외로 떠날 채비다. 아내의 말마따나 부산의 강이는 또 감감소식이다. 편지를 띄운 효과는 이제 사라졌다. 선이와 윤이는 담을 더 높이 쌓아 버렸다. 강이에게 속으로 세 가지를 당부하고 있었다. 행여 마주치게 되면 '선생님' 혹은 '작가님'이라고 불러다오. 저쪽 아이들도 그렇게 나를 부르고 있다. 둘째는 나의 자존심을 세워 달라. 네가 전화에서 그토록 네 자존심을 강조했는데 내 자존심은 생각해 본 적이 있는가. 그리고 힘닿는 데까지 도와 달라. 평창동 어머니가 저리 전화라도 하라는 심정을 너는 이해하느냐. 입때껏 너는 일언반구 이야기가 없었다. 지척(咫尺)이 천리였다.

'영진'은 이제 그 정체를 알게 되었다. 자존심이 상하지만 타협을 하는 일만 남아 있다. 인턴사원에게 판매를 촉구하고 있다. 애초의 말과는 다르지 않은가. 그들은 물건을 파는 것이 목적이다. 그게 알파고 오메가다. 다른 모든 것은 그것을 달성하기 위해 위장했을 뿐이다. 일테면 목표량을 이루고 나면 더 판매할 필요가 없고 내근을 하게 된다. 아무리 판매를 잘 하더라도 승진이 되는 것은 아니다. 다른 고가를 따야 한다. 이런 식의 말은 다 거짓말이다. 그들의 속내를 감추려는 위장이고 일종의 성동격서(聲東擊西)다. 하지만 어쩔 것인가. 내친 김에 담판을 해서라도 과실을 따내야 한다. 아내는 '하이어라키'에 편승할 수는 없다. 특채랄까, 아내의 능력과 경험을 이용할 수 있는 기회가 주어져야 한다. 이사가 특단의 결정을 내려야 한다. 어찌 보면 김칫국을 마시고 있는 형국이지만 일은 그렇게 풀어가야 한다. 아내가 '영진'에 안착할 수 있는 유일한 방법이다. 다른 사람들처럼 판매실적을 올려서 승진한다는 것은 너무 위험부담이 많고 그럴 시간도 없다. 아내는 회사에 아내의 막강한 블로그를 터뜨렸다. 일종의 공격적 어프로치다. 수석실장이 아내의 블로그 이야기를 들었다고 했다. 그 반응이 궁금했다. 그들은 경계하고 견제하러 들 것이다. 아내는 당분간 예의 관찰하고 대응하기로 마음먹었다.

  오후에 아내와 남대문시장에 갔다. 삼성생명 앞에서 남대문지하도로 내려가서 시장으로 나왔다. 이렇게 따뜻하고 좋은 통로가 있는 줄을 몰랐다. 매양 길가에 서서 횡단신호를 기다리다가 헐레벌떡 거리를 건너가곤 했다. 남대문시장에 오면 늘 훈풍이 불었다. 제풀에 얽히고설킨 문제들이 풀리고 화해의 계기가 이루어졌다. 행복했다. 오늘은 아내가 내 신발을 사주었다. 구두가 헐고 닳아서 눈이 내린 날엔 물기가 스며드는 것도 모르고 신고 다녔다. 효자신이라는 구두를 샀다. 라운드 셔츠와 오메가3도 샀다. 아내의 마음 씀씀이에 감사했다. ex의 전화, 용이의 두절, '영진'의 일그러진 모습, 이런 것들이 어쩔 수 없이 머릿속을 휘젓고 있었다.

  밤에 아내는 남대문시장리어카노점상에서 사온 옷을 손질했다. 그런 일에 골몰하는 아내의 모습이 보기 좋았다. 카톡을 하고 불록에 사진을 올리기도

했다. 요즘 아내의 블로그를 방문하는 사람들이 엄청 늘어났다. 아내가 생동하고 있다는 증좌였다. 한때 하루에 나에게도 수천 명이 몰려오기도 했는데 나는 블로그에 아무것도 올리지 못했다. 아무 작업도 하지 않았다. 엄청난 시간을 소요하는 수정작업이 그냥 방치된 채 뒹굴고 있었다. 이렇게 쫓기는 듯한, 숙제를 못해서 안달하는 듯한, 이런 생활이 적당한 긴장감을 느끼게 해서 좋았다. 문득 부산의 이 서방이 떠올랐다. 내가 전집을 낼 때 그의 도움을 받아야 한다. 강이를 너그럽게 지켜보고 있는 것도 그런 맥락에서다. '아고니스트 환'을 마무리하고 빨리 작품을 쓰고 싶다. '정글만리'가 다 뭐냐. 여전히 나는 그의 작품을 깔보았다. 잠자리에서 '클럽방문기' '인간밀화집' '유리가면 변증법' '광장의 눈'을 떠올리면서 끝없이 뒤척였다.

믿고 기다리라 1. 15.

'박 대통령 2004년 DJ 고초 사과' 'DJP연합 때 PP기념관 약속' 15일 영호남 의원 20명이 전남 신안군 하의도 김대중 전 대통령 생가를 방문했다. 동서화합의 차원인 듯. 오는 3월에는 경북구미 박정희 대통령의 생가를 방문할 예정이다. 오랜만에 동서 간에 훈풍이 불고 있다. 게이츠 전 미국국방이 회고록에서 노무현에게 노골적으로 악담을 했다. 논란이 일고 있다. "반미적이고 약간 미친 것 같다. 동북아 안보에서 가장 위협적인 존재는 미국과 일본이라고 말한 적도 있다. MB는 뚝심 있고 현실적이며 친미적이다." 병신 육갑하고 있다. 이럴 때 우리 어머니의 욕이 나도 모르게 입술을 들치고 나왔다. "풍증(風症)하고 있네." "양광(佯狂) 떨고 있네." 박 통령이 또 외국을 방문길에 오른다. 바다 건너가야 스펙을 쌓을 수 있으니까. 정부가 바짝 챙기고 있는 경제혁신3개년계획도 새것은 없고 추상적인 말의 성찬에 그칠 공산이 크다. 이래저래 점수 따기는 글렀다. 죽으나 사나 해외나들이에서 재미를 볼 수밖에 없다.

새 신발을 신고 산책을 나갔다. 애초엔 동네 산책이나 할 요량이었는데 발이 편해서 경복궁까지 걸어갔다. 아내가 들어온다고 했는데 2시가 넘어도 오지 않아서 종각 쪽으로 가보았다. 풀코스를 걷느라고 시간이 많이 걸렸다. 한겨울 칼바람이 자하문고개를 휩쓸고 있었다. 날이 풀렸다고 했지만 추위는 여전히 녹록찮았다. 무궁화동산에서 잠깐 휴식을 취했다. 경복궁을 가로질러 구청 쪽으로 빠져나갔다. 4시 반에 셔틀버스를 타고 돌아왔다. 일성아파트 앞에서 내렸다. 오늘 산책에서도 어김없이 만보기도를 올렸다. "아내 조정애 시인, 딸 용이를 지켜주소서. 세워주소서. 이끌어주소서. 하나님 감사합니다. 주님을 찬양합니다." 발자국을 내디딜 때마다 기도를 올렸다. 셔틀버스 탈 때까지 기도는 계속됐다. 돌아와 보니 아내는 자고 있었다. 몹시 피곤해 보였다. 회사에서 무슨 일이 있었나, 괜히 가슴이 철렁 내려앉았다. 아내는 오후 내내 잤다. 나는 거실로 가서 오병이어(五餠二魚)의 기적같이 도와달라고 계속 기도했다. 내 기도는 한 시간 동안 계속되었다. "믿고 기다리라." 응답이 왔다. 날이 저물자 안방으로 돌아왔다.

아내는 그사이 일어나서 냉동고에서 생선을 꺼내어 녹이고 있었다. 생선을 구어서 맛있게 저녁을 먹었다. 아내는 오늘은 회사이야기를 하지 않았다. 무소식이 희소식이었다. 아무런 프로세스도 없었다. 제발 보낸 편지들이 부메랑이 되어서 돌아오지 않기를 마음속으로 빌었다. 잠깐 은행에 가서 잔고를 확인했는데 거의 바닥이 났다. 새삼 실망했다. 용이의 소원(疏遠)함이 가장 두려운 일이었다. 그는 직장에 대해서 여전히 함구했다. 오늘도 아무런 기별이 없다. 밤에 '제왕의 딸'과 '미스코리아'를 보았다. 오늘따라 아무 말이 없던 아내가 아뿔싸, 어느새 그림처럼 자고 있었다.

복 받은 질병과 환자들 1. 16.

할 일이 없고 갈 데가 없을 때 가장 막막하고 고달팠다. 바로 노후 혹은 은퇴라는 '빛과 그림자'다. 일껏 작업했다. 일기 쓰는 것까지 작업이랄 수는 없고 겨우 '아고니스트 환' 2009년 12월 성탄절 전후를 퇴고했다. 오전이 지나가 버렸다. 아내를 맞을 준비를 해야 한다. 이 비능률성과 권태로움이 나를 실망시키는 주범이다. 이렇게 지지부진해서 어느 세월에 해방될 것인가. 다른 일에 신경을 쓸 수가 없다. 덫에 걸렸다. 이 업보를 어떻게 지고 갈 것인가. 아내가 일찍 돌아왔다. 괜히 제목도 없는 일로 짜증을 내다가 어디론가 훌쩍 가버렸다. 차를 가지고 중이집으로 간 모양이다. 나도 외출했다. 거듭 말하거니와 갈 데가 없는 것처럼 불행한 것은 없지만 이제 익숙해졌다. 셔틀버스를 타고 시내로 나갔다. 우연히 강 선생과 동행했다. 처음에는 머쓱했지만 이내 익숙해졌다. 셔틀버스 노선에 대한 설명을 해주었다. 대학로 서울대병원도 들른다는 것을 알려주었다. 그는 인사동에서 먼저 내렸다. 나는 세원상가까지 가서 내렸다. 오늘은 아내가 없지만 홀로 종로5가에 있는 아내의 회사 영진빌딩까지 가보았다. 회사 앞에 도착했을 때 입구에서 한 떼의 여자들이 쏟아져 나왔다. 나도 모르게 주눅이 들었다. 먼발치로 그들을 한참동안 주시하는 동안 회사에 들러볼 마음이 사라져 버렸다. 그냥 발길을 돌려서 대학로로 향했다.

걸어서 사대초교, 통신대, 문예진흥원을 지나서 서울대병원으로 올라갔다. 용이의 동네라서 전화를 걸고 싶었지만 정체모를 두려움 때문에 그만두었다. 그의 직장을 나는 모른다. 본인이 이야기하지 않은데 어쩔 것인가. 그냥 모른 척했다. 나는 서울대병원에 셔틀버스 정류장이 있는 것을 확인하고 나서 본관으로 들어갔다. 오늘따라 유난히 밝고 널찍하고 깨끗하고 럭셔리했다. 환자는 말할 것도 없고 여기서는 치유하는 질병까지 복 받은 것 같았다. 질병도 멀쩡하고 고분고분하고 기품이 있어 보였다. 이 병원에 처음 온 것도 아닌데 이런 말을 하고 있는 것이 영락없이 망령된 생각이었다. 그랬다. 이곳에서 북새통을 이루고 있는 사람들까지도 부러웠다. 외로웠다. 이렇게 터무니없는 생각만 하다가 5시에 버스를 타고 종묘로 빠져나왔다. 중이집에서 돌아오는 길에 할인마트에 들른 아내가 전화했다. 산 물건을 날라달라는 것이었다. 나는 지금 시내에 나와 있으니 차에 그냥 두라고 했다.

'북, 적대행위 비방행위 중지 제안' 우리가 내놓을 반응은 뻔했다. 또 다른 '도발을 위한 명분 쌓기, 위장평화공세' 트집 잡아 상대의 제안을 거부하는 것은 남북이 똑같이 이골이 났다. '미 하원, 일본에 위안부 사과 독려해야' 우리 정부보다 낫다. LA다저스의 커쇼는 성실, 선행, 야구천재로 유명하다. 연봉 3천만 달러로 보상받는 것은 당연했다. '해결사 검사 구속' 우리 검사님들의 일탈이 어디까지 될까. 철도노조 핵심간부 4명이 구속됐다. 어쩌다가 공권력 행사가 하나같이 탄압으로 비치는 세상이 되어 버렸을까. '어젠다 더 컨센서스' 이런 말들이 마음에 와 닿지 않았다. 공허했다. 박 대통령은 인도를 방문하여 맘껏 세일즈 외교를 펼쳤다. 정상외교는 뉴스를 무더기로 쏟아냈고 뉴스를 선점했다. 대통령의 위세가 약여했다. 창조경제와 경제혁신이 말은 성찬이지만 내용물은 아리송했다.

보좌관이라는 묘한 발음을 가지고 아내와 한참 웃음보를 터뜨렸다. 아내는 회사의 사정과 그의 심정을 솔직하게 토로했다. 탈출구도 대안도 없었다. 중이집에서 가져온 가방을 나에게 자랑했다. 물건보다는 그가 자랑한 것은 다른 일이었다. 물건이 탐이 나서 챙겼지만 아무리 자식일지라도 주인 몰래 가져올 수는 없었다고 했다. 카톡으로 팔라우에 있는 아들에게 전화를 했다는 것이다. "네 가방을 갖고 싶은데 줄 수 있느냐"고 물었더니, "가지세요." 아들의 응답이 즉시 왔다. 그렇게 편리한 세상에 살고 있다고 아내는 감탄했다. 젊은이에게 조금도 꿀리지 않고 당당하게 살고 있다고 득의양양했다. '제왕의 딸'을 보았다. 오늘은 할 일도 없고 갈 데도 없어서 마냥 막막했는데 어느 때보다 마음이 평화로웠다. "평화가 주는 이 행복, 하나님 감사합니다."

진실 앞에 바보들 1. 17.

신경림이 6년 만에 시집을 내놓았다. '별'이라는 시를 읽었다. 달관하고 관자재의 경지에 이른 그의 시를 보고 반가웠지만 어쩐지 덤덤했다. 제3세대 한국개신교 목회자 선두주자 소강석 목사의 '종교개혁'이라는 기사를 읽었다. 거룩함이 사라졌다고 개탄했다. 아직 그를 풍각쟁이로 보고 있는 나는 만감이 교차했다. 용인 죽전에 살 때 그의 설교를 듣고 많은 것을 생각했다. 이왕 신문기사 이야기가 나와서 하는 말이지만 경향신문은 요즘 볼수록 빛나는 신문이다. 새파랗게 젊었을 때의 감동이 살아났다. 그때 동아와 경향의 기사를 읽고 우리는 얼마나 피가 끓어올랐는가. 고마웠다. 그 열악한 여건에서 이런 신문이라도 살아남은 것을 하나님에게 감사했다. 특히 책과 삶, 오피니언, 사설은 눈부신 칼럼이다. 다른 신문을 읽었을 때 나는 경향의 존재감을 더욱 절실히 느끼게 된다. 그 태깔 좋은 서울의 메이저신문들은 참으로 공허했다. 글다운 글이 없다. 어느 날 갑자기 그들은 진실 앞에 바보가 되어버린 것이다. 요즘 드라마를 보고 있는 것 같다. 진실은 눈앞에 놓여 있는데, 코흘리개 어린이도 번히 알 수 있는데, 한사코 사실을 모른 척하고 먼 산만 바라보면서 이야기를 끌어가고 있다. 영락없이 '진실 앞에 바보들'의 이야기다. 신물이 난다. 세상엔 온통 '내숭떨기' '능청 부리기' '눈감고 아옹 하기' 경연(競演)이 벌어지고 있다. 아내와 숭인동에 가서 먹을거리와 이불을 가져왔다. 돌아오는 길에 부암동 주민센터에 들러서 부산으로 팩스를 보냈다. 갈 곳이 있고 할 일이 있으면 신이 나고 생기가 돌았다. 날마다 아내가 돌아올 시간이 되면 마음이 들뜨는 것도 그런 이유에서였다. 오전에 '아고니스트 환' 2009년 12월 치를 첨삭했다.

밤에 아내는 열심히 운동했다. 회사에서 아침에 30분씩 하는 운동을 잠들기 전에 되풀이했다. 아내는 S라인 살아나고 뱃살이 없어지고 날씬해졌다고 자랑했다. 회사에서 가장 운동을 잘하고 나이에 비해 젊어 보인다고 잠시 수다를 떨었다. 아내는 운동에 지쳐서 나보다 빨리 잠자리에 들었다. '젊어지면 뭘 하나.' 홀로 쓰러지듯 일찍 잠들어 버리는 아내를 내려다보며 나는 푸념을 늘어놓았다. 그런 자신에게 놀라서 용서해달라고 열심히 기도했다.

오피니언의 제압 1. 18.
아내는 일찍 예배지도자 수련회가 열리는 일영연수원에 갔다. 권사에 임직한 이래 이런 모임에 빠질 수 없었다. 이번이 마지막이다. 더 이상 하수상한 행사에 참석할 여유가 없다. 나는 주말인데도 작업할 수 있었다. '부재중 작업능

률'이라는 말이 생각났다. 2009년 12월말, 그 어려운 나날의 기록을 완결했다. 아침 9시에 나간 사람이 오후가 기울어도 오지 않았다. 인왕시장 쪽으로 산책을 나갔다. 추위가 녹록찮았다. 내부순환도로 홍지터널입구를 지날 때 혈압이 올랐다. 머리가 찬바람을 감당하지 못하는 기척을 느꼈다. 하나님을 수없이 불렀다. 위태위태한 겨울산책이었다. 혈압이 있는 사람은 절대로 추울 때 외출해서는 안 된다. 내가 부득부득 고집을 부린 것이다. 인왕약방에서 진통해열제를 샀다. '국빈' 중화식당을 뒤 번 기웃거리면서 짜장면을 먹으려고 했는데 손님이 하나도 없어서 그만두었다. 손님이 없는 홀에 나는 들어가지 못한다. 다시 걸어서 집으로 돌아오는데 아내한테서 전화가 왔다. 어디냐고, 빨리 돌아오라고 했다. 내가 없으면 이렇게 챙기고 불러들인다. 말 못할 사정이 많지만 즐거운 비밀이다. 부부간에도 이렇듯 말 못할 사정이 쌓이는 것이 늙음의 징표다. 요즘 부쩍 화장실을 자주 들락거렸다. 전립선이 고장이 났다는 신호다. 세상물정도 자꾸만 흐릿해 간다. 인생이 역순으로 변해간다. 다시 어린 아이가 되어 가고 있다.

오후엔 작업의 맥이 끊기고 말았다. 오랜만에 우연히 조정래의 '태백산맥'을 읽었다. 10권의 말미 30장부터 읽었다. 우악스러운 사투리, 그가 나를 웃기고 감동시킬 수 있는 것은 사투리밖에 없었다. 동향이어서 그의 사투리를 나는 훤히 알고 있다. 그 사투리가 나를 고통스럽게 할 때가 한두 번이 아니었다. 나도 읽기가 어려웠다. 그 엇구수하고 감칠맛 나는 사투리 빼고는 나로서는 읽을 것이 없다. 그의 작품을 가끔 꺼내서 읽는 이유는 딱 그 한 가지 때문이다. 나는 그의 문학을 달가워하지 않는다. 일종의 아르티장으로 그를 평가하고 있을 뿐이다. 그는 어쭙잖고 촌스럽고 유치한 구석이 많다. 동향인 김승옥과는 정반대의 취향이다. 그가 언젠가 김승옥을 폄하하고 dis 하는 말을 한 적이 있다. 당연했다. 내가 좋아하는 김승옥의 문학을 그는 죽었다 깨나도 능가할 수 없다. 그를 맘껏 깔보면서도 많은 위로와 용기를 얻었다. 그는 아직 멀었다. 그의 밀리언셀러 '정글만리'도 보나마나 그런 수준의 소설일 것이다. 비교도 할 수 없을 만큼 그는 나보다 성공을 거두고 있지만 그의 글을 읽고 나면 새삼 자신감 같은 것이 생겼다. 그의 '태백산맥'은 내가 생각했던 것에서 한 치도 벗어나지 못하고 있었다. 그런 글은 얼마든지 쓸 수 있다.

내가 오피니언을 제압할 수 있다는 것은 아직 살아 있다는 증거다. 그런 점을 확인하기 위해 신문의 오피니언을 읽고 있다. 만약 그 논리 주장 담론 레토릭을 나의 감성과 지성과 사유와 총기가 제압할 수 없다면 나는 끝난 것이다. 아직 나는 그곳에서 제기되는 모든 이슈를 어거(馭車)하고 제압하고 분석하고 비판할 수 있는 용기와 능력을 가지고 있다. 이것이야말로 내가 살아가는 원동력이고 희망이다. 아아, 오피니언을 제압하라. 그리고 살아남아라. 법원이 MBC파업은 정당하고, 해고와 정직은 무효라고 판결을 내렸다. 사필귀정. 불공정 편파왜곡 방송이 독버섯처럼 온 세상에 퍼져 있다. 어찌 MBC만의 문제이랴. 상식과 정의 승리? 언론이 거듭나는 데 기폭제가 되었으면 좋겠다. 고창서 고병원성 AI 발생, 닭오리 7만 마리를 살처분했다. 우리축산농가 초비상. 이 날벼락을 또 어찌 배겨나갈 거냐.

아내가 저녁을 성찬으로 준비했다. 돼지고기가 들어간 소스로 상추쌈을 맛있게 먹었다. 온종일 안방이 냉기가 감돌았다. 아내는 그토록 운동을 했는데도 허리가 아프다고 울상이었다. 여전히 K-pop은 볼만했다. 주말의 솔라스다. '불후의 명곡'도 보았다. 아내는 요담뽀를 껴안고 주말드라마를 잠깐 보았다. '영진'의 라텍스는 여전히 실적을 올리지 못했다. "우리는 '참 이웃'과 '가짜 이웃'을 가려내는 좋은 기회를 맞았다." 드라마 대사에서 우연히 들은 말이 지금 우리의 형편을 잘 표현해주었다. 아내의 오늘 '일영모임'도 그런 뜻에서 많이 기대했는데 물거품이 되고 말았다. 무시로 아내의 얼굴을 스쳐가는 저 어두운 그늘도 그 가짜 이웃에서 몰려오는 먹구름 때문일까.

글로리아이층 내 기도실 1. 19.

아침부터 화장실을 뻔질나게 드나들면서 시원하게 소변을 보았다. "일상에서 배설의 즐거움이 이렇게 클 줄은 몰랐다." 비명에 가까운 노인의 하소연이다. 아내 홀로 교회에 갔다. 간밤에 아내는 전신만신이 쑤시고 아프다고 어린이처럼 칭얼댔다. 총체적인 통증의 습격이었다. 나는 쉴 수 있었지만 아내는 헌금위원이어서 교회에 안 갈 수가 없었다. 교회에서 돌아온 아내는 잠자코 자리를 펴고 누워버렸다. 홀로 동네 산책을 나갔다. 날씨가 풀어졌다고 하나 바람 끝이 매서웠다. 글로리아타운 2층을 찾아갔다. 그곳은 여전히 나의 기도실이었다. 새로 지은 건물이 임대가 나가지 않고 거의 공실로 남아 있었다. 대낮에도 사람의 그림자는 얼씬도 하지 않았다. 5층에 '로이병원'이 있고 3층에 재활물리치료실이 있었지만 2층은 하루 종일 사람이 없었다. 재활환자가 가끔 나타나는 정도였다. 끊임없이 복도를 왔다 갔다 하면서 사색에 잠겼다. 한 작가로서 나의 삶의 자취를 남겨놓았다고 할 수 있는 곳이다. 나의 눈물 한숨 숨결 체취 발자취 이런 것들이 고스란히 남아 있었다. 특히 창밖으로 예고를 바라보면서 용이의 성공을 기원하는 곳이었다. 오늘은 5시 반까지 머물렀다. 행복과 천국은 내 마음속에 있다는 것을 깨달았다. 어느새 마음이 가분해졌다.

'안중근 기념관 개관' 중국이 통 크게 배려해주었다. 박 정권 잘한 것 중의 하나가 중국과 관계 개선이다. 역내정세가 그렇게 이끌었지만 어쨌든 중국과 가까워진 것은 환영할 일이다. AI확산으로 전남북 14만 마리 대상, 48시간 동안 이동중지를 명령했다. 사상초유의 사태다. 안철수가 정치적 강경발언을 하고 있다. 기초선거공천 폐지, 정개특위 해산, 새 정치 낡은 정치 차별화 부각. 문제는 그 새 정치가 실체가 없다는 것이다. 호남표를 분열시키는 일밖에 내 생각엔 잡히는 것이 없다. 용산 참사에 면죄부 준 정병두는 대법관 자격이 없다.

저녁에 아내는 구청에 보낼 서류를 작성했다. 올해 공동체사업을 취소했는데 그 사유서를 작성하고 비용을 반환하는 절차를 밟았다. 'K-pop시즌3'를 보았다. 저녁에 아내가 뜬금없이 라면을 먹었고 나는 상추쌈을 먹었다. 내일도 영하 7도라고 한다. 유독 추위에 약한 아내가 걱정을 했다. 자정까지 한국과 시리아의 축구를 보았다.

끼리끼리 잘사는 세상 1. 20.

아홉 개의 샌드위치를 만들어서 그중 4개는 아내가 회사로 싸간다. '남자의 향기'라는 이름이 붙은 이 빵은 회사에서 여러 쪽으로 나누어 여러 사람이 먹는다. 회사의 우두머리인 이사까지 먹는다. 나는 아침마다 남자의 향기를 만들고, 아니 남자의 향기가 되어 아내와 함께 출근했다. 하나님 도와주소서. 아내가 황급히 길은 건너가는 것을 본 적이 있다. 물론 무단횡단은 아니지만 버스를 놓칠까봐 그런 것인데 눈 오는 아침이면 그 장면이 떠오르면서 걱정되었다. 홀로 있노라면 이런 말들이 스쳐갔다. "당동벌이(黨同伐異) 유유상종, 끼리끼리 잘 사는 세상, 그런 세상을 살아내는 법. 양극화 disparity,(不同, 相違, 兩極) bipolar1ty(양극성) 빈익빈 부익부." 사회가 개인에 미치는 영향, 불행 행복 타락 상처 운명, 이런 것을 연구하는 것이 사회학이다. 개인의 삶이 사회의 영향을 받는다는 것을 인정하는 사회는 그래도 진화한 사회이다. 내 운명이 내 의지대로 되지 않고 내가 살고 있는 사회의 영향을 받는다는 것은 어쨌든 불행한 일이다. 왜 사회가 개인의 행복을 좌지우지하고 있을까. 교회는 끼리끼리 잘사는 법을 가장 적나라하게 보여주는 집단이 되고 말았다. 지역마다 자리 잡고 있는 교회는 일종의 생계형지역집단으로 그 지역의 위너들이 모여서 친목을 도모하고, 능력을 자랑하고, 살아가는 힘을 집결하는 그런 곳이 되고 말았다. 줄기차게 너와 나를 구별하며 유유상종 끼리끼리 선택받은 사람들임을 감사하며 살아가고 있다. 멋모르고 그런 교회에 입교했다가 곧잘 영원한 아웃사이더가 되고 만다. 한국의 많은 교회가 실제로 존립하고 있는 모양새다, 모드다, 신앙백서다. 요컨대 끼리끼리 잘사는 세상은 불행한 세상이다.

아내가 밝은 얼굴로 회사에서 돌아왔다. 그런 날은 회사에서 이사가 긍정적이고 희망적인 발언을 했을 때다. 아니나 다를까, 이사가 시(詩)에 대한 이야기를 하더라는 것이었다. 정호승의 시를 언급하면서 시를 요새도 쓰느냐고 묻더라고 했다. 어쨌든 아내에게 관심을 나타낸 것은 아내의 존재감을 인정한 것 같다. 다른 사람처럼 정해진 사다리를 오르는 모드로는 생존할 수 없고 어떤 특별한 배려가 있어야 아내는 승진할 수 있다는 것을 다시 한번 깨닫게 하는 대목이었다. 희망이 까무룩 사라지는 것 같았다. 아내는 공동체사업 철회에 따른 예산 300만원을 반환하는 서류를 작성했다. 추천인 소장과 강 선생의 의견도 덧붙이는 난이 있었는데 그들의 생각을 알아보기 위해 소장을 찾아갔다. 그사이 나는 산책을 나갔다. 눈이 많이 내리고 있었다. 염화칼슘을 뿌려서 뻥 뚫렸던 길이 다시 눈이 내려서 하얗게 덮어 버렸다. 나는 글로리아이층으로 가서 운동했다. 기도하고 찬송했다. 변함없이 운동하고 경배를 하기에는 참으로 안성맞춤이었다.

　산책을 마치고 집에 돌아와 보니 아내가 거실 책상에 과일을 깎아놓고 찻잔을 올려놓았다. 소장을 오라고 해서 '짐 부르스' 노래도 듣고 차도 마시자고 했다고 했다. 소장이 요즘 우울증에 빠져있다는 것이었다. 그는 우리집 창문에서 눈 오는 풍경을 내다보기를 유난히 좋아했다. 내가 지진 부침개를 먹고 차를 마시며 많은 이야기를 했다. 동네사람들, 특히 개울 건너 강 선생의 이야기를 많이 했다. 소장이 '부용산'이라는 노래를 이야기하면서 아내에게 한 소절이라도 불러달라고 했다. 아내는 언젠가 노래방에 가서 부를 것을 약속했다. 날이 저물자 소장은 황황히 양평으로 돌아갔다.

　국민은행, 농협, 롯데 3개 신용카드사의 개인정보 유출사건으로 세상이 발칵 뒤집혔다. 재발급신청 폭주, 개인정보대란, 고객센터는 북새통이다. 아우성치고 큰 혼잡을 빚고 있다. AI전파 주범은 철새다. 하늘을 날아가는 새를 어찌 막을 것인가. 방역은 막막하고, 하릴없이 이동중지 명령을 해제했다. 가창오리 서식지 관리 매뉴얼도, 통제자도 없었다. 한강밤섬이 살아났다. 68년도 개발을 위해 인공적으로 파괴했던 섬이 스스로 살아났다. 반세기 만에 숲이 우거지고 면적이 6배로 늘어났다. 희한한 일이다. 아내는 홍삼을 먹고 손발이 따뜻해졌다고 탄성을 내질렀다. 아내는 손발이 얼음장처럼 차가워서 늘 고통을 받아왔다. 구메구메 손을 녹여주는 역할을 해온 내가 아내의 손을 잡아보았다. 틀림없이 아내의 손에 온기가 살아났다. 아내가 다니는 '영진'에서 판매하고 있는 홍삼의 효험이었다. 아내는 퍽 고무되었다. 밤늦도록 나는 몇 번이고 아내의 따뜻한 손을 움켜쥐었다 놓았다를 되풀이했다.

개인정보유출 대란 1. 21.

나도 모르게 가만히 탄성이 터져 나왔다. 어두운 그늘처럼 내 얼굴에 배인 나이테를 보고 탄식했다. 거울을 보기 싫다. 오래 전에 대모산의 갑장들, 유현종 최병탁의 얼굴에 얼른거리던 그 늙음의 그림자가 내 얼굴에도 비낀 것이다. 세상은 카드3사 개인정보 유출로 뒤숭숭했다. 그 파장이 가히 대란을 방불케 한다. 대통령은 스위스에서, 그 전망 좋은 알프스에서 엄벌하라는 지시를 내렸다. '이왕 목 좋은 데 다니시는 김에 관광이나 실컷 하고 돌아오시지, 뭐 그런 일에 개의해서야 되겠습니까.' 구미선진국, 특히 프랑스는 그런 일은 없다고, 카드정보유출 사건 같은 것은 상상도 할 수 없다고 했다. 자존심이 몹시 상했다. 내 몰라라하는 정부나 장본인 해당 카드사들의 행태가 더욱 실망케 한다. 왜 고객이 십자가를 져야 하는가. 왜 피해자가 안달해야 하는가. 오불관언, 카드 재발급 수수료까지 챙기고 있는 카드3사의 파렴치한 태도에 분노를 느꼈다. 말로만 무성한 민생, 이런 일조차 미리 알아서 챙기지 못하는 정부, 사불연이면 민초들만 깔아뭉개는 데 이골이 난 정치후진성을 벗어나지 못하고 있다.

'안철수, 다음 달에 창준위를 발족, 3월말까지 창당' 6.4지방선거에 참여하겠다고 공식선언했다. 우울한 소식이다. 누구를 위한 창당인가. 새누리당은 느긋하게 관망하고, 민주당은 초비상, 발등에 불이 떨어졌다. 안철수 현상 발생부터 나는 달가워하지 않았다. 이 점을 나는 많이 반성하고 있다. 혹시 무턱대고 싫어하는 것은 아닌가. 혹시 내가 극복해야 할 한계가 아닐까. 분명히 뭔가 잘못 가고 있다. 그는 뭔가 이 땅의 민주주의 발전에 어쩌면 해악을 주는 행동을 하고 있다. 그의 새정치는 신기루 같기만 하다. 특히 젊은 세대를 현혹하고 혼란에 빠뜨리는, 실체 없는 달콤한 구호에 지나지 않았다. 한 가지 불을 보듯 뻔한 것은 민주세력의 분열과 반목을 부추길 수도 있다는 것이다. 기득권을 누리고 있는 양당정치인들은 새정치를 할 수 없다는 말로 새정치의 필요성과 당위성을 그는 얼버무리고 있었다. 민주주의 발전에 걸림돌이 되는, 역기능을 하지 않았으면 좋겠다.

아내가 인사동에서 전화했다. 민복진의 조각을 팔기 위해 아이폰으로 조각의 사진을 전송하고 그 하회를 기다리고 있다고 했다. 요컨대 조각을 처분하려고 한다는 것이었다. 콧등이 찡해졌다. 찻집 '수요일'로 찾아갔을 때 아내는 홀로 차를 마시고 있었다. 아내를 데리고 곧바로 집으로 돌아왔다. 바깥날씨는 걷기가 힘들 만큼 추웠다. 추위도 아랑곳없이 아내는 홍삼 한 박스를 낱개로 사려고 하는 교우에게 갖다 주었다. 할인마트에서 마요네즈와 푸성귀를 사왔다. 아내는 액자에다 아내의 시를 넣는 작업을 하기 시작했다. 전옥길 시인을 만나면 주겠다고 했는데 아무래도 물건을 부탁하는 데 쓸 것 같았다. 요즘 아내의 부탁이나 편지는 일종이 '리트머스시험지' 같았다. 금세 상대방의 본색이 드러나게 했다. 참 이웃인가 가짜 이웃인가. 너무 이기적이라고 나무랄지 몰라도 어쩔 수 없었다. 한 통의 짤막한 편지를 보냄으로써 이웃의 불행에 나 몰라라하는 그런 부류의 인간쯤으로 자리매김해버렸다. 나는 아르티장(artisan)과 아티스트(artist)를 골똘히 생각하고 있었다. 아르티장이 쓴 글은 재미있다는 것 말고는 남는 게 없었다. 언뜻언뜻 소세키와 김승옥이 머릿속을 스쳐갔다. 밤에 아내와 '제국의 딸'과 '기황후'를 보았다.

이렇게 사라질 수는 없다 1. 22.

  2009년 '아고니스트 환'을 완결했다. 나를 아쉬워하는 사람, 필요로 하는 사람, 그리워하는 사람, 곁에 소중히 두고 싶어 하는 사람은 누굴까. 소리 없이 흔적 없이 나는 어느 때라도 사라질 수 있다. '아티스트'가 되기 위해 소설을 썼는데 아르티장도 되지 못했다. 걸핏하면 조정래 이문열을 아르티장이라고 업신여기고 비아냥대고 빈정거리지 말자. 이렇게 사라질 수는 없다. 내 총기와 사유가 사라지기 전에 내 흔적을 남길 만한 작품을 써야 한다. 무위도식하고 빈둥빈둥 허송세월을 하고 있다. 갈수록 기억력은 희미해지고 있다. 화장실에 가서 면도하고 틀니를 씻고 잠시 사색에 잠기고, 그런 일들만 기억에 남는다. 그런 일만 되풀이하고 있었다. 경외인(境外人), 잉여인간(剩餘人間), 자투리 삶. 왜 이런 말이 자꾸 떠오를까. '아고니스트 환' 그 멍에에서 하루빨리 벗어나야 한다. 2009년 치를 USB에 올리고 나서 그만이었다. 진득이 작업을 계속하지 못했다.

  오늘도 어김없이 1시 40분 셔틀버스를 타고 아내를 맞으러 나갔다. 차에서 냄새가 났지만 코를 싸쥐고 참았다. 내가 더불어 살아갈 수밖에 없는 늙음의 냄새다. 죽음의 향기, 끔찍한 생각이 들었다. 경복궁역에서 내려 아내에게 전화했더니 이미 차를 타고 집으로 가고 있다고 했다. 후닥닥 2시 셔틀버스를 타고 집으로 돌아왔다. 일성아파트 앞에서 내려서 거의 아내와 동시에 집으로 들어섰다. 아내가 갑자기 예술인창작지원금신청 이야기를 꺼냈다. 작년에도 얼마나 진을 뺐는가. 아내는 신한은행에 가는 길에 주민센터에 들러서 신청하자고 했다. 주민센터 앞에서 나는 결연히 발길을 돌려 집으로 돌아와 버렸다. 아내도 아무 소리 없이 뒤따라왔다. 내가 완강하게 거부하자 아내도 여느 때와는 달리 수구려 들었다. 시간이 참으로 마디게 흘러갔다. 집안은 내 숨소리를 들을 만큼 괴괴했다.

  시진평 주석 매형의 비리가 신문 일면에 떴다. '원자바오 아들도, 유령회사 설립' 그 엄혹한 세상에서도 탐욕과 부패는 어쩔 수 없는 것 같다. '프란시스코 교황, 8월 방한가능성' 염 추기경이 좀 달라졌으면 좋겠다. 정 추기경도 함께 파이팅? 했으면 좋겠다. 정보유출은 패닉 상태, 카드3사에 먹통이 계속되고 있다. 정부나 감독원에서는 누구도 책임지는 사람이 없다. 박근혜의 시계가 선거법 위반 논란에 휩싸였다. 궂은 것은 어김없이 본을 따랐다. 아내에게 전두환과 김영삼의 시계가 있다. 누가 볼까봐 감춰 둔 애물단지다. "이기주의 혹은 개인주의" 안철수의 정치적 약진을 보고 왜 이런 말만 생각날까. 그가 원하는 대로 새정치가 떠올라야 할 텐데 말이다. 기어이 야권분열, 선거참패, 새누리당은 어부지리, 이런 결과가 현실로 나타날 전망이다. 무슨 로또복권이냐, 통일을 두고 대박이라는 말, 작작 했으면 좋겠다. '반기문 스피치 에센셜'을 읽고 있는데 그를 비판하는 기사가 났다. "외교스텝 꼬였다"고 뉴욕타임스가 꼬집자 이란의 방문초청을 번복했다. 그게 미국에 굴복했다는 비판을 받게 되었다. 그의 영어발음만큼이나 서툴고 어설픈 행보를 한 것이다.

밤에 아내는 인터넷에 골몰했다. 나도 근자에 처음으로 작업에 몰두했다. 밤 시간이 온데간데없었다. 대화도 뜸해지고 일찌감치 잠자리로 들기 일쑤였다. 아내가 출근한 이래 생긴 풍속이었다. 아침에 커피를 끓이고 달걀을 삶아야 하기 때문에 나도 새벽까지 버티는 일은 없었다. 내일은 좀더 진득이, 끈기 있게 작업할 것을 다짐했다. 잠들 때까지 '사도신경'을 토씨 하나 틀리지 않고 뇌었다.

국민 염장 지르냐 1. 23.

옛 선인들의 양생(養生) 12소. 소사 소념 소욕 소사 소어 소소 소수 소락 소희 소노 소호 소오. (思念慾事語笑愁樂喜怒好惡) 동양의 처세술이다. 언뜻 진솔하고 인간적이지 못하다는 생각이 들었다. 다분히 위선적이다. 중들의 수상록이 특히 그랬다. 청빈 정결 순명이 머릿속에서 떠나지 않았다.

정치권이 현오석 부총리의 발언으로 들끓었다. 야당은 물론이고 여당도 "국민 염장 지르냐." 국민에게 책임을 전가하는 무책임한 발언이라고 비판했다. "어리석은 사람이 무슨 일이 터지면 책임을 따진다"는 발언에 이어서 또 "소비자도 정보제공에 신중해야 한다"고 실언을 되풀이했다. 개인정보 제공은 의무규정이다. 신중을 기하고 말고가 없다. 현실인식조차 제대로 하고 있지 못하다 있다고 의심하게 하는 대목이다. 이런 사람이 경제수장으로 있다니 한심하다. 경질론이 급부상하고 있는 것은 당연하다. 오피니언의 양권모 칼럼을 읽었다. '안철수 신당, 새누리당과 싸워라' 가슴에 와 닿았다. 강자를 태클해야 한다. DJ고향 찾은 안철수, '갖은 양념 다 하고 있다' 김기춘의 사퇴설과 개각설이 거론되고 있다. 고개가 갸우뚱해졌다. 교체나 개편 자체가 어려운 정부다. 인사청문회도 그렇고 인물도 없다. 김관진 국방이 2대에 걸쳐 장수하는 것을 보라. 경질을 하지 않은 것이 아니라 할 수가 없다. 아베, "중 일 긴장관계, 일차대전 직전 영 독과 닮았다." 그는 국제적 불한당이다. 그의 발언은 망언 아니면 막말이다. 아시아권역의 불행이다. 기성용의 미친 존재감, 맨유전 킬 패스, 승부차기골로 선덜랜드를 29년 만에 컵대회 결승행으로 이끌었다.

하루 종일 칩거했다. 창밖의 눈 덮인 풍경도 이젠 한시적이다. 언제 아듀할지 모른다. 집이 나가지 않는다. 이런 어정쩡한 처지로 반년 이상의 시간이 흘러갔다. 아내는 아침 8시에 출근했다가 2시에 퇴근했다. 오늘 나는 외출하지 않았다. 태반건강식품을 구입했다고 했다. 갱년기의 장애를 완화하는 식품이라고 했다. 그래도 아내는 희망에 부풀었다. 최연장자로서 의연히 자리를 지키고 있었다. 아내가 사온 생활영어해외 편을 읽어보았다. 틀린 데도 눈에 띄었지만 감안해서 읽었다. 팔라우를 생각하고 아내가 구입한 책인데 잘 고른 것 같다. 창작지원을 신청하기 위해 기어이 내일 대학로에 가기로 했다. 또 우세나 사고 말 것인가. 새마을금고도 찾아가야 한다. 아내가 회사에 있는 시간이어서 내가 가야 한다. 무슨 먹거리를 준다고 했다. 이런저런 일로 잠이 오지 않았다. 내가 무능력자일지도 모른다는 생각이 도깨비처럼 머릿속을 휘젓고 다녔다.

예술 활동 증명 1. 24.

눈을 뜨자마자 커피를 끓이고 '남자의 향기'를 만들었다. 아내는 서둘러 8시에 출근했다. 오전에 10시 반에 새마을금고에 가서 식품물표를 받았다. 시간이 어중간해서 그 길로 셔틀버스를 타고 종로로 나갔다. 한국예술인복지재단에서 예술인창작지원사업설명회가 2시에 진흥원에서 열리는데 함께 가기로 했다. 아내와 회사 앞에서 만나기로 약속했다. 대학로에서 설렁탕을 먹을까, '일품향기'에서 짬뽕을 먹을까 궁리하다가 설렁탕을 먹으러 대학로로 향했다. 이화동사거리에서 내려서 샘터 쪽으로 걸어갔다. 시계를 보니 12시가 지났다. 시간이 빠듯해서 통신대학 앞에서 발길을 돌려서 다시 종로5가 쪽으로 나갔다. 기독교회관지하에 있는 뷔페에서 점심을 먹었다. 고기는 없고 깡그리 채소일색이었다. 까치산에서 먹던 '줄줄이 뷔페'가 생각났다. 거기선 닭고기 돼지고기 쇠고기 다 나왔다. 아쉬웠지만 국수와 떡국을 곁들어 먹으면서 마음을 달랬다.

한 시 넘어서 아내를 종로5가 지하철역에서 만났다. 우리는 진흥원까지 걸어갔다. 먼저 근처의 갤러리에 들러서 실험적인 작품전시회를 구경했다. 실은 따뜻한 곳을 찾아가서 잠깐 몸을 녹였다. 진흥원2층 강당에서 2시에 설명회가 열렸다. 명단에 있는 사람들의 출석을 체크했다. 많은 사람이 모였다. 얼마나 예술가들이 이 복지재단창작지원사업에 갈급해 있는지를 알 수 있었다. 아내의 말에 의하면 지원대상의 조건 중에 하나가 예술활동증명을 승인받아야 한다는 것이었다. 예술활동증명이라고? 어떻게 증명한다는 말인가. 작품발표를 기준으로 승인여부를 결정한다고 했다. 나는 작년 8월에 승인을 받았다. 가난한 예술인의 서글픔이랄까, 모멸감 같은 것을 느꼈다. 그깟 푸닥진 돈 몇 푼 주려고 하면서 치사스럽다는 생각이 들었다. 엄연히 등단한 기성작가면 묻지 말고 형편이 어려운 사람에게 지급하면 될 게 아닌가. 아내만 설명회에 참석하고 나는 따뜻한 스팀이 나오는 일층복도에 앉아서 시간을 보냈다.

옛날 차범석 선생이 원장으로 있을 때 가끔 원장실을 드나들던 일이 생각났다. 차 원장과는 꽤 자별한 사이였다. 자료실에서 사람들은 열심히 자료를 찾아보고 있었다. 저런 사람들도 있구나, 부럽기조차 했다. 4시에 끝이 났다. 아내는 단독면담을 신청해 놔서 인터뷰를 해야 한다면서 내가 함께 있어야 한다고 했다. 면담은 싱겁게 끝났다. 아내가 질문하면 직원이 답변해주었다. 궁금한 것 몇 가지를 묻고 끝났다. 대학로에서 셔틀버그를 타고 돌아왔다. 버스를 기다리면서 나는 유독 사대부속학교를 기웃거렸다. 자꾸 옛날이 떠올랐다. 저런 곳에서 아이들을 가르칠 때가 그래도 행복했다. 아내는 창작준비지원에서 긴급복지지원으로 사업의 중점이 바뀠기 때문에 가망성이 있다고 기대감을 표시했다. 이번엔 예술 활동실적보다는 생계나 소득수준을 고려하여 결정할 것으로 생각했다. 그런 것을 나는 한번도 기대해본 적이 없었다. 시종 예술활동증명이라는 말이 머릿속에서 이상은 반향을 일으켰다. 입신양명을 증명해야 한다. 그것은 일종의 모멸이었고 자조적(自嘲的)인 언어였다.

밤에 갑자기 mandator(명령자) simony(성직매매), 이런 무시무시한 말들이 떠올랐다. 교황은 성직서임권자다. 결코 simony가 아니다. 오늘날 교회는 권사 장로도 헌금을 받고 파는 경우가 비일비재하다. 왜 이런 강퍅한 생각을 하고 있을까. 소설가는 수다 넉살 내숭 능청 사투리 이런 것에 능수능란하고, 좋아해야 한다. 나는 그런 것을 싫어했다. 소설가로서는 치명적인 약점이었다. 위안부기림비가 미국에서 6개소에 세워졌다. 뉴욕 주에 세워진 것은 의미가 커보였다. 이런 뉴스를 보면서 나는 속으로 줄곧 '우리 정부는 그동안 무엇을 했나.' 개탄하고 있었다. 바깥 날씨가 풀리자 오히려 방안이 썰렁해졌다. 심심풀이로 나는 오랜만에 '생활영어'를 훑어보았다. 아내는 잔뜩 웅크린 채 블로그에 글과 사진을 올리고 있었다. 노부부의 겨울밤 풍경이었다.

너와 내가 진정이면 다 풀린다 1. 25.

'이상가족 상봉 남북전격 합의' 남북관계 개선 물꼬를 트나. "위장평화공세, 명분 쌓기, 진정성이 없다, 말로만 하지 말고 행동을 보여라." 어느 쪽이 됐건 남북관계에서 이런 말들이 난무하면 그것은 바로 stagnation(침체, 교착)을 의미한다. 남북관계는 경색되고 한 치도 앞으로 나갈 수가 없다. 요즘이 그랬다. "핵, 진정성, 명분, 위장공세" 걸핏하면 이런 말을 할 때 그 배경에는 남북관계를 국내정치에만 이용하고 남북관계를 본격적으로 돌파 내지는 타개하지 않겠다는 정치적인 계산이 깔려 있었다. 남북당국자들 중 과연 누가 남북관계 개선을 진정으로 바라고 있는가. 과연 누가 진정성이 있는가. 너와 내가 진정이면 다 풀린다. 문득 "God sees the truth"라는 말이 생각났다. 하나님을 알고 계신다. 오전에 기억력 감퇴에 비상이 걸렸다. 건망증, 치매의 전조인가. "말론 부란도, 데보라 카, 그레고리 팩, 클락 케이블, 패려(悖戾)한 온량한 내숭 능청 은휘(隱諱) 공궤(供饋)" 이런 말들이 오락가락했다. 특히 이름을 곧잘 잊어먹었다. 흔적도 소리도 없이 사라지는 사유와 체험을 붙잡아 놓기 위해 이렇게 일기를 쓰고 있는지도 모른다.

 토요일은 작업할 수 없다. 이제 하나의 불문율이 되어버렸다. 앞집 파란지붕에 겨울비가 내리고 있었다. 아내는 거실에서 각종 서류와 정보를 컴퓨터에서 점검했고 나는 안방에서 김승옥의 '서울의 달빛'을 읽었다. 그 광포하고 현란한 언어에 놀라움을 금할 수 없었다. 그런 언어를 그가 상실하고 말았다. 동생인 김상옥을 한번 만나보고 형의 근황을 알아봐야겠다. 아내의 카톡에는 자주 찾아오는데 만난 지가 꽤 되었다. 그를 만나면 늘 유쾌하였다. 그를 통해 김승옥을 느낄 수도 있었다. 그것은 나의 운명이었다. 오후에 안방을 청소하고 방 한돗자리를 깔았다. 아내와 티격태격하면서 청소했다. 내가 도맡아 쓸고 닦고 하는데 아내는 툭하면 나의 청소에 볼멘소리를 했다. 아내에게 속으로 "Don't boss me around."라고 말했다. 안방이 말끔해졌다. 청소를 마치고 아내는 샤워를 했다. 그러느라고 좋아하는 '불후의 명곡'도 보지 못했다. 아내는 피곤했던지 주말드라마도 보는 둥 마는 둥하고 일찍 잠자리에 들었다. 주말의 그 황금시간을 작업과 잠으로 때울 수는 없다고, 나는 간간이 투덜거렸다. 영락없이 투정을 부리는 어린아이 같았다.

자업자득 1. 26.

　몸을 사리지 않고 부지런히 나대는 사람이 건강하다. 아내가 그랬다. 아내는 요즘 득음(得音)까지 해서 한껏 목청을 돋우고 있다. TV에서 노래가 나오면 따라 부르고 춤이 나오면 춤도 추었다. 다재다능하다. 금요일엔 직장 우두머리인 이사를 스케치해서 블로그에 올렸다. 벌써 주요한 동료들의 얼굴을 그려서 많이 올렸다. 돌려가며 보면서 화제가 되었다. 강 실장이 MBC 김상옥에 대한 관심을 표시하고 나의 안부를 묻자 아내는 단박 나와 김상옥이 함께 찍은 사진을 올렸다. 사진 밑에 '남자의 향기'라고 썼다. 아내의 직장에서 통하는 나의 별명이다. 아내 홀로 교회에 갔다. 아티스트로서 혹은 아르티장으로서 성공을 거둔 사람이 과연 얼마나 될까. 예술활동증명이라는 화두로 나를 돌이켜보았다. 걸핏하면 남을 헐뜯고 비방하던 지난세월을 뒤돌아보면서 회한을 되씹었다. 그런 나를 용서해달라고 빌었다. 모든 것이 자업자득이라는 것을 잘 안다. 작품을 쓰지 않고 게으름을 피운 것도, 사람을 멀리하고 세상과 담을 쌓은 것도 나 자신이었다. 이제 와서 변명하고 싶은 마음은 눈곱만큼도 없다. 개신교를 믿으면서도 나는 다분히 천주교 쪽으로 기울 때가 많았다. 청빈과 순명을 가장 큰 신앙적 가치로 생각하고 있다. 순종하고, 숨질 때까지 하나님에게 최선을 다할 수 있게 하여달라고 날마다 기도하고 있다.

　교회에 가지 않은 날에는 홀로 점심을 먹었는데 오늘은 외식했다. 은행에 가서 돈도 찾았다. 아내가 돌아오자 은행에서 찾은 돈을 주었다. 함께 시내에 가서 바람도 쐬고 쇼핑도 하려고 했는데 너무 추워서 그만두었다. AI확산으로 농가가 시름에 잠겼다. 살처분 통보에 눈물을 흘렸다. 왜 끊임없이 이런 불행이 닥쳐올까. 장성택 일가의 처형소식은 충격이었다. 21세기 대명천지에 그런 나라가 우리와 이웃하여 엄존하고 있다. 김정은에 대한 실오라기 같은 희망이 사라져 버렸다. 멀쩡한 매형, 어린 조카들까지 다 불러들여서 총살했다. 참으로 부끄럽고 한스러웠다. '국정원 대선개입 이슈 소멸' 민주당은 정권심판론도 못 띄우고 갈팡질팡하고 있다. 안철수의 양비론 행보는 여전히 아리송했다. NHK 회장, "위안부는 전쟁 치르는 나라마다 있었다." 한일관계는 갈수록 험난해지고 있다. 삼성이 대학별 총장추천인원수를 발표했다. 또 대학 줄세우기인가. 여대는 눈에 띄게 홀대했다. 국가경제 발전과 국민의 삶에 지대한 공헌을 하고 있지만 여전히 믿음이 가지 않았다. 충주비료나 사카린사건의 잔영에서 벗어나지 못했다. 형제싸움을 보았을 땐 심한 부끄러움을 느꼈다.

밤에 K-pop시즌3을 보았다. 기획 3사를 대표하는 심사위원들에게 아낌없는 찬사를 보냈다. 아내도 눈을 반짝이면서 보았다. 우리는 미리 심사소감을 말하곤 하는데 심사위원과 일치할 때가 많았다. 예리하고 빈틈없는 평가를 하고 있다는 이야기다. 주말드라마도 보았다. phony였다. 포니는 사실 같으면서도 진실이 아닌 것을 이르는 말이다. 소설과 드라마는 어디까지나 허구다. 그 허구가 진실성이 있어야 하고 이치에 부합해야 한다. 그렇지 못한 '거짓된 사실'을 포니라고 한다. 이치에 맞지 않고 사실과는 동떨어진 이야기들을 보면서 우리는 발을 굴렀다. 밤 깊도록 맘속으로 전화를 기다리고 있었지만 종무소식이었다. 용이는 어떻게 지내고 있을까. 팔라우에 간 중이는 어떻게 서태평양의 파도를 헤쳐 나가고 있을까. 아내도 꿈속에서 그들을 만나고 있을지도 모른다.

인간존엄 지킴이, 복지 1. 27.

'문명, 그 길을 묻다' 하워드 가드너 하버드대 교수와의 대화를 읽었다. 한국은 경제적으로 성공했지만 '전쟁터 사회'에서 벗어나지 못했다. 복지는 인간의 존엄을 지켜주는 기본소득을 보장해 주는 것인데 제대로 이뤄지지 않고 있다. 인간은 평등하고 자유롭게 태어났고 인간으로서 존엄성을 유지하면서 살아갈 수 있는 권리를 가지고 있다. 복지는 바로 인간의 존엄의 지킴이다. 한국경제는 눈부시게 발전했지만 공정한 분배가 이뤄지지 않고 소득의 격차가 생기고 인간의 존엄을 유지할 만한 복지가 이루지지 못한 것이 '사회가 전쟁터'가 되어 버린 이유다. 하워드 가드너는 다중지능이론(Multiple

Intelligence) 창시자다. 인간의 지능은 IQ위조로 단일하게 평가돼 왔지만 실상은 8가지 다양한 능력으로 이뤄진 다중지능이다. 음악지능, 신체운동지능, 논리수학지능, 언어지능, 공간지능, 인간친화지능, 자기성찰지능, 자연친화지능. 정보유출, AI확산으로 세상이 뒤숭숭했다. 정치권은 현오석 부총리 고위공직자의 실언으로 들끓었다. 국민은 레드카드, 대통령은 옐로카드를 비쳤다. 설 민심을 잡기 위해 양 당은 홍보물 경쟁에 돌입했다. 민주진영균열에 박차를 가하고 있는 안철수의 신당 태동. 안철수 신당영입 제의를 거부한 두 사람은 김부겸 김영춘이다. "둘로 갈리면 이길 도리가 없다." 백번 지당한 말이다. 영남에서는 자기 몸 누일만한 굴 하나도 파지 못하면서 기껏 호남에서 이탈세력을 주워 담았다.

 아내가 돌아오자 은행에 가서 부산에 돈을 보냈다. 나는 이발하러 가고 아내는 세차하고 집으로 돌아갔다. 아내는 기분이 착 가라앉아 있었다. 직장이야기가 사라져버렸다. 언뜻 시인으로서 갈 길이 아니라는 말을 비쳤다. 번히 알면서 어려운 사람들에게 물건을 강매하는 것은 차마 할 수 없는 노릇이었다. 이사에 대한 평가도 달라졌다. 장사꾼일 뿐이라는 것이었다. 비전이 있고 사려 깊고 똑똑한 인재라는 이전의 말과는 확연히 달랐다. 회사를 떠나기로 마음을 굳힌 것 같다. 아내는 실적을 보고 아내를 채용하는 것은 바라지 않았다. 그러니까 아내의 특이한 능력과 재능이 택함을 받기를 바랐는데 시간이 흐를수록 그 가능성이 희박해졌다. 아내의 반응도 나는 짐작하고 있었다. 어쨌든 두 달 동안 심혈을 기울었던 일의 종착역이 눈앞에 보였다. 결국 시인이 품위를 유지하면서 나댈 곳이 못 되었다. 돌이켜보면 좋은 경험도 했다. 편지를 보낸 것은 진짜 이웃과 가짜 이웃을 가릴 수 있는 리트머스시험지 같은 것이었다. 홍삼녹용을 복용할 수 있었던 것은 전화위복이었다. 회사에서 사람을 만나서 판매활동을 하라고 했을 때 정작 찾아갈 곳이 없더라고 아내가 실토했다. 아무리 유복한 사람이라도 인간의 끝은 일쑤 벼랑 끝의 절망이었다는 것을 왜 몰랐을까. 특히 윤과 숙이와 몇몇 사람이 보여준 태도는 죽을 때까지 잊지 못할 것이다. 수연네의 마음도 소중히 간직할 것이다.

밤에 아랫도리가 무지근하고 쓰라렸다. 발끝부딪치기 운동을 했다. 아내는 벽장과 옷장 속에 곰팡이가 슨 것을 살펴보았다. 옷을 꺼내서 다른 곳에 보관했다. 나는 당분간 가습기를 틀지 말라고 했다. 뜬금없이 아내가 한밤중에 목청을 가다듬고 노래를 불렀다. 노래를 부르는 아내의 심정을 짐작할 수 있었다. 어쩌면 인생의 가장 쓴맛을 본 하루였다. 인간에 대한 실망보다 가슴 아픈 것은 없었다. 문득 시인과 소설가의 슬픈 운명이라는 생각이 들었다.

일본의 발악과 몸부림 1. 28.

일본이 교과서학습해설서에서 독도는 일본 땅, 일본의 고유영토이며 한국이 불법적으로 점유하고 있다고 명시했다. 다시 도발했다. 정부는 전방위 공세를 펴고 국제적으로 공조하기로 했다. 일본이 왜 이럴까. 일본은 불안과 초조를 이런 식으로 표출하고 있다. 경제적으로 G2에서 추락하고 정신적으로도 침략과 만행을 반성하고 사죄할 줄 모르는 야만국가로 낙인이 찍히고 국제적으로 빈축을 사고 있다. 일본은 20세기 중반에 경제적 번영과 풍요로 잠시 세련과 풍요와 럭셔리와 엘레강스의 옷을 입었을 뿐이다. 우리가 본 일본의 겉모습이었다. 속살은 피폐했고, 정신적으로 철학 도덕 종교적 가치를 구현할 수 없었고 경제동물로 전락하고 말았다. 영혼의 뿌리가 없는 그들이 현실적으로 절박한 상황으로 몰리게 되자 저렇듯 몸부림치고 있는 것이다. 기껏 옛 군국주의를 그리워하고 그들의 유전인자와 DNA 속에 숨어 있는 가학성 공격본능이 되살아난 것이다. 그들은 아직도 반성하지 못하고 역사에서 깨달을 줄을 모른다. 참으로 가증스럽고 불행한 이웃이다. 야만민족임을 어찌할 수가 없는 대목이다.

"풍진세상, 태평연월, 알고 계시잖아요, 반성과 만행, 당신은 내속에 없다, 출렁이는 감정." 아침부터 머릿속에서 이런 말들이 떠돌고 있었다. 세상은 뒤숭숭하고 어수선했다. 이 혼란의 도가니를 어떻게 건너갈 것인가. '삼성 총장

추천제 철회' "서열화 지역차별 성차별 삼성다운 발상" 이런 여론의 역풍을 견딜 수가 없었다. 늘 그랬듯이 국민 먹여 살리는 것 말고는 택할 점이 없는 당대의 거물이다. '헌재 정당해산 심판 첫 공개변론' 황 장관과 이 대표가 법정에서 격돌했다. 이런 꼴을 보자고 민주화한 것은 아닌데, 이유야 어찌됐건 비록 미미할지라도 국민의 지지를 받고 있는 정당을 해산하라고 정부가 헌재에 소를 제기했다. 민주주의 후퇴의 단적인 증좌다. 더 말할 것이 뭐가 있겠는가. 헌정질서 파괴, 민주주의 후퇴, 다 지겹고 지겹다. 이 시대착오적인 행태를 어떻게 견뎌내고 살 것인가. 안철수, "출렁이는 호남 민심을 잡아라." 잘헌다, 잘 해! 저러다간 태어나기도 전에 신당의 지지율이 곤두박질하고 말 것이다. 진실로, 진실로 말하노니 "나는 새정치의 등장을 기대하지 않고 당신은 내 속에 없다."

 퇴근한 아내는 어제보다 밝았다. 남대문시장을 가자고 했다. 정신적으로 회복되었다는 것을 알리는 신호다. 나는 오전에 꽤 작업(글쓰기)도 했다. 아내가 이끄는 대로 선뜻 외출했다. 아내는 단골노점상에서 가벼운 외투를 하나 샀다. 아내가 오뎅을 사먹자는 것을 내가 싫다고 했다. 노점이나 사람이 넘치는 음식점에서 나는 음식을 잘 먹지 못한다. 하릴없이 집으로 돌아오고 말았다. 아내에게 미안했다. 아내는 어제에 이어서 장롱을 청소했다. 옷을 꺼내서 손질하고 장롱 속 곰팡이를 닦아냈다. 간간이 나는 거실로 건너가서 창밖으로 앙상한 겨울 숲을 내다보았다. 눈이 녹아버린 숲은 쓸쓸하고 황막했다. 아내는 밤이 깊도록 청소를 했다. 그 총중에 월화드라마는 놓치지 않고 보았다. 옷장에 들어 있는 이불까지 꺼내어 거실로 옮겨놓고 나서야 아내의 일이 끝났다. 집안 이곳저곳에 어질러 놓은 이불이나 옷가지만큼이나 마음이 어수선했던 하루였다.

눈물과 한숨이여 안녕 1. 29.

'귀성행렬 시작' '일본 도발 재개' '독도문제 국제 사법재판소에 제소' 정치권과 언론이 유월 지방선거로 벌써부터 후끈 달아올랐다. AI확산, 영남지방도 뚫렸다. 이산가족상봉 합의가 또 무산됐다. 아이들 장난도 아니고 그렇다면 한미군사훈련 중단이라는 또 다른 속셈이 있었단 말인가. 설날연휴를 전후해 '아고니스트 당신'은 중단했다. 아내는 출근하지 않았다. 소장에게서 연락이 왔다. 아내가 관리소에 갔다가 이것저것 바리바리 가져왔다. 소장이 구정 선물로 싸 준 것이다. 오랜만에 E마트에 갔다. 설음식을 장만할 식재료를 샀다. 초밥도 샀다. 지하 식품부에서 지상2층까지 오르내리며 즐거운 시간을 보냈다. 전국에서 가장 매출이 많은 마트답게 어깨를 부딪치며 겨우 지나갈 수 있었다. 지하 6층에 겨우 주차할 수 있는 것만 봐도 얼마나 사람이 몰렸는지를 알 수 있다. 좋아하는 오징어와 매운탕거리를 사왔다.

용이한테 전화를 했는데 받지 않았다. 통화가 되지 않는다고 아내가 불평했다. 직장을 옮겼는데 또 사달이 난 것 같다. 그의 신변에 재앙이 없기를 하나님에게 빌었다. 오늘부터 본격적인 귀성행렬이 시작되었다. 요양원에 있는 어머니를 생각했다. 백세를 바라보는 나이에도 그렇게 건강한 것이 고마울 따름이었다. 밤에 용이의 전화를 받았다. 봉급문제로 노동청에 고발하겠다고 했다. 그 사업체를 알려달라고 하자 막무가내로 거부했다. 아내가 몹시 노여워했다. 낮에 잠깐 보았던 복지프로젝트의 프로가 생각났다. 1급장애자의 어머니의 얼굴이 떠올랐다. 자전거 사고로 외아들이 하반신마비장애자가 되었다. 대소변도 가리지 못한 아들을 껴안고 그 어머니는 웃고 있었다. 아들이 살아 있는 것만으로 얼마나 고마운지 모르겠다고 했다. 사실 장애인 부모 중에는 장애인 아들을 위로하고 수발하는 것보다는 자신의 슬픔을 토로하는 데 정신이 없는 경우를 가끔 보았다. 그 어머니는 달랐다. 생명이 살아있다는 것만으로 진정으로 아들을 사랑하고 아들을 위해 헌신하고 있었다. "눈물과 한숨이여 안녕." 한밤중에 나는 걷지도 못하는 연이를 위해 기도했다.

알고 계시잖아요 1. 30.

　날이 갈수록 말 못할 사연이 쌓여갔다. 그게 인간의 운명인 걸 어쩌랴. 노후의 풍경이다. 하나님은 알고 계신다. 젊었을 때부터 한번도 내 홀로라는 생각을 한 적이 없다. 누군가 나를 보고 있다. 듣고 있다. 그래서 알고 있다. 어떻게 거짓말을 할 수 있겠는가. 어떻게 나쁜 짓을 할 수 있겠는가. 하나님이 다 알고 계시는데 말씀을 배반할 수는 없었다. 신뢰를 배신할 수 없었다. 다툴 때도 악의였을 때가 없었다. 늘 내가 하나님에게 떳떳하다고 말하고 싶었다. 늘 하나님을 믿었다. 마음이 그렇게 평화로울 수가 없었다. 요즘 내가 품고 있는 서운한 생각도, 때론 증오심도 나는 끊임없이 하나님에게 용서를 빌었다. 알고 계시잖아요, 알고 계시잖아요, 왜 내가 이러는 줄을 알고 계시잖아요. 그리고 용서를 해줄 것으로 기대했다. 늘그막에 자식들이 가슴 아프게 할 때가 있다. 불효라고, 그런 말을 서슴없이 하는 것부터 하나님에게 용서를 빌었다. 단지 한마디, "알고 계시잖아요" 하고 용서를 빌었다. 아내와 다툴 때도 그랬다. 덮어 놓고 내가 한 일을 옳다고 치부해 놓고 나서, 알고 계신 하나님이 용서해 줄 것이라고 우겼다. 아아, "알고 계시잖아요"부터가 얼마나 오만불손한 발상인가. 이젠 그것부터 용서해 달라고 빌었다.
　거실의 짐을 모두 정리했다. 장롱에서 나온 이불 나부랭이도 곰팡이가 슬 것 같아서 다시 넣어놓을 수가 없었다. 중이집으로 가져갔다. 뜻밖에도 중이가 팔라우에서 돌아와 있었다. 그의 집에 물건을 갖다놓은 것을 다시 정리하고 돌아왔다. 그는 섣달그믐날까지 전화도 하지 않고 시치미를 떼고 외롭게 보내고 있었다. 그런 취향과 분위기를 한껏 존중해주었다. 설날에 우리 兩主는 오금동으로 설날예배를 보러가게 되어 있었다. 나는 내일 기도와 예배순서 등 매뉴얼을 준비했다. 아내가 영진에서 인턴과정을 수료하면서 구매한 보령회 사홍삼을 먹고 효험을 보았다. 하초가 뜨뜻해졌다고 한다. 자정이 넘도록 우리는 '남자의 향기'며 영진에 상륙했던 '낭랑 60대의 바람'이며, 유쾌한 세밀 이야기를 나누면서 시간 가는 줄을 몰랐다.

하얀 눈썹을 휘날리며 1. 31.

형제들을 만나는 것은 고향사투리에 익숙한 것처럼, 몸에 맞은 옷을 입은 것처럼 편하다. 말이 되나? 인간에 대한 실망 때문에 오갈이 들고 있는 시즌이다. 말이 되나? 나도 모르게 무서운 얼굴을 할 때가 있는데 가장 슬프고 싫다. 어느새 내가 무서운 사람이 되어버리다니, 하나님을 뵈올 면목이 없다. 눈을 뜨자마자 오금동에 갈 채비를 했는데 전화가 왔다. 정이네가 양평을 다녀오느라고 뒤 시간 늦어진다고 했다. 아침나절이 좀 여유가 생겼다. 11시에 출발했다. 꽤 시간이 걸리고 간밤에 잠을 설쳐서 머리가 좀 어지러웠다. 오금동 지하철역에서 내려 잠시 걸어갔다. 아내가 스마트폰 위성사진을 보고 정확히 집을 찾아냈다. 우리 부부는 하얀 눈썹을 휘날리면서 일곱째 집으로 달려간 것이다. 문득 멀고먼 인생길을 떠돌다가 이제 고향집 대문 안으로 모여드는 것 같았다.

여느 해 사당동에서 할 때에 비해 올해는 설날예배에 조카들이 많이 참석하지 않았다. 좀 서운했다. 준비해간 예배순서를 나눠주고 추모예배를 보았다. 찬송가를 부르고 기도했다. 내 기도가 좀 엇나가서 당황했다. 나만이 알고 있는 사실이었다. 아내의 기도가 내 기도를 메워주었다. 찬송가는 주로 여자들이 불렀다. 나는 부르는 시늉만 했다. 참으로 엄숙하고 뜻 깊은 추모회였다. 조카들은 진과 국이밖에 없었다. 태 부부와 윤 부부는 불참했다. 생선과 갈비로 푸짐한 점심을 먹었다. 예배와 식사를 끝내고 나서 함께 TV를 보았다. 아내의 소개로 '응답하라, 1944'의 재방을 보았다. 국이가 프로를 다운시켜서 1회를 보았다. 남자들은 주로 시국이야기, 여자들은 아내를 중심으로 주로 팔라우 이야기를 했다. 그러자 일곱째 부규가 그 해박한 남태평양 여러 나라 이야기, 중국과 일본 이야기를 쏟아놓았다. 시간 가는 줄을 몰랐다. 나는 잠깐 안방에 들어갔다가 우연히 책갈피에 끼여 있는 아버지 어머니 젊었을 때 사진을 발견했다. 아버지가 양복차림에 넥타이까지 매고 찍은 사진은 처음 보았다. 나의 소설집 원본도 한권 보았다. 저녁까지 먹고 자리에서 일어났다. 월암이 한사코 평창동까지 국이의 차를 타고 가라고 했다. 우리는 차를 타고 올림픽공원을 지나서 테헤란로를 달렸다. 강남대로로 해서 강북으로 향할 참이었다. 평창동까지 가는 것을 무리라는 생각이 들었다. 우리는 강남사거리에서 내렸다. 그들을 보내고 버스를 타고 집으로 돌아왔다. 강남역에서 잠깐 아내가 천식으로 답답해했고 내가 혈압이 올라서 애를 먹었다.

  9시경에 집에 도착했다. 피곤하여 일찍 자리에 누웠다. 일곱째의 아이들이 자꾸 생각이 났다. 수능대입수학을 가르치고 있다는 진이가 계속 눈앞에 떠올랐다. 아내가 오는 유월에 결혼할 것이라고 귀띔했다. 남자는 경향신문사 기자라고 했다. 기자라는 말에 좀 마음에 걸렸지만 어쨌든 반가웠다. 일곱째의 맏딸 은이는 시집가서 일본에서 살고 있고 둘째 진이는 이제 시집을 가게 되었고 아들은 엘지에 근무하고 있다고 했다. 자식복은 있는 것 같았다. 월암도 자식복이 있었다. 마침내 태가 결혼했고 아들까지 낳았다. 얼마나 애를 태웠던 아들의 혼사였던가. 마흔을 훌쩍 넘긴 맏이가 지난해에야 결혼한 것이다. 슬금슬금 하다가 홈런을 친 격이다. 나는 조카들을 축하하고, 나의 아이들을 생각하면서 설날 밤을 보냈다. 아내가 잠을 이루지 못했다. 아마 내 아이들을 생각하고 있을 것이다. '타고난 바탕이 그런 걸 어쩔 것인가. 그게 어디 나만의 핏줄인가, 섞여 버린 걸.' 나도 모르게 한숨을 내쉬었다.

자본주의 황혼/작가의 행운과 불행

토요일의 징크스 2. 1.

설 추모회의 여운이 가시지 않았다. 따뜻한 형제의 윤기가 남아 있었다. 앞으로 얼마나 더 그런 자리에 갈 수 있을지 모르겠다. 강남역에서 수연네와 헤어진 것이 눈에 선했다. '토요일의 징크스' 나는 이런 말을 별로 좋아하지 않는다. 일테면 토요일이 되면 드잡이 분란 언쟁 실랑이, 이런 것들이 숨어 있다가 갑자기 달려든다. 보이지 않는 손에 의해 이런 사달이 난다. 사람들은 보이지 않은 마귀들을 잔뜩 흘겨보면서 경계하곤 하지만 자신도 모르게 휘말리고 만다. 정신없이 다투고 패악을 부리고 흥분하기 일쑤다. 싱거운 기사 하나가 눈에 들어왔다. 명절에 이혼율이 오른다는 것이다. '함께 있다'는 사실에서 연유한다는 분석도 내놓고 있다. 함께 있으면 충돌 마찰 갈등, 이런 것이 가장 가까운 사람들 사이에서 일어난다는 것이다. 토요일은 대개 가족과 함께 집에 있는 날이다. 많은 시간을 같은 공간에서 보내면 인간관계가 더욱 상승하고 승화될 수 있는데 사람들은 왜 충돌의 가능성만을 이야기하고 있는지 모르겠다.

중이한테서 전화가 왔다. 함께 점심을 하자는 것이었다. 가슴이 철렁 내려앉았다. 아내는 함께 가자고 했지만 나는 사절했다. 아내 홀로 아들의 집으로 갔다. 그사이 나는 시내로 나갔다. 속으로 아내에게 아무런 일이 일어나지 않기를 빌었다. 중이는 이런저런 말로 또 아내를 팔라우로 끌어들이려고 할 것이다. 식당 이야기, 관광이야기, 이런저런 '도우미'가 돼 줄 것을 요청할 것이다. 아들과의 관계에서 어쩐지 불측한 생각을 해고 있는 것 같아서 끊임없이 죄책감에 시달렸다. 아내가 뜻밖에도 밝은 목소리로 전화했다. 운동 삼아 중이집으로 오라고 했다. 팔라우에서 찍어온 동영상이 참으로 볼만한데 와서 구경하지 않겠느냐고 했다. 나는 멀리 나와 있어서 갈 수 없다고 했다. 아내는 집으로 돌아가겠으니 빨리 돌아오라고 했다. 나는 곧바로 집으로 돌아왔다. 아내는 중이가 팔라우에 가서 집을 수리한 것을 이야기하고 그 영상을 보여주었다. 중이가 참으로 많은 일을 하고 돌아온 것 같았다. 고무적이었다. 사업의 전망도 좋았고 무엇보다 중이가 생기가 넘치고 자신감에 차 있었다. 내 걱정과는 정반대의 현상이 일어나고 있었다. 토요일의 징크스는 말끔히 사라졌다. 즐거운 오후를 보냈다. 중이집에서 가져온 음식으로 저녁을 때웠다. 나는 오므라이스를 먹었고 아내는 비빔밥을 먹었다.

뜻밖에도 정수기 때문에 실랑이가 벌어졌다. 내가 정수기를 틀어놓은 것을 아내가 꺼버렸다. 계속 틀어놓는 것을 전력 낭비라고 했다. 내가 발끈했다. 우리는 잠시 참으로 하찮은 일로 우리의 의지와는 눈곱만큼도 관계없이 잠시 티격태격했다. 나도 모르게 목구멍에 엉켜 있던 말이 튀어나왔다. "마귀는 언제나 출몰할 수 있구나, 토요일의 징크스를 몰아내자. 아내여 미안하다." 우리가 왜 다투었지, 나는 고개를 갸우뚱했다.

포니를 없애라 2. 2.

'무항산'을 버틸 수가 있겠는가. 오늘은 통째로 '응답하라 1944'를 최종회까지 보았다. 이제 중년이 된 주인공들이 까마득한 젊은 날을 회상하며 엮어가는 이야기다. 나는 도무지 그런 느낌을 받지 못했다. 바로 엊그제 일처럼 보였기 때문이다. 그랬다. 고희를 넘겼지만 아주 가까운 과거의 일에 지나지 않았다. 감동을 받은 이유는 한 가지. 내가 늘 못마땅해 하는 포니가 사라지고 없었다. '허구의 진실'의 문제를 다시 생각해 보았다. 소설과 드라마는 픽션, 말 그대로 허구다. 이 허구가 문제다. 어디까지나 진실성이 있어야 한다. 실제로 존재하지 않지만 그 속에는 진실이 있어야 한다. 그게 픽션의 생명이요 본질이다. 우리 드라마는 그 진실이 없다. 절실하지 못하고 곡진하지 못하다. 거짓 눈물, 거짓 슬픔, 거짓 아픔이 있을 뿐이다. 이 거짓 진실을 가리켜 포니라고 한다. 딱 좋은 말이다. 우리 드라마의 치명적이 약점이다. 우리가 '응답하라, 1944'에 감동하고 있는 것은 이 드라마에서 허구의 진실을 발견할 수 있었기 때문이다. 우리는 열광했다. 꼭 김승옥의 소설을 읽고 있는 느낌이었다. 집단 집필을 한 것 같은데 아마 순천출신 작가도 낀 것 같다. 나는 속으로 부르짖고 있었다. 오늘을 사는 작가들이여, 그대가 성공하려면 '포니를 없애라' 오후에 시작하여 밤이 깊을 때까지 드라마를 보았다. 아내는 남대문을 가자고 했다가 드라마에 함몰되고 말았다.

중간에 잠깐 홀로 동네산책을 했다. 할인마트를 지나서 길을 건너고 윗동네 초입에 있는 우리은행까지 갔다가 돌아왔다. 아내는 계속 드라마를 보았다. 그렇게 몰두할 수 있는 일이 있다는 게 퍽 다행이었다. 구메구메 나도 모르게 까닭 모를 분란의 파장이 마음의 갈피에서 튀어나왔다. 아슬아슬한 기분에 사로잡혔다. 나는 용이이 전화를 기다렸다. 마음속에 도사리고 있는 나의 감정의 정체를 알아냈다. 그것은 노혐(怒嫌)이었다. 나는 누구에게랄 것 없이 노여움을 느끼고 있었다. 나의 유고(遺稿)들의 운명도 생각해 보았다. 어쩌면 휴지통으로 쳐 박힐 수도 있다. 전율을 느꼈다. 아내는 '응답하라 1944'로 하루를 마감하고 잠자리에 들었다. 나는 심야드라마까지 보고 나서 마음을 추슬렀다. "포니를 물리쳐라." 나의 필생의 소명으로 삼자고 나는 굳게 맹세했다.

자본주의 황혼 2. 3.

'내 인생의 책' 이어령 편을 읽었다. 소월의 시집 '엄마야 누냐야 강변 살자'를 꼽았다. 그럴듯했다. 정작 나의 책을 생각해 보았다. 없었다. 공자는 예수는 석가는 무슨 책을 읽었을까. 꿈 때문에 울적했다. 꿈속에서 용이의 아버지가 세상을 떴다. 용이의 아버지가 누구인지 꿈에서는 몰랐다. 꿈을 꾸자마자 잠이 깼다. 새벽녘의 꿈이었던가 보다. 나는 잠이 깨고 나서 꿈속의 용이의 아버지가 바로 나라는 것을 알았다. 이상한 꿈이었다. 정작 내가 읽었고 내 인생의 길잡이가 되었다고 내놓을 만한 책이 없다는 것을 알고 충격을 받았다. 이석기 결심공판이 있었다. 보나마나 뻔하다. 재판의 오류를 바로잡는 것은 후세의 몫이고 우선 유죄선고를 해놓고 볼 것이다. 우리 시대에 얼마나 많은 재심에서 무죄선고를 보았는가. 안철수의 새 정치는 그의 얼굴생김새만큼이나 뺀질거리고 깍쟁이다. 김한길이 정치혁신을 내걸고 나섰다. 안철수의 신당 출현을 앞두고 경쟁하자는 것인데 좀 싱겁다. 왜 정치는 이젠 감동이 없는가. 아내의 귀가시간에 전화하고 종각으로 나가겠다고 했다. 움직이는 것이 축복이라는 것을 뼈저리게 느꼈다. 어쩐지 광화문 쪽으로 나가고 싶었다. 아내는 종각서점에서 기다리고 있었다. 생각보다 날씨가 추워서 금세 혈압이 오르고 머리가 아파왔다. 나는 당황하여 허둥지둥 종각 지하철역으로 내려갔다. 종각서점은 지하에 있어서 따뜻했다. 아내가 커피를 사주었다. 매장 안을 돌아다녀보았다. 아내는 속독이라 서서 책을 한 권 읽었다. 나도 책방에서 책을 읽었다. 청년의 탄생, 생명이 자본이다. 이어령의 신작 에세이를 읽었다. 그다운 말이 봇물을 이뤘다. 이카르소 신화, 외천유천. 칼 폴라니의 '자본주의 황혼'이란 말을 다시 보았다. 나도 공감했다. 자본주의라는 말은 특히 우리처럼 20세기 향수 속에서 살아가는 사람에게는 퍽 감회가 깊고 남다른 느낌을 주는 말들이다. 결국 황혼에 등장하는 그 증세를 우리의 황혼에서 만난 것이다. 분업은 개성 파괴, 표준화에서 개인은 온데간데없다. 기계만 살아남고 생명체는 도태된다. 마침내 조직과 시스템만 세상을 움직였다. 자본주의 말기현상

은 분업, 표준화, 기계, 그리고 조직임을 다시 한번 확인했다. '미학 오디세이'
도 보았다. 정민교수의 '독서'도 읽어보았다. '정글만리'도 보았다. 문장과 내
용을 자못 세심하게 뜯어보았다. 역시 내가 알고 있는 그 한계를 벗어나지 못
했다. 그는 아르티장에 불과하다. 다시 한번 안도했다. 그런 나의 심리를 나는
이해할 수 없었다.

  집으로 돌아오자마자 밤을 맞았다. 다행이었다. 지루한 저녁나절이 나는 싫
었다. 오늘은 이어령의 어록 속에서 시간을 보낸 셈이다. 그 역시 인생의 마지
막 장을 개탄하고 있었다. 기억력은 흩어지고 구술 대필을 시도하고 그러나
인생을 대신할 수 없는 것처럼 글도 대신할 수 없다고 탄식했다. 인생을 쓰레
받기로 받아내고 있는 것 같은 일상을 보내고 있다고 했다. 나도 말들과 숨바
꼭질을 할 때가 많다. 기억력의 감퇴를 말하고 있는 것이다. 나는 술래가 되어
사라진 말들을 찾아 나서기 일쑤다. 데보라 카, 말론 브란도, 그레고리 팩, 은
휘, 패려 온량 이런 것들이 술래를 괴롭히는 말들이다. 손가락 사이로 모래알
이 흘러내리듯 생각이 시시각각 흩어졌다. 어느 순간에 암전 블랙아웃, 먹통
이 되고 만다. 그 답답함, 막막함을 나는 잘 알고 있다. 흘러가 버린 세월을 아
쉬워하기 일쑤지만 무슨 소용이 있는가.

  오전에 한 작업을 오후와 밤에는 잇지 못했다. 오늘도 저녁나절과 밤의 실
종을 보았다. 아내는 운동을 하고 '기황후'를 보다가 잠이 들었다. 드라마가
내 하루의 끄트머리를 떠맡았다. '소치올림픽'도 머지않았다고 나는 가만히
주절거렸다.

절망보다 무서운 것 2. 4.

  아침에 일어나면 오늘 글의 제목을 무엇으로 할 것인가를 골똘히 생각한다.
늘 그렇듯이 쉽게 떠오르지 않는다. 화장실에 갈 때까지도 생각한다. 일기를
계속 쓸 것인가. 이쯤해서 그만둘 것인가. 매일같이 머릿속에서 맴돌았다. 일
기를 쓰는 것, 특히 제목을 붙이는 것보다 부담스러운 일은 없다. 왜 이런 숙

제를 자청하고 있는지 모른다. 늙음이라는 것은 별 것이 아니다. 살아갈 만한 의지와 소망이 있는데도 일상에서 모든 필연과 당위가 사라져 버리는 것이다. 그랬다. 그것은 외로움보다 더 고통스러운 것이었다. 그것은 절망보다 무서운 것이었다. 내가 만난 뜻밖의 복병이었다. 사라진 이정표나 바람에 날아간 깃발 같은 것이었다. 오전에 이를 악물고 작업했다. 작업을 끝내고 점심을 먹으려고 하는데 갑자기 혼자라는 생각이 떠올랐다. 누구를 불러도 오지 않는다는 대목에 이르자 갑자기 번열증이 일었다. 그것은 몸살과 같은 것이었다. 아내의 귀가를 기다리는 마음이 간절해졌다. 아내의 귀갓길을 생각하면 늘 마음이 설렌다. 마지막 귀갓길이 되지 않기를 바랐다. 사실 아내의 직장생활은 하루같이 오늘이 마지막 같은 아슬아슬한 순간의 연장이었다. 아내는 어떠한 얼굴을 하고 돌아올까. 직장은 온전했는가. 나는 이상한 불안에 떨었다.

　내 예감은 현실이 되었다. 아내는 어두운 얼굴로 돌아왔다. 여느 날은 활짝 웃으며 갖가지 일을 이야기하는데 입을 꾹 다물고 아무 소리도 하지 않았다. 그 이유를 금세 알았다. 마침내 오늘 '발톱'을 본 것이다. '마각'을 본 것이다. "카드로 천만 원어치 물건을 사라"고 하더라는 것이었다. 눈앞이 아찔했다. 말하자면 그것은 계속 회사를 나올 것인가 아니면 그만둘 것인가를 결정하라는 말과 같았다. 그렇게 다정하던 수석주임의 요구였다는 것이었다. 아내는 "부담스러운 일은 안 하겠다"는 말로 우선 얼버무리고 왔다고 했다. 그것은 직장을 그만둘 것을 각오하고 한 대답이었다. 아내가 귀가할 때마다 그의 얼굴이 햇살이 비꼈는지 구름이 끼었는지를 살폈는데 오늘은 비가 내리고 있었다. 실망했다. 그런 기분으로는 아무것도 할 수 없었다. 아내는 그만두는 쪽으로 가닥을 잡은 눈치였다. 기왕에 매입한 태반도 그대로 반환하겠다고 했다. 당장 내일부터 나가지 않겠다고 했다. 돌아서 나오는 뒷모습이 중요하다고, 시인의 뒤태가 아름다워야 한다고, 지극히 감정적인 모습으로 비칠지도 모르니, 내일 당장 회사에 나가지 않는 일만은 하지 말라고 내가 간청했다. 내일 안 나가는 사태는 겨우 막았다. 이제 어쩔 것인가. 지난 두 달 동안 그렇게 득의양양하게 출근해서 아침운동하고 회사에 적응하고, 좋은 일 즐거운 일도 많았는데, 이제 어쩔 것인가. 갑자기 할 일이 없어져 버렸다.

오늘도 '내 인생의 책'을 읽었다. 이어령의 삼국유사 독후감을 읽었다. "삼국유사, 상상의 원석. 카라마조프가의 형제들은 세 번 읽었다. 처음은 추리소설로, 둘째 번은 부친 살해와 형제들 간의 갈등이 보였고, 셋째 번은 지성과 영성은 대립하지 않는다는 것을 깨달았다. 절망을 이기는 언어를 만났다." 그의 글이 이상하게도 어느 때와 달리 울림이 있고 위로가 되었다. 지난 월요일 종각서점에 가서 그의 신간을 읽고 나서부터였다. 그가 paraclete(위안자, 보혜자, 성령)가 될 줄은 몰랐다. 코앞에 다가온 소치올림픽으로 세상을 달아오르고 있었다. 젊음 환희 열정 낭만으로 세상은 저리 기쁨이 넘치는데 내 일상의 궤적은 어두운 구석으로, 깊은 침묵 속으로 밀려가고 있었다. 아내는 연방 한숨을 내쉬더니 어느새 새우처럼 웅크리고 잠이 들었다. 그 와중에 내가 다음 회를, 그 '뭔가'를 기다리게 하는 '기황후'에게 감사했다.

연한제일 2. 5.

중국의 외교가 중립의 스탠스에서 진영우호정책 기조로 바뀌었다. 여태껏 중국은 중립외교나 등거리외교를 표방해 왔다. 그들은 북한과의 혈맹관계 말고는 특정국가와 우호관계를 맺은 적이 없었다. 한국과도 그랬다. 눈에 띄게 한국과 돈독한 관계를 유지하면서 일본을 견제했다. 박근혜의 외교적 성과 중의 하나가 중국과의 관계개선이다. 경제적인 측면도 그랬지만 권역외교에서 일본의 우경화와 돌출행위를 저지하는 데 공동전선을 폈다. 한국과 중국이 동맹하여 수없이 왜구를 물리쳐 온 역사가 되풀이되었다. 중국의 연한제일(聯韓制日)의 역사를 다시 보고 있었다. 중국의 대북관계도 변화의 조짐을 보이고 있다. 어쨌든 중국과의 제휴와 협력은 우리에게 득이 되면 되었지 손해는 될 것이 없다. 이산가족상봉 남북 전격합의, 인륜적 대사를 거스를 수는 없다. 인도적 화해협력은 그 누구도 결코 외면할 수도, 멈출 수도 없는 대세다.

용이는 여전히 연락이 없다. 연락이 두절되었을 때 갇혀 있는 듯한 답답함을 느꼈다. 오전에 열심히 작업했지만 점심때가 되면 마음이 흔들렸다. 아내의 전화를 기다리게 되고 전화가 오면 서둘러 종각서점으로 나갔다. 오늘은 참으로 어렵게 출근했다. 아내가 주저앉으려는 것을 내가 억지로 일으켜서 보냈다. 그래서 더욱 나는 아내를 맞으러 가고 싶었다. 오늘도 종각서점에서 만났다. 선 채로 '정글만리'를 잠깐 읽었다. 지적 감동, 영적 감동, 미적 감동, 이런 감동을 받으면서 내가 살고 있다고 해도 과언이 아니다. 요즘 내 정신 궤적의 현황이다. 영적감동과 지적감동은 그런대로 어렵지 않게 받을 수 있었다. 문학인으로서 미적감동을 무엇보다 중요시해 왔는데 '정글만리'에서는 그런 감동을 받을 수가 없었다. 내가 아르티장이라고 그를 '디스'하고 있는 까닭이다. 말 그대로 탐색하기 위한 도정이었는데 이내 '정글만리' 읽기를 그만두었다.

아내가 눈알이 쓰라려서 고통을 호소했다. 안구건조증의 진단을 받고 치료를 받은 적이 있었다. 돌아오는 길에 은평구E마트 옆에 있는 드림안과를 찾아갔다. 그사이 나는 피부과에 가서 발바닥의 가려움증을 치료하고 싶었는데 피부과가 눈에 띄지 않아서 그만두었다. 내가 무좀을 앓으리라고는 상상도 못했다. 오늘따라 집안이 유난히 춥고 눅눅했다. 작업할 엄두가 나지 않고 의욕이 곤두박질했다. 내일모레면 동계올림픽이 시작된다. 세상은 이 지구촌의 축제를 앞두고 잔뜩 들뜨고 있었다. 우리와는 관계없는 강 건너 풍경이었다. 지방선거 빅매치 예상지역, 서울시장 후보들의 동정, 김한길의 대표연설 등이 잠시 시선을 끌었다.

아내는 어제보다 한결 밝았다. 아직은 직장을 떠날 수 없는 어떤 '모티브'를 그런대로 찾아낸 것 같았다. 건강, 출근, 만남, 대화, 젊음, 내일을 기약할 수 있다는 것이 얼마나 소중한 것인가. 남은 날의 선용(善用)을 골똘히 생각해보았다. 지나고 보면, 하나도 생각이 나지 않았다. 유독 밤 시간이 그랬다. 노트북을 거실로 옮겨 놓고 마지막으로 작업을 시도했으나 뜻을 이루지 못했다. 하릴없이 드라마를 보고 나서 아내와 나란히 누워서 발끝 부딪치기를 했다. 그것은 숙면을 위한 엄숙한 의식이었다.

사라진 당위와 필연들 2. 6.

거취문제를 두고 결단을 내리려고 한다. 진작 그랬어야 할 일이었는데 좀더 관망하면서 결정을 유보해 온 것이다. 정체를 파악하기 위해서? 그럴 필요도 없었다. 이미 그 실체와 존재는 훤히 드러났고 어떻게 대응해야 할지조차 알고 있었다. 다만 지금까지 머뭇거렸던 것은 회사 측의 특단의 조치나 배려 같은 것을 기대했기 때문이다. 그러나 다른 사람에게 하는 식으로 이제 노골적으로 카드를 끊으라고 강제구매를 요구했다. 그냥 믿고 구입을 하라는 것이었다. 일정액의 월수 보장, 카드이자는 미미하니까 충분히 카버하고도 남는다고 했다. 회사가 하고 있는 교육이나 상담은 말하자면 먹잇감의 사냥을 위한 위장행위였다. 낚싯밥은 안정된 직장과 수입, 포인트와 승진, 이런 것들이었다. 덥석 낚시 밥을 물으면 그 순간부터 괴로운 시간이 시작되었다. 계속되는 구매의 압력과 투자한 돈에 대한 아쉬움에 시달렸다. 그 사이에서 고민하고 괴로워하다가 결국 그만두게 되고 만다. 말하자면 자포자기하고 마는데 이것을 도태 혹은 자정(自淨)이라고 한다면 이것이야말로 회사가 지탱되고 운영돼 가는 지극히 부도덕한 비결인 것이다.

거듭 이야기하지만 아내는 그 특단의 시혜(施惠)를 은근히 기대하면서(이건 온당한 일이 아니라는 것을 알면서도) 존재감을 과시해왔는데, 그것이 결국 먹혀들지 않는다는 결론을 내리게 되었다. 엊그제부턴 드러내놓고 카드로 상품을 구입하라고 채근했다. 명함도 주소도 없는 수석주임이 그 허깨비 같은 믿음을 입에 올리며 따라오라고 했다. 나는 아내를 달래서 내색하지 말고 잘 마무리하라고 회사에 보냈다. 지난 두 달 동안 즐거운 마음으로 출근했고 돌아올 땐 나와 뜻있는 데이트를 할 수 있었던 것을 감사했다. 올바른 선택을 하고 최선을 다하고 그리고 기도하면 예전엔 좋은 결과가 '필연'처럼 찾아왔다.

이젠 상황이 달랐다. 그 필연이라는 것이 빗나가기 일쑤였다. 내 일상에서 원칙을 세우고 소신 있게 밀고 나가면 이전엔 대개 이루어졌는데 이젠 내 소신과 원칙이 동력을 잃고 말았다. 내가 매달리고 고집하는 당위가 사라져 버렸다. 당위가 힘을 발휘하지 못하고 그 존재마저 희미해져 버렸다. 사라진 당위와 필연들이 나를 슬프게 했다. 아내의 직장을 두고 내가 얼마나 신경을 쓰고 조언하고 기도했는가. 그 종말이 다가왔다.

아침에 작업에 매달렸다. 2010년 '아고니스트 환' 나흘 치를 완결했다. 아내가 종로3가 초동교회에서 열리는 '전옥길문학상' 시상식에 간다고 했다. 버스를 타고 가서 파고다공원 앞에서 내렸다. 초동교회는 피카디리 극장 근처에 있었다. 나는 교회에 가지 않고 극장에서 시간을 보냈다. 아내에게 전화했더니 시상식이 끝나고 4층 식당에서 기다리고 있으니 그곳으로 오라고 했다. 교회로 가서 아내와 점심을 먹었다. 전옥길과 황금찬 시인을 만나서 인사했다. 97세인 황금찬 시인은 옛 모습을 찾아볼 수 없었다. 완전히 다른 사람 같았다. 그 나이에 축사하러 왔다고 했다. 바싹 말라버린 번데기를 보는 것 같았다. 전 시인도 팔순을 넘었다. 아내와 각별한 사이어서 만나자마자 턱없는 기대를 하기도 했다. 요양병원을 하고 있으니까 용이의 취직을 부탁할 수도 있고 회사의 상품이라도 하나 사줄 것을 부탁할 수도 있었다. 오늘 초등교회를 찾아온 것도 그런 기대 때문이 아니었을까. 그들과 헤어지고 잠시 피카디리 극장에 들렀다가 버스를 타고 집으로 돌아왔다.

이산가족 상봉이 하루 사이에 또 비틀거리고 있다. 합의를 재고할 수도 있다고 엄포를 놓았다. 뭐 존엄을 모독하고 훼손했다나? 남북관계가 너무나 허술했다. 위장공세, 명분, 진정성 이런 말이 무성하면 남북관계는 가망이 없다. 국정원 수사방해 혐의로 재판을 받던 김용판 전 경찰청장이 일심에서 무죄 선고를 받았다. 거센 후폭풍이 불 보듯. 이건희, 재산상속소송에서 승소. 당대의 거물을 어쩔 것인가. 그에게 패배를 안겨줄 만한 정의의 힘은 없다. 정의는 힘 있는 자의 편에 섰다. 젊어서 법철학을 공부할 때 얻은 결론의 하나다. "힘이 법이다" 이 같은 법실증주의가 언제나 세상을 싹쓸이해 왔다. 이대근 강유진 샘 튼 글이 관심을 끌었다. 현대인의 집은 패닉룸. 저녁나절 내내 아내의 동정을 살폈다. 아내는 간간이 벽에 슬은 곰팡이 상태를 살폈다. 나는 커피를 끓이고 아내가 한잔 하겠다기에 술잔을 갖다 주었다. 밤에 어김없이 발끝부딪치기를 했다. 우리는 잠시 '비와 안개의 노래'를 불렀다.

남은 날의 선용 2. 7.

내가 배당받은 오늘이라는 시간을 어떻게 뜻 있게 보낼 것인가. 얼마나 남아 있는 줄은 모르지만 하나님이 허락한 시간을 보람 있게 보낼 궁리를 골똘히 했다. 잠깐 70노인에 관한 기사를 읽었다. '70청춘'이라는 말도 좋았다. 남은 삶을 "좋은 세상 만들기, 더불어 사는 공동체를 위해 투자하고 헌신하겠다." 달리 할 말이 무엇이 있겠는가. 남은 날의 선용이 나를 채찍질했다. 부쩍 시간이 흘러가는 것을 안타까워 할 때가 많다. 하루의 작업량을 완수하지 못할 때 잠을 이루지 못했다. 어쨌든 '아고니스트 환'은 최소 5년 치는 완성해 놓아야 한다. 너무 많은 시간을 쏟아 붓고 있다. 지지부진하다. 아내의 말마따나 그렇게 많은 시간을 '과거를 복원하는 데 써야 하는 것'이 안타까웠다. 피해 갈 길이 없다. 선용이 아니라 낭비하고 있는 것은 아닐까. 시도 때도 없이 나를 괴롭혔다. 문득 '인생의 선용'이라는 책이 생각났다. 아득한 옛날에 읽었던 책이다. '내 인생의 책'을 생각해보았다. 수많은 포도송이(a cluster of grapes)처럼 떠올랐다. 우선 세계문학전집, 한국문학전집, 화려하게 장정된 수많은 사상전집, 고전들, 내가 젊었을 때 매일같이 빌려 보았던 세책점에 쌓여 있던 책들, 끝없이 쏟아지는 신간잡동사니들까지 밀려왔다. 이것이다 하고 내놓을 만한 것이 없었다. 이것이 나의 인생을 바꿔놓은 책이다 하고 소개할 만한 것이 없었다. 모두가 끊임없이 읽고 있는 성경과 같은 것이다.

점심때 작심하고 종로5가로 나갔다. '일품향'에서 오랜만에 짬뽕을 먹었다. 너무 매워서 콧물까지 흘리면서 먹었다. 퇴근하는 아내와 걸어서 남대문시장으로 갔다. 도중에 중앙우체국에도 들르고 신세계백화점도 들렀다. 백화점 화장실이 너무 아늑하고 따뜻해서 졸음이 몰려왔다. 화장실에서 전화를 받았다. 복지과에서 상품권을 타가라는 전화였다. 우리는 남대문시장을 돌아다녔다. 아내는 4시에 열리는 '옷노점'을 보고 가자고 했다. 4시가 될 때까지 중앙시장수입품 가게들을 둘러보았다. 삼익패션 새로나패션을 아이쇼핑했다. 그 좁은 compartemnt(칸막이, 구획)에서 사람들은 시간으로 돈을 사고 있었다. 나는 감히 상상도 할 수 없는 삶을 살고 있었다. 비록 돈 잘 버는 남대문시장 상인일지 몰라도 나는 가여워서 볼 수가 없었다. 그런 '호강에 초치는 생각'을 하고 있었다. 아내가 오늘은 옷가게가 신통찮다고 했다. 4시가 좀 지나서 버스를 타고 귀가했다. 동사무소에 들려서 상품권을 받고 잠깐 직원과 상담했다. 동계올림픽 막이 올랐다. 자정이 넘어서 벌어지는 스포츠중계에 밤잠을 설칠 수도 있다. 자칫 일상이 리듬을 잃고 표류하게 되고, 천금 같은 시간을 허송하기 일쑤다. Use of Life여, 나는 잠들 때까지 '인생의 선용'(善用)을 속으로 외치고 있었다.

미미크리 인생 2. 8.

진눈개비가 내렸다. '유레카, I have found it.' 아르키메데스의 말이 생각났다. 그런 일이 내 인생에서 있었던가. 나는 남이 하는 것을 흉내만 내면서 살아왔다. 문학도 그랬고 내 삶 자체도 그랬다. 시늉만 내고 모방만 해왔다. 기를 쓰고 '닐어디미러리'를 주장한 것도 어쩌면 타인의 행적에, 그들의 삶의 궤적을 마냥 감탄하고 부러워하느라고 벌어진 입을 다물 줄 모르는 내 인생을 경계하느라고 그랬는지도 모른다. 왜소하고 초라하기 짝이 없는 '미미크리(mimicry, 모방) 인생'이었다. 그랬다. 왜 창의적이고 독창적인 삶을 살지 못할까. 내 글도 고작 사전상의 개념을 풀이하는 것에 그치는 것이 많았다. 깊은 사유도 힘들어했다. 이제 남은 삶에서 내가 할 일은 이 '미믹'이라는 오명을 씻어내는 것이다. 나만의 삶의 흔적과 수택(手澤)을, 모습과 향기를 남기는 것이다.

아내는 집안 곳곳에 슬은 곰팡이를 없애느라고 정신이 없었다. 안방 옷장 속에 있는 곰팡이를 살피느라고 온통 옷을 끌어내놓았다. 아내는 온종일 청소했고 나는 창밖으로 눈 오는 바깥풍경을 내다보았다. 건너편 벽돌공장 마당에서 얼씬거리던 묘령의 여인도, 늘 짖까불고 있던 강아지들도 오늘은 보이지 않았다. 회색하늘에서 끊임없이 눈이 펑펑 쏟아져 내렸다. 아내의 곰팡이타령을 귓등으로 흘리면서 눈 덮인 북악산 기슭만 실컷 바라보았다. 외출도 하지 못하고 옴나위없이 집안에 갇혔다. 올림픽은 초반이라 볼만한 경기도 없었다. 한국선수가 출전한 경기도 없었다. 올림픽경기 때문에 정규방송이 변동이 있어서 오히려 불편했다. 드라마도 볼 수 없었다. 고달픈 사람들을 위해 기도하자. 깊은 밤에 '사도신경'의 마지막을 되풀이해서 뇌었다. "몸이 다시 사는 것과 영원히 사는 것을 믿습니다." 이 믿음만 있으면 나는 얼마든지 마음의 평화를 얻을 수 있었다.

쇄신과 보전의 충돌 2. 9.

눈을 떴을 때 아내가 보이지 않았다. 이 추운 아침에 어디에 갔을까. 뜻밖에도 아내는 화장실에서 낑낑거리고 있었다. 비대를 뜯어내어 손질하고 있었다. 나는 당황했다. 당장 용변을 볼 수가 없었다. 아내는 오만상을 찌푸린 채 그 작업을 계속했다. 곰팡이 청소에 이어서 오늘은 비대를 수선했다. 왜 그것을 뜯어냈느냐고 나도 모르게 소리를 질렀다. 아내는 눈썹 하나 까닥하지 않고 "더 이상 쓸 수가 없다"고 했다. "이 작은 가정에서도 보전과 쇄신은 늘 부딪히고 있구나" 하는 생각이 들었다. 나는 늘 보전한 채 가자고 했고 아내는 걸핏하면 고치고 버리고 털어냈다. 원래 보전에 급급한 사람은 게으른 사람이고 혁신에 열렬한 사람은 부지런한 사람이다. 그런 경향이 있다. 나는 늘 그냥 그대로 두고 쓰자는 식이었고 아내는 걸핏하면 고치고 바꾸자는 식이었다. 요즘 부쩍 그런 상황이 자주 벌어졌다. 나는 하는 수 없이 가까운 글로리아타운으로 가서 용변을 보았다. 눈길에 아찔한 순간이 많았다. 아침에 빙판길을 걸어가기가 쉽지 않았다. 더구나 뒤가 급해서 달려가는 길이라 헛디딜 뻔했던 순간도 있었다. 아내가 아침부터 부지런한 것에 보답하기 위해 나는 집안에 있는 쓰레기와 헌옷을 내다버렸다. 그것도 눈 덮인 빙판길에 서너 번 왔다 갔다 했으니 위험한 순간이 한두 번이 아니었다. 그렇게 주일이 시작됐다. 눈이 쌓여서 통행이 어려웠고 내가 준비가 되지 않아서 교회에 가지 못했다. 2주째 결석했는데 어쩔 수가 없었다. 내가 아침부터 고생하는 것을 보고 안쓰러웠는지 아내가 한결 부드러워졌다. 점심때 수육을 만들어주었다. 오랜만에 고기를 포식했다. 낮과 저녁은 텅 비어 버렸다. 올림픽 경기는 거의 보지 않았다. 5시부터 K-pop 시즌3을 재미있게 보았다. 심사위원이 눈물을 흘리는 장면에서는 안타까워서 쩔쩔맸다. 주일 오후의 solace(위안)였다.

아내가 일찍 잤다. 뜨거운 유담뽀를 마련해서 그의 이불속으로 밀어 넣어주었다. 나의 유일한 서비스였다. 나의 작업은 사흘째 공쳤다. 아내의 직장거취의 결정에 따라서 나의 작업의 향방이 영향을 받았다. 나는 자정이 넘도록 궁싯거리고 뒤척였다. "아내가 계속 출근할 수 있도록 도와주소서." 나는 엉뚱하게도 '영진'에서 메시아를 찾고 있었다. 심만 부끄러움을 느꼈다.

수유리 가는 길 2. 10.

가만히 돌이켜보면 날이 갈수록 빈손이다. 남은 것이 거의 없다. 소설가라는 말이 부끄러울 정도다. 재능을 타고 난 것은 분명하지만 나는 집중을 할 수가 없었다. 예술의 성공을 위해 두 가지가 필수적이다. 첫째는 재능이고, 그 재능을 발휘할 수 있는 집중력이다. 작가로서 성공할 수 있는 요건으로 나는 한때 prodigy(재능), pioneer(개척자), patron(후원자) 등 3p를 들었다. 어쨌든 특히 문학은 집중할 수 없으면 에누리 없이 실패할 수밖에 없다고 확신하고 있다. 학창시절엔 아버지의 성화를 피해서 영어공부를 마당에 쌓아놓은 볏짚 속에 숨어서 했고, 어른이 되어서는 나의 문학이 완전히 홀로 겉돌아야만 했다.

일상에선 번번이 집필할 수 있는 분위기와는 동떨어진 일을 벌어졌다. 사람들은 집필을 곧잘 방해했다. 새삼 그런 이야기는 장황히 늘어놓을 생각은 털끝만큼도 없다. 하나같이 나의 잘못이었다. 누구를 탓할 것인가.

전 시인을 만나러 돈암동으로 문화관을 찾아갔다. 종각에서 아내를 만나 함께 차를 타고 미아리 성신여대 입구로 갔다. 오랫동안 수유리에서 살았기 때문에 젊은 시절 미아리고개를 매일같이 넘어서 오갔다. 삼선교, 한성대, 성신여대, 미아리 고개, 삼양동, 수유리, 4.19탑은 지금도 추억이 살고 있는 곳이다. 혜화동로터리를 지나서 미아리고개 쪽으로 넘어가자 어김없이 가슴이 설렌다. 가끔 수유리를 찾아갈 때가 있는데 늘 그랬다. 전옥길 시인은 병원을 두 곳이나 운영하고 있는, 아주 부유한 시인이다. 특히 행사를 많이 주관하고 있어서 아내는 그의 도움을 은근히 기대하고 있는 눈치였다. 지난주에는 그가 주관하는 '난곡시상식'에 참석했고 오늘도 미리 약속하고 개인적으로 만나는 것이다. 어떤 도움을 기대하면서 남을 만나는 것이 가슴이 아팠다. 아내는 김O래 권사와 인사동에서 점심을 먹었다. 김 권사는 아주 부자다. 점심을 먹고 나서 김 권사는 재빨리 자리를 떴다. 아내가 영진의 상품을 팔고 있다는 것을 알고 꼭 피해버린 것만 같았다. 아내는 종각에서 쓴 리트머스시험지라는 시를 보여주었다. 사람들이 죄다 '리트머스시험지'가 되었다는 내용이다. 나는 성신여대 입구에서 다섯 번째 골목입구까지 동행했다가 '문화관'이 보이는 길목에서 아내와 헤어졌다.

나는 삼선교 쪽으로 발길을 돌려 오랜만에 동소문에도 올라가 보았고 혜화동로터리를 둘러보았다. 편운 조병화의 흔적이 남아 있는 곳을 살펴보고 '정신과 표현' 사장 송명진의 옛 사무실도 가보았다. 혜화동에 간 김에 자주 만났던 스타벅스에서 용이에게 전화했다. 근무 중이라 올 수 없고 다시 전화하겠다고 했다. 목소리를 듣는 것만으로 마음이 놓였다. 나는 마로니에공원을 걸었다. 진흥원을 지나 아예 서울대학병원으로 올라가서 셔틀버스를 타고 집으로 돌아왔다. 아내는 고 탁명환 씨 20주기 추모회에 전 시인과 함께 간다는 전화가 왔다. 아내는 밤 8시에 돌아왔다. 고 탁명환 씨가 아내가 오늘 전옥길 시인을 만나게 인도한 것이라고 했다. 아내는 전 시인이 고 탁명환 씨와 그런 인연인 줄을 몰랐다고 했다. 전 시인도 마찬가지였다. 서로 탁명환 20주기를 즈음하여 만나게 되어 많은 것을 이해할 수 있었다고 했다. 아내와 탁명환 씨와 인연은 참으로 각별했다. 그가 변을 당하기 바로 전날에 아내는 그를 집으로 초대하여 만찬을 대접했다. 그 이야기를 오늘 그의 가족들이 하더라고 했다. 솔직히 어려운 형편을 털어놓고 도움을 청하러 전 시인을 찾아갔는데 아내는 그런 이야기는 차마 하지 못했다고 했다. 실망스러웠지만 어쩔 것인가. 퍽 행복해 하는 아내를 바라보면서 나는 아쉬움을 달랬다.

본격적으로 올림픽 경기가 시작되었다. 우리나라 대표들의 소트트랙 경기를 보았다. 1500는 잇달아 넘어져서 모두 탈락하고 말았다. 여자 500는 모두 준결승에 진출했다. 밤에 '기황후'를 보았다. 자정을 넘기면서까지 모태범 500미터 스피드스케이트를 응원했는데 4위에 그치고 말았다. 아내의 내일 출근 때문에 밤을 새울 수 없었다.

작가의 행운과 불운 2. 11.

오전에 직장에서 아내가 전화를 걸었다. 급히 서류봉투를 가지고 시청 신청사 앞으로 오라고 했다. 인터넷에서 뉴딜맞춤구직에 대한 기사를 읽고 나를 불러낸 것이다. 가는 도중 만단의 회포가 흉중을 스쳐갔다. 남은 시간을 나는 최대한 선용해야 한다. 생리적인 존재는 아무 의미가 없다. 정신노작의 생존이 중요한 것이다. 육신은 죽어서 없어져도 영혼은 살아남아야 한다. 볏짚 속에서 공부했던 시절이 떠올랐다. 아버지의 추격을 물리치고 그 아늑한 볏단 속에 숨어서 나는 영어단어를 외고 책을 읽었다. 지금도 상황은 비슷하다. 나는 세상의 집요한 노동 요구를 뿌리쳤다. 봄이 오면 어떻게 해보겠다는 식으로 회피했다. 봄이 오면 어찌해보겠다는 건 막연히 강의라도 다시 시작하겠다는 수작인데 그게 내 뜻이 아니라는 것은 내가 알고 있다. 내가 시작한

이 '아고니스트 환'도 끝내고 더 욕심 부리지 않고 순명하겠다는 것이 솔직한 내 심경이었다.

　조정래의 기사와 그의 책 광고를 자주 본다. 그를 보면 김승옥이 생각났다. 두 사람 모두 나와 동향이다. 김승옥은 와병 중이고 사유는 차단당하고 언어는 장애를 일으켰다. 단 한 줄의 글도 한마디의 말도 제대로 하지 못한다. 김은 불운의 작가다. 조는 밀리언셀러가 되었다. 대문짝만한 광고가 연일 떴다. TV 광고도 끊이지 않았다. 그의 작품을 뮤지컬로 무대에 올리고 그는 뇌명(雷名)을 떨치고 있다. 그는 행운의 작가인가. 착잡했다. 작가의 행운과 불운이 나를 괴롭혔다. 김승옥 이청준 같은 작가가 저렇듯 허망하게 작고했거나 와병 중인 것은 나의 불운의 시작이었다.

　시청에서 나를 만난 아내는 나의 마음을 헤아려선지 아무 강요도 하지 않았다. 아내만 어떤 직원과 한참동안 상담하고 나서 그만두었다. 그길로 집으로 돌아왔다. 귀로에 주민센터에 들려서 서류를 제출했다. 바깥에서 기다리고 있는데 뜻밖에도 사부인이 나를 보고 다가왔다. 그리고 느닷없이 듣기 싫은 이야기를 늘어놓았다. 아내를 아마 보지 못한 것 같았다. 라텍스를 부탁받고 고민했다는 둥 영이와 사이가 나쁜 것은 아내의 편애 때문이라는 둥 참으로 감당하기 어려운 소리를 늘어놓았다. 내리사랑밖에 할 줄 모르는 사람은 가족이기주의자에 다름 아니다. 문득 그런 생각이 들었다. 요즘은 치사랑은 없고 내리사랑만 있다. 치사랑은 효도, 내리사랑은 가족이기주의라는 등식이 머릿속에서 맴돌았다. 안사돈은 우리와 너무 동떨어진 세상에서 살고 있었다. 가증스럽다기보다는 가긍스러웠다. 그는 인사도 하는 둥 마는 둥하고 할 말만하고 가버렸다. 안사돈을 만난 이야기를 아내에게 하지 않았다.

　집으로 돌아와서 갈비탕을 시켜먹었다. 상품권으로 물건을 사러 우리는 다시 외출했다. 농협은 가지 않고 도중에 남대문시장으로 빠졌다. 노점옷가게를 기웃거렸지만 여느 때와 달리 사람이 없었다. 아내는 신세계백화점으로 가자고 했다. 아내는 화장품 SUM을 찾아서 신세계와 롯데백화점까지 뒤졌다. 결국 찾아냈지만 구입하지는 않았다. 백화점 순례를 마치고 서울시청으로 건너가서 차를 타고 돌아왔다. 돌아오는 길에 할인마트에 들려 달걀과 빵을 샀다. 특히 달걀을 산 것은 아내가 내일도 출근을 하겠다는 의사표시와 같았다. 빵과 달걀은 '남자의 향기'를 만드는 재료였으니까. 밤 시간은 온통 올림픽 뉴스뿐이었다. 아내는 아예 보지 않고 일찍 자리에 누워 버렸다. 나는 자정이 넘도록 스피드스케이트 500미터 결승을 보았다. 속이 확 뚫렸다. 이상화가 올림픽 2연패를 달성했다. 올림픽신기록으로 금메달을 획득했다. 통쾌했다. 금세 기가 펄펄 살아났다. 애오라지 나는 아직 이팔청춘이었다.

치사랑 등 돌린 내리사랑 2. 12.

왜 자식들에게 올인 하나. 오늘도 내리사랑과 치사랑이 떠올랐다. 왜 교육이 문제인가. 내리사랑이 치사랑에 등을 돌리고 이기주의로 치닫는 게 문제다. 공감이 가는 대목이었다. 아내가 종로구청에 가기 위해 일찍 퇴근했다. 차가 방전이 되어서 충전하고 한 시간 동안 운행을 해야 했다. 우리는 인왕산 길을 드라이브했고 서대문 쪽으로 대신고등학교 앞까지 갔다가 유턴하여 구청으로 갔다. 종로구청 희망마차에서 노인에게 생필품을 8가지를 준다고 해서 가보았다. 2시에 구청제2별관 가족관으로 가서 시혜물품을 탔다. 사람들이 저마다 번호표를 받고 기다리다가 번호를 부르면 가서 물건을 탔다. 구청 주차장의 주차요금이 10분 당 1,000원인데 기다려서 물건을 타게 되면 물건 값이 주차요금으로 상쇄되고 말 것 같았다. 사정을 말했더니 빨리 타게 해주었다. 저녁을 먹은 뒤 상품권으로 물건을 사러 다시 농협을 찾아갔다. 과일만 사가지고 돌아왔다.

오전에 잠깐 2010년 '아고니스트 환' 손질한 것 말고는 한 일이 없었다. 세상은 온통 이상화 올림픽 2연패로 들끓었다. 달리 관심을 끌만한 쟁점도 이슈도 없었다. 7년 만에 남북고위급 회담이, 북의 전격 제의로 이루어졌다. 변덕이 죽끓듯하는 북의 태도, 그 속내가 무엇일까, 한미군사훈련 중단? 이산가족

상봉, 비핵화 진전, 어떠한 실마리도 의지도 능력도 보이지 않았다. 서로가 지극히 전략적인 물밑탐색 정도로 끝날 공산이 크다. 제발 피로감만 주는, 이벤트성 회담을 이제 그만했으면 좋겠다.

컬링이라는 다소 낯선 경기를 맥도 모르고 재미있게 보았다. 아내가 무척 재미있다고 했다. 룰을 몰라서, 특히 득점방법을 몰라서 답답했지만 아주 흥미진진했다. 빙상의 체스라는 말이 어울렸다. 아내는 뜨거운 유담뽀를 양쪽에 끼고 행복해했다. 감기 때문에 병원을 갈까 말까 했는데 물주머니가 아내를 치료해 주었다. 모태범이 매달획득에 실패했다. 올림픽 2연패라는 것이 얼마나 어려운 일인가를 깨달았다. 이상화가 더욱 빛났다. 문득 김연아가 생각났다. 그의 올림픽 2연패를 빌었다. 금메달 획득을 확신하지만 나도 모르게 걱정하고 있는 것은 어쩔 수가 없었다.

in love, on love 2. 13.

이런 뉴스들이 밀려왔다. 빙속여제 이상화, 광고 왕으로 뜨나? 광고의 블루칩, 금메달의 깜짝쇼에서 국민스타 대열에 오르다. 부와 명예를 거머쥐었다. 함께 메달을 딴 선수들이 극찬했다. "우사인볼트 같았다. 완벽한 테크닉을 갖춘 선수" 화려한 패션은 자신감의 표출. 김성재의 중계가 돋보였다. 감동을 끌어올렸다. 무라야마 일본 전 총리, 위안부 손을 잡고 사죄. 안철수 추락의 기미. 지나친 안보의식도 문제다. 황 법무장관 해임안 부결, 정족수 미달. 이주영 해산부장관 임명. 남북고위급 회담 성과 없이 종료했다.

오늘도 나의 동선은 뻔했다. 종각으로 나가서 아내를 맞았다. 오늘은 세무서에 가서 사실확인증을 발부받았다. 예술인지원신청서에 첨부할, 소득이 없다는 것을 증명하는 서류다. 나는 점심도 먹지 않고 혹시나 하고, 어쩌면 '일품향'에서 점심을 먹을지도 모른다는 기대를 품고 종로5가까지 나갔다. 아내는 회사에서 점심을 먹고 나오고, 나는 으레 집에서 먹고 나온다. 나 혼자 점심을 사먹겠다고 할 수 없어서 입을 다물어버렸다. 우리는 지하철로 종각까지

왔다. 종3가에서 내가 아내를 두고 홀로 내렸다가 후닥닥 다시 타는 해프닝까지 일어났다. 제풀에 노인의 티를 냈다. 우리는 잠시 뱃살을 거머쥐고 웃었다. 나도 모르게 눈물이 났다. 종로세무서에서 남대문시장으로 걸어갔다. 새로나 앞 가게에서 일전에 가디언을 샀는데 하나 더 사려고 찾아갔다. 값싸고 퍽 마음에 들었던 상품이었다. 배가 고팠다. 아내는 시장에 가서 호떡과 오뎅을 먹자고 했다. 나는 아침에도 빵을 먹었으니 김밥을 먹고 싶다고 했다. 새로나 가게에서 아내는 사려던 옷을 찾지 못했다. 벌써 다 팔리고 없었다. 우리는 김밥집을 찾았지만 그 흔한 김밥전문집이 눈에 띄지 않았다. 나중에 찾아간 곳은 김밥을 덤으로 팔고 있는 곳이었다. 김밥과 오뎅을 먹었다.

걸어서 다시 종각으로 왔다. 셔틀버스를 기다리면서 잠깐 삼성플라자로 들어갔다. 지하로 내려갔더니 뜻밖에도 종각서점이 나왔다. 우리가 매일같이 찾아가는 곳이 알고 보니 종각 옛 화신백화점에 세워진 삼성생명건물 지하였다. 놀랐다. 그곳에서 종로로 나가는 것이 그토록 편리한 줄도 모르고 우리는 빙빙 돌아다녔던 것이다. 셔틀버스를 타고 집으로 돌아왔다. 차 속에서 강 선생을 만났다. 차에서 내렸을 때 우리는 잠깐 노인복지에 대해 여러 가지 혜택을 이야기했다. 문득 '사랑이란 무엇인가' 그런 생각이 떠올랐다. 세상에는 사랑을 이야기하는 사람이 많다. 특히 방송에서 그랬고 교회에서는 입만 벌이면 '사랑과 나눔'을 이야기한다. 나는 사랑이라는 말을 좀처럼 하지 않고, 글에서도 그런 말을 쓰지 않았다. 나도 사랑이 무엇인가를 얼마든지 이야기 할 수 있다. 그것은 내가 사랑을 할 수 있다는 것과는 늘 별개의 문제였다. 갑자기 이런 생각을 떠올린 것은 매일같이 서점에 들러 특히 신앙인들이 사랑의 이야기를 책으로 엮어놓은 것을 많이 읽고 있기 때문이다. 나는 그들이 비록 사랑을 이야기하고 있지만 "과연 실제로 사랑할 수 있는 사람일까" 하고 늘 회의를 느꼈다. "직접 사랑을 하면 사랑을 모르고, 한 발짝 물러서서 사랑을 이야기하면 사랑을 알 수 있다." 이런 생각에 사로잡혀 있었다. 사랑에서 벗어나려면 사랑에서 잠시 고개를 돌려 사랑을 연구해보라, 그러면 사랑은 어느새 엷

어지고 희미해져서 뒷걸음치고 말 것이다. 'in love, on love'(사랑에 빠져, 사랑에 대하여)라는 글이 머릿속에서 맴돌았다.

아내는 유담뽀를 껴안고 자고 나니 감기와 몸살기 말끔히 사라졌다고 나에게 은근히 털어놓았다. 나는 초저녁부터 유담뽀를 두 개씩이나 만들어서 아내에게 안겨주었다. 오랜만에 드라마를 보았다. 올림픽중계도 보았다. 남자 쇼트트랙계주는 충돌하고 넘어지는 바람에 탈락하고 말았다. 우리 선수들의 경기가 불운의 연속이었다. 이상화는 스피드스케이트 1,000에서 12위로 마감했다. 금메달 소식이 없었다. 자정이 넘을 때까지 컬링을 보았다.

황금삼자구도 2. 14.

안철수의 신당이 비틀거리자 새누리당이 지원사격에 나섰다. 회색지대에서 간보기 정치, '정치낭인 집합소'라고 헐뜯었다. 안의 지지율이 고공행진 할 때는 '연대불가'라고 견제하며 속으로 쾌재를 부르고 있던 새누리당이 안이 휘청거리자 사색이 되어 안을 공격했다. '황금삼자구도'가 무너지고 있기 때문이다. 안이 승승장구해서 삼각구도를 형성해야 지방선거에서 이길 수가 있는데 사정이 급해졌다. 안을 키워야 하는데 그 방법은 안을 공격하는 것이다. 안을 적당히 공격해서 야당성과 존재감을 선명하게 부각시켜줘야 했다. 염량이 훤히 보이고, 속내를 들키고 말았다. 난데없이 사회적 시장주의와 불평등해소 등을 들고 나왔다. 다름 아닌 그들이 대선공약으로 내세웠다가 헌신짝처럼 버린 경제민주화와 복지정책을 다른 말로 포장한 것에 불과하다. 파렴치하고 철면피한 기만행위다. 선거를 앞두고 무슨 짓을 못하겠는가. 그래서 선거의 귀신이다. 결론은 국민이 또 속아 넘어가서는 안 된다는 것이다. 만기친람(萬機親覽)은 신뢰와는 배치되는 행위다. 창조적 경제와 책임행정을 입에 올리고 있으면서 믿고 맡기지 못하고 모든 것을 자기 손아귀에 넣고 일일이 챙기고 처리하고 있다. 박근혜가 일삼고 있는 행태다.

"지방(脂肪)을 태웠다." 이상화는 체중조절을 그렇게 말했다. 소치에 입성한 김연아의 말도 가슴에 와 닿았다. "빙질(氷質), 달라봐야 얼음일 뿐." 다른 사람과 얼음의 질, 이런 것에는 신경을 쓰지 않겠다는 말을 그렇게 했다. 그의 올림픽 2연승을 빌었다. 빈틈없이 날카롭게 모든 사안과 이슈에 반응하고 대거리하고 있다. 나의 일상은 끝없는 반응의 연속이었다. 반응과 대거리라는 말이 유독 가슴에 와 닿았다. 나의 '아고니스트 환'은 바로 작가의 이 같은 '아름다운 반응과 대거리'를 기록하고 있는 것이다. 생각이 사유가 되고 사유가 명상이 되면서 단계적으로 기록했다.

화장실에서 면도하면서 문득 하나님에게 감사했다. 건강하게 하루하루 살아가고 있는 것을 눈으로 똑똑히 보았다. 참으로 하찮고 작은 일에서 행복을 느낄 수가 있었다. 화장실에서 매일같이 수염을 깎는다. 남들처럼 수염을 기르면 이런 수고를 하지 않아도 되지만 나는 그러고 싶은 마음이 없다. 수염을 깎는다는 것, 손톱을 깎는다는 것, 머리를 깎는다는 것, 이런 너무나 평범하고 일상적인 일이 갑자기 뜻을 가지고 달려들었다. 그랬다. 오늘 내가 살아 있다는 징표였다. 수염이 특히 그랬다. 왜냐하면 어김없이 매일 아침 수염을 깎고 있으니까. '이렇게 자랐네, 밤사이에' 하나님이 나를 끊임없이 키우고 보살피고 있다는 기척이었다. 나이 탓일까, 이만 일에 이렇게 새록새록 감동하고 의미를 붙이고 있는 것은. 나는 삐쭉삐쭉 자란 수염을 보고 생명이 붙어서 자라고 있는 것은 참으로 신비스럽고 불가사의한 일이라고 생각했다. 우연히 7년 동안 죽은 남편의 시신과 함께 살았다는 어느 아내의 기사를 읽었다. 그는 남편이 살아 있다고 믿었다. 물론 이 순간 살아서 수염을 깎고 있다는 이 하찮은 사실에 감동을 받고 있는 것은 그런 기사와는 아무 상관이 없었다. 어쨌든 수염이 자라고 있다는 이 일상적인 현상이야말로 하나님의 은총과 사랑이 나에게 쏟아지고 있다는 증거가 아니고 무엇인가.

아내와 집에서 비데의 배송을 기다렸다. 소장이 와서 비대를 설치했다. 아내가 옆에서 거들었다. 힘들고 어려운 작업이었다. 날이 어두워지고 소장이 퇴근해야 할 시간이 돼서 오늘은 끝내지 못하고 돌아갔다. 오늘도 내가 물을 끓어서 연거푸 유담뽀를 이불 속에 넣어주었다. 아내는 무척 행복해 했다. 정글에서 'rough it'(자연 속에서 원시적인 불편한 생활을 하다)장면을 보고 싶었는데, '정글의 법칙'은 점점 사람이 연출하는 것이 많아졌다. 올림픽경기의 재미가 엉뚱한 데로 옮아갔다. 쇼트트랙이 세 번 넘어져서 메달이 날아갔고, 스피드스케이트도 이상화가 금메달 획득하자 컬링이라는 경기만 보았다. 그렇게 재미있는 경기인 줄을 몰랐다. 선수들이 내지르는 이상한 괴성이 연방 귓전을 때렸다.

그렇게 살든 못 살든 옳은 것이다 2. 15.

젊은 철학자 강신주의 신드롬에 잠시 빠졌다. 그를 넘어서야 내 담론이 공간을 얻을 수 있을 것 같았다. 그의 기사를 읽었다. '힐링캠프'까지 출연했다. 구설의 한 복판으로 떠올랐다. 개인적으로 내가 아끼고 좋아하는 사람이 예능프로에 출연하는 것을 달가워하지 않았다. 그의 어록에서 이런 것이 임팩트(impact)로 가슴을 때렸다. 인문학자나 철학자는 옳은 것을 이야기하려고 할 뿐이다. "그것은 철학자가 그렇게 살든 못 살든 옳은 것이다." 과거 친일 문학인을 두고 얼마나 내가 이런 말을 했던가. 시인은 아름다운 것을 표현했을 뿐이다. 그것은 시인이 그렇게 살든 못 살든 아름다운 것이다. 형편만 허락하면 그의 저서를 모조리 한번 훑어볼 셈이다. 충격은 또 있었다. 김남주의 기사를 읽었다. '전사 김남주의 사상의 거처는 사라졌는가' 뜻밖에도 사진과 caption(자막, 그림이나 사진 설명)을 보고 눈물을 흘렸다. 사진은 김남주 이재문 신향식 등이 재판을 받는 광경이었다. 이재문은 고문후유증으로 옥중에서 숨을 거뒀고 신향식은 형장의 이슬로 사라졌다. 그들은 왜 죽어갔는가. 지금 무엇이 달라졌는가.

김연아의 금빛 비상(飛翔). 그가 소치올림픽 결전의 땅에 도착, 링크에서 연습했다. 그는 인터뷰 중에서 빙질을 묻는 말에 이렇게 대답했다. "빙질, 달라봐야 얼음일 뿐입니다." 기량도 녹슬지 않았지만 인간으로서 많이 성숙한 모습이었다. 마음 놓고 경기를 보았다. 2시부턴 여자컬링 영국과의 경기를 보았다. 득점상황을 잘 몰랐지만 흥미진진했다. 뜻밖의 발견이었다. 선수들도 갑자기 인기가 폭발했다. '불후의 명곡'의 고 박건호 편을 보았다. 고인은 아내와 각별한 사이였다. 그가 한참 병고와 싸울 때도 청담동에 오면 아내를 불러내어 차를 마시기도 하고 새로 낸 CD나 책을 선물하기도 했다. 한번은 나도 동석했는데 갑자기 그의 코에서 검붉은 피가 쏟아지는 것을 목격했다. 그때 그의 신장병은 이미 깊었으며 아내의 말마따나 그의 몸에서는 약냄새가 진동했다. 그는 아내의 시낭송회에 빠짐없이 참석했고 그의 눈빛에는 늘 시인에 대한 향수와 그리움 같은 것이 짙게 배어 있었다. 그의 회고음악회가 불후명곡에서 재연되고 있었으니 어찌 만감이 교차하지 않겠는가.

한국의 쇼트트랙이 어쩌다가 저리 몰락해 버렸을까. 좀 심하게 들릴지 모르지만 그것은 틀림없이 몰락이었다. 한국 쇼트트랙이 맥없이 무너지고 있었다. 남자는, 노메달 여자도 철석같이 믿고 있던 심석희가 금메달을 놓치고 말았다. 이번 동계올림픽에서는 여태껏 금빛질주만 하던 쇼트트랙이 스트레스만 주었다. 세 번 넘어져서 세 개의 매달이 날아간 것에 이어서 작전부재랄까, 난맥상이랄까 계속 그런 허망한 장면만 보여주었다. 우울했다. 오랜만에 드라마 '황금무지개'를 보았다. 한국드라마의 특성, 한 회면 끝날 이야기를 가지고 10회 가량으로 늘어 뺀다. 내숭 떨고 능청부리고 바보처럼 눈앞의 뻔한 사실도 모른 척하기 일쑤고 진실을 호도하고 은폐하고 그렇게 늘어 빼고 김 빼고 하면서 방영횟수를 늘려갔다. 겨우 '아고니스트 당신'을 하루치 썼다. 저녁나절에 아내와 나눴던 대화를 잊을 수가 없었다. '토요일의 징크스'를 기어코 '산산이 부서지는 이름'으로 만들어 버렸다. 기뻤다.

볏짚 속으로 피난 2. 16.

아내와 교회예배를 보았다. 설교는 세세한 기억은 없지만 감동을 받은 것은 틀림없었다. 기억할 수 없으면서 어떻게 감동을 받을 수 있단 말인가. 그런 말이 가능한가 싶었지만 사실이었다. 아내도 연거푸 '아멘'을 되풀이한 것을 보면 그런 것 같았다. 교회에서 점심을 먹었다. 육개장이 나왔는데 맛이 있었다. 그런 기미를 알고 아내는 자기 밥과 반찬을 나에게 퍼주었다. 아내는 곧잘 나를 가반(加飯)하게 한다. 사돈도 잠깐 알은체를 했다. 우리는 예배가 끝나는 대로 종각으로 갔다. 우리가 거의 매일같이 찾아가서 대화도 하고 차도 마시고 책도 읽고, 무엇보다 아내가 받았던 직장의 스트레스를 풀곤 했던 쉼터가, 비록 잠깐이었지만 깜빡 '땅속의 이상한 나라'로 보였다. 금요일의 충격을 잊을 수가 없었다. 다시 찾아가서 찬찬히 음미해보았다. 우리가 자주 찾던 종각 서점이 이제 보니 바로 '반디앤루니스' 서점이었다. 서점에서 그대로 거꾸로 올라가 보니 타워플라자가 나왔다. 그날 지하 1층 창가에서 아래를 내려다보았을 때 지하 2층이 왜 그렇게 낯선 공간으로 보였을까.

　타워플라자에서 태화루 뒷골목을 지나 인사동으로 나갔다. 봄기운이 완연했다. 골목길이 아주 따뜻했다. 골목에 서 있는 나무들을 아내는 사진에 담았다. '따뜻한 골목'이라는 제목이 달릴 것이다. 인사동에 사람이 넘치고 있었다. 사람들은 계절에 민감했다. 박수근 회고전에 잠깐 들렸다. 나는 박수근을 좋아하지 않았다. 그림을 지배하고 있는 그 회색빛 분위기가 싫었다. 가장 착하고 순박하고 진솔한 우리의 모습이 어쩐지 싫었다. 그림은 좀 요란하고 신비스럽고 판타스틱하고, 때론 과장과 데포르메도 있고 아름답고 낭만적이어야 하는데 그의 그림에서는 그런 것을 볼 수 없었다. 그의 그림에서 묻어나는 뭐랄까 우리의 한숨과 눈물 같은, 그 소박하고 토속적인 분위기를 나는 썩 달가워하지 않았다. 이런 나의 눈치를 알아채고 아내가 이내 전시장을 빠져나갔다. 우리는 북촌으로 갔다. 덕성여고를 지나서 정독도서관에서 걸음을 멈췄다. 거기서 휴식을 취하다가 윤보선집을 지나서 조계사 앞으로 나왔다. 거기서 버스를 타고 귀갓길에 올랐다. 산책의 끝이었다.

　돌아오자마자 K-pop시즌3을 보았다. 심사평을 세심하게 들으면서 우리도 심사했다. 일치하는 대목이 많았지만 가사에 대해선 의견을 달리할 때가 많았다. 심사위원이 좀 오버하는 대목이었다. 시를 평가하듯이 가사를 평가해서는 안 된다. 그것은 어디까지나 노랫말이니까. 꼭 집어서 이야기할 수는 없지만 뭔가 차이가 있는 것은 틀림없다. 일요일인데도 긴장감이 감돌았다. 금방 그 이유를 알아냈다. 나는 어쩐지 낭비되고 있는 듯한 오후의 시간을 어떡해서라도 선용해야 한다는 생각을 하고 있었다. 볏짚 속으로 피난하고 싶었다. "아아, 작업하고 싶다. 사람들의 시선을 피해서 내가 하고 싶은 일을 했다." 그것은 아득한 옛날의 일이었지만 인생의 황혼을 맞고 있는 지금도 마찬가지다. 끝내 나는 실행으로 옮기지 못하고 말았다. 아내는 즐거운 표정으로 노래가 나올 때마다 따라 부르고 간간이 춤도 추었다.

아내는 SUM화장품 이야기, 춘우문학행사 이야기를 했다. 문득 낮에 종각서점에서 읽었던 강신주의 감정수업의 대목들이, 그 억압이라는 말이 아직 나를 짓누르고 있는 것을 느꼈다. 그리고 디테일에, 숲이 아닌 나무에, 자동차로 사람을 치인 그 하찮은 이야기를 늘어놓고 있던 '정글만리'를 떠올리면서 스스로 나를 위로했다. 그만 정도의 글이라면 나는 얼마든지 디스할 수 있다. 성취 결과에 집착하는 보수의 가치, 과정 절차 인간을 중시하는 진보의 가치가 머릿속에서 맴돌았다. "아직도 나는 자유롭지 못합니다. 그리스인 조르바의 자유의 이야기는 아직도 나의 이야기입니다. 죽기 전에 한번만이라도 나를 완전한 자유인이 되도록 해방시켜 수소서."

꼬리를 무는 흉사들 2. 17.

흉사(凶事)들이 꼬리를 물었다. 경주마우나 리조트 붕괴사건. 천장이 폭설의 무게를 못 견뎌 폭삭. 부산외대생 1,000여 명 공연관람 도중 참사. 10여명 사망, 50명 매몰. 시나이반도 자살폭탄테러 사건으로 한국인 3명 사망. 종교적 열정에서 선교순례를 강행한 것이 비극을 불렀다. 법원, 이석기 내란음모 사건 12년 선고. 판결문절반은 공소장을 재인용했다. 재판부 검찰주장 그대로 수용. 보수, 종북 척결. 진보, 음모 조작. 진보당, 사법살인. 새누리당, 당연한 심판. 민주당, 주시관망. 시민단체, 편향된 정치판결. 곳곳에서 대형화제가 일어났다. 세상이 참으로 어수선하고 뒤숭숭하다. 연달아 뉴스속보가 터져 나왔다. 비명에 목숨을 잃는 것처럼 비극은 없다. 사람들이 마구 죽어가고 있다. 오, 하나님 구해주소서. 안철수의 새정치연합이 닻을 올렸다. 눈곱만치도 반갑지 않았다. '안현수 현상'이 국회로까지 불똥이 튀었다. 체육계 부조리를 질타하는 소리가 높았다. 빙상연맹은 올림픽이 끝나는 대로 감사를 받게 될 전망이다.

　아내가 전화로 전 시인을 찾아간다고 했다. 잠시 후에 다시 전화해서 전 시인이 지금 호텔사우나에 가있어서 수요일에 만나기로 했다고 하면서 나오라고 했다. 종각서점으로 나갔다. 우리는 전 시인에 대한 이야기를 많이 했다. 특히 많은 행사를 하고 있는 재력가라는 것과 한국시인협회는 가입하지 않고 현대시인협회만 나가고 있다는 것도 언급했다. 어떡해서라고 접근해서 현재의 난관을 돌파할 수 있는 실마리를 찾아보려는 아내의 노력이 엿보였다. 지금 아내는 어려운 여건에 놓여 있다. 오늘은 회사에서 바느질을 한 이야기를 했다. 그 나이에 바늘귀를 잘 봐서 사람들이 시력이 좋다고 칭찬을 하더라고 했다. 그런 일로 칭찬이나 받고 있는 아내가 어쩐지 가여운 생각이 들었다. 아내는 벼랑 끝에 서 있는 형국이다. 그 모든 비우호적인 상황을 내색하지 않고 모른 척하고 있을 뿐이다. 잠깐 신간서적을 둘러보고 나서 귀갓길에 올랐다. 수송정류장에 이르렀을 때 아내가 종로구청 커피가 생각난다고 했다. 그곳에 들러서 자판기 커피를 마셨다. 아내가 셔틀버스를 타고 가자고 했다. 다시 인사동으로 가서 한 바퀴 돌았다. 파고다공원 앞으로 나와서 셔틀버스를 기다렸는데 오늘은 오지 않았다. 우리는 수표교 입구에서 4시 15분에 버스를 타고 집으로 돌아왔다.

　집으로 돌아오자 아내는 중이집으로 갔다. 아까 무슨 돈 문제가 해결되었다는 전화가 와서 한숨을 돌렸는데, 팔라우로 곧 떠나게 되는 아들 일이 궁금했던 것이다. 나는 '아고니스트 당신'을 썼다. 올림픽경기는 볼만한 것이 없었다. 아내는 일찍 돌아왔다. 팔라우집 건물을 깨끗이 페인트칠을 했다고, 사진을 보여주었다. 마냥 좋아하고 있는 아내를 보고 나도 모르게 눈시울이 붉어졌다. 아내는 유난히 어깻죽지와 팔다리가 쑤시고 아프다고 했다. 나도 어깨가 빠질 듯이 아파왔다. 아무래도 아랫녘에서 비가 내리고 있는가 보다고 아내가 농담조로 말했다. 이 통증과 피곤함을 쉽게 물리칠 수 없다는 것을 우리는 은연중에 잘 알고 있었다. 이제부터 우리는 이런 고통과 더불어 살아가야 한다. 아내는 드라마를 보다말고 잠이 들었다. 나는 작업을 할까 말까 망설이다가 끝내 단념하고 자정까지 TV를 보았다. 참으로 물색없는, 밤의 긴 여로에 내동댕이쳐진 채 나는 홀로 흘러가고 있었다.

마지막 '짹짹' 소리 2. 18.

슬그머니 또 말장난. 민주화 대신에 사회적 시장경제, 보편복지 대신에 불평등 해소. '정권의 전리품' 이런 말들이 아직도 유세하고 있다. 책임 있는 당국이 발표한 것까지도 부인하고 의심하는 것은 막가는 태도다. 증거위조 회신 받고도 공소유지 계속. "민주당에 등 돌리나" 이런 말은 "등을 돌려라" 하는 말과 같다. 언론들은 보이지 않은 여론을 부추기고 있다. 만기친람은 창조 책임 신뢰와는 배치되는 말이다. 박근혜의 불통이나 만기친람은 어쩌면 당연한 것이다. 그렇게 자랐고 살아왔으니까. 다만 그런 사람이 입으로 창조 책임 신뢰를 말하는 것이 문제다. 아침에 아내가 출근하자마자 나는 작업을 시작한다. 우선 '아고니스트 당신'을 쓴다. '자조문학'이라고 하지만 나 자신도 때론 본격적인 작품으로 생각하지 않았다. 이 나이에 쓰게 되는 우아하고 아름다운 'swan song'(마지막 작품) 같은 것은 더구나 아니다. 많은 시간과 노력을 쏟아 붓고 있으며 걸핏하면 기진맥진하고 만다. 어떤 때는 완전히 기력을 소진했다. 그러면서까지 쓰고 있는 것은 일종의 오기나 고집 같은 것이다. 왜소하고 초라한 나 자신에 대한 저항이요 울부짖음이었다. 참새가 죽어가면서 내지르는 '짹짹'하는 소리와 같다. 눈물겨웠다. 늘 나를 괴롭히는 '허송했다'는 생각, 그 장구한 세월에 무엇을 했을까. 오늘은 특히 그랬다.

아내의 전화를 받고 종각으로 나갔다. 오늘은 중이와 강 선생이 추천한 종로 3가 중고서점을 가보기로 했다. 단성사까지 갔다가 중이에게 다시 전화해서 위치를 알아냈다. 파고다공원 사거리 건너편에 있었다. 종각서점 '반디앤루니스'보다 분위기랄까, 그런 게 더 좋을 것이라고 기대했는데 대실망이었다. 볼 만한 책이 없었다. 이채롭다는 것, 헌책을 팔 수 있다는 것 말고는 아무것도 없었다. 지하로 내려가는 계단 벽에 붙여 있는 작가들의 사진들이 눈에 거슬렸다. 어김없이 역겨운, 시새움 같은 것을 불러일으키고 있을 뿐이었다. 결코 좋은 느낌이 아니었다. 나도 모르게 그런 정서의 포로가 되었고, 언짢았고 그래서 그냥 그곳을 빠져나오고 말았다. 우리는 낙원빌딩에 있는 실버극장을 찾아갔다. 처음이었다. 승강기를 타고 4층에 있는 극장으로 올라갔다. 이상하게도 승강기에서 내리자마자 혈압이 올랐다. 어깻죽지가 아프고 팔꿈치가 아프고 머리가 어지러웠다. 대기실에서 좀 앉아 있다가 광고지만 뽑아들고 다시 내려왔다. 그곳은 언뜻 보아 그래도 곱게 늙어가고 있는 실버들이 모여 있었다. 부부 동반한 노인들이 많이 눈에 띄었다. '게리쿠퍼와 재회' '이수'라는 영화가 보고 싶었지만 그냥 나와 버렸다.

아내가 갑자기 순댓국이 먹고 싶다고 했다. 나는 그것을 먹을 만한 비위가 아니었는데 아내가 성화를 대는 바람에 눈에 띄는 대로 근처 음식점으로 들어가서 순대를 먹었다. 끝내 나는 만둣국을 먹고 아내만 순대를 먹었다. 아내도 순댓국만 먹고 밥은 수저도 대지 않았다. 유난히 쓸쓸하고 허전한 귀갓길이었다. 아내는 집에 돌아오자 중이집에 가서 내 작품을 프린트하자고 했다. 내가 부탁한 일이었다. 오늘은 가고 싶지 않았다. 중이가 "오세요" 하는 토크를 보냈다. 아내 홀로 중이집에 갔다. 홀로 올림픽 쇼트트랙 남자 500m, 여자 1,000m 예선과 여자 3,000m 계주결승을 보았다. 아내는 중이집에서 저녁만 먹고 일찍 돌아왔다. 밤에 아내는 내일 만나기로 한 전 시인의 사진을 올렸다. 나는 올림픽 경기를 계속 보았다. 여자계주가 금메달을 땄다. 체증이 내려가는 것 같다. 개인 1,500m에서 역전패 당한 것을 갚아주었다. 통쾌했다. 아내는 TV 앞엔 얼씬도 하지 않고 계속 컴퓨터 앞에 앉아 있었다. 나는 드라마 '기황후'도 보았다. 아내는 여전 작업에 몰두했다. 연거푸 뜨거운 유담뽀를 안겨주는 나를 보는 둥 마는 둥 하고 일에만 열중했다. 참 희한했다. 이렇게 무엇엔가 줄기차게 몰입할 수 있다는 것은 누가 뭐래도 하나님의 축복이 아닐 수 없다. 나는 자정을 넘어가고 있는 시계바늘을 쳐다보았다. 이승훈 출전하는 10,000m 스피드스케이트 결승을 볼 참이었다.

게릴라식 탈출 2. 19.

오전에 작업을 서둘러 끝내고 외출준비를 했다. 아내에게 전화하고 종각 '반디앤루니스'로 갔다. 아내는 오후에 회사를 나섰을 때 늘 갈 곳이 없었다. 점심을 먹이고 나서 사람을 만나서 물건을 팔라고 회사에서 내보내지만 아내는 계속 갈 만한 곳이 없었다. 그럴 때마다 아내는 나를 불러냈다. 아내는 이미 출구전략을 생각하고 있는 눈치였다. 지난 석 달 동안 쌓았던 공이 한순간에 와르르 무너지지 않고 빠져나올 수 있는 방법을 모색하고 있었다. 돌아서버리면 다시 만날 사람들도 아니고 모든 게 부질없는 일인데, 아내는 그런 것 까지 신경을 썼다. 시인의 자존심을 상하지 않고 소리 소문 없이 퇴장할 수 있는 일테면 '치고 빠지는 게릴라식 탈출'을 꾀하고 있는 것 같았다. 우리는 이심전심으로 그런 이야기를 했다.

아내가 낯선 여자 두 사람과 이야기를 나누고 있었다. 회사 동료라는 것을 직감했다. 가까이 가서 알은체를 하지 않고 화장실로 가서 전화했다. 내 생각이 맞았다. 회사사람들이었다. 한참동안 멀찍이 서점 안을 돌아다니면서 아내의 동정을 살폈다. 이윽고 그들이 돌아가고 오라는 전화가 왔다. 지하철역에서 우연히 그들을 만났다고 했다. 하나같이 회사에 의구심을 품고 있고 극도로 불안에 떨고 있는 사람들이었다. 서로 앓는 가슴을 털어놓은 자리였다. 회사가 사원끼리 만나는 것을 극도로 막고 있지만 이렇듯 우연히 만나서 서로의 정보를 공유하곤 했다. 회사에 문제가 있는 것이 확실했다. 아내의 진퇴는 이젠 시간문제라는 생각이 들었다. 아무튼 물러날 준비를 해야겠다고 다시 마음을 다졌다. 아내는 동료한테서 들은 이야기를 오랫동안 들려주었다. 옴나위없이 덫에 걸린 것이 분명했다.
　낙원동 실버영화관을 다시 찾아갔다. 실버영화관에 젊은이도 찾아오는 것을 보고 놀랐다. 3시 30분 프로 '이수'를 보게 되면 귀가시간이 너무 늦어질 것 같아서 다음으로 미루고 발길을 돌렸다. 내가 잠깐 화장실에 갔을 때 아내는 대기실이 아닌 밖에서 나를 기다리고 있었다. 자욱한 담배연기가 싫어서 그런다고 했지만 늙음의 분위기랄까, 그곳 냄새를 아주 싫어했다. 파고다 앞에서 셔틀버스를 탔고 돌아왔다. 버스 속에서 강 선생을 만났는데 어쩐지 어색했다. 우리는 먼저 마트에서 내려서 쇼핑을 하고 돌아왔다. 밤까지 아무 일도 할 수 없었다. 심야에 벌어질 김연아의 경기만 기다리고 있었다.
　세상은 흉사들이 꼬리를 물었다. 부산외대 붕괴참사, 학생회장 양성호의 살신성인은 눈시울을 뜨겁게 했다. 비명횡사는 절대로 안 된다. 인생에서 그것만은 피해야 한다. 자살폭탄 테러 희생자들도 가슴이 아팠다. 강기훈 유서대필사건, 23년 만에 무죄판결. 이쯤 되면 사과의 말 한마디쯤은 할 만하지 않은가. 되레 대법원에 상고. "보수정권이 대세인데, 힘 있고 백 있을 때 끝까지 밀어붙여 보는 거야, 사과는 무슨 얼어 죽을 사과." 후안무치, 철면피도 유만부동. 정치판결을 하는 법원을 보면 어두운 시절의 사법부가 떠올랐다. 그들은 국민의 아픈 데를 어루만져 준 적이 없었다. 청와대를 건너다보고 재판했다. 황정순 여사가 별세했다. 그의 obituary(사망기사)를 읽었다. 인자하고 포용력 있고 헌신적이지만, 시종 강단 있고 강인한 한국의 어머니상을 보여주었다. 그는 팔도강산을 떠도는 영원한 한국의 어머니이었다.
　쇼트트랙 1,500m 경기를 보고 중국의 전략을 생각해보았다. 심석희를 보호해줄 가드를 다른 중국선수가 페널티로 제거했다. 그리고 인코스를 기습적으로 파고들어 우승을 낚아챘다. 이런 생각이나 하고 있는 자신이 한심스러웠다. 아내도 잠을 자지 않고 김연아의 경기를 기다렸다. 나는 간간이 눈을 붙이면서 밤을 새웠다. 아내는 정작 김연아가 경기를 할 때는 잠을 잤다. 혼자 새벽 5시까지 경기를 보았다. 김연아가 쇼트에서 우승했다. 그의 경기는 아름답고 우아했다. 다른 출전자들은 팔딱거리고 있었고 김연아는 나부끼고 있었다. 예술이었다. 스포츠가 예술로 승화된 것을 눈으로 똑똑히 볼 수 있었다. 찬사들이 쏟아졌다. "리프니스카야는 김연아 클래스가 아니다."(USA투에이) "그의 더블 악셀은 천의무봉."(중국CCTV) "피겨스케이팅을 위해 태어난 사람 같다."(캐나다CBS) "점프의 속도와 높이가 타의 추종을 불허했다."(영국BBC) 카타리나비트, "비교할 수 없는 출중한 프로그램이었다. 마치 물 흐르듯 자연스러웠다." 미셸 콴, "숨 막히는 연기" 안도 미키, "너무 훌륭해 울 뻔했다." 나도 모르게 눈시울이 뜨거워졌다. 경쟁자들이 연이어 추락했다. 아슬아슬한 점수 차로 2위 3위가 따라왔다. 아무래도 오늘 밤도 잠을 이룰 수가 없을 것 같다. 그새 잠이 깬 아내가 탄성을 내질렀다. 나는 가만히 가슴을 쓸어내렸다. 과연 그의 프리스케이팅을 내가 눈을 뜨고 다시 볼 수 있을까.

아디오스, 여왕폐하 2. 20.
　서울시 공무원 간첩사건 증거조작 사건, 불리하면 책임 있는 당국이 발표해도 부인하고 의문을 제기한다. 중국 당국이 위조라고 발표한 것조차 뭉그적거리고 있다. 말하자면 국정원이 진본을 숨기고 위조본을 검찰에 넘겼다는 것이다. 이산가족상봉, 왜 감동을 주지 못하고 있을까. 잃어버린 30년을 부르면서 이산상봉을 처음 보았을 때의 그 감동이 느껴지지 않았다. 왜 남북이 인도적인 인륜지사를 가지고 한껏 정치적 기교나 부리면서 생색내듯 찔끔찔끔 만나게 하고 있을까. 왜 자연스럽게 수시로 당연히 만나게 할 수는 없을까. 세월 따라 그리운 사람들이 영영 우리 곁을 떠나고 있는데 말이다. 어쩌다가 만나게 해놓고 그것을 대문짝만하게 보도하고 있는 것이 참으로 가증스러웠다. 경주리조트 붕괴사고의 여운이 동통처럼 밀려왔다. 그 생때같은 자식들이 졸지에 주검으로 돌아왔으니 이런 참척(慘慽)이 또 있을까. 그렇다고 이런 학교

행사들을 줄줄이 중단하고 있는 것도 우스꽝스런 일이다. 어쩔 수 없이 후진성을 느끼게 하는 대목이다.

아내의 전화를 받고 외출했다. 종각에서 만나 함께 구청에 갔다. 문화마을 공동사업을 철회하고 시행하지 못한 데 따른 결과를 처리했다. 핵심은 행사비용으로 입금된 돈을 반환하는 것이었다. 아내는 사무적인 절차를 마치고 은행에 가서 돈을 반환했다. 홀가분했다. 집으로 돌아오자 아내는 블로그에 사진을 올렸다. 전 시인이 보낸 사진과 한국작가회의에서 보낸 사화집을 올렸다. 아내의 '흙의 나라'를 다시 읽어 보았다. 민영 황명걸 같은 원로 시인들의 작품들이 보이지 않았다. 서운했다. 요즘은 보통 온라인으로 작품을 의뢰하는데 그것에서 벗어나 있으니 그렇게 되기 일쑤라고 아내가 설명했다. 사실여부는 알 수 없었지만 같은 연배의 작가들이 자꾸 사라져가는 것만 같아서 서글펐다. 신경림은 산문시를 실었는데 좀 생뚱맞았다. 아니면 오만방자한 건지, 아무튼 거슬렸다. 어디다 야단칠 만한 데가 없다. 하긴 야단칠 만한 사람이 없는 것, 그것이 늙음을 의미할지도 모른다. "개념이 있다, 없다"는 말이 마치 "본데 있다, 없다"는 의미쯤으로 쓰이고 있는 것 같다. 4, 50년 전 내가 peace-corps coordinator(평화봉사단 지도교사)로 있을 때 쿨, 시크, 코다, 카메오, 그루브, 판타스틱, 콘텐츠, 이런 말을 곧잘 썼는데 지금 생각해보면 내가 꽤 언어적인 감각은 있었던 모양이다. 이효리를 '개념녀'라고 부르고 있는 것은 어쩐지 좀 심했다.

하루 종일 새벽에 있을 김연아 프리스케이팅 경기를 기다렸다. 그것은 김연아 드라마의 최종회였다. 아내도 아예 잠을 자지 않고 기다렸다. 나는 간간이 눈을 붙이고 틈틈이 TV를 보았다. 마침내 새벽 3시 40분, 러시아 선수가 터무니없이 너무나 많은 가산점수를 받았다. 편파심판이 역력했다. 극도의 심리적 부담을 느끼게 하는 대목이었다. 만약 김연아가 클린연기를 하지 못하고 삐끗 실수하면 그것을 빌미로 삼아 여지없이 추락시켜버릴 것 같은 예감이 들었다. 무결점연기를 두 손 모아 빌었다. 눈을 부릅뜨고 김연아의 연기를 보았다. 실수도 하지 않고 완벽하게 해냈다. 그제야 안도하고 올림픽 2연패를 기대해 보았다. 아아, 결국 홈 텃세의 벽을 넘지 못하고 말았다. 음산한 툰드라 바람이 검은 구름을 몰고 와서 '소치의 태양'을 가리고 말았다. 우리의 우려가 현실로 나타났다. 음험한 푸틴의 얼굴도 떠올랐다. 왜 그가 지구촌 양심의 조소와 경멸의 대상이 되고 있는지 알 수 있었다. 나는 적이 그에게 분풀이를 했다. 이제 여왕은 전설이 되었다. 그가 금메달에 연연하지 않고 의연한 태도로 마지막 경기를 마친 소감을 피력했다. 눈물겹도록 감동적이었다. 시간은 새벽을 향해 줄달음치고 있었다. 나는 이를 악물고 잠자리로 파고들었다. 내일도 태양은 뜬다. 피겨여왕이여, 참으로 고맙다. 그동안 얼마나 많은 기쁨과 희망을 우리에게 불어넣어주었는가. 이제 삶의 온갖 기쁨과 행복을 듬뿍 맛보면서 푹 쉬어라. 그대는 전설이 되어 영원히 찬란하게 빛날 것이다. 피겨여왕이여, 아듀!

실버극장을 찾아서 2. 21.

경책(輕責)이나 '아포리즘'(aphorism, 깊은 진리를 간결하고 압축된 형식으로 나타낸 짧은 글, 격언 잠언 경구) 만큼 화나게 하는 것이 없다. 그 아포리즘이 나의 글에서 살아났다. 침묵과 발설은 어느 쪽이 축복일까. 하여튼 침묵은 안전하고 토로는 위험하다. 어김없이 나는 반응했다. 바람이 불지 않고 어떻게 꽃이 피겠는가. 역사 속에 글감은 무궁무진하다. 오늘도 허겁지겁 종각으로 나갔다. 막상 반디앤루니스에서 마주 앉고 보니 할 일이 없었다. 남대문시장까지 걷고 싶었으나 아내가 싫어하는 기색이었다. '알라딘' 쪽으로 가고 싶었지만 그곳은 이곳보다는 훨씬 분위기가 좋지 않았다. 그때 머릿속을 스치는 생각이 있었다. 그렇다, 실버극장을 찾아가자. '추억의 명화'를 얼마든지 볼 수 있는 곳이다. 우리는 약속이나 한 듯이 낙원빌딩을 찾아갔다. '경동빌딩'은 나와 인연이 깊은 곳으로 낙원빌딩 턱 밑에 붙어 있었다. 아내에게 그곳에 대한 짧은 설명도 해주었다. 무궁무진한 화제의 주인공 계동사모님이 소유한 건물이었고 그곳에서 경동학원을 시작했고 정진학원의 전신이 되었다. 그리운 추억으로 남아 있는 아득한 옛날이야기다.

보통 이 시간대는 영화관 좌석이 텅텅 비어 있는데 좌석이 꽉 차 있었다. 놀라웠다. 참으로 오랜만에 '원탁의 기사'를 보았다. 영화를 보면서 아내가 자주 쿡쿡 웃었다. 간간이 고개를 떨어뜨리고 눈을 감았다. 가만히 보니 중간에 나가는 사람도 꽤 있었고 잠을 자는 사람도 있었다. 극장 안의 풍경이었다. 나중에 아내가 웃은 이유를 알 수 있었다. 화면의 너무 느리고 맥이 빠졌고 스릴이나 박진감이나 치열한 맛이 없어서 자신도 모르게 웃음이 나왔다는 것이었다. 그러나 고색창연하고 장엄하고 아름다운 광경이 화면에 넘쳐흘렀다. 오랜만에 멜 화라 로버트 테일러 등 그리운 배우도 만날 수 있었다. 멜 화라는 내가 맨 처음 보았던 총천연색영화 '스카라무슈'에서 만난 배우였다. 그토록 멋진 귀족검객은 이후로 다시 볼 수가 없었다. 그의 귀족 이미지는 일품이었다. 그만큼 귀족다운 배우는 없었다. 그의 이름을 기억하고 있는 나를 보고 아내가 감탄했다.

아내는 '안산실버극장'에서 상연하는 영화의 프로에도 관심을 나타냈다. 사불연이면 찾아갈 모양이었다. 우리의 마음속을 지하수처럼 흐르고 있는 정서는 아아, 노후의 쓸쓸함이었다. 놀라울 정도로 쌍쌍으로 극장 안을 매우고 있는 노부부들한테서 발견할 수 있었던 것은 '노을처럼 그들의 얼굴에 비껴 있는 외로움'이었다. 우리도 예외일 수는 없었다. 파고다공원 앞에서 셔틀버스를 타고 돌아왔다. 밤에 아내는 왼쪽 무릎이, 나는 오른쪽 팔꿈치가 아파서 끙끙 앓았다. 추억의 명화를 떠올리면서 나도 모르게 간간이 입가에 미소를 지었다.

돌개바람 2. 22.

날이 많이 풀려서 봄의 손짓과 냄새를 느낄 수 있었다. 아침부터 괜히 마음이 설렌다. 어서 외출을 하고 싶었다. 나는 옷을 갈아입고 아내가 화장을 끝내기를 기다렸다. 그때 갑자기 돌개바람이 불어왔다. 곰팡이냄새가 코를 찔렀다. 아내가 화장을 하다말고 오늘부터 거실에서 잠을 자자고 했다. 그리고 당장 장롱안과 가구 뒤에 슬어 있는 곰팡이를 청소하자고 했다. 아내의 갑작스런 말에 이미 외출복으로 갈아입고 있는 나는 외출에서 돌아온 뒤에 하자고 했다. 아내는 막무가내였다. 내가 볼멘소리로 가만히 말했다. "왜 갑자기 '토요일의 징크스'를 실천하려고 하느냐" 아내는 볼멘소리를 했다. "천식으로 내가 쓰러지기를 원하느냐" 무시무시하고 황당한 소리도 했다. 옴나위없이 아내의 생각대로 우리는 안방의 가구를 모두 옮기고 그 뒤에 슬어 있는 곰팡이를 쓸어냈다. 안방의 이불을 세탁하게 되자 당장 깔 이불이 없었다. 오후에 중이집에 가서 이불을 가져왔다. 간 김에 중이가 팩스로 받아놓은 나의 보험금지불명세서를 가져왔다. 중이의 책상 위에 놓여 있는 비행기예약표를 보고 내일 그가 팔라우로 간다는 것도 알았다. 나도 모르게 눈시울이 붉어졌.

  나이 들면 고달프고 서글퍼지게 마련인데 요즘 부쩍 그랬다. 용이는 종무소식이다. 야단칠 만한 데가 없고 지청구할 만한 사람이 없어서 더욱 쓸쓸했다. 야단치고 나무라고 사람에게 시달리는 게 때때로 생기 있는 삶의 원천이 된다. 텅 빈 안방에서 '소로우의 일기'를 읽었다. '긍정의 삶'에 대한 이야기가 어쩐지 심사를 빙퉁그러지게 했다. 시큰둥했다. "긍정적인 삶이란 삶에서 물러나 삶과 절연하고 삶이 얼마나 비천한 것인가를 깨달아 삶에 대해 아무런 기대도 하지 않는 것이다. 상식은 진실과 거리가 멀다. 천재의 기이한 빛만이 진실을 재현할 수 있다."

  주말드라마를 보았다. 깊은 밤에 '아고니스트 당신'을 썼다. 그것은 바위처럼 나를 짓누르는 숙제다. 당장 털어버리면 나의 일상은 깃털처럼 가벼워지겠지만 금세 중심을 잃고 주저앉아 버릴 것만 같았다. 그 긴장감과 부담감에 오히려 감사하고 있는지도 모른다. 아내는 거실에 아주 편한 잠자리를 마련했다.

선제적 배신 2. 23.

　11시에 교회예배를 보았다. 마:7:7 설교. 기도의 방법에 대한 장황한 설교를 들었다. 추상, 수사, 구원, 말잔치, 마이크소리 기도소리 등을 생각했다. 막다른 골목으로 쫓기고 있는 느낌이다. 왜 이런 소외감에 시달릴까. 교회는 성도가 없었다. creed(사도신경)에 나오는 saint(성도)는 다 어디로 갔을까. 이 사람들이 세인트일까. holy church(거룩한 공회)는 어디에 있다는 말인가. 이 교회가 거룩한 공회인가. 아내가 멀쩡한 식당바닥에서 낙상을 했다. 이마를 바닥에 부딪치고 안경이 튕겨나갔다. 그사이 나는 아무 것도 모르고 밥을 먹고 있었다. 아내의 이마가 부어올랐다. 한 치 앞을 알 수 없는 것이 인간사다. 아내는 내가 아내가 넘어지는 순간에 그 기미조차 알지 못하고 밥을 먹고 있었다는 사실이 불가사의한 일이라고 했다. 참으로 기이한 일이었다. 불행 중 다행으로 아내는 아무런 상처도 입지 않았다. 이마만 약간 부풀었다. 우리는 걸어서 집으로 왔다. 도중에 약방에 들려서 파스를 샀다.

　오피니언의 '우리는 왜 그에게 공손한가'는 회고와 보은의 세월을 떠올리게 했다. 박근혜는 국민을 공손히 받드는 것이 아니라 국민이 보은하듯, 예컨대 유신의 후예들이 그를 공손히 받들고 있었다. 성은(聖恩)을 입은 사람들이 은혜를 갚고 있었다. 그가 모시는 게 아니라 시민이 그를 모셨다. 그가 하고 싶은 대로 놔두고 불편하지만 참아야 한다, 그의 시대가 끝날 때까지. 배신당하지 않는 가장 확실한 방법은 먼저 배신하는 것이다. 배신당하는 것을 무척 싫어하는 박근혜의 비책은 바로 '선제적 배신'이다. 선제적 배신이란 말이 비수처럼 날아와 가슴에 꽂혔다. 다른 말로 하면 정치적 사기다. 삶이 나아졌는가, 양극화가 개선되었는가, 사회갈등이 치유되었는가, 대답은 'No'다. 경제민주화 복지확대공약 다 배신했다. 배신과 무능이 그의 성적표다. 고통과 분노로 아우성치는 국민을 곧잘 종북 세력으로 몰아붙여서 불평불만을 잠재웠다. 그의 평가와 지지는 늘 '마법의 숫자'다. 그의 지지율을 보여주는 각종 여론조사가 늘 그랬다. '평가 따로 지지 따로'다. 나는 그의 지지율을 믿지 않는다. 그의 시대를 살아내는 방법은 마음 상하지 않고 공생하는 법을 터득하는 것이다.

Kpop시즌3을 보았다. 감동적인 장면이 많았다. 나의 평가와 일치하는 심사결과를 많이 보았다. 음악에 문외한이지만 내 감성은 과히 틀리지 않았다. 아내의 노래솜씨는 놀라웠다. 그 많은 노래들을 거의 따라 부를 줄 알았다. 특히 즉석에서 따라하는 아내의 춤동작은 감탄을 자아내게 했다. 재능이 많은 사람임이 틀림없다. 이 프로는 우리의 주일 오후를 맡고 있었다. 외출도 이 시간대를 피해서 했다. 김연아의 갈라쇼를 보았다. "다른 선수들은 그저 팔딱일 뿐, 나부낄 줄을 모릅니다." 나는 속으로 소리쳤다. 주말드라마를 보았다. 애먼 드라마에 마구 불평을 털어놓았다. 드라마는 소설과 같은 점이 많다. '허구의 진실'에 대해 수없이 경고했다. 독자여 시청자여, 포니에 속지 말라. 픽션이지만 드라마의 생명은 진실성이다. 허구의 진실을 터득하지 못하면 훌륭한 소설이나 드라마를 쓸 수 없다. 캐릭터들이 갑자기 헐크나 스키조로 둔갑하고, 인격분열(split-personality) 우연(coincidence) Peeping Tom(엿보기) 등이 여전히 판을 쳤다. 차라리 2, 30년 전의 드라마가 좋았다. 그 시절엔 최소한 작품에 대한 양심은 있었다. 적어도 무자비한 시청률의 노예는 아니었다. 새로 꾸민 거실의 잠자리는 신혼방 같은 분위기였다. 특히 이불이 그랬다. 우리는 그런 기분을 만끽했다. 더워서 거의 잠을 이룰 수 없는 정도였지만 아픈 팔꿈치나 무릎엔 아주 좋았다.

화려한 꽃놀이패 2. 24.

박근혜 정부 1년, 신뢰와 원칙이 무너졌다. 핵심공약의 후퇴와 폐기. '비정상을 정상으로' 이런 캐치프레이즈도 오직 언어의 유희일 뿐이다. 예컨대 경제민주화는 사회적 시장경제로 둔갑했다. '경제혁신 3개년'은 또 다른 경제5개년계획이다. 특히 종편방송에서 전폭적인 지원사격을 하고 있다. 지지율 50% 중반, 안정적인 지지라고 강변하고 있다. 지지를 유도하고 있는 것은 외교정책과 대북정책 등 외치(外治)다. 내치는 거의 제로상태다. 외치가 그의 지지율을 떠받치고 있다. 그의 외교는 말하자면 화려한 꽃놀이패였다. 치적과 지지율이 이렇게 엇박자를 드러낸 적이 없었다. 그의 업적평가와 지지율이 늘 일치하지 않았다. 우리가 가장 실망하는 이유다. 이젠 여론도 언론도 없다. 연출과 조정이 있을 뿐이다. 자기만의 가치 원칙 정상을 남발하면서 또 다른 불통과 독선을 꾀했다. 소로우의 말이 다시 떠올랐다. "상식은 진실과 거리가 있다. 천재의 기이한 빛만이 진실을 재현할 수 있다."

한 시에 종로5가로 나갔다. 아내와 예술인복지재단을 찾아가서 예술인지원 신청에 대한 사항을 알아보았다. 서식도 받아왔다. 제출해야 할 서류가 만만찮았다. 어느 것 하나 쉬운 일이 없었다. 특히 인터넷시대는 노인이 살아가기가 어려웠다. 아내가 거의 인터넷전문가여서 불편을 느끼지 않고 있지만 심리적으로 이만저만의 부담이 아니다. 대학로에는 용이가 살고 있다. 용이에게 연락하고 싶었지만 요즘 그는 전화를 잘 받지 않았다. 아직도 셈평이 풀리지 않았다는 증거다. 아쉬웠지만 그냥 집으로 돌아왔다. 점심을 먹고 다시 외출했다. 주민센터에 가서 문화누리카드를 신청했다. 문구점에 가서 아내의 시집과 나의 소설집의 표지를 복사했다. 이것도 제출해야 할 것들이다. 은행이 문을 닫아서 부채증명서와 고혈압진단서는 내일 떼기로 하고 그냥 돌아왔다.

올림픽도 막을 내렸다. 갑자기 주위가 적막해진 느낌이었다. 인생은 늘 이랬다. 하나의 단계와 이벤트가 지나고 나면 늘 추억과 아쉬움만 남았다. 김연아의 퇴장이 유난히 서글펐다. "메달이 중요한 게 아니야, 참가했다는 것이 중요한 거야. 연아는 의연했다. 여왕의 여유와 아름다움이었다." 아름다운 수사로 얼버무리고 있지만 그의 은메달이 안타까웠다. 피겨 '스캔들'이 우리의 환호에 재를 뿌렸다. 끝없이 논란이 이어지지만 무슨 소용이 있겠는가. 우리는 만신창이였다. 아내는 어제 낙상하여 이마에 혹까지 달고 있다. 아들은 남태평양으로 떠났다. 부산집은 팔리지 않고 평창동집은 나가지 않고 회사는 가망이 없고 나는 하루같이 '아고니스트 당신'만 붙들고 있다. 오랜만에 용이한테서 전화가 왔다. 그동안의 사정을 아내에게 오래오래 이야기했다. 아내는 목구멍으로 기어들어가는 소리로 전화를 받았다. 우리의 기둥인 용이마저 허방에서 몸부림치고 있었다. 그는 두 번이나 사기를 당하고 임금을 도둑맞았다. 그는 전화 속에서 울먹이고 있었다. 그래도 새 잠자리에서 꽃놀이를 했다. '새빛으로'에 보낼 아내의 '북악산'이라는 시를 읽으면서 밤이 깊어가는 줄을 몰랐다.

이중차벽과 경제혁신 2. 25.

꼭 참석하자고 부부가 다짐했는데 깜빡 잊어버렸다. 조계사에서 열린 작가회의총회에 참석하지 못했다. 총회에 대한 신문기사만 읽었다. 이시형이 이사장으로 재선임되었다. 그는 당면과제로 조직 정비와 집행부와 회원 간의 소통을 꼽았다. 회원 2,000명의 거대집단이 되었으니 조직이 방만하고 느슨해질 만도 하다. 사무국장단이 '작가회의 40년, 이대로 괜찮은가'라는 문건을 돌려 보수 성향 발언을 한 김지하와 정호승 시인을 비판했다. 이런 사태에 대해 이씨는 작가회의는 자유로운 개인의 자발적인 연합체임을 강조하고 표현의 자유를 옹호하기 위해 출범한 조직이다. 따라서 특정 문인의 생각을 문제 삼아 제재를 가할 수는 없다고 말했다. 하지만 동질은 아니라도 적어도 유질(類質)은 되어야 하지 않을까. 이질(異質)을 용납하지 않는 것은 어떤 조직체의 존립을 얼마든지 흔들어 버릴 수 있기 때문이다. 노선 이념 가치 성향이 다른 사람들이 표현과 사상의 자유라는 깃발 아래 한울타리 속에서 동거할 수는 없다. 작가회의가 그런 분자들을 가만히 두는 것은 솔직히 그런 사람을 어거(馭車)할 만한 힘이 없기 때문이다. 작가회의는 무엇을 하고 있는가. 이젠 이 시대를 이끌어갈 만한 힘이 없다. 김지하가 발바닥으로 깔아뭉갤 만도 하다. 정호승도 그의 인기와 능력으로 작가회의쯤을 얼마든지 dis할 만하니까 그런 발언을 서슴없이 하는 것이다. "민족작가회의여, 인걸은 다 어디 가고 이름만 남았는가."

오늘은 종각으로 나가지 않았다. 아내가 일찍 집으로 왔다. 나는 '아포리즘 사랑'을 쓰고 '아고니스트 환' 2010년을 첨삭했다. 아내는 그 복잡한 예술인 지원신청서를 작성했다. 구비할 서류가 너무 많았다. 우선 은행에 가서 부채증명서를 내고 주민센터에 가서 주민등록증을 떼고 우정의원에 가서 고혈압 소견서를 발부받았다. 혈압약도 탔다. 주민등록증을 갱신하기 위해 증명사진을 찍으러 광화문으로 나갔다. 정류장을 서너 곳이나 더 걸어가서 셔틀버스를 탔다. 경복궁역에서 하차하여 광화문광장으로 걸어갔다. 세종문화회관 옆에 있는 사진관에서 증명사진을 찍었다. 놀라운 사실을 발견했다. 턱밑 목주름은 말할 것도 없고 눈썹 헤어스타일 심지어는 웃옷의 어깨선까지 보정해주었다. 좋이 십년은 더 젊어보였다. 그래서 사진 불신시대가 시작되고 말았구나. 요즘 사진을 보고 선을 봤다간 낭패 보기 일쑤라는 아내의 말이 실감이 났다. 어떻게 사진을 보고 인물을 판단할 수 있단 말인가. 덕분에 사진 속에서 나는 아주 젊고 훤칠한 사내로 거듭났다.

　사진관에서 나왔을 때 눈앞의 광경에 입이 벌어졌다. 광장에 사람이 없었다. 오로지 차벽을 쌓은 산성뿐이었다. 무슨 상황이 벌어지고 있을까. 뉴스나 신문에서는 짐작도 못했던 사태가 벌어지고 있었다. 삼엄하다 못해 살벌했다. 황량했다. 광장을 가로 질러 교보 쪽으로 건너갔다. kt 앞 버스정류장에는 사람이 없었다. 아무래도 경복궁광장 앞에 있는 정류장으로 가서 버스를 타야할 것 같아서 그쪽을 걸어갔다. 거리는 이중으로 경찰차가 벽을 쌓고 있었다. 빠듯이 빠져나갔는데, 뒤를 돌아보니 방금 빠져나온 틈새가 다시 차로 막혔다. 광장은 완전히 경찰차들이 두 겹으로 울타리를 치고 있었다. 이렇게 이중으로 차벽을 이루고 있는 것을 처음 보았다. 절망적인 광경이었다. 뉴스사진, 신문 방송을 보고는 상상도 할 수 없는 현장이었다. 행인도 발길이 끊기고 버스도 오지 않았다. 경복궁 앞에서도 발길을 돌렸다. 미국대사관 뒤쪽으로 해서 종로구청 앞을 지나 조계사 쪽으로 걸어갔다. 이면도로까지 곳곳에서 경찰차가 진을 치고 있었고 경찰이 도열해 있었다. 종로 쪽에서 함성이 울려왔다. 이런 상황이 벌어지고 있었구나. 아내가 스마트폰을 통해 그제야 오늘 박 대통령 취임 1년을 즈음하여 국민파업의 날 시위가 도심에서 벌어지고 있다는 것을 알았다.

오늘 대통령의 경제혁신 3개년계획 담화발표로 언론은 정신이 없었다. 새 정부 출범 1년을 홍보하는 뉴스가 봇물을 이뤘다. 이중차벽(二重車壁)과 경제혁신, 현실의 빛과 어둠이 한눈에 들어왔다. 어제는 업적평가와 지지율의 엇박자 때문에 속을 많이 상했는데 오늘도 MBC에서 대통령 지지율 조사결과를 발표했다. 62%를 상회한다고 목청을 높였다. 내치의 실패를, 휴지조각이 된 공약들을, 무너진 신뢰와 원칙을 한방에 날려 보냈다. 일본의 국영, 미국의 폭스 그리고 한국의 종편, 모두 정권교체를 막는 이중차벽이다. 그 속에서 민주주의는 질식, 고사하고 있었다. 미국은 워낙 민주주의가 강건해서 끄덕하지 않고 있을 뿐이다. 가까스로 조계사 앞에서 버스를 탈 수 있었다. 어쨌든 오늘 계획했던 일들을 다 이루었다. 나는 평화로운 저녁시간을 즐겼다. TV화면에 비친 세상의 창은 평화롭기 짝이 없었다. 대통령이 바야흐로 제2한강의 기적을 외치고 유신의 예언자가 되어갔다. 전쟁터를 방불케 하던 그 살벌한 도심의 광경과는 너무 거리가 멀었다. 우리는 뉴스를 통해서 세상을 보고 있는 것이 아니었다. 그들이 연출하는 풍경과 말잔치를 보고 있을 뿐이다.

소치동계올림픽선수들의 귀환을 보았다. 너무 순수하고 청초한 젊은 연아와 상화를 보았다. 나도 모르게 눈시울이 붉어졌다. 밤에 드라마를 보았다. 하루의 끝이었다. 자정이 지나자 창문을 모조리 열어서 방안에 고인 곰팡이냄새를 한번 내쫓고 나서 나도 거실로 건너갔다. 나는 입속으로 끊임없이 웅얼거리고 있었다. "남김없이 기억하리라, 내가 본 것을 기록하리라."

탑골공원 뒷골목의 추억 2. 26.

늦어도 7시에 기상. 달걀을 삶고 chop(잘게 썰다, 저미다)하여 마요네즈에 버물려 소스를 만들고 식빵에 발라서 '남자의 향기'를 만든다. 커피를 끓여서 빵을 먹는다. 아내가 절반은 싸서 회사에 가져간다. 우리의 아침의 풍경이다. 아내가 의료보험증을 복사하고 주민등록증을 재발급 받고 예술인복지지원 이유를 작성했다. 나는 그렇게 복잡하고 가망도 없는 신청서를 왜 또 작성을 하느냐고 볼멘소리를 했다. 아내가 짜증을 냈다. 우리는 잠시 실랑이를 벌였다. 아내는 지금 '영진'에서 궁지에 몰려 있다. 판매실적은 계속 부진했다. 이제 떨치고 회사를 떠날 일만 남았다. 아내는 신경이 날카로워질 수밖에 없었다. 아내가 안쓰러워서 견딜 수가 없었다. 반디앤루니스에서 아내가 전화하지 않았다. 나는 종로로 나갔다. 거기서 아내를 기다리다가 연락이 없으면 셔틀버스를 타고 집으로 돌아올 참이었다. 인사동 네거리를 지나고 낙원빌딩에 이르렀을 때 불현듯 탑골공원뒷골목이 보고 싶었다. 먼저 공원을 들렀다가 천천히 뒷골목을 구경하기로 마음먹었다. 공원에는 사람이 별로 없었다. 국보 제2호 원각사지 13층석탑을 올려다보았다. 새삼 그 정교함과 아름다움에 놀랐다. 15세기에 이런 탑을 세울 수 있었다는 것이 놀라울 뿐이었다. 대원각사비도 보았다. 비면이 완전히 마멸(磨滅)되어 글자를 볼 수 없었다. 거대한 거북이상이 눈길을 끌었다.

 마침내 공원뒷골목을 찾아가 보았다. 뒷골목에 오히려 추억이 많이 서려 있었다. 이 골목은 내가 서울에 와서 최초로 찾아갔던 곳이었다. 한 친구가 공원 뒤쪽에 있는 경동빌딩에서 학원을 하고 있었다. 그 친구를 처음으로 찾아가는 길에 그곳 악기상가에서 용이와 함께 피아노를 구입했다. 벌써 40여 년 전의 일이다. 경동건물은 해동불교라는 간판을 달고 남아 있었다. 괴상하고 초라한 모양은 예나 다름이 없었다. 싸구려 이발관과 음식점들, 노점술집들이 자리잡고 있는 것도 여전했다. 외로운 노인이 모여서 살고 있는 곳이었다. 여태껏 이곳 노인들을 나는 딴 나라 사람들처럼 보았다. 왜 그들을 때론 사갈시(蛇蝎視)했을까. 나 자신이 오늘따라 가증스러웠다. 다시 공원으로 가서 화장실에서 시원하게 배설하고 있는데 아내한테서 전화가 왔다. 돈암동 춘우문화관에 가있다고 하면서 댓바람에 한 건을 올렸다고 말했다. 말할 것도 없이 물건을 하나 팔았다는 말이었다. 아내가 춘우문화관에 가있는 것은 참으로 의외였다.

나는 후 하고 가슴을 쓸어내렸다. 꺼진 화롯불에서 불씨가 되살아난 것이다. 기사회생(起死回生)이라는 말도 떠올랐다. 부쩍 힘이 났다. 그 하찮은 성취에 우리의 오후가 살아났다. 아내에게 수송동 조계사 앞으로 오라고 했다. 우리는 가까운 종로구청으로 가서 오래오래 이야기를 나눴다. 그곳은 커피 맛도 좋고 분위기도 아늑했다. 우리는 인간관계의 소중함과 전 시인의 도움이 중요한 터닝포인트가 될 수도 있다는 예감을 이야기했다. 시종 화기애애했다. 조계사 앞에서 버스를 타고 집으로 돌아왔다.

아내는 예술인복지지원서를 작성했다. 정몽준, 3월 2일 서울시장출마 선언. 여당은 후보경선홍행에 더 관심이 쏠렸다. 본 게임은 박원순이 다소 유리할 듯. 행정부 행보를 보면 만사박통, 청와대가 만기친람했다. 통일준비위원회 설치. 주무부처 통일부가 엄연히 존재하는데 별도 위원회를 만드는 것은 옥상옥이요 명화에 덧칠을 하는 꼴. 갈수록 허울이 요란법석을 떨었다. 경제혁신계획은 결국 경제민주화의 사망을 선고한 것. 자녀 셋 낳으면 투옥하는 나라도 있다. 국제인권단체, 미얀마 정부 비공개문서 입수. '불교국가의 이슬람교도 박해 실상 드러나' 역대 최장 6일째 미세먼지 습격, 재난수준이다. 아내는 좋아하는 심야 드라마를 보았다. 내가 일찍 거실로 자리를 옮겼고 아내 홀로 안방에서 '미스코리아'를 보았다. '오늘만 같아라.' 오늘의 하이라이트는 기사회생이었다.

미국의 분노 '북한은 악' 2. 27.

아내가 밝은 얼굴로 출근했다. 오늘은 일정이 다채로웠다. '사람을 만나는 모임'이 있는 날에는 아내는 생기가 돈아났다. 전옥길 시인과 2시에 만나서 행사에 참석하기로 했다. 무슨 문학상 시상식, 탈북자후원회 가칭 '통일준비위원회 사단법인' 설립을 위한 모임 등에 참석할 예정이다. 나는 온종일 집에서 보내야 했다. 오전에 주민센터에 가서 주민등록증 재발급을 신청했다. 3주 후에 오라고 했다. 기를 쓰고 작업했다. 5일 치를 완결했다. 홀로 외출하려고 하는데 아내한테서 연락이 왔다. 우리집을 보러 7시에 방문하겠다는 연락이 왔으니 집에 있으라는 것이었다. 나는 거실을 정리하고 안방을 치우고 나서 날이 저물 때까지 그들의 내방을 기다렸다. 그들은 오지 않았다. 아내도 연락이 없었다.

SK 최태원 회장 4년형 확정. 그의 동생도 실형을 선고 받았다. 재벌 엄벌주의 신호인가. 결코 비즈니스 friendly가 아니었다. 그런데 재벌총수에게 엄벌이 선고될 때마다 찜찜하고 어쩐지 억울하고 미심쩍다는 생각이 들었다. 웬일일까. 그랬다, 늘 삼성 이건희 회장이 떠올랐다. 엄벌을 받는 것도 기업 나름이었다. 한화 이승연 회장이 그랬고 SK 최태원 회장이 그랬다. 어쩐지 동네북이라는 생각이 들었다. 삼성의 이건희도 엄정한 법의 심판을 받는다는 확신이 생기지 않는 한 재벌총수가 실형을 받을 때마다 나는 이런 생각에서 벗어나지 못할 것이다. 이상한 굴절이요 선입견 같았다. 어쨌든 책임이 있는 곳에 처벌이 따르는 것은 바람직한 일이다. '미국의 분노, 북한은 악' 케리 미국 국무장관은 북한은 지구상에서 가장 폐쇄돼 있고 잔인한 곳이라고 원색적으로 비난했다. 이런 분노로 북한의 핵을 막을 수 있을까. 전부 아니면 전무, 모 아니면 도. 그런 것이 북한을 굴복시킬 수 있는 상지상책(上之上策)은 결코 아니다. 국정원 개혁 연말합의 휴지조각. 대선공약도 헌신짝처럼 내동댕이치는데 그깟 여야 합의쯤이야 식은 죽 먹기지. 북 단거리미시일 발사. 한국인 선교사 북한 억류 확인. 기자회견까지 하면서 국정원을 음해했다. 국정원의 지시에 따라 북한 사람의 스파이 활동을 주선했다고 폭로했다. 아내는 자정이 가까워서 파김치가 되어 돌아왔다. 라텍스는 무사히 판매했다고 했다. 목이 간질간질하고 기침이 나왔다. 최악의 미세먼지가 원인이었다. 발바닥에 생긴 찰과상이 없어졌다.

산소와 오옥칠정 2. 28.

아내가 원하는 대로 긴급복지지원을 신청하는 이유를 썼다. "평생 근무해 오던 교단에서 퇴직한 소설가 오태규입니다. 영어를 가르치면서 생활해왔는데, 더 이상 강의할 수 없게 되었습니다. 예술인복지지원을 받을 수 있도록 도와주십시오. 남은 시간 좋은 작품을 써서 은혜에 보답하겠습니다." '괴물 4대강을 이명박근혜의 작품으로 남길 텐가' 양권모의 글을 읽었다. 결국 재자연화(再自然化)를 꾀해야 했다. 요컨대 4대강은 흐르는 물을 고이게 했는데 재자연화는 고인 물을 흐르게 하는 것이었다. 보와 댐을 만들고 대규모 준설을 하고 재방을 높였던 것을 둔치의 콘크리트를 걷어내고 댐을 철거하고 준설로 패어 있는 강바닥에 모래를 집어넣어야 한다. 우려했던 사실이 눈앞의 현실로 나타났다.

박근혜 정부 1년 만에 사교육비가 늘었다. 굿은일은 어김없이 늘어났다. '카프리치오소' 왜 이런 단어들이 떠올랐을까. 남자의 향기, 한국의 양심이란 말도 머릿속을 떠나지 않았다. 전화를 받고 종로로 나갔다. 광화문광장에 내려서 광장을 가로질러 종로1가로 빠졌다. 꽤 걸어야 했다. 아내는 반디앤루니스에서 전화하고 있었다. 상기된 얼굴로 무척 진지하게 통화를 했다. 나는 멀찍이 서성거리면서 아내가 전화를 끝내기를 기다렸다. 수석부장과 통화했다고 했다. 실적을 올리자 희망이 보이는 것이 아니라 갈등이 증폭되었다. 부장은 말이 바뀌고 있다는 것이었다. 주임이 되었을 때 지급되는 금액이 달라지고 최소한의 의무판매액도 달라지고 있었다. 아내는 일정한 보장을 위한 언질을 받아내고 싶었다. 승급도 그렇고 보수도 그렇고 그런 식으로 강요해서 결정할 수 있는 문제는 아니다. 아내는 좀 덤비고 있는 형국이다. 오랜만에 고가를 올리고 나서 욕심이랄까 괜히 걱정이 생겼다. 나는 불안하고 께름칙했다. 나의 심경을 이야기했다. 그럴 필요가 없다고 강조했다. 우리의 아지트에 앉아 있는데 전화가 왔다. 아내가 좀 전에 했던 전화의 답신인 줄 알았는데 이번 주 월요일부터 결근하고 있는 장연심이라는 기간관리자 즉 계장으로부터 온 전화였다. 단도직입적으로 그녀는 회사를 고발했다. 한마디로 사기집단이라는 것이었다. 보장된 보수의 절반도 주지 않고 그 밖의 각종 비리와 이면약정을 털어놓았다. 말하자면 그는 내부고발자가 되어버렸다. 아내는 생각이 달라졌다. 월요일에 전 시인에게 판매하기로 한 라텍스를 철회할 생각까지 비쳤다. 전화를 일단 끊고 나서 우리는 신중을 기하자는 이야기를 했다. 지급액이 절반으로 줄어든 것은 우리가 알 수 없는 사정이 있을 수도 있고, penalty pay(징계에 의한 감봉)일 수도 있다고 생각했다. 어디까지나 일방적인 주장이기 때문에 더 알아보고 나서 판단하자고 했다. 우리는 여러가지 회사의 문제점을 짚어가면서 차분히 이야기를 나누었다.

    5시에 셔틀버스를 타고 귀가했다. 어쩔 수 없이 찜찜하고 우울했다. 실적이 올렸기 때문에 좋은 소식이 있을 줄 알았는데 갈등만 증폭되어 버린 양상이었다. 왠지 한순간에 모든 생활의 틀과 바이오리듬을 잃어버린 느낌이었다. 시간이 장막처럼 앞을 가로막았다. 초저녁에 설핏 잠이 들고 꿈을 꾸었는데 꿈속에서 아내를 잃어버렸다. 나의 삶의 공간에서 일테면 산소와 오욕칠정이 갑자기 사라져 버린 것 같았다. 나는 무료와 권태와 절망을 느꼈다. 잠이 깼을 때 내 정신에 우울증 기미가 밀려왔다. "나는 무엇으로 살고 있는가? 산소와 오욕칠정으로 살고 있다." 나는 가만히 자문자답했다.

초평리 가는 길

카프리치오소 3. 1.

　사라진 욕망들이, 오욕칠정이 찾아왔다. 정신이 다시 정상적인 프레임을 유지할 수 있는 건강을 회복했다. 아내는 퇴사한 장연심과 계속 카톡을 했다. 그 여자는 그가 떠난 회사의 비리와 불법을 폭로하고 있었다. 이렇듯 회사의 비리를 확인하고 있는 아내가 장연심과 연대하여 어떤 행보를 보일지 궁금했다. 나는 미욱할 만큼 아직도 회사를 환골탈태하고 옳은 방향으로 나갈 수 있도록, 긍정적으로 개선하는 데 아내가 일조(一助)하기를 원했다. 요컨대 장이 준 정보를 생산적으로 이용하기고 바라고 있었다. 아내는 기왕에 구입한 물건을 반품하는 데 써먹을 눈치였다. 회사를 그만두는 것을 전제로 하는 것이었다. 그런 아내를 백번 이해할 수 있었다. 그만큼 마음고생이 심했고 급기야 마음이 완전히 회사를 떠나고 만 것이다.

　신문 보기가 두려웠다. 실체가 드러나는 간첩조작 의혹, 비정상의 정상화의 독과점. 러시아의 우크라이나 무력개입은 시대착오적인 침략행위다. 어느 세상에 살고 있는가. 생긴 목자대로 좌충우돌하는 푸틴, Woe to 푸틴! 이 와

중에 아내는 연방 노래를 불렀다. 간간이 '카프리치오소'를 흥얼거리기도 했다. 때론 치열하게 블로그에 글과 사진을 올렸다. 카톡을 주고받고 퇴사(退社)를 생각하고 '카프리치오소'를 흥얼거리고, 그러면서 삭막하고 황량한 일상을 건너가고 있었다. 나는 주말드라마를 보면서 "'포니의 집' 너는 포니의 집에 갇혀 있다"고 비명처럼 외치다가 하루를 마감했다. 뜬금없이 카프리치오소가 생각나고, 그게 왜 나를 지배하게 됐는지 모르겠다. 오늘의 하이라이트는 카프리치오소였다.

빛나는 clandestine 3. 2.

11시 교회예배를 보았다. 성찬식은 경건했다. 은혜를 듬뿍 받았다. 아내는 설거지 봉사여서 나는 점심을 먹고 홀로 돌아왔다. 가뭄에 단비 같은 소식이 날아들었다. 안철수와 김한길이 '신당'을 창당하기로 전격 합의했다는 낭보였다. 오랜만에 나는 안철수를 긍정했다. 그게 정답이고 해법이다. 거대 여당과 겨룰 수 있는 유일한 돌파구요 타개책이다. 물밑접속이 빛났다. 빛나는 'clandestine'(비밀의, 은밀한, 막후거래, 공작)이었다. 극비회동 사흘 만에 통 큰 통합을 이뤄냈다. 민주당이 기득권을 완전히 내려놓지 않고는 일궈낼 수 없는 성과였다. 아낌없이 박수갈채를 보낸다. 이제 지방선거는 '거짓과 약속'이라는 프레임으로 추진할 수 있게 되었다. 여당은 뒤통수를 얻어맞은 기분, 허를 찔린 느낌일 것이다. 온갖 비난이 쏟아졌다. 최악의 뒷거래, 밀실야합, 나눠먹기, 두 진영의 갈등과 분열을 부추기는 예측과 분석을 내놓았다. 예컨대 '친노파 배제' '일부지도부 사퇴' 이런 식으로 내부의 파열음이나 분열 등을 부각시켰다. 종편은 과거의 야당통합의 사례를 늘어놓고 그 실패를 클로즈업시켰다. 어쨌든 국면전환을 기대할 만하다. 한 가닥 희망을 걸어볼만한 지형변화임은 틀림없다. '윤여준 합류, 문재인 환영, 손호창 맨손으로 호랑이굴 들어가는 심장' 이런 제목 등이 떴다. 두 진영의 성공을 빌었다.

푸틴은 러시아의 불행이고 수치다. 스탈린 이후 가장 음험하고 야심 많은 러시아 지도자다. 민주주의를 신봉하는 사람이면 신뢰할 수 없는 사람이다. 그는 우크라이나 군사 개입을 선언했다. 러시아를 부끄러운 나라로 전락시키고 말았다. 군사공격을 반대한다고 못 박고 있지만 미국은 난감하기만 하다. 전운이 감돌고 있다. 일본은 북한과 적십자회담을 열겠다고 한다. 과연 그들이 노리고 있는 것은 무엇일까. 한 가지 분명한 것은 아베의 일본은 기를 쓰고 우리와 어긋나는 길을 가려고 한다. 밤에 아내는 거실에서 블로그에 글을 올렸다. 나는 안방에서 드라마를 보았다. 주말드라마는 영락없이 포니다. 드라마를 보고 있는 우리의 일상이 갈데없는 '포니의 집'처럼 느껴졌다. 시청률과 인기만을 노리는 젊은 작가들의 한계를 눈으로 확인하고 있었다. 밤 깊도록 '창당' 뉴스를 보았다. 나는 연방 안도의 한숨을 내쉬었다.

종로뒷골목 순례 3. 3.

출근한 아내한테서 급한 전화가 왔다. 그만 깜빡 수첩을 놓고 왔다고 했다. 중요한 사무를 처리하는 데 필요하니 가지고 나와 달라는 것이었다. 허겁지겁 종로로 나갔다. 오전에 종로에 나간 것은 근자에 처음 있는 일이었다. 종로5가 아내의 회사 앞에서 수첩을 건네주고 돌아서려고 하는데 아내가 집에 가지 말고 기다리라는 것이었다. 난감했다. 두세 시간을 어떻게 기다릴 수 있단 말인가. 한시도 나를 떼어두려고 하지 않는 아내의 심정이 가상했다. 기다리기로 했다. 종로의 순례가 이렇게 시작되었다.

우선 5가에서 2가까지 걸어가리라 마음먹었다. 4가에서 두산그룹 발상지 박승직 상점을 보았다. 100년 후에 공개될 타임캡슐에는 무엇이 들어 있을까. 그런 생각을 하면서 지금은 가히 재벌의 시대라는 것을 깨달았다. 종묘를 살펴보고 피카디리 지하시네마로 내려갔다. 그 영화관 휴게실의 분위기를 나는 좋아했다. 휴게실에서 젊은이들의 모습을 바라보면서 잠깐 무료함을 달랬다. 팝콘 냄새가 싫어서 이내 자리를 떴다. 그곳에서 상연되고 있는 영화는 거들떠보지도 않았다. '폼페이최후'라는 영화가 나를 보고 아우성을 쳤다. 3가 뒷골목을 걸어보았다. 그 악명 높은 종삼의 흔적은 온데간데없었다. 큰길에서 두 번째 골목에는 아직도 모텔과 호텔이 모여 있는 게 눈길을 끌었다. 사바, 아이, 스카이, 누누, 피카소, 알리엥스, 라휘느 모텔들 그리고 스타, 탑, 헬로인, 유 호텔들이 한데 모여서 음습한 이야기를 주고받고 있었다. 주로 노인들을 고객으로 하는 싸구려 이발관과 음식점이 많이 눈에 띄었다. 종로 거리와 뒷골목과 오르내리면서 나 또래 노인들의 패션을 구경했다. 간간이 멋쟁이 노인들도 눈에 띄었다. 그 칙칙하고 우중충한 회색과 검정 제복의 행렬 속에서 현란한 원색 양복을 입고 하얀 구두를 신고 활보하는 할아버지도 있었다. 탑골공원에 들러서 다시 원각사석탑을 보았다. 언제보아도 물리지 않았다. 섬세하고 정교하고 볼수록 이 조석탑의 백미, 가히 국보2호라고 할만했다. 국보순례를 마치고 우리의 아지트 반디앤루니스를 찾아갔다. 그때 아내의 전화가 왔다. 아내는 전 시인의 초대로 2시에 '생명의 전화모임'에 간다고 하면서 점심을 먹고 계속 종로에 있으라고 했다. 또다시 종로를 어슬렁거리면서 자기를 기다리고 있으라는 주문이었다.

나는 종로의 길을 되짚어 갔다. 점찍어 두었던 음식점에 들어가서 불고기와 비빔밥을 먹었다. 길을 건너가서 서울극장으로 들어갔다. 내가 자주 가는 곳이었다. 좀 썰렁했다. 역시 팝콘냄새가 코를 찔렀고 휴게실에서 상연시간을 기다리고 있는 사람들 중에는 오갈 데 없어서 찾아온 외로운 노인들이 많았다. 국일관도 찾아가보았다. 사우나목욕탕도 살펴보았다. 1층에 있는 한식점에서 함께 점심을 하곤 했던 친구들이 생각났다. 옛날만 못한 분위기였다. 어김없이 카바레의 추억도 떠올랐다. 사실 국일관하면 카바레가 먼저 떠오른 것은 어쩔 수 없는 사실이었다. 길 건너 피카디리로 가서 한층 더 깊은 곳에 있는 상영관까지 내려가 보았다. 종로2가를 다시 찾아가서 뒷골목을 샅샅이 훑어보았다. 뜻밖에도 볼 것이 없었다. 우미관의 추억도 없었다. 준코가 동굴의 입구처럼 입을 벌리고 있었다. 시커먼 시멘트벽, 더러운 하수구, 난마 같은 전선(電線), 악취 담배꽁초 쓰레기밖에 없었다. 그렇게 시간을 보내고 다시 아지트 반디앤루니스로 돌아갔다. 그때 아내의 전화가 왔다. 나의 종로순례의 끝이었다. 우리는 조계사 앞에서 만나 집으로 돌아왔다.

아내는 퍽 뜻 있고 즐거운 시간을 가졌다고 했다. 생명의 전화 회원들을 소개받았는데 거의 알고 있는 사람들이라고 했다. 전 시인이 아내를 불러내어 사람들을 소개시키는 의도를 알 것 같았다. 그는 아내를 앞으로 문인들을 모으는 일에 활용하려는 것이다. 국민배우 황정순의 타계한 후에 불거진 유산의 혹 사건을 잠시 보았다. 참담했다. 남의 일이 아니었다. 인간의 운명은, 특히 죽음 뒤에 일어날 일은 예측불허다. 생전에 비해 그는 사후가 너무 비참했다. 나 자신도 돌이켜보았다. 황정순의 비극은 많은 것을 생각하게 했다.

정권교체의 청신호 3. 4.

통합신당의 지지율이 상승하고 있다. 시너지효과다. 정당의 지각변동과 정치지형의 변화의 시금석이 되었다. 국민에게 희망을 주었다. 정권교체의 청신호인가. 박근혜 대통령, "새 정치는 민생을 챙기는 것이 우선이 되어야 한다." 공약을 휴지조각으로 만들고 관권대선개입을 자행하면서 민생을 챙길 수는 없다. 종편들은 통합신당을 폄하 비난하는 발언에 혈안이 되었다. 내분 분열 내홍 진통 파열음을 부각시키는 악의적인 발언을 일삼고 있다. 정당의 이합집산 통합의 실패사례를 줄기차게 내보냈다. 새정치연합과 민주당도 그런 실패의 전철을 밟지 않았으면 좋겠다. 국정원 불법은 '전갈의 독침' 이런 칼럼을 읽었다.

북한은 하루 사이에 방사포 7발을 발사했다. 이산가족 상봉까지 성사시키고 나서 도대체 무슨 심뽀로 무력시위를 하는지 모르겠다. 김정은이 아직도 그런 폭죽놀이를 좋아하는 나이인가. "군 위안부는 거짓말, 사실을 날조한 것." 일본 문부성 차관이 또 망언을 했다. 정신이상자가 따로 없다. 왜 서울시장과 경기도지사 새누리당 후보들을 방송에 띄우고 있는가. 정몽준 의원 서울시장 출마 선언을 계속 띄웠다. 새누리당이 노리고 있는 후보경선 흥행에 종편이 단단히 한 몫을 하고 있다. 그리고 지지율 여론조사, 판에 박힌 순서다. 아니나 다를까, 뻔한 결과지만 벌써 지지율이 역전되었다. 정몽준 남경필 등이 박원순과 김상곤을 앞질렀다.

　오후에 소장이 싱크대를 고쳤다. 시커멓게 썩은 내부를 뜯어내고 새 판자를 대서 말끔히 고쳤다. 두 세 시간 동안 땀을 흘리며 고쳤다. 나도 쓰레기를 버리고, 연장을 챙겨주면서 옆에서 거들었다. 아내는 4시경에 돌아왔다. 오늘도 전 시인 집으로 회사의 물건이 배송되지 않았다. 물건이 배달되는 것을 기다리다가 내일로 미루고 돌아온 것이다. 아내는 수리된 개수대를 보고 좋아했다. 소장이 다시 찾아와서 개수대의 수리전과 수리후의 사진을 보여주면서 자랑했다. 우리는 차를 마시면서 담소했다. 노후문제를 걱정하는 이야기를 주로 했다. 소장도 전 시인의 도움을 받을 수 있으면 좋겠다고 간곡히 당부했다. 아내를 기다리느라고 지쳤고, 싱크대수리를 도와주면서 약간 과민했고, 그런저런 이유로 나는 무척 피곤했다. 밤에 아내가 뜬금없이 낱말놀이를 하자고 했다. 그 와중에 아내는 회사에서 배운 놀이를 하고 싶었던 모양이다. 나는 사양했다.

마지막 날처럼 3. 5.

　아내의 직장도 그렇고 나의 작업도 그렇고 오늘이 '마지막 날처럼' 생각하면서 밀고 나갔다. 매순간 최선을 다하자는 의미도 되고, 모든 것을 체념하고 하늘의 뜻에 맡기자는 의미도 되었다. 자못 복잡다단했다. 아내가 출근하고 나서 얼마 안 되어 느닷없이 TV가 나오지 않았다. 전화했더니 방문수리를 해주겠다고 했다. 오후 4시 30분에 방문하기로 했는데 정오쯤 돼서 예고 없이 기술자가 들이닥쳤다. 마침 이웃에 수리를 하러 왔다가 연락을 받고 왔다는 것이었다. 오늘따라 집을 보러 오는 사람이 많았다. 소장이 함께 왔는데 TV가 고장이 난 것은 자기가 선을 잘라버렸기 때문이라는 사실을 알리고 사과했다. 쓸모없는 선인 줄 알고 잘랐는데 불편을 끼쳐드려 미안하다고 했다. 그럴 수도 있는 일이라고 오히려 내가 소장을 위로했다. 기술자는 선이 잘렸으니 다시 고치러 오겠다고 하고 돌아갔다. 아침부터 분란이 일고 연달아 황당한 일이 일어난 것이다.

아내가 아침에 출근할 때 오후 5시에 구청복지과 직원이 상담하러 올 것이라고 했다. 아내는 회사일이 끝나는 대로 오겠는데 늦어지면 대신 잘 이야기해달라고 했다. 오늘은 전 시인 집에 라텍스가 배달되는 날이다. 아내가 동석해서 대납했던 카드를 취소시켜야 한다. 대단히 중요한 일이었다. 그사이 아내가 전화해서 자기 이메일에 TV를 수리하러 기술자가 방문한다는 사실이 기록되어 있다고 했다. 늦어도 6시까지는 고쳐달라고 소장에게 부탁했다고 했다. 오후에 소장이 집을 보러 뒤 번 왔다. 기술자가 4시경에 와서 TV를 고쳤다. 5시에 구청복지과 여직원이 방문해서 면담했다. 이야기가 거의 끝날 무렵에 아내가 도착했다. 몇몇 중요한 은행카드를 확인했다.

아내가 전 시인의 일을 자초지종 이야기했다. 약간의 차질이 빚어졌지만 결과적으로 잘 되었다고 했다. 휴대용 결제기계가 고장이 나서 전 시인이 몸소 회사까지 와서 결제했는데 그 덕분에 이사도 만나고 회사 모양새도 보게 되어서 좋았다고 했다. 한명희 부장이 약간 무식하고 저돌적이고 매너가 없는 장사꾼이라는 게 적나라하게 드러난 것이 특기할 만한 일이었다고 했다. 우리는 후 한숨을 내쉬었다. 잠시 뉴스를 보았다. 민주당 새정치연합회 지도부 연석회의. 민주당 선도탈당 10명, 지도부 선정. 지분다툼은 없었다. 시종 안철수를 예우한 것은 당연하다. 그가 몰고 오는 바람을 민주당 의원 수와 비교해서는 안 된다. 안철수 현상은 존중해야 한다. 윤여준 설훈 같은 사람도 12년 만에 악수했다. 고무적이었다. 윤병세 장관이 유엔 인권이사회에서 연설했다. 일위안부 부정은 유엔에 정면 도전하는 반인륜적 처사다. 위안부 국제공론화로 정면 돌파했다. 잘한 일이다. 기초연금 논의 재개. 이혼 사별 여성노동자 72만 명, 최저생활비도 못 받아, 빈곤의 절벽. 사회안전망에서 튕겨져 나온 고립된 조난자가 곳곳에 있었다. '국화꽃 한 송이를 바쳐라' 칼럼을 읽었다.

밤에 '제왕의 딸'을 보았다. 여전히 '포니의 집'. 주연여배우가 작가를 잘못 만나서 욕을 먹고 있다는 인상을 받았다. 왜 자신이 수백향이라는 사실을 감추고 있는가. 물론 내세우고 있는 이유는 알고 있다. 그게 너무 허약하고 위선적이다. 배우들이 금세 스키조가 되고 설득력이 없는 악지연기를 하고 있다. 어쩌면 그게 배우의 '운'일지도 모른다. 한밤중에 아내는 인터넷이 있는 거실로 돌아갔고 나는 다시 시작될 '마지막 날들'을 골똘히 생각했다.

소탐대실 3. 6.
구입한 '기정원태반'을 아내가 출근할 때 들고 나갔다. 회사의 비리와 가격 폭리가 드러나자 아내가 반품하기 위해 가져갔다. 분명히 옳은 일을 하고 있지만 혹시 시인의 향기와 품위에 누를 끼칠까봐 걱정되었다. 아내가 출근한 시각부터 퇴근할 때까지 안절부절못했다. 아내에게 많은 이야기를 했다. "명분과 실리, 허허실실, 소탐대실(小貪大失), 예봉을 유연하게 피하라. 새로 온 대항마들을 차단하라." 소탐대실이라는 말이 가장 머릿속에 남았다. 아내는 무사히 반품을 하고 돌아왔다. 나는 종각으로 나가서 아내를 맞았다. 우리에겐 일종의 승리의 날이었다. 어제 전옥길 시인에게 라텍스를 무사히 배송했고 오늘 태반까지 처분한 것이다. 우리의 뜻대로 해결한 셈이다.
소탐대실이라는 생각을 이어갔다. 민주당-새정치연합의 통합도 그랬다. 지분이나 기득권 같은, 작은 이익을 내려놓고 정권교체와 정치개혁이라는 큰 가치를 추구해야 한다. 작은 것을 탐내다가 큰 것을 잃는 어리석음을 저질러서는 안 된다. 아내의 회사도 그랬다. 눈앞의 이익에 눈이 멀어서 지푸라기라도 잡아보려는 심정으로 직업전선으로 뛰어든 불쌍한 여인들을 짓밟아서는 안 된다. "벼룩이 간을 빼먹어라." 반디앤루니스에서 차를 마시고 구청으로 가서 밀린 자동차세를 냈다. 꽃샘추위가 기승을 부렸다. 가벼운 마음으로 그냥 집으로 돌아왔다. 때늦은 눈이 내리고 있었다. 아내는 회사가 팔고 있는 상품을 Google을 통해 검색했다. 속속 정보가 쏟아졌다. 회사에서 팔고 있는 상품이 많은 것은 10배 최소 3배가량의 폭리를 취하고 있었다. 라텍스가 특히 심했다. 전옥길 시인에게 판 이불은 거의 5배의 폭리를 취하고 판 것이 드러났다. 어쩐지 팸플릿이나 광고전단지 하나 없더니, 영락없이 사기집단이었다. 시인의 양심이 용납할 수 없었다. 아내는 심한 갈등을 느꼈다. 뭔가를 해야 하는데 선뜻 생각이 나지 않았다. 개선 개혁 폭로 응징 혁파, 혁파라는 말이 가슴에 와 닿았다. 부조리와 비리를 혁파해야 한다. 혁파, 소탐대실, 이런 말들이 밤 깊도록 한시도 우리를 놓아주지 않았다. 어찌 하오리까.

절벽시대 3. 7.

고립된 조난자들, 빈곤절벽, 복지절벽, 정치절벽, 통일절벽. 우리는 '절벽시대'에 살고 있다. 박 대통령은 화려한 패션나들이로, 정상외교로 겨우 숨통을 트고 있다. 국정원 협조자가 자살을 기도했다. 그가 대통령님, 안철수, 김한길 대표님에게 유서를 남겼다. "사랑하는 아들아, 위조대가 1천만 원과 2개월 봉급 600만 원을 못 받았다. 국정원에 손해배상청구소송을 하라." 그는 국정원을 국조원이라고 비아냥댔다. 국정원은 그것은 별개의 문건, 진위를 파악 중이라고 딴전을 부렸다. 언론은 공공연한 비밀을 두고 내숭을 떨었다. 국정원의 불법행위는 갈 데까지 갔다. 국정원의 전횡과 횡포는 세상이 이미 다 알고 있는 일이다. 대통령 직속기관인 국정원의 위조사건에 대해 대통령이 사과할 것을 요구하자 여권은 대통령에게 모든 것을 책임지라고 하는 것은 곤란하다고 반박했다. 어떠한 불법적인 사건이 일어나도 대통령이 책임을 지지 않는 것이 문제다. 책임정치는 실종되었다.

안철수의 통합 결단을 두고 내부의 파열음이 심상찮다. 그의 멘토로 세상이 알고 있는 윤여준이 원색적으로 안철수를 비난했다. "이자가 얼마나 거짓말을 했는지 알아야겠다." 통합결정 밀실담판 과정에서 소외당한 것에 대한 격정(激情)을 쏟아냈다. 믿기지 않은 사태다. "연기력이 늘었다. 아카데미상은 줘야 한다." 이렇게 비꼬기도 했다. 망연자실했다. 이런 반전도 있구나. 사람의 마음이 여반장이로고. 어쨌든 통합신당 당 대 당 합당 합의는 잘한 일이다. 민주당이 대폭 수용한 듯. 새누리당은 공천혁명은 온데간데없고 온통 전략공천 차출론으로 시끌시끌했다. 승리 앞에서 룰이나 원칙이 무슨 소용이냐, 이겨놓고 보는 거야. 크림반도에 전운이 감돌고 일촉즉발의 위기로 치달았다. 푸틴이 있는 한 평화는 어려울 듯. 그는 스탈린 이후 가장 음흉한 정치가다.

아내가 점심 때 중고서점에서 전화했다. 허둥지둥 종로에 나가자 아내가 반디앤루니스로 왔다. 우리는 실버극장을 찾아서 오늘은 명보극장으로 갔다. 신영균의 실버극장 하람홀은 낙원극장보다는 프로가 다채로웠다. 추운 날씨에 종로에서 충무로까지 걸어가느라고 고생했지만 보람이 있었다. 찾아오는 고객들도 좀 다른 것 같았다. 여자들도 fashionable한 것이 눈에 띄었다. 록 허드슨과 도리스 데이가 주연하는 '이 밤을 즐겁게'를 보았다. 영화 보기가 아주 편했다. 화면도 아름답고 안정적이었다. 극성 호들갑 요란법석 금속성 쇳소리 고함소리가 없고, 사운드이펙트가 무척 잔잔하고 조용했다. 이래서 노인들이 찾아오고 젊은이들은 발길을 돌리는가 보았다. 아주 재밌게 보았다. 종로3가로 걸어와서 '불고기를 주는 비빔밥'을 먹었다. 조계사 앞으로 걸어와서 버스를 타고 돌아왔다. 거리에는 어둠이 내리고 있었다. 저녁나절 내내 아내가 라텍스 판매처를 검색했다. 내일 우리는 의왕시에 있는 현장을 방문할 것이다. 세상은 사방이 절벽이어도 우리는 믿음과 영혼으로 여유 있게 돌파하고 있었다. "두려워하지 말라, 내가 너와 함께함이라, 놀라지 말라 나는 네 하나님이 됨이라, 내가 너를 굳세게 하리라." '절벽시대'를 살아갈 수 있는 용기와 지혜를 달라고 기도했다.

초평리 가는 길 3. 8.

꽃샘추위가 계속되었다. 눈에 띄는 기사들이 많았다. '러시아의 크림합병은 제국주의적 야망이다' 음흉한 푸틴이 그 한복판에 있다. 불현듯 '스마트폰에 비친 우리시대의 나르시시스트 일그러진 초상'이 떠올랐다. "사람들은 거북이처럼 목을 빼내어 스마트폰을 들여다본다. 그들은 스마트폰에 비친 자신의 영상과 SNS에 올린 글과 타인의 반응에 민감하게 반응하면서 최면상태에 빠져든다. 나르시스는 수면거울에 확장된 자신의 모습에 빠져서 스스로 이미지를 통제하지 못하고 지각이 마비되어 감각마비 상태에서 물에 빠져죽고 말았다." 주변의 나르시시스트에게서 내가 가장 못견뎌한 것은 온 지구촌을 넘나들고 넘보고 그러면서 자기 옆에 있는 사람을 보지 못한다는 것이다. 지근(至近)에 있는 사람들이 결국 그를 떠나고 만다는 것이다. 나르시시스트의 가장 큰 비극이다.

도정일 문학선 1차분으로 나온 산문집 '쓸데없이 고귀한 것들의 목록' '별들 사이에 길을 놓다' 소개 기사를 읽었다. 제목들이 좀 가소롭다는 생각이 들었다. 왜 마냥 착잡할까. 나의 '아고니스트 환'은 언제나 햇볕을 보게 될까. 그런 날이 오기나 할까. 정오 무렵에 우리는 외출했다. 종각에서 지하철1호선을 타고 의왕시에 갔다. 천연라텍스매트리스 판매소를 방문했다. 의왕 역에서 내렸을 때 수도권에 이렇게 황량한 도시가 있다는 사실에 놀랐다. '초평리 가는 길'이 유독 그랬다. 역에서 빠져나가는 긴 구름다리도 낯설었다. 구름다리기 끝나는 곳에서 허허벌판 같은 시골길이 시작되었다. 퍽 마음에 들었다. 서울 근처에 이런 한적한 도시가 있구나. 아내와 산책을 나왔다는 생각을 하면서 오랜만에 봄날을 만끽했다. 왕송호수 가는 길, 왕송못 다리 등의 표지판을 보았다. 의왕시에는 호수가 많은 것 같았다. 판매소는 다리 두 곳을 지나서 있다고 스마트폰에 나와 있었다. 우리는 다리를 건너고 나서 더 갈 곳을 알 수가 없었다. 전화하자 여자가 차를 가지고 맞으러 나왔다. 멀리 벌판 끝에 있는 줄 알았는데 판매소가 금방 나타났다. 얼마든지 걸어서 갈 수 있는 곳이었다. 황량하고 인적이 없는 이런 곳에서 살아가고 있는 사람이 부러웠다. 문득 고향이 그리워지고 귀거래사(歸去來辭)가 떠올랐다.

판매소는 공장도 아니고 살림집도 아니고 그냥 물류창고였다. 체험현장이라고 인터넷에 나와 있지만 체험장 같은 곳은 아무 데도 없고 그냥 물건을 살펴볼 수 있는 사무실이 있을 뿐이었다. 사무실에는 책상 의자 말고 침대가 하나 놓여 있었다. 아내는 팸플릿과 라텍스 조각샘플 등을 세밀히 살펴보았다. 무엇보다 상품의 종류와 가격을 소상히 알아보았다. 우리가 왜 이런 일을 하고 있는지 문득 회의에 빠지기도 했다. 회사의 실상을 알고 비리와 부조리를 파헤치기 위한 것이다. 그런 점에서 100% 성과를 올린 셈이다. 이제 회사를 향해 목소리를 낼 수 있으며 반품을 요구하고 사불연이면 비리의 근간을 뒤흔들어 버릴 수도 있다는 생각이 들었다. 일종의 정의의 구현이었다. 시인의 양심을 실천하는 일이었다. 아내가 얼마나 괴로워했던가. '정중동(靜中動)'이라, 기쁜 얼굴로 조용히 출근했지만 마음은 갈등과 고뇌로 편한 날이 없었다. 한 시간 걸려서 서울로 돌아왔다. 점심도 먹지 못하고 의왕역에서 간식으로 가져간 떡 몇 조각을 먹었을 뿐이다. 집에 돌아오자 비빔국수를 만들어 먹었다.

저녁에 '불후의 명곡'을 시청했다. 언제 의왕에 다녀왔는가 싶을 정도로 우리는 말짱했다. 아내가 조금 피곤한 기색이 보였을 뿐이다. 뒤 시간 이상을 전철을 타고 나들이를 하고 왔으니까 그럴 만도 했다. 밤에 아내는 천연 라텍스에 대한 검색을 계속했다. 오늘의 성과를 블로그에 올렸다. 아내는 바야흐로 전열을 가다듬고 있었다. 비리와 부조리는 정황만으론 절대로 무찌를 수 없다. 반드시 증거를 수집해야 하고, 증거는 증거능력을 갖추도록 가다듬어야 하고, 일목요연하게 입증할 수 있도록 목록을 작성해야 한다. 완벽한 리스트를 작성하느라고 아내는 밤이 깊어가는 줄 몰랐다. 나는 '아고니스트 환'의 상재(上梓)와 중이를 골똘히 생각하고 있었다.

서핑여왕 3. 9.

새벽에 잠이 깼을 때 아내는 정신없이 web surfing(인터넷에서 정보 열람)을 하고 있었다. 특히 구굴은 그녀의 무한한 검색의 바다였다. 어떠한 정보도 순식간에 캐냈다. 회사가 바야흐로 그의 서핑의 위력 앞에서 떨게 될 전망이다. 그는 무결점의 서핑여왕이었다. 무결점의 시인이었다. 아내 홀로 교회에 갔다. 교회에서 돌아온 아내는 전신만신이 아프다고 했다. 해동머리에 겪는 아내의 봄앓이는 소문난 것이었다. 눈에 스치는 세상의 창은 암담했다. 239명이 탄 말레시아여객기가 실종됐다. 탑승자 2명이 도난여권 사용, 테러가능성이 높다. 그 옛날 KAL기 폭발사건이, 소련에 의한 격추사건이 생각났다. 전율을 느꼈다. 통합신당, 간첩증거조작 특검 추진. 여당도 엄벌 주장. 윤상현 김진태 의원도 '증거위조 물타기'에서 발뺌을 했다. 청와대는 침묵했다. 국정원 문서 3건 모두 위조정황 포착, 국정원 윗선 개입규명이 의혹의 핵심. 이 노릇을 어찌할꼬. 내일 의사들이 집단휴진하고 전공의들도 가세할 기세다.

나는 휴식을 취하면서 오후 5시를 기다렸다. 유일한 주일의 즐거움은 K-pop 시즌3이었다. 아내는 그 시간에 목욕했다. 목욕을 끝내고 나서 top8 선정 결과만 확인했다. 작업할 엄두가 나지 않았다. 나의 시간을 작업량으로 헤아리고 여생을 작업량으로 가늠하고 있었다. 얼마나 작업할 수 있을까. 이런 식으로 진행되면 일기를 쓰는 속도만큼의 성과밖에 이룰 수가 없다. 엉거주춤한 스탠스로, 생물적인 신진대사만을 반복하면서 시간을 허송하고 있다. 마냥 시간은 흘러가고, 무위도식 무념무상, 생명이 사위어가고 있다. 아내는 일찌감치 잠자리에 들어가서 스마트폰을 들여다보았다. 아마 우주 너머까지 보고 있을 것이다. 나는 주말드라마 '황금무지개'까지 보았다.

문화자긍심 상처와 '포니의 집' 3. 10.

미 WP가 중국의 '별 그대'(별에서 온 그대) 열풍을 조명했다. 중국인이 문화자긍심(dignity)에 상처까지 입었다고 했다. 그런 드라마를 만들지 못하는 것에 일종의 문화적인 열등감을 느꼈다는 이야기다. 드라마 내용보다 중국국민이 온통 한국 드라마에 열광하고 있는 그런 '현상'에 상처를 입은 것이다. 나는 어떤가. 매일같이 우리 드라마를 보고 자존심에 상처를 입고 있다. 부끄러워서 낯을 붉힐 때가 많다. 입버릇처럼 '포니의 집'을 뇌까렸다. 지구촌이 한국의 드라마와 노래에 박수갈채를 보낼 때 오히려 바다밑 같은 외로움과 절망을 느꼈다. 웬일일까. 인류의 정신이, 선진 문화가 그렇다면 퇴보하고 있다는 말인가. 타락 혹은 몰락하고 있다는 말인가.

5월 황금연휴에 항공권 예약률 거의 100%. 역시 살기 좋은 시절, 행락의 꽃 시절이다. 교황이 8월 14~18 방한 예정을 발표했다. 교황의 방문이 한국사회 현실을 coating(당의정)할까 hurting(고통, 상처)할까. 그의 메시지가 당의정이 될까 쓴 약이 될까. 어설픈 힐링이 되지 않았으면 좋겠다. 국정원에 놀아난 박 정부 1년, 이런 말 안 들었으면 좋겠다. 박 대통령이 증거위조 논란에 유감을 표했지만 사과는 안 했다. 바로 국정원이 계속 기고만장하는 이유다. 전화하고 아내를 만나러 종로로 나갔다. 아내가 낯선 여자와 이야기하고 있었다. 나는 서점 안을 서성거리며 아내가 그 여자와 헤어질 때까지 기다렸다. 지경순이라는 직장 동료를 만나고 있는 것은 아무래도 심상찮은 조짐이었다. 아내는 "어떻게 처신을 해야 할까" 아침에 출근을 할 때 심란해했다. 어떻게 혁파할 것인가. 어떻게 그만둘 것인가. 분명한 것은 이제 더 이상 타협할 수는 없다는 것이다. 그들의 정체를 속속들이 알고 나서는 시인의 양심이 허락하지 않았다. 그렇다고 그냥 뚜벅뚜벅 걸어 나올 수는 없다. 아내에게 '출구전략'이라는 말을 한 것도 그 때문이다.

아내는 여자와 헤어지고 나자 전옥길 시인을 만나러 가자고 했다. 말할 것도 없이 출구전략의 일환이었다. 아내는 지난주에 전 시인이 구입한 이불을 반품함으로써 회사에서 나올 생각을 하고 있었다. 본의 아니게 전 시인에게 폐를 끼쳤고 그것을 보상하는 것이 순리라고 생각했다. 우선 전옥길 회장을 만나서 정황을 한번 살펴보고 나서 결정을 내리려는 눈치다. 우리는 돈암동 춘우문화관을 찾아갔다. 아내를 들여보내고 나는 대학로로 나왔다. 상명여대디자인대학 별실에서 기다리고 있는데 아내가 한없이 늦어졌다. 이곳을 지나는 셔틀버스를 타고 홀로 집으로 돌아가리라 마음먹었다. 대학로 방송통신대학 앞에 있는 버스정류장에서 어슬렁거리면서 4시 50분까지 버스를 기다렸다.

예상하지 못한 일이 일어났다. 셔틀버스가 정류장을 지나쳐서 그냥 멀리 서울대병원 쪽으로 가버렸다. 운전기사의 태업이었다. 화가 머리끝까지 치밀었다. 나는 오기가 발동했다. 그 버스를 탈 수 있는 방법을 생각해보았다. 다음 정류장인 서울대병원 본관으로 뛰어올라갈 수는 없었다. 퍼뜩 셔틀버스의 노선이 떠올랐다. 종묘정류소와 탑골공원정류소를 지나간다. 종로 5가로 달려가서 지하철을 타면 종각에서 얼마든지 따라잡을 수 있다. 문제는 대학로에서 종로5가까지 걸어가는 시간이었다. 거의 달음박질을 하여 나는 종로5가역까지 갔다. 숨이 턱에 차올랐다. 마침내 종로5가 지하철역에 도착해 계단을 쏜살같이 내려가서 지하철을 탔고 종각 역에 이르러 바람같이 올라와서 아아, 버스보다 먼저 종각정류장에 도착했다. 늙은 여자 두 사람이 셔틀버스를 기다리고 있었다. 두 노파를 보고 내가 셔틀버스를 따라잡은 것을 확인했다. 5분 정도를 오히려 더 기다려서 나를 버리고 달아났던 버스를 탈 수 있었다. 운전기사와 차장에게 적의를 나타냈지만 그들은 내가 버스를 따라잡았다는 것을 알고 있을 리가 없다. 나는 운행시간과 정류장과 운전사를 확인했고, 운전사에게 정류장을 지나친 것을 알리고 고발하겠다고 분명히 말했다. 나는 그런 사람이었다.

버스에서 내리자마자 이발소로 가서 이발을 하고 홍지동 비탈길을 내려오고 있는데 아내한테서 전화가 왔다. 세검정 앞에 와있으니 빨리 오라고 했다. 이렇듯 양주는 천생연분이었다. 아내는 전 회장 집에서 시인들을 만난 이야기며, 통일재단발기인 선출문제를 두고 나눈 이야기며, 어느 목사에게서 전 회장이 배신당한 이야기 등을 들려주었다. 전 시인에 대한 호칭도 회장으로 바뀌었다. 놀랍게도 회사에 관한 이야기는 한마디도 하지 않았다. 나는 아내의 마음을 이해할 만했다. 전 회장을 만나자마자 심경에 변화가 일어난 것이다. 어둠을 버리고 철두철미 '초원의 빛'을 좇기로 결심한 것이다. 그랬다. 아내는 밤 깊도록 '통일재단발기인주소'를 인터넷으로 기록했다. 나는 드라마 '기황후'를 보면서도 버스보다 더 빨리 달렸던 나의 무용담을 떠올리며 혼자 쿡쿡 웃고 있었다. 아무리 생각해도 '셔틀버스 따라잡기'는 단연 압권이었다.

날조의 복마전, 오리발 제작소 3. 11.

　국정원의 무리수에 검찰이 결탁하여 스스로 무덤을 팠다. 무고와 날조의 복마전이다. 국정원은 오리발 제작소인가. 여당에서도 국정원장 사퇴론이 확산되었다. 진실은 묻히고 거짓이 판을 치고 있다. 가습기 유해성은 '혹시나' 했는데 '역시나'였다. 신청자 절반이 폐 손상의 영향을 받았다는 판정을 내렸다. 오늘도 어김없이 종각으로 나갔다. 아내가 발기인명단을 작성하여 전 회장을 찾아간다고 했다. 그런 일을 기화로 전 회장을 찾아가서 뭔가 돌파구를 찾아보려고 하는데 맘대로 될는지 무척 신경이 쓰였다. 아내는 종로1가 다이소에 있다고 하면서 반디앤루니소에서 기다리라고 했다. 전 회장에게 가져갈 물건을 사러 그곳에 가 있었다. 아내의 스마트폰으로 문자가 들어왔는데 "회사에서 찍혔으니 조심하라"는 충고였다. 장연심이 보낸 것 같았다. 기분이 언짢았다. 우리에게 그런 문자를 보낸 사람도 '요주의인물'이었다.
　어찌된 영문인지 아내가 갑자기 돈암동에 갈 수 없다고 했다. 하릴없이 집으로 돌아올 수밖에 없었다. 아내가 차를 마시면서 책을 좀 읽고 가자고 했다. 나는 싫다고 했다. 오늘따라 책의 제목들이 눈에 거슬렀다. 한탕주의, 그랬다. 어떡하든지 한몫을 챙기겠다는, 대박을 노리는 그런 책만 눈에 띄었다. 문장을 만들 줄 아는 사람들이 문자를 보내고 마치 카톡을 하듯이 그렇게 책을 내고 있었다. 매일같이 서점에 나오지만 나는 거의 책을 읽지 않았다. 이어령의 '생명자본' 진중권의 '미학오디세이'를 잠깐 훑어보았을 뿐이다. 탑골공원 앞에서 버스를 타고 집으로 돌아왔다. 버스 안에서 수첩을 들여다보고 있는 아내가 유난히 피곤해 보였다. 똑바로 쳐다볼 때가 좋았다. 고개를 숙이고 있으면 어쩐지 풀이 죽어 보였다.
　아내는 라텍스의 자료를 뽑았다. 거의 한 권의 책이 될 만한 분량이었다. 나는 가격 불공정을 입증할 수 있는 일람표를 작성하는 데 몰두했고, 아내는 라텍스의 효능과 상품성에 관심을 집중하고 있었다. 아내는 그 자료를 가지고 내일 회사에 출근할 것이다. 앞으로 어떤 일이 벌어질지는 아무도 모른다. 충돌할 것이 아니라 서로 입장을 소명하고 아름답게 퇴장했으면 좋겠다. 어쨌든 진퇴유곡에 빠진 느낌이었다. 잠깐 '아고니스트 환'을 손질했다. 틈틈이 기도했다. 전 회장이 무시로 떠오르면서 그분이 어쩐지 탈출구를 열어줄 것만 같았다. "날개를 달아주소서."

재능이 몸을 팔고 있다 3. 12.

살얼음판을 걷고 있었다. 아내는 당당하게 출근하지만 나는 조마조마한 마음으로 배웅했다. 예능프로를 가끔 보는데 자괴감을 느낄 때가 많다. 때마침 '예능이 만능인 사회' 시리즈를 읽었다. 긍정적인가 부정적인가. 아무래도 부정적인 측면을 떠올렸다. 예능이 만능인 사회는 모든 것이 예능으로 통한다. 공감하는 부분이 많았다. 예능이 판을 치고 있다. 온통 방송의 패를 쥐고 있다. 나는 예능을 싫어한다. 재능이 몸을 팔고 있다는 생각을 떨쳐버릴 수가 없다. 몸을 판다는 개념은 타락을 상징한다. 예능이 재능의 신비 독창 재능 순정을 송두리째 망가뜨리는 공적(公敵)이, 아니 무덤이 되었다. 시사정치의 해학풍자도 제대로 하지 못했다. 기껏 만만한 정치인이나 희화화(戲畵化)하고 있다. 그것도 권력에 의해 억압을 받고 있는 실정이다. 예능이 게걸음을 치는 한 진정한 예술이나 재능은 설 땅이 없다. 예능이 만능인 사회는 분명히 비정상적인 사회다. 장인 재능 천재 독창 예술이 사라진 세상이다. 가짜가 진짜를 지배하는 사회다. 나의 독단이나 편견이라 해도 어쩔 수 없다.

변함없이 종로에 갔다. 아내가 퇴직한 직장동료들을 만나고 있으니 잠깐 기다리라는 연락이 왔다. 갑자기 설렁탕이 먹고 싶었다. 옛날에는 종로3가로 가면 진국을 먹을 수 있다. 설렁탕집을 찾아갔지만 진국이 아니었다. 삼성타워 식당가에서 얼큰 설렁탕, 맑은 설렁탕을 먹기 싫어서 그곳까지 찾아갔는데 헛걸음을 하고 말았다. 나오면서 주인에게 값을 좀 올려 받더라도 고깃점을 좀더 넣어서 팔라고 고언을 했다. 참 부질없는 일이었다. 반디앤누니스에 가서 아내를 기다렸다. 조계사 쪽 어느 찻집에 모여 있다고 했다. 나는 삼성타워 지하음식점에서 밥을 먹고 있는 사람들을 잠깐 부러워했다. 하나같이 끼리끼리 앉아서 음식을 먹었다. 밖으로 나와 보니 찬바람이 불고 간간이 빗방울이 떨어졌다.

아내는 4시가 넘어서야 전화했다. 우리는 조계사에서 만나 집으로 돌아왔다. 아내가 만났던 사람들은 장연심과 그의 패거리였다. 모두 회사를 그만두었거나 불만을 품고 있는 사람들이었다. 일종의 성토장이었다. 아내가 그런 모임에 끼인 것이 꺼림칙했다. 아내는 어디까지나 시인다워야 한다. 뭐가 시인다운 것인지는 잘 모르지만 하여튼 나의 생각이 그랬다. 뉴욕 맨해튼빌딩 폭발 후 붕괴. 가스누출에 의한 폭발 사고인 듯. 미국이 망신을 당했다. "검찰, 간첩사건 재판서 거짓말을 했다." 김진태 검찰총장, 개혁은커녕 악재만 꼬리를 물었다. 남재준의 사퇴론이 거세졌지만 청와대는 오불관언. 과연 누가 암 덩어리인가. 재능이 몸을 팔고 있다. 거리의 여인을 보고 느끼는 그 터무니없는 노혐을 떨쳐버리기라도 하듯이 나는 한밤중에 연방 고개를 가로젓고 있었다.

어벤저의 품위 3. 13.

아침부터 아내가 신경이 날카로웠다. 오늘 홍삼을 반납하자고 했다. 다소 격앙된 아내의 모습에 나는 긴장했다. 어쩌면 오늘이 마지막으로 출근하는 날, 탁방(坼榜)이 나는 날이라는 생각이 들었다. 반납하면 회사에서 큰 소란이 일어날 게 뻔했다. 자칫 아내의 이미지가 땅에 떨어질 수도 있다. 지난 몇 달 동안 온갖 정성을 기울어서 최선을 다했는데 그 최선의 정성이 배신을 당했다. 회사가 사기를 쳤고 승진과 안정된 수입이라는 것을 미끼로 밥 먹듯이 식언했다. 그에 대한 응징은 마땅한 것이라고 생각했다. 그러나 화를 내고 얼굴을 붉히면서 싸우게 되면 루저가 되기 십상이다. 흥분하지 않고 당당하게 공격하는 것이 상대방을 이기는 길이라고 생각했다. 나는 아내에게 그런 주문을 했다. 시인답게 승리하는 법을 귀띔해주고 싶었다. 아침에 대뜸 물건을 차에 실고 쳐들어가는 것은 하지하책(下之下策)이라고 했다. 먼저 비리와 가격폭리를 증빙서류를 갖춰서 침착하게 소명하고 나서 당당하게 물건을 반납하는 것이 올바른 길이라고 말했다. 반납하더라도 절대로 의연한 모습을 무너뜨려서는 안 된다고 목소리를 높였다. 엉뚱하게도 나는 '어벤저의 품위' 같은 것을 강조하고 있었다. 웃기는 일이었다. 하지만 이럴 때 좀 덤비고 흐리멍덩해지는 것은 어쩔 도리가 없었다. 나는 아내와 함께 가기로 했다.

뜻밖의 일이 벌어졌다. 물건을 실어놓은 차가 갑자기 방전되어 시동이 걸리지 않았다. 나는 이런 식으로 물건을 가져가지 말라는 하늘의 뜻이라고 말했다. 아내도 내 말을 수긍했다. 다음에 반납하기로 하고 우리는 종로5가 회사로 나갔다. 한 시간 정도 지각하고 말았다. 아내에게 침착하게 지각사태를 설명하라고 했다. 요컨대 마음을 들키지 말고 평상시의 태도를 견지하라고 주의했다. 아내는 웃으면서 회사로 들어갔다. 나는 종로 일대를 배회했다. 차로 물건을 실어왔을 때 회사지하주차장에 차를 진입시키는 것이 아주 복잡할 것 같았다. 그 경로를 알아보기 위해 그 일대를 둘러보았다. 대학로 가는 길에서 오른쪽으로 돌아서 효제초등학교 앞을 지나고 충신시장과 꽃시장이 있는 사거리에서 우회전하여 종로 쪽으로 나온 다음 직진하여 회사 앞에 이르러 주차장으로 들어가는 것을 알아두었다. 나는 종로3가로 걸어가서 피카디리극장 지하 휴게실로 내려갔다. 잠깐 휴식을 취하고 있는데 아내한테서 전화가 왔다. 나는 부리나케 반디앤루니스로 갔다. 아내가 지하철을 타고 나보다 늦게 도착했다. 우리는 일단 집으로 철수했다. 돌아오는 길에 주민센터에 들러서 문화누리카드를 받아왔다. 새누리당, 경선 불복한 탈당인사가 나올 듯. 제주 우근민, 부산 권철현. 증거를 조작한 국정원. 정보위는 휴업 중, 여당 정보위장 귀 막고 먼 산보기. 맨해튼 폭발 사고는 가스누출 탓. 말레이시아 여객기 실종사건은 여전히 미궁. 레이더에서 사라진 후 4시간 더 비행했다는 설도 나돌았다. 미스터리, 미스터리. 아내는 홍삼진의 광고를 인터넷에서 찾아서 프린트했다. 판매가격이 우리가 구입한 가격의 절반도 되지 않았다. 폭리의 증거다. 그런 광고가 뜬 곳이 한두 군데가 아니었다. 우리는 다시 회사로 나갔다. 이번에야 말로 진짜 승부를 가리는 싸움이었다. 긴장이 되었지만 내색하지 않았다. 아내도 그런 눈치였다. 침착하고 당당하고 자신만만했다. 회사주차장에 도착하여 마침내 아내가 물건을 가지고 올라갔다. 나는 기도하는 마음으로 초조하게 기다렸다. 관리아줌마가 계속 나를 감시했다. 기분이 언짢았다. 이 건물은 나에게 보이지 않는 적의를 번뜩였다.

아내에게 전화가 왔다. 차가 충전 중이어서 시동을 끄지 않고 들어갔는데 시간이 되면 시동을 끄고 기다리라는 당부였다. 그 와중에 그런 전화를 한 것은 그 사람들에게 주차장에서 남편이 기다리고 있다는 것을 알리려는 의도인 것 같았다. 나는 사불연이면 아내에게 달려가야 한다. 약 한 시간이 지났을 때 아내가 내려왔다. 표정이 밝았다. 성공, 반품을 시켰다는 것이었다. 그것도 아주 대범하게 스무드하게 관철시켰단 것이었다. 안도의 한숨이 나왔다. 이제 거치적거리는 것이 없어졌다. 그동안 아내의 수고와 심려에 대해 위로의 말을 했다. 대견했다. 아내는 수석부장의 이야기를 했다. 군소리 없이, 꼼짝없이 취소를 해주더라고 했다. 이사도 무시해버렸다고 했다. 우리는 가벼운 마음으로 숭인동으로 가서 이불과 생활용품을 가져왔다. 허위단심 집으로 돌아와서 참으로 느긋한 마음으로 휴식을 취했다. '어벤저의 품위'가 승리한 날이었다. 아내는 드라마를 보겠다고 해놓고 자리에 눕자마자 잠이 들어버렸다. 그 와중에 나는 '제왕의 딸'을 보았다. 드라마는 막바지 해피엔딩을 향해 절정으로 치닫고 있었다.

마지막 날에 살리셨다 3. 14.

'남자의 향기'를 만들어주면서 아내를 출근시켰다. 어제 반납하고 그 결과를 3,4일 후에 확인하기로 했다. 그러면 모든 절차가 끝난다. 그때까지 나는 아내에게 내색하지 않고 회사에 나가라고 주문했다. 아내도 그러마고 했는데 오늘 아침 잠깐 심기가 불편했다. 그럴 만도 했다. 어제 이사가 반납을 언급하며 내뱉던 말이 새삼스레 생각난 것이다. 누가 누구를 비난한단 말인가. 암덩어리는 누구인가. 이사는 아내의 처사를 소탐대실(小貪大失)로, 사뭇 치사한 일로, 얼마 안 되는 손해를 보상하려는 좀생이로 몰고 가려는 것이었다. 반납이 곧 결별임을 알고 나는 아내의 결기를 믿었다. 어쨌든 아내는 출근했다. 아내의 연락을 받고 종각으로 나갔다. 회사에서 분란이 있었던 모양이다. 그러든지 말든지, 아내는 개의치 않는 눈치였다. 다행이었다. 아침에 싸준 '남자의 향기'도 그대로 가져왔다. 우리는 시민청으로 걸어가다가 민방위훈련에 걸려서 전철을 타고 갔다. '공정무역가게' 지구마을에서 빵으로 점심을 때웠다. 아주 편안가고 아늑한 분위기였다. 시민청은 종각의 반디앤루니스 버금가는 우리의 쉼터다. 차도 한잔 마시면서 즐거운 시간을 보냈다. 시민청의 다른 공간도 둘러보았다. 도란도란 카페 등 공간의 명칭을 순 우리말로 붙여놓았는데 한껏 재치와 기교와 멋을 부렸다. 박 시장의 숨결과 체취 같은 것을 느낄 수 있었다.

오후를 거의 보내고 나서 종로구청 앞에서 셔틀버스를 타고 귀가했다. 강 선생을 만났다. 데면데면했다. 그간 좀 소원해졌다. 집으로 돌아왔을 때 우편함에서 편지 한 통을 발견했다. 뜯어보니 생소한 말이 적혀 있었다. 의료급여수급권을 취득했으니 지역의료 보험공단에서 자격이 상실되었다는 것이었다. 일종의 자격변동을 통보하는 것이었다. 복지과로 확인해보지 않고 주말은 그냥 보내고 월요일에 알아보기로 했다.

박 대통령이 통일준비위원회 위원장을 맡았다. 통준위는 모든 민생을 흡수해 버리는 블랙홀이 될 수도 있다. 고향마을의 힝고의 방귀가 생각났다. 그는 칠뜨기로서 곧잘 방귀를 뀌어서 사람들을 웃겼다. 337박자까지 붙여가면서 방귀를 뀌곤 했는데 잘한다고 치켜세우는 바람에 정신없이 방귀를 뀌어대다가 옷에 똥을 싸기 일쑤였다. 대북관계 통일대박 이런 말을 두고 '잘한다'고 하니까 너무 나가고 있다. 통일부가 있는데 옥상옥일 뿐이다. 옷에 똥을 싸는 일이 없었으면 좋겠다. 아베, 고노담화 수정 안 해. 다행이다. "안철수, 민주당식 정치혁신안 동의할 수 없다." 내가 그를 달가워하지 않았던 이유를 다시 확인했다. 그는 민주진영에 힘을 실어주는 발언을 한 적이 없었다. 나는 한번도 그를 탐탁하게 생각한 적이 없었다. '김황식 전 총리 서울시장출마 선언' 어딘가 크게 착각하고 있었다. MB정권 총리로 장수한 것을 그는 큰 성공으로 알고 있는 것 같았다. 가소로웠다. "생명의 길 열어주신 하나님, 감사합니다."

새옹지마 3. 15.

희망에 부풀었다. 용이의 실직과 중이의 팔라우 행이 오히려 전화위복이 되었다. 인생은 새옹지마(塞翁之馬)인가. 한 치 앞을 알 수 없었다. 회사는 사실상 결별한 것이나 다름이 없다. 나는 라텍스 판매가 얼마나 비리가 많고 폭리를 취하고 있는가를 밝혀야 한다고 생각했다. 아내를 설득해 포천 판매처를 가보기로 했다. 먼저 김밥을 사가지고 시민청으로 가서 먹었다. 잠시 시민예술 오디션을 듣고 나서 의정부행 지하철을 탔다. 의정부에서 포천 가는 시외버스를 탈 참이었다. 지하철1호가 이렇게 냄새가 심하고 불편할 줄을 몰랐다. 한 정신박약아가 옆에 앉아 있었는데 차내 방송이 나올 때마다 따라했다. 입에서 악취가 났다. 하나님에게 이 장애인을 미워하지 않게 해달고 기도했다. 그는 도봉구역에서 내렸다. 그의 해맑은 얼굴을 마지막으로 보았을 때 그를 역겨워했던 것을 용서해달라고 빌었다.

의정부역에 내렸을 때 아내가 단호하게 말했다. 포천 갈 것 없이 그냥 서울 강남 코엑스로 가자는 것이었다. 코엑스에서 의료기박람회가 열리고 있는데, 이사가 그곳에서 라텍스도 전시되고 있다고 말했으니 그곳에 가서 알아보자는 것이었다. 신설동에서 2호선으로 바꿔 타고 무역센터로 갔다. 입장료가 만 원이었다. 2만원을 쾌척하고 전시장으로 들어갔다. 재활기기 전시장으로 가서 찾아보았지만 라텍스는 없었다. 의정부에 이어 강남에서도 헛걸음을 했다. 그냥 버스를 타고 귀가했다. 긴 외출이 끝났다. 아내는 자정까지 코엑스 전시장에 갔다 온 것을 블로그에 올렸다. 잠들 때까지 '새옹지마'가 머릿속에 떠나지 않았다.

겸손과 온유 3. 16.

　11시에 교회예배를 보았다. '하나님 앞에 있나이다' 사도행전 10장 24~33절의 말씀을 들었다. 설교를 듣는 동안 내내 겸손과 온유를 떠올렸다. 하나님 앞에 섰을 때 그럴 수밖에 없다고 생각했다. 나의 오만과 강퍅함을 반성했다. 박 장로를 만났다. 시간 나면 한번 만나자고 했다. 점심을 먹고 나서 홀로 교회 일원을 배회했다. 아내는 '사라 모임'에 갔다. 봄빛이 무르익었다. 한참동안 석파랑 주위를 거닐다가 집으로 돌아왔다. 집에 도착했을 때 아내의 전화가 왔다. 그냥 집으로 돌아오라고 했다. 이상하게 들뜨고 불안했다. 이틀 사이에 내가 많이 변했다. 해질녘에 아내와 동네산책을 나갔다. 평창동 둘레길을 걸었다. 김종영, 김흥수 미술관도 보았다. 가나아트센터도 들렀다. 건물 옥상에 기대어 서있는 조각상도 보았다. 저녁에는 K-pop시즌3 톱8을 보았다. 작년 우승자들이 잘 눈에 띄지 않았다. 안타까웠다. 아내는 블로그에 틈틈이 글을 올렸다. 우리의 마음자리에 어느새 도사리고 있는 여유의 정체를 우리는 알고 있었다. 미래의 계획도 희미하게 그림이 떠올랐다. 끊임없이 교회에서 느꼈던 겸손과 온유를 되씹고 있었다.
　뉴스도 차분히 보았다. 문서위조 국정원 김 사장 체포. 검찰이 제대로 하고 있는지 가늠이 가지 않는다. 새정치민주연합이 닻을 올렸다. 여전히 아슬아슬했다. 통합신당 신당창당 발기인대회, 친노 비노가 잘 화합했으면 좋겠다. '친노배제론' 이런 말이 기사로도 뜨지 않았으면 좋겠다. 한상진, "문재인 정계은퇴 용단 내려야" 이런 말도 해서는 안 된다. 기사일 뿐인가, 진짜 그런 말을 했는가. 궁금했다. 김황식, "4대강은 잘 된 사업" 이렇게 옹호하는 사람들이 있다는 것, 그런 걸 믿고 그는 시장에 출마했다. 호남에서 저런 우생종이 어떻게 나왔을까. 국민투표 '우크라이나 국민 러시아 귀속을 지지' 권리 위에서 잠자고 있는 사람들의 전형이다. 어느 때보다 재밌게 드라마와 예능프로를 보았다. 한껏 이런 여유를 누렸다. 여전히 드라마는 '포니의 집' 예능은 '재능이 몸을 팔고 있다'는 고정관념이 머릿속에 맴돌았다. 내가, 명색이 소설가인데 아직도 살아있다는 기척이었다.

막말종편이 날뛰는 이유 3. 17.

　방송통신위원회, 면죄부 심사. 불공정 편파 막말 방송을 일삼은 종편들을 사실상 재승인 했다. 왜 그렇게 펄펄 날고 막말을 일삼았는지 알 수 있었다. 든든한 백이 있으니 그럴 만도 하지 않은가. 종편이 횡행할 수 있는 이유를 확인한 셈이다. 미국의 폭스, 일본의 국영, 한국의 종편, 죄다 민주주의와 정권교체의 걸림돌이다. 다만 미국은 민주주의가 성숙한 나라고 일본은 근성과 혼이 있는 나라고, 그래서 그렁저렁 민주주의를 유지, 지탱할 수 있는 것이다. 우리는 탐욕 속기 허세가 판을 치는 나라, 그래서 종편이 판을 칠 수밖에 없는 나라다. 종편이 있는 한 민주적 정권교체가 어려움을 겪게 마련이고, 우리의 미래가 암담할 수밖에 없다.

　호재는 입을 열고 악재는 아예 침묵을 지키는 절대권력, 제왕무치(帝王無恥)다. 책임을 질 줄 모른다. 부끄러워할 줄을 모른다. 쇄신과 개혁은 꿈도 꿀 수 없다. "무치가 수치로 변해야 한다." 그래야만 책임정치라는 민주적 정치를 할 수 있다. 한나절 동안 그런 사유와 성찰과 명상을 했다. 크림공화국 러시아 귀속 요청. 권리 위에 잠자는 민족. 실익 없는 정치놀음을 하고 있는 푸틴, 그는 속물의 대명사요 화신이다. 아내가 출근한 후로 마음이 편하지 않았다. 취소한 카드를 확인해야 하고 의료급여를 확인해야 하고 전 회장을 만나야 한다. 회사에서 아내의 입지가 위태로워진 것은 당연했다. 진퇴를 결정해야 한다. 점심때도 전화가 없어서 더욱 불안했다. 전화했더니 아직 회사에 있다고 했다. 부서가 변경이 되어서 직원들과 이야기하고 있는 중이라고 했다. 모든 게 한시적인 현상임은 말 할 것도 없다. 아내가 전 회장 집으로 가면서 전화했다. 아내는 통일발기인들 선정을 끝내고 오후 늦게 돌아왔다. 밤에 '기황후'를 보았다. 이야기가 스피디하고 흡인력도 대단했다. 이렇듯 일상과 내 정서가 빠르게 달라질 수가 있을까. 며칠 전이 까마득한 옛날처럼 느껴졌다. 우리는 새로운 출발선에 서 있었다.

무치에서 치욕으로 3. 18.

안방에서 거실로 들락날락하고, 부엌으로 나르고 설거지하고, 동선이 너무 길다. 이 같은 나의 운동량이 건강비결이다. 뉴스 때문에 쩔쩔맸다. 누가 과연 암덩어리인가. 고삐 풀린 망아지, 천둥벌거숭이, 종편들이 재승인 받았고 규제로부터 해방되었다. 간첩증거를 조작한 국정원은 지켜볼수록 그 실상이 심각했다. 잡으라는 간첩은 안 잡고 멀쩡한 사람을 간첩으로 낙인찍기 위해 증거를 조작했다. 그럼에도 불구하고 국정원에 대한 대통령의 신임은 여전히 견고했다. 해임을 촉구하고 있는데 남 국정원장은 건재하다. 권력이 갈수록 후안무치해졌다. 수상쩍고 허술하기 짝이 없는 검찰의 수사를 철석같이 믿고 이후로 사태해결을 차일피일했다. 무치에서 언제쯤이나 치욕을 알게 될까. 그래야만 책임감도 느끼고 사과할 마음도 생기고 할 텐데 말이다. '무치에서 치욕으로' '누가 암 덩어리인가' 두 가지 명제가 온종일 머릿속을 후볐다. 의협이 이면합의 숨긴 채 집단 휴진했다. 충격적이었다. 추악한 clandestine이다. 통합신당, 정강정책 DJ와 MH흔적 지우기가 파문이 일으켰다. 아예 물줄기를 바꿔버려서는 안 된다. 걱정스럽다. 새누리당의 신당비난은 거의 저주에 가깝다. 부끄러웠다. 짝퉁 사기극, 연일 막말 극언 저주를 퍼부었다. 어지간히 충격을 받은 모양이다. 거의 이성을 잃은 상태. 세상의 창에 비친 어지러운 물결이었다.

오후에 종각으로 나갔다. 아내가 여전히 출근하고 있는 것이 괴이쩍을 정도다. 이미 출구전략의 모든 카드를 다 써버린 상태가 아닌가. 반납까지 했는데 아내는 천연덕스럽게 출근했다. 그만큼 세상사에서 초월한 경지에 우리가 와 있었다. 우리는 명보실버극장을 찾아갔다. 동백아가씨, '춘희'를 보았다. 고급 창녀와 귀족청년의 사랑의 비극을 그린 영화다. 지고지순한 사랑의 이야기다. 오페라 '라 트라비아타'로도 잘 알려진 유명한 영화지만 그레타 가르보 연기 때문에 다시 본 것이다. 아카데미상 후보에 오르고 가르보의 대표작으로 뽑힐 만했다. 내가 태어나기 전에 이런 영화를 만들었다니 나의 오마주(homage, 경의, 존경)를 아낌없이 바쳤다. 박진감이 없고 사개가 물린 것 같은 다소 지루한 느낌을 준 것은 어쩔 수 없었다. 물론 캐릭터 때문에 그랬겠지만 가르보가 너무 피곤해 보였다. 꼭 한국영화를 보고 있는 것만 같았다. 실버극장에 관람객이 많은 것에 혀를 내둘렀다. 멋있고 정갈하고 기품 있고 격조 높은 노인들이 더러 눈에 띄었다. 노인들에게 아주 좋은 공간이라는 생각이 들었다. 아내도 끝까지 졸지 않고 영화를 재밌게 보았다. 영화를 전후하여 휴게실에서 다과를 먹으면서 망중한을 즐겼다.

 돌아오는 길이 을지로 공구가게 앞을 지나야 하는데 그 복잡하고 산만한 분위기가 특히 아내의 맘에 들지 않았다. 오늘은 조계사 앞으로 가기 위해 종로3가에서 돈화로 쪽으로 갔다. 그 조용한 길이 인사동으로 방향을 꺾자 아주 냄새나고 어지러운 길이 되었다. 아내가 불평을 늘어놓았고 나는 아내가 못마땅해서 작은 실랑이가 일어났다. 집으로 돌아오자 아내는 블로그에 사진을 올렸다. 어쩐지 일이 손에 잡히지 않았다. 알게 모르게 우리는 계속 들떠 있었다. 아내는 거실로 건너가서 작업하고 나는 '기황후'를 보았다. 볼수록 수작이었다. 아내는 관심이 없고 나 홀로 보는 게 흠이었다. 문득 아내가 걸핏하면 입에 올리는 말이 떠올랐다. "그러든지 말든지" 나의 버전은 "윌리닐리"(willy nilly, 좋아하든 말든). 그렇다 남이야 그러든지 말든지 신경 쓸 거 없다. 지극히 이기적인 말로 들릴 수도 있지만 적어도 나에겐 달관한 사람의 관자재(觀自在)의 경지를 보여주는 말이 틀림없었다.

황혼의 보난자 3. 19.

 크림자치공화국 러시아에 귀속. 영혼이 없는 나라가 러시아의 우산 속, 품속에 안겼다. 힘 과시 러시아, 힘 못쓴 미국. 신냉전시대가 막이 올랐다. 안철수와 문재인의 만남을 자꾸 "관계가 회복될까"라고 보도했다. 그렇다면 그동안 관계가 나빴다는 말인가. 두 사람의 관계를 자꾸 언론이 왜곡시키고 있었다. 수잠을 자다는 말을 왜 쓰지 않았을까. 수잠을 자는 것은 바로 늙는다는 것을 의미한다. 나는 요즘 수잠만을 잤다.

미국에 등 떠밀려 한미일 3자 정상회담에 참석하게 될 듯. 미국이 강력히 원했다. 아시아 안보에 걸림돌이 바로 한일관계의 경색 국면이라고 미국은 생각하고 있다. 네덜란드 헤이그에서 열리는 핵안보회담을 계기로 한미일정상회담이 열릴 전망이다. 안철수가 시련을 겪고 있다. 역사인식이 제대로 돼 있나. '6.15, 10.4 제외' 파문에 이어서 교과서 양비론 등 다시 논란이 일었다. 안이 무마했지만 민주 일각에서는 함께 갈 수 있나, 회의론이 고개를 들었다. 폐일언하고 잘 수습이 되어야 한다. 통합을 반대하는 세력이 바라는 대로 통합정국이 흘러가서는 안 된다. 통합은 민주세력의 절체절명의 명령이다. 민주진영의 결집을 강력하게 촉구하고 있다. '뛰는 여, 기는 야' 하나같이 우울한 뉴스만 떴다. 왜 정몽준만 봄날을 맞고 있을까. 왜 세상은 쾌청하지 못할까. 끝없이 미세먼지 속을 헤매고 있는 것 같다. '그림마당'이 예사롭지 않다. 야당과 야당이, 정규직과 비정규직이, 삼촌과 조카가, 부모와 자식이, 하청과 재하청이, 독거인과 세 모녀가, 종북 빨갱이들이 편 갈라 싸우느라 고개를 들고 똑바로 바라볼 시간도 없다. 선거조작 간첩조작. 저래도 선거 때면 과반이 우리를 찍어!

    반디앤루니스에서 아내를 만났다. 오늘도 아내는 출근하고 돌아왔다. 오늘인가 내일인가. 거취는 매일같이 아슬아슬했다. 아내의 얼굴이 밝지 않았다. 그런 분위기를 견뎌내는 것이 고통스러울 것이다. 아내는 어제 복지부가 알려준 증명서를 구청에 가서 떼보자고 했다. 의료급여를 문서로 확인하자는 것이었다. 무인발급기에서 아내의 신원을 입력하자 증명서가 거침없이 나왔다. 우리는 환호했다. 그것은 황혼의 보난자(bonanza)였다. 석양에 만난 구원의 손길이었다. 아내는 할인혜택을 전화로 신청해갔다.

    오랜만에 느긋하고 편한 마음으로 밤 깊도록 TV를 보았다. 박범신의 '논산일기'를 읽었다. 글쟁이가 살아남는 방법이랄까, 잠깐 그런 생각을 했는데, 왜 김승옥이 눈앞에 떠오르면서 가슴이 미어지는지 모르겠다. '불량종편 퇴출책무 방기한 방통위의 과오'를 읽었을 땐 가슴이 끓어올랐다. 우리는 서로 손잡고 새 출발을 다짐했다. "황혼의 보난자여, 고맙습니다."

무계원 개원식 3. 20.

아침 일찍 보령회사 홍삼녹용 두 박스를 구입하러 아내와 함께 출근했다. 아내는 어제 수석부장에게 약속한 대로 반납하고 오늘 월급날에 모든 것을 결제하고 끝내겠다고 했다. 나는 서울대학교병원 앞에 있는 '한마음약국'에 가서 홍삼을 구입했다. 회사까지 운반하기 위해 아내와 동행했다. 다행히 물건이 있어서 구입할 수 있었다. 택시로 회사까지 옮겨주고 나서 종묘 앞에서 버스를 타고 집으로 돌아왔다. 점심을 먹고 나자 아내가 종로로 나오라고 전화했다. 아내는 활짝 웃으면서 드디어 회사를 그만두었다고 말했다. 지난 3개월 동안 하루도 거르지 않고 개근하던 회사를 그만두었다. 아주 감동적인 이별의 장면도 연출했다고 했다. 이사와 한 부장과 포옹까지 하면서 이별을 아쉬워했다고 했다. 그동안 이런저런 불만과 갈등은 눈곱만큼도 내색하지 않고 시인답게 웃으면서 그렇게 그만둔 것이 대견스럽고 기뻤다. 서운하고 허전한 구석도 있었지만 내색하지 않았다.

집으로 돌아와서 잠깐 휴식을 취하고 다시 봄맞이나들이를 나갔다. 오늘 부암동에서 개원하는 '무계원'을 찾아갔다. 우리는 무계정사와 현진건의 집터를 유난히 좋아했다. 무계원 개원을 무계정사를 이축(移築) 복원한 것으로 생각하고 부리나케 찾아갔다. 무계정사는 무계원 너머에 있었으므로 새 한옥으로 단장한 무계원을 지나쳐 버렸다. 아뿔싸! 빙허의 집터와 무계정사가 그대로 있었다. 무계정사는 안평대군의 집이 있었던 곳이다. 지금 남아 있는 퇴락한 집은 안평대군과 아무 연고가 없다는 것을 알고 있지만 중요한 것은 안평대군이 한때 그곳에서 기거했었다는 사실이다. 그 무계정사가 복원된 줄 알았다. 실망이 컸다. 알고 보니 무계원은 무계라는 말만 따왔지 실은 우리나라 최초의 요정인 이병직의 '오진암'을 이축 복원한 것이었다. 7.4공동선언의 산실이기도 한 다분히 PP시절의 정치적 사건과 관련이 있는 장소였다. 삼청각 대원각 등 3대요정의 하나였고 정치적 사건이 연상되는 게 싫었다. 한옥의 문화적 가치를 보존한 것 그 이상도 이하도 아니었다.

아내만 무계원 안으로 들어가서 사진을 찍었다. 나는 끝내 들어가지 않고 밖에서 겉돌았다. 그런 나를 아내는 못마땅해했다. 내 불만과 실망의 정체를 눈치 채고 아내가 무계정사로 가서 사진을 찍자고 했다. 아내는 무계정사 이야기를 블로그에 담았다. 실수로 빈 사진들이 순식간에 수백 장이 찍히는 불상사가 일어났다. 아내는 그것들의 지우는 데 몇 시간이 걸린다고 투덜댔다. 이래저래 기분이 상하고 말았다. 궂은비가 내렸다. 집으로 돌아오자 아내는 카톡으로 아들과 통화했다. 이윽고 아내는 이제 모든 것을 하늘에 뜻에 맡기고 우리는 작품만 쓰자고 했다. 작가로서의 소명에만 충실하자고 했다. 아내의 말에 나는 크게 위로를 받았다.

누가 암덩어리인가 3. 21.

꼭 하고 싶었던 말이다. 규제매카시즘. 착한 규제도 대거 없애나. 이제 공개적으로 대통령이 참석한 가운데 규제철폐에 관한 끝장토론까지 벌였다. 규제를 두고 쳐부술 철천지원수, 암덩어리라는 말까지 했다. 일종의 전시행정이다. 복지는 빈껍데기로 만들어 놓고, '버림받고 있는 이웃'을 찾으라는 캠페인을 벌이고 대대적으로 플래카드를 내걸고 있다. 위선자들의 행태다. 전시행정의 극치다. 마치 이 정부가 밤낮없이 복지를 돌보고 있는 듯한 인상을 주었다. 내동댕이쳐 놓고 거들떠보지도 않다가 이제 와서 빈 수레가 요란하게 호들갑을 떨었다. 거리에 내걸려 있는 현수막을 눈이 시려서 볼 수가 없다. 국정원 간첩 증거조작 사건에는 시종 침묵했다. 누가 암덩어리인가.

어제 그만둔 회사로 하루 만에 돈을 받으러 찾아갔다. 나도 동행했는데, 한겨울 동안 내가 그토록 자주 찾아갔던 종로5가 거리를 마지막으로 보았다. 그 우중충하고 시커먼 사람들, 특히 노인들의 모습들을 눈에 각인시켰다. 작별인사를 고했다. 아내는 한참 만에 돌아왔다. 담당이 자리에 없어서 기다리고 있다가 받아왔다는 것이었다. 아내의 얼굴이 밝지 않았다. 그만둔 직장에서 무엇을 더 기대할 것인가. 석양의 쓸쓸한 그림자를 보았을 뿐이다. 종로 거리를 걸었다. 두산의 창업지와 종묘 앞을 지나서 피카디리로 들어갔다. 지하로 내려가서 따뜻한 휴게실에서 잠깐 휴식을 취했다. 공기가 탁하고 한 사내가 끊임없이 두리번거리면서 우리는 쳐다보는 바람에 후다닥 나와 버렸다. 탑골공원 앞에서 셔틀버스를 타고 돌아왔다. 앙뉘가 밀려왔다. 용이는 전화가 없다. 다른 아이들도 얼굴을 본 지 오래다. 유난히 쓸쓸하고 고달픈 하루였다. 메이저리그가 시작되었다. 자정까지 LA다저스의 경기를 보았다. 내일은 유현진의 야구를 볼 수 있겠구나. 위안이었다.

먼지처럼 사라지는가, 로드킬 3. 22.

오랜만에 남대문시장에 갔다. 화창한 봄 날씨에 시장으로 산책을 나간 셈이다. 아내는 단골 옷노점상을 찾아갔다. 정신없이 옷을 낚아채지 않고 오늘은 몇 가지만 뒤적이다가 돌아섰다. 새로나 메사 앞에 이르렀을 때 다른 노점상을 발견했다. 아내의 눈에 불이 켜졌다. 옷다운 옷을 발견했다. 아내는 이내 집중하기 시작했다. 한식경이 지나자 아내가 활짝 웃으면서 다가왔다. 그의 손에는 옷 뭉치가 들려 있었다. 마침내 물건다운 물건을 낚아낸 것이다. 아내가 새로 산 옷을 뭐라고 자랑했지만 귀에 들어오지 않았다. 괜히 혈압이 오르고 피곤했다. 아내는 영화를 보자고 했다. 시계를 보니 실버영화관의 상영시간이 지났다. 인사동을 찾아갔다. 화랑에 가서 그림을 구경했다. 눈에 들어오지 않았다. 아내는 열심히 사진을 찍으면서 그림을 감상했다. 거리의 공연까지 보았지만 나는 조금도 흥이 나지 않았다. 아내에게 미안했지만 몸이 마음을 따르지 않았다. 아내는 안국동 로터리를 지날 때 로드킬(road kill. 길이서 차에 치어 죽은 동물)이야기를 했다. 일전에 조계사 앞에서 거리를 가로질러가는 고양이를 발견했다. 병들고 마른 고양이 한 마리가 거리를 횡단하다가 다른 차에 치어 중앙선에서 쓰러졌다. 아내는 백미러로 고양이를 주시하고 있었다. "죽지 않았어, 비트적거리고 있어, 아아, 다음에 오는 차가 비켜가야 하는데." 이러다가 우리는 그곳을 지나고 말았다. 다음 차에 치여서 고양이가 죽었는지 어땠는지는 알 수 없었다. 아내는 경복궁 앞에 올 때까지 그 고양이를 걱정했다. 그러고 나서 이내 잊어버렸는데 오늘 아내는 그 고양이 이야기를 하는 것이었다.

　일종의 트라우마였다. 나의 우울한 오후의 기분과 관계가 있는 것 같았다. 우리의 처지는, 인간의 운명은 어쩌면 저 불쌍한 고양이, 로드킬과 다를 것이 없었다. 아내가 새삼스레 로드킬을 입에 올렸을 때 나는 아무 대꾸도 하지 않았다. 나는 이상한 악몽에 시달리고 있었다. 발칙한 연상작용을 한사코 물리치고 있었다. 집에 돌아오자 갑자기 나의 '아고니스트 환'의 운명이 떠올랐다. 용이가 유일하게 건사하고 보살펴 왔는데 그의 셈평이 저 모양이 되었으니 누가 챙겨줄 것인가. 누가 그 방대한 일기를 이해하고 책으로 상재해 줄 것인가. 하릴없이 로드킬이 되어서 먼저처럼 사라지고 말 것이다. 어디까지나 내 느낌이지만 사람들이 '아고니스트 환'에 대해 적의를 품고 냉대하고 있는 것 같았다. 내가 죽고 나면 영락없이 천애고아가 될 조짐이었다.

　아내가 내가 좋아하는 부침개를 부쳐 놓고 나를 깨웠다. 나는 부스스 일어나서 저녁 대신 부침개를 먹었다. 아내는 막걸리를 반 병 정도 마셨다. 새로 사 온 옷을 입고 춤도 추고 노래도 불렀다. 아내는 왜 내가 슬퍼하는지도 모른 채 나를 위로했다. 고마웠다. 나는 겨우 정신을 가다듬고 아내와 주말드라마를 보았다. 그러나 사라져가는 '아고니스트 환'의 환상을 지워 버릴 수가 없었다. 중이를 생각하고 용이를 생각하고 나의 '환'을 생각하면서 나는 잠을 이루지 못했다. 급기야 멀리 부산에 살고 있는 이 서방도 떠올렸다. 그럴 만한 이유가 있었다. 내가 이렇게 기분이 가라앉은 것은 아침에 막내에게 전화하고 나서부터였으니까. 나는 인간에 대한 깊은 회의를 느꼈다. 거푸거푸 기도했다. "저들을 불쌍히 여기고 용서해 주소서."

정직하지 못한 청와대 3. 23.

메이저리그에서 유현진이 무실점 첫 승을 올렸다. 유일한 paraclete였다. "청와대가 총동원돼 채 전 총장의 신상을 캤다" 검찰 정황 포착. 민정 총무비서관실에 이어 복지 교육수석실도 채 모군의 뒷조사를 했다. 사전에 조사한 적이 없다고 오리발을 내밀던 청와대가 수석실 별 유관기관 또는 과거 근무한 인연이 있는 기관의 관계자를 통해 단기간에 집중적으로 조사를 진행했던 것이 밝혀졌다. 학생생활기록부, 주민등록기록, 가족관계등록부, 채 모군 모친 임씨의 산부인과 기록 등을 조회했다. 정직하지 못한 청와대의 모습이 그대로 드러났다. 법과 원칙, 정의와 양심보다는 권력이 모든 것을 압도하고 지배하고 있는 것을 다시 확인했다. 그렇지만 묻지 마, 콘크리트 지지자들이 과반 이상의 지지를 보내고 있는 현실을 어떡할 것인가. 패션나들이 그 이상도 이하도 아닌 해외정상외교를 통해 지지율을 끌어올리고 있는 정치현실을 어찌할 것인가. 망연자실할 뿐이다. 갈수록 세상은 아무 실속도 없는 외화내빈(外華內貧) 속으로 침몰하고 있다. 국정원 간첩조작 사건도 갈수록 참담했다. 김 사장 대공수사팀장 소환, 윗선의 지시 묵인 조사. 과연 실체를 규명할 수 있을까. 박 대통령은 거죽만 번지르르한 여론정치를 고집했다. 복지를 헌신짝처럼 내동댕이쳐놓고 불우한 이웃을 신고하라고 호들갑을 떨었다.

서울시장에 출마한 정몽준이 또다시 개발논리로 장밋빛공약을 내놓았다. 문제는 건망증에 거린 유권자들, 번번이 속아 넘어가면서도 다시 솔깃해했다. 천안함 4주기, 한국 이지스함 세종대왕함 탑승기. "서해는 우리가 지킨다." 전의만 불태우지 말고 평화의 싹을 틔워라. 착한 규제까지 멍석말이 치도곤을 쳐서는 안 된다. 이런 뉴스로 여전히 속을 끓였다. 나여, 나여. 이런 마음을 달래고 어루만지면서 남대문시장에 갔다. 자유로운 사람들의 말소리 웃음소리를 들으면서 시름을 잊을 수 있었다. 오늘도 아내는 노점상을 찾아갔다. 주로 원색으로 디자인한 멋진 옷들을 서너 벌을 건졌다. 아내는 활짝 웃으며 자랑했다. 나는 새로나 건물과 삼익패션타운 앞을 왔다갔다하면서 리어카에 쌓인 눅거리 헌팅을 지켜보았다. 상동교회 사람들이 교회를 선전하기 위해 시장바닥에 도열해 있는 것을 건너다보기도 했다. 아내가 옷을 고르고 나자 회현동 지하상가 휴게실로 가서 바나나를 먹었다. 우리가 외식한 것은 그것이 전부였다. 쇼핑하고 산책하고 돌아왔지만 마음이 허전하고 쓸쓸했다. 끝없는 상념들이 나를 짓눌렀다. 이름뿐인가, 유명론? 박상기, BNE 글로벌 협상팀 대표의 이야기에 감명을 받았다. "증거는 원래 약자를 보고하기 위해 태어났는데 이젠 강자를 지키기 위한 무기가 되고 말았다. 힘없는 사람에게 '증거의 배신'만큼 가슴 아픈 좌절은 없다." 최고 권력집단이 거짓말을 밥먹듯이 하고 있다. 아이들은 무엇을 배울 것인가. hombre heman,(미국 서부의 사나이)그런 사나이가 되려고 하지 말라, 언감생심(焉敢生心). '엘 클라시코'도 이제 덤덤했다. 왜 축구에 재미를 잃었을까. K-pop시즌3을 보았다. 오늘은 top6의 공연이다. 절대평가로 2명이 탈락했다. 오늘따라 심사위원들의 심사결과에 승복할 수가 없었다. top4가 주로 해외파들에게 돌아간 것이 못마땅했다. 이제까진 대개 내 생각과 일치가 되었는데 유독 오늘은 심사위원들의 심사평이 마음에 들지 않았다. 내 정서가 심히 엇나가고 있다는 증좌일까. 그럴 만큼 내가 촉기를 잃은 것도 아니다. 한밤중 아내는 인터넷으로 자료를 검색했다. 나는 잠시 드라마에 정신이 팔렸다. 내가 아직 나에게 열정 소망 희망이 남아 있다는 증거였다. 내 일상이 아직 빈 수수깡처럼 메말라 버리지 않았다는 것이다. 나는 감사의 기도를 올렸다. "나로 하여금 늘 무엇인가 갈망하게 하소서. 때론 그것이 비록 짜릿하고 들큼하고 부도덕한 외도 같은 것이 될지라도, 그렇게 살아 있다는 것을 소중하게 느끼고 싶습니다."

격실 혹은 희생양 3. 24.

방송사를 티브로드에서 엘지로 바꾸는 문제를 알아보러 외출했다. 버스를 타고 가는 동안 엘지서비스 센터로 찾아갈 필요 없이 전화를 해결할 수 있다는 것을 알게 되었다. 우리는 남대문시장을 찾아갔다. 연 사흘 남대문시장을 개근했다. 단골 리어카노점상을 찾아갔다. 다리가 휘청거리고 머리가 아팠다. 목이 간질거리고 기침이 나왔다. 감기였다. 아내가 옷을 고르는 동안 나는 시장을 빠져나가 큰길가 안 내과를 찾아갔다. 의사가 무슨 검사를 하는 동안 한참을 기다렸다. 여의사가 꼼꼼히 증세를 묻고 진단했다. 주사도 맞았다. 일층에 있는 온누리약방에서 약을 탔다. 병원에 있을 때 아내가 전화했다. 오늘은 비교적 빨리 헌팅을 끝냈다. 우리는 단골식당을 찾아가서 식사하고 곧장 귀가했다. 내가 뉴스와 신문을 보는 동안 아내는 사온 옷을 입어보면서 예의 패션쇼를 했다.

간첩증거 조작에 연루되어 검찰의 조사를 받던 국정원 과장이 자살을 기도했다. 유서에서 검찰의 편파수사를 비판하고 개입 혐의를 부인했다. 윗선 몸통수사가 차질을 빚게 되었다. 잇달아 자살기도의 속보가 떴다. 따지고 보면 그들이 무슨 죄인가. 조직원으로 말 못할 애로가 많을 것이다. 어쩌면 그들은 격실(隔室)에서 아무 죄도 없이 제물이 되어 죽어가는 희생양일지도 모른다. 안타까웠다. 물을 채워서 포기해 버리는 격실은 배의 침몰을 막기 위한 고육책(苦肉策)이다. 멀쩡한 사람들이 목숨을 끊는 일만은 없어야 한다. 검찰의 수사를 보라. 가속이냐 제동이냐, 멋대로 하고 있다. 일테면 채 군 정보유출혐의 수사는 스스로 멈춰버렸다. 채군 모친의 변호사법위반 혐의는 가속페달을 밟고 있다. 박 대통령이 헤이그 핵정상회의 및 한중정상회담에서 비핵화를 강조했다. 현지 언론과 인터뷰에서 한반도 비핵화를 위한 '파일럿 프로젝트'를 제안했다. 입만 벌리면 비핵화를 떠들고 있는데 행여 죽도록 부르다가 말 이름이 될까봐 걱정되었다.

밤에 아내가 홀로 소주를 마셨다. 대작(對酌)을 하지 못하고 나는 아내가 부르는 노래가 끝날 때마다 박수만 쳤다. '기황후'를 보고 나서 아내는 거실로 가서 블로그를 들여다보았다. 나는 안방에서 '아고니스트 당신'을 썼다. 어느새 새벽 1시가 가까웠다. 문득 대중교통보다 승용차를 계속 이용하기로 결정한 사실이 떠올랐다. "아아, 내일도 북한산 둘레길을 드라이브할 수 있겠구나."

죽도록 부르다가 부서질 이름이여 3. 25.

핵정상회의 뉴스가 맥질을 했다. 지겨웠다. 그것으로 지지율을 끌어올렸다. 지지율로 예컨대 관권대선개입 민주주의 후퇴를 '카무플라주'하고 있었다. 그 화려한 정상외교를 가지고 정권을 유지했다. 비핵화, 그 질기고 맛없는 메뉴로 끝까지 승부를 걸 것인가. 죽도록 부르다가 부서질 이름이여. 박 대통령을 헤이그 핵정상회의 및 한중정상회담에서 비핵화를 강조했고 현지 언론과 인터뷰에서 한반도 비핵화를 위한 '파일럿 프로젝트'를 제안했다. 불능범, 구호, 캐치프레이즈 평행선 패션쇼, 이런 말들이 머릿속에서 맴돌았다. 한미일 3국 정상회담에서 아베 총리가 한국말로 인사했다. 박 대통령은 눈길 한번 마주치지 않고 보일 듯 말 듯 조소를 띠면서 냉정한 반응을 보였다. 그런 모습이 오랜만에 마음에 들었다. 저 정도의 배짱과 강단은 있어야 한다. 그렇고말고, 시원했다. 북핵은 심심풀이 땅콩이다, 구실 핑계 화두. 앙금, 보합 이런 말을 왜 쓰지 않았을까. 신당창당의 컨벤션효과는 미미했다.

인간의 일곱 가지 감정, 칠정(七情) 중에서 희노애락(喜怒哀樂)과 애요욕(愛惡慾)은 구별해야 한다. 왜냐하면 희로애락은 자연의 영역이고 애오욕은 인간의 영역이기 때문이다. 애오욕은 의지와 정신으로서 조절해야 한다. 성숙은 다름 아닌 애오욕을 다스릴 수 있는 힘이 자랐다는 것을 의미한다. '채동욱 뒷조사'는 처벌 않기로 가닥을 잡은 듯. 청와대 수석실의 개입 확인하고도 두 달 동안 법리 검토만 하고 있는 검찰. 거짓말을 밥먹듯이 하고 있다. 완전변태로 돌아온 소설가 이외수, 세상의 방패라고 엄포를 놓았다. 젊어서 거지같더니 나이 들어 인물이 났다. 변태답게 거듭났다. 어쩐지 쉬척지근한 냄새가 났다. 이런 광고 '깊은 마음의 생태학' 세계적인 한국의 인문학자 김우창 교수의 최신작. 모든 자기중심주의를 넘어서는 깊은 마음이란 무엇일까. 깊이가 사라진 문명, 다시 마음을 들여다본다. 말장난, '깊이가 사라진 문명' 이런 얄팍한 수사로 사람을 홀리고 있다. 공허, 공소(空疎), 생경, 입론(立論), '논리의 비만' '언어의 낭비' 자꾸 이런 말이 떠올랐다. 나는 실소하고 말았다.

아내의 천식이 좋아지지 않았다. 오전에 병원에 가서 약을 타왔다. 덩달아 나의 혈압약도 타왔다. 시나브로 작업했지만 겨우 하루치 '아고니스트 환'을 첨삭하고 그만두었다. 그런 속도라면 '아고니스트 환'은 하대명년이다. 자조 문학 말고 다른 작품도 써야하는데 과거에 묶여 헤어나지 못했다. 오후에 아내는 남산 '문학의 집'에서 열리는 '여성문학 이사회'에 갔다. 내일은 강남문인협회, 다음은 현대시인협회이사회, 다음은 한국시인협회, 줄줄이 나들이 일정이 잡혀 있다. 전옥길 회장과 동행하려고 일정을 조정했는데 선약이 있어서 아내 홀로 갔다. 석양에 홀로 산책을 나갔다. 완연히 화창한 봄 날씨다. 산책 중에 아내의 전화를 받았다. 밝은 목소리로 지금 뷔페를 먹고 있다고 했다. 아내는 밤에 돌아왔다. 나의 오른쪽 팔꿈치가 치유되었다. 기뻤다. 아내는 이선주 이덕화 안혜초 등 강남문우들의 소식을 자세히 전했다. 아내와 월화드라마를 보았다. 자꾸 감질이 나서 견딜 수가 없었다. 내일을 기다리게 하는 유일한 희망이었다. 자정까지 '아포리즘'을 썼다.

화려한 석양나들이 3. 26.

'독서테라피 사업'을 폐업하기 위해 세무서를 찾아갔다. 인사동에 접어들 때 아내가 마음을 바꿔서 그냥 돌아왔다. 인사옥에서 설렁탕을 먹었다. 아내는 오후에 강남문인협회 이사회에 갔다. 아내가 회사를 그만두었을 때 당분간 답답해할까 봐 걱정했는데 그럴 필요가 없었다. 회사에 나갔을 때보다 더 바빴다. 퇴직하면 갑자기 만나는 사람과 출입하는 곳이 확 줄어든다는 말을 많이 들었다. 전화횟수도 점점 줄고 나중에는 찾는 사람도 거의 없어진다는 것이었다. 시인과 작가들에겐 그렇지 않았다. 철철이 문학기행이 있고 가지가지 문학행사가 이어져서 마음먹기에 따라서는 늘 사람들을 만날 수 있고 주유천하(周遊天下)를 할 수도 있다. 정년퇴직이 없는 것이 작가라는 직업이다. 사회적 활동도 그랬다. 아내는 어제 여성문학회 이사회에 갔고 오늘은 강남문인협회 이사회에 갔다. 여류들은 누구보다 화려하고 럭셔리하고 패셔너블하다. 인생의 석양을 맞아 귓가에 서리가 내리고 얼굴에 주름이 생겼지만 화려한 석양 나들이는 끊이지 않았다. 따지고 보면 여류 시인이나 소설가처럼 정신적으로 화려하고 아름답고 요란한 사람이 또 있겠는가. 나이를 먹을수록 복 받은 직업이라는 생각이 들었다. 나는 이사회가 열리는 광양불고기집까지 아내를 데려다주고 돌아왔다. 아내가 합석하자고 했지만 거절했다. 강남의 화려한 야경을 실컷 구경하고 돌아왔다.

130석 통합신당이 공식 출범했다. 민생제일주의를 선언했다. 잘한 일이다. 한 지붕 두 가족의 산적한 과제, 제발 친노배제론이니 중도우파니 이런 말은 하지 않았으면 좋겠다. 언론도 내부 불만 파열음 분열상 볼멘소리 이런 것만 부각시키지 말고 좀 축복해 주었으면 좋겠다. 박 대통령은 브란덴부르크를 찾아 통일행보를 계속했다. 독일의 통일경험 공유의 의지를 언명했다. 아버지 박정희는 1964 차관을 요청하기 위해, 딸 박근혜는 통일을 준비하게 위해 독일을 방문했다. 장엄한 역사의 현장이다. 천안함 침몰 4주년, 북한의 미사일 발사로 한반도는 여전히 긴장이 감돌았다. 2013년 일인 국민소득이 2만 6,205달러가 되었다. 참으로 장한 일이다. 박정희가 서독을 방문했을 때 우리의 곤궁했던 삶이 새삼 생각났다.

아내는 10시가 넘어서 돌아왔다. 지하철을 잘못 타서 사당동까지 갔다가 되돌아왔다고 했다. 이사회에서 한 발언을 한참동안 되풀이했다. 한국문인협회에 귀속시키자는 결정을 했는데 아내는 극구 반대했다고 했다. '외로운 섬'은 아니었다고 했다. 아내의 발언을 10여 명이나 지지했다는 것이었다. 잘한 일이라고 생각했다. 차기 회장선임에 대한 언급도 있었다고 했다. 사불연이면 현 회장 이명재가 연임하라고 권장했다는 것이다. 솔직히 이사회 이야기보다는 아내의 생기와 건강미 넘치는 모습이 나를 흐뭇하게 했다. 아내는 석양나들이의 '아우라'를 듬뿍 받고 돌아왔다. '남은 세월이 오늘만 같아라.' 가만히 속으로 빌었다. 오늘도 자정까지 '아포리즘'을 썼다.

고수의 얼굴, 포커페이스 3. 27.

연일 언론은 핵정상회의와 독일방문 기사로 도배를 했다. 메르켈, 독일통일은 대박. 박 대통령은 독일은 한반도 통일의 모델이라고 화답했다. '통일대박론'을 들고 가서 독일의 통일을 배우겠다고 했다. 메르켈 총리는 독일의 용기 있는 과거사 청산이 유럽통합을 가능케 했다고 기염을 토했다. 한독통일 협력체계 구축. 통일대박이라는 말, 과연 이런 말이 통일에 얼마나 도움이 될까. 통일은 좀더 은밀하고 끈질기게, 진정성을 가지고 되도록 상대방을 자극하지(provoke)않고 추진해야 하지 않을까. 대박이라고 큰소리 치고 "휴전선이 무너질 날이 반드시 올 것이다" 이런 식으로 로또도 아닌데 대박을 터뜨려서 과연 무슨 도움이 될까. 아니나 다를까, 북은 박 대통령의 비핵화발언을 실명을 거명하면서 원색적으로 비난했다. 그리고 끊임없이 미사일을 발사하면서 한반도의 평화는 어느 때보다 위협받고 있다. 미사일 발사로 유엔이 또 재제를 가할 기세다. 악순환이다. 이 악순환은 언제쯤이나 끊어질까. 두 번 다시 미사일을 발사하지 못할 만큼 왜 강력한 대처를 할 수 없을까. 유럽순방 한독정상회담을 보면서 시무룩해지는 이유다. 정치적 외교적 화려한 수사로는 통일문제를 해결할 수 없다는 것을, 그런 말을 하고 있는 당사자들도 아마 잘 알고 있을 것이다.

한 가지 인상적인 사건은 있었다. 아베가 '반갑스무니다' 하고 한국말로 인사를 했을 때 박 대통령의 대응이 볼만했다. 얼굴이 굳어지고 입술까지 깨물었다는 보도가 나왔지만 내가 보기에는 오히려 머쓱하고 뜨악해하는 편이었고, 어딘지 모르게 얼굴에는 냉소적인 기색이 감돌았다. 포커페이스는 물론이고 과연 고단자다운 얼굴을 보여주었다. 통쾌했다. 아베의 간사한 말에 넘어가서는 안 된다. 아베가 3자회담을 하고 있을 때 이시하라는 일본이 자위를 위해 한국을 합병했다는 망언을 쏟아놓았다. 정상회담이 끝나자마자 일본 문부상은 '고노담화'는 일본정부의 통일된 견해가 아니라고 못 박았다. 일본이라는 나라가 그랬다. 딴은 유화제스처를 한답시고 한국말로 인사한 것을 보기 좋게 묵살해 버린 것은 참으로 인상적인 장면이었다. 과연 고수요 정치달인이었다. 세정치연합 1호 법안으로 세 모녀 방지법 발의했다. 풀고 보자, 정부는 건의 80% 수용. 노동 환경 세금 등 전방위 완화. 착한 규제도 무더기로 빛을 잃게 되었다.

오후에 U플러스TV에서 와서 다시 설치를 했다. '티브로드'는 이제 그만 보게 되었다. 서운했지만 할인이 되지 않아서 교체했다. 티브로드에서 와서 장비를 거둬갔다. 좀 서툴고 어색했지만 그런대로 화면은 잘 나왔다. 일부 BBC, CNBC 방송이 나오지 않아서 아쉬웠지만 어쩔 수 없었다. 아내는 은행에 가서 월말결제를 하고 돌아왔다. 안 내과에서 지어온 약을 사흘 동안 먹었는데도 감기가 떨어지지 않았다. 때때로 어지럽고 두통이 심했다. 춘곤증이라고 하기에는 몸이 너무 피곤했다. 우연히 내 블로그를 들어가 보았다. 뜻밖에도 방문자들이 붐볐다. 지난 몇 달 동안 나는 블로그에 글을 올리기는커녕 들여다본 적도 없었다. 세상 사람들의 마음이란 알 수가 없었다. 수천 명의 사람들이 내 블로그에서 들끓고 있는 것이 꿈만 같았다.

이상한 길항작용 3. 28.
타인과 관계에서, 심지어 때론 가족관계에서도 상승작용이 아니라 이상한 길항작용 속에서 살아갈 때가 있다. '갈수록 버림받은 관계, 홀대와 차별과 싸우고 있다.' 이런 강박관념에 시달렸다. 오늘도 내 정서는 그런 범주에서 벗어나지 못했다. '아고니스트 환'을 어떻게 세상에 대뜸 내놓을 수가 있단 말인가. "소설 속으로 숨어들어가야겠다." 내가 내린 결론이었다. 나를 소설 속의 인물로, 페르소나로 위장하는 것이다. 마침내 나의 '아고니스트 당신'을 나는 소설로 간주했다. 김상옥에게 봐달라고 할 때도 그랬다. 서슴없이 내 소설?을 한번 읽어봐 달라고 했다. 그는 속독이고 문학적인 소양이 풍부한 사람이다. MBC에서 '별이 빛나는 밤에' 'PD수첩' 등을 맨 처음으로 진행했던 뛰어난 PD였다. '무진기행'을 쓴 소설가 김승옥의 친동생으로 형이 무진기행을 쓰는 것을 옆에서 처음부터 끝까지 지켜본 사람이다. 그에게 일껏 소설이라고 주장했던 것은 문득 내 일기 속의 주인공이 꼭 나와 동일한 인물이 아닐 수도 있다는 생각이 들었기 때문이다. 할 수 있다면 이제부턴 일기속의 인물을 소설 속의 페르소나로 묘사할 생각이었다. 아웃사이더나 프린지(fringe, 가장자리, 主流 일탈파)로 변신해 버린, 말하자면 '관계'에서 버림받은 한 작가의 일상을 그려갈 것이다. 일기가 얼마든지 소설로 둔갑할 수 있다는 것을 보여 줄 것이다. 일기 속의 내가 나로부터 해방할 때 더 진솔하고 자유스럽게 글을 쓸 수 있다고 생각했다. 줄기차게 그런 생각을 하고 있었기 때문에 김상옥에게 부탁할 때도 뻔뻔스러울 만큼 버젓이 소설이라고 말했다. 그래야만 나의 글이 나로부터 해방될 수 있고 언젠간 햇볕을 볼 수 있을 거라고 생각했다. '그렇다. 아고니스트 당신은 일기가 아니라 소설이다. 이제 나는 소설을 쓰고 있는 것이다.' 이렇게 자기최면까지 걸었다. 갑자기 먼 하늘가에서 천둥소리가 울려 퍼졌다. 그 둔중한 우렛소리는 내 '장자의 꿈'이 무지개처럼 피어오르는 기척이었다. 나는 두 손 모아 감사의 기도를 올렸다.

박 대통령의 독일행보를 보고 착잡했다. 감명을 받아야 할 것 아닌가. 드레스덴 구상, 대북3대 제안을 발표했다. 남북한 주민들의 인도적 문제 해결, 남북 공동번영을 위한 민생인프라 구축, 남북주민 간 동질성 회복. 북의 호응 가능성도 있지만 기존구상 재탕이라는 평을 들을 수밖에 없었다. "한반도에는 뷔어 진트 아인 폴크(Wir sind ein Folk)가 울려 퍼질 것" 그런 선언적인 말이나 하는 풍토는 이제 사라졌으면 좋겠다. 한강의 기적을 거론하고 아버지의 치적을 들먹이는 것은 이제 지겹다. 파독광부 간호사에 감사를 전했다. 지금이 어느 때인가. 지지율, 국민의 삶, 민주주의, 내치, 외교나들이. 그렇다고 우리는 무엇이 나아지고 있는가. 외화내빈이다. 우리의 삶은 특히 정신적인 삶은 하나도 달라진 것이 없다. 통일, 통일 입버릇처럼 뇌까리고 있지만 요즘 북한의 행태를 보면, 그 단말마적인 발악을 보면 통일은 더욱 요원해지고 있다. 한 나라 대통령의 발언을 두고 '삼척동자도 앙천대소할 세계적인 조소

거리' '무지와 무식의 표현' '방구석에서 횡설수설하는 아낙네 버릇' '촌스러운 행보' 이렇게 막말하는 저질국가를 보았는가. 이런 국가와 상대하여 무엇이 과연 근본적인 변화를 가져올 수 있는가를 깊이 성찰하고 사유해야 한다. 지지율은 올라가고, 정치적 기반은 튼튼해질지 모르지만 민족의 앞날에 실질적인 도움을 주지 못하는, 지극히 선언적이고 수사적인, 정치적 발언을 이젠 그만해야 한다. 신당 출범 이틀 만에 무공천 갈등이 분출되었다. 이런 것만 부각시키고 있는 언론도 문제다.

블로그에 내 2010년 일기를 올렸다. 많은 사람들이 몰려드는 바람에 무척 고무되었다. 괜히 초조해졌다. 세상의 관심이라는 게 이렇게 사람을 고달프게 했다. 계속 블로그에 올릴 글을 구상했다. '정글의 법칙'을 보는 재미가 쏠쏠했다. 가오리찜을 해 먹는 장면을 넋을 놓고 보았다. 군침이 돌았다. 눈요기할 만한 것이 참으로 많았다. 좋은 프로였다. 오늘따라 아내가 유난히 사랑스러웠다. 얼굴이 해사하고 생기가 넘쳐흘렀다. 아내는 '만년소녀'다. 그 큰 눈 속에 나는 번번이 빠졌다. 한밤중에 발끝 부딪치기를 천 번이나 했다.

섹스어필 3. 29.

이색적인 기사 하나가 눈을 찔렀다. '여성전용 19금 쇼, 미스터 쇼, 선정성 논란' 여성 전용 19금 쇼를 표방한 미스터 쇼가 27일 서울 마포구 롯데카드아트에서 개막했다. 뮤지컬 음악감독 박칼린 감독이 연출한 쇼다. 신장 185cm의 근육질 남자배우가 무대에서 셔츠를 찢고 청바지를 벗고 성행위를 연상케 하는 춤을 추어대자 객석을 매운 400여 명의 여성관객들은 '꺄아악' 비명에 가까운 괴성을 질러댔다. 속옷만 입은 남자배우들이 여성관객들의 손을 잡아끌어 자신들의 가슴과 배 등을 만지도록 했다. 그런 배우들을 향해 손을 내뻗는 관객도 있었다. 박수와 한숨소리가 끊이지 않았다. 사회자는 "멋진 남자들이 여러분을 위해 셔츠를 찢고 바지를 벗어던지고 춤을 춥니다. 본능에 충실하세요. 내숭 떨지 마세요." 여성만 볼 수 있는 이 쇼를 본 여성관객들은 아닌게 아니라 하나같이 만족스럽다는 반응을 보였다. 박 감독은 숨겨진 욕망을 잘 활용하면 오히려 더 밝고 건전한 문화가 형성될 수 있다고 말했다. 섹시함이 퇴폐적인 것이라는 색안경을 벗겨 줄 때가 왔다고 기염을 토했다.

　섹시어필을 퇴폐라고 보는 것이 문제다. 남성의 몸을 보고 여성이 즐긴다는 점에서 남성의 성을 상품화라는 부정적인 시각도 있다. 나 자신도 '섹시어필' '섹스'를 두고 진지하게 생각해 볼 때가 있었다. "성을 사회윤리적인 차원에서 성찰하면 짜장 피상적일 수밖에 없고 도덕적인 거부감을 주는 것이 사실이다. 성 그 자체를 하나의 존재양식으로 시인하고 접근하여 순수하게 느끼고 받아들이고 즐길 때 오히려 증류수처럼 맑은 기쁨과 감동이 될 수 있다는 것을 깨달았다. 섹스어필은 참으로 자연스러운 인간 본연의 욕망의 얼굴이다." 대개 이런 생각을 한 적이 있었다. 그런데, 남성의 몸을 보고 흥분하고 즐기는 여자를 과연 그 여자의 애인이나 남편이 좋아할까. 간단하고 소박한 이 같은 남성의 정서가 영원한 미해결의 명제요 딜레마라는 생각이 들었다. 어서 빨리 그런 여자를 얼마든지 아내로 맞아들일 수 있다고 생각하는 남성들이 지배하는 세상이 도래하기를 바랄 뿐이다.

　소장이 "텃밭을 어떻게 할 것이냐"고 아내에게 물어왔다. 이사를 가면 어차피 내놓을 것이니 다른 사람에게 넘기겠다는 것이었다. 아내가 부랴부랴 소장을 만났다. 텃밭에 대한 아내의 애착은 대단했다. 내일 이사를 갈지라도 텃밭을 놓고 싶지 않는 것이었다. 그런 아내가 못마땅했다. 아내는 소장을 만나고 나서 텃밭을 고르는 작업을 했다. 오후 2시가 될 때까지 돌아오지 않았다. 나는 홀로 카레라이스를 만들어 먹었다. 아내는 점심까지 거르고 지친 모습으로 3시에 돌아왔다.

　아내가 대뜸 마포 불교방송 옆에 있는 '이원빌딩'을 아느냐고 물었다. 오늘 현대시인협회 총회가 열리는데 함께 가자고 했다. 우리는 버스를 타고 마포에 갔다. 궂은비가 내렸다. 나는 아내를 들여보내고 나서 근처에 있는 아내의 도화동 옛집을 둘러보았다. 연전까지 있었는데 집이 헐리고 그 자리에 새 건물이 들어섰다. 콧날이 찡해지면서 슬픔 같은 것이 밀려왔다. 끝내는 죄다 사라지고 말았다. 사라지는 것을 위해 나는 눈물을 흘렸다. 한참동안 도화동 일대를 돌아다녔다. 삼성아파트 경내를 둘러보았다. "이 땅에서 최초로 아파트단지를 조성했다"는 표지가 있었다. 그 아파트가 들어설 때 힘없고 가난한 사람들이 내몰렸던 이야기는 아내의 산문집에 빠짐없이 기록돼 있었다. 더욱 감회가 깊었다. 아내는 '이원'으로 와서 식사를 하고 함께 가자고 했지만 나는 가지 않았다. 이윽고 아내가 도화동으로 찾아왔다. 우리는 다시 한번 아내의 옛집을 찾아가보았다. 새 건물에 꽃집이 들어왔는데 주인이 없고 문이 닫혀 있었다. 장사가 잘 안 되는 모양이었다. 아내의 젊은 시절 고뇌와 삶의 흔적이 말끔히 사라져버렸다. 집으로 돌아왔을 때 상전벽해가 된 도화동과 기껏 현대시인협회나 찾아간 우리의 나들이가 잠시 나를 우울하게 했다. 하릴없이 주말드라마를 보면서 마음을 달랬다.

삼월에 활짝 핀 서울벚꽃 3. 30.

어제 마포 '이원빌딩'에서 강 건너 아파트를 보면서 은이를 생각했는데 오늘 뜻밖에도 딸을 찾아갈 일이 생겼다. 아침에 급한 연락이 왔다. 막내가 배가 아파서 병원에 가야하니 아이들을 봐 달라는 것이었다. 우리는 교회도 가지 않고 부랴부랴 막내 집으로 달려갔다. '어벤저스' 촬영 때문에 마포대교가 막혔다. 길을 막고 교통 혼잡을 빚는 것도 모자라 정부가 촬영비 30%까지 보조해 준다는 말이 있다. 아무튼 좋은 일이지만 어쩐지 좀 창피한 생각이 들었다. 우리는 한강대교를 건너고 보라매공원과 거리공원을 지나서 구로동 막내 집에 도착했다. 빙 돌아가는 바람에 이곳저곳에 활짝 피어난 삼월의 꽃들을 실컷 구경했다. 4월의 꽃, 개나리 목련 진달래가 3월에 한꺼번에 피어났다. 아내의 말따나 오케스트라처럼 백화가 한방에 터졌다. 특히 정신없이 피어버린 개나리를 정신없이 바라보았다. 이 모든 것이 기상이변 때문이었다. 여의도 벚꽃거리, 구로동 거리공원, 보라매공원에서 만개한 3월의 벚꽃을 보았다. 좀 당황했다. 밤사이 진주해온 적군을 맞이하는 기분이었다. 이럴 수가, 마음이 다급해졌다. 4월의 벚꽃축제를 준비하고 있는 곳에서 당황한 기색이 역력했다. 오래 살다 보니 이런 일도 있구나. 족히 반달이 더 빨라진 것이다. 기상(氣象)이 정신이 잃고 얼이 빠졌다.

은이는 대장염을 앓았다. 아이들을 맡기고 병원에 갔다. 범이가 처음엔 낯가림을 했으나 부모들이 가고 나자 금세 우리들에게 안기며 잘 놀았다. 배달된 피자와 스파게티를 먹으면서 우리 부부는 아이들과 놀았다. 범이가 그렇게 끌밋할 수가 없었다. 연이 얼굴이 백옥 같았다. 아내가 연이를 붙들고 통성기도를 했다. "기적의 하나님, 치유의 하나님 우리 연이를 고쳐주소서." 서너 시간 뒤에 막내부부가 돌아왔다. 우리는 5시에 집으로 돌아왔다. 올 때도 마포가 막혀서 원효대교로 돌아왔다. 경복궁 돌담길도 철 이른 꽃 대궐을 이루고 있었다.

5시에 K-pop top4를 보았다. 한 출연자의 노래를 들으면서 눈물을 흘렸다. 밤에 드라마를 재미있게 보았다. 주말드라마 두 편이 끝났다. 시원섭섭했다. '해후'(邂逅) 이런 말이 적절할지 모르지만 오랜만에 막내 부부를 만나고 손자들과 어울렸는데, 우리의 해후는 행복했다. 경황없이 피어 버린 3월의 개나리, 진달래, 목련꽃을 보고 당황해하고 어쩐지 걱정이 되고, 이런 묘한 기분을 느끼면서 성큼 다가온 봄날을 만끽했다. 아침에 상명대운동장에 올라가서 걷기운동을 한 것이 좀 심했던지 전신만신이 쑤시고 아팠다. "운동을 하면 몸이 외려 아플 수도 있다"는 아내의 귀띔이 생각났다. 나는 끙끙 앓으면서 끊임없이 궁싯대고 뒤척였다. 잠결에 백화가 만발하여 터뜨리는 오케스트라 소리가 귓전을 울렸다.

친정 가는 날 3. 31.

북한, 해상사격훈련 통보. 낮 12시 7분부터 7곳을 향해 포탄을 퍼부었다. NLL 남쪽에 100발이 떨어지자 남은 K-9자주포 300발 북쪽으로 응사했다. 미국은 도발이라고 강력비판. 중국은 남북의 자제를 촉구하고 평화수호 희망. 북은 한미훈련에 맞불을 놓고 드레스덴 구상을 뭉개버리려는 속셈인 듯. 드레스덴 발언을 "두고 잡동사니, 웃기는 일 그만하라"고 비난했다. 하루 종일 북의 서해안 포사격이 뉴스의 한복판으로 떠올랐다. 똑같이 300발 응사하는 대목에서는 만화 속의 게임 같은 생각이 들었다.

아내가 졸라서 강남문인협회 총회에 갔다. 총회는 역삼동 문화센터 대강당에서 열렸다. 일전에 이사회도 아내는 어김없이 참석했다. 내가 이런 행사에 참석한 것은 몇 년 만에 처음이었다. 임원선거가 있었다. 이명재 회장이 연임을 사양하고 후보를 포기했다. 최원형이 회장에 선임되었다. 두 가지 의미가 있는 것 같았다. 세대교체가 이루어졌고 단절의 위기를 화합과 소통으로 극복했다. 이 회장은 두 가지 일을 해냈다. 그동안 고비도 많고 위기도 있었지만 이 회장 같은 대인의 살신성인으로 강남문인협회가 살아났다. 이 회장에게 고마움을 느꼈다. 강남문인협회는 우리 부부에게는 친정이나 다름이 없다. 이곳에서 만났고 결혼까지 하게 되었다. 초기회장단 유현종, 하지찬, 최병탁이 모두 나와 갑장이어서 참으로 유대가 돈독했고 서로 허물이 없는 사이였다. 나는 그런 분위기에 푹 빠졌고 나의 삶 자체도 구원을 받았다. 철철이 문학기행에 함께 갔고 끊임없이 열리는 문학행사에 참여했다. 특히 유현종, 하지찬, 최병탁, 조정애 등과 함께 일요일마다 대모산을 올라갔다. 산행이 끝나면 어김없이 술자리가 벌어졌고 밤늦게까지 노래방 순례가 이어졌다. 참으로 즐거운 주말의 연속이었다. 나의 부부의 황금시절이었다. 이제 하지찬은 세상을 떠났고 최병탁은 구름처럼 떠돌다가 어딘가 칩거하여 글만 쓰고 있고 유현종도 나 홀로 집필에 몰두하고 있다. 이후로 그들은 강남문인협회에는 얼씬도 하지 않았다.

회장선임이 끝나고 즐거운 회식이 있었다. 전임 회장들 이유식, 권용태, 박영애, 김영탁, 이명재가 한자리 모여 환담을 나누면서 서로를 격려하고 위로했다. 특히 권용태 시인이 한국문인협회 이사장에 다시 도전한다는 말을 들었다. 그의 성공을 빌었다. 오랜만에 아내 조정애와 그런 자리에 참석했는데 나를 보고 주로 하는 말은 "세월이 흘러도 옛날과 다름없이 젊다"는 것이었다. 아내는 옆에서 웃고만 있었다. 가히 싫은 소리는 아니었지만 나이답게 늙어가는 것도 지혜로운 삶이라는 생각이 들었다. 변함없는 것은 내가 강남문인협회에 가는 것은 꼭 친정을 찾아가는 것만 같은 것이었다. 아아, 오늘은 친정을 가는 날이었다. 이런저런 일로 마음이 뒤숭숭하고, 이사 걱정 주택신청 등의 일로 머릿속이 복잡했지만 오늘 하루는 가뿐하고 행복했다. 강남에서 나는 거뜬히 생기를 되찾았다. 그랬다, 앞으로 강남문인협회 행사에는 아내가 이끄는 대로 언제라도 참석하리라 마음먹었다.

세월호 침몰 참절비절

Greek보다 낯선 언어들 4. 1.

북 언론매체, 여전히 박 대통령의 '드레스덴 구상'을 원색적으로 비난했다. 북은 드레스덴 구상을 두고 '잡동사니' '허위와 기만의 극치' '괴벽한 노처녀' '우물 안 개구리' '희떱게 놀아댔다' 등등 시정잡배도 입에 담기 어려운 몰상식한 막말을 퍼부었다. 무엇이 잡동사니인가. 무엇이 허위와 기만의 극치인가. 도대체 무슨 소리를 하고 있는지 이해할 수 없다. Greek(그리스어, 무슨 소린지 알 수 없는 말)보다 더 낯선 언어로 들렸다. 사나운 말들이 무시무시하고 섬뜩한 흉기가 되어 가슴을 찔렀다. 같은 말을 사용하는 동포끼리 우리는 왜 선한 말을 곧이곧대로 받아들이지 못할까. 그리고 박 대통령의 제안이 싫으면 가만히 거부해버리면 그만 아닌가. 최태원 301억 원 연봉, 이건희 0원 연봉, 누가 더 따가운 눈총을 받을까. 다시 고개 드는 남 원장 책임론. 국정원의 빨 뺌과 침묵, 청와대는 언제까지 국정원장을 감싸고돌 것인가. 청와대는 공약파기에 무대응 전략으로 계속 일관하고, 최 원내대표가 대리사과를 했다. 권력의 고집과 불통은 참으로 뻔뻔스럽고 견고하다. 이렇게 단호하게 밀어붙일 수 있는 것은 결국 그 마의 지지율 때문이다. 우리시대의 지지율이 통치자의 오만과 독선을 부채질하고 있다. 이 지지율이란 괴물을 믿지 않은 지 오래다. Woe to 지지율!

 꽃들의 오케스트라, 봄꽃들이 한꺼번에 피어나고 시들어갔다. 그러자 다급해지고 쫓기는 기분이 되었다. 자칫하면 꽃을 보지 못하고 봄날이 지나가 버릴 것만 같았다. 계절이 뒤죽박죽이 되었다. 아내와 서오릉이라도 다녀와야겠다. 차를 타고 꽃구경을 나섰는데 도중에 갑자기 차를 수리할 마음이 생겼다. 일요일 막내 집을 다녀올 때 속도계가 멈춰 있고 차에서 소음이 났다. 꺼림칙했다. 구기동에 있는 현대서비스를 찾아갔다. 수리비용이 생각보다 비쌌다. 비교견적을 알아보기 위해 자하문 너머 옥인동현대서비스로 갔다. 거기는 더 비쌌고 신뢰가 가지 않았다. 돌아오는 길에 다시 부암동에 있는 서비스에서 견적을 뽑아보았다. 비슷했다. 결국 구기동으로 돌아와서 수리를 맡겼다. 알고 보니 아내가 아이를 가르쳤던, 말하자면 학부형 집이었지만 내색하지 않았다. 수리하는 데 한 시간이 걸렸다. 그쪽에서 선생님이라는 것을 알고 깍듯이 대접했고 수리비도 할인해주었다. 고마웠다.

 꽃구경을 다음으로 미루고 집으로 돌아왔다. 여느 해는 4월의 꽃시절이 느긋했는데 올해는 마음이 조마조마하고 조급했다. 메저리그 야구를 보았다. 아내가 복지법령을 검색하다가 예술인긴급지원을 신청했던 것을 취소했다. 애초 나는 예술인지원신청을 취소할 것을 아내에게 거푸 채근했었다. 으레 고생만 하다가 허탕을 치기 일쑤였기 때문이다. 정체모를 불안을 떨쳐버리기 위해 무진 애를 썼다. 내 연약함을 한없이 나무랐다. "내가 너를 굳세게 하리라" 사:41:10의 말씀을 나도 모르게 뇌고 있었다.

우리는 남대문으로 간다 4. 2.
 기껏 몇 분 동안에 해치우는 일들이, 일테면 틀니청소와 면도가 하루 종일 그 일만 하고 있는 것 같은 생각이 들 때가 있다. 그만큼 뾰족하게 하는 일은 없고 단조로운 일상이 되풀이되고 있다는 이야기다. 오늘도 면도하고 로션을 바르고 얼굴을 문지르면서 내 눈이 열에 떠있는 것을 확인했다. 그 불길한 열기는 내 멀건 얼굴피부 때문이라고 생각했다. 오전에 구청복지과를 찾아갔다. 복지과와 복지지원과도 구별 못하고 복지과로 찾아가서 엉뚱한 사람을 붙들고 횡설수설했다. 아직 받지도 않은 예술인지원금을 포기하면 다른 복지혜택을 받을 수 있는지, 대개 그런 것을 물어보았다. 우리는 다음으로 대학로에 있는 예술인지원재단을 찾아갔다. 지원신청을 철회하겠다는 뜻을 직접 전달하기 위해서였다. 점심때라 직원이 없었다. 대기실에서 차를 마시면서 기다리는 동안 아내는 수없이 사진을 찍었다. 사무실 벽이 분홍색으로 칠해져 있어서 그것을 배경으로 사진을 찍었다. 내 사진도 찍겠다는 것을 사양했다. 아내는 왜 그리 오만상을 찡그리고 있느냐고 나를 힐난했다. 그런 일로 우리는 잠시 타시락거렸다. 직원에게 철회의사를 직접 전달하고 우리는 그곳을 떠났다.

　종각서점으로 가서 복지부가 내놓은 복지정책에 관한 책을 알아보았다. 서점에는 그런 책이 없었다. 아내가 배고파하는 내 기색을 살피더니 인사동에 있는 부산집에 가서 점심을 먹자고 했다. 그 집은 몇 번이고 찾아갔다가 번번이 앞에서 돌아서곤 했다. 생선이 일본산일지도 모른다는, 그런 황당한 이유를 대고 먹지 않았다. 우선 배가 많이 고프지 않았고 음식 값이 좀 비싸고 아내가 문단사람들과 자주 간 곳이긴 해도 장소가 비좁고 구질구질해서 내가 꺼려했던 것이다. 오늘은 두 사람 모두 배가 몹시 고팠고 무엇보다 시원한 생선찌개를 먹고 싶었다. 부산집답게 진국으로 오랜만에 맛있는 생선찌개를 먹었다.

　음식점을 나오자 아내가 대뜸 남대문시장으로 가자고 했다. 남대문시장을 찾아가는 것은 우리의 나들이가 성공했고 즐겁다는 것을 선언하는 것이나 다름없다. 아내는 기분이 좋으면 으레 남대문시장을 찾아가자고 했다. 그 많은 민초들의 말소리와 웃음소리와 악다구니를 듣고, 가장 넉넉하고 건강하게 살아가는 사람들의 애환을 직접 느낄 수 있는, 시장바닥의 분위기랄까, 정취가 더할 나위 없이 좋았다. 아내는 특히 눅거리 헌팅을 좋아했다. 비록 노점에서 산 옷들을 이튿날 그냥 버리는 일이 종종 있었지만 아무튼 그렇게 옷을 사는 것을 무척 좋아했다. 남대문시장 가까이 롯데백화점 어름에 이르렀을 때 아내가 갑자기 뱃살을 거머쥐고 웃었다. 시 한 편이 떠올랐다는 것이었다. 시 제목부터가 심상찮았다. '우리는 남대문으로 간다' 시의 주요 내용은 "남편이 아내의 옷 일곱 벌을 먹어 버렸네. 일곱 벌을 먹어 버렸네. 남은 돈으로 옷 한 벌을 사러 가네" 옷을 살 돈으로 대구탕을 먹어버렸다는 것이었다. 내가 후회하고 있느냐 묻자, 아내는 다시 허리를 꺾고 웃었다. 아내가 남대문노점상에서 옷을 낚아채고 있는 동안 나는 홀로 시장거리에 서서, 가장 나의 관심을 끌고 있는, 흑미호떡을 팔고 있는 모녀를 바라보았다. 일분 동안에 한 개 이상의 떡이 팔렸다. 떡을 사는 사람들을 헤아리면서 어느새 나는 두 모녀와 함께 호떡장사를 하고 있었다. 이윽고 남대문시장에서 다시 조계사 앞까지 걸어와서 버스를 타고 집으로 돌아왔다.

요즘 안철수가 나를 즐겁게 했다. 그의 행보가 썩 마음에 들었다. 점점 나의 관심을 끌었다. 사실 통합의 길을 택했을 때 그는 개인적으로 많은 것을 잃을 수도 있다는 생각이 들었다. 그의 지지율도 떨어졌고 그의 새정치도 흙탕물을 뒤집어썼고 실제로 그를 버리고 떠난 측근들도 많았다. 어떠한 비난과 손실에도 불구하고 그는 옳은 일을 한 셈이다. 나는 그렇게 생각했다. 그는 정권교체와 민주세력 결집에 일익을 담당해야 한다. 그가 박 대통령에게 경제민주화 등 3대공약 이행을 촉구하고 나섰다. 대통령에게 단독면담도 요구했다. 공약파기를 대신 사과한 새누리당 최 대표에게 "월권이냐 충성이냐"고 비아냥댔다. 최 대표는 "너나 잘해" 하고 발끈했다. 최는 망신을 자초하고 말았다. 내가 안철수에게서 바랐던 모습이 나타났다. 야당대표연설도 아주 야무지게 잘했다.

규모 8.2의 지진이 칠레를 강타했다. 지진 단골 나라 대통령답게 바첼레트 대통령은 새벽 2시에 지진 브리핑을 하다가 신속하게 대피했다. 감명을 받았다. 장구한 하루였다. 부산집의 뜻밖의 성찬, '우리는 남대문으로 갔다' 그 기쁨의 여진이 온종일 가슴속에서 감돌았다.

플라시보, 언제까지 쇼를 할까 4. 3.

　신세계상품권이 우송되었다. E마트에 가서 쇼핑할 수 있는 자금이 생겼다. 오늘은 서오릉 쪽으로 가볼 참이다. 아내와 차를 타고 출발했다. 도중에 교회에 들러서 '새빛으로'를 받아왔다. 목사의 권두시가 눈에 거슬렸다. '적막강산'이라는 시는 돌아가신 어머니를 추모하는 시인 것 같다. 그 내용 때문에 마음이 좀 누그러졌다. 그는 histrionics(연기, 연극, 연극 같은 행위)하고 여전히 pedantic(현학적)했다. 이제 시까지 넘보았다. 그는 예수 제자가 되어야 한다. 만약 제자가 되지 못하고 세속적인 욕망에 들떠 있다면 그의 설교는 약의 효험을 믿지 않고 조제해 주는, 말하자면 '플라시보'(placebo, 僞藥)와 같다. 언제까지 쇼를 할 것인가. 이렇게 말하면 쇼로 보이는 나에게 문제가 있다고 오히려 나를 몰아붙일 것이다.

　남북이 내놓은 통일 방안을 두고 서로 막말로 비난을 퍼부었다. 진정성이 없는 것이 요컨대 모든 화의 근원이다. 서로 쇼를 하고 있다고 생각하고 막말로 원색적으로 비난하고 있는 것이다. 진정성이 없고 신뢰가 없는 곳에는 플라시보가 판을 치게 마련이다. 내 주위에 온통 플라시보가 난무했다. 목사의 시를 읽고 내가 심란해하는 이유다. 아내의 북악산 시를 읽고 그런대로 위안을 받았다. 절창이었다. 배경에 깔아놓은 그림이 그만이었다. 아내의 말에 의하면 '새빛으로' 편집진에 전문가가 있다고 했다. 한번 만나서 칭찬을 해주고 싶었다. 목사의 시를 읽고 우울했던 기분이 좀 가셨다. 서오릉 가는 길에 있는 E마트를 찾아갔다. 초밥과 김밥을 샀다. 샴푸를 비롯해 일용품도 샀다. '청산치과' 건물에 있는 내과를 찾아가다가 몸이 안 좋아서 그냥 집으로 돌아왔다. 초밥과 김밥을 맛있게 먹었다. 오후에 남대문에 갔다. 집을 나설 때 빗방울이 떨어지고 날씨가 너무 추웠다. 기상 급변이었다. 정류장에서 몇 번이고 망설이다가 버스를 탔다. 아내가 기침이 심해서 남대문시장에 있는 안 내과에 가서 진료를 받을 참이었다. 일전에 내가 진료를 받은 적이 있는 병원이었다. 삼성본관 앞에서 차를 내려 지하도로 해서 남대문시장으로 갔다. 어제 봐둔 옷부터 사려고 했는데 노점이 아직 서지 않았다. 안 내과는 환자가 붐볐다. 한 시간가량 기다려서 겨우 진료를 받았다. 아내가 대단히 흡족해했다. 봄날치고는 참으로 을씨년스러운 날씨였다. 아내가 연방 기침하고 가슴을 쓸어내렸다. 명동으로 건너가서 서둘러 버스를 타고 집으로 돌아왔다.

'드레스덴 이후 남북관계 도리어 악화' 북, '독일식 흡수통일 우리에게 안 통해' 북한이 맹비난을 했다. 지방선거, 무인기 등 북 변수 돌출. 여, 안보론 야, 무능론 강조할 듯. "통일이 뭐 로또 복권이냐. 대박으로 재미를 보려고 하다니, 국내정치용으로 이용하지 말라." 그 지겹고 식상한 질타소리가 귓전을 때렸다. 아내가 싱싱한 캐비지를 썰어서 닭가슴살까스를 만들어 주었다. 포식했다. 날씨의 영향으로 兩主는 저녁 내내 끙끙 앓았다. 근육통 관절통, 특히 어깻죽지가 아팠다. 아내가 저녁을 먹고 나서 갑자기 약을 먹지 않겠다고 했다. 공기흡입기도 쓰지 않겠다고 했다. 오늘 병원을 다녀온 결과물을 하나도 쓰지 않겠다고 했다. 외려 악화될 것만 같은 생각이 들어서 그런다고 했다. 아내는 그런 사람이었다. 나도 동의했지만 오늘 남대문에 갔다 온 보람이 없는 것 같아서 좀 어리둥절했다. 메이저리그 추신수 경기를 보았다. 이름값을 했다. 종횡무진 활약했다. 밤11시에 메이저리그 투나잇도 보았다. 아내는 약 대신 따뜻한 보리차를 연거푸 마시고 나서 잠자리에 들었다. 간간이 발바닥이 가렵고 아파서 무척 신경이 쓰였다. 무좀은 아닐 테고, 내일은 잊지 말고 피부과에 가야겠다. 아내가 준 '이엠'도 효과가 없었다. 플라시보라는 말이 머릿속에서 떠나지 않았다.

소통은 제대로근 같은 것 4. 4.

안철수가 몸소 청와대를 방문했다. 퍽 이례적이다. 사전 통보한 것은 다행이다. 심사숙고 끝에 직접방문, 단독면담을 요청한 것은 참으로 잘한 일이다. 이만한 압박도 없을 것 같다. 대통령은 꼭 입을 열어야 할 때도 침묵으로 넘어가는 데 이골이 났다. 침묵이 금이다. 소통이 될 리가 없다. 얼마나 답답했으면 야당대표가 직접 청와대를 방문하여 단독면담을 요청했겠는가. 만화의 한 장면을 보는 것 같다. 민주주의 국가에서 침묵으로 일관하는 대통령을 그의 관저로 찾아가서 면담을 요구한 것은 영락없이 만화 같은 이야기다. 민주주의가 뭔가. 대화하고 소통하는 것 아닌가. 소통은 무엇인가. 필요하면 언제나 제풀에 자유롭게 움직이는 일테면 '제대로근'(不隨意筋) 같은 것이다. 소통하고 안하고는 제대로근처럼 상황에 따라서 마치 물이 흐르듯이 자연스럽게 그리고 당연히 이루어져야 하는 것이다. 소통은 맘대로근(隨意筋)이 아니다. 대통령의 '소통은 맘대로근'이다. 내키면 하는 체하고 달갑지 않으면 입을 다물고 돌아앉아 버린다. 민주국가의 대통령으로서 치명적인 결함이 아닐 수 없다. 오죽했으면 안철수가 청와대로 면담을 구걸하러 갔겠는가. 불통하는 대통령도 안타깝지만 그런 대통령을 엄호하고 있는 여당은 더욱 한심스럽다. 여당에서는 안철수의 청와대 방문을 놓고 통합신당이 내외로 당면한 어려움을 모면하기 위한 이벤트성 정치퍼포먼스라고 폄훼했다. 대통령의 침묵과 불통이 얼마나 엄중하고 심각한 문제인가를 완전히 외면했다. 우리 정치가 아직 멀었다는 생각이 들게 하는 대목이다. 이 정권이 끝나는 날이 오면 언젠간 이 정권의 독선과 오만과 불통이 얼마나 민주주의 퇴행을 가져왔는가를 비판할 때가 있을 것이다. 오늘의 정치현실과 언론환경이 그것을 적시하고 비판할 만한 여건이 되지 못했다. 안타까웠다. 대통령의 '소통은 맘대로근' 이런 이상한 말이나 하고 있는 나 자신도 너무 딱해 보였다.

오후에 숭인동에 가서 식품을 가져왔다. 승용차로 갔는데 자꾸 오일계기가 올라가는 것에 시선이 갔다. 오가면서 기름값이 더 들 것 같아서 그랬다. 그 푸닥진 먹을거리를 가지고 돌아올 때 가슴이 아팠다. 오늘따라 동대문이 유난히 초라하게 보였다. 온갖 먼지와 그을음을 뒤집어썼다. 폐포파립(弊袍破笠), 그렇다 다 해지고 찌그러진 갓을 쓰고 있는 선비 같았다. 단청이라도 했으면 좋겠다. 동대문 맞은 편 길가 담벼락에 거칠고 큼직한 글씨로 "127년 된 문화 역사 교회 유적을 파괴하는 서울시는 하늘이 심판할 것이다"라고 쓰여 있는 것이 눈에 띄었다. 막 지나치고 나자 교회? 무슨 유적이라고 했는지 생각나지 않았다. 기억에서 모두 지워져 버렸다. '아고니스트 당신'를 쓰는 것이 부담스럽고 특히 제목을 붙이는 게 여간 힘든 게 아니었다. 그만둘 수도 없다. 내 인생이 끝나버릴 것만 같은 느낌 때문이었다. 새벽에 유현진 선발경기를 보고 싶었다. 언감생심, 내 나이에 새벽 4시경기를 넘보았다. 이렇게 아직 객기를 부렸다. 새벽 2시까지 전전반측했다.

사월의 상고대 4. 5.

식목일은 일 년 중 날씨가 가장 좋은 날이다. 집에서 보낼 수는 없다. 연일 봄나들이를 했지만 날씨가 너무 변덕스러웠다. 며칠 전만 해도 22, 3도를 오르내리던 기온이 2도로 뚝 떨어졌다. 꽃샘추위로 완연히 겨울날씨다. 강원도 산간에는 눈이 내리고 전국 고산지대엔 때 아닌 사월의 상고대가 피었다. 아름다웠다. 박 장로가 쓴 글에 나오는 북한산 상고대가 떠올랐다. 정신을 못 차리는 날씨, 꽃들도 정신을 차리지 못하고 고통을 받을 것이다. 꽃은 필 대로 피었고 목련은 어느새 바람에 떨어졌다.

안방의 고장 난 벽시계가 5시를 가리켰다. 후닥닥 알아보니 아직 3시가 채 안 되었다. 우리는 서둘러 강남터미널상가를 찾아갔다. 강남으로 봄맞이를 갔다. 지하상가는 많이 달라졌다. 양 끝에 있는 푸드코트는 아주 쾌적하고 아늑했다. 먹거리가 많았다. 스낵이 주종을 이루고 있었지만 먹음직스러운 것이 많았다. 오뎅을 먹고 싶었지만 참았다. 아내는 긴 상가를 걸어가면서 반지와 바지를 하나를 샀다. 나는 왼쪽발을 절뚝거리고 아내는 연방 기침을 했다. 나는 피부과에 가지 않았고 아내는 안 내과에서 타온 약도 먹지 않았다. 자연치유력으로 고치려고 마음을 먹었기 때문이다. 그랬다. 아내는 지하의 나쁜 공기 땜에 애를 먹고 있었고 나는 갈라져서 벌겋게 피가 배어나온 상처를 달래면서 걷고 있었다. 신세계 음식코트를 지날 때도 나는 눈길 한번 주지 않았다.

마침내 버스를 타고 귀로에 올랐다. 강변의 그 많은 개나리가 벌써 지고 있었다. 강남은 낙화가 한창이었다. 내가 살고 있는 평창동 북한산 자락과 인왕산 기슭에는 이제 개나리와 진달래가 한창 피어났다. 이렇듯 강남과 강북의 꽃들이 얼굴과 손짓이 달랐다. 6시에 집에 도착했다.

불후의 명곡을 보았다. 황현산의 글을 읽으면서 뜻밖에도 눈물을 흘렸다. "통영에서 마산까지 깊이 바닷물이 들어오는 진해만 연변은 벚꽃만으로 봄이 아름다운 것은 아니다. 간만의 차가 심하지 않고 물이 호수처럼 잔잔해 바다와 접한 산록의 진달래꽃이 산 그림자와 함께 물에 어린다." 진해만의 아름다운 풍경이 떠오르면서 눈물이 핑 돌았다. 절경이나 수승(殊勝)의 묘사를 보고 나는 눈물을 흘린 적은 거의 없다. 기껏해야 젊은 날 프루스트의 '석양 속에 멀리 종탑이 보이는 풍경'이라든가 김승옥의 '황혼이 내리는 순천만 갈대밭'이라든가 이런 것을 보고 눈물을 흘린 것이 고작이었는데 황 교수의 글을 읽고 눈물을 흘리고 말았다. 그에게 감사했다. 새로 시작한 주말드라마 두 편을 보았다. 재미있었다. 아내가 일전에 귀띔해 준 '우리 남대문으로 간다'라는 시를 읽어주었다. 절창이었다. 같은 제목으로 나는 이미 글을 쓴 바 있다고 말했다. 아내는 시를 계속 웅얼거렸다. 사월의 상고대, 자연 치유력, 이런 말들이 머릿속에서 떠돌았다. 시와 소설의 경계를 넘나드는 부부의 한밤풍경이 자못 흥미진진했다.

로커스 스테이터스 4. 6.

아침부터 '아고니스트 당신'의 새로운 프롤로그를 구상했다. 대강 이런 생각을 가다듬고 있었다. "이대로는 '아고니스트 당신' 계속 쓸 수 없다. 나는 장르를 바꾸고 싶었다. 요컨대 때론 소설로 꾸미고 싶었다. 그 점을 두고 온종일 고민했다. 우선 로커스(locus, 장소, 위치) 와 스테이터스(status, 상태, 지위, 신분)를 바꾸기로 했다. 나의 정체성이 새로 탄생하게 된다. 일기 속의 나는 소설 속의 주인공이 될 수 있다. 나는 소설 속의 주인공으로 나를 바꾸고 싶었다. 그리 되면 결국 아고니스트 당신 속의 나는 내가 아니고 일기는 소설이 될 것이다. 그리고 나는 모든 부끄럼에서 해방할 수 있을 것이다. 마침내 '나'는 타인의 로커스와 스테이터스 속으로 숨어버림으로써 익명성을 획득할 것이다. 결국 내가 증발해버린 것이다." 경책이나 아포리즘만큼 화나게 하는 것이 없다. 그 아포리즘이 나의 글에서 살아났다. 침묵과 발설은 어느 쪽이 축복일까. 침묵은 안전하고 토로는 위험하다. 나는 미주알고주알 어김없이 반응했다. 바람이 불지 않고 어떻게 꽃이 피겠는가. 일기와 역사 속에 글감은 무궁무진하다.

11시에 교회예배를 보았다. 설교 들으면서 histrionics와 placebo가 머릿속에서 떠나지 않았다. 설교가 그랬다. 제발 고함소리만은 삼갔으면 좋겠다. 아내는 '새빛으로'에 실린 '북악산'에 무척 신경을 썼다. 절창이었다. 어려워서 설명회라도 열었으면 좋겠다는 한 늙은 교우의 반응을 보고 아내는 실망하는 눈치였다. 그들은 사도신경에 나오는 성도가 아니다. 외로움은 어디서 올까. 걸어서 집으로 왔다. 오후에 외출을 꿈꾸었는데 이래저래 뜻을 이루지 못했다. 생각이 너무 복잡했다.

변함없이 K-pop 톱3을 보았다. 이제 막바지를 향해 숨 가쁜 질주하고 있었다. 두 교포 청년이 파이널에 올랐다. 충분히 자격과 재능이 있었다. 그들에게 내가 열광하고 있는 것은 바로 그 재능 때문이었다. 예술은 prodigy가 없으면 천하없어도 그만둬야 한다. 내 지론이다. 그들 때문에 즐거운 한때를 보낼 수 있었다. 그들에게 깊이 감사했다. 주말 드라마도 볼만했다. 아내는 일찌감치 거실로 건너가서 블로그에 사진과 글을 올렸다. 꾸준히 많은 사람들이 아내의 블르그를 방문했다. 나의 locus는 이제 평창동을 떠나야 한다. 나의 status는 이제 타인의 도움을 받지 못하면 홀로 설 수 없는 무능력자가 되었다. 새로운 나의 신분이다. 나의 새로운 신분이 승승장구하기를 하나님에게 빌었다.

자연치유력 4. 7.

숙청(肅淸) 실각(失脚). 말에 따라 느낌이 확 달라진다. 당연하다. 북한에는 숙청 실각이 있을 뿐이다. 남한에는 교체 경질 해임 퇴직이 대신 자리 잡고 있다. 안철수가 공천폐지 등 그의 소신과 원칙 때문에 잃은 것도 많았다. 그를 외면하고 떠나는 사람도 많았다. 여당에서는 청와대 대신 그를 공격했다. 꼼수 비겁한 술수 퍼포먼스 돈키호테 등등. 여당의 논평이 비열하고 천박하기 짝이 없었다. 박 정권이 끝나면 막말이 좀 정화될 수 있을까. 청와대 품부에 맞추다 보니 그렇게 막 나갔다. 박근혜 공약이라는 말이 유행되고 있다. 헌신짝, 일회용 disposal,(처리, 소모품) 토사구팽(免死狗烹), 선거 끝나면 폐기되는 것. 지지율을 관리하기 위해 시시콜콜 깨알지적까지 하면서 간첩증거조작 등에는 침묵을 지켰다. 하고 싶은 말만 했다. 그의 발언은 제대로근이 아니다. 제풀에 모든 것이 치유되기를 기다리는 것 같다. 자연치유력을 믿고 있는 모양새다. 채 군을 뒷조사한 청와대관계자 소환 요청을 경위서로 뭉개버렸다. 법이고 뭐고 정의고 상식이고 내 하고 싶은 대로 하겠다. 절대 권력의 오만이다. 야당은 무공천을 고수하고 관철할 듯. 박 대통령 회동 제안 거부, 여지도부 청와대 옹호. 종편도 철수, 회군 이런 말을 강조하면서 야당이 공천폐지에서 마치 후퇴하려는 것처럼 분위기를 띄우고 있다.

오후에 경복궁에 꽃구경을 갔다. 오늘따라 중국인 단체관광객들이 북적댔다. 사람들이 떼 지어 오가면서 흙먼지를 일으키는 바람에 벤치에 앉아 있을 수가 없을 정도였다. 경회루 연못가에 서있는 벚꽃나무는 아주 특이한 모양이었다. 버드나무처럼 휘휘 아래로 늘어져 있었다. 아마 버드나무와 접목을 한 것 같았다. 아내가 부지런히 꽃이 만발한 벚나무를 사진에 담았다. 내가 사진을 잘 찍어주지 않는다고 가끔 아내와 티격태격했다. 어쨌든 서울의 봄빛을 거의 담았다. 해질녘에 집으로 돌아왔다. 즐거운 봄나들이였다. 아내는 천식이 말짱해졌다. 나는 자세하나 흐트러지지 않고 꼿꼿하게 걸었다. 아내는 계속 의사가 꼼꼼히 진찰하고 지어준 약을 먹지 않았다. 독한 천식 약을 먹으면 목소리도 상하고 위장도 약해진다고 하면서 자연히 치유될 수 있도록 하겠다고 했다. 아내의 말대로 나도 피부과에 가서 치료받지 않고 발바닥의 상처를 자연적으로 치유하기로 했다. 일전에 그토록 발바닥이 갈라지고, 피가 배어나올 만큼 아팠을 때도 깨끗이 씻고 '이엠'에 담그고 하면서 자연적으로 치유했다. 우리 부부는 자연치유력을 철석같이 믿고 있었다. 오늘 경복궁 나들이에서 그 효과를 실감했다. 발에 아무런 이상을 느끼지 않을 정도로 말짱해졌다. 아내도 기침 한번 하지 않았고 가래도 끓어오르지 않았다. 자연히 치유된 것이다.

한 가지 자연적 치유가 바람직하지 않은 경우가 문득 떠올랐다. 박 대통령의 불통이다. 국민의 고통과 분노를 침묵으로 뭉개버리고 저절로 치료되기를 바라는 것은 결코 바람직하지 않다. 세월이 흐르면 그 아픔은 잊힐지 모르지만 상처는 남는 법이다. 밤에 '기황후'를 보았다.

청산에 살어리랏다 4. 8.

마침내 대궐 뒷동네를 떠나기로 마음먹었다. 번잡한 도심을 떠나는 것이다. 아내가 나에게 "나비야, 청산 가자"고 했다. 아내는 멀리 변방으로 떠나자고 했다. 오늘은 행주산성 쪽으로 가보았다. 참으로 멀고먼 길이었다. 내일은 망우리나 대모산 쪽으로 가볼 참이다. 좀 쓸쓸하겠지만 '당신의 마지막 모습'을 청산에서 볼 수 있는 것은 그래도 괜찮다. 이제 우리는 청산을 떠도는 구름이다. 방화에서 본 SH아파트가 인상적이었다. 먼 길을 왕복하느라고 아내가 이내 파김치가 돼 버렸다. 그게 마음에 걸렸다. 광화문에 내렸을 때 우리는 곧장 남대문시장으로 갔다. 오늘도 근사한 옷을 하나 건졌다. 무슨 흠이 숨어 있는지는 모르겠지만 아주 싸게 샀다. 아내는 싱글벙글 웃으며 행주산성 쪽에서 뒤집어쓰고 온 우울을 일거에 날려버렸다.

공천 폐지, 공약을 폐기한 사람들이 무공천을 주장하는 안철수가 이런저런 이유로 재검토를 선언하자 비난하고 나섰다. "똥 묻은 개가 재 묻은 개를 나무랐다." 여당이 신당통합 이후 똥줄이 타긴 타는 모양이었다. 안철수가 기자회견을 가졌다. 공천폐지여부를 국민과 당원에게 묻겠다고 했다. 잘한 일이다. 무공천, 한발 후퇴, 철수정치, 안철수가 추락한 이유, 이렇듯 후퇴 철수 추락, 이런 말을 동원하여 공약에서 후퇴한 안철수를 비난했다. 이런 저질 대변인을 일찍이 본 적이 없다. 우리는 저질시대에 살고 있다. "우리도 무인기가 있다" 다급해지자 군이 우리 쪽 무인기 정찰훈련 기밀을 공개해 버렸다. 국정원 항의에 검찰 수사팀 진퇴양난. 간첩조작사건 수사발표가 늦어졌다. 가속할 것이냐, 제동할 것이냐, 폐차할 것이냐, 검찰수사는 늘 청와대 눈치를 보고 갈팡질팡했다. 불통과 독선과 오만에도 불구하고 정치는 그 정체불명의 탄생비밀 같은 지지율이, 문화정책은 코미디 뺨치는 인문학개그가 살려주었다. '맘대로근 대통령'은 활갯짓을 할만했다.

　아내는 내일 찾아갈 망우리와 대모산 자료를 준비를 하느라고 여념이 없었다. 틈틈이 시도 썼다. 시를 쓰는 족족 나에게 보여주었다. 아무리 피곤해도 나는 아내의 시에 대한 평을 이야기했다. 그렇게 써내도 태작이 없는 것은 참으로 다행이었다. 아내는 막걸리를 혼자서 한 병을 마시고 나서 '기황후'를 보다 말고 훌쩍 건넛방으로 가버렸다. 아마 강남의 꿈을 꾸고 있으리라. 나는 자정을 넘기면서 메이저리그를 보았다. 추신수의 활약상이 자랑스러웠다.

인문학 개그 4. 9.

　연극 영화 텔레비전 등에서 관객을 웃기기 위해 즉흥적인 재담이나 우스갯짓을 하던 개그가 이제 우리시대를 좌지우지하는 대세가 되었다. 우스갯짓 우스갯소리 익살 농담 신소리 객소리 흰수작 만담이 우리사회를 압도하고 있다. 사람들이 모이는 광장은 곧잘 개그공연장으로 탈바꿈했다. 문학개그도 등장했다. 윤동주와 김소월의 시가 광장을 내려다보는 고층빌딩에 매달려 있었다. 명시들도 입맛대로 해체되고 난도질당한 채 전시되었다. 문학도 눈앞의 재미 오락 인기에 급급한 개그가 된 지 오래다. 우리시대에 가장 참을 수 없는 것은 정신의 마지막 자존심인 문사철도 이렇듯 오락 재미 인기 위주로 개그를 하고 있다는 것이다. 인문학의 생명은 비판인데 비판을 하지 못하고 돈 버는 인문학으로 타락하고 말았다. 정부의 문화정책도 인기에 영합하는 인문학 세속화를 꾀했다. 그게 바로 인문학이 개그를 하고 있다는 이야기다. 정부가 투자를 많이 하는데도 인문학이 살아나지 못한 것은 이같이 반인문학적으로 문제를 접근하고 있기 때문이다.

남편은 무능한 실업자가 되었고 아내는 고립된 조난자(遭難者)가 되어버렸다. 이런 페르소나를 등장시켜서 나는 소설을 쓸 것이다. 소설의 주인공은 나의 화신일 뿐이고 실제의 내가 아니다. 구차하고 옹색하게 들리지만 사실이다. 논란 중인 공천폐지를 국민과 당원에게 묻겠다. '철수정치' 특정정치인의 이름을 가지고 장난하는 것은 참으로 비열하다. 이 정권의 비열한 작태는 어제오늘의 일이 아니다. 물색도 모르고 사람들이 덩달아 좋다고 하니, 일테면 대박 같은 말이나 입에 달고 정치를 하고 있다. 파렴치하고 후안무치하다.

주택을 알아보기 위해 강남구청 이웃에 있는 LH공사를 찾아갔다. 아내는 상담하고 한 움큼의 팸플릿을 가지고 나왔다. 나는 직원에게 LH가 무엇의 약자이냐고 물었다. land house의 약자라고 했다. 나는 직원에게 LH는 원래 집을 빌려준다는 lend house의 준말이라고 정색을 하고 일러주었다. 평생 영어를 가르친 내가 노망을 한 것이다. 분당선을 타고 수서자곡동 아파트단지를 찾아갔다. 사방이 너무 낯설었다. 대모산에 안겨 있었지만 외로워서 견딜 수가 없었다. 세명초등학교에 가서 용변을 보고 나왔다. 아이들을 보니 좀 살 것 같았다. 아내는 아파트를 둘러싸고 있는 맑고 푸른 산을 보고 어린아이처럼 좋아했다. 관리사무소에 가서 모델하우스를 구경했다. 휴양지 콘도로 혹은 집필실로 안성맞춤이었다. 버스로 잠실롯데백화점까지 와서 지하철을 타고 집으로 돌아왔다. 우리는 새로운 꿈에 부풀었다.

아내는 밤에 부흥회에 갔다. 우리의 꿈을 이뤄 달라고 기도했다. 아내는 깊은 밤에 돌아왔다. 자곡동의 기를 받아온 것 같았다. 아내는 내일 승용차를 가지고 가서 그 주변을 샅샅이 살펴보자고 했다. 옛날 세곡사거리에서 김O자 선배를 만났던 일을 상기하면서 분당의 친구들도 자주 만나게 될 것이라고 좋아라했다. 인문학개그 따위는 어느새 멀리 사라지고 없었다. 다시 강남으로 비상할 것이다. "날자, 한번만 더 날자꾸나."

다시 대모산 품속으로 4. 10.

민주주의는 광장에서 처형을 당하고 있는데 100만 지지자들이 운집하여 환호했다. 독재의 특징이다. 정체불명의 지지율이 정치를 휘둘렀다. 여론조사는 정치적 편의주의로 전락했다. 언론, 지지율, 시청률은 '시대적 양심의 공적'이 되어버렸다. 눈에서 번개가 쳤다. 여론조사는 설문 내용은 모르고 집계결과만 인정해야 했다.

낯설음을 날려버리기 위해 차를 가지고 자곡동을 찾아갔다. 그곳 거리와 지형을 익히고 아파트단지를 둘러싸고 있는 대모산을 바라보면 정이 들 것이라고 생각했다. 종로5가 장충단고개 동호대교 영동대로 코엑스 일원터널을 지나서 수서역에 도착했다. 거기서 세곡사거리 쪽으로 우회전하여 보금자리주택을 찾아갔다. 아파트단지를 승용차를 타고 빙 돌아보았다. 작업하고 있는 인부들 말고는 아파트 주민들이 눈에 띄지 않았다. 한구석에서 마트를 발견했을 뿐이다. 1, 2단지로 가서 광화문에서 출발하는 408번이 아파트 안으로 들어오는지 알아보았다. 들어오지 않고 복정역에서 회차했다. 복정역 쪽으로 가보았다. 죽전에 살 때 양재동에서 출발하여 고속화도로를 진입하던 낯익은 지점이었다. 광연자동차매매소까지 둘러보고 돌아왔다. 어느새 그곳 주민이 돼 버린 느낌이었다. 우리는 다시 대모산 품속으로 돌아온 것이다. 수서역과 일원터널로 지나서 귀가했다. 주민센터에 가서 LH, SH에서 나온 팸플릿도 가져왔다.

오늘도 아내는 부흥회에 갔다. 나는 '아고니스트 환 2010년'을 첨삭했다. 이따금 눈에서 번개가 쳤다. 안질이 생기거나 시력에 문제가 생겼다는 신호다. 아내는 교회에서 돌아오자 은혜 받은 이야기를 늘어놓았다. 내일 강남문화원에 갈 것을 나에게 상기시켰다. 아내가 느닷없이 한쪽 눈이 자꾸 침침해지는 것 같아서 성가시다고 했다. 내 눈에서 또 번개가 쳤다. 부부는 눈에 불편을 느끼는 것까지 비슷했다. 모든 사람이 늙으면 몸 컨디션이 대개 비슷해지기 때문이다. 앓는 것도 닮은꼴이 된다. 우리는 아픔도 서로 공유하고 위로하면서 살아갈 것이다. 우리의 앞날이 눈에 훤히 보였다.

시대양심의 공적 4. 11.

아내가 깨어나자마자 탄식했다. 처음엔 어디가 아파서 그런 줄 알았다. 아내가 가만히 혼잣말로 하는 소리를 듣고 나는 깜짝 놀랐다. 이사 가기로 마음먹은 자곡동 아파트에 대한 불만을 늘어놓았다. 아내는 생각이 많았다. '이렇게 사람의 마음은 조석변개(朝夕變改)로구나' 주변의 4단지가 아직 건축 중이고 편의시설이 없어서 살기가 어렵겠다는 것이었다. 분진(粉塵)과 소음과 그 황막함을 어떻게 참고 살 것인가. 선뜻 찾아갈 만한 병원도 없었다. 나는 잠자코 아내를 위로할 말을 찾았다. 아내의 말도 일리가 있었다. 생각하기에 따라서는 유배 가는 것과 마찬가지다. 그만큼 마인드컨트롤이 되었기 때문에 견딜 수 있는 측면도 있었다. 아내는 이내 평정심을 찾았다. 2시에 강남문화원의 초대로 역삼동 청동기유적 학술세미나에 갔다. 강북에서 그 먼 길을 부랴부랴 찾아갔는데 누가 맞아주는 사람이 없었다. 속된 말로 존재감이랄까, 있으나 마나한 자리를 왜 찾아갔는지 모르겠다. 아내가 행사를 주관한 유현종을 봐서라도 꼭 가야한다고 해서 따라갔는데 그 양반 얼굴도 볼 수 없었다. 접때 그의 이승만 자서전출판기념식에 갔을 때도 분위기가 데면데면하기만 했다. 벌이는 행사마다 나에겐 탐탁하지가 않았다. 도대체 이승만자서전이 뭐냐. 이번도 아직 서울시 문화재에도 등재되지 않은 청동기유적 세미나 운운하고 있는 것이 어쩐지 시큰둥하기만 했다. 겨우 나눠주는 맹물만 한 병 마시고 3시간 동안 꼼짝없이 청동기유적에 대한 이야기를 들었다. 점심도 겨우 역삼동 문화센터 근처에서 먹었고 저녁은 굶은 채 돌아왔다. 아내에게 불편한 심기를 내색하진 않았지만 앞으로 이런 행사는 절대로 참석하지 않기로 마음먹었다. 연일 강남으로 왔다 갔다 하느라고 피로가 쌓였다. 아내도 불쑥 내일은 좀 쉬겠다고 했다. 당연했다.

"아동학대는 계속된다." 딸 목숨을 앗은 울산 칠곡 계모 징역 15년. 갈비뼈가 16대나 부러져 숨졌는데 살인죄 적용 안 돼. 생모 유가족, "형량이 턱없이 낮다"고 울음바다. 법원은 국민적 공감대를 반영했고 권고형량 등도 고려한 것이라고 했다. 큰 사건 터질 때만 호들갑을 떨고 처벌하고 나서는 흐지부지. 아이의 인격권은 관심 밖. 법은 누구 편인가. 시대양심의 공적(公敵) 대열에 노예언론 종편, 권력의 주구 검찰, 레비아탄 나쁜 국민, 이제 건넛산 보기만 하는 법원까지 끼어들려고 한다. 이번 아동학대계모의 판결과 관계가 없지만 어쩐지 사법부가 '건넛산 보기'를 일삼고 있다. 물론 건넛산은 청와대를 상징한다.

예수가 아내를 언급한 '예수 아내의 서'로 명명된 고대문서 파피루스 조각이 후대에 위조된 것이 아니라 기원전후에 제작된 것이 맞다는 연구결과가 나왔다. 뉴욕타임스가 10일 보도했다. 충격적이다. 아내는 오늘 세미나에서 가져온 역삼동 유적(遺蹟)에 대한 책자를 버렸다. 돈 들여서 그런 식으로 책을 만들었다고 불평하는 걸 보면 아내도 기분이 상했던 모양이다. 아내의 유 회장에 대한 동료애는 각별한 것이었다. 내가 그를 이해해줄 것을 바라는 눈치였고 나를 위로하려 들었다. 아내가 자곡동에 대한 불만이 사라지고 말끔히 회복되었다. 마음이 놓였다. 내일 푹 쉬고 나면 다시 그곳을 그리워하게 되리라. 도시의 끄트머리, 그 청청한 대모산 산 빛 속에서 우리의 사랑은 싹텄다. 우리가 마지막으로 찾아가야 할 곳이 틀림없다.

희한한 세월 4. 12.

요즘 우리가 살아가는 것을 보면 희한하다. 계획 의지 희망 따위는 이제 우리와 별로 상관이 없다. 희한한 세월이 흘러갈 뿐이다. 아내는 봄꽃 속에서 화사하게 웃었다. 세상에서 가장 행복한 여인처럼 눈부신 미소를 띠었다. 팔라우에 간 아들에게 아내가 카톡으로 서울의 꽃 사진을 보내면 "꽃구경을 하지 못해 아쉽네요" 하는 응답을 보냈다. 그런 아들이 그리워서 아내는 오후에 아들의 집에 갔다. 집 대문에 수북이 꽂혀 있는 우편물을 보고 아내가 돌아섰다. 집안으로 들어갈 마음이 사라졌다. 그길로 평창동 둘레길을 드라이브했다. 홍도화인지 매화인지 알 수 없는 꽃무더기 속에서 아내는 활짝 웃으며 그렇게 좋아할 수가 없었다. 아내는 천상의 여인이었다. 그런 아내가 나는 눈물겹도록 고마웠다. '하루'라는 스튜디오 앞 개울가에 산벚꽃이 유난히 흐드러지게 피어 있었다. 차에서 내려서 한참동안 꽃구경을 하면서 사진을 찍었다. 시름도 걱정도 고민도 말끔히 사라지고 마냥 즐거웠다. 이번 나들이가 어쩌면 평창동 마지막 드라이브가 될지도 모른다는 생각이 들었다. 보현산 아래서 우리는 마음속으로 북한산에 작별을 고했다.

밤에 아내는 끊임없이 검색하고 정보를 캐냈다. 앞으로 살아갈 출구를 찾았다. 나는 온통 메이저리그에 정신이 팔려 있었다. 잠깐 주말드라마도 보았다. 드라마의 대화를 듣기가 어려웠다. 소리는 들리는데 뜻이 들어오지 않는다. 어절(語節)을 판별하기가 어렵다. 이렇게 가는귀가 먹어갔다. 세월의 횡포는 어쩔 수가 없었다. 나는 가만히 "I am hard of hearing"라고 중얼거리고 있었다. 오늘따라 우리의 사랑이 불꽃을 튀었다. 우리의 사랑에 대해 나는 '실험'이라는 말을 썼다. 강남문우들이 우리 부부를 보고 하던 말이었다. 아내가 그 말을 물고 늘어졌다. 우리는 서로 바라보면서 한참 웃었다. 주말 한때의 행복한 순간이었다. 오늘도 강남으로 날아가는 꿈을 꾸었다.

죽어서 나가는 집 4. 13.

11시 교회예배를 보았다. 설교 중에 왜 또 도스토옙스키 '죄와벌'의 초인주의, 그런 인용들이 튀어나올까. 인용 추상 허영, 교조 질타 고성 이런 것에 시달리다가 교회를 나왔다. 사유 성찰 묵상의 결과물을, 최소한의 신앙적 명상의 반추물(反芻物)을 들을 수 있는, 그런 교회가 되었으면 좋겠다. 위로를 받지 못했다. 봄빛에 이끌려 버스를 타고 그대로 종로3가로 나갔다. 종로3가에서 걸어서 명보극장을 찾아갔다. 실버극장에서 오랜만에 2시 프로 '사브리나'를 보았다. 청순하고 앳된 헵번이 아니라 야성적이고 육감적인 오드리 헵번을 보았다. 나무 위에서 Peeping Tom하는 모습은 언제 보아도 재밌었다. 험프리 보가드 윌리엄 홀든, 그리운 얼굴들이었다. 즐거운 시간을 가졌다. 아내에게 감사했다.

전철을 타고 불광동으로 갔다가 버스를 타고 집으로 돌아왔다. 5시에 Kpop3 파이널을 보았다. 교회에서 목사가 '샘김'을 응원해달라고 부탁한 말이 떠올랐다. 성도 중에 샘김의 할아버지 할머니가 있었다. 파이널에 오른 두 사람 모두 재미교포이고 뛰어난 재능도 막상막하였다. 세미파이널에서 버나드 박의 노래를 듣고 눈물을 흘린 적이 있었다. 그는 늘 담담한 얼굴로 노래를 불렀지만 어김없이 지하수처럼 슬픈 이야기를 들려주었다. 심사위원들은 샘김에게 약간 더 점수를 주었는데 시청자평가에서 박이 앞섰다. 박이 우승했다. 감동적인 순간이었다. 이 나이에 우리는 K-pop에 울고 웃었다. 아내는 함께 춤추고 노래를 불렀다. 이제 시즌4를 기다릴 수밖에 없다. 아쉬운 피날레였다.

북한은 드레스덴 구상을 흡수통일논리로 규정하고 황당무계한 궤변이라고 통박했다. 실질적으로 거부했다. 무엇보다 통일을 정치적으로 악용하고 있다고 박 대통령의 진정성을 의심했다. 남북이 이렇게 엇나가고 으르렁거려서야 어떻게 통일된 조국을 기대할 수가 있겠는가. 제발 이렇게 악랄하게 왜곡하고 오해하는 발언들은 하지 말아야겠다.

인터넷에서 아파트에 대한 불평사항을 읽은 아내가 땅이 꺼질듯 한숨을 내쉬었다. 건축 중인 아파트의 분진 소음 황량함 등이 마음에 걸렸지만 무엇보다 아내의 가슴을 아프게 한 말이 있었다. 이곳저곳으로 떠돌며 살다 보면 가장 싫은 곳이 있다. 사람들이 흔히 말하는 "살아서 나가는 집이 아니라 죽어서 나가는 집"이다. 마지막으로 숨진 곳, 막다른 골목, 종착역, 이런 망령이 떠돌고 있는 집이다. 사람들의 말에 의하면 저런 아파트는 90%가 죽어서 나가는 집이라는 것이었다. 사람들이 인터넷에 그렇게 올리고 있었다. 우리는 부산에 집이 있고 생활 근거지는 어디까지나 부산이고 서울 자곡동은 집필실일 뿐이고 서울의 아지트요 주소지일 뿐이라고 생각하고, 가붓하고 상큼한 생각으로 그곳으로 이사할 생각을 하고 있었지만 그 고독하고 삭막한 풍경이, 어두운 이미지가 아내를 슬프게 했다. 나도 금세 감염되었다. 아내는 울상이 되어 "내가 천식인데 그 먼지와 분진을 어떻게 견뎌내요" 했을 때 나도 금세 공감했다. 저녁나절 내내 '죽어서 나가는 집'이라는 말에 시달렸다. 세상에 그런 집에서 살지 않는 사람이 어디 있는가. 따지고 보면 그런 집이야말로 그렇다, 어머니 품속 같은 고향이다, 편안한 마지막 휴식처다. "영원한 이별을 축복받은 집이 아닌가." 이런 말로 자신을 달랬다.

사기꾼들의 구수회의 4. 14.

아침부터 사달이 났다. 엘지유플러스가 티브로드와 해약한 위약금을 대신 지불하지 않겠다고 하면서 오리발을 내밀었다. 전화로 구두계약을 했을 때 녹취내용에 그런 것이 없다고 하면서 손바닥을 뒤집듯이 식언했다. 언성을 높여서 다퉈봤지만 막무가내였다. 하는 수 없이 한 달도 안 되어 엘지와 계약을 해지했다. 티보르도를 불러서 재계약하고 다시 모든 설치를 했다. 엘지와는 신세계상품권과 그동안의 시청료만 지불하고 끝내기로 했다. 원만히 해결이 되어서 마음이 놓였다. 아내와 오후에 남대문시장에 찾아갔다. 단골노점상이 보이지 않았다. 그 청년이 장사를 그만둔 것 같았다. 아내는 이내 다른 노점상을 찾아가서 정신없이 물건을 낚기 시작했다. 나는 새로나 앞 넓은 공간에서 왔다 갔다 하면서 시장장사꾼들을 관찰했다. 구석구석에서 사람들이 전을 벌여놓고 파리를 날리고 있었다. 무척 가슴이 아팠다. 흑미호떡도 오늘은 장사가 잘 안 되는 것 같았다. 모녀가 장사하고 있었는데 호떡을 굽는 어머니가 다른 건물로 건너가는 모습이 보였다. 누군가를 만나러 가는 모양이었다. 딸이 홀로 남아 호떡을 빚었다. 그런 일이 없었는데 그만큼 장사가 안 된다는 것이었다. 선진국에서는 건강식품 정도의 효험밖에 없다고 선언하고 이미 약으로 팔지 않고 있는 건강식품을 여전히 약품으로 팔고 있는 게 눈에 띄었다. 아내는 서너 마리를 낚아 올렸는데 금세 희색이 만면했다. 나는 내용물도 모르면서 덩달아 좋아했다. 때론 덩달아 기뻐해주고 챙겨주고 하는 것이 내가 할 일이다. 오늘도 걸어서 종각으로 왔다. 잠깐 반디앤루니스로 내려가서 휴식을 취했다. 그곳에서 파는 커피는 마시지 않고 우리가 가져간 초콜릿과 물을 마셨다. 가게 사람들이 좀 미안했다. 이내 훌훌 털고 일어나 집으로 돌아왔다.

오늘은 아파트 신청, TV설치 등 중요한 일을 많이 했다. 눈길을 끄는 뉴스가 많았다. 검찰이 간첩증거조작 사건의 수사결과를 발표했다. 윗선을 못 밝히고 제식구 감싸기에 그친 것 같았다. 내 예상에서 벗어나지 못했다. 검찰의 수사결과는 내 손바닥에 들어 있었다. 국정원 2차장이 사퇴하는 것으로 봉합했다. scapegoat(희생양)라기보다 조직을 위한 살신성인이었다. 검찰 수사라는 요식행위는 이제 신물이 났다. 대선 댓글개입, 국가기밀 유출, 간첩증거 조작, 큼직큼직한 사건들을 청와대의 기대에 부응하여 잘 마무리했다. 문득 머릿속에 이상한 광경이 떠올랐다. 머리를 맞대고 뭔가를 수군거리면서 골똘히 의논하고 있는 사기꾼들의 모습이었다. 대형악재가 터질 때마다 힘 있는 자들이 모여서 대책을 숙의하는 장면, 이른바 사기꾼들의 구수회의다.

남재준 원장의 파워가 참으로 대단하다. 정치 사법 등을 종횡무진으로 뭉개버려도 끄떡없었다. 이번에도 무혐의다. 대통령의 백이 이렇게 무서운 것이다. 북이 무인기 공동조사까지 들고 나왔다. 다소 과장된 무인기 소동에 북이 빈정거리는 느낌이다. 정청래는 무인기 출처가 북이 아닐 수도 있다고 섣부른 발언을 했다. 새누리당은 종북 이적으로 물고 늘어졌다. 아내는 아침부터 입씨름한 것이 피곤했던지 일찍 잤다. 나는 메이저리그 투나잇까지 보았다. 메이저리그는 늘 나의 하루의 끝을 마무리했다.

정치 따로 여론 따로 4. 15.

아침 8시에 아내와 운동을 했다. 아내가 회사에서 배워온 근육강화운동을 꼬박꼬박 하고 있다. 힘든 운동이지만 효험을 보았다. 한발로 서기가 가장 힘들었다. 제기차기 동작까지 했다. 말미에 국민체조를 되풀이해서 두 번이나 했다. '아고니스트 당신'을 쓰고 제목을 붙였다. 서오릉에 가보지 않고 봄을 보낼 수는 없었다. 서오릉으로 봄을 찾아갔지만 봄은 이미 물러가고 없었다. 한꺼번에 피어버린 꽃들이 한꺼번에 지고 말았다. 진달래가 유난히 아름다웠는데 그 분홍색 꽃잎을 볼 수 없었다. 날씨가 흐리고 시야가 뿌옜다. 아내가 천식이 도져 계속 기침을 했다. 겨우 익릉의 소나무 숲을 지나 경릉 쪽으로 가다가 아내가 주저앉아 버렸다. 무척 힘든 모양이었다. 아내가 작년에 순창원 앞에 피었던 진달래꽃 이야기를 많이 했다. 올해는 속절없이 지고 없었다. 하릴없이 출구 쪽으로 발길을 돌렸다. 사진을 몇 컷 찍었다. 꽃 속에서 찍은 아내의 사진이 아름다웠다.

간첩증거조작 사건을 박 대통령과 국정원장 법무장관까지 사과했다. 아무도 책임을 지고 물러나지 않았다. 장본인 국정원장은 3분 동안 사과하고 꾸벅 절하고는 그만이었다. 사퇴할 생각은 없다는 것을 분명히 했다. 박 대통령의 재신임을 그런 식으로 밝혔다. 보나마나 후폭풍이 거셀 것이다. 남 원장의 사퇴는 백 번 옳은 일이다. 그러나 난공불락 철옹성이다. 한편으로 이해 할만도 했다. 서로 오장육부를 훤히 알고 있는데 어떻게 내칠 것인가. 엮이고 엮인 사연이 얼마나 얽히고설켰겠는가. 사정이 그러하니 똥 싼 옷을 그냥 입고 갈 수밖에 없다. 부하의 '디버전스'(divergence. 分岐, 일탈)를 어쩔 것인가. 한심스러운 것은 그런 정치를 하고 있는데도 지지율은 고공행진을 하고 있다는 것이다. 이제 '레비아탄'(leviathan, 거대한 바다 괴물, 거악의 상징)이라고 마냥 비난할 수도 없다. 독재의 특징이 그런 것 아닌가. "정치는 난세, 여론은 요순. 정치는 지옥, 여론은 천국. 정치는 악천후, 민심은 쾌청." 완전히 '정치 따로 여론 따로'였다. '3분 사과로 빠져나간 남재준, 임을 위한 행진곡 제창 거부, 박

승춘 보훈처장' 눈을 찌르는 기사들이다. '남재준은 한국의 모리아티?' 밤에 '기황후'를 보았다. 고려인의 눈물겨운 역사가 가슴 아팠다. 봄을 쫓아다니는 날들이 이제 대강 끝났다. 내일은 헌릉을 찾아서 남쪽으로 가리라. 함께 가자고 나는 아내를 꼬드길 터이다.

세월호 침몰, 참절비절 4. 16.

새벽에 꿈이 뒤숭숭했다. 슬픈 꿈을 꾸었다. 기억할 수 있는 것은 나는 '아고니스트 당신'의 운명을 몹시 걱정하면서 슬퍼했다. 용이도 사라져버리고 아무도 관심을 보이지 않았다. 그대로 먼지가 되고 말 것인가. 내가 죽고 나서 누가 내 분신을 거둬주고 챙겨 줄 것인가. 나는 꿈속에서 눈물을 흘리고 있었다. 잠이 깼을 때 아아, TV화면에서 여객선 세월호가 침몰하고 있었다. 속보들이 쏟아졌다. 나는 숨을 죽이고 세월호의 비극을 주시했다. "구명조끼 입고 대기하라. 움직이지 마라. 가만히 있어라." 사람들은 안내방송 믿고 있다가 끝내 탈출하지 못했다. 최후에 퇴선을 해야 할 선장과 선원들이 제일 먼저 탈출, 처음 구조된 47명 중에 그들이 10명이나 끼여 있었다. 경기교육청이 전원구조를 발표했다. 구명정 중 제대로 작동된 것은 두 개뿐이었다. 중재본과 해경이 368의 구조인원을 발표하자 안도했다. 대형참사를 어쩌면 막을 수도 있다는 기대를 했다. 실종자 107명도 줄어들 것으로 기대했다. 몇 시간 후에 구조인원 368명이 160으로 줄어들었다. 탑승객 숫자도 오락가락했다. 어느 것 하나 믿을 수가 없었다. 발표한 숫자가 어떻게 200명씩이나 차이가 날 수 있단 말인가. 선실 내부 동영상이 공개되었다. 뜻밖의 죽음을 맞는 절망 공포 아비규환을 눈으로 보았다. 참절비절(慘絶悲絶), 눈물이 났다. 아내의 트라우마가 되살아났다. 아내는 아버지를 바다에서 잃었다. 하루 종일 세월의 침몰사건을 지켜보았다. 밀려오는 슬픔과 분노를 참을 수가 없었다. 오, 하나님 저 불쌍한 사람들을 구해주소서. 아아, 초기대응이 어쩌면 저리 어설프고 무능할 수가 있을까.

오후에 스트레스를 풀기 위해 남대문시장에 갔다. 아내는 화장품을 사고 낡시터(옷노점)에 가서 옷을 낚았지만 오늘은 빈손으로 돌아왔다. 아내는 풀죽은 소리로 눈에 띄는 대어(大魚)가 없더라고 했다. 천식이 심해서 안 내과를 찾아갔다. 약을 한 보따리 타왔다. 우리는 걷지 않고 차를 타고 귀갓길에 올랐다. 오늘따라 아내는 피곤해서 걸을 수가 없다고 했다.

저녁나절부터 계속해서 침몰 뉴스를 보았다. 모든 이슈는 이 엄청난 비극 속으로 빨려 들어갔다. 당연했다. 저녁나절이 너무나 적막하고 황량했다. 오열하는 가족들의 모습이 비수처럼 가슴을 찔렀다. 무슨 말로 위로를 할 수 있겠는가. 살아가면서 저런 일은 당하지 않아야 한다. 하나님, 저들을 위로하고 붙잡아 주소서. 아내는 헌옷을 정리하다가 아주 마음에 드는 홈웨어를 하나 찾아냈다. 남대문낚시터 대신 안방장롱에서 낚아낸 것이다. 아내는 그 옷을 입고 내 앞에서 포즈를 취했다. 슬픔의 몸짓이었다. 나는 웃으면서 아내를 한없이 사랑해주었다. 아무 생각도 할 수가 없었다. 나는 차가운 바닷물 속에 갇힌 채 애타게 구원을 기다리고 있을, 어린 학생들의 무사귀환을 잠들 때까지 빌고 또 빌었다.

엄마, 나 죽으려나봐 4. 17.

온종일 TV에서 눈을 뗄 수 없었다. 수색작전 난항, 선체진입시도 실패. 물살이 거세고 시야가 어둡다. 유속 시속 7, 8km, 시야 30cm. 온종일 이런 뉴스를 되풀이해서 보았다. 구조대원들이 악천후 속에서 악전고투했다. 비바람과 거친 파도와 싸웠다. 생존자구조는 없고 사망자만 늘었다. 유가족이 있는 진도체육관은 통곡의 바다다. 대한민국은 올 스톱! 온종일 나는 비통과 분노에 시달렸다. 세월호 참사는 인재였다. 선장은 선원에게 대피하라고 발령하고 승객들에겐 대기하라는 방송을 했다. 어린학생들은 안내방송만 믿고 기다리다가 수중고혼이 되고 말았다. 울화가 치밀어서 견딜 수가 없었다. 이제 실낱같은 희망은 에어포켓뿐이라고 했다. 제발 그런 기적의 공간이 물속에, 뒤집힌 채 가라앉은 배속에 있었으면 좋겠다. 금붕어처럼 모여서 숨을 쉬고 있으면 좋겠다. 하나님, 저들을 살려주소서.

　급커브를 하다가 화물이 쏠리면서 부딪치고 그 충격으로 배가 기울고 말았다. 뜸들이고 물 타기 하지 말고 침몰원인을 빨리 발표하고 대책을 강구하라. 대통령이 현장을 방문하고 구조를 독려했다. 정치인들의 방문이 줄을 이었다. 세월호와 함께 안전대한민국은 침몰하고 말았다. 구포열차 목포항공기 경포페리호 삼풍백화점 사고 등 대형사고가 속출하던 20년 전과 하나도 달라진 것이 없다. 정부대응은 우왕좌왕하고 있다. 부끄러워서 얼굴을 들 수 없다. 물이 밀려들기 시작한 선실 안의 동영상이 온종일 눈앞에서 어른거렸다. "배가 기울어졌어, 물이 들어와 무서워!" 어린 학생의 다급한 외침과 엄마에게 보내는 문자가 눈을 찔렀다. "엄마, 나 죽는가봐!" 김지영 선사의 살신성인은 참으로 눈물겨웠다. "왜 구명조끼를 입지 않으세요, 마지막에 입을 거야, 구조하고 따라가겠다."

　오후에 홀로 산책을 나갔다. 도저히 집안에 있을 수가 없었다. 동네를 돌아다녔다. 구기동 쪽으로 갔다가 가파른 계단을 올라 중이집으로 가보았다. 대문에 우편물만 쌓여 있었다. 평창동둘레길 윗길로 통하는 132계단을 오를 때 다리가 떨리고 숨이 차서 중간에 주저앉고 말았다. 혈압이 오르고 어지러웠다. 돌아오는 길에 글로리아 타운에 들려서 5층 로이병원을 찾아갔다. 시간이 어중간했다. 진찰을 받고 물리치료라도 받으려면 내일 오는 것이 나을 것 같았다. 팔과 어깨의 관절통이 심했지만 발길을 돌렸다.

　밤에도 계속 세월호 참사 뉴스를 보았다. 사망자들이 계속 늘어났다. 실종자구조는 하나도 없었다. 생환한 학생들이 심리치료를 받고 있다고 했다. 나는 아내의 트라우마를 걱정했다. 나도 시름시름 앓았다. 아무것도 생각할 수가 없었다. 작업은 꿈도 꿀 수가 없었다. "엄마, 나 죽는가봐" 문자가 머릿속에서 떠나지 않았다. "오 기적의 하나님, 저들을 구원해 주소서." 오매(寤寐)에도 기도하고 기도했다.

이 나라는 선장 없는 세월호 4. 18.

아내는 오랜만에 속회에 갔다. 김O래 권사가 우리 교회로 복귀한 이후에 아내의 속회에 다시 나갔다. 참으로 다행이다. 세월호 침몰 사흘째. 인재라는 외신을 접할 때, 후진국가형 대형참사라는 비난을 들을 때, 일본에서의 세월호 본래 모습을 보았을 때 부끄러워서 고개를 들 수가 없었다. 이 엄청난 재난에 책임지는 사람이 없다. 선장은 일찌감치 배에서 달아났다. 총체적인 재난구조 시스템도 정부의 구조대응도 지리멸렬하기만 했다. 발표하는 숫자가 어느 것 하나 믿을 수가 없다. 갈팡질팡 우왕좌왕 오락가락이다. 나라 모양새가 선장 없는 세월호 같았다. 불안, 우울증, 살아남은 자의 죄책감, 스스로 목숨을 끊은 교감선생님. 참담했다.

오후에 아내와 외출했다. 이런 뜻 없는 나들이는 처음이다. 하도 답답해서 무턱대고 차를 타고 시내로 나갔다. 갈만한 곳이 있을 턱이 없었다. 기껏 종각에 있는 '반디앤루니스'에 가서 마냥 책을 보았다. 주로 인문학서적을 보았다. 철학 역사 심리학 등속의 신간 서적을 보았다. 이렇게 많은 책이 쏟아지는데 그 흔해빠진 책 한 권을 내지 않고 있는 내 처지가 처량했다. 계속 '상재불가'(上梓不可)를 고집하고 있는 자신이 한없이 외로워보였다. 잠시 깊은 회한에 젖었다. 세상은 온통 집단우울증으로 빠져들고 있었다. 패닉상태, 개인이나 집단이 올 스톱했다. 자존심이 상하고 깊은 불안과 공황 속에서 허우적거렸다. 모든 즐거운 일, 웃을 일들이 몽땅 사라져 버렸다. 우리는 담소 한 번 하지 않고 그냥 종각에서 돌아오고 말았다. 온종일 TV에서 생존자 사망자 실종자 숫자만 보았다. 수색작업 난항, 선실진입 실패, 오열하는 유가족만 보았다. 한밤중에 은이가 전화했다. 연이가 경기(驚氣)를 일으켜서 입원을 했다고, 급히 와달라는 것이었다. 새벽 3시에 우리는 부랴부랴 차를 몰고 막내 집으로 달려갔다.

통곡의 바다 4. 19.

생존자 숫자도 제대로 헤아리지 못했다. 정부가 없다. 선체 진입, 아니다 공기주입이다. 중앙재난본부, 갈팡질팡. 바다에 시신들이 떠올랐다. 가슴이 아파서 어떻게 살거나. 이 비통과 울분을 어떻게 삭이고 살거나. 트라우마, 집단 우울증이 엄습했다. 온 나라가 애도의 물결로 뒤덮였다. 아아, 통곡의 바다다. 오열과 탈진으로 실신하는 유가족들, 비틀거리고 주저앉고 쓰러지는 것이 어디 유가족뿐인가. 이 비극을 누가 책임질 것인가.

새벽 3시에 은이의 집에 도착했다. 연이는 병원으로 실려 갔고 은이는 울고 있었다. 손자 범이는 고꾸라져 자고 있었다. 서둘러 은이를 병원으로 보내고 우리는 잠들고 있는 범이 옆에 누워서 잠을 청했다. 그 와중에 나는 잠이 들었다. 잠을 자다가 허겁지겁 달려온 끝이라 이내 잠이 든것이다. 아내는 잠을 이루지 못했다. 이 재앙을 어떻게 건너갈 것인가. 세면도구를 챙겨가지고 이발을 하러 아침에 집으로 돌아왔다. 집으로 와보니 신문이 눈에 띄지 않았다. 지국으로 전화했더니 시치미를 떼다가 슬며시 신문대가 밀려 있다는 것을 환기시켰다. 용이에게 연락했더니 재깍 지국으로 전화해서 해결해 주었다. 생각할수록 불쾌한 일이었지만 역시 참았다. 점심을 먹고 나서 부리나케 막내 집으로 갔다. 하루 종일 세월호 생존자수색과 통곡의 소리를 들었다. 눈물과 한숨과 울부짖는 소리 말고는 세상에는 아무것도 없었다. 끔찍한 재난 앞에서 인간은 한없이 나약하고 무기력했다. 그 흔한 paraclete도 찾아오지 않았다. 인간이 마구 망가지고 허물어졌다. 결코 남의 일이 아니다. 우리 모두가 벌을 쐬고 있었다. 뉴스도 고문 같았다. 여전히 TV에서 눈을 뗄 수 없었다. 범이가 온 방을 굴러다니면서 잤다. 간간이 잠을 깨어 그 녀석이 어느 구석에서 잠을 자고 있는가, 확인했다. 그렇게 온 방을 뒹굴면서 잠은 자는 아이는 처음 보았다. 그 와중에 내가 미소를 짓는 이유였다. 하나님, 연약한 당신의 자녀들을 지켜주소서,

퇴선 재선, 양쪽 다. 죽음이었다 4. 20.

세월호 참사는 한국사회의 총체적 구조적 모순의 표출이다. 누구의 책임인가. 9시 37분 선장 탈출 직전까지 11차례에 걸친 해경관제센터와의 교신내용이 공개되었다. 문득 퇴선이나 재선(在船)이나 어느 쪽도 기다리고 있는 것은 죽음이었다는 참담한 생각이 들었다. 박 정권 출범 이후 안전한국이라는 대선공약은 온데간데없었다. 통합재난시스템 구축은 실패했고 부처 간 엇박자에 컨트롤타워도 없고 중앙재난본부는 제구실을 못해 범정부대책본부를 다시 세웠다. 선장과 선원의 탈출, 참화를 키운 대피안내방송 부재, 모든 것이 근본적으로 부실했다. 총체적인 부실과 모순과 부조리의 표출이었다. 선실진입 성공, 시신수습 인양, 첨단장비 투입을 하루 종일 방송했다. 유가족들은 오열, 탈진, 절망, 분노하고 있는데, 고위관료는 기념촬영을 하고 있었다. 대통령이 방문했지만 민심은 악화일로. 총체적인 난맥상이다. 이 판국에 유언비어나 악성댓글을 단속하겠다고 하고 있으니 제정신인가.

오후에 은이가 병원에서 돌아왔다. 연이의 병세가 우선해졌다. 그동안 범이를 어린이집에 보낸 이야기를 했다. 자폐증 증세를 미리 차단할 수 있었다고 했다. 연이의 분위기에 휩쓸려 얼마든지 그럴 수 있다는 생각하고 있었던 터다. 우리는 오랜만에 아내가 요리한 음식으로 저녁식사를 했다. 9시경에 돌아왔다. 기진맥진했다. 늦게 메이저리그 추신수의 야구경기를 잠깐 보았다. 적이 위안이 되었다. 먼 길에서 돌아온 기분이었다.

주상절리 4. 21.

아침에 근육강화운동을 할 수 없었다. 스마트폰에서 나오는 음악이 끊어졌기 때문이다. 온라인의 변덕스러움에 아내는 불만을 터뜨렸다. 아내는 구령에 맞춰 운동하자고 했지만 나는 오늘은 그만두고 내일부터 구령에 맞춰서 하자고 했다. 아침운동은 뜻이 깊었고 생활의 활력소였다. 아내가 지난 3개월 동안 회사에 개근하면서 얻어온 것은 그것밖에 없었다. 춘추복 바지지퍼가 고장이

나서 은평구 E마트로 수선하러 갔다. 배보다 배꼽이 큰 것 같아서 지퍼를 고치는 대신 새 바지를 하나 샀다. 근처에 있는 드림성모안과에 들러서 아내의 백내장을 검진해보았다. 나도 비문증(飛蚊症) 증세를 알아보았다. 환자들이 많았다. 아내가 병원에 가면서 미세먼지와 대기오염 때문에 안질을 앓고 있는 사람이 많다고 했는데 아내의 짐작이 맞았다. 한참 기다렸다가 진료를 받았다. 아내는 주로 백내장의 진행상황을 알아보았다. 나는 망막검사를 하자는 것을 시간이 많이 걸려서 그만두었다. 의사는 비문증은 그 치료법이 알려진 게 없다고 하면서 그냥 안약을 줄 테니 수시로 눈에 넣으라고 했다.

연일 세월호 침몰 뉴스다. 비리와 부조리가 줄줄이 꼬리를 물고 드러났다. 불법과 비리의 만화경이다. 우리의 자존심이 세월호와 함께 침몰해 버렸다. 한국이 국제적으로 망신을 당하고 있었다. 뉴욕타임스는 세계의 수치라고 비판했다. 생존 선원들은 전용무전기로 탈출을 교신했었다. 자신들만이 아는 통로로 탈출한 것이다. 우리의 분노에 기름을 붓는 대목이다. 구조본부는 가이드라인을 다섯 개를 더 설치했다. 이제 10개가 된 생명줄을 타고 내려가서 수색작업에 박차를 가했다. 시신들이 줄줄이 인양되었다. 알고 보니 세월호가 한사리에, 가장 조수가 높고 사나울 때 물살 빠르기로 악명 놓은 맹골수도에서 침몰했다. 물살이 사납고 시계가 어두워서 구조원이 악전고투를 하고 있었다. 울둘목에 버금가는 사나운 물길에 지금 온 나라가 발목이 잡힌 것이다. 젊었을 때 진도에서 가까운 곳에서 산 적이 있었다. 나는 진도 근해의 바닷물에 대해 잘 알고 있다. 맹골수도는 사나운 짐승처럼 무섭고 신비스런 곳이다. '맹골'이라는 그 어감부터가 듣기만 해도 소름이 끼쳤다. 오늘은 조금이 가까워서 바닷물이 낮고 물살이 느려서 구조작업하기에 좋은 것 같다. 제발 한 사람이라도 생존자를 구출했으면 좋겠다.

아내가 블로그에 무슨 사진을 열심히 저장하고 있었다. 가만히 들여다보니 주상절리였다. 요즘 바다에 대한 뉴스로 도배를 하고 있으니 아내는 바닷가의 풍경과 수승을 살펴보고 있었다. 산에 가면 기암괴석이 있는데 바닷가에 가면 주상절리가 있다. 아내는 그 아름답고 신비한 모양에 넋을 잃고 정신없이 블로그에 저장했다. 절리(節理)는 바닷가에서 볼 수 있는 기둥이나 계단 모양으로 규칙적으로 갈라진 바위의 틈새와 행렬을 이르는 말이다. 우리나라 해안에 지천으로 자리 잡고 있는 그 아름다운 정경을 아내가 놓칠 리가 없었다. 나도 아내 덕에 우리나라의 주상절리를 실컷 구경할 수 있었다. 망중한이었다. 우리는 그렇게 주상절리를 보면서 시름을 달랬다. 밤에 오랜만에 드라마를 보았다. '기황후'를 아내도 끝까지 보았다. 방송이 세월호의 블랙홀에서 좀 벗어난 것 같았다. 차가운 바닷물 속에 누워 있는 어린 학생들의 무사귀환을 끊임없이 빌었다.

오늘은 스무사흘 조금 4. 22.

돌이켜보면 지난16일 한사리에 세월호가 맹골수도에 침몰했다. 4월 14일이 음력으로 3월 보름날이었으니까 물살이 빠르고 거센 것은 당연했다. 대조기 무렵이었다. 얼마나 구조수색작업에 애를 먹었던가. 일주일이 지나서 오늘이 스무사흘 조금이다. 소조기다. 파도가 잔잔하고 물살이 느려져서 구조작업을 하기가 수월해졌다. 구조본부도 구조수색작업에 총력을 기울었다. 잠수부를 대거 투입하고 대대적으로 첨단장비도 투입했다. 시신들이 속속 인양되었다. 생존자 구조는 없었다. 초기에 골든타임을 놓친 것이 갈수록 한스러웠다. 초기대응만 제대로 했더라도 많은 생명을 구할 수 있었을 것이다. 박 대통령은 선장이 먼저 탈출한 것을 용납 못할 살인행위라고 질타하고 여과 없이 분노를 표출했다. 깨알 같은 지시를 했지만 사과는 없었다. 지난 일주일 동안 정부는 무엇을 했는가. 무능과 무기력 그 자체였다. 운항미숙, 화물과적, 구조변경 사고 원인도 아직 안갯속이다. 정부의 무능과 기업의 비리와 탐욕이 가져온 인재다.

호화은둔생활을 하고 있는 유병언 전 청해진 회장이 도마에 올랐다. 'recluse'(은둔자)로 외신에도 오르내리는 추악한 얼굴이다. 사회정의나 공동선에는 나

몰라라 하고 숨어서 잘살고 있는 이 바퀴벌레들이 골칫거리다. 안전하고 행복한 세상에서 살고 싶다. 이 소박한 희망도 막막해졌다. 아내는 초춘호의 침몰 기사와 장모님의 수기를 온종일 인터넷에 올렸다. 아내는 네 살 때 초춘호 침몰로 아버지를 잃었다. 아내의 운명이 180도 달라진 비극적인 사건이었다. 아내는 글과 사진을 올리면서 계속 눈물을 흘렸다. 옛 트라우마가 되살아났다. 내가 가장 우려했던 사태다. 육이오가 발발한 1950년 그해 어느 날, 부산연안부두에 전복과 해삼이 달라붙은 시신들을 바다에서 건져놓았다. 4살배기 어린 딸의 피눈물의 세월을 그때부터 시작되었다. 아아, 회한의 세월이었다. 컴퓨터 앞에 붙어있는 아내의 기색을 살피면서 나는 안방에서 '아고니스트 당신'을 썼다. 아내가 눈물을 흘릴 때마다 다가가서 어깨를 안아주었지만 아내는 조금도 위로받지 못했다. 이 한심한 세월호침몰 사건이 정부와 해운사에 대한 해묵은 아내의 상처와 분노를 촉발시켰다. 아내는 시인의 소명감으로 초춘호사건을 다시 조명하고 진상규명을 촉구했다. 참으로 의연하고 애절한 모습이었다. 세상은 64년 전과 하나도 달라진 것이 없었다. 세월은 조금도 약이 되지 못했다, 세월호여 초춘호여. 조금 덕에 많은 시신들이 수습되었다. 생존자 구조는 감감소식이었다. 피눈물을 흘리고 있는 유가족의 모습에 자꾸 아내의 얼굴이 오버랩 되었다. 그들은 식음을 전폐하고 탈진하고 혼절(昏絶)했다. 하늘이여, 저 불쌍한 사람들을 도와주소서.

  깊은 밤에 뜬금없이 국어의 사잇소리 사이시옷 등에 관한 학습을 했다. 나에겐 국문법이 영문법보다 어렵고 낯설었다. 사잇소리 사이시옷에 대한 미심쩍었던 점을 완전히 풀 수 있었다. 울림소리 안울림소리보다 유성음 무성음이 나에겐 훨씬 익숙했다. 그 와중에 자정이 넘을 때까지 LA다저스의 경기를 보았다. LA다저스는 뒷심이 부족하고 뒷문이 구멍이 났다. 아내는 장모님이 써놓은, 그 분량이 '오싱' '토지' '태백산맥'보다 더 방대한 수기를 발표할 원대한 꿈을 꾸고 있었다. 아내는 '어머니의 수기'를 꼭 세상에 내놓겠다고 몇 번이고 다짐했다.

레클루스의 추악한 얼굴 4. 23.

　NYT는 사설에서 "최후까지 남아 승객을 대피시키는 것이 선장의 임무이자 오랜 전통이다. 그 전통이 깨졌다. 절망적으로 죽음과 싸우고 있는 수백 명의 학생들은 배에 남겨둔 채 선장은 배를 탈출했다." 수치스러운 일이라고 질타했다. WSJ는 "박 대통령은 국민의 분노에 편승하여 세월호 선장과 승무원의 행위는 살인과 같다는 발언을 했다"고 지적했다. 살인자라고 규정함으로써 이미 유죄판결을 내린 셈이다. 블룸버그 통신 유명칼럼니스트 윌리엄 페섹은 "위기상황에서 정부기관이 삼류로 드러난다면 경제가 일류인 것은 의미가 없다. 박 대통령이 자주 입에 올리는 안전 원칙 책임 같은 말들이 이번 위기에서는 대단히 부족했던 것 같다"고 말했다. 중국의 환국시보는 "이번 재난은 후발 현대화의 한계와 취약성을 보여주는 거울이었다. 현대화는 인간, 특히 인간의 생명보호에 초점을 맞춰야 한다"고 강조했다. 경제대국의 후진적 행태라는 비판이 쏟아졌다. 박근혜 대통령은 선장을 비판하고 있지만 세월호 유가족들은 정부의 위기관리를 훨씬 문제 삼고 있다. 효율과 성장에 앞서 기본과 안전부터 철저히 해야 한다는 것은 전 세계가 공감하는 이번 참사의 교훈이다. 우리 모두가 새겨들어야 할 대목이다.

　당국이 청해진의 실질적 오너 유병언 회장의 재산과 비리를 캐내는 데 정신이 없다. 그 끔찍한 오대양사건과 유 회장 커넥션도 다시 보도되었다. 유병언 관련회사 10여 곳을 전격 압수수색했다. 거액비자금도 포착했다. 침몰 이래 정부의 수색구조 작업의 혼선 부실 난맥 무능에 쏟아졌던 언론과 여론의 질타가 이젠 온통 청해진의 오너, 얼굴 없는 오너 유병언의 비리에 초점을 맞추었다. 곳곳에서 우리는 레클루스의 추악한 얼굴을 보았다. 사회정의나 공동선은 오불관언, 부정한 방법으로 번 돈으로 온갖 호사를 부리며 소리 소문 없이 잘살고 있는, 바퀴벌레 같은 은둔자들의 부패와 타락을 우리는 잘 알고 있다. 이 와중에 언론은 그런 사람의 이야기를 하나 더 보탰다. 그러나 경계하는 목소리도 튀어나왔다. 요컨대 "레클루스의 추악한 얼굴만을 보게 하지 말

라. 초점 흐리기나 물 타기 같은 치졸한 짓은 하지 말라. 우선 구조와 수색 작업에 총력을 기울어야 한다." 북한 핵실험 임박설이나 유 회장의 개인적 비리를 폭로함으로써 이 엄중한 국가적 재난에서 도피하려는 수작을 부려서는 안 된다. 유 회장의 수사는 차분하고 끈기 있게 진행해야 한다. 국면전환용으로 다분히 엽기적이고 흥미위주의 비리 캐기로 비쳐서는 안 된다. 무엇보다 맹골수도에 갇혀 있는 불쌍한 생령들을 구하고 이미 죽은 자는 애도하고 유가족을 위로하는 것이 급선무다.

오후에 인왕시장 쪽에 있는 피부과에 가서 '트리코트'를 타왔다. 약을 한 움큼 주는 바람에 아내가 웃음을 터뜨렸다. 결코 즐거운 비명은 아니었다. 다이소에서 자질구레한 일용품을 사가지고 집으로 돌아왔다. 아내는 초춘호 사건을 오늘도 블로그에 올렸다. 마침내 세월호 침몰에 대한 시를 완성했다. 촘촘히 읽어보았다. 아내의 슬픔과 분노와 회한과 자괴감이 고스란히 녹아 있었다. 인터넷에 올려놓고 오래오래 음미해보았다. 내일 아내는 한국시인협회 문학기행을 떠난다. 류현진의 야구를 보았다. 4승 달성에 실패했다. 투구하는 모습이 좀 무기력해 보였다. 상대투수에게 3안타를 허용할 때는 나도 모르게 입에서 험한 소리가 나왔다. 다음순간 류현진에게 미안했다. 아내는 자정이 넘도록 부스럭거리며 이것저것 준비했다. 와중에 발끝 부딪치기도 천 번이나 했다.

디버전스 4. 24.

언제까지 기다려야 합니까, 하대명년. 소조기 마지막 날에 실종자 가족들의 분노가 폭발했다. 구조작업이 지지부진한 것에 항의, 해수부 장관을 붙잡고 연좌농성을 벌였다. 비통한 심정이다. 같이 울어주는 것만큼 큰 위로는 없다. 합동분향소를 찾아가서 통곡이라도 하고 싶다. 어른의 한 사람으로서 미안한 생각에 가슴이 미어졌다. 국민이 집단감정이입으로 트라우마에 시달렸다. '미안해 신드롬'에 걸렸다. 유병언 일가 전방위 수사. 수사가 모로 터지지 않았으면 좋겠다. 선원 15명 사법처리. '유기치사' 혐의 적용을 검토하고 있다. 분기탱천(憤氣撑天), 국민의 분노는 수그러들 줄 몰랐다. 세월호 후폭풍이 여권을 강타했다. 타임이 선정한 가장 영향력 있는 사람 100인 중에서 박 대통령이 빠졌다. 이런 것마저 자존심을 상하게 했다. TV 화면에 오바마 방일 그림이 떴다. 악수하고 웃고 화기애애한 분위기를 연출하고 있는데 과연 그럴까. 오바마의 아세아 순방은 중국을 견제하고 극동아세아에서 미국의 영향력과 입지를 굳히는 것 그 이상도 이하도 아니다. '스시회담'에서 아베가 활짝 웃었다. 센카구 섬이 미일안보적용 범위에 있다는 것을 미일정상회담에서 확인했다. 싱글벙글할 수밖에 없다. 나는 오바마에게서 기대를 거둬들인 지 오래다. 한국의 민주주의 발전과 한일관계의 개선에 그는 도움을 주지 못했다. 그는 미국의 역대 공화당 대통령보다 보수적이고 고루했다.

  아내가 경주로 현대시인협회 문학기행을 떠났다. 세상이 이렇게 침통한데 무슨 기행이냐. 이럴수록 기분전환과 재충전이 필요하다. 잘 떠났다. 내가 문제였다. 아내가 기행을 떠나고 나자 무료해졌다. 앙뉘의 습격을 견딜 수가 없었다. 팔꿈치와 어깨가 유난히 아팠다. LA다저스 경기를 보면서 고통을 잊어보려고 했다. 오후가 되자 팔과 어깨의 통증을 더 이상 견딜 수가 없었다. 정형외과를 찾아가는 것도 쉽지 않았다. 치과 피부과는 많은데 정형외과는 드물었다. 홍제역 근처까지 가서야 겨우 병원을 찾았다. 뜻밖에도 아주 깨끗하고 마음에 들었다. 의사도 아주 친절하고 자상했다. 어린아이처럼 잔뜩 주눅이 들고 불안했는데 마음이 아주 편해졌다. 게다가 의료보호의 혜택을 실감할 수 있었다. 어깨와 팔꿈치 엑스레이를 찍고 통증에 관한 의사의 자세한 설명을 듣고 나서 물리치료를 받았다. 여태껏 물리치료실 하면 늘 어두컴컴하고 비좁고 불결하다는 선입견을 갖고 있었는데 아주 편안하고 정결했다. 치료를 마치고 나올 때 나에게 이상한 변화가 일어났다. 문득 샘솟는 기쁨을 느꼈다. 마음이 끝없이 온유해지면서 포근한 평화를 맛보았다. 세상이 아름답고 즐겁고 따뜻하고 향기롭게 느껴졌다. 냉랭하고 경직되고 견고하기만 하던 자의식이 분열하고 있었다. 세상을 향해 비수를 던지고 있는 나에게 반기를 들었다. 생각이 부정에서 긍정으로 옮아갔다. 아아, 내속에서 위대한 '디버전스'를 확인했다. 나를 무너뜨리고 있는 또 다른 나를 발견했다 약국에서 약을 타 가지고 집으로 돌아왔다. 치료받은 오른쪽 어깨가 거뜬해졌다.

아까 엑스레이를 찍을 때 걸려온 아내의 전화를 확인하고 아내에게 다시 전화를 걸었다. 경주 안압지를 걷고 있다고 했다. "당신과 함께 왔으면 좋았을 걸" 하고, 아쉬워했다. 아내는 시인이고 나는 소설가인데 시인의 행사에 낄 수는 없다. 늘 불만이었다. 민족작가회의 쪽 행사 때는 동반할 때가 더러 있었다. 나이가 젊었을 때였다. 지금은 어쩐지 그럴 엄두가 나지 않았다. 아내에게 실컷 좋은 바람을 쐬고 오라고 했다. 낮잠을 잠깐 잤는데 갑자기 기분이 찌뿌드드해졌다. 병원에서 가져온 약을 복용하자 한결 기분이 좋아졌다. 수목드라마를 보았다. '아고니스트 당신'도 썼다. 내일도 팔꿈치 치료를 받으러 가리라. 오늘 처음으로 나라가 나를 지켜주고 보살펴주고 있다는 것을 구체적으로 실감했다. 한결 누그러지는 내 마음을 경험했다. 나를 향해 주먹질을 하고 있는 '디버전스'를 나는 뜨겁게 느꼈다.

위대한 국가복원력 4. 25.

휘청거리고 있는 대한민국을 복원하는 힘은 역시 국민에게서 나왔다. 세월호 침몰사고 희생자를 애도하고 실종자의 무사귀환을 기원하는 노란리본 달기 운동이 빠르게 전국으로 확산했다. 외환위기 때 금 모으기 운동이나 2007년 태안 기름제거 자원봉사 활동에서 보여준 것처럼 평범한 보통 국민들이 국가적 시련 극복의 희망이 되었다. '기울어진 대한민국호'를 복원하는 힘이 되었다. 사고 후 9일이 지나는 동안 실종자 구조의 희망은 멀어지고, 국민의 슬픔과 분노는 증폭되고, 사고를 내고 먼저 도망간 선원과 선장은 거짓말을 일삼고, 비극을 유발한 사고회사 책임자는 깊이 잠적하고, 사고 수습에 실패한, 특히 초기대응 실패로 천금 같은 구조시간을 허비해 버린 정부는 허둥대기만 했다. 총체적 부실과 혼란의 수렁 속에서 허덕이고 있는 무능한 정부에 실망한 국민이 너도나도 자원봉사자로 나섰다. 시련과 위기에 강한 국민이 "함께 아파하자" 외치면서 위대한 국가복원력을 보여주었다. 온 나라에서 감동의 물결이 출렁였다. 언제쯤이나 정부가 넘어진 대한민국호를 튼튼하게 복원할 수 있을까.

오바마 방한이 빛이 바랬다. 마치 일본방문의 뒤풀이 같다. 그는 이념이나 가치보다 철저히 국익을 챙겼다. 어떻게 민주당에서 저런 대통령이 나왔는지 모르겠다. 내가 그에게 품고 있는 생각이 하나도 달라지지 않은 이유다. 유유성 간첩사건 재판에서 항소심에서도 무죄판결이 나왔다. 이쯤 되면 남 국정원장은 설 땅을 잃었다. 그래도 얼굴을 쳐들고 계속 나댈 것이다. 그는 철옹성이니까. 아내가 간간이 경주에서 전화했다. 아내가 없는 동안 유난히 팔과 어깨가 쑤시고 아팠다. 오후에 정형외과에 갔다. 오늘은 팔꿈치를 치료했다. 의사가 경과를 묻고 특히 약이 위장에 지장이 없는지 신경을 썼다. 단 두 번의 치료로 몸이 가뿟해졌다. 지하철로 종묘에 가서 노인들의 서식지를 보았다. 나의 얼굴이 그들 속에서 어른거렸다. 오랜만에 셔틀버스를 타고 돌아왔다.

아내는 9시가 넘어서 돌아왔다. 돌아오자마자 문학기행에서 있었던 일을 쏟아냈다. 나도 모르는 두 남자 시인에 대한 이야기를 연방 늘어놓았다. 약간 철없고 나이브한 그 시인들이 아내에게 좋은 인상을 주었던 모양이다. 재미있는 노인들이었다. 한밤중에 깊은 상념에 빠졌다. 그때 비수처럼 가슴을 찌르는 소리가 있었다. "얼마나 두려웠니. 얼마나 살려달라고 하나님을 불렀니." 바닷물에 수장된 어린 학생들이 눈앞에 떠올랐다.

충격상쇄용 기사아이템 4. 26.

해양수산부가 국민의 관심을 다른 데로 돌리기 위해 충격 상쇄용 기사아이템을 개발하라는 지침을 내렸다. 논란이 일었다. 지난 22일 국방부가 "북한이 큰 것 한 방을 준비 중이라는 첩보가 있다"며 북한의 4차 핵실험 임박가능성을 흘린 것도 심상찮았다. 25일 정보공개센터가 제공한 해양사고 위기관리 매뉴얼에는 과연 충격 상쇄용 기사아이템 개발이 명시되었다. 사고에 빠르게 대처하기 위해 국민에게 신속하고 정확한 정보를 제공하기보다는 사실을 감추기 위한 조치로 해석되었다. 그런 기사를 읽고도 나는 발끈하지 않았다. 나의 반응은 적이 뜻밖이었다. 그럴 것이 세월호의 수렁에서 하루빨리 헤어나기를 나도 원하고 있었기 때문이다. 분명히 옳지 못한 조치였다. 하지만 그렇게 해서라도 이 어두운 터널에서 빨리 벗어나고 싶었다. 미안해 신드롬, 아내의 초춘호 트라우마, 저 통곡의 바다에서 오열하고 분노하는 유족들, 세월호의 침몰과 함께 완전히 멈춰서 버린 대한민국호, 어쩌면 이 충격을 상쇄할 만한 또 다른 경천동지(驚天動地)할 사건이 일어나서 그 반동으로 대한민국을 제자리로 갖다놓기를 은연중에 나는 바라고 있었는지도 모른다.

요즘은 하루가 어떻게 지나가는지도 모르겠다. 마냥 먹먹하고 무기력하고 우울하고 고통스러운 시간의 행렬이 지나가고 있을 뿐이다. 도와주소서. 윤리적으로 거듭나는 것도 중요하지만 우선 상처받은 사람들의 마음이 치유 받을 수 있게 해주소서. 저들의 눈에서 눈물을 닦아 주소서. 다시 살아갈 수 있는 힘과 용기를 주소서. 이틀간의 치료 덕에 어깨와 팔꿈치가 가붓해졌다. 병원에서 준 약도 거르지 않고, 정형외과의 그 독한 약을 이를 악물고 목구멍으로 넘겼다. 효험이 있었다. 통증이 가시고 팔의 놀림이 자유로웠다. 한번 만 더 물리치료를 받으면 완치될 것 같았다. 근육운동과 발끝부딪치기는 당분간 하지 못했다.

아내는 오전 오후 할 것 없이 블로그에 글과 사진을 올렸다. 현대시인협회 기행에 대한 글을 세세히 올리자 사람들이 몰려왔다. 아내의 블로그는 늘 문전성시를 이뤘다. 시집을 못 내서 아쉬웠던 마음을 어느 정도 보상받을 수 있었다. 아내의 말마따나 어쭙잖은 시집보다 낫다고 했다. 블로그는 제풀에 영원히 남을 수도 있다. 종이시집은 책장에 꽂아 버리면 그만이지만 인터넷은 언제라도 쉽게 접할 수 있다. 나는 '아포리즘 사랑'을 썼다. 오늘도 세월호 뉴스에서 눈을 떼지 않았다. 머리를 식히기 위해 잠시 '코스모스'를 보았다. 우주의 무한시공을 보았다. 무한과 유한. 먼지 위의 미물, 생명을 읽을 수 있는 언어, 우주의 나이는 138억년, 몸은 작은 우주, 자연의 선택에 의한 진화, 망원경이 나오기까지 4세기 전까지는 육안으로 볼 수 있는 우주만을 우주라고 알았다.

세월호 사건에 대해 프란치스코 교황은 윤리적으로 거듭날 것을 강조했다. 몇 개의 글을 주목했다. 양권모의 '세월호와 대통령의 지지율' 이해영의 '오바마 방한의 정치경제학' 어쩌다가 자정이 지나도록 '세바퀴'를 보았다.

배신의 세월 4. 27.

11시에 부활절예배를 보았다. 담임목사가 목이 쉬어서 서 목사가 대신 설교했다. 서 목사는 부산으로 목회를 떠난다고 했다. 처음이자 마지막인 그의 설교가 마음에 와 닿았다. 몹시 아쉬웠다. 세월호 사건 이후로 일상이 마냥 엉거주춤했다. 일이 손에 잡히지 않았다. 세상이 온통 집단 트라우마를 앓았다. 머릿속에 떠돌고 말들도 뻔했다. 자괴감 무력감 허탈감 비통 분노 원망. '그것이 알고 싶다'를 보았다. 대통령은 헌법 1조 34조의 의무를 유기했다. 언론도 국민의 편이 아닌 권력의 편에 섰다. 구조수색 작업을 부풀려 보도하는 데 앞장섰다. 17, 18일 520명의 잠수부를 투입했다고 홍보했는데 알고 보니 구조 활동을 했던 사람은 고작 38명에 불과했다. 그것도 17m쯤 물속에 들어갔다가 조류가 너무 빠르고 사나워서 도로 나와 버렸다. 국민의 신뢰를 회복하는 것이 정부의 급선무다.

정 총리가 사의를 표명했다. 구조수습 과정의 혼선에 책임을 지고 물러나겠다고 했다. "자리를 지킴으로써 더 이상 국정운영에 부담을 줄 수 없다는 생각에 사퇴할 것을 결심했다." 결국 대통령을 구하기 위해 사퇴한다는 모양새다. 선장처럼 빠져나가는 총리를 보고 실종자 가족들은 분노와 허탈감을 느꼈다. 야당은 무책임한 책임회피라고 비판했다. 총리는 그간 대리사과나 일삼다가 결국 대리책임으로 사퇴했다. 대통령이 직접 사과할 것을 촉구했다. 여전히 아무도 책임지는 사람이 없었다. 아이러니컬하게도 의사자(義死者)로 지정하자는 청원운동이 전국으로 번지고 있는, 세월호 침몰로 사망한 정차웅 학생 남윤철 교사 최혜정 교사 박지영 승무원 양대홍 사무장만이 책임을 다한 것 같다. 가족사랑 신드롬이 퍼졌다. 집단우울증 트라우마가 극성을 부렸다. 내 가족이 살아 있는 것만으로 고맙다는 정서가 온 나라를 뒤덮었다. 어칠비칠 뒤죽박죽으로 일상을 망가뜨리고 있는 것은 나였다. 하루하루를 엉거주춤한 채 믿음이 무너져 내린 배신의 세월을 살았다. 아내는 끊임없이 '思父曲'(사부곡)을 썼다. 오매불망 4살 때 여읜 아버지를 그리워했다. 내 의식은 그런 아내를 보고 가만히 혼절했다.

아내의 사부곡 4. 28.

해경의 구조 동영상과 단원고 박수현 군의 휴대폰 동영상이 공개되었다. 침몰하는 순간 배 안팎은 너무나 대조적이었다. 눈물이 쏟아지고 가슴이 미어졌다. 목불인견(目不忍見)이었다. 아이들의 천진함과 의연함, 어른들의 비겁함과 어리석음에 가슴이 터져 버릴 것만 같았다. 골든타임에 어른들은 달아났고 "움직이지 말고 대기하라"는 안내방송만 믿고 아이들은 꼼짝하지 않고 죽음을 기다리고 있었다. 너무 한스럽고 한스럽다. 이 억울함을 어떻게 풀 것인가. 해경 123정이 현장에 도착했을 때 갑판에는 승객이 하나도 보이지 않았다. 살려달라고 아비규환 하는 인파로 뒤덮었어야 할 갑판이 무인지경이었다. 세상에 이런 해괴한 광경이 어디 있겠는가. 바다에는 달랑 배 한 척과 하늘에는 헬기 두 대가 떠 있을 뿐이었다. 가슴을 치고 통곡해도 이미 차디찬 바닷물 속에 수중고혼이 되어버린, 사랑하는 아들딸과 가족들은 돌아오지 않았다. 4살 때 바다에서 아버지를 잃은 아내는 세월호 참사의 슬픔과 충격에서 벗어나지 못했다. 묵은 상처가 덧나고 말았다. 아버지를 잃은 초춘호 침몰사건을 떠올리며 자정이 넘을 때까지 사부곡을 썼다. 그런 아내를 볼 때마다 나는 고개를 돌리고 눈물을 훔쳤다. 아버지의 시신이 누워 있는 바닷가에서 조개를 줍던 철없는 4살배기 아이가 온종일 컴퓨터 앞에 장식처럼 붙어 앉아서 사부곡을 쓰고 블로그에 올렸다. 사부곡은 눈물로 얼룩졌다.

  김상중의 '그것이 알고 싶다'는 감성이 아니라 사실에 호소했다. 깊은 감명을 받을 수 있었던 이유다. 다른 프로는 시청자들의 누선(淚腺)을 자극하는 감성의 유희에 곧잘 빠졌다. 쇼하지 말라. 언론에서 툭하면 성수대교 붕괴, 삼풍백화점 붕괴, 대구지하철 폭발사건 등을 들춰내서 비교했다. 제발 그런 식으로 물 타기 하지 말라. 그때는 무능 때문이었지만 지금은 배신 때문이다. 근본적으로 국민이 절망하고 분노하고 있는 이유가 다르다. 언론은 충격 상쇄용으로 자꾸 과거사건으로 도배하지 말라. 역대 대통령이 책임을 통감한다면서 사건 발생 후 며칠 만에 사과했다는 것을 지금 와서 들춰내서 어쩌겠다는 것인가. 그런 식으로 사태를 호도하지 말라. 이경규가 26일에 골프를 쳤다고 비난이 쏟아졌다. 슬픔과 충격으로 사람들이 나들이조차 꺼렸던 판에 골프를 쳤다. 그 강심장에 입이 벌어졌다. 하지만 비난할 것까지는 없다. 사상과 표현의 자유 못지않게 감정과 정서의 자유도 있는 것이니까. 인간의 오욕칠정 중에서 특히 희로애락은 자연적인 현상이다. 다만 같은 국민으로서 좀더 배려를 했더라면 좋았을 텐데 하는 안타까움이 남는다.

  기침이 심해져서 '연세병원'에 가서 감기약을 지어왔다. 의사가 깡마르고 시커먼 인상을 주었는데 진료하는 솜씨도 거칠었다. 좀 두려움을 느꼈다. 그런 사람이 지어주는 약을 먹고 괜찮을는지 모르겠다. 밤에 '기황후'를 보았다. 슬픈 시간에 잠시 흠뻑 빠질 수 있었다. '소설가 티'를 내느라고 불만도 터뜨렸다. 우리 드라마에 대한 불만을 오버액션(overaction) 한마디로 요약했다. 눈물 연기는 이제 신물이 난다. "자 누가 잘 울 수 있는지 이제부터 우리 한번 울어보자"는 식으로 연기를 했다. 눈물이 없는 연기를 한번 보고 싶은 것이 소원이다. 연기는 보이지 않게 해야 한다. "무연기가 명연기다." '몬티'나 '게리 쿠퍼'의 연기를 그래서 나는 좋아했다.

"아아, ---했더라면 살릴 수 있었을 텐데, 훨씬 많이 살릴 수 있었을 텐데. 사람들은 계속 발을 동동 굴렀다. 초동대응에서 선장이나 해경이나 정부가 아아, --했더라면, 얼마든지 살릴 수 있었을 텐데, 시간이 흐를수록 아쉬움만 쌓였다. 때 아닌 가상스토리(alternative story)를 떠올리면서 나는 오늘밤도 어김없이 치를 떨었다.

가상스토리, 현장은 달랐다 4. 29.

유속이 빠르고 파도가 사납고 바람이 불고 바다 속은 시계(視界)제로였다. 수색구조작업 난항 차질 중단 실패. 똑같은 뉴스가 도배를 했다. 검찰은 별건수사? 유병언 일가의 비리 탈세 횡령 등의 수사에 박차를 가했다. '성동격서'(聲東擊西) '본말전도'라는 말이 입속에서 뱅뱅 돌았다. 사고원인 규명은 점점 한쪽으로 밀려나가고 있다. 심지어 말레시아 항공기 같은 또 하나의 미스터리? 이런 소리까지 나왔다. 어떻게 사고원인이 미스터리라는 말인가. 언어도단이다. 박 대통령이 13일 만에 사과했다. 역시 국무회의 석상에서 간접사과를 했다. 합동분향소 조문도 했다. 유족들은 격앙됐다. 정부에서 보낸 화환은 꼴도 보기 싫다고 박 대통령의 화환을 돌려놓았다가 치워버렸다. 사나운 민심의 표출이었다. 그렇게 국민 앞에 나서기를 꺼려한단 말인가. 권위주의 리더십의 단면을 보여주었다. 유족들의 절규와 항의에 부딪쳤다. 볼썽사나운 장면이 계속 연출되었다. 유족들은 위로하는 장면은 보도하면서 항의하는 장면은 뉴스에서 뺐다. "유족들의 눈물은 대통령과 함께할 때는 뉴스가 되지만 대통령에게 항의할 때는 감춰졌다."

세월호 침몰사고 보도는 처음부터 꼬였다. 정부는 침몰한 16일부터 바다 위와 수중에서 헬기와 함정, 구조대원 수백 명이 투입되는 사상 최대의 규모의 수색작업을 벌이고 있다고 발표했다. 언론은 여과 없이 보도했다. 하지만 현장은 달랐다. 수색에 투입된 인력이 기껏 10여 명에 불과했다는 사실은 실종자 가족들이 배를 타고 현장에 가본 뒤에야 밝혀졌다. 유족들은 정부와 이를 대변한 언론에 분노했다. 선장이 사고를 쳤고 정부가 키웠고 언론이 방조했다. 이번에도 언론은 국민의 편에 서지 않았다. 언론은 검증 확인보다는 속보 경쟁에만 열을 올리고 있다. 국민의 감정을 자극하는 보도는 되도록 삼가고 재난에 대한 합리적 예방책 구조적 모순 등을 짚어나가야 하는데 그러지 못했다. 온종일 언론타령이었다. 언론에 대한 비판과 질타는 이제 내 고질이 되어 버렸다. 고통스러웠다. 개선될 기미는 전혀 보이지 않는다. 진정성을 의심받는 대통령의 간접사과, 국가재난 상황에도 보도통제나 하려는 방통위. 우리를 슬프게 하는 것이었다.

추운 겨울에도 거뜬했는데 어쩌다가 감기에 걸렸다. 동네병원에서 지어온 약이 효험이 없었다. 한기가 들고 열이 올랐다. 몹시 괴롭고 힘들었다. 아내는 온종일 블로그에 글을 올렸다. 여전히 아내는 방문객들이 몰려드는 게 사뭇 고무적이었다. 초춘호 침몰사건은 60년 전의 사건으로서 이미 묻혀 버린 것이다. 아내의 공개로 다시 세간의 관심을 끌었다. 안방에서 홀로 뉴스를 보았다. --않았더라면 --했더라면 아아, --그랬더라면 우리 아이들이 살았을 텐데, 어제에 이어서 오늘도 나는 가상스토리를 떠올리며 안타까워했다. alternative story의 수렁에서 헤어나지 못했다. '기황후'의 마지막 회를 보았다. 서운했다. 류현진이 연패한 이후로 메이저리그는 뜨악해졌다. 사람의 마음은 이렇듯 간사하고 변덕스러웠다. 그럴수록 그를 응원하고 경기를 자주 보아야 하는데 금세 고개를 돌려버렸다. 심한 부끄러움을 느꼈다.

잔인한 사월 4. 30.

대통령 사과 이후 더 억장이 무너지는 상황이 벌어졌다. 시기와 형식 등에서 적절하지 못했다는 비판여론이 확산되었다. 유가족들도 사과가 아니라고 공식 입장을 밝혔다. 진정성이 없는 대통령의 사과는 유가족의 가슴에 또 하나의 못을 박았다. 유난히 사과문에서 '적폐'라는 말을 강조한 대목이 귀에 거슬렸다. 책임을 과거정부에 떠넘기려는 의도가 배어 있었다. 정부의 재난 수

습의 혼선 난맥 무능, 특히 초동대응의 실패에 대한 책임을 통감하고 그에 대한 향후 개선책을 내놓지는 않고 지극히 감성적인 위로의 말 몇 마디하고 나서 적폐나 척결하겠다는 식으로 사과를 했다. 매뉴얼이나 정부차원의 재난방지 기구가 없어서 이런 참사가 일어난 것은 아니다. 국가안전처를 또 신설해서 뭘 하나. 그런 것이 없어서 이런 사고가 일어났는가. 제대로 활용하지 못하면 백날 있어봤자 소용이 없다.

이 와중에 합동분향소에서 대통령이 유가족을 위로하는 영상이 조작되었다는 의혹까지 제기되었다. 이쯤 되면 막판드라마만도 못하다. 그 많은 영정 앞에서 눈속임수를 연출했다면 참으로 천벌을 받을 일이다. 가장 가슴을 아프게 하는 것은 사고 다음날인 17일 해경이 언딘(UNDINE)을 위해 해군 최정예요원들의 잠수를 막았다는 것이다. 국방부는 '상호 간섭과 배제'를 위해 서로 협의 아래 언딘을 먼저 잠수하게 했다고 해명했다. 참으로 억장이 무너지는 소리다. 고귀한 수백 명의 생명이 죽어가고 있는 그 급박한 상황에서 '상호 간섭과 배제'를 위해 잠수를 양보했다. 가용할 수 있으면 땅 끝까지 달려가서라도 잠수부를 데려와야 할 판에 현장에 도착한 해군최정예요원 UDT SSU구조대원을 손 놓고 뒷짐 지고 기다리게 했다니 도저히 용납할 수 없는 일이다. 그 무렵 언론은 500이상의 잠수부들을 투입하여 수색구조작업에 총력을 기울이고 있다고 보도했다.

진도실내체육관 어느 자원봉사자의 말을 듣고 분노를 금할 수 없었다. "정부는 구조도 포기했지만 구호도 포기했습니다. 사복경찰이나 투입해서 자원봉사자들이나 실종자 가족들을 감시하고 있습니다. 전국에서 구호물품이 쏟아지는데 이를 관리할 정부관리자는 없습니다. 어디로 가는지 파악도 안 되고 창구도 단일화되지 않았어요. 자원봉사자들이 반입과 반출을 관리하고 있습니다. 갈팡질팡 우왕좌왕하는 구조수색작업 못지않게 허술하기 짝이 없습니다. 정부의 구호시스템에 참으로 불만이 많습니다. 이젠 슬퍼하고 분노할 기력마저 잃어버리고 자포자기하고 까무러져가는 유가족들을 보면서 눈물과 한숨으로 하루하루를 보내고 있습니다." 이 와중에 방송통신위원회는 방송을 통제하고 사복경찰은 유가족을 감시하고 있으니 어떻게 이런 정권을 믿을 수 있단 말인가.

아내는 줄곧 SNS에서 유포되고 있는, 침몰할 때 선실 안 학생들을 찍어놓은 동영상을 틀어놓았다. 천야만야 낭떠러지 그 칠흑의 나락 같은, 죽음이 들이닥치고 있는데도 천진난만하게 떠들고 있는 학생들을 보고 나도 모르게 눈물이 쏟아졌다. 화장실로 달려가서 눈물을 훔쳤다. 문제는 내 혈압이었다. 그토록 내가 못 견뎌하는 것을 알면서도 거푸거푸 동영상을 틀어놓았다. 아내의 눈가엔 늘 눈물이 번졌다. "그냥 아름다운 꽃시절로 지나갔으면 좋았으련만, 왜 사월은 또 이렇게 잔인한가요. 가슴이 아프고 억장이 무너져서 견딜 수가 없네요. 흐르는 눈물로 두 눈은 이미 짓물러버렸습니다. 4월은 참으로 잔인합니다. 하나님, 당신의 의로운 오른손으로 나를 붙들어 주십시오. 가슴이 천 갈래 만 갈래로 찢어지는 슬픔에 울고 있는 저 유가족들을 위로해 주십시오, 그들의 눈에서 피눈물을 닦아주십시오."

기침이 심하고 신열이 났다. 오후에 병원에 가서 주사를 맞고 약을 타왔다. 한겨울에도 말짱했는데 꽃피는 4월에 독감에 걸리고 말았다. 병원에서 돌아오는 길에 아내가 팔라우에서 돌아온 아들에게 가자보자고 했다. 나는 마다했다. 귀국한 지 며칠이 되었는데 코빼기로 보이지 않는 아들이 좀 서운했다. 아내는 홀로 차를 몰고 아들을 찾아갔다. 아내는 깊은 밤에 돌아왔다. 얼굴이 별로 밝지 않았다. 시절이 하 어수선한데 팔라우라고 별 수가 있겠는가. 아내는 블로그에 글과 사진을 올렸다. 아내의 블로그를 통해 나는 지난 한 달 동안의 봄나들이를 돌아보았다. 평창동둘레길에서 아내가 꽃무더기 속에서 활짝 웃고 있었다. 사진 속에 남아 있는 꽃피는 4월을 향해 작별을 고했다. "잔인한 사월이여, 가라. 우리 눈에서 더 눈물이 흐르지 않게 하라."

성북동 문학기행

트랜센던트의 눈물 5. 1.

　해경수색제지의혹이 어제에 이어 오늘도 나의 신경을 물어뜯었다. 파문은 확산되었다. 실종자 가족들은 한시 빨리 물속에 들어가서 꺼져가는 생명의 빛을 구조해 주기를 발을 동동 구르며 애타게 기다리고 있는데, 해경은 느긋하게 우선권이나 따지고 있었다. 정부의 무능과 혼선, 언론의 특보 감성보도 경쟁 때문에 시간을 허송하고 있는 동안 바다 속의 우리 아이들은 수중고혼이 되고 말았다. 대통령은 국민의 분노를 제대로 이해하지 못하고 사과조차 하지 않았다.

　아내와 서울분향소를 찾아갔다. 국화를 손에 든 추모객들이 합동분향소에 몰렸다. 광장에는 웃음과 말소리가 없었다. 침통하고 애절하고 숙연한 행렬이 끝없이 이어졌다. 추모의 벽과 리본의 정원에는 죽은 자의 명복을 비는 검은 리본과 실종자의 귀환을 비는 노란 리본이 바람에 나부끼고 있었다. 나는 분향소 앞에 내걸린 "미안합니다" 그 큰 글자를 한참동안 바라보았다. 정체모를 전율을 느꼈다. 참으로 미안해야 할 나쁜 어른들이 숨어버리는 환상을 보앉기 때문이다. 지금 국화 한 송이를 손에 들고 비통해하고 있는 저 사람들은 어쩌면 눈곱만치도 미안해야 할 이유가 없는 착한 어른들이라는 생각이 들었다. 분한 생각에 치를 떨었다.

교육부가 합동분향소에 있는 현장대책반에 대통령의 화환을 잘 돌보라고 지시했다. 교육부가 학부모나 교사 학생들의 아픔을 치유하는 것보다 대통령의 조화관리에 더 신경을 썼다. 어디에도 아이들 구조에 최선을 다하라는 말은 단 한 줄도 없었다. 시신을 보고 가라는 유족들의 요구에 정 총리는 일정 때문에 그럴 수 없다고 잘랐다. 유가족들이 "시신을 봐야 절박함을 느낄 것 아니냐. 같이 가서 확인하자"고 거세게 항의하자 그제야 정 총리는 시신안치소를 둘러보고 서울로 돌아갔다. 노란리본은 2차 세계대전 때 미국에서 전쟁터에 나간 병사의 무사귀환을 바라며 나뭇가지에 매단 것에서 유래되었다. 세월호 참사 후 한 누리꾼이 '하나의 작은 움직임이 큰 기적을'이란 글과 함께 노란 바탕에 나비리본 그림을 올리면서 국민적 추모운동으로 확산되었다. 새누리당 일부에서 이 노란색에 알레르기 반응을 보였다. 윤상현 수석부대표는 "나는 됐다" 하면서 노란리본 달기를 거부했다. 색깔이 마음에 안 들어서 달고 싶지 않다는 것이었다. 그는 노란리본을 추모로 보지 않고 색깔로 보았다. 국민의 눈물과 한숨 대신 그 지긋지긋한 색깔론이나 종북의 징후로 보았다.

오후에 버스를 타고 서울의 심장부로 나갔다. 광화문광장에 내려서 서울광장으로 갔다. 조문행렬이 광장을 덮고 있었다. 잠시 광장에 머물다가 남대문시장으로 건너갔다. 마음이 심란할 때마다 그랬듯이 아내는 어김없이 남대문 낚시터(옷노점상)를 찾아갔다. 오랜만에 남성용 셔츠도 하나 샀다. 한국은행 뒷길에 있는 벤치에서 아내가 주는 초콜릿 몇 조각을 먹고 물을 마시면서 휴식을 취했다. 다시 서울광장으로 돌아왔을 때 여전히 조문행렬이 꼬리를 물었다. 아내는 연방 블로그에 올릴 사진을 찍었다. 동아일보 앞 청계광장 근처에서 대통령 퇴진을 요구하는 시위가 열리고 있었다. 잠깐 기웃거리다가 이내 경복궁 앞으로 걸어와서 차를 타고 귀가했다.

저녁을 먹고 감기약을 먹었다. 목은 완전히 잠기고 콧속은 맹맹했다. 기침을 할 때마다 옆구리와 허리가 아팠다. '개과천선'이라는 새로 시작한 수목드라마를 보았다. 문득 나는 누구인가, '트랜센던트'(transcendent, 超人)라는 말이 생각났다. 이 참절비절한 재난 참사 비극은 모두 내가 기왕에 예상했던 것 아닌가. 나는 늘 가슴을 쳤고 괴로워했고 긴 밤을 탄식하며 지새우지 않았던가. 그랬다, 어쩌면 내가 걱정했던 그 트랜선던트의 눈물이 현실로 나타난 것이다. 오늘의 하이라이트는 트랜센던트의 눈물이었다.

악마의 파라다이스 5. 2.
지하철 추돌 사고가 일어났다. 서울 2호선 상왕십리역에서 200여 명 부상. 재난은 겹쳐서 오는가. 세월호 와중에 지하철 사고까지 겹쳤다. 안전 불감증. 국민은 불안과 공포에 떨었다. 악마의 파라다이스는 어떤 곳일까. 악의 세력이 멀쩡한 얼굴로 아무 불편 없이 버젓이 활개를 치면서 살고 있는 곳이다. 악마가 진짜 얼굴을 가린 채 온갖 제도와 관습 속에 교묘히 숨어서 살고 있는 사회다. 갈데없이 대한민국은 악마의 지상낙원이다. 이 악마가 선량한 시민으로 행세하고 사회의 모든 계층을 지배했다. 구원파가 사회 구석구석에서 날뛰고 있다는 '악마의 소문'을 아내는 온종일 퍼 날랐다. 대통령도 사회지도인사를 초청한 자리에서 유언비어를 언급하면서 사회의 불안 갈등 분열을 조장하고 있다고 개탄했다. 하루 종일 그런 루머에 시달렸다. 탤런트 전양자 가수 양희은 이야기를 귀가 아프게 들었다. 박진영도 구원파 유력인사의 사위라는 소문이 돌았다. 유병언 일가의 감춰진 비리 불법도 문제지만 별건 수사처럼 그런 것을 물고 늘어지는 수사당국이나 확인되지 않은 사실을 선정적으로 퍼뜨리고 있는 여론도 문제다. 사고 직후 선원들이 한곳에 모여서 신분을 숨기려 옷을 갈아입었다는 사실이나 해경이 피의자인 선장을 수사관 집에서 재웠다는 뉴스도 어김없이 내 정신을 사납게 물어뜯었다. 어불성설이다. 이런 어처구니 없는 세상이 어디 있겠는가.

기초연금법이 야당의 양보로 통과되었다. 아무리 봐도 백기를 든 꼴이다. 그러려면 왜 그토록 오래 뜸을 들이고 시간을 낭비했는가. 지방선거를 앞두고 야당에게는 악재가 될 것 같다. 한창 광고에서 뜨고 있는 사람에게 "명심해, 이제 네 차례일 뿐이야" 평생 저렇듯 별처럼 떴다가 사라져 간 사람을 얼마나 많이 보아왔던가. 좀 아니꼽고 시샘이 나서 그런 소리를 한 것 같았다. 프리덤하우스의 발표에 의하면 한국은 언론자유 68위다. 한국 언론의 부끄러운 현주소다. 부끄러운 정도가 아니라 노예언론이라고 자포자기 혹은 체념할 지경이다. 외출하려는데 비바람이 몰아쳤다. 오월의 날씨가 졸지에 엉망이 되고 말았다. 이제 지하철추돌사고까지 가세하여 온종일 세상이 들끓었다.

기침이 잡히지 않았다. 병원에서 지어준 약을 착실히 먹으면서 감기를 치료했다. LA다저스의 경기를 보았다. 아내는 SNS에 뜨고 있는 루머를 거의 믿었다. 격앙돼 있는 아내를 진정시키는 데 애를 먹었다. 깊은 밤에 화장실에 가서 목 안에 들어 있는 가래를 다 뱉어내고 콧속에 쌓인 먼지를 씻어냈다. 머리맡에 놓여 있는 빨간 물약을 마시고 나자 감기가 좀 우선해졌다.

생명 존중 5. 3.

세상은 황량하고 뒤숭숭하고 어수선했다. "악덕한 힘의 폭발 내부에 어떤 알 수 없는 명령에 복종하도록 준비된 악덕의 심연이 있다. 인간은 운명적으로 불가항력적인 악의 세력에 맹종하게 돼 있다." '악마의 존재방식'을 읽었다. 의지와 능력보다는 악의 원천에 운명적인 복종을 강요하고 있는 것 같아서 마음이 착잡했다. 아무리 톺아보아도 문맥과 내용이 어설프고 졸렬했지만 나는 잠시 '악마의 존재 방식'에 시달렸다.

오후에 스킨을 사러 남대문시장을 찾아갔다. 가는 길에 서울운동장에서 계속되고 있는 조문행렬을 확인하고 싶었다. 아내는 나를 시장에 세워두고 여전히 '낚시'(노점상에서 옷을 고르는 것)를 즐겼다. 오죽 심심하고 답답했으면 저리 넋을 놓고 있을까. 아내의 심정을 이해할 만했다. 나는 우리은행과 상동교회 앞 사거리에서 '흑미호떡'을 팔고 있는 모녀를 흥미 있게 관찰했다. 줄지어 기다리는 손님을 헤아리고 시간이 흐름에 따라 사람들이 어떻게 증감하는지를 살펴보았다. 밤에 귀가해서 얼마나 매상을 올렸는가 하루의 수입을 계산하는 장면까지 상상해보았다. 이윽고 아내가 돌아왔다. 한국은행 옆길로 해서 서울광장으로 나가서 조문행렬에 합류했다. 시청지하실 시민청으로 내려갔다. 아내는 어린아이처럼 낙서도 하고 도란도란카페를 기웃거리기도 했다. 우리는 청계천광장으로 나갔다. 촛불시위가 벌어지고 있었다. "우리아이를 살려내라, 박근혜는 책임져라." 학생들이 많이 눈에 띄었다. 초겨울의 추운 날씨였다. 맨바닥에 앉아서 시위를 하는 것이 너무 고통스러웠다. 조계사 앞까지 걸어가서 버스를 타고 돌아왔다. '생명존중' '국민행복'이라는 말이 머릿속을 맴돌았다. 문명의 한복판엔 생명존중 정신이 우뚝 솟아 있어야 한다. 생명존중이 없으면 효율 성장 번영 죄다 아무 소용이 없다. 검찰이 국제영상과 노른자쇼핑의 대표인 전양자를 출국금지조치하고 소환했다. 젊었을 때 부민관에서 '제인에어'를 공연할 때 나는 그의 팬이었다. 아내의 친구 남편인 탤런트 김길호와 공연할 때였다. 그가 유병언의 측근 중의 측근이고 금수장의 대표라니, 믿어지지 않았다. "대한민국 엄마들은 아프다. 너무 착해서 숨진 아이들 가슴에 묻고 어찌 살거나, 어찌 살거나."

　피겨여왕 김연아의 마지막 무대 "안녕, 고마워요" 왜 이리 슬픈 울림으로 다가올까. 주말드라마를 보는 둥 마는 둥했다. 아내가 드라마와는 상관없이 마음 내키는 대로 큰소리로 노래를 불렀다. 마음이 심란하다는 표시였다. 나는 드라마를 보다말고 건넛방으로 가서 아무데나 누워버렸다. 아내가 따라와서 내 옆에 누웠다. 나는 다시 안방으로 가서 자정이 넘을 때까지 메이저리그 투나잇을 보았다. 하루의 끝자락에서 뜨거운 바람이 일었다. 나의 하루를 구원하기 위해 나는 입속으로 연거푸 "생명존중, 생명존중"을 부르짖고 있었다.

악마의 심연에 빠진 세상 5. 4.

아내만 교회에 갔다. 감기가 심해서 눈도 제대로 뜰 수가 없었다. 한식경이 지난 후에야 벌떡 일어나서 아침을 챙겨먹었다. 그대로 누워 있으면 칠흑의 나락으로 떨어져 버릴 것 같았다. 악의 세력에 의해 세상은 바닷물에 빠져 버렸다. 당장 '악마의 심연'에서 빠져나와야 한다. TV에서 흘러나오는 노래를 따라 불렀다. 노랫소리가 목구멍 속으로 기어 들어갔다. 아무리 부추겨 보았지만 풀이 죽고 맥이 빠졌다. 어제 청계천에서 본 노란 리본이 눈앞에 떠올랐다. 꽃보다 아름답고 슬펐다. 세상은 눈물과 한숨으로 가득 찼다. 세상이 참척(慘慽)을 당했다.

박근혜 대통령이 사고현장을 다시 찾아갔다. 해군함정도 찾아가고 바지선도 타보고 잠수부도 만났다. 유가족을 만나 위로하고 이번 참사에 무한책임을 지겠다고 약속했다. 그의 입에서 '천붕'(天崩)이란 말까지 나왔다. 가족을 잃은 아픔을 누구보다 잘 알고 있다고 유가족을 위로했다. 일껏 매정하고 냉랭하던 내 마음이 갑자기 출렁였다. 정체모를 연민과 비애가 밀려왔다. 따지고 보면 박 대통령만큼 비통하고 참담한 일을 많이 당했던 사람이 없다. 왜 그런 그를 나는 냉정한 눈으로만 보았을까. 달갑지 않은 디버전스에 내가 다시 빠지고 말았다. 걸핏하면 왜 마음이 갈라질까. 게걸음치는 마음을 걷잡을 수가 없었다. 아내가 돌아온 뒤에도 안방에 틀어박혀서 입을 꾹 다물고 있었다. 나를 둘러싸고 있는 깊은 침묵을 헤쳐 버릴 수가 없었다. 우연히 들여다본 기사에서 미시마 유키오의 망령을 만났다. 그는 1970년 11월 25일 도쿄 자위대 건물 이층발코니에서 자위대원들에게 전후평화헌법 폐기와 헌법 개정을 위해 궐기하라는 내용의 연설을 하고 할복자살했다. 그의 할복퍼포먼스는 큰 충격이었다. 어떤 목적과 의미를 위해 과연 인간은 유희나 퍼포먼스를 펼치듯 생명을 내던질 수 있단 말인가. 한때 그의 사생관이 끈덕지게 나를 괴롭혔다.

뜻밖의 일이 침묵의 수렁에서 나를 끌어내 놓았다. 동생 월암이 대한민국미술대전 심사위원장으로 위촉되어 지금 경희궁에 머물고 있다는 전언이었다.

제수가 문자를 보낸 것을 아내가 나에게 알려주었다. 귀가 번쩍 틔었다. 참으로 기쁘고 자랑스러운 일이었다. 내가 착 가라앉아 있는데 그런 소식을 귀띔해준 것은 기운을 내고 기뻐하라는 누군가의 메시지가 담긴 것이 분명했다. 기분이 확 달라졌다. 나는 맘껏 기뻐했다. 아내가 저녁에 LA김밥을 만들어 주었다. 정성이 담긴 음식이었다. 맛도 좋았지만 먹을 때 하나하나 내용물을 얹어서 먹는 장면이 무척 재밌고 정겨웠다. 온갖 시름과 우울이 한꺼번에 날아가 버렸다. 주일에 듬뿍 은총을 받았다. 자정까지 메이저리그야구를 보았다. 나는 깊고 어두운 터널에서 가까스로 벗어났다.

울 엄마는 올 아흔여섯 살 5. 5.

가족나들이 할 기분이 나지 않았다. 사람들이 일상으로 돌아갈 수 있는 힘이, 복원력이 아직 회복되지 않았다. 어린이날 행사도 많이 취소되었다. 가족들이 나들이 대신 합동분향소를 찾았다. 대다수 착한 국민들이 소수의 나쁜 레비아탄 때문에 슬픔에 빠져있다. 아내도 여전히 비리척결 진상규명을 촉구했다. 초춘호 침몰사건의 부조리 척결과 수습을 위한 영원한 시효를 요구했다. 그렇지만 강퍅하고 황폐돼서는 안 된다고 아내를 위로했다. 아내는 세월호 참사는 초춘호 사건의 연장이라고 했다. 그때 4살배기 아내는 평생을 초춘호 침몰의 슬픔과 회한과 분노 속에서 살아왔다.

요양원에 있는 장모님에게 보낼 과자와 사탕을 사기 위해 E마트에 갔다. 아내가 "울 얼마는 올해 아흔여섯 살"이라고 울먹였다. 부산어머니에 대한 한과 그리움이 배어 있었다. 살아갈수록 그 오랜 세월을 홀몸으로 살아온 장모님이 불쌍했다. 눈에 띄는 대로 노인들이 좋아할 과자를 샀다. 어린이가 좋아하는 막대사탕도 샀다. 내일모레 백 살을 바라보는 어머니는 어린아이다. 선물만 보내고 몸은 갈 수 없는 것이 안타까웠다. 용이의 전화를 받았다. 선물도 보냈다. 오늘은 용이의 전화, 엄마의 선물준비, 월암의 심사위원 위촉 등이 위안거리였다. 계절이 뒤죽박죽이다. 몸이 으스스 떨려서 오월에 방안에서 파커를 입고 지냈다. 밤에 드라마 '엄마의 정원'을 보았다. 여전히 세월호 특집을 보면서 가슴을 쳤다.

노란손수건의 침묵시위 5. 6.

"후진국가의 선거는 선택이 아니라 집단최면이다." 대통령이 지지율이 폭락했다고 해서 알아보니 52%다. 콘크리트 지지자 35%을 빼면 13%다. 지지율 가지고 정치를 하지 않았으면 좋겠다. 지지율에 중독한 정치가는 결코 성공할 수 없다. 올해는 꼬이고 뒤틀리기만 한다는 말이 가슴을 때렸다. 총체적 부실, 국가개조론, 관행, 적폐 이런 말도 함부로 쓰지 말라. 문제의 핵심을 흐리는 말이기 때문이다. 관피아는 누가 만들었나. 가만히 있으라. 누가 한 짓인가. "혼자 있으면 울고, 둘이 모이면 위로하고, 셋이 모이면 화를 낸다." 수도권 민심이 이렇다고 한다. 선거에 미칠 세월호의 영향을 이야기하면서 정권심판과 정치무관심을 제기했다. 정치무관심은 아무래도 악지다. 여당이나 언론쪽의 희망사항 같다. 사회적 정서는 여전히 비통 분노 충격 불안. 세월호 참사에서 국민의 생명과 안전을 지키지 못한 박근혜 대통령은 헌법상 책임을 면할 수 없다. 오래된 관행과 적폐를 바로잡지 못했다는 둥 책임을 과거정권으로 전가했는데 이번 참사를 야기한 게 관피아라고 한다면 그 관피아를 누가 만들었는가. 대통령을 비롯한 현 집권층의 자기사람 심기, 낙하산인사로 관피아가 조성된 것이 아닌가.

구조 0명은 국격을 0점으로 만들어버렸다. 정부는 허둥대기만 했고 무능하고 뻔뻔스럽고 약삭빠른 모습만 보였다. 겉치레와 헛구호로 가득한 국정프로그램만 고스란히 드러냈다. 이번 참사의 원인으로 법치주의 파괴를 들 수가 있다. 법치주의 본질은 법으로 정해진 요건과 절차에 따라 지배하는 것인데 정부와 유착된 집단이 법을 위반하여 국민의 생명을 희생시켰다. 엄마의 노란손수건 회원들이 침묵시위를 벌였다. 어떤 말로도 표현할 수 없는 분노와 슬픔을 분출했다. 침묵이 어떤 목소리보다 더 큰 힘을 발휘했다. 노란손수건의 침묵시위를 하는 이유다. 말로써 살아가는, 나 같은 작가들은 다 어디로 가 버렸을까. '이 형언할 수 없는 분노'를 그들은 어떻게 표출하고 있을까. 부끄럽고 미안하고 슬펐다. 사월초파일 석가탄신일, 봉축법요식을 보았다. 중생을 건지리라, 번뇌를 끊으리라, 법문을 다 읽으리라, 불도를 이루리라. 대통령도 참석했다. 대한민국의 내로라하는 면면들이 다 모였다. 대통령이 여인이라는 것을 처음으로 느끼면서 그의 연약함에 가슴이 아팠다.

마늘과 김칫거리를 사기 위해 농협을 찾아갔다. 멀리 서오릉에 건너다보이는 곳에 자리 잡고 있는 매장이었다. 아내가 물건을 사는 동안 나는 내내 주차장에 홀로 서서 서오릉을 품고 있는 건너 편 산들을 바라다보았다. 아트막하고 부드러운 산이었다. 신록이 우거져서 산세가 은은하고 어슴푸레 꿈결 같았다. 저 산 속에 이조의 왕족들이 잠들고 있다. 그동안 그토록 서오릉을 자주 찾아왔는데 어쩐지 낯설고 아득하기만 했다. 이 봄엔 서오릉 앞에 있는 꽃시장도 자주 가지 못했다. 연휴의 마지막 날이었다. 兩主는 세월호 참사의 뉴스만 되풀이해서 보았다. 아침에 근육운동을 하고 오후에 서오릉을 다녀와서 그래도 기분이 좋았다. 아내는 인터넷을 검색하고 나는 안방에서 작업했다. '아고니스트 환' 이틀 치를 손질했다. 어김없이 자정까지 '메이저리그리뷰'를 보았다. 야구는 나의 메시아였다. 용서하소서.

불량한 사람이 되지 말라 5. 7.

돌아가신 아버지를 생각하면 어김없이 두 가지일이 생각난다. "불량한 사람이 되지 말라" 착한 인간이 되라는 당부의 말이었다. 복잡하고 거창한 가르침 같은 것은 없었다. 다음은 삼국지 구연(口演)이었다. 어렸을 때 아버지는 짬만 나면 밤으로 삼국지를 우리에게 이야기해 주었다. 탁월한 이야기솜씨였다. 아버지의 자리에는 언제나 너덜너덜하고 닳아빠진, 표지도 없는 '연의삼국지' 한자본이 놓여 있었다. 아버지가 그 원전을 읽었는지 아니면 당신이 젊었을 때 일본신문에서 스크랩해 놓은 일본판 삼국지를 읽었는지 알 수가 없었다. 아버지의 말씀과 연의 삼국지는 세월이 흐를수록 머릿속에 새록새록 떠올랐다. 요즘 세월호의 참사를 보고, 불량한 사람이 되지 말라는 아버지의 말이 떠오른 것은 당연했다. 수백 명의 어린 학생들을 가라앉고 있는 뱃속에 그대로 둔 채 더구나 꼼짝 말라고 해놓고 달아나 버린 선장과 선원들을 생각하면 세상에는 확실히 불량한 인간이 많구나 하는 생각이 들었다.

항일독립투사처럼 요즘 매일같이 '비분강개'하고 있다. 이런 자신에게 짜증이 날 때도 있었다. 왜 좀더 의연하고 냉정하고 침착하지 못한가. 심지어 인류의 형벌의 역사에서 왜 아직까지 공개처형이 사라지지 않고 있는가를 이해할 것도 같았다. 그 우라질 선내방송을 믿고 '착해빠지게' 구명조끼를 입고 침대에 웅크리고 앉아서 구조의 손길을 뻗쳐오기를 기다리고 있었을 아이들을 생각하면 비통하고 울화가 치밀어서 견딜 수가 없었다. 내 비분강개에 기름을 붙는 공적들이 계속 모습을 드러냈다. 검찰은 성역 없는 국정원 댓글수사를 '혼외자'로 막았다. 국정원 선거개입 수사를 결국 검찰총장 채동욱 혼외자로 그 피날레를 장식했다. 검찰이 또 옷에 똥을 쌌다. 힝고처럼 잘한다고 하니까 계속 방귀를 뀌다가 똥을 싸 버린 것이다. 똥 싼 옷을 입고 부귀영화를 누린들 무슨 폼이 나겠는가. 더 기대할 게 없다.

수백 명의 생명이 바닷물 속으로 가라앉은 후로 정부는 단 한 사람의 목숨도 건져내지 못했다. 그게 외려 기적에 가까워서 기네스북 오를 만하다. 정부는 무능 부패 혼란의 책임을 적폐나 관행의 탓으로 돌리고 국가개조론이나 들먹였다. 바야흐로 유병언 일가 부정비리 수사의 등 뒤로 숨어들었다. 검찰의 압수수색 정보를 한국선급에 흘린 해경직원, 이런 해경을 누가 다스리고 있는가. 언론은 정부의 구조수색 활동을 혹은 과장하고 혹은 은폐하고 혹은 축소하면서 정부가 발표하는 대로 베껴 썼다. 그들은 한번도 울고 있는 국민의 편에 선 적이 없다. 틈만 나면 '채동욱 혼외자' '북한발진무인기' 등을 받아쓰기에 정신이 없다. 여전히 세월호 참사에 대한 관심을 다른 데로 돌리는 데 앞장서고 있다. 이대론 가망이 없다. 대학의 한 구절이 구구절절 옳다. 德者本也 財

者末也 外本內末 爭民施奪(덕은 근본이요 재물은 맨 나중이라 그 본말을 뒤집게 되면 사람들이 서로 다투어 빼앗게 된다.) 돈이 최고 가치가 되고 욕망과 탐욕이 사회를 지배하게 되면 사람들은 그 참혹한 분쟁과 충돌의 소용돌이에서 살아남을 수가 없다. 자본주의 탐욕과 무너진 정의사회, 우리는 불신시대에 살고 있다. 만사를 제쳐놓고 불신시대를 주제로 한 '엘론' '배수의 고도'를 무대에 올린 '우리아트센터'를 찾아가봐야겠다. 고맙다 아트센터여, 참으로 고맙다.

오전에 아내와 우체국에 가서 부산요양원에 계시는 '올해 아흔여섯 살 울엄마'에게 선물을 보냈다. 동봉한 아내의 편지가 눈물겨웠다. 우체국에는 마음과 정성을 담아 보내는 사람들로 붐볐다. 세상에는 착한 사람들이 많았다. 오후에 아내가 김치를 담그고 청소하는 동안 홀로 산책을 나갔다. 북악정에서 풀코스로 경복궁까지 걸어갔다. 봄 산책은 마지막이 될 것 같은 예감이 들었다. 신영고개를 거의 '구보(驅步)'로 거뜬히 넘어갔다. 감기로 쇠잔해진 몸에서 어떻게 그런 기운이 솟았는지 모르겠다. 가쁜 숨도 토해내지 않았다. 그동안 꾸준히 해왔던 근육운동이 효험이 있는 것인가. 골고다언덕, 서울미술관, 그 고갯길도 거뜬히 넘었다. 창의문 길에는 벌써 녹음이 짙어갔다. 오가는 사람은 없고 관광버스들만 길가에 늘어서 있었다. 사람의 산책길이 아니라 관광버스들의 쉼터가 되어 버렸다. 누구에게 가서 창의문 길을 돌려달라고 하소연을 할 수 있을까. 청와대입구 삼거리에서 경찰이 화들짝 놀라 쫓아와서 수하를 했다. 이전에는 본체만체했는데 시국을 반영하는 단면이었다. 경복궁 앞에서 버스를 타고 돌아왔다. 화창한 날씨에 바람이 세차게 불었다. 마음속으로 인왕산과 북악산에 작별인사를 했다. 이 풍경과도 이제 결별해야 한다.

밤에 메이저리그리뷰를 보았다. '너는 생각이 너무 많아' 이 말이 이젠 칭찬인지 비난인지도 모르겠다. 유난이 생각이 많았던 하루였다. 지극히 소박하고 단순한 한마디가 나를 사로잡았다. "불량한 사람이 되지 말라"는 아버지 말이 한밤에 귓전을 때렸다.

사랑은 팰리즘이 아냐 5. 8.

 가장 슬픈 어버이날이다. "꿈에라도 보고 싶은 아들아, 가슴에 묻은 딸들아, 카네이션을 누가 달아줄 것인가." 이대로는 안 된다. 통치스타일을 바꿔야 한다. 구름 위에서 옥음을 내리는 제왕적, 교조적 통치방식으로는 가망이 없다. 민주적 방식으로 바꿔야 한다. 지배하기는 편할지 몰라도 국민의 고통은 쌓여 갈 것이다. 검찰은 권력의 시녀가 되었고 언론은 재갈이 물렸다. 국정의 동력이 어디서 나오겠는가. 세월호 참사 수습책도 임기응변 수준에서 벗어나지 못했다. 국가 안전처 신설이나 구름을 잡는 식의 국가 개조론은 무책임하기 짝이 없다. 총리를 비롯한 개각도 눈감고 아옹 하는 식이다. 울화가 치미는 소식은 끝이 없다. 해수부, 최초상황보고 폐기하고 재작성. 들끓는 세월호 민심을 틀어막기 위한 정부의 수상한 행보. 국정원을 개혁하겠다면서 여전히 공안검사를 중용하는 대통령. 요지부동이다. 새누리당 전 원내수석대표가 떠나면서 "노무현, NLL 포기 안했다"고 밝혔다. 종전 입장을 180도 뒤집은 것이다. 이런 사람의 말을 듣고 정국이 요동쳤으니 착잡했다.

 전신만신이 쑤시고 아팠다. 아침에 은이가 보낸 떡이 배달되었다. 은행에 가서 일을 보고 나서 곧장 명보극상으로 갔다. 2시 30분에 '폼페이 최후의 날'을 보았다. 아내가 무척 재밌어 했다. 촬영기법이나 화면이, 특히 베스비우스 화산폭발 장면이 좀 어설펐다. 그러나 우리 가슴속에서 추억의 명화는 어김없이 살아났다. 영화가 끝나자 영화관에서 어버이날 떡을 나눠주었다. 배가 고픈 김에 휴게실에 앉아서 맛있게 먹었다. 진고개를 넘어 명동으로 건너갔다. 사보이호텔 앞을 지나 남대문시장으로 빠졌다. 아내의 예의 명품낚시가 시작되었지만 이내 낚시는 끝나고 말았다. 신통한 것이 없다고 했다. 외식하려고 했는데 떡을 먹은 것이 든든해서 그냥 집으로 돌아왔다. 즐거운 나들이였다. 밤에 '어머니의 정원'을 보았다. 빈틈없이 엮어놓은 이야기가 재미를 더해갔다. 아내에게 느닷없이 "사랑은 팰리즘(phallism)이 아냐." 다소 선정적인 말을 했다. 아내는 싱긋이 웃으며 모른 체했다. 드라마가 끝나자마자 우리는 건넛방으로 건너갔다. 행복한 밤이었다.

구름 위에서 옥음을 보내는 것 5. 9.

꼭 집어서 이유를 잡아낼 수 없지만 이번 세월호 참사는 이전의 대형참사와 그 성격이 다르다. 과거의 삼풍백화점 서해훼리호 등을 끌어내어 물타기도 해보지만 그 충격과 상처가 그때처럼 쉽게 가시지 않는다. 분노가 가라앉지 않는다. 배신감이 가시지 않는다. 연이어 정부의 무능 무책임 직무유기 등이 부각되고 있다. 특히 박근혜 대통령에 대한 실망이 크다. 지지율이 추락하는 것이 문제가 아니다. 설명할 수 없는 배신감과 의구심이 날로 심각해지고 있다. 역사인식 문제, 유신에 대한 집념, 불통 정도의 논란을 야기했는데 이젠 그의 트레이드마크인 원칙과 신뢰의 정치가라는 이미지가 깡그리 무너지고 말았다. 기강해이, 규제실종, 철학부재가 현실로 나타나고 있는데 그는 기껏 대처리즘, 신자유주의 교조적 통치스타일이나 휘두르고 있다. 반대파를 잡는 도나케나 종북몰이 신앙이나 내두르고 있다. 그의 통치는 구름 위에서 옥음(玉音)을 보내는 것이 전부다.

고집과 불통, 인문학 교육결핍의 증상을 보면 역사 철학 문학 이른바 문사철 교육을 제대로 받았는지조차 의심스럽다. 혹시 구중궁궐 청와대에서 17년간 살았고 부모가 흉탄을 맞아 돌아가신 것이 그의 인성에 심각한 결함이 생기게 한 것은 아닐까. 그가 청와대에서 살면서 아버지 박정희 대통령이 철권정치와 폭압정치 통치방법으로 조국근대화 경제번영 부국강병을 이룩한 것만을 보고 배운 것이 틀림없다. 그런 것들 못지않게 중요한 민주주의 사회정의 생명존중 인권보장 약자보호 복지행복 등은 배우지 못했다. 그가 지탄받고 있는 불통이나 독선도 어쩌면 달리 어떻게 할 수 있는 성향이나 역량이 없어서 그럴지도 모른다는 의구심이 난다. 그의 인성을 회복하고 정서를 순화하고 인문학적 가치를 터득하는 것이 우선 급선무가 아닐까. 서민의 정서와 애환, 일테면 가족사랑 이웃사랑 남녀사랑을 과연 알고나 있을까. 의혹과 우려와 연민이 한꺼번에 밀려왔다. 어제 했던 말들이 여전히 유효했다. 이대로는 가망 없다. 통치 스타일을 바꿔야 한다. 구름 위에서 옥음을 내리는 제왕적, 교조적 통치방식에서 민주적 방식으로 바꿔야 한다.

세월로 참사 수습책도 임시방편의 수준이고 미봉책에서 벗어나지 못하고 있다. 국가안전처 신설이나 하늘의 구름을 잡는 식의 국가 개조론은 너무나 무책임하다. 총리경질을 비롯한 개각은 눈감고 아웅 하는 꼴이다. 세월호 참사 유가족들의 청와대 앞 시위 때문에 광화문으로 나가는 길이 막혔다. KBS보도본부장의 부적절한 발언에 항의하여 대통령 면담을 요구하면서 유가족이 청와대로 몰려왔다. KBS사장의 사과와 책임자 사퇴로 시위는 해산했다. 아내와 차를 몰고 숭인동에 쌀을 가지러 갔다가 청와대광장 앞으로 돌아왔다. 주위는 평온이 감돌았다. 경찰차가 길목마다 차단했다. 안산의 고교생들이 침묵시위를 벌이고 있었다. 눈물겨운 장면이었다.

소소한 고민이 끊이지 않았다. 아내는 내일 강남문인협회 문학기행을 가겠다고 한다. 종로일원에 있는 문학인의 생가를 찾아가는 코스였다. '상허'를 기껏 문학독본의 저자라고 소개해 놓은 것이 마음에 걸렸다. 그런 정도의 인식을 갖고 찾아가는 문학기행이라면 곤란하다는 생각이 들었다. 세월호의 충격은 좀처럼 가시지 않았다. 깊은 밤까지 촛불을 든 학생들이 눈앞에서 어른거렸다.

살아난 삼성회장 5. 10.

문학기행을 간 아내가 파김치가 되어 돌아왔다. 상허와 만해의 집을 찾아간 아내가 탈진한 모습으로 돌아 온 것이다. 두 사람의 집을 찾아간 것까지는 좋았는데 길상사를 답파한 것이 좀 무리였던 모양이다. 아내는 아침에 집을 나갈 때부터 좀 비틀거렸다. 나에게 텃밭에 물을 주라고 해서 올해는 텃밭 일을 하지 않겠다고 철석같이 약속해 놓고 또 텃밭 일을 하려고 하느냐, 했더니 짜증을 냈다. 시도 때도 없이 허리가 아프다고 해서 텃밭 일을 만류했는데 텃밭

사랑을 아내는 버리지 못했다. 집을 나설 때까지 티격태격 다퉜다.
　문학기행을 마친 아내가 종각으로 나오라고 했다. 부랴부랴 나가 보니 아내의 모습이 보이지 않았다. 이윽고 아내가 기진맥진한 모습으로 나타났다. 역방향의 버스를 타서 미아리까지 갔다가 돌아온다고 했다. 기력이 쇠진하여 아내는 이야기도 제대로 하지 못했다. 아내가 식사하고 들어가자고 했다. 우리는 가까운 낙원동 '하누소'로 가서 갈비탕을 먹었다. 아내는 갈비탕은 거의 먹지 않고 눈곱만큼도 소복(蘇復)이 될 것 같지 않은 비빔냉면만 먹었다. 외식까지 했지만 귀갓길은 결코 기분이 가볍지 않았다. 정체 모를 페이소스가 우리를 짓눌렀다. 아내가 문학기행 때 먹다가 남긴 떡을 나더러 먹으라고 내놓았다. 떡을 먹은 것이 탈이 붙었는지 뒤가 무지륵하고 아랫배가 아파왔다. 집에 돌아온 아내는 상허의 집에 대한 이야기를 많이 했다. 화단도 아기자기 집안도 오밀조밀 잘 꾸며져 있어서 절로 집필할 마음이 생기겠더라고 했다. 그런 상허가 월북했고 끝내는 북한권력의 버림을 받고 비참한 최후를 마쳤다. 춘원, 정지용, 박태원도 북으로 갔는데 어떻게 최후를 맞았는지는 아무도 모른다. 아내는 예술가의 말로를 한탄했다. 나는 김동인의 최후를 떠올렸다. 그처럼 참혹한 죽음을 맞았던 사람은 없었다. 육이오 때 그는 모두가 떠나버린 자기 집 방안에서 굶어죽었다.
　밤에 메이저리그 텍사스와 보스턴의 경기를 보았다. 관전포인트는 일본투수 다르비슈의 노히트 노런이었다. 대단한 투수였다. 일본 야구를 제패하고 미국을 건너가 돌풍을 일으키고 있었다. 숨을 죽이고 그의 대기록 달성을 응원했다. 9회말 2사, 아웃카운트 하나만 잡으면 노히트 노런의 대기록이 달성되는 순간이었다. 그 마지막 타선에서 보스턴의 오티스 홈런타자가 나왔다. 그와 싸움은 볼만했다. 오티스의 우전안타가 터졌다. 일순, 대기록의 꿈이 무너졌다. 허탈했다. 아아, 인생은 허탈한 한 순간, 바로 그것이었다. 고개 숙인 다르비슈의 모습을 떨쳐버릴 수가 없었다. 아쉬웠다. 주말드라마도 보았다. 신통찮았다. 왜 저런 대화밖에 할 수 없을까. 드라마가 끝나자 곧바로 잠자리에 들었지만 나는 잠을 이루지 못했다.

　나중에 안 일이지만, 내가 뒤척이고 있던 그 순간에 삼성 이건희 회장이 생사의 경계를 넘나들고 있었다. 이건희 회장이 죽음의 문턱까지 갔다가 살아서 돌아왔다. 밤 11시에 갑자기 심근경색으로 심장과 호흡이 멎었다. 5분 이상 뇌로 혈액과 영양이 공급되지 않으면 뇌는 손상되고 의식과 지능이 회복불능 상태에 이르고 만다. 바로 죽음이다. 발병 후 그 골든 시간에 지체 없이 심폐소생술을 시행했고 10분 만에 심장박동이 되살아났다. 삼성왕국 이건희가 살아났다. 이건희 일가와 삼성왕국은 이렇게 숨 막히고 긴박한 시간을 보냈다. 세월호의 충격, 탈진한 아내, 왕후장상도 억만장자도 한순간에 허물어지고 마는 죽음의 습격, 혹은 혈육의 영면, 그 슬픈 이별을, 강 건너 불구경하듯 바라보았다. 수척하고 쇠잔한 아내의 얼굴에서 뜻밖에도 강렬한 삶의 욕망을 느꼈다. 하나님, 용서하소서.

잃어버린 얼굴 5. 11.

　눈을 뜨자마자 부음이 날아들었다. 큰형님이 세상을 떴다는 비보였다. 어제의 탈진상태에서 회복하지 못한 아내가 전화를 받았다. 허둥지둥 부평성모병원으로 달려갈 차비를 했다. 가까스로 기운을 차리고 문상 길을 서둘렀다. 월암부부가 가고 있다는 기별이 왔다. 병원의 위치도 알려주었다. 버스로 종각으로 가서 지하철1호선을 타고 부평으로 향했다. 바깥은 비가 내렸다. 한때 내가 부평에서 살았던 적도 있다. 몇 십년 전이었고 그동안 형과는 별 내왕이 없어서 부평 길은 초행이나 다름이 없었다. 새삼 회한이 밀려왔다. 왜 그렇게 담을 쌓고 살았을까. 부평역에 도착했을 때 잠시 방향을 잃고 헤맸다. 1번 출구를 찾을 수가 없었다. 광장으로 나간 후에야 겨우 방향을 잡을 수 있었고 역 건너편으로 넘어갔다. 그곳에서 곧장 직진하여 성모병원을 찾아갔다.

　영안실에서 부규 부부가 형수와 식사를 하고 있었다. 들어가기 전에 영안실 앞에 걸려 있는 형님의 영정을 보았다. 장발을 한, 꽤 오래 전에 찍은 사진이었다. 그런 사진을 걸어놓은 것이 마음에 걸렸다. 그랬다. 나는 그런 엉뚱한 생각이나 했다. 충격, 가슴이 미어졌다. 나는 얼른 화장실로 가서 얼굴을 씻었다. 물을 끼얹고 목에 잠긴 가래를 뱉어냈다. 거울 속의 내 얼굴을 들여다보았다. 형님의 죽음을 보고 슬픔에 잠겨 있을 내 얼굴이, 그곳에 없었다. 멍한 표정, 부어오른 멀건 눈자위, 퀭한 눈빛이 있을 뿐, 내가 잘 알고 있는, 울고 있는 내 얼굴이 거기 없었다. 나는 충격을 받았다. 숫제 오욕칠정이 사라져 버린, 그 누구의 얼굴도 아닌, 정체모를 한 늙은이의 얼굴을 보았을 뿐이다. 형님이 영정 앞에 고개를 숙이고 명복을 빌었다. 형수님과 조카들의 슬픔을 위로했다. 소문에 치매기가 있다는 형수가 다행히 나를 알아보았다. 그녀는 착하고 온순하기 짝이 없는 아내요 어머니였다. 우리 어머니는 얼뜨고 무능한 형수를 보고 평생 탄식했다.

  시간이 흐르자 누나도 왔고 조카들도 몰려왔다. 교회신도들과 목사가 문상 오고 기도와 찬송가소리가 장례장을 가득 메웠다. 내 가슴이 좀 기를 펴는 것 같았다. 입관식이 끝나고 나서 자리를 지키고 있는 부규와 대화를 나눴다. 그는 신학대학교를 나온 사람답게 기독교와 사회부조리를 비판하는 이야기를 쏟아냈다. 주로 아내에게 많은 이야기를 했다. 아내는 누구에게나 좋은 대화의 상대였다. 간간이 이번 월암이 국전심사위원장으로 위촉된 것도 언급했다. 많은 위안이 되었다. 가문의 영광이었다. 미술대학은 문턱에조차 가지 않은 사람이 한 나라의 최고미술경연의 심사위원장을 맡은 것이다. 월암의 죽마고우인 김승옥에 대한 이야기도 했다. 퍽 역동적이고 고무적인 대화였다. 그의 얼굴에는 감동과 희열이 넘쳤다. 유엔관련사업차 이번에 미국에 갔다가 16일 돌아온다고 했다. 나에게 요즘 관심을 갖게 된 상고사에 대한 자료와 아버지의 사진을 보내주겠다고 했다. 내일 발인 때까지 철야를 할 수 없어서 우리부부는 밤에 지하철을 타고 돌아왔다. 병원을 나설 때 비가 쏟아졌다. 아랫도리가 물에 젖었다. 서울에도 비가 내리고 있었다.

  "해경, 진입만 했으면 다 살릴 수 있었다. 조금만 살신성인을 했더라면 살릴 수 있었을 텐데. 선실 안의 300명이 이동 가능했는데 아무도 선체 진입을 안 했다." 여전히 세월호 참사 뉴스가 눈을 찔렀다. 거의 한 달이 지났는데도 상처는 깊어가고 슬픔은 사라질 기미가 보이지 않았다. 안산 2만 추모집회. "잊지 맙시다" 서울 곳곳서 추모제, 침묵행진. 시국기도회가 열렸다. 화려한 옷차림의 탤런트 전양자가 웃으면서 검찰 출두했다. 패션쇼 하러 나왔나, 웃음이 나오는 분위기인가. 권력에 갇힌 KBS, 방송 독립성과 외압논란이 확산되고 있었다.

늦은 밤에 아내가 열무김치에 밥을 비벼왔다. 몸은 기진맥진했지만 허기를 참을 수 없었다. 우리는 비빔밥을 맛있게 먹고 생기를 되찾았다. 소소한 희망과 삶의 감동이 소박한 밤참에 숨어 있었다. 큰형과 이건희가 죽거나 병들어 누워있은데 나는 희미하게 웃고 있었다. 잃어버린 내 얼굴이 언뜻 눈앞을 스쳐갔다.

이제는 참회의 시간 5. 12.

정부와 여당은 참사를 불러온 정부의 무능과 초기대응 실패에 대한 비판을 정치적 선동이라고 반박했다. 정치적 선동이란 말을 쓰고 있는 것은 대단한 인내의 결과다. 그들은 입속에서는 종북몰이라는 말이 뱅뱅 돌았을 것이다. 종북빨갱이이로 몰지 않고 있는 것은 사태가 워낙 위중하고 심각하기 때문이다. 참사를 바라보는 그들의 태도를 보고 아직 아무것도 바꿔진 것이 없다는 생각이 들었다. 정몽준이 서울시장후보로 선출되었다. 수락연설 때 눈물을 흘렸다. 지극히 인간적인 면모였다. '아버지의 마음'을 눈물로써 진솔하게 보여주었다. 세월호 희생자를 위해서도 과연 그런 눈물을 흘릴 수 있을까. 착잡했다. 어쨌든 그를 미워할 수 없었다.

미스USA가 NYT에 세월호 정부대응을 비판하는 광고를 냈다. 나라망신이라는 생각이 들었다. 하루 종일 돌아가신 큰형을 생각했다. 용서를 빌었다. "형님, 참으로 미안합니다. 용서해 주십시오." 내 인생은 태반이 큰형이 나에게 베풀어준 은혜 속에서 성숙했다. 내 의식이 눈을 뜬 것도 문학을 알게 된 것도, 특히 내가 평생 우려먹고 산 영어를 공부하게 된 것도 형님의 덕택이었다. 그 어려운 시절에 그는 LP판을 사들였고 현대문학 자유문학 사상계를 빠짐없이 구독했고 심지어 Time, Life잡지까지 한 달도 거르지 않고 사서 읽었다. 평생 나의 애독서가 되었던 어빙의 'The Sketch Book'이며 렘의 'Elia'며 'Tales from Shakespeare'까지 사주었다. 가장 중요한 것은 형님 자신이 열심히 영어를 공부했고 관련서적을 구입했는데 내가 그 반사이익을 톡톡히 본 것이다. 어제 형수님과 조카들에게 변변히 위로도 하지 못하고 어쭙잖은 이야기만 늘어놓다가 돌아왔다. 큰형과 그렇게 마지막으로 작별할 줄은 몰랐다. 회한이 밀려왔다. 이제는 참회의 시간이다. "나를 용서해 주소서. 죄 짐을 벗게 하여 주소서. 마음이 무겁고 어둡습니다. 눈같이 희게 양털처럼 가볍게 내 죄를 씻어주소서." 온종일 기도를 올렸다.

   아내는 텃밭에 나가서 돌아올 줄을 몰랐다. 텃밭 일을 다시 시작했다. 어쩌면 이곳을 떠나야 할지도 모르는 판에 끝까지 미련을 버리지 못했다. 아내의 건강을 생각하여 말렸는데 내 생각이 틀렸는지도 모른다는 생각도 들었다. 아내가 텃밭에서 얼마나 많은 기쁨을 맛보고 있는가. 그것은 산소 같은 삶의 활력소임에 틀림없다. 끊임없이 기도하면서 깊어가는 세월호의 트라우마도 다스렸다. 이건희도 아직 깨어나지 못했다. 저체온 수면진정치료를 하고 있다고 했다. 밤에 아내는 대변에서 피가 보인다고 꺼질 듯이 한숨을 내쉬었다. 종합검진을 받아봐야겠다고 했다. 일말의 불안이 스쳐갔다. 숨도 제대로 쉴 수가 없었다. 아내는 오만상을 찡그리며 일찍 잠자리에 들었다. 장례식을 끝내고 돌아간 월암 부부와 다른 형제들과, 오늘 한 줌의 재로 돌아간 형님을 생각하자 잠을 이룰 수가 없었다. 이제 세상을 떠난 망자를 생각하면 살아 있는 사람의 슬픔쯤이야 아무래도 좋다는 생각이 들었다. "형님, 미안합니다, 참으로 미안합니다." 잠들 때까지 참회의 기도를 올렸다.

옥한음의 천려일실 5. 13.

오랜만에 PD수첩을 보았다. 사랑의 교회 담임목사의 박사논문 표절시비가 불거졌을 때 망연자실했다. 표절은 남을 속이는 정직하지 못한 행위다. 탐욕이나 허영이 부른 일탈이다. 오정현 목사는 본성이 그런 사람이었던가. 그의 사람 됨됨이가 의심쩍었다. 사랑의 교회 오정현 담임목사가 오열하면서 참회하는 모습을 보았다. 기타 금전적인 비리와 부조리는 아무 것도 아니었다. 표절한 것을 회개하고 눈물로 참회하는 목사를 어떻게 볼 것인가. 그는 화려한 성전을 지었다. 물경 3천억 이상을 들여서 초호화판 교회를 완공했다. 그리고 하나님의 기적을 외쳤다. 그의 표절비리는 그렇게 징벌할 수 있다 치더라도 그를 둘러싸고 교회권력을 휘두르며 유세하려는 불순세력들은 어찌할 것인가. 그들은 툭하면 긍정의 힘을 운위하면서 교회를 망가뜨리고 있다. 독재를 업고 호가호위(狐假虎威)하는 세력이 국정을 농단하는 것과 무엇이 다른가. 그런 목사를 후계자로 지목한 고 옥한음 목사가 원망스러웠다. 그런 사람인 줄을 몰랐을까. 옥한음 목사의 천려일실(千慮一失)이었다.

오늘 PD수첩은 안 보는 것만 못했다. 암담한 현실을 차마 눈 뜨고 볼 수가 없었다. 점심 때 은이가 찾아왔다. 그의 얼굴에 웃음기가 살아났다. 목소리도 시끌시끌했다. '저 얼굴에 햇살을' 우리의 기도가 응답을 받은 것이다. 그는 아들 '범'이 이야기를 쉴 새 없이 늘어놓았다. 자칫 자폐기미까지 보였는데 어린이집에 보낸 후로 완전히 명랑하고 활달한 아이로 바뀌었다는 것이었다. 연이도 좋아졌다고 했다. 지금 어린이 집에 다녀오면서 잠깐 들른 것이라고 했다. 새삼 살펴보니 그의 얼굴이 많이 수척했고 팔목이 유난이 가냘프게 보였다. 고생한 흔적이었다. 은이가 돌아가자 나 혼자 내과에 가서 위장약을 처방받았다. 날이 어두워진 뒤에 집으로 돌아왔다. 그사이 아내는 텃밭에서 얻은 시상(詩想)으로 시를 한 편 완성했다. 나에게 '장다리꽃'이라는 시를 읽어주었다. 수작이었다. 아내는 계속 시를 쓰고 블로그에 올렸다.

세월호 참사는 여전히 어두운 그림자를 드리우고 있었다. 선원들은 다친

동료 조리원도 버린 채 탈출했다. KBS보도국장 청와대서 면접의혹. MBC를 향해선 항의도 손가락질도 안 해, 아예 버린 자식 취급, 기대도 관심도 없다. MBC는 홀로 맘껏 슬픈 자유를 누렸다. 박노자 오슬로대 교수 인터뷰. "민주주의 기본은 인명중시" 세월호 국면을 전환하기 안간힘을 쓰고 있는 정부. 국방부는 연일 북한에 대한 비난의 수위를 높였다. 국방부 대변인이 '북한은 없어져야 할 국가' '지킬 가치 없는 나라' 폭탄선언에 가까운 논평을 했다. 여당도 안보장사에 입맛을 다시고 있고 정보기관도 틈만 나면 북한의 핵실험의 가능성을 내비쳤다. 이 같은 자극에 대해 북한의 경천동지할 만한 반응이라도 기대하고 있는 모양새다. 세월호의 위기에서 국면전환을 원하는 여권의 시커멓게 타들어가는 가슴을 짐작할 수 있었다. 각종 추모집회와 대정부비판이 잇따르자 참사를 악용하는 일부 세력이 정치적 선동을 하고 있다면서, 정치적 공방으로 분노한 민심을 희석 은폐하려고 하고 있다. 언뜻언뜻 마각을 드러낼 뿐이다. 아내가 무지근하던 뒤가 말끔해졌다고 좋아했다. 밤늦도록 나는 '아버지 옥한음'을 읽었다.

착각과 오산 5. 14.

배는 가라앉고 있는데 '황당한 통화'를 하면서 골든타임을 허송했다. 연달아 가슴 아픈 뉴스가 떴다. 관련기관 간 업무수행의 엇박자를 극단적으로 보여주었다. 119상황실은 "생존자 이송을 먼저 하라." 해경은 "구조에 집중하겠다." 동문서답을 했다. 중앙의 높으신 분에게 우선 생존자를 보여줌으로써 생색을 내려고 했다는 오해를 불러일으키는 대목이다. 어쨌든 해경의 구조활동을 방해한 것은 사실이다. 구조팀, 5명 추가 수습, 실종자 23명. 팽목항에서 실종자가족들의 새벽절규는 계속되었다. 유병언 일가는 소환에 불응하고 잠적했다. 금수장에 먹구름이 감돌았다. 무인기 추락, 알고 보니 화장실 문짝이었다. 제2의 보온병사건. 세월호 참사 희생자들을 구하지 못한 게 아니라 구하지 않은 것이다. "기다려라." 믿고 따른 학생들만 희생되었다. 원칙과 신뢰를 잃은 한국의 현실을 단적으로 보여주었다. 박 대통령이 '아나크로니즘'의 깊은 수렁에 빠졌다. 민족중흥 경제개발 한강기적 멸공통일 등 다시 '유신의 꿈'을 이룩하면 국민이 행복할 줄로 착각하고 있다. 아버지 박정희 대통령의 민족중흥에 이어 민족번영과 선진화를 이룩한 위대한 대통령이 될 것으로 오산하고 있다. 세월호 참사로 그의 원칙과 신뢰의 정치는 허물어졌다.

신뢰를 회복하는 해법과 출구는 간단하다. 기본에 충실 하는 것이다. 민주주의 기본인 인명을 중시하고 인권을 존중하는 정치를 하라. 인류의 보편적인 가치를 구현할 수 있는 정치를 하라. 사회정의를 외면하고 인간을 소외시키는 정치는 아무 쓸모가 없다. "대통령님, 소소한 두어 가지만 부탁하겠습니다. 제발 장관들도 입을 좀 놀리게 해주십시오. 부지런히 받아쓰고만 있는 모습이 참으로 보기에 답답하거든요. 대통령께서도 써준 말씀을 읽어가는 reader가 되지 말고 방향과 큰 줄기를 제시하는 leader가 되십시오. 만기친람은 사람을 믿지 않는 독재자의 특징이거든요."

개울 건너 강 선생이 점심에 초대해서 함께 셔틀버스를 타고 인사동으로 갔다. 강 선생은 사뭇 기분이 좋았다. 계속 그의 과거 이야기를 했다. 오락실을 운영하고 카바레를 경영했던 이야기도 했다. 점심은 그의 조카사위가 인사동에서 운영하고 있는 '고궁'이라는 식당에서 먹었다. 고궁은 쌈지 지하에 있었는데 아주 큰 식당이었다. 아내는 여느 때와는 달리 별로 말이 없었고 강 선생이 하는 이야기를 시종 들었다. 그동안 아내가 강 선생과 이야기를 많이 나눴고 이번 초대도 그래서 이뤄진 것인데 시종 아내가 탐탁해하지 않는 눈치였다. 비빔밥 한 그릇을 먹고 나서 우리는 자리에서 일어섰다. 강 선생도 소주 한 병을 후딱 마시고 따라 일어났다. 강 선생과 헤어지고 우리는 조계사 쪽으로 걸어왔다. 구청에 들러서 커피를 마시면서 아내가 속내를 드러냈다. 강 선생이 오락실과 카바레 이야기를 장황하게 늘어놓은 게 거슬렸다는 것이었다. 아내는 그런 이야기를 끔찍이 싫어했다. 아내가 경복궁 앞에서 차를 타고 돌아가자고 했다. 나는 좀더 걷고 싶어서 아내에게 홀로 차를 타고 돌아가라고 했다. 건널목을 건너면서 아내 쪽을 돌아다보았다. 아내가 발을 땅바닥에 끌다시피 하면서 버스정류장으로 걸어갔다. 금세 후회했다. 어느새 신호등에 빨간불이 들어왔다. 아내에게 달려가지 못하고 말았다. 이를 악물고 경복궁에서 집까지 걸어갔다. 윤동주 문학관 앞에서는 주저앉을 만큼 피곤이 엄습했다. 환기미술관 앞에서는 길을 잃고 헤맸다. 집 앞에 도착했을 때 텃밭부터 둘러보았다. 아내가 없었다. 집안으로 들어서자 아내가 텃밭에서 막 돌아왔다고 하면서 몸을 씻고 있었다.

저녁에 잠시 글을 쓰고 있는데 아내가 보이지 않았다. 바깥으로 나가보았다. 어둠이 내리고 있는 텃밭에서 아내와 강 선생이 이야기를 나누고 있었다. 아내가 바람 쐬러 나갔다가 다시 강 선생을 만난 모양이다. 나를 보자 강 선생이 불쑥 '미학오디세이'를 읽고 있다고 했다. 엉뚱한 화제였다. 오래 전에 나도 언뜻 읽은 적이 있었다. 사실 내 문학은 미학공부를 하면서 시작되었다. 나는 대뜸 그가 읽고 있는 '미학오디세이'는 정통이 아니라고 말했다. 부질없는 이야기를 한 것 같아서 '아차' 했지만 어쩔 수 없었다. 한참 후에 집에 돌아왔을 나는 왠지 먼 여정에서 돌아온 느낌이었다.

통곡의 바다, 떠날 수가 없구나 5. 15.

"아직 웃을 수가 없어요. 천국서도 아이들과 행복하게 지내세요." 스승의 날에 세월호 침몰로 숨진 교사들에게 보내는 애절한 편지가 쌓였다. "왜 사진 속에서 말없이 웃고만 계신지요." 금수장에 집결한 구원파 신도들이 그들의 입장을 발표했다. "종교탄압 중지하라. 공정한 수사를 하라. 사고책임은 청해진, 사망의 책임은 해경이다. 청와대도 압수수색하라. 우리는 모든 것을 잃었다. 순교도 각오하고 있다." 유병언의 비리수사와 세월호 참사 책임을 추궁하는 것이 종교탄압이라고 주장했다. 어처구니가 없었다. 공정한 수사를 요구하는 대목은 일말의 공감이 갔다. 그들의 성명 내용보다 시사평론가들의 논평이 더 마음에 들지 않았다. 그들의 입장발표는 구원파와 유병언이 관련이 있다는 것을 단적으로 입증하는 행위라고 분석했다. 왜 유병언의 비리척결에 구원파가 저렇듯 항의하고 나서는가. '관련 입증' 주장은 어쩐지 궁색하게 들렸다. 목하 구원파 유관기업체 상품불매운동까지 번지고 있다. 구원파를 세상이 다 인정하는 사이비종교쯤으로 몰고 가는 것이 누구인가. 수사당국과 언론이 아니었던가. 새삼 그들의 행동을 보고 모종의 커넥션을 인정했다는 식의 논평은 어쩐지 비겁하고 치사스러웠다. 개인적으로 이ㅇ돈을 무척 좋아했는데 편향된 그의 시각에 실망했다.

아내가 오전에 노인대학 식사봉사를 하고 돌아왔다. 그동안 나는 글쓰기에 몰두했다. 아내가 '가나갤러리'를 찾지 못하고 그냥 헤매다가 왔다고 했다. 김ㅇ래 권사가 원해서 함께 관람을 하고 싶었는데 길을 몰라서 그냥 돌아왔다고 했다. 오후에 가나갤러리를 찾아 나섰다. 드라이브도 했다. 어느새 날씨가 무더웠다. 우리는 평창동 드라이브를 단념하고 그냥 마트에 가서 쇼핑만 했다. 돌아오는 길에 중이집에 들러서 열무김치를 갖다 주었다. 세월호 뉴스가 끊이지 않았다. 검찰이 세월호 선장 등 4명을 살인죄로 기소했다. 기소내용이 신문과 방송을 도배질했다. 선장이 고의로 승객을 구하지 않은 것으로 판단, '부작위에 의한 살인죄'를 적용했다. "살인죄보다 더 무거운 죄가 있으면 그걸 적용했어야" 유족들의 반응이었다. 통곡의 바다가 화면에 떴다. 이제 유족들도 떠나가고 20여 실종자가족들만 남아 있었다. 팽목항은 쓸쓸하고 황량했다. 통곡의 바다를 떠날 수가 없구나. 하지만 끝내는 관심 밖으로 밀려나고 말 것이다. "잊지 말자. 영원히 기억하자." 대북정책이 언뜻 '집단마조히즘' 같다는 생각이 들었다. 북한의 도발을 고대하고 있는 모드다. 청와대를 비판한 교사 징계만 서두르는 교육부에 일부 교육청이 불복했다. 자정에 혈압약 반쪽을 더 먹었다.

무대 위 연출은 이젠 그만 5. 16.

현란한 분장과 연출을 되풀이했다. 유가족대표단을 청와대로 불러서 면담했다. 청와대가 이례적으로 초청한 이 면담에서 박 대통령은 특별법을 만들고 특검을 하겠다고 밝혔다. 지지율이 추락하고 선거참패 위기가 커지고 성난 민심이 수그러들지 않자 우선 발등의 불을 끄기 위해 서둘러 유가족대표단을 청와대로 불러들여 면담을 했다. 문득 '현란한 분장과 연출'이라는 말이 떠올랐다. "많은 기대를 하고 왔는데 대통령이 '열심히 하니 지켜봐 달라'는 추상적인 표현으로 일관해 아쉽다." 유가족의 말이 가슴을 찔렀다. 대통령은 똑같은 행태를 되풀이했다. 내가 좋아하는 한 논설위원의 글이 생각났다.

"우리가 몰랐던 것도 있다. 그는 무능하다는 사실이다. 깃발만 나부낄 뿐 제대로 한 게 없다. 무능한 건 무능한 거다. 그가 이미지에는 능하면서 현실에서 실패한 이유는 단 하나, 현실과 직접 부딪치려 하지 않기 때문이다. 그에게 현실이란 우아하지도 않고 멋지게 말하고 행동할 기회도 좀처럼 주지 않는 불친절한 공간이다. 그래서 맘껏 연기할 수 있는 가공된 현실, 무대가 필요하다. 배우는 준비되어 있다. 통치행위가 연극적일수록 현실과 괴리되었고, 그럴수록 그는 무능해졌고, 그 무능 때문에 더욱 연극적이 되었다. 그런데도 우리는 그 무능을 눈치 채지 못했다. 그가 만들어낸 이미지를 소비했기 때문이다. 세월호 참사에 이르러서야 우리는 처음으로 그의 이미지와 현실의 충돌을 목격할 수 있었다. 충돌로 찢긴 곳을 메우기 위해 그도 달라지기는 했다. 부하로부터 사과 받는 대신 부하 앞에서 사과할 정도로 변한 것이다. 그러나 정권위기 상황에서도 지지율은 40%대다. 여전히 거품이 끼어 있다는 뜻이다. 그게 바로 그가 아직도 두 다리로 현실을 딛지 않고 이미지와 현실 사이에 걸쳐 있는 이유다. 거품이 더 커져 40%대를 넘으면 그는 다시 극장으로 들어갈 것이고, 거품이 빠져 30%대가 되면 완전히 극장 밖으로 나올 것이다. 우리는 어떤 박근혜를 원할 것인가."

내 생각을, 간절한 소망을 한 줄 보탰다. "무대 위 연출은 제발 이젠 그만!"

이제 평창동을 떠나야 할 시간이 점점 다가왔다. 오후에 SH본부를 찾아가려고 했는데 몸이 피곤하여 그만두었다. 아내가 전신만신이 아프다고 했다. 나도 팔꿈치의 관절통이 심했다. 아침마다 하던 근육운동도 중단했다. 아내가 건넛방에 누워 있는 동안 나는 안방에서 작업했다. 해묵은 묵정밭을 일구는 기분이 들었다. 어느 세월에 이 작업을 끝낼 수 있을까. 지금 진도라면 까마득했다. 하대명년이다. "시간을 허락해 주소서. 창:6:3에서 약속한 수명을 허락해 주소서." 지방선거 열전 18일의 막이 올랐다. 세월호 심판론이 과연 바람을 일으킬까. 어느 때보다 선거판이 가라앉아 있었다. 세월호 참사 이후로 유권자의 의식이 달라져야 한다. 그렇잖음 우리에게 내일은 없다. 지구촌에서 더 이상 문명국가의 행세를 할 수 없다. 뜻밖에도 요즘 나도 모르게 눈가에 눈물이 번지는 이 증상을 어떻게 설명할 것인가. 나는 걸핏하면 혼잣말로 중얼거렸다. "왜 뜨거운 눈물 한 방울을 흘릴 줄 모르는가. 이미지 여왕이여, histrionics의 달인이여."

가장 슬픈 신분증 5. 17.

청와대가 공개한 유가족면담 대화록을 읽었다. 유가족들이 오히려 대통령보다 핍진(逼眞)하고 절실하고 이로정연한 말을 했다. 물론 상황과 처지가 끼치는 영향도 있겠지만 대통령이라는 분이 보통국민보다 뭔가 알차고 진솔하고, 믿음과 희망을 주는 말을 하지 못했다. 충격을 받았다. 여전히 추상적이고 궁색한 말만 되풀이했다. 유가족의 말이 구구절절 가슴을 때렸다. "구조 초기 해경이 왜 선내진입을 하지 않았는지 궁금하다. 물에 잠길 때 4반 아이들이 창문유리를 깨려고 몸부림 치고 창문에 기대어 살려달라고 절규하는 모습을 해경은 왜 못 봤는지 묻고 싶다." "수사본부에 해경이 들어가 있는데 해경이 해경을 조사하는 것은 누가 봐도 납득할 수 없는 상황이다." "내가 차고 있는 이 출입증이 세상에서 가장 슬픈 신분증이다. 지금은 비록 세상에서 가장 슬픈 신분증이지만 모든 게 다 밝혀져서 우리 아이들한테 부끄럽지 않은 신분이 될 수 있도록 대통령님께서 도와주십시오." 아아, '가장 슬픈 신분'은 지금도 팽목항에서 몸져누워 있다. 이제 인적이 끊기고 찬바람만 불고 있는 바닷가에서 시신만이라도 가족의 품안으로 돌아오기를 기다리면서 통곡하고 있다. 피맺힌 절규를 하고 있다. 관심에서 멀어지고 잊힌다는 것이 얼마나 두렵고 고통스러운 일인가. 우리는 그들을 잊어서는 안 된다. 절대로 홀로 울게 내버려둬서는 안 된다.

청계천에서 열리고 있는 촛불집회에 나가보았다. 아내는 군중 속으로 파고들어가서 정신없이 사진을 찍었고 나는 촛불을 들고 길가 건물 앞에서 집회를 지켜보았다. 세상에 그렇게 평화로운 촛불집회는 처음 보았다. 어린 아이를 안고 혹은 무동 태우고 가족단위로 참가한 사람들이 많았다. 여느 시위처럼 투혼이 불타오르고 공격적인 구호가 난무하는, 그런 기미는 어느 구석에서도 찾아볼 수 없었다. 보이지 않는 힘과 조직에 의해 동원되고, 누구에게 사주받고 모여든 군중과는 확연히 달랐다. 너무나 순해 빠진 것에 그만 눈물이 핑 돌았다. 내 기색을 눈치 채고 "가장 부드럽고 약한 것이 가장 강한 것"이라고 아내가 나를 위로했다. 다만 엄청난 군중이 모인 것이 놀라울 뿐이었다. 가두행진이 시작되자 몸이 따르지 않아서 그만두었다. 근자에 그렇게 많은 사람이 촛불을 들고 행진하는 것은 처음 보았다. 종로에서 귀가하려다가 단념했다. 교통이 마비되었다. 종각과 종로3가와 현대건물 돈화문 일대도 시위군중과 경찰이 대치하고 있었다.

아내는 술을 마시고 싶다면서 인사동 사동면옥으로 나를 데리고 들어갔다. 막걸리를 마시면서 아내는 끊임없이 SNS에 글을 올렸다. 올리고 또 올리고 수없이 올렸다. 신들린 사람 같았다. 그의 열정과 집념은 젊은이 뺨칠 정도였다. 그런 아내를 보고 나는 숙연해졌다. 연방 글을 띄우고 있는 아내의 눈가가 눈물로 젖어 있었다. 주인아주머니가 자신도 걸핏하면 눈물이 나서 견딜 수가 없다고 아내의 눈물을 거들었다. 어느덧 시간은 11시가 가까웠다. 인사동에서 집으로 가려면 조계사 앞에서 차를 타야 하는데 버스가 오지 않았다. 안국동로터리를 비롯해 도로 곳곳에 전경들이 포진하고 있었다. 청와대로 통하는 길은 겹겹이 경찰이 에워싸고 있었다. 중학동 옛 한국일보 앞을 지나고 경복궁 앞 광장을 건너서 가까스로 적선동 정류장에 도착했다. 버스에 오를 때 시간은 자정으로 지나고 있었다.

집에 도착했을 때 아내는 오히려 생기를 회복했다. 근육통 관절통이 말짱해졌다고 했다. 아내는 블로그에 글을 올렸고 나는 오랜만에 느긋하게 메이저리그리뷰를 보았다. 종편과 지상파 3사를 통틀어 어느 곳에서도 지금 서울의 심장부에서 일어나고 있는 촛불시위를 단 한 줄의 뉴스로도 띄우지 않았다. 이렇듯 언론은 평화로운 세상만을 보여주었다. 그런 방송 덕분에 나는 평화롭게 잠들 수 있었다. '세상에서 가장 슬픈 신분증'이 계속 머릿속에서 떠돌았다.

성북동 문학기행 5. 18.

약속이나 한 듯이 몸이 아프다는 핑계로 교회에 가지 않았다. 아침 운동도 하지 못했다. 당연했다. 시간이 여유가 생겨서 밀린 일기를 정리했다. 나는 메이저리그를 보았고 아내는 드라마 재방을 보았다. 앙뉘의 습격을 막아낼 수 없었다. 내가 오후에 외출하자고 했다. 아내는 몸이 아프다면서 자리에 눕고 말았다. 홀로 떨치고 일어났다. 아내는 지난토요일 성북동 문학기행을 하고 나서 시름시름 앓았다. 길상사까지 걸어간 것이 좀 무리였다. 오늘은 내가 성북동 문학기행을 가보기로 했다. 성북동 유적지를 탐방해보리라 마음먹었다.

한성대 입구에서 걷기 시작했다. 간송미술관을 기점으로 해서 성북동 명소를 찾아보았다. 덕수교회 건너편 성북구립미술관 옆에 있는 '상허의 가옥'을 먼저 찾았다. 가서 보니 언제부턴가 그곳은 완전히 영업소가 되어 있었다. 상허를 기려서 찾아온 사람들이라면 고무적인 일이었다. 빈 공간이 없을 만큼 많은 사람들이 구석구석까지 차지하고 앉아서 차를 마시면서 담소하고 있었다. 이태준의 가옥에 갈 때마다 느낀 것은 그 어려운 시절에도 그는 꽤 화려하고 유복한 일상을 보냈다는 것이었다. 집의 규모는 작았지만 아주 멋들어지고 호화롭게 지어졌고 소설가의 집으로서는 유례를 찾아보기 없을 만큼 아름답고 호사스러웠다. 주옥같은 소설을 쓸 수 있었던 것은 역시 이런 가정적인 환경의 영향이 컸던 것 같다. 저렇듯 좋은 집에 살 수 있었다면 얼마든지 좋은 글을 쓸 수 있었을 것이다. 상허는 내가 유난히 좋아하는 소설가다. 그런데 웬일일까. 정체모를 비애와 소외감이 밀려왔다. 후닥닥 집을 나와 버렸다. 조금 더 산 속으로 올라가서 '심우장'을 찾아갔다. 골목길을 올라가는 것은 여전히 힘들었다. 집으로 올라가는 큰길가에는 문학공간이 잘 조성되어 있었다. 시멘트를 바른 몰취미적인 골목길이 예나 지금이나 퍽 눈에 거슬렸다. 심우장에는 사람이 없었다. 아름다운 향나무만이 나를 반겼다. 늘 느끼지만 만해는 아주 가파른 언덕배기의 작은 공간에서 그 크고 우렁차고 장엄한 문학을 완성했다. 나는 숨을 헐떡이며 심우장을 오르내렸다. 심우장은 소박하고 청량한 기운이 감돌았는데 좀 아랫녘에서 '수연산방'의 화사하고 섬세한 꿈과 추억이 밀려왔다. 이를 악물고 삼청각 쪽으로 올라갔다. 그 가파른 비탈길을 달음박질하다시피 하여 급히 올라갔다. 삼청터널 앞까지 갔다가 돌아왔다. 이번엔 양편으로 고급주택이 즐비한 질펀한 외교관로를 홀로 걸었다. 차들만 빠른 속도로 휙휙 지나갔다.

  마침내 길상사에 도착했다. 주인이 없는 집을 방문한 것처럼 어쩐지 쓸쓸한 기분이 들었다. 문득 세상을 떠난 법정 스님을 생각하면서 마음이 허전함을 느꼈다. 침묵의 집, 적막의 집까지 둘러보았다. 아아, 천하제일의 도량이었다. 허겁지겁 선잠로를 거쳐서 다시 내려오기 시작했다. 우리나라 주재외교관들이 가장 많이 살고 있는 고급주택가도 둘러보고 작은형제교회와 성북천주교성당을 기웃거렸다. 낯선 골목골목을 들어가 보았고 허위단심 막다른 데까지 올라가보았다. 아내는 성북동을 순례하고 와서 몸살을 앓았다. 나는 믿는 구석이 있었다. 곧잘 평창동을 구석구석 쏘다니면서 다졌던 체력을 유감없이 발휘했다. 믿는 구석이 또 있었다. 이제 버릇이 되어 버렸지만 평창동 순례를 할 때도 오늘 성북동을 걸을 때도 나는 발자국을 떼놓을 때마다 기도했다. 만

보기도가 생활화된 지 오래다. 그래서 발자국마다 내 기도는 쌓였다. 선잠단지 앞에 이르러서 나의 문학기행은 끝났다. 혜화동로터리 쪽으로 방향을 틀었다. 과학고등학교와 경신고등학교 앞을 지나서 혜화로터리까지 걸어갔다. 길 건너 대학로에 가서 버스를 타고 돌아왔다.

시계를 보니 밤 8시였다. 아내는 맛있는 생선찌개를 끓여놓고 기다리고 있었다. 아내가 기력을 회복한 것 같았다. 함께 주말드라마를 보았다. 고단하여 내가 먼저 잠자리에 들었다. 피곤해서 좀 어지럽고 속이 메스꺼웠다. 이럴 때으레 혈압 약을 챙겨 먹었는데 오늘은 그냥 견뎌냈다. 나는 믿는 구석이 있었다. 내 입가에는 연방 미소가 번지고 있었다.

환멸의 제국 5. 19.

아침부터 이런 말들이 생각났다. "쿼바디스 도미네, 플라시보, 트리플 오명, 가장 슬픈 신분증" 왜 머릿속에서 맴돌고 있는지 모르겠다. 서울시장 후보들의 관훈클럽초청 첫 토론회를 보았다. 토론내용은 그만두고 정몽준은 상기 살벌 불안했고, 박원순은 온화 침착 차분했다. 정은 시종 네거티브 색깔론을 폈다. 그만큼 절박하고 초조하다는 징후였다. 정의 판정패. 정의 태도는 '반성과 참회'라는 여당선거기조에도 배치되었다.

마침내 박 대통령이 대국민담화를 발표했다. 요컨대 관피아를 척결하고 해경을 해체하겠다고 했다. 각계의 반응도 나왔다. 국정기조에 대한 성찰이 빠졌다. 고뇌 반성은 빠지고 분노 응징으로 일관했다. 해결보다 말살을 앞세운 것이 섬뜩한 느낌을 주었다. 대통령이 눈물을 흘리는 '최상의 영상'을 보여주었다. 진상도 규명하지 못하고 무능과 부실의 책임도 밝혀내지 못한 채 덜컥 대안만 내놓았다. 그것도 해경 해체라는 다분히 충격적인 방법으로 말이다. 담화에서 제시한 대안들이 사태에 대한 정확한 진단을 바탕으로 하여 나온 것인지 의심스러웠다. 사고원인과 진상규명, 책임자처벌, 재발방지 등 그 절차를 무시하고 사후대책을 먼저 내놓은 모양새였다. 생존자구조 과정에서 노정된 무능

부실 부패를 규명하고 책임을 묻지 않은 상태에서 나온 대안은 절름발이일 수밖에 없었다. 눈물은 늦었고 대책은 빨랐다. 상처는 살피지 않고 처방만 내 놓았다. 사태해결의 관건은 대통령이다. 세월호 참사를 계기로 새로운 나라를 만들어 가려면 대통령 자신의 리더십과 국정운영기조가 변해야 한다. 슬픔과 분노에 빠진 국민을 하나로 모으려면 독선과 불통, 만기친람의 통치스타일부터 바꿔야 한다. 대통령이 눈물까지 흘린 대국민담화가 썩 감동을 주지 못한 것은 그런 변화와 국정쇄신의 진정성을 느낄 수 없었기 때문이다. 한마디로 미흡했고 기대에 훨씬 못 미쳤다. 기대와 희망은 환상처럼 사라지고 도처에서 활개치고 있는 환멸을 만났을 뿐이다. 아아, 이 땅은 정녕 허망한 '환멸의 제국'인가.

아내가 강북 수유1동에 좋은 집이 나왔다고 했다. 그곳은 내가 오랫동안 살아서 잘 알고 있는 지역이었다. 조용하고 전원적인 동네였다. 수유역으로 가서 마을버스 3번을 타고 수유리 주민센터를 찾아갔다. 그곳에서 전화하면 사람이 나오기로 돼 있었다. 주민센터에 도착했을 때 나는 기겁하고 말았다. 그 주변 환경이 너무나 소란하고 복잡해서 넋이 나갈 지경이었다. 지하철 공사가 한창 진행되고 있었다. 마을버스에서 내린 곳이 소문으로만 알고 있는 빨래골 입구였다. 우리는 또 환멸을 찾아 온 것이다. 공사장의 먼지를 뒤집어쓰고 황급히 그곳을 벗어났다. 한참 걸어서 151번 버스를 타고 조계사 앞까지 왔다. 아침까지 잘 조리해서 감기가 떨어진 줄 알았는데, 버스 안 에어컨을 쐬자 다시 기침이 나오고 열이 올랐다. 종로3가로 가서 비빔밥을 잘하는 식당에서 점심을 먹었다. 이래저래 돌아올 때 기분이 착 가라앉고 말았다.

예술인 긴급지원사업을 알아보러 대학로를 방문하는 일은 내일로 미루었다. 저녁나절까지 기침이 나오고 기분 나쁜 미열이 났다. 밤에 드라마 '어머니의 정원' '트라이앵글'을 보았다. 잠자리에 들었을 때 불현듯 열에 들뜬 이마를 스쳐가는 말이 있었다.

"Quo Vadis Domine! 갈데없이 환멸만을 찾아서 헤매고 있습니다. 저는 어디로 가야 합니까."

우리 모두는 죄인이다 5. 20.

　개정된 기초노령연금 시행에 따른 의문점을 물어보기 위해 복지과를 찾아갔다. 예컨대 충돌할 때 자격이 변할 수 있는지를 물어보았다. 그 점은 내가 아내에게 담당직원에게 물어보지 말라고 귀띔했던 사항이다. 왜냐하면 그들이 우리가 저촉할 때 기왕의 양해사항으로 간주하고 쉽게 취소할 수도 있다고 생각했기 때문이다. 돌아오는 길에 아내가 내 의도를 모르고 직원에게 물어봐 버린 것을 알았다. 왜 긁어 부스럼을 만드느냐고 내가 불평했다. 다시 찾아가서 우리의 입장과 생각을 전달하고 싶었다. 구청에 가기 전에 병원에 가서 처방을 받고 감기약을 탔다. 구청에 다시 가서 충분히 상담했다. 담당 여직원은 빈틈이 없고 냉정하고 사무적이었다. 대화 도중 아내가 언뜻 눈물까지 내비쳤다. 커밍아웃은 홀대와 무시를 불러올 뿐이다. 강하고 의연한 모습을 보여줘야만 오히려 도움을 받을 수 있는 인정세태(人情世態)를 알고 대처해야 한다. "그들이 바로 벽이요 적이다. '적'이라는 말을 쓰는 것은 곱절로 잘 대하고 조심하라는 뜻이다. 그의 직함도 조사관이다. 철저히 조사하여 불필요한 국가의 예산을 절약하는 것이 그의 첫째 임무이다. 그런 일을 하고 월급을 받는다. 섣부른 호소나 눈물은 금물이다." 나는 이런 점들을 아내에게 환기시키고 싶었다. 직원으로부터 협조를 다짐받고? 우리는 구청을 떠났다.
　아내가 남대문시장을 가자고 했다. 명품낚시를 하고 싶은 눈치였다. 아내의 스트레스 해소방법이다. 시계를 보니 바로 구청 앞에 셔틀버스가 도착할 시간이었다. 정작 버스가 오자 아내는 금세 집으로 가자고 했다. 집에 돌아오자마자 아내는 저녁 준비를 했다. 북어국을 끓이고 오이무침을 만들고 뫼추리알 조림을 해서 맛있게 저녁을 먹었다. 염수정 추기경이 21일 개성공단을 방문한다고 발표했다. 사상 첫 추기경의 공단방문이다. 왜 평양방문은 불발되었을까. "세월호 참사에 대해 우리 모두는 죄인이다." 지극히 신앙인다운 말이지만 그의 말이 몹시 못마땅했다. 누구의 책임도 아니라고 물타기할 때 흔히 쓰는 말이기 때문이다. 그만큼 염 추기경을 주교 때는 물론이고 추기경에 서임된 후로도 내가 달가워하지 않는 것을 발견했다. 이런 감정을 나는 몹시 슬퍼했다.
"단원고 분향소에 정보경찰 총 801명을 투입했다." '이대로는 가망이 없다'는 말을 하는 이유다. 여야 할 것 없이 내각총사퇴, 청와대 인사쇄신을 주장했다. 국면전환용이 되지 말기를 바라는 마음이 간절했다. 인적쇄신 없이 일시적 미봉책으로 국면탈출을 꾀한다면 스스로 무덤을 파는 일이라는 것을, 현명한 대통령이라면 충분히 깨닫고 있을 것이다. 싸늘한 세월호 민심에 새누리당은 낮은 포복. 유권자 87%가 선거만 기다린다. "박 대통령 스스로 바뀌어야 한다" 문재인의 직격탄. 길환영 대 KBS 대치. 길 사장, 사퇴 안 한다. 청와대 전화를 받은 적 없다는 그의 말이 참말이라면 백번 옳은 소리다. 사회지도층이 이런 뻔뻔하고 새빨간 거짓말을 하기 때문에 대한민국이 뿌리째 흔들리고 있는 것이다.

숨 가쁜 곳이 또 있다. 금수장 앞에서 검찰과 신도들이 일촉즉발의 대치를 하고 있다. 유병언 검거작전이 모든 이슈의 블랙홀이 되지 않기를 바랐다. 신도들도 유병언 일가비리와 종교탄압은 무관하다는 것을 깨달았으면 좋겠다. 언론도 너무 앞서가는 일방적 보도는 삼가야 한다. 문득 하루 내내 화장실에 가서 틀니만 닦는 것 같은 생각이 들었다. 그것은 내가 앙뉘에 몸부림치고 있는 'routineer'(판에 박힌 일상을 사는 사람)라는 것을 단적으로 말해 주었다. 잠들기 전에 으레 양치질하고 틀니를 닦는데, 하루를 돌아보면 틀니를 닦는 일만 떠올랐다. 그랬다, 나는 늘 틀니를 닦을 뿐이었다.

유병언씨 검거 실패 5. 21.

온종일 유병언 부자 검거뉴스가 떴다. 금수원에 검경 1,300명 투입하고도 검거에 실패했다. 소재파악 못하고 수사 장기화 우려. 늑장수색으로 도피시간만 준 꼴이다. 검찰은 유병언을 눈앞에서 놓치고 금수원을 뒷북수색만 했다. 유씨 일가의 숨겨놓은 재산이 많은 것에 놀랐다. 10만 열성신도가 있다면 그에 상응한 개인 혹은 교단 재산도 있겠지. 유씨 일가의 해명도 들을 수 없는 상황에서 언론의 편파 왜곡 일방적 보도도 경계해야 한다. 서울시장 후보 박원순의 정책은 조용한 서울. 기본에 충실하고 골든타임을 확보하라. "그러고도 얼굴 들고 사는 놈들" KBS 사장 같은 사람. 세월호 참사에 대해 수도권 주민 700명에게 물었더니, 도망간 선장보다 정부에 더 큰 분노를 느끼고 있었다. "이것은 사람 사는 세상이 아니다."

점심때 주민센터의 경로잔치에 갔다. 위로잔치가 아니라 '망신잔치'였다. 아내의 말마따나 그런 나이인 걸 어쩌랴마는 초라한 모습만 노출하고 말았다. '프라이버시라'는 것이 때로는 얼마나 소중한 것인가. 지방선거 후보들이 빠짐없이 와서 명함을 주면서 선거운동을 했다. 점심을 먹은 그린하우스는 일시에 선거유세장이 되었다. 코스로 나온 음식도 엉망이었다. 그렇게 소량으로 빈약하게 나오는 음식은 처음 먹어보았다. 심한 부끄럼을 느꼈다. 우리에겐 한 표밖에 아무 힘도 없었다. 한 표로 어떻게 이 울분을 분출할 수 있겠는가. 한 표가 한없이 허약하게 느껴졌다. 우리 부부는 마음을 달래기 위해 평창동둘레길을 걸었다. 영인문학관을 들어가 보자는 것을 마다했다. 가나미술관도 들어가려다가 그만두었다. 관람객은 우리밖에 없었는데 돈을 내라고 해서 집으로 돌아오고 말았다. 어쩔 수 없이 풀이 죽었다. 공인은 특히 예술가는 팩트보다 루머 속에서 살아라. 직설적인 현실 속에서 살지 말고 환상 속에서 살아라. '있음에의 경의'(Homage to the being.) 예술은 미술이 다하고 있었다. 미술이 문학보다 더 잘 언어의 기교와 멋을 부렸다.

가슴속 젊음의 로데오거리는 사라지고 없다. 삼성 회장 이건희 일반병실로 옮겼다. 병세가 호전되었다는 증거다. 그는 아직 의식을 회복하지 못했다. 혹시 깨어나지 못하면 어떡하나, 식물인간이 될까봐 적이 걱정되었다. 아내는 감기약을 먹고 자리에 눕고 말았다. 아내는 점심때도 거의 먹은 것이 없었다. 그 속에 독한 감기약을 먹었으니 쇠진할 만했다. 겨우 '아고니스트 당신'을 썼다. 아내가 심야에 기운을 차리는 기적을 알아차리고 안방으로 가서 함께 수목드라마 '개과천선'을 보았다. 뜻밖에도 재미있었다. 이만한 솔라스만 있어도 우리는 얼마든지 생기를 찾을 수 있었다. 그때 "내가 너와 함께 함이라 나는 네 하나님이 됨이라 내가 너를 굳세게 하리라." 하나님의 말씀이 들려왔다.

심판의 시작, 용서냐 응징이냐 5. 22.

    6.4지방선거 공식 선거운동이 시작되었다. 13일간의 열전에 돌입했다. 세월호 참사 민심 향배에 주목했다. 야당은 세월호의 슬픔과 분노를 표로 말해달라고 주문했다. "박 대통령의 눈물을 닦아 달라." 보수 세력은 이미지와 감성으로 표 결집에 나섰다. 대통령보다는 유가족의 눈물을 우선 닦아달라고 말하고 싶다. 선거는 개인적인 가치 판단이어야 하고 이미지나 감성에 휩쓸리는 집단최면 같은 것이 되어서는 안 된다. 콘크리트지지자들이 있고 가치판단 이전에 묻지마 지지를 하는 세력이 엄존하는 한 선거는 설 땅을 잃고 만다. 이번 선거의 최대이슈는 어쩔 수 없이 세월호 참사다. 정부의 무능 혼선 부실 부조리를 용서하느냐 응징하느냐, 심판하는 장이 될 것이다.

    공식선거운동 첫 날에 안대희 전 대법관을 새 총리로 지명했다. 예상했던 인물이다. 개혁드라이브, 민심수습 카드다. 남재준 국정원장과 김장수 안보실장의 사표를 수리했다. 문책성 경질이다. 김기춘 비서실장은 유임되었다. 김 실장의 유임 배경은 뭐랄까 마지막 보루? 청와대가 앞으로 밀려올지도 모를 '안대희 쓰나미'를 막을 수 있는 방파제 역할을 그에게서 기대하는 모양새다. 아무튼 속칭 왕실장의 유임으로 비교적 획기적인 대통령의 인적쇄신 카드도 빛을 바랬다. "그가 살아남은 인적쇄신은 무의미하다." 야당의 비판은 음미해볼 만한 대목이다. 일반인과 승무원 희생자 유가족이 심한 소외감을 표명했다. 여론의 향방에만 급급한, 부도덕한 정부의 단면을 보는 것 같았다.

    아침에 눈이 떠지자마자 메이저리그야구를 보았다. 류현진이 부상으로부터 24일 만에 돌아왔다. 투런 홈런을 맞은 것이 옥에 티였지만 승리투수가 되었다. 구속이 살아났고 위기관리능력이 돋보였다. 그는 건강해 보였고 여전히 괴물이었다. 유일한 위안거리였다. 경기리뷰는 물론이고 그의 경기를 되풀이해서 보았다. 아내는 연방 감기약을 복용했다. 졸음을 이기지 못하고 시도 때도 없이 잠을 잤다. 아내의 asthma(천식)가 호전될 기미가 보이지 않았다. 작심하고 저리 감기약을 먹은 것도 처음인데 경과가 좋아지지 않았다. 앉으나 서나 걱정이다. 저녁에 아내가 냉면을 만들어주었다. 아내는 밤늦도록 새로 이사 갈 집 가구배치도를 작성했다. 방안의 모습이 한눈에 들어왔다. 아내는 베란다에 나의 집필공간을 만들어주겠다고 하면서 활짝 웃었다. 잠시 행복했다. 세월호의 충격과 쓸쓸한 일상에서 밀려오는 앙뉘를 이렇게 달랬다.

왜 이리 눈물이 헤플까 5. 23.

아내는 속회에 갔다. 지지율 중독, 수훈갑, 찌질남, '기춘대원군은요?' 이런 말들이 머릿속을 떠돌았다. 뉴스로 뜨는 '안대희와 노무현의 인연'을 보고, 노무현의 5주기를 맞아 봉하마을에 모여든 추모객들을 보고 눈물이 났다. 사실 어제 안대희 총리지명 발표를 보고도 눈시울이 붉어졌다. 내가 변했다. 왜 이리 눈물이 헤플까. 청승맞은 눈물, 바람난 눈물의 해후(邂逅)다. 나의 일상이 언뜻 눈앞에 스쳐갔다. 물질은 최하의 상태에서 헤매고 있고 정신은 최고의 경지에서 거드름을 피우고 있다. 고희를 넘긴 사람이 아직도 세월을 낚고 있고 태공망(太公望)을 자처하고 있다. 안타깝고 외로웠다.

하루 종일 인적쇄신 뉴스로 들끓었다. 비주류 정의화 의원이 황우여 의원을 꺾고 국회의장에 뽑혔다. 사필귀정이다. 황우여, 그는 너무나 기골이 없는 스마일표 꼭두각시다. 세월호위기 탈출을 위한 구원투수로 등장한 안대희가 과연 청와대 김기춘을 넘을 수 있을까. 평생 상명하복의 검사동일체 원칙에 길들여진 안대희가 하늘같은 그의 상관이었던 기춘대원군이란 산을 넘을 수 있을까. 직언, 쓴 소리, 절대 권력에 저항하는 몸짓은 결국 그를 넘어가지 못하고 말 것이다. 이런 우려가 가시지 않았다. 어디까지나 나의 hunch(혹, 예감)이지만 나는 그의 강골과 기개와 양심과 진정성을 믿었다. 일테면 많은 결함과 실수에도 불구하고 나는 한번도 YS를, 민주주의를 비롯한 인류의 보편적 가치에 대한 그의 신념을 의심해 본 적이 없었다. DJ도 그랬다. 무엇보다 안대희의 자존심과 자의식(그는 스무 살 때 사시에 합격한 수재였고 평생 부패를 척결해온 엘리트검사였다)이 결코 나의 믿음을 배반하지 않을 것이라고 철석같이 믿었다.

아내가 속회에서 늦게 돌아왔다. 속장이 지각해서 그랬다고 했다. 나는 속회에 대해 잠시 회의에 빠졌다. 해외여행과 명품쇼핑이나 자랑하는 그런 속회를 왜 가야 한단 말인가. 오늘은 아파트당첨자를 발표하는 날이었다. 발표 시간에 맞춰서 아내가 헐레벌떡 돌아왔다. 아내의 이름이 명단에 보이지 않았다. 참으로 의외였다. 지난 두 달 동안 한번도 우리가 자곡동 아파트에 가지 못할 것이라는 생각을 한 적이 없었다. 한순간에 우리의 계획이 지리멸렬해졌다. 망연자실. 낙담이 이만저만이 아니었다. 유월에 서초동에 아파트를 또 공고할 예정이라고 했지만 그것도 하대명년(何待明年)이다. 아내는 감기기운으로 몸을 갱신할 수가 없었고 나는 끓어오르는 가래와 기침으로 몸을 제대로 가눌 수가 없었다. 몸도 마음도 마냥 가라앉았다. 한사코 실망하는 빛을 아내에게 보이지 않으려고 했지만 아내가 내 기색을 모를 리가 없었다. 우리는 다시 일어서야 한다.

밤이 되자 아내는 인터넷으로 부산 쪽을 검색했다. 우리집이 있는 부산으로 내려갈 생각을 하고 있는 게 분명했다. 그랬다, 사불연이면 부산으로 내려가는 것이다. 우리 인생의 마지막 장이 부산에서 기다리고 있었다. 어쩔 수 없이 내 의식은 한 치 앞을 알 수 없는 불확실성 속에서 끝없이 자맥질하고 있었다.

먼 나라 십자로 5. 24.

멀고 낯선 나라에 내동댕이쳐졌다. 보이지 않는 동아줄에 몸이 동여맨 채 공중에 붕 떠 있는 느낌이었다. 끝없이 일상 속에서 부유(浮遊)했다. 아내가 불쑥 이건희를 생각해보라고 했다. "억만장자도 건강을 잃으면 무슨 소용이 있느냐." 아직 건강한 것을 기뻐하고 하나님에게 감사하면서 살자고 했다. 아내가 슬며시 부산에 갔다가오자고 했다. 서울에 실망한 나머지 귀향하자는 속내를 보였다. 나는 월요일에 가자고 했다. 유월에 다시 한번 아파트를 신청해보고 나서 부산 행을 고려해 보자고 했다.

오후에 서울광장으로 나갔다. 우선 남대문시장에 가서 바람을 쐬었다. 아내는 낚시터를 기웃거렸고 한국은행 옆길로 해서 서울광장으로 나갔다. 서울광장에는 주로 가족들이 잔디밭에 앉아서 도란도란 이야기를 나누고 있었고 합동분향소에는 추모객들의 발길이 끊이지 않았다. 잠시 잔디밭에서 휴식을 취한 뒤 아내와 노란리본의 숲속으로 들어갔다. 아내가 세월호 참사 자작시를 직접 리본에 써서 매달았다. 나는 아내의 모습을 사진에 담았다. 나도 리본에 추모의 글을 썼다. 그 많은 추모의 글을 보자 그만 기가 질리고 말았다. 어떻게 해서라도 팽목항 그 슬픔의 바다에 나의 슬픔을 보태고 싶었지만 어찌된 셈인지 나는 할 말을 잃어버렸다. "명복을 빕니다, 명복을 빕니다." 그게 고작이었다. 그 이유를 금방 알아차렸다. 내가 이미 슬픔 속에 완전히 빠져버렸고 통곡의 바다 속에 내 넋이 익사해 버렸기 때문이다. 그 슬픔에서 벗어나려고, 한 가닥의 희망과 즐거움을 찾아내려고 안간힘을 썼다. 그런 자신을 발견하고 적이 놀랐고 실망했다. 자괴감과 무력감에 몸을 떨었다. 아내는 무더기로 계속 리본에 글을 써서 매달았다. 바람에 나부끼는 리본의 숲이 아름다웠다. 그 숲속을 한참동안 산책했다.

어둠이 내리기 시작하자 청계천광장으로 건너갔다. 촛불집회 주위를 전경버스들이 두 겹으로 에워싸고 있었다. 예금공사 건물 앞에 자리 잡고 앉아서 군중의 후미에서 촛불집회를 관찰했다. 이전보다 조직적이고 전투적이었다. 집회 한쪽에서 가두행진 선두에 설 차량과 요원들이 구호와 선전을 리허설하고 있었다. 이윽고 촛불을 들고 가두행진이 시작되었다. 엄청난 군중이 움직이기 시작했다. 성난 민심이 바다였다. 사나운 파도가 굼실굼실 눈앞에서 흘러갔다. 아내가 그 노도(怒濤) 속으로 끼어들려고 했다. 나는 가만히 아내를 붙잡았다. 젊은이에게 맡기고 그냥 광장에 서서 맘껏 응원하면 된다고 아내를 설득했다. 그 행진의 후미가 눈앞을 지나갈 때까지 배웅하고 나서 우리는 그 자리를 떴다. 종로를 한 바퀴 돌고 나서 종로구청 앞으로 걸어올 때 아내는 가까운 치킨 집에 들어가서 맥주라도 한 잔 마시고 가자고 했다. 이렇게 삭막한 청진동에서 무슨 술을 마시냐고 거절했다. 아내는 '참으로 멋대가리 없는 소설가 양반'이라고 볼통스럽게 말했다. 그러고 싶었지만 사실 나는 기침과 신열을 참느라고 애를 먹고 있었다. 집에 돌아오자 아내가 양푼에다 고추장과 열무김치로 밥을 비벼서 내놓았다. 나는 비빔밥을 정신없이 입안으로 퍼 넣었다. 아내는 막걸리를 반주로 마셨다. 저녁을 먹고 나서 느긋하게 주말드라마를 보았다. 눈으론 드라마를 보았지만 나는 머릿속으론 한 가지만을 골똘히 생각했다. '먼 나라 십자로' 그랬다, 하루 종일 나는 '먼 나라 십자로'를 떠돌고 있었다.

이판사판 진흙탕 싸움 5. 25.

약속이나 한 듯이 교회에 가지 않았다. 잠자코 두 사람이 교회에 불참한 것은 처음이다. 어느 쪽이 이유를 대고 상대방이 동의해서 불참했는데 두 사람이 이심전심으로 교회를 가지 않은 것이다. 좋지 못한 조짐이다. 요즘 목사도 제대로 설교를 하지 않고 이런저런 이유로 부목사가 설교를 대신하는 경우가 많다. 아내는 계속 휴대폰을 들여다보면서 트위터에 글을 올렸다. 나는 안방에서 야구경기를 보았다. 주일아침 풍경이 이래선 안 된다.

사회분위기 때문에 처음엔 관행을 깨고 조용한 선거가 치러지는 것 같았다. 반성과 참회의 시간이라고 했다. 물론 네거티브도 삼갔다. 서울에서는 두 후보가 나름대로 주목을 받았다. 정몽준 후보는 작업복을 입고, 박원순 후보는 배낭을 지고 선거운동을 했다. 패션의 키워드라고 회자(膾炙)되기도 했다. 그런데 정 후보 측이 네거티브를 시작했다. 선거운동 일선에 나타나지 않는 박 후보의 부인을 두고 해외로 잠적을 했다는 소문을 퍼뜨렸다. 색깔론과 네거티브를 쏟아냈다. 선거판이 불리하게 돌아가자, 잇달아 발표되는 여론조사 결과가 격차를 보이자, 이판사판으로 진흙탕 싸움을 걸었다. 판을 깨는 것도 불사하겠다는 필사적인 몸부림이다. 주로 불리한 판세로 몰리고 있는 여당 측에서 네거티브를 불러들였다. 제발, 이판사판 싸움은 하지 말라. 선거만 하고 이후론 살지 않겠다는 것인가. 선거는 한때다. 선거의 승리를 위해 영원히 죽는 짓을 하지 말라. 남경원 씨의 일기가 가슴을 때렸다. "널 두고 돌아오는 못난 아빠를 용서해주렴" 팽목항의 슬픈 사연을 읽으면서 한참동안 목이 메었다. 세월호 집회 참가 여성들의 '강제 속옷 탈의'가 물의를 일으켰다. 실소를 금할 수 없었다. 경찰이 지난해 대법원의 위법판결도 모르고 있는 모양이다.

저녁 때 '부부의 collaboration'(협력, 합작. 이런 말이 와 닿지 않아서 영어를 썼다. 내가 영어를 쓰는 경우는 대개 그렇다. 이해해주기 바란다)에 대해 작은 사달이 일어났다. 아내는 나까지 SNS 속으로 들어오는 것을 달가워하지 않았다. 그 정보의 쓰레기통을 뒤집어쓸 필요가 없다는 것이었다. 혈압 오를 일을 왜 하느냐는 것이었다. 일리가 있었다. 내가 고집을 부리자 스파크가 일어났다. 비 오는 거리를 나는 홀로 걸었다. '글로리아타운'으로 들어가서 잠시 소요(逍遙)했다. 휴대폰으로 뉴스를 보았다. 바야흐로 정 후보가 색깔론과 네거티브로 판을 뒤집어보려고 사생결단식으로 나왔다. 뜸금없이 성북동산비탈에 있는 만해의 심우장이 떠올랐다. 뚜벅뚜벅 소걸음으로 올라가다보면 진리의 길, 생명의 길은 뚫리게 마련이었다. 그랬다, 아무리 다급할지라도 이판사판으로 판 깨는 일만은 절대로 하지 말자고, 나부터 그러지 말자고 나는 속으로 몇 번이고 다짐했다.

전관예우 덫에 걸린 총리후보 5. 26.

안방의 장롱을 들어내고 장롱 뒤 벽에 슬어 있는 곰팡이를 제거했다. 힘든 작업이었다. 소장이 와서 장롱을 들어내는 것을 도왔다. 장롱을 밖으로 운반하는 것이 쉬운 일이 아니었다. 두 사람이 기진맥진했다. 은이가 방문했다. 내가 좋아하는 해물을 가져왔다. 점심때 삼겹살과 새조개구이를 맛있게 먹었다. 은이가 손수 구워주었다. 조개와 삼겹살을 굽는 데 빼어난 솜씨가 있었다. 금세 기운을 다시 차릴 수 있었다. 은이는 범이를 데리러 4시에 돌아갔다. 장롱을 들어내고 나서도 어려운 작업을 해야 했다. 벽지를 뜯어내고 소독약을 뿌렸다. 약이 독해서 숨을 쉴 수가 없었다. 옷과 집기를 거실로 옮겨 놓았다.

안대희 총리후보의 전과예우 논란이 뉴스의 한복판에 떠올랐다. 후보는 송구스럽게 생각하고 전관예우로 번 돈을 사회에 환원하겠다고 했다. 환원하는 돈으로 일테면 매관매직을 하겠다는 것 아니냐는 주장도 나왔다. 여당일각에서도 과연 국민정서를 넘을 수 있을까, 우려를 나타냈다. 그의 특명은 부정부패비리 척결인데 그 비리의 덫에 걸려 낙마의 위기에 처했다. 그의 헌신과 역할을 잔뜩 기대했는데 안타깝기 짝이 없다. 검찰이 유병언 현상금을 5억 원으로 인상했다. 잠적한 유병언이 순천에서 꼬리가 잡혔다는 기사가 떴다. 연기처럼 사라진 유씨가 잘 달아났다. 5억 원 현상금이 효력을 냈으면 좋겠다. 고양 시외터미널에서 화재 발생, 7명 질식사. 방화셔터가 작동되지 않아서 28분 만에 6명이 사망했다. 뉴스를 보고 나서 설핏 잠이 들었다. 자다가 눈을 떠보니 아내는 컴퓨터 앞에 장식처럼 붙어 앉아 있었다. 아내는 새벽 5시까지 글과 사진을 블로그에 올렸다.

하늘이 보낸 사람 5. 27.

여전히 안대희 총리후보의 전관예우 논란으로 들끓었다. '인사는 만사'인데 청와대의 인적쇄신이 총리후보의 고액수임 전관예우로 꼬일 대로 꼬였다. 청와대도 당황한 기색이 역력했다. 번 돈을 모두 환원하겠다고 하고 안쓰러울 정도로 무릎을 꿇고 힘껏 몸을 낮췄는데도 야당은 총리불가를 결정하고 후보사퇴를 촉구하고 나섰다. 전관예우 꼬리표를 달고 어떻게 관피아를 척결할 수 있겠는가. 악의적인 소문과 막말도 난무했다. 총리지명 3일 전에 3억을 기부했다. 재산환원은 신종 매관매직이다. 나는 누구 편인가. 국가와 국민 편이다. 국가와 민족의 장래가 심히 걱정스럽다. 조국 교수의 '김기춘 대통령 비서실장님 귀하'를 읽었다. "박근혜 정권의 국정기조, 바뀌어야 합니다. 그 첫걸음은 실장님의 사퇴입니다. 실장님이 끌고 온 공안통치방식으로는 대한민국은 물론 박근혜정권도 위태로워질 것입니다. 실장님은 이미 박 대통령님에게 부담을 주는 존재가 되었습니다. 진보와 보수를 떠나, 1972년 유신헌법이 아니라 1987년 민주헌법의 정신에 충실한 대통령 비서실장과 참모진이 필요합니다. 간단히 말씀드립니다. 실장님의 시대는 끝났습니다. 물러나십시오. 후배의 직언이 무례하였더라도 혜량해 주시길 바랍니다." 끄트머리에 내 말을 보탰다. "제발 유신망령 살려내고 민주화 흔적을 지우는 일은 하지 마십시오." 10대의 세월호 추모행사를 정치적 색안경을 쓰고 보는 것이 씁쓸했다. 공부나 하고 가만히 있으라, 정치적 세력에 휩쓸리지 말라. "순수한 추모행사조차 맘대로 할 수 없는 현실이 안타깝다." 추모행사를 한 고등학생의 볼멘소리다. MB 때 폐지된 교육부총리제를 부활한다고 한다. 어쩐지 좌충우돌하는 느낌이다.

 아내가 전옥길 회장의 부름을 받고 외출했다. 나는 세검정삼거리 육교를 건너서 홍지동으로 걸어갔다. 대개 평창로 길을 왼쪽인도로 걸었고 세검정초등학교가 있는 오른쪽으로 걸어본 적이 없었다. 그쪽은 한적하고 운치가 있는 길이었다. 길도 널찍하고 쾌적했다. 늘 육교를 오르내리기 싫어서 피해왔는데 뜻밖에도 좋은 산책길이었다. 비탈길 초입에 있는 이발소에서 이발했다. 이발을 막 끝냈을 때 아내에게서 연락이 왔다. 자동차 키를 소장에게 갖다 주고 주차장소를 옮겨달라고 부탁하라는 것이었다. 아마 주차 때문에 전화가 온 모양이었다. 부랴부랴 집으로 가서 차를 옮겼다.

 아내는 밤에 아주 밝은 표정으로 돌아왔다. 미국에서 돌아온 전옥길 회장이 아주 반색을 하더라는 것이었다. 그동안 추진해 왔던 한반도평화통일촉진문인협회(한평통문협) 조성도 꽤 진척을 보였다. 아내에게 사무총장 직을 맡아달라고 부탁하더라고 했다. 고무적이었다. 약간의 보수도 지급하겠다는 것이었다. 오랜만에 만나는 아내에게 전 회장이 던지는 첫마디가 인상적이었다고 한다. "당신은 하늘이 보낸 사람 같다. 몹시 기다렸는데 잘 왔다." 아내는 그

방면의 일을 하고 있는 오부규를 소개하고, 오부규가 소설가 김승옥과 함께 추진했던 안중근 기념사업도 소개했는데, 깊을 관심을 보이더라고 했다. 내일 꼭 모셔오라는 부탁까지 받았다고 했다. 아내는 깊은 밤에 오부규에게 전화해서 내일 만날 약속을 했다. 우리의 나아갈 길이 전옥길 회장 쪽에 있는 것 같았다. 어둠 속에서 한줄기 빛을 보았다. 아내는 전 회장이 준 사단법인 조성에 관한 문건을 읽느라고 밤이 깊어가는 줄 몰랐다.

저녁예불소리 5. 28.

안대희 총리후보자가 지명 6일 만에 전격 사퇴했다. 전관예우 논란이 국민의 정서법을 넘지 못하고 말았다. 박근혜 대통령의 국정운영이 송두리째 흔들렸다. 정부혁신과 인적쇄신이라는 구상도 허물어졌다. 국정 공백이 우려된다. 온 나라가 술렁였다. 무엇보다 강직한 안 후보자가 시대적 소명과 국민여망에 부응하지 못하고 그의 능력과 자질이 검증받을 기회조차 얻지 못한 채 낙마한 것이 가슴 아팠다. 그래도 괜찮은 발탁이었는데 말이다. 탐탁찮은 김기춘 비서실장은 여전히 철옹성이다.

요양병원 화재에 제대로 된 매뉴얼도 없었다. 서울시장 선거전 모양새도 속을 끓이게 했다. 왜 정몽준은 저리 작심하고 네거티브만 하고 있을까. 박 시장이 거짓말쟁이라고 아무리 떠들어봤자 그의 입만 아파질 텐데, 왜 박원순을 헐뜯고 욕하는 짓거리만 하고 있을까. 스스로 무덤을 파는 형국이다. 오후에 종각 반디앤루니스로 나갔다. 오부규가 기다리고 있었다. 한평통문협을 가지고 잠깐 논란을 벌였다. 허술하기 짝이 없는 문건을 가지고 이러쿵저러쿵 따질 여가가 없다고 생각했다. 오늘 전옥길 회장을 만나는 이유를 내가 설명했다. 우선 인간적으로 돈독해지고 앞으로 진로를 그곳에서 모색해야 한다는 점을 강조했다. 좀 이상한 이야기가 되고 말았다. 현실이 그런 것을 어떡할 것인가. 오부규가 나의 충정을 이해하고 그 해박한 지식과 견문을 웅변처럼 토로하는 것을 삼가는 것 같았다. 6시에 저녁을 먹고 나서 아내와 오부규가 전 회장 집으로 떠났다. 나는 그동안 가까운 조계사를 찾아갔다. 경내에 홀로 덩그마니 앉아서 도도한 저녁예불소리를 들었다. 유일한 평화의 메시지였다. 안대희 총리후보 전격사퇴로 심란해진 마음이 좀 안정되었다. 그런 일에 휩쓸리고 있는 나 자신이 우스꽝스럽기도 했다. 내가 뭔데. 길 건너 '목은 이색'(牧隱 李穡)의 사당에 가서 예를 올리기도 하고 우정총국 한쪽에 있는 민충정공의 동상을 찾아가서 묵념을 올리기도 했다.

아내는 밤늦게 돌아왔다. 오부규가 기대이상으로 잘했다고 했다. 전 회장이 단박 오부규에게 이사가 되어달라고 부탁했지만 지금 하고 있는 일들이 너무 분망(奔忙)해서(그는 중국과 북한을 무시로 드나들고 있었다. 내 동생이지만 그의 행보를 보고 입이 벌어질 때가 많다.) 사양했다고 한다. 내일 이사회에 당장 참석해 달라고 했지만 국정원에 갈 일 때문에 완곡하게 거절했다고 했다. 한평통문협 사단설립 문제는 그럭저럭 잘 되어갔다. 내일 이사회를 열게 되었는데 아내가 어떠한 역할을 할 것인가 궁금했다. 어디선가 끊임없이 사람들이 웅성거리고 있는 소리가 들려왔다. 총리사퇴로 세상이 온통 술렁이고 있는 느낌을 떨쳐버릴 수가 없었다.

'기춘대원군은요'는 유효 5. 29.

지방선거 D-5, 광역단체장 안갯속 판세. 6:5:6 여야 초접전. 부산이 초접전인 것이 특징이었다. 한국의 정치는 부산과 광주에서 바뀌어야 한다. MH정권이 탄생한 것도 광주가 바뀌었기 때문이다. 오늘도 뉴스가 '기춘대원군은요'에 초점이 모아졌다. 나로선 충격적이었다. 그의 진퇴가 선거의 마지막 변수가 되다니, 안타까웠다. 두 사람 김기춘 실장과 길환영 KBS사장, 참으로 끈질기게 자리에 붙어 있었다. 알고 보면 그 자리는 본인 맘대로 그만둘 수도 없다. 길 사장도 사람인데 97%가 불신임한데 그 자리에 남아 있고 싶을까. 떠나라는 오더가 떨어져야 운신할 수 있을 것이다. 김 실장은 이번엔 또 총리후보 검증실패의 책임까지 뒤집어쓰게 되었다. 정권의 부담이 되지만 보루도 되고 있다는 것이 박 정권의 진퇴유곡이다.

여당에서도 사퇴론이 제기되었다. 그의 얇아진 어깨가 안쓰럽게 보일 정도다. 이제 고희를 넘긴 그가 무엇을 바라고 그 곤욕을 치르고 있을까. 혈육에 가까운 유신본당에 대한 대통령의 미련과 신임 때문일까. 어서 빨리 대통령이 유신의 꿈에서 깨어나야 할 텐데. 참으로 견딜 수 없는 의혹까지 제기되었다. 구원파가 금수원 앞에 붙여놓은 "김기춘 실장 갈 데까지 가보자" "우리가 남이가" 등의 현수막에 대해 "당신이 나 비호해놓고 이제 나 버릴 수 있어"라는 의미라는 주장까지 나왔다. 인적쇄신의 시작과 끝은 김 실장이라는 것을 새삼 확인한 것이다. 김기춘 실장 교체 없이는 어떠한 인적쇄신도 무의미하다는 말이 설득력을 얻게 되는 대목이다. "기춘대원군은요"는 아직 유효했다.

한평통문협 이사회에 참석하기 위해 아내가 아침부터 돈암동으로 출근했다. 오후에 홀로 산책을 나갔다. 셔틀버스로 광화문으로 나가서 거기서 길상사까지 걸어갔다. 나는 길상사에서 국민대학 쪽으로 넘어오는 길을 걸어보려고 했다. 창경궁 앞을 지나고 성균관대로를 거쳐서 간송미술관에 이르렀다. 선잠로를 지나 길상사로 올라갔다. 가파른 찻길을 따라 올라갔는데 북악스카이웨이와 섬잠로로 갈라지는 대목에서 나는 그만 선잠로로 빠지고 말았다. 그것이 정릉으로 넘어가는 길인 줄 알았다. 한참 후에 삼거리가 나왔는데 왼쪽으로 돌자 '누보티스'라는 간판이 보였다. 길상사를 올라가는 섬점로로 다시 돌아오고 만 것이다. 개미 쳇바퀴 도는 꼴이 되었다. 그때 종각으로 오라는 아내의 전화를 받았다. 아내는 전 회장 집에서 일을 마치고 귀가하는 길에 나를 부른 것이었다. 나는 산선교에서 버스를 타고 종각서점으로 갔다. 이사회 이야기를 잠깐 하고 나서 아내는 인사동으로 가서 저녁을 먹자고 했다. 사동면옥 앞까지 갔다가 우리는 발길을 돌리고 말았다. 은이가 사가지고 온 삼겹살과 새조개를 구어서 집에서 막걸리를 마시는 것이 좋겠다고 생각했다. 조계사 앞에서 버스를 타고 집으로 돌아왔다.

밤에 아내가 가져온 사단법인 설립취지문을 읽어보았다. 수정해야 할 대목이 많았다. 아내는 한평통문협 회원 등록을 독려하는 공문 발송에 대해 이야기했다. 아내는 회원등록비가 2만원이고 회비를 갹출할 수밖에 없는 사정을 알리는 공문을 작성해야만 했다. 오부규와 여러 차례 통화해서 상임이사 선임을 부탁했다. 오부규는 김지하와 김승옥을 추천했고 그들의 동의를 얻어내겠다고 했다. 아내는 이어령과 김용옥도 참여시키겠다면서 자기가 직접 만나겠다고 했다. 나는 고개만 끄덕였다. 한참 소설을 읽듯이 유병언 도피행각 기사를 읽었다. 어쩐지 세월호 참사 해결이 잘못돼 가고 있는 것 같았다. 하지만 '오불관언'하기로 했다. 오부규와는 월요일 만나기로 약속했다. 아내는 한평통문협 참가회원들의 명단을 작성하느라고 밤이 깊어가는 줄 몰랐다. 그 나이에 축복이 아닐 수 없었다.

햇볕을 나누는 중이니까 5. 30.

　6.4 지방선거는 숨을 헐떡이며 막바지로 치달았다. 안갯속 판세, 박빙의 승부, 오차범위 내의 접전. 광주와 부산의 이변. 무소속이 각각 터줏대감을 눌렀다. 광주와 부산의 선택이 대한민국을 바꾼다. 부산에서 야당 혹은 무소속의 승리는 이변일 수밖에 없다. 서울 정몽준은 서슴없이 네거티브 본산(本山)으로 탈바꿈했다. '농약급식은 No'라는 끔찍한 네거티브 공세로 판세를 뒤집어 보려고 했지만 그 모양새가 참으로 처량했다. 이겨도 진 싸움이다. 영원히 지는 길을 가고 있다. 사상 첫 사전투표의 열기가 뜨거웠다. 첫날 투표율 4.75%, 사상 최고치. 이게 무슨 징후일까. 누구에게 유리한 신호일까.

　요동치는 동북아 정세, 주역은 일본의 아베다. 그는 한미와 사전교감 없이 북한과 빅딜에 합의했다. 한국은 뒤통수를 맞았고 미국은 허를 찔렸다. 아베는 동북아 주도권을 잡고 자신 있게 독자행보를 하고 있다. 여권서 김기춘 경질론이 갈수록 확산했다. 나는 세상의 창에 비친 어지러운 무늬를 보았다.

　아침부터 아내는 한평통문협 공문서를 작성하느라 여념이 없었다. 회원등록을 독려하고, 회원등록을 할 때 왜 등록비 2만원을 지불해야 하는지를 알리는 공문이었다. 잇달아 설립취지문도 작성했다. 그러느라고 오전이 흘러가버렸다. 나는 일어나자마자 메이저리그를 보았다. 요즘 나의 하루는 야구로 시작하여 야구로 끝났다.

아내는 오후 내내 한평통문협 일에 매달렸다. 명단을 살피고 등록여부를 확인했다. 온종일 마스크를 쓰고 있었다. 곰팡이 냄새를 맡으면 금방 기침이 나왔다. 병원이 지어준 약도 다 먹었다. 밤에 간곡한 기도를 올렸다. "하나님, 감사합니다. 용서해 주소서, 주님을 찬양합니다." 특히 '감사합니다'를 되풀이했다. 문득 무엇을 감사하고 있느냐고 자문했다. 그때 귓가에 들려오는 소리가 있었다. "햇볕을 나누는 중이니까." 햇볕은 내가 버틸 수 있는 삶의 희망이었다.

회원등록을 안내하는 글

지난 2013. 11. 21. 임진각 망배단 앞에서 대한민국 평화통일촉진문화인연합협회 명칭으로 평화통일 촉진대회를 개최했던 전옥길입니다. 금번에 임의단체가 아니라 이북과도 민간교류를 할 수 있는 단체가 되기 위해 그 호칭을 변경해서 '한반도평화통일촉진문인협회'라는 사단법인체로 정부에 등록하고 민간외교 기구로서 새로운 출발을 하려고 합니다. 지난 행사에도 여러분이 적극적으로 협조해 주셨기 때문에 아름답게 진행하고 마무리할 수 있었습니다. 남북이 평화통일을 하는 데 진정한 민간교류의 초석이 되고자 사단법인 한평통문협이 새 출발을 하는 마당에 여러분께서 한번 더 적극적으로 협력하셔서 통일조국의 미래를 건설하는 데 동참해 주실 것을 간곡히 부탁드립니다. 1인당 20,000원으로 회원등록비를 정한 것은 법인을 취득하는 데 5,000만원의 기금이 있어야 하기 때문입니다. 전옥길가 1,000만원을 입금시키고 4인의 이사님들이 협조하셔서 1,000만원을 만들었습니다. 나머지 3,000만원은 회원등록비로 20,000원씩을 갹출해서 충당하려고 합니다. 앞으로 이북과 교류할 사업을 잘 살피시고 적극 협조하시는 뜻에서 소기의 목적을 달성하는 데 힘이 되도록 회원등록을 해주시기 바랍니다.

설립취지문(사단법인 한반도평화통일촉진문인협회 설립취지)
5천년 역사와 전통에 빛나는 우리 겨레의 소원은 오직 평화통일입니다. 광복 이후 6.25동란이란 비극적인 동족상잔의 전쟁을 치렀지만 그 폐허 속에서 우리는 다시 일어섰습니다. 그리고 지난분단 70여 년 동안 그 억울하기 짝이 없는 고통과 슬픔 속에서 통곡하면서도 결코 쓰러지지 않고 눈부신 성장과 발전을 거듭해왔습니다. 그러나 우리는 아직도 남북이 철조망으로 가로 막힌, 세계사에서 유례를 찾아볼 수 없는 분단국가로 남아있습니다. 참으로 다행한 것은 그 숱한 수난 속에서도 우리는 하늘의 질서에 순응하고 지구촌 모든 나라와 자유로이 교류하며 평화를 사랑하는 문화민족으로 성숙했습니다. 이에 홍익인간의 정신으로 창조질서를 지켜나가고, 오매불망 우리의 소원인 남북평화통일을 이룩하고 세계평화를 지키기 위해 모든 진취적인 역할을 다할 것이며, 세계평화를 저해하는 어떠한 침략주의도 배격하고 그 책동을 말살시키는 데 앞장설 것을 결의하고, 세계만방에 '인류는 오직 하나'라는 인류공동체 정신을 구현할 수 있는 모든 뜻있는 사업을 적극 추진하고 완수하기 위해 본 법인을 설립하려고 합니다.

구명도생 5. 31.

'마피아'(Mafia)의 전성시대다. 관피아, 법피아, 로피아, 입피아, 마피아. "마포바지의 방귀 꺼지듯 무책임의 극치." 그들은 왜 하나같이 몰인정 무능력 무책임할까. 금수원을 탈출한 유병언이 순천으로 달아났다. 순천에서 소재가 들통이 나자 이번에는 전주로 줄행랑을 쳤다. 지금은 행방이 묘연하다. 오리무중이다. 하지만 그런 도피생활을 얼마나 이어갈 수 있겠는가. 잠적에 성공한들 무슨 의미가 있겠는가. 구차하게 삶을 끌고 가는 그야말로 구명도생(苟命徒生)이다. 인생은 구명도생이어서는 안 된다. 그렇게 살아서 뭘 할 것인가. 구명도생은 또 있었다. 조용한 선거, 네거티브 없는 선거를 하자고 시작할 때는 제법 반성 참회의 모드로 품위 있고 겸손하게 시작한 선거가 막바지로 갈수록 흑색선전과 네거티브가 난무했다. 그 한복판에 정몽준이 있다. 패색이 짙어지자 발악을 했다. 농약급식을 대대적으로 들고 나와서 침소봉대 과장, 억지를 부리고 있다. 아무리 다급해도 저런 추한 꼴을 보여서는 안 된다. 그렇게 승리한들 무슨 의미가 있겠는가.

세상에는 가슴 아픈 사연들이 많았다. 지난 27일 파키스탄에서는 파르빈이라는 25세의 여성이 가족들에게 투석처형을 당했다. 가족 허락 없이 결혼해서 가족의 명예를 더럽혔다는 이유로 피살됐다. 이른바 '명예살인'이다. 여성들이 처한 가혹한 현실, 여성인권의 사각지대는 도처에 엄존하고 있다. 같은 지구촌에서 이렇듯 의식 인습 정의 도덕 형벌이 다른 사람들이 살고 있다는 것이 충격적이다. 남편의 주는 결혼위자료가 적어서 그랬다는 소문도 있으니 세상에 이런 무지막지한 일이 또 어디 있겠는가. 통탄할 일이다. 천안문 광장은 아직도 침묵 중이다. 중국의 민주화는 요원하다. 중국과 북한의 인권에 대해 우리가 너무 무심하고 관대한 것도 문제다. 왜 그곳이 자유의 동토(凍土)가 돼야 한단 말인가.

셰일가스(shale gas)를 찾고 있는 미국은 지금 제이의 골드러시다. 진흙 속 진주를 찾고 있다. '지식인'을 출간한 박호성이 "지식인의 선택지는 저항 아니면 어용이다"고 말했다. 황현산의 '진정성의 정치'도 읽었다. 두 사람의 말에 공감했다. 아내는 아침나절 내내 평화통일협회의 일을 했다 공문서 문안을 계속다듬고 회원명단을 가나다순으로 작성했다. 컴퓨터 앞에 장식품처럼 붙어 있었다. 몽땅 시간을 전옥길 회장의 사업을 위해 쏟아 부었다. 또 다른 '구명도생'이 되지 않았으면 좋겠다. 시인이 그런 일로 일상을 온통 허비할 수는 없다는 것이 나의 은밀한 생각이다. 꼭 그런 것은 아니지만 '일정한 보수를 지급하겠다'는 말을 듣고 그런 작업을 하고 있는 것 같아서 언뜻 어두운 생각이 스쳐갔다. 오후에 인왕시장 지물포에 가서 벽지를 사왔다. 안방의 곰팡이 벽을 발랐다. 아내가 도배를 하는 동안 나는 잠시 몸이 아파서 건넛방에 누워 있었다. 내가 제대로 운신하지 못하니까 아내가 짜증을 냈다. 나도 후닥닥 떨치고 일어나서 벽지를 발랐다. 거짓말같이 곰팡이 냄새가 없어졌다. 그래도 당분간 마스크를 썼다. 드라마도 마스크를 쓴 채 보았다. '구명도생, 구명도생' 하루 종일 이 말이 입안에서 뱅글뱅글 돌고 있었다.

잠룡 좋아하네, "저건 이무기야"

집단최면 아닌 개별선택 6. 1.

선거가 막바지에 이르자 어김없이 흑색선전과 네거티브가 난무했다. 선거는 바람몰이, 마녀사냥, 인민재판식으로 사람들이 휘둘리고 휩쓸리는 양상으로 치러져서는 안 된다. 선거는 집단최면이 아닌 개별선택이어야 한다. 여당은 "누가 박 대통령의 눈물을 닦아 줄 것인가" 야당은 "누가 세월호 유족의 눈물을 닦아 줄 것인가" 이런 한풀이 모드로 선거가 마냥 흘러가는 것도 결코 바람직하지 않다. 왜냐하면 선거는 결국 '능력 있는 일꾼'을 뽑는 일이니까. 서울교육감 후보자 고승덕의 딸이 페북에 "아버지는 교육감 자격이 없다"는 비난의 글을 올렸다. 고승덕은 공작정치라고 잡아떼었고 문용린은 부녀패륜이라고 몰아붙였다. 자녀변수로 희비가 엇갈렸다. 고승덕과 정몽준은 발목이 잡혔고 조희연과 김부겸은 효자 덕을 보았다. 이것 역시 선거가 엉뚱한 방향으로 치달았다. 여야가 모두 우리가 불리하다고 엄살을 떨면서 막판 지지층 결집을 노리고 있다. 왜 정직하게 국민을 설득하는 선거를 하지 못하는가.

또 육사출신에게 외교안보 전권을 맡겼다. 김관진 국방을 안보실장에 임명했다. 육사사랑은 PP와 닮은 꼴. 그는 MB 때 국방이었는데 후임을 물색할 수 없어서 유임되었던 인물이다. 대북강경파로 관록이 붙었다. 기질적으로 내가 싫어하는 인물이다. 선교사 김정욱이 무기교화노동형을 받았다. 이런 사람 하나 구하지 못하는 국가가 무슨 놈의 대북신뢰프로세스를 말할 자격이 있는가. 지난 31일 밤에 촛불리본이 서울광장을 수놓은 사진을 보았다. 우리의 희망이 그곳에서 살아 숨 쉬고 있었다. '촛불의 데자부' '1%의 탐욕을 막는 방법' '국화꽃 대신 한 표' 이런 기사를 읽었다.

아침부터 류현진 선발 야구를 보았다. 지나는 말로 아내가 나에게 E마트에 가자고 했다. 나는 사양했다. 야구가 끝나고 나서야 아내와 E마트에 가서 바지걸이행어를 사왔다. 비닐봉지에 넣어둔 바지를 꺼내서 걸어놓았다. 방안이 무척 시원해보이고 냄새도 없어졌다. 이제야 안방을 곰팡이 속에서 구해냈다. 자정을 넘기면서까지 류현진 야구리뷰를 보았다. 나의 하루는 메이저리그로 야구로 시작되고 메이저리그 투나잇으로 끝났다. 막바지 선거판이 과열되고 있다. 6.4 지방선거가 집단최면이 아닌 냉정한 개별선택이 되기를 간절히 빌었다.

진실게임의 천국 6. 2.

막판으로 오면서 선거전의 프레임은 간단해졌다. 여당의 박근혜 마케팅, "박근혜를 도와 달라." 야당의 "무능한 정권을 심판하자"가 맞붙었다. 박근혜 마케팅과 세월호 심판론으로 요약되었다. 본색 혹은 마각이 드러났다. 여당은 결국 대통령에게 매달렸다. 한심스럽다. 지방선거가 대통령을 지키는 경호실장을 뽑는 것도 아닌데 말이다. 진보당 후보들의 잇단 사퇴로 야권단일화가 이루어졌다. 새누리당은 종북 연대라고 색깔론을 폈다. 김관진이 청와대안보실장으로 새로 임명되었다. 회전인사의 민낯이다. 그에게선 '원점타격' 강경 대응이란 말밖에 생각나는 것이 없다. 안보는 때론 공격 때론 방어 양보 절충 화합이 필요한데 그는 원점타격밖에 모른다. 그래서 발탁되었다. 안보와 대북관계를 강경기조를 밀고 나가겠다는 생각이다. 청와대의 방송개입을 계속 부인하고 있는 KBS 길 사장은 노조의 주장을 허무맹랑한 소설이라고 비난했다. 딸의 편지를 상대후보의 공작이라고 주장하고 있는 고승덕 서울교육감 후보, 터무니없는 중상모략이라고 일축하고 있는 문용린 후보, 과연 진실은 무엇일까. 캔디고의 편지로 서울교육감 선거 판세가 요동치고 있다. 이 땅에서 사람들은 무엇으로 사는가. 거짓말로 산다. 가히 '진실게임의 천국'이다.

아침에 아내가 전 회장 집으로 출근했다. 여느 때는 광화문으로 돌아서 갔는데 오늘은 국악터널을 지나서 갔다. 아리랑고개를 넘어가니 채 20분도 걸리지 않았다고 했다. 오후에 아내를 마중하러 시내로 나갔다. 홀로 인왕산 아랫길을 걸었다. 간간이 빗방울이 떨어졌다. 비에 젖은 풀냄새가 향기로웠다. 인왕산 기슭으로 바짝 붙어서 트여 있는 이 길을 나는 무척 좋아했다. 홍제동 지하철까지 걸어가서 지하철 3호선을 탔다. 충무로에서 4호선으로 갈아타고 삼선교로 갔다. 아내는 내 전화를 받고 금방 나왔다. 우리는 아리랑고개를 넘어서 돌아왔다. 아내는 중이집에 들러서 서류를 가져왔다. 이렇게 아내는 첫 출근을 마무리했다. 오늘 전화를 받고 안 일이지만 아내가 전 회장 집에 있을 때 전 회장이 홀로 힐튼호텔 사우나를 간 것이 마음에 걸렸다. 잠깐 나는 그를 미심쩍어했다. 아내도 다소 회의적인 이야기를 했다. 전 회장이 오늘 방문한 오부규의 조언을 탐탁하게 여기지 않은 것도 그랬다. 그런저런 일로 다소 울적했다. 밤에 정몽준과 박원순의 마지막 토론회를 보았다. 정은 좀 허둥대고 격앙되어 있었다. 박은 차분하고 침착했다. 승패는 이미 판가름 났다. 요즘 LA다저스가 계속 졌다. 내 하루의 기분을 크게 좌우했다. 메이저리그 투나잇도 보지 않았다.

하지불안 6. 3.

선거운동 마지막 날. 여당은 읍소(泣訴), 야당은 심판론으로 선거운동을 마감했다. 모두 좀 참월(僭越)하고 시답잖았다. 세월호 참사 블랙홀 속으로 모든 쟁점과 이슈가 사라져 버렸다. 여당은 수도권과 부산에서 지면 조기레임덕 우려하는 듯. 만기친람, 국정기조, 대전환이 불가피하다. 야당은 광주에서 지면 안철수의 대선가도 차질. KBS는 파업 중, 국조는 파행 중, 유병언은 도피 중. 방송통제, 촛불봉쇄, 그래서 내일 투표소로 가야 한다. 내 한 표가 세상을 바꿀 수 있다.

오후에 아내는 돈암동으로 출근했다. 봉투작업을 하고 공문을 발송한다고 했다. 비가 오는데 셔틀버스를 타고 아내를 마중하러 나갔다. 버스로 대학로까지 가서 거기서부터 걸어가기로 마음먹었다. 버스 속에서 아내의 전화를 받았다. 퇴근하는데 어디냐고 물었다. 서울대학교병원 후문에 있는 함춘관 앞으로 오라고 했다. 아내는 혜화동로터리를 돌아서 곧바로 달려왔다. 아내의 차를 타고 성북동으로 갔다. 성북동 구립미술관 앞에 있는 이태준 가옥을 찾아갔다. 근처에 있는 왕돈까스 집에 가서 식사했다. 등심까스가 아주 맛있었다. 성북동을 드라이브했다. 심우장 앞을 지나서 비탈길로 올라갔다. 대사관로를 지나서 길상사를 찾아갔다. 선잠로를 지나서 큰길로 내려갔다가 다시 삼청동길로 올라갔다. 삼청터널을 통과해서 청와대 앞길로 나왔다. 삼청터널을 지나고 숲길을 달려서 청와대 앞길을 질주하는 코스는 서울에서 최상의 드라이브 코스다. 아내는 시종 명랑한 기분이었다. 어제는 몹시 답답해하는 기색이었다. 전 회장의 비전이나 대화가 썩 맘에 들지 않았던 모양이었다. 사단법인을 추진하는 방식과 일 처리하는 태도가 적잖이 엇나가는 것 같았다. 대충 그런 눈치였다. 하지만 어쩔 것인가. 적으나마 보수를 받고 시작한 일인데 도리가 없었다. 오늘은 돈암동에서 대화가 좀 통했던 것 같다.

아내가 살아온 이야기를 새벽 3시까지 늘어놓았다. 출간한 '딸들아 세상을 아느냐' 속에 다 들어 있는 이야기였다. 언제 들어도 감동적이고 재미있었다. 아내가 한없이 살갑고 사랑스러웠다. 잠자리에 들었을 때 나는 또 하나의 시련과 씨름했다. 하지불안(下肢不安, restless legs syndrome), 하초와 다리와 발가락이 떨리고 들뜨고 들썩거려서 잠을 이룰 수가 없었다. 이런 증상은 중이 친구인 의사의 조언으로 전에 족욕을 해서 극복한 적이 있었다. 아내가 잠든 후에 발끝부딪치기를 1,000번을 했다. 하지불안이 감쪽같이 사라졌다. 그 순간 시력까지 좋아진다는 아내의 말을 나는 철석같이 믿고 있었다.

I got constipated, 또 막히고 말았다 6. 4.

12시에 서울예고에 가서 투표했다. 서울예고는 용이가 다녔던 학교다. 아내와 본관 4층의 복도를 한참 둘러보았다. 아내는 복도에 걸린 학생들의 그림들을 사진에 담았다. 그 진솔하고 풋풋한 감성이 너무 좋아서 담아두고 싶다고 했다. 아내의 사진도 몇 커트 찍어 주었다. 예고에서 곧장 남대문시장으로 갔다. 비타민정과 아내의 화장품을 샀다. 명품낚시터를 기웃거렸지만 별 수확이 없었다. 아내가 인사동 쪽으로 가서 점심을 먹자는 것을 나는 집에 가서 삼겹살을 구어먹자고 했다. 집에 와서 점심을 맛있게 먹었다.

긴장 속에서 조용히 저녁 6시 출구조사를 기다렸다. 6.4선거를 치르고 나면 기분이 확 풀릴 줄 알았는데 답답한 것은 마찬가지였다. 한마디로 'I got again constipated.'(또 꽉 막혔다, 또 변비가 도졌다) 역시 카타르시스는 불가능했다. 여당이 수도권의 보루인 경기와 인천, 초접전지역인 부산에서 모두 승리했다. 나쁜 국민들이 슬금슬금 어깨동무를 하고 실실 웃었다. 나는 두 눈을 부릅뜨고 지켜보았다. 그들은 박근혜의 눈물을 닦아주었다. 세월호의 슬픈 노래는 먼 하늘가로 밀려가고 있었다. 국민은 벌써 세월호를 잊어버린 것이다. 혹자는 여당이 승리한 것이 아니라 기회를 한번 더 준 것이라고 했다. "기회를 한번 더 준 것"이라, 늘 꿈보다 해몽이 좋았다. 저녁 6시 출구조사발표가 있을 때부터 새벽 4시까지 TV 개표방송에서 눈을 떼지 않았다. 인천의 송영길이 2만여 표 차이로 지고 있고 부산의 오거돈이 역시 2만여 표 차이로 지고 있는 것을 애를 태우면서 주시하고 있었다. 두 곳의 패색이 짙어지자 이번엔 엎치락뒤치락하고 있는 충북과 강원의 시소게임을 새벽 4시까지 핏발 선 눈으로 보았다. 피차간에 피를 말리는 싸움이었다. 가까스로 강원과 충북이 이기는 것을 보고 나서, 그것을 유일한 위안으로 삼고 나는 잠자리에 들었다. 천장을 멍하니 올려다보면서 연방 'I got aconstipated.'라고 주절대고 있었다.

도로아미타불 6. 5.
    서울시장에 당선된 박원순이 활짝 웃었다. 나는 따라 웃을 수가 없었다. 경기와 인천에서 심판론이 일패도지(一敗塗地)한 게 적이 실망스러웠다. 도로아미타불이었다. 국정개혁과 쇄신의 절호의 찬스를 놓치고 다시 원점으로 돌아왔다. 적폐 관행 비리가 고질화되어 버린 악순환이 되풀이될 수밖에 없었다. 앞으로 혁신과 개혁은 계속 종북으로 몰릴 것이다. 대통령은 안도의 가슴을 쓸어내리고 국정운영에 탄력을 받게 되었다. 세월호의 눈물은 닦을 수 없었다. 나도 모르게 자조적인 한숨이 나왔다. 저 웃고 있는 얼굴을 보라, 윤상현. 민심의 향배는 보통 수도권에서 판가름 나는데 경기와 인천에서 졌으니 세월호 심판을 외치던 민심이 패배한 것이다. 영남과 호남은 엄격한 의미에서 여론의 바로미터는 될 수 없다. 심한 쏠림의 소용돌이 속에서 어떻게 객관적인 민심의 향방을 가늠할 수 있겠는가. 묻지마 콘크리트 지지자에게서 어떻게 공정한 가치판단을 기대할 수 있겠는가. 선거 막판에 대통령의 눈물과 세월호 심판론이 맞부딪혔는데 마침내 눈물이 이겼다. 매머드 집권여당과는 전혀 어울리지 않는 "대통령을 도와달라"는 읍소가 막판에 괴력을 발휘했다. 우리 모두가 패배한 것이다. 절반의 승리, 황금분할이라는 말은 하나같이 공허한 수사에 불과하다. 여당의 쇄신은 또 표류할 것이고 무기력한 야당은 여전히 대안을 찾지 못한 채 수렁 속에서 벗어나지 못할 것이다.

    좋은 조짐도 보였다. 날개 단 진보교육. 진보교육감들 압승 13:4. 교육정책의 대전환을 예고했다. 길환영 해임 가결. 제발 맘 놓고 볼 수 있는 공영방송이 부활했으면 좋겠다. 편파 왜곡방송은 정말 진절머리가 난다. 권력에 부역하는 방송은 차라리 없는 것이 낫다. 아쉬운 뒷소문도 있다. 경기지사 개표에서 14만 9천여 장이 무더기로 무효표가 되었다는 것이다. 부산서도 5만 4천여 표가 무효가 되었다는 것이다. 사퇴한 진보당 후보를 찍어서 그렇게 된 것으로 추정된다. 승패가 얼마든지 뒤바뀔 수 있는 수치다. 조금만 더 일찍 사퇴하여 진보당 후보가 투표용지에 기재되지 않았더라면 이 수치는 새정치민주당 쪽으로 갔을 것이고 승패가 달라졌을 것이다. 이제 와서 그런 이야기해서 뭣 할 것인가. 무려 12곳에서 7월 30일에 재보선이 실시된다. 6.4의 연장전이 될 것 같다. '6.4선거가 남긴 과제' 김호기의 글을 읽었다. 그의 글은 언제나 '술에 물탄 맛'이다. 독하고 준열한 맛이 없다. '박 대통령 국정쇄신의 출발점으로'라는 사설을 읽었다.

오늘도 아내는 아침에 돈암동 춘우문화관으로 출근했다. 오후에 남대문 수입상가를 찾아가서 일전에 산 비타민 값을 현금으로 지불했다. 아내가 통장으로 지불할 수 없는 사정이 생겨서 내가 직접 찾아가서 결제했다. 명동으로 가서 4호선을 타고 돈암동으로 갔다. 춘우관 앞에서 전화했더니 아내가 전 회장과 함께 한글회관으로 가고 있다고 했다. 나는 발길을 돌려서 집으로 돌아왔다. 삼송역에 있는 아파트를 찾아갈까 하다가 그만두었다. 기침이 나와서 몹시 성이 가셨다. 올해는 여름감기로 몸살을 앓았다. 건강의 적신호가 아닐 수 없다. 주로 6.4선거결과 방송을 보면서 저녁나절을 보냈다. 내 노후가 잔생이도 복이 없는 것 같다. 아내는 밤 9시가 넘어서 돌아왔다. 알고 보니 오동춘 시인이 주관하는 세월호 참사 추모시낭송회에 갔다가 온다고 했다. 아내도 즉석에서 세월호 자작시를 낭송했다고 한다. 아내는 시낭송회 이야기를 늘어놓으면서 한껏 부풀어 올랐다. 잠시나마 즐거운 시간을 보낸 것은 퍽 다행이었다. 기쁨도 잠시였다. 낭송시집에 나온 '대통령의 눈물'이라는 시를 읽고 적이 실망했다. 시집엔 어두운 그림자가 짙게 드리웠고 어용시인의 냄새를 물씬 풍겼다. 아내가 그 시집에 이름을 올리지 않는 것이 다행으로 생각되었다. 아내의 '세월호 시'를 읽으면서 나는 한글회관에서 웃고 있는 아내를 떠올렸다. 내 마음은 웃지도 울지도 못하고 엉거주춤했다. 하 수상한 시절을 건너가기가 참으로 힘들었다.

변방주민이 되기 위하여 6. 6.

아내가 출근하면서 인터넷에 공고된 고양삼송 A14와 원흥 A1를 한번 가보라고 했다. 우리는 서울을 탈출하기로 마음먹었다. 숲속에서 속삭이는 바람소리를 듣고 강물에서 파닥이는 햇살을 바라보고 산봉우리를 스쳐가는 구름자락을 올려다보고 해가 지는 저녁나절에 명상에 잠길 수 있는, 변방의 주민이 되기 위해 나는 홀로 삼송리를 찾아갔다. 지하철 삼송역에서 내려서 출구를 나가자 삼송아파트가 눈에 들어왔다. 뙤약볕이 내리쬐고 있었지만 나는 햇볕 속을 걸어갔다. 금세 땀으로 뒤범벅이 되었다. 근처의 경관이 생각했던 것보다 좀 황량했지만 그런대로 야산이 있고 숲이 있고 유난히 햇살이 하얗고 공기가 맑았다. 원흥도 가보고 싶었지만 너무 무덥고 길이 낯설어서 그만두었다. 원흥역사를 새로 짓고 있는 공사장에서 발길을 돌렸다. 두어 시간 동안 물 한모금도 마시지 않았다. 나는 지하철을 타고 충무로까지 와서 4호선으로 갈아타고 아내의 사무실로 갔다. 거의 돈암동에 도착했을 때 아내의 전화가 왔다. 이심전심으로 서로의 생각을 알았고 움직이는 동선도 알았다. 아내의 차를 타고 귀가했다. 내가 삼송리 이야기를 하자 아내가 같이 가보자고 했다. 해가 서산을 넘어가고 있었지만 우리는 개의치 않았다. 구기터널을 지나고 의주로를 달려서 구파발과 지축을 통과하고 마침내 삼송리에 도착했다. 생각보다 가까웠다. 우리는 차를 탄 채 한번 둘러보고 그냥 돌아왔다. 아내가 퍽 흡족해 하는 눈치였다. 삼송리에 안착할 수 있게 도와달라고 기도했다. 느긋한 마음으로 저녁시간을 보냈다.

정국은 소강상태. 태풍일과 후의 정적이 감돌았다. 청와대도 '토끼 용궁에 갔다 왔다'는 생각을 하고 있는 것 같다. 청와대는 쇄신해야 한다. 야당도 대안정당으로 자성해야 한다. 보수진영이 진보성향 교육감을 둘러싸고 민심을 왜곡하는 것이 마음에 걸렸다. 진보성향의 교육감이 13곳에서 압승을 거둔 것을 놓고 과잉반응을 했다. 교육계가 대혼란에 빠질 것이며 학교현장이 이념화될 것이라고 색깔론을 폈다.

아내는 전 회장이 오늘따라 유난히 융숭하게 대접해주더라고 귀띔했다. 아내의 책을 읽은 것 같다고 했다. 가족사도 간간이 흘리는 것이 그런 추측을 하게 한다고 했다. 한의사였던 아버지의 유지를 받들어서 그는 자선사업을 하게 되었다고 털어놓기도 했다는 것이었다. 아내가 나에게 기도를 많이 해달라고 했다. 아내는 누구보다 변방의 외로움을 못견뎌하지만 삼송리는 무척 좋아하는 눈치였다. 삼송리에서 본 푸른 하늘이 눈앞에 어른거렸다. 숲속을 스쳐가는 바람소리가 귓가를 떠나지 않았다. 깊은 밤까지 변방의 주민이 될 수 있도록 해달라고 기도했다.

여보, 나 왔어 6. 7.

류현진이 선발 등판한 야구경기를 보았다. 투수들의 무덤인 Coorsfield 원정경기에서 호투, 무난히 승리했다. 어김없이 앙뉘가 엄습했다. 온종일 쩔쩔맸다. 시작해 놓고 보니 한평통문협 일이 신경이 많이 쓰이고 일손이 많이 가는 작업이었다. 아내는 어제는 공휴일인데도 출근했고 오늘은 주말인데도 출근했다. 홀로 남게 되자 외롭고 권태로운 것은 어쩔 수가 없었다. 가족이 모여서 시끌벅적 떠들면서 살던 때가 그리웠다. "여보 나, 왔어." "학교 다녀왔습니다." 하고 퇴근하고 하교하던 시절이 그리웠다. '여보, 나왔어' 세상 남편들이여, 이런 말을 하고 살 때가 그래도 가장 행복한 시절이라는 것을 잊지 말라. 틈틈이 '아고니스트 당신'을 썼다. 아내는 5시에 아리랑고개를 넘고 북악터널을 지나서 돌아왔다. 아내를 맞으러 일성아파트 앞으로 나갔다. 아내가 나를 보지 못하고 차를 몰고 휙 지나갔다. 나는 허겁지겁 집으로 돌아왔다. 집에 돌아온 아내가 전 회장이 운전사를 심하게 질책했다는 뜬금없는 이야기를 했다. 운전사가 가뜩이나 힘들고 피곤한데 왜 자꾸 다른 일을 시키느냐고 불평하자 그만두라고 했다는 것이다. 아내가 중간에서 화해시키느라고 애를 먹었다고 했다. 아내가 전 회장에게 고개를 갸우뚱하기 시작했다. 조짐이 안 좋았다. 입원한 지 한 달이 지났는데도 이건희는 아직 깨어나지 못했다. 돈이 많으면 뭘 하냐. 식물인간이 되면 종친 거야. '추기경 김수환이야기' 신문광고를 보았다. "바보의 미소가 그립습니다." 왜 살아 있는 두 추기경은 존재감이 없을까. '문인보' '만인보' 이런 말을 들으면 우울해진다. 우연히 눈에 띈 기사가 괜히 마음을 언짢게 했다. 누가 그런 사람이란 말인가. 아내는 밤늦게까지 인터넷에서 주택정보를 검색했다. 아내가 내일은 고양 원흥 쪽으로 가보자고 했다. 나는 속으로 초여름의 서오릉을 떠올리고 있었다. 삼송리를 찾아다니면서 정작 서오릉의 숲속만을 그리워했다.

마이웨이 봉변 6. 8.

오랜만에 교회에 갔다. 삼거리 버스정류장에서 내리자 사부인이 저만치 건널목을 건너가고 있었다. 우리는 알은체를 하지 않고 천천히 뒤따라갔다. 한참 후에 교회 엘리베이터가 있는 곳으로 가자 사부인이 기다리고 있다가 포달을 부렸다. 사둔끼리 왜 피하냐고 힐책했다. 아내는 당혹했다. 왜 피하다니, 걸음대로 천천히 뒤따라갈 수도 있는 것 아닌가. 우리는 짜장 가벼운 생각으로 그랬는데 상대는 작심하고 암상을 피웠다. 엘리베이터에서 뿐만 아니라 나중에 설교가 끝난 자리에서도 사부인은 아내에게 볼멘소리를 늘어놓았다. 아내는 암말 없이 웃기만 하고 자리를 떴다고 했다. 교회건물 수리 때문에 연주실에서 설교했는데 나는 아내와 자리를 함께하지 않아서 그 상황을 전해 들었다. 온종일 기분이 언짢았다. 뜻밖의 봉변이었다. 마이웨이는 이렇게 봉변을 당하기 일쑤다.

대통령도 마이웨이 조짐이 보였다. 홍보실장을 지명했는데 너무나 실망스러웠다. 정부옹호 언론이나 폈던 인사를 홍보실장으로 불러들였다. 일종의 권언유착이었다. 계속 그러다간 뜻밖의 봉변을 당할지도 모른다. 총리 임명을 비롯한 인적쇄신도 운만 띄우고 지지부진했다. 숨을 돌렸으니 또 술덤벙물덤벙하고 있었다. "그 정도면 여당이 선방 선전한 셈이다." 언론의 이런 말들이 싫었다. 악순환이 이어질 게 뻔하다. 오후에 고양 원흥을 찾아갔다. 서오릉을 지나자 금방 나왔다. 새로 생긴 아파트들이 발가벗고 동전 한 닢 찬 것 같다. 벌판에 홀로 덩다랗게 서 있었다. 한마디로 황량했다. 단지의 규모가 거대한 것에 놀랐다. 아직 주변조성이 되지 않아서 삭막하고 쓸쓸하기 짝이 없었다. 새 역사 원흥역을 가보았다. 삼송일원에 있었는데 역시 황량했다. 우리는 삼송과 원흥 두 곳을 차로 뒤 차례 오가면서 어느 쪽을 택할 것인가를 마음속으로 저울질했다. 끝내 결정을 할 수 없었다. 전원적인 분위기는 없지만 교통은 원흥 쪽이 더 편리할 것 같았다. 돌아오는 길에 농협 '하나로'에 들러서 과일과 채소를 샀다. 시골가게답게 물건이 별로 없었다. 그 앞에 있는 꽃시장하며 역시 정다운 것은 서오릉이었다. 우리는 서오릉을 떠올리면서 변방의 주민으로 밀려가고 있는 그 막막한 심정을 달랬다.

홀로 메이저리그 투나잇을 보았다. 에이스 '그레인키'가 던지고도 LA다저스가 졌다. 참으로 알 수 없는 게 야구경기다. 아내는 밤에 '짚신낭송회' 이야기를 블로그에 올렸다. 우연히 깊은 밤에 중이가 오늘 팔라우로 떠난 것을 알았다. 떠나기 전에 여러 번 전화했는데 신호음이 약해서 듣지 못했다. 아내는 말없이 떠나버린 아들을 몹시 안타까워했다.

잠룡 좋아하네! 저건 이무기야 6. 9.

지방선거 이후 언론은 잠룡(潛龍)타령만 했다. 잠룡 좋아하네. 원희룡, 남경필 등이 무슨 잠룡이란 말인가. 내 눈엔 갈데없이 이무기로 보였다. 잠룡 좋아하는 것, 참으로 역겨웠다. 총리 후보 지명은 아직 하마평만 무성하다. 조만간 발표할 것이라고 하면서 자꾸 늦어지고 있다. 극심한 양극화와 빈부격차는 정의로운 사회가 아니라는 단적인 징표다. 김호기는 야권이 새로운 의제를 제시하는 데 실패했다고 진단했다. 어젠다, 그가 요구하는 의제는 원래 존재하지 않았다. 대안부재와 무능력을 강조하는 구실이 되고 있을 뿐이었다. 크리켓의 영점조정 실패. 'Fly your own flag' Coors field에 쓰여 있는 말이 눈에 들어왔다. 총체적인 국기문란에도 지지율고공행진. 세월호 참사에도 지방선거 여당 선전. 검찰, 회의록 유출한 김무성 권영세 무혐의 처리, 면죄부를 주었다. 이젠 무슨 일을 해도, 어떤 fallacy, fiasco를 저질러도 지지율과는 상관이 없는 판이 되었다. 또다시 원점으로 회귀하고 말았다. 심지어 홍보실장을 사퇴한 이정현이 동작구을 재보선에 출마한다는 말까지 나왔다. 얼마나 뻔뻔스럽고 배짱이 좋은가.

오후 5시에 아내와 숭인동에 갔다가 돌아올 때 '터널을 지나 돈암동으로 넘어오는 길'을 새로 개척했다. 귀가하는 거리가 아주 가까워졌다. 우리는 왜 이런 길을 지척에 두고 그동안 빙 돌아서 다녔을까. 고달픈 우리네 삶의 궤적을 보고 있는 것 같았다. 금방 춘우문화관 앞으로 해서 아리랑고개를 넘어왔다. 집에 돌아오자 아내가 오늘 전 회장이 오부규를 사무총장으로 위촉하고 그 대신 아내를 사무국장으로 강등하는 결정을 했다고 귀띔했다. 참으로 잘못된 일이다. 우선 오부규를 그렇게 엮을 수 없고 아내가 강등되는 것은 적절하지 못한 일이다. 너무나 찜찜하고 맞갖잖았다. 아내는 밤에 내일 횡성에 갈 차비를 했다. 한 회원의 초대로 강원도를 찾아가는 것이다. 여행하는 셈치고 마음 편하게 다녀오라고 했다. 눈가가 짓무르고 지게미가 낀다고 아내가 '이엠' 원액을 바르는 등 한참동안 징징거리고 낑낑댔다. 나이가 들자 육신이 구석구석에서 별의별 주접을 떨었다. 나는 안방에서 한 달 만에 '아고니스트 환 2010'을 첨삭했다. 일단 일을 시작하면 진척이 되고 성과가 있었다. 요컨대 시작하기만 하면 되는데 늘 그게 어려웠다.

소인배 신드롬 6. 10.

국무총리와 국정원장 후보자를 발표했다. 전 중앙일보 주필 강경보수 논객 문창극을 총리로 내정했다. 재깍 제2의 윤창중이라는 비판이 일었다. 단박에 그의 편향칼럼들이 논란을 빚었다. 연전에 분당에 갔을 때 그곳에 사는 친구가 고대후배인 문창극을 욕하는 소리를 들었다. 그때 무심결에 들었는데 오늘 알고 보니 그 사람이다. 그는 박정희 기념재단 이사였다. 왜 그 친구가 그를 비방했는지는 기억이 나지 않았다. 동문끼리의 그 흔해빠진 갈등이나 반목쯤으로 생각했다. 문은 많은 칼럼을 통해 강경보수의 색깔을 뚜렷하게 드러냈다. 한국의 핵무장, 전쟁도 불사, 무상급식을 북한식이라고 폄훼했다. MB땐 박근혜를 '오즈의 마법사'라고 비난하다가 당선 뒤엔 신의 축복이라고 칭송했다. 낯 뜨거운 알랑방귀였다. 노무현의 국민장을 반대했고 DJ가 와병 중일 때 비자금 의혹을 제기하고 반론보도문을 내기도 했다. 한마디로 통합과 개혁의 적임자는 결코 아니었다. 박근혜 대통령에게 변화와 소통의 요구하는 국민적 여망에 역행하는 인사를 발탁한 것이다.

우리는 '소인배의 현상' 혹은 '신드롬'을 보고 있었다. 지방선거 전에는 "미안합니다" 눈물을 흘리는 것 같더니 선거가 끝나자마자 "미안하다니까" 하고 버럭 역정을 내면서 마이웨이 불통인사를 단행했다. 인적쇄신이라 할 만한 대폭개각도 물 건너갔고 잘해야 중폭 정도로 하고 말 것 같다. 박근혜 마케팅이니, 지방선거에서 선전선방 했다느니, 이런 언론의 논평에 부쩍 힘을 얻은 것 같다. 그 와중에 지지율이 반등하기 시작했으니 그럴 만도 했다. 서글펐다. 우리는 다시 지지율중독자답게 지지율로 통치하는 그의 진면목을 보았다. 괴롭고 어두운 시간이 흘러갔다. 세상엔 대인과 장자는 간 곳 없고 소인배들이 득실거렸다. 세월호 선원들 첫 재판, 모든 혐의를 부인했다. 검사도 눈물을 흘렸고 유족들은 고함을 지르고 욕설을 퍼부었다. 대통령이 당을 종처럼 부렸다. "대통령이 국민의 눈물을 닦아 줘야지 국민이 대통령의 눈물을 닦아줘서는 안 된다." 이재오의 쓴 소리. 서청원 출마선언 행사에 참석한 이재오가 일갈했다. 그의 말은 언론에서 아무런 반향을 일으키지 못하고 묵살되고 말았다. 주말의 촛불행진도 한 줄의 기사로도 떠오르지 못하는 판인데, 당연했다. 가결된 길 사장 해임안을 대통령이 재가했다. 제발 KBS가 공영방송으로 거듭났으면 좋겠다.

셔틀버스를 타고 6시에 아내를 마중하러 나갔다. 적선동에서 내려서 걸어갔다. 중도에 서울대병원으로 올라가서 대학로로 무찔러서 갔다. 혜화동에서 지하철을 타고 돈암동으로 갔다. 오늘 횡성에 간 아내한테서 서울 도착 직전에 전화가 왔다. 춘우문화관으로 오라는 것이었다. 내가 춘우문화관에 당도했을 때 아내는 주차장에서 시동을 건 채 기다리고 있었다. 우리는 곧바로 집으로 돌아왔다. 아내가 불쑥 오늘 전회장이 카드를 분실하고 소동을 벌였던 일을 이야기했다. 영락없이 소인배의 행작이었다. 쓰레기통을 뒤지면서까지 온갖 추태를 부리고 법석을 떨었는데 그 경망하고 치졸한 행동을 차마 눈뜨고 볼 수가 없었다고 했다. 사무처리도 독선으로 일관하고 걸핏하면 역정을 냈던 것도 귀띔했다. 다른 이사들의 의견을 묵살해버리는 태도가 특히 마음에 걸린다면서 아내는 한숨을 내쉬었다. 사단법인 설립과정에서 필요한 사항을 사람들이 진언해도 무시해버리기 일쑤라고 했다. 게다가 주위엔 적잖은 소인배들이 날뛰고 있는 모양이다. 그렇다고 "침묵하지 말고 할 말은 하라"고 나는 역설했다. 아내는 그만둘 생각까지 하는 눈치였다. 결국 좀더 지켜보자는 것이 역시 우리의 결론이었다.

한평통문협 사단법인 설립은 이제 우리 부부의 과제로 남았다. 밤에 한국축구대표팀의 가나와 평가전을 보았다. 한국대표팀이 시종 무기력하고 졸렬한 경기를 했다. 작전도 전술도 없었다. 책임회피성 크로스패스와 백패스로 시종했다. 브라질 월드컵 전망이 어두웠다. 잠자리에서도 '소인배 신드롬에 시달리다'를 떠올리면서 아내의 파이팅을 가만히 외쳐보았다. 중도에 퇴장하지 말고 한평통문협서 역할을 다하고 빛나는 도미를 장식해달라고 당부했다.

문 지명자 발언파문 확산 6. 11.

문 총리지명자 민족비하발언 극우칼럼 파문 확산. 아무리 지성인의 선택지가 어용 아니면 저항이라 하지만 해도 봐도 너무했다. 한 지성인의 개인적인 소신발언이고 종교적 성찰과 사유를 토로한 것이라 할지라도 너무나 좌충우돌하고 천둥벌거숭이다. 상말로 뭐 꼴리는 대로 마구 뱉어 놓았다. 그는 "조선

민족의 상징은 게으르고 자립심이 부족하고 남에게 신세를 지는 것이라며 이게 우리 민족의 DNA로 남아 있었던 것"이라고 말했다. 일본인이 이웃인 것은 축복, 식민지배는 하나님의 뜻. 총리로서 시대적 소명은 통합인데 너무나 편향적인 의식을 가지고 있는 사람이다. 이런 사람이 어떻게 사회적 통합을 이룰 수 있겠는가. 더러 옹호하는 사람이 contextualism(콘텍스트이론), 앞뒤 맥락을 들먹이면서 나무를 보지 말고 숲을 보라는 식으로 비호를 하고 있는데 지탄을 받고 있는 그의 말은 분명히 지엽이 아니라 핵심이고 결론이었다. 이하부정관(李下不整冠)이라는 말이 있다. 대인은 조금이라도 오해를 받을 만한 언행을 해서는 안 된다는 것을 경계한 말이다. 결론은 물론이고 그런 뜻과 뉘앙스로 비칠 수 있는 말은 단 한마디라도 해서는 안 된다. 일테면 이조의 목민관은 청렴결백과 멸사봉공을 강조했다. 특히 이 시대의 고위공직자는 세월호참사 이후 국무총리가 해야 할 일은 사회통합을 이루는 것이다. 이런 사람이 과연 그런 일을 할 만한 적임자인가. 또다시 온 나라가 비난 여론으로 들끓었다.

아내가 심기일전하여 아침 일찍 출근했다. 나는 통인동으로 가서 목욕했다. 목욕하고 밖으로 나오자 비가 쏟아져서 비를 맞으며 집으로 돌아왔다. 오후에 아내가 전 회장을 모시고 의정부 요양병원에 다녀온다고 전화로 알려왔다. 오늘 처음으로 전 회장과 병원을 방문한 것이다. 아내의 직함도 다시 사무총장으로 복귀했다고 했다. 의정부에서 돌아오는 길로 아내는 곧바로 집으로 왔다. 밤에 아내는 고양삼송의 A14의 입주를 내일까지 신청하라는 정보를 알아냈다. 새벽 4시까지 필요한 자료를 챙기면서 신청을 준비했다. 아침 10시가 되어야 정식으로 신청을 접수하기 때문이다. 꼬박 밤을 새웠다. 내일 아내는 출근해야 하고 오후엔 작가회의 조계사행사에 참석해야 한다. 밤을 꼬박 새우는 바람에 피곤하게 되었다.

남편은 님포를 좋아한다 6. 12.

아내는 고양삼송 아파트를 신청하기 위해 아침에 출근하지 않았다. 인터넷으로 신청서를 접수했다. 신청하고 나서 아내의 마음이 바뀌었다. 입주가 내년 7월인데 그동안 이사 갈 집을 구해야 한다는 것이었다. 당장 대출을 받아서 이사를 가는 쪽으로 마음이 기울었다. 나는 조금 더 이곳에서 버티었다가 내년 7월에 이사를 가자고 했다. 사불연이면 중이집으로 잠시 옮길 수도 있었다. 아내는 일단 이사를 갔다가 그 집에서 다시 이사를 가자고 했다. 우리는 한참 동안 티격태격했다. 나는 마지막으로 내 생각을 말하고 입을 다물었다. "지금 새 집으로 이사를 가면 유동성 기동성 타이밍을 놓치기 때문에 낭패를 보기 쉽다. 앞으로 삼송 원흥과 같은 기회는 다시 오지 않는다."

문 총리후보자는 친일 발언에 대한 사과를 거부했다. 여당 내부서도 사퇴를 촉구했다. "일본, 위안부 사과 배상할 필요 없다. 기독교를 믿지 않는 러시아와 중국은 동맹할 수 없는 나라다. 식민지지배와 6.25는 하늘의 뜻이다." 무엇보다 역사인식이 문제였다. 보수 진보 막론하고 지식인 시민단체 여론이 부글부글 끓었다. '인사참극' '만기친람'이라는 말까지 회자되었다. 최악의 인사 참사가 분명했다. 야당은 즉각 지명을 철회하고 대통령의 사과와 김 실장의 교체를 요구하고 나섰다. 와중에 나는 엉뚱한 생각이 떠올랐다. "남편은 nympho(色情狂)를 좋아한다." 한 이혼한 친구가 내뱉듯이 말했다. 하지만 님포는 얼마든지 저주가 될 수 있다. 왜냐하면 색정도 극으로 치달으면 성도덕과 윤리를 무너뜨릴 수 있기 때문이다. 'extreme'(극단, 극도)이나 'ultra'(과격론자, 급진론자)는 늘 위험하다. 독재자는 극우논객을 좋아한다. 극우발언은 곧잘 재앙이 될 수 있다. 왜냐하면 곧잘 민주주의와 정의를 훼손하기 때문이다. 박근혜는 대변인 윤형중에 이어서 극우논객 문창극을 좋아했다. 박 대통령이 군인 법조인 극우논객을 끔찍이 좋아하는 것 때문에 그의 정국운영 기조가 잇달아 위기를 맞고 뿌리째 흔들렸다. 왜 고루고루 인물을 발탁해서 쓸 줄을 모를까. 그가 가장 잘못하고 있는 일이 인사다. 예컨대 그는 MB때 국방장관을 그대로 썼고 이번엔 안보실장으로 중용했다. 사람이 없는 것이다. 검증의 벽을 넘을 만한 인물이 그의 수첩에는 없었다.

오후에 아내는 홀로 연희동으로 집을 보러 갔다. 동행하자는 것을 거절했다. 나는 아침부터 류현진의 야구를 보았다. 류는 원정경기에서 첫 패배를 기록했다. 시즌 8승과 5연승 달성에 실패했다. 3회에 나온 볼넷 2개가 결정적인 패인이 되었다. 몹시 아쉬웠다. 이래저래 기분이 언짢았다. 연희동에서 돌아온 아내는 고 이형기 시인 일주기 추모회에 참석하기 위해 조계사에 갔다. 아내는 고인과 생전에 각별한 사이였다. 몇 가지 일화도 들려주었다. 나는 고인의 명복을 빌었다. 아내는 10시가 넘어서 돌아왔다. 몇 사람이 나의 안부를 묻더라고 했다. 민영 시인의 소식도 전했다. 아내는 거실로 건너가서 블로그를 꾸몄다. 왜 사람들은 진정성이 없을까. 한 극우논객의 마구 튀고 엇나가고, 생뚱맞고 발칙한 말들이 가슴속을 휘젓고 다녔다. "세상 남자들이여, 님포를 좋아하지 마십시오. 대통령이여, 극우논객을 좋아하지 마십시오." 류현진이 지는 바람에 '메이저리그리뷰'도 보지 않았다.

동소문 가는 길 6. 13.

오늘은 13일 금요일. 자중자애 해야 한다. 세월호 참사 이후 반성과 참회를 강조했던 정부가 선거가 끝나자마자 다시 독주하기 시작했다. 선거 때 한 약속은 공수표가 되고 말았다. 정부는 문창극 국무총리 지명자 인준을 밀어붙이고 새로운 당청관계를 정립하겠다던 여당도 문창극 구하기에 팔을 걷어붙였다. 그 와중에 김기춘 비서실장도 유임시켰다. 중폭으로 끝난 개각은 친정체제를 강화하고 현 위기를 강경대응으로 정면 돌파를 하겠다는 의지를 분명히 했다. 국민통합, 정부개혁, 인적쇄신과는 사뭇 거리가 멀었다. 다시 한번 국민과 맞붙어보자는 형국이다. "한번 해볼 테면 해 보라, 그래봤자 다음 선거에서 또 박근혜 마케팅으로 읍소하면 얼마든지 민심을 휘어잡을 수 있으니까." 나도 할 말을 잃었다. 왜냐하면 유권자의 상당수는 집단최면에 걸려 있는, 가치부도체, 도덕절연체, 묻지마 콘크리트 지지자들이기 때문이다.

　문창극 후보자의 동영상을 보고 목이 메었다. 그에게서 언뜻 나의 모습을 발견했다. 문을 조금은 이해할 것 같았다. 혹시 내가 박 때문에 그를 몰아붙이고 미워하고 있는 것을 아닐까. 어쨌든 잠시 깊은 사유에 잠기고 자신을 성찰할 수 있었다. 그의 진정성과 충정을 이해할 수 있었단 말인가. 천방지축, 좌충우돌, 천둥벌거숭이, 경망스럽고 조심성이 없다는 것은 틀림없다. 지적인 오만이나 지나친 자신감에서 곧잘 일어날 수 있는 현상이었다. 지성인이 특히 논객이나 작가는 가치의 ambivalence(兩義性)은 물론이고 사물의 본질과 보이지 않는 이면까지도 꿰뚫어봐야 한다. 그의 발칙한 발언들은 그의 논리와 사유의 그런 기류와 맥이 닿아 있을지도 모른다. 그에 대한 비난이 데시벨 최고치에 이르고 있지만 적어도 contextualism 이론을 한번쯤은 생각해보고 양의성의 경지를 깊이 들여다보는 것도 하나의 도리가 될 것 같다. 문창극의 발언 때문에 아침나절 내내 착잡했다.

　오후가 되자 어김없이 마음이 들떴다. 동소문으로 아내를 마중하러 갈 때면 늘 그랬다. 아침부터 저녁까지 이마를 맞대고 때론 타시락거리면서도 늘 함께 지냈는데 아내가 휑 동소문 춘우문화관으로 가 버린 뒤로는 내 일상에 뻥 구멍이 뚫려 버린 것 같았다. 오후만 되면 좀이 쑤셔서 아내를 찾아가지 않고는 견딜 수가 없었다. 동소문으로 가는 길은 멀었다. 우선 버스를 타고 적선동으로 가서 거기서부터 걷기 시작한다. 안국동로터리 창덕궁앞 원남동로터리 성균관대앞 혜화동로터리를 지나서 동소문춘우문화관에 도착한다. 원남동에서 성균관 쪽으로 가지 않고 서울대병원을 넘어갈 때는 혜화동에서 전철을 타고 한성대까지 갔다. 동소문 가는 길은 몸은 피곤해도 마음은 늘 즐거웠다. 유난히 전화를 받는 아내의 목소리가 밝았다. 오늘은 이층에 새로 사무실을 꾸몄는데 컴퓨터를 비롯해 필요한 기재를 모두 새로 구입하여 들여놓았다는 것이다. 아내는 집에 올 때까지 신이 났다.

　아내는 블로그에 한평통문협 기사와 사진을 올렸다. 새벽에 본 브라질과 크로아티아의 월드컵개막 경기를 밤에 재방으로 다시 보았다. 노골적으로 편파판정을 하는 것 같아서 기분이 언짢았다. 일본인 심판이 페널티 킥을 브라질에게 헌납했다. 그 골로 브라질이 역전의 승기를 잡았다. 브라질 축구천재 네이마르가 두 골을 넣었다. 그의 이름이 주는 어감이 마음에 거슬렸다. '히노마루'의 편파판정 때문에 그렇게 느껴졌다. 월드컵경기를 보려면 새벽에 눈을 떠야 한다. 동소문까지 걸어가는 것은 건강을 유지하는 데 큰 도움이 되었다. 오늘은 '발끝 부딪치기'를 하지 않았다. 꿈결에서도 나는 동소문 가는 길을 터덜터덜 걸어가고 있었다.

아내의 일희일비 6. 14.

아침에 눈을 뜨자마자 운동을 했다. 아내가 큰 거울 앞에 서서 선도하고 나는 따라서 했다. 상당히 어렵고 시간이 오래 걸린다. 아내에게 지청구를 듣는 것은 보통이다. 이 근육운동은 옆구리 운동과 등배운동이 특히 어렵다. 두 손으로 무릎을 껴안고 한발로 서기는 거의 불가능했다. 아내는 운동이 끝나자마자 아침을 먹고 출근했다. 어제부터 새벽에 잠이 깨면 월드컵 축구를 보았다. 국가의 등급이 축구로 매겨지는 그런 계절이다. 지구촌이 온통 월드컵에 열광했다. 월드컵에 대한 열정이 예전만 못했다. 오히려 메이저리그를 더 즐겨 보았다. 월드컵에 대한 열성이 식은 여러 가지 이유가 떠올랐다. 그중에서도 개막전부터 눈에 띄는 심판의 편파판정이 가장 실망스러웠다. 스포츠의 재미가 반감되는 느낌이었다. 늦게 터득한 것이지만 축구처럼 단순한 운동이 없었다. 야구는 얼마나 아기자기하고 복잡하고 많을 것을 생각하면서 하는 운동인가. 어쨌든 요즘 하루의 시작은 야구에 맡겼다. 하루의 끝도 야구가 마무리했다. 어김없이 메이저리그 투나잇을 보고 나서 잠이 들었다. 월드컵이 시작된 후로도 이 같은 생활패턴은 변함이 없었다.

아내는 토요일까지 오후에 돌아오지 않고 근무했다. 갈까 말까 하다가 집에서 그냥 작업을 계속했다. 절해고도(絶海孤島), 집안의 적막감이 나를 물어뜯었다. 잘 참아냈다. 아내가 5시에 전화했다. 어제와는 달리 힘이 없어 보였다. 아내는 나에게 나오지 말라 하면서 그냥 돌아오겠다고 했다. 아내는 채 30분도 되지 않아서 돌아왔다. 아내의 얼굴은 어두웠다. 불쑥 초대장을 쓰라고 해서 오후엔 그것을 쓰느라고 애를 먹었다고 했다. 말하자면 이사들에게 이사직을 수락해 달라는 일종의 위촉장이었는데, 그런 글을 쓰는 것은 꽤 신경이 쓰이는 일이다. 전 회장이 직접 쓰지 않고 아내에게 쓰라고 한 것이다. 시인은 그런 글을 쓰는 것을 대체로 싫어한다. 그밖에 전 회장의 강직하고 냉혹한 성격을 엿볼 수 있는 일이 있었던 모양이다. 새로 구입한 컴퓨터를 설치하러 온 기사가 전 회장에게 전깃줄 같은 필요한 부품을 좀 갖다달라고 하자 몹시 짜증을 내면서 서슴없이 거친 말을 쏟아내더라는 것이었다. 아내 앞에서 그런 반응을 보인 것은 아내를 무시하는 행동이었다. 이해할 수 없는 구석이 참으로 많았다. 아내는 회장의 태도에 날마다 일희일비했다. 그렇다면 불행한 만남일 수도 있다. 이래저래 주말 오후가 실종되고 말았다.

　아내는 블로그에 한평통문협의 사진과 글을 올렸다. 나는 월드컵 축구를 보았다. TV에서는 주말답게 많은 노래가 흘러나왔다. 여느 때와 달리 아내는 따라 부르지 않았다. '위로를 주지 못하는 K-pop'이라는 글이 눈으로 파고들었다. '죽음에 대한 단상'이라는 글도 띄었다. '영혼을 포기하지 않은 이의 자유'라는 글도 스쳐갔다. 아내가 쓴 초청장도 읽었다. 한밤중에 집안의 어두운 조명속에서 나는 하릴없이 초청장을 노려보고 있었다.

남편의 사청사우 6. 15.
　아침에 한평통문협 초대장을 완성했다. 오전 내내 월드컵 일본과 코트디부아르 축구경기를 보았다. 말할 것도 없이 코트디부아르를 응원했다. 응원의 덕분인가, 일본이 역전패했다. 총리후보자의 식민사관, 반민족적, 반역사적 발언이 계속 가슴에 불을 질렀다. 예의 함박웃음을 흘리면서 그는 부지런히 사과했다. 말로 하는 사과와 머리로 휘두르는 생각의 칼날이 달랐다. 나는 웬만큼 그를 이해하려는 입장이고 기왕에도 양의성과 문맥이론을 들먹였지만 지금 나를 화나게 하는 것은 정작 본인이 아니라 이런 사람을 한사코 감싸고 드는 여권의 행태였다. 그들은 상투적이고 원론적인 청문회 논리를 폈다. "그래서 검증을 하자는 것 아니냐. 깜냥, 근량, 그릇, 사람 됨됨이를 알아보자는 것 아니냐." 이런 말을 해서 미안하지만 오물을 훔친 행주를 이제 씻었으니 냄새를 맡아보라는 것과 무엇이 다른가. 근본바탕이 안 되는 사람을 검증하라고 밀어붙이는 것부터가 어불성설이다.

장관 내정자들도 의혹투성이다. 노무현 폄하, 최경환. 후원금 대가성 의혹, 김희정. 박사논문표절 논란, 이기문. 전 청와대 홍보수석 이정현이 주소지를 곡성으로 옮겼다. 순천 곡성 재보선에 출마할 채비. 고향으로 달려가서 된장 싸고 다니면서 말리고 싶었다. 얼마나 내 가슴에 대못을 박았던 사람인가. 임을 위한 행진곡을 5.18 제창곡으로 추진하는 것이 국회의장의 책무다. 정의화, 그는 이름값을 했다. 최장집이 안희정에게 '군주론'을 선물했다고 한다. 내 마음의 향방이 무슨 소용이 있겠냐마는 그에게서 돌아선 지 오래다. "알고 보면 그는 이 땅의 민주주의가 객혈할 때 한번도 보약을 준 적이 없었다." 그를 보면 나는 늘 그런 생각을 했다. 그의 마음이 안철수를 떠나서 안희정으로 옮아갔다는 이야기다. 내 관심 밖이었다. "이게 국정개혁하자는 정부의 새 모습인가." '문창극의 궤변 혹은 무지' '주류엘리트의 막장드라마' 등을 읽었다.

아내가 쓴 초대장을 동소문으로 보냈다. 아내의 어두운 얼굴을 보고 나는 웃을 수가 없었다. 아내가 웃을 때 웃고 아내가 우울할 때 나도 우울했다. 아내의 얼굴을 보고 남편은 사청사우(乍晴乍雨)했다. 오후에 인왕시장에 가서 커피와 설탕 등속을 샀다. 그나마 기운을 차리고 차를 몰고 간 것은 퍽 다행이었다. 서오릉쯤 생각하고 인왕시장을 찾아갔지만 어쨌든 회복을 한 셈이다. 저녁나절 아내는 홀로 텃밭에 갔다. 작년 내내 텃밭에서 일한 후유증으로 아내가 심한 요통을 앓았는데, 그래서 올해는 내가 만류했는데도 여전히 텃밭에 나갔다. 아내가 텃밭에서 따온 아욱과 상치로 저녁을 맛있게 먹었다. 밤에 아내는 블로그에 글과 사진을 올렸다. 나는 월드컵축구 재방을 보았다. 스포츠를 좋아하는 사람들에겐 아주 신나는 계절이다. 그랬다. 건강한 몸과 온전한 정신으로 스포츠를 날마다 즐기고 있는 것을 하나님에게 감사했다. 오늘 교회에 가지 못한 것을 용서해달라고 빌었다. "I,ve an ecclesia in my heart."(내 마음속에 교회가 있다) 이따위 말은 다시는 입에 올리지 않기로 마음먹었다.

절해고도 6. 16.

월드컵을 맘대로 보고 좋아하는 야구경기도 실컷 보고 있지 않은가. 그런 시절이 흔한 것은 아니다. 아내가 출근하면 덩다랗게 홀로 남아서 좀 적적했지만 자적할 수 있어서 좋았다. 오늘도 아침에 눈이 떠지자마자 아르헨티나와 보스니아의 경기를 보았다. 축구천재 메시가 골을 넣은 장면도 보았다. 지구촌 인류가 환호했다. 그들의 함성이 지축을 흔들고 있었다. '아고니스트 당신'을 썼다. 며칠 동안 목안의 가래가 잦아지지 않았다. 이따금 쓰라리고 간질이고 기분이 언짢았다. 남대문시장 '안 내과'를 찾아가서 진찰받고 약을 지었다. 그길로 회현동에서 4호선을 타고 동소문으로 갔다. 이전엔 회현역을 앞에 두고 명동으로 가서 지하철을 탔다. 그렇듯 생각의 사각지대가 있었다. 성신여대 역에서 내려서 아내에게 전화했다. 전화를 하자마자 '근무 중'이라고 했다. 퍼뜩 요즘 '근무 중'이라는 말을 내가 아주 자주 듣고 있다는 사실을 깨달았다. 용이에게 전화할 때마다 그는 '근무 중'이라 하고 전화를 끊었다. 나는 용이에게도 전화를 걸어보았다. 신호만 가고 전화를 받지 않았다. 신호만 가고 전화를 받지 않는 것이 근무 중이라고 응답할 때보다 나빴다. 증권회사 옆에 있는 흡연공간에 가서 주저앉아 버렸다. 서울 한복판에서 '절해고도'에 와 있는 느낌이 들었다.

내게 걸려오는 전화를 계속 받지 않다 보니 이젠 전화할 만한 사람들이 별로 없게 되었다. "왜 전화를 받지 않는가?" 그런 질문을 수없이 자신에게 던져보았지만 "그냥 그렇게 하고 싶어서 그랬을 뿐"이란 말밖에 할 수 없었다. 그

대신 상대방이 내 전화를 받지 않는 이유를 충분히 존중해주었다. 화를 낼 수 없다고 생각했다. 하지만 화를 낼 수 없다는 것이 때론 한없이 좌절감과 무력감을 느끼게 했다. 그건 내가 지상에서 가만히 소멸돼 가고 있다는 것은 뜻하는 것이었다. 아내는 한 시간 후에야 전화했다. 지금 춘우문화관에서 나왔으니 주차장으로 오라는 것이었다. 춘우문화관 앞 주차장으로 갔을 때 언뜻 사람들이 웅성거리고 있는 것이 눈에 띄었다. 발길을 돌려 골목길로 나와 버렸다. 아내에게 차를 몰고 골목길로 나오라고 했다. 차에 오르자 아내가 지금 시인들이 찾아왔는데 함께 가서 인사하는 게 어떻겠냐고 물었다. 내가 골목으로 나와 버린 것은 그들을 만나지 않기 위해서라고 말하려다가, 그냥 다음에 인사하겠다고만 했다. 아리랑고개를 넘어올 때는 언제나 기분이 좋았다. 좀 전에 느꼈던 '절해고도'는 어느새 사라지고 없었다. 아내는 내 삶의 전부고 늘 세상을 꽉 채워주었다. 게다가 월드컵 경기가 있고 메이저리그가 있는 내 일상이 얼마나 풍요로운가.

아내는 저녁부터 내내 컴퓨터 앞에 장식처럼 앉아 있었다. 병원약을 복용했더니 약간 기분이 몽롱해지고 몸이 가분해졌다. 이런 내 컨디션을 아끼면서 오랜만에 일찌감치 모기장 속으로 들어갔다. 나의 시간이 좀 colorful하다는 엉뚱한 생각을 하면서, 그래도 오늘은 살짝 복 받은 하루였다고 자위하면서 혼곤히 잠이 들었다.

잔칫날에 진땀을 흘렸다 6. 17.

세상은 온통 잔칫날이다. 이렇게 즐겁고 재미나는 세상이 없다. 환희와 흥분의 순간이 지나고 나면 왜 이리 무기력하고 공허할까. 바다 속 같은 적막감을 느꼈다. 오늘도 아침에 독일과 포르투갈의 경기를 보았다. 오전 내내 류현진의 야구를 보았다. 류가 막강한 콜로라도 타선을 잠재우고 8승을 달성했다. 남대문시장 안 내과에서 지어온 약을 거르지 않고 먹었다. 약 기운이 떨어질 때가 되면 어김없이 목이 간질이고 기분이 찌뿌듯했다. 의사의 말대로 사진을 찍어봐야겠다. 입때껏 호흡기 계통은 이상이 없었고 건강하다고 자신했는데 혹시 나쁜 종양이라도 생겼으면 어떡하나, 걱정이 되었다. 목요일에 다시 가서 진찰을 받아보아야겠다.

셔틀버스도 오늘은 다 떠나버렸다. 우선 버스정류장에 가서 북악터널 쪽과 자하문터널 쪽을 저울질했다. 어느 쪽으로 갈 것인가. 오랜만에 북악터널 쪽으로 가보고 싶었다. 지나가는 버스를 보니 만원이었다. 이 시간엔 그쪽으로 가는 학생들이 많았다. 평창동 다운타운으로 가서 월탄의 가옥이 있는 곳으로 걸음을 옮겼다. 빗방울이 떨어졌다. 길에서 비를 만났다. 후닥닥 예고 쪽으로 달려가서 학교 앞 육교 밑에서 비를 피했다. 사람들이 어느새 우산을 받고 지나갔다. 비가 오자마자 잽싸게 준비해서 우산을 쓰고 가는 사람들이 신통해보였다. 비를 피해 육교 아래 계속 서있을 수는 없었다. 빗속을 뛰어서 집으로 돌아왔다. 온몸이 흠뻑 젖고 말았다. 아내한테서 당장 나오라는 전화가 왔지만 나갈 수 없다고 했다. 아내가 홀로 인왕시장에 갔다.

요란한 스포츠중계를 보아도 조금도 위로받지 못했다. 문 총리후보는 사퇴 촉구로 여전히 사면초가다. 정상회담회의록 누설 혐의로 검찰이 약식기소한 정문헌 의원에게 법원이 정식재판을 받으라고 했다. 검찰의 굴욕. 김명수 교육부장관 후보는 표절논란에 휩싸였다. 굴욕과 비정상의 연속이었다. 아내는 날이 어두워진 뒤에야 돌아왔다. 누룽지로 저녁을 때웠다. 아내와 잠시 드라마를 보았다. 아내는 거실로 건너가서 한평통문협 사무를 보았다. 나는 밤늦게까지 월드컵 경기를 보았다. 잔칫날에, 그 환호와 열기 속에서 나는 진땀을 흘렸다. 모든 불이 꺼지고 나면 어둠 속을 어떻게 건너갈까.

폐질의 공포 6. 18.

월드컵 때문에 밤잠을 설치기 일쑤였다. 새벽같이 일어나서 멕시코와 브라질의 경기를 보았다. 오늘은 결전의 날이다. 한국이 러시아와 첫 경기를 치른다. 가나와의 평가전에서 보여준 맥 빠지고 허점투성이의 경기력 때문에 불안했다. 막상 경기가 시작하자 안도했다. 그새 확 달라져 있었다. 러시아와 1차전을 1-1무승부를 기록하며 승점 1점을 획득했다. 이근호가 중거리슛을 날려 선제골을 터뜨렸다. 먼저 한 골을 넣고도 금세 실점하여 비긴 것이 아쉬웠다. 16강의 서광이 보였다. 메이저리그 LA다저스 경기도 보았다. 가래가 끓고 기침이 나왔다. 약을 거르지 않고 복용했는데 좋아지지 않았다. 혹시 폐질(廢疾)이 아닐까, 걱정이 되었다. 지난번 병원에 갔을 때 의사가 목요일에 다시 오라고 하면서 그때도 호전되지 않으면 사진을 한번 찍어보자고 했다. 불치의 병이면 어떡하나, 두려움이 밀려왔다. 온종일 폐질이란 말이 머릿속에서 떠나지 않았다.

지상파3사는 계속 월드컵특집을 내보냈다. 거푸 축구하이라이트를 보았다. 불현듯 아내가 보고 싶었다. 오후에 동소문으로 아내를 마중 나갔다. 오늘은 북악터널 쪽으로 가서 창덕초등학교 앞에서 걷기 시작했다. 내부순환도로가 생기지 전에는 그토록 아름답던 정릉길이 이젠 터널 속 같은 어웅한 길로 변해 버렸다. 숨을 헉헉대면서 아리랑고개를 넘어갔다. 오르막길이 꽤 비탈지고 힘들었다. 차량이 내뿜는 배기가스가 참기 어려웠다. 금세 기침이 나왔다. 아내를 만날 생각을 하자 그만한 고통은 아무렇지 않게 여겨졌다. 동소문에 도착했을 때 아내가 전화했다. 곧바로 주차장으로 달려가서 아내의 차를 탔다. 우리는 다시 아리랑고개를 넘어서 돌아왔다. 하나같이 절절하고 아끼고 싶은 순간들이었다. 아내가 냉면을 만들어 주었다. 국물이 시원하고 맛있었다.

장관 내정자들의 흠결과, 표절의혹이 쏟아졌다. 문 총리후보는 바야흐로 막다른 골목으로 내몰리고 있었다. 좋은 일 끝에 저렇게 벼랑 끝으로 내동댕이쳐지고 마는구나. 여당마저 그의 사퇴를 압박했다. 조만간 최후의 순간을 맞을 형세다. 여전히 나는 그의 말에 적이 공감했다. 아아, ambivalence, contextualism. 아내가 오늘 만든 공문서 포맷을 내놓고 자랑했다. 오늘 사단법인 한평통문협답게 죄다 다시 만들었다고 했다. 내가 보기에도 그럴듯하고 권위가 실려 있었다. 마음에 쏙 들었다. 전 회장이 무척 기뻐하고 흡족해했다고 했다. 아내는 능력자였다. 고양 원흥아파트에 신청서를 제출했다. 우리는 잠시 숙연해졌다. 기어이 서울을 떠나게 되는가. 아내는 건넛방으로 가서 계속 한평통문협 잔무를 처리하였다. 어김없이 나는 안방에서 축구하이라이트와 메이저리그리뷰를 보았다. 내일 월드컵경기 시간에 맞춰서 수면시간을 조절했다. "'폐질의 공포' '아내에게 신탁한 삶' '아내의 일이 맘에 쏙 들었다' '시도 때도 없이 아내를 사랑했다'" 이런 말들이 머릿속에서 떠나지 않았다.

그의, 몰락은 누구의 잘못인가 6. 19.

오늘도 국무총리 인사로 시끌시끌했다. 청와대도 손을 털고 여당도 등을 돌렸는데 문 지명자 홀로 원맨쇼와 일인시위를 하고 있다. 내가 왜 친일이냐고 단말마의 비명을 지르면서 필사적으로 '나 홀로' 인사청문회와 싸웠다. 국민은 그의 낙마를 기정사실로 받아들이고 있는데 오늘은 뜬금없이 기자회견을 열어서 자신을 밀어내고 있는 세상을 향해 물러날 수 없다고 손사래를 쳤다. 사퇴가능성을 일축했다. 안중근 의사와 안창호 선생을 존경한다면서 안중근 의사 기념관에 헌화한 사진을 공개할 때는 불쌍한 생각이 들었다. "내일 또 보자"고 말할 때는 세상에서 가장 외로운 사람처럼 보였다. 누가 저 사람을 저리 만들었는가. 그의 몰락은 누구의 책임인가. 그런대로 잘 살아가고 있는 사람을 끌어내어 명예와 치욕 사이를 헤매다가 천 길 낭떠러지 아래로 굴러 떨어지게 만들어 버렸다. 청와대는 인사검증팀이 있기나 한가. 발탁한 인물에 대한 기본적인 예측 분석 판단조차 하지 못하고 번번이 시행착오와 파행을 되풀이했다. 보통 시민의 상식과 안목조차 갖추지 못했다. 그들의 직무유기와 해태(懈怠)가 전적으로 사태발생의 일차적인 원인이다. 이런 인사 참사야말로 우리가 척결해야 할 적폐 제1호다. 참담한 심정을 금할 수 없었다.

새벽부터 스페인과 칠레의 경기를 보았다. 디펜딩 챔피언, 무적함대 스페인이 침몰했다. "C'est la vie!"(그것이 인생이다) 지난시절의 영광도 한순간의 꿈이었던가. 아침나절 내내 LA다저스의 경기를 보았다. 선발투수 커쇼가 노히트노런을 달성했다. 선수들과 홈 관중들이 열광했다. 그 순간 나는 한국이 낳은 괴물투수 류현진을 생각하고 있었다. 류의 대기록달성을 간절히 바랐다. 연일 먹은 약은 떨어지고 증세는 호전되지 않았다. 내 병의 뿌리를 뽑아야겠다는 생각으로 오후에 안 내과를 다시 찾아갔다. 여자의사는 초진 때와 똑같이 속옷을 걷어 올리게 하고 청진기를 한참 두드려보고 나서 처방을 내렸다. 나흘 치 약을 처방해 주었다. 오늘은 별다른 말이 없었다. 경과를 보고 다시 오라는 말도 없었다. 그런 의사의 태도를 보고 좀 마음이 놓였다. 위중하지 않다는 증거였다. 그길로 회현동에서 지하철을 타고 동소문으로 갔다. 좀 일렀지만 아까 전화가 왔을 때 아내는 일찍 퇴근하겠다고 말했다. 도착했다는 내 전화를 받고 아내는 별 말없이 전화를 끊었다.

　한식경을 기다렸는데도 주차장으로 내려오는 기척이 없었다. 다시 전화했더니 엉뚱하게도 사무실로 오라는 것이었다. 여기 찾아온 손님도 만나고 함께 저녁을 먹자는 것이었다. 나는 질겁했다. 집 앞이 아니라 멀리 떨어져 있다고 거짓말을 하면서 갈 수 없다고 했다. 아내는 알았다고 전화를 끊었는데 그 뒤로 종무소식이었다. 나는 예닮교회와 송산아파트로 올라가는 비탈길과 일방통행 외길을 한참동안 쏘다녔다. 인근의 쉼터를 찾아보았지만 없었다. 돈암초등학교까지 올라가 보았다. 거대한 성 같은 학교 건물에서 한량없이 여리고 가냘픈 학생들이 나오고 있는 것이 신기하기만 했다. 어쩐지 학교 건물이 무시무시하게만 느껴졌다. 아내는 나를 두고 저녁을 먹고 올 것만 같았다. 나는 한 시간 더 기다리다가 차를 타고 돌아오고 말았다. 홀로 저녁을 먹고 약을 챙겨먹었다. 아내에게 전화했더니 예상했던 대로 손님과 함께 저녁을 먹고 있다고 했다. 나는 얼마든지 홀로 심심찮게 시간을 보낼 수 있었다. 월드컵 호주와 네덜란드의 경기를 보았다.

　아내는 밤늦게 돌아왔다. 집에 돌아온 아내는 아무 일 없었다고 하면서도 계속 전 회장에 대한 불만을 털어놓았다. 요컨대 인간적으로 좋아하고는 있지만 언뜻언뜻 납득할 수 없는 구석이 보인다는 것이었다. 아내의 이야기를 종합하여 나름대로 전 회장의 성품을 요약해보았다. 완고하고 강퍅하고 변덕스러웠다. 무엇보다 고집이 세고 남의 이야기를 받아들이지 않았다. 누구처럼 그도 역시 불통과 독선이 문제였다. 나는 아내에게 전 회장이 90을 바라보는 노인이라는 것을 상기시켰다. 한마디로 '긍휼히' 여기라고 했다. 아무리 유복한 왕후장상이라도 그 나이가 되면 얼마든지 돌변하고 때론 자신도 모르게 막가는 모습이 나올 수 있으니 모든 것을 이해하고 감싸주라고 주문했다. 아내도 내말을 수긍하고 활짝 웃음으로 대답했다. 이윽고 여느 때처럼 아내는 컴퓨터 앞으로 다가갔고 나는 메이저리그리뷰를 보았다. 그러나 끊임없이 내 머릿속을 맴돌고 있는 상념은 '원죄'였다. "인간의 비극, 누가 그 십자가를 질 것인가."

반어법적 강조 6. 20.

온 나라가 문창극 수렁에 빠져들었다. 사상초유의 인사난맥상이 계속되었다. 이젠 지명권자가 결자해지, 결단해야 한다. 대통령이 직접 "이제 그만 나가주세요" 하고 말해야 한다. 일부 장관내정자도 각종 의혹이 양파껍질처럼 벗겨졌다. 2기 내각이 온통 흔들렸다. 여론은 악화일로. 국정동력이 크게 훼손되고 이대로 가면 조기레임덕 현상까지 나타날 것이다. 여당은 손 놓고 바라보고만 있다. 문 후보자는 연일 기자회견을 열고 1인시위를 벌였다. 지명권자의 자진사퇴 종용에 맞서서 직접 국민에게 억울한 심정을 토로했다. 영락없이 3류코미디다. 도대체 무엇을 해명하고 어떻게 명예를 회복하겠다는 건지 참으로 안타까웠다. 그렇게 어리석은 줄은 몰랐다. 이 시점에서 대다수 국민이 비토하고 있는 것은 그의 발언이나 칼럼의 내용보다는 총리후보로 지명된 이후에 그가 보여준 태도와 행보와 태도 때문이다. 총리로서 인격을 의심케 하는 좌충우돌, 천방지축, 경망스럽기 짝이 없는 그의 행태를 보고 국민이 더욱 거부감을 느끼게 된 것이다. 나는 이미 옹색하고 구차하지만 ambivalence contextualism이라는 말까지 동원해 그를 이해하려고 노력했다. 그가 저지른 실수는 그의 글투와 말투 곳곳에서 눈에 띄는 이른바 '반어법적 강조'가 불러온 오해와 의미의 반란이었다. 나는 그의 언어가 주장하고 있는 진실과 충정을 충분히 이해한다. 그는 순진하고 단순하고 기교를 모르는 에세네였다. 그래서 철없이 오만한 은유와 패러디를 남발하고 아이러니 패러독스 satire sarcasm를 마구 휘두르면서 비아냥거리고 헐뜯고 야유했다. 심지어 교조주의적인 기독교 교리와 결탁하여 함부로 하나님의 뜻을 선포했다. 그의 선언은 오만방자한 pious fraud(종교를 빙자한 사기)로 비치기 일쑤였다. 그가 해명하고 있는 그의 발언의 목적이랄까 '선의'는 얼마든지 이해할 수 있다. 다만 그가 지금 보여주고 있는 일련의 행태는 세월호 참사 이후 대한민국이 당면하고 있는 이 엄혹한 현실을 타개해 나가야 할 국무총리로서는 적합하지 않았다. 그의 자진사퇴를 촉구하는 이유다.

일본이 고노담화 검증결과보고서를 발표했다. "일본정부가 고노담화를 계승한다고 하면서 이를 검증하는 것 자체가 모순된 행위로 무의미하고 불필요한 일"이라고 우리 정부는 깊은 유감을 표했다. 고노담화를 물타기하는 행위다. 고노담화가 역사적 진실이 아니라 정치적 산물이라고 폄하하려는 것. 검증내용보다 검증하는 자체가 문제다. 한일 간의 화해의 상징을 짓뭉개버리는 것, 치명적인 악재로서 한일관계는 더욱 악화될 수밖에 없게 되었다. 2기 내각을 두고 '부상병 집합소'라고 말한 야당의 지적이 가슴에 꽂혔다. 우리 정부를 '부상병동'이라고 했다. 암담했다. 어쩌다가 '5시정치부회의'가 나를 즐겁게 했다. 꼭지정리, 헤드라인 쓰기, 기자들의 30초 발제 등이 탄성을 연발케 했다. 저런 젊은이들이 있는 한 우리의 미래는 밝다. 땅을 치는 대신에 나는 무릎을 쳤다. 내 의식은 여전히 혼쭐이 나고 있었다. 어제 법원은 전교조를 법외노조라고 판결했다. 교육계 갈등 고조, 부조리 척결, 학내 민주화 위축 우려. 교총은 교육감 불복종운동을 벼르고 있다.

아침에 일본과 그리스 축구경기를 보았다. 무승부. 4강 간다고 큰소리치던 일본이 16강 진출도 어렵게 되었다. 영국이 우루과이에 패배한 것도 아쉬웠다. 마음속에 도사리고 있는 우루과이에 대한 반감을 발견하고 놀랐다. "슬픔과 절망 없이는 창조 불가능, 창조적 에너지는 이상한 것과 정상적인 것의 중간에서 나온다." 이런 말에 이제 신물이 난다. 오늘도 정릉2동 주민센터부터 걸어서 아리랑고개를 기분 좋게 넘어갔다. 오가는 사람과 차량과 건물까지 세세히 살피면서 걸었다. 내 맘속에 살아있는 아리랑고개와는 너무 판이한 것에 실망했다. 이젠 어디를 가나 상전벽해(桑田碧海)다. 사람도 가고 산천도 변했다. 오늘은 아내가 사무실에 있다가 금방 전화를 받고 나왔다. 전 회장이 동두천 병원에 가고 온종일 홀로 일을 했다는 것이었다. 함께 넘어오는 아리랑고개는 여전히 기분 좋은 드라이브코스였다.

집에 도착하자 아내가 머리가 아프다고 했다. 집안에 진통제가 없었다. 다시 차를 몰고 약방에 가서 진통제를 샀다. 인왕시장의 단골약방보다 거의 두 배나 비쌌다. 동네 장사를 하면서 왜 그리 폭리를 취할까. 약사의 얼굴을 다시 쳐다보았다. 나흘 동안 안 내과 처방 약을 복용하고 나서 오늘에야 증상이 호전되었다. 목이 개운하고 콧물이 나지 않았다. 소변이 시원찮고 자주 오줌이 마려웠다. 천 번이나 발끝을 부딪쳤다. 거짓말같이 하초가 개운해졌다. 자정에 메이저리그 투나잇을 보았다. 변함없이 스포츠가 하루의 끝을 맡아주었다.

전립선에 빨간불 6. 21.

한밤중에 화장실을 갈 때마다 잠깐씩 월드컵 축구를 보았다. 코스타리카가 이탈리라를 격파했다. 이변이었다. 프랑스가 스위스를 대파했다. 프랑스의 아트사거가 부활했다. 취침시간이 들쭉날쭉했다. 오늘도 시도 때도 없이 화장실을 들락거렸다. 늘그막에 불청객이 찾아왔다. 전립선에 빨간불이 켜졌다. 안내과를 찾아가서 치료를 받아야겠다. 병원 벽에 붙어 있던 전립선치료 광고가 생각났다. 피곤해서 아내를 마중 나가지 못했다. 아내가 아리랑고개를 넘고 북악터널을 지나서 일찍 돌아왔다. 집에 돌아와서도 한평통문협 문건을 펼쳐 놓고 낑낑거렸다. 한평통문협 임원조직표를 들여다보면서 불만을 터뜨렸다. 일껏 짜놓은 것을 뒤죽박죽으로 만들어 버렸다고 전 회장의 전횡을 꼬집었다. 그만 고집과 독선을 저지르지 않는 보스는 없다. 나는 윗사람이 하는 대로 잠자코 따라가라고 했다. 월급을 주는 사람이 패를 쥐고 있다고 웃으면서 말했다. 아내는 이메일번호를 적어놓고 나서 한평통문협을 영어로 번역해달라고 했다. 나는 영어로 번역한 것을 써보였다. 한반도평화통일촉진문인협회 (The Writers Association for the Promotion of the Peaceful Unificaton of Korean Peninsular)

고노담화를 폄훼하고 인류양심을 저버린 일본우익이 담화를 수정하라고 거세게 반발하고 있다. 일본에는 확실히 이해할 수 없는 species 살고 있었다. 이따금 '수도꼭지 고장'이 머리를 스쳐갔다. '장보리가 왔다' 주말드라마는 참 억지가 많다. 오버액션투성이다. 눈물 연기도 이제 신물이 난다. 밤이 되자 아내는 거실의 컴퓨터 앞으로 돌아가고 나는 안방에 앉아서 스포츠중계를 보았다. 요즘 우리부부의 판박이 밤풍경이다.

총기난사 참극 6. 22.

귀국한 박 대통령은 일정 없이 문창극 거취문제로 고심을 거듭했다. 자진사퇴냐 지명철회냐. 검증 실패한 김기춘도 책임을 물어 읍참마속 할 것인지 귀추가 주목되었다. 문 후보자는 예고된 침묵모드. 전교조, 학교복귀명령 거부, 교육부와 전면전을 선포했다. 교육현장의 갈등과 혼란이 현실로 나타났다. 고노담화 검증결과 발표 이후 기다렸다는 듯이 일본우익이 일제히 고노담화 수정을 주장하고 나섰다. '틀린 답만 골라 찍는 대통령' '2기 내각 다시 짜라' '강원 고성 22사단 GPO에서 총기난사 사건 발생. 사망 5명 부상 7명' 세월호 참사가 일어난 지 얼마나 되었다고 또 참극이 일어났다. 재난관리에 구멍이 뚫렸다. 관심병사A라는 말은 처음 들어보는 낯선 말이었다. 이렇게 문제병사들을 분리해 놓고 관리를 해왔다면 철두철미 관리를 잘해서 미연에 사고를 방지했어야 했다. 그런 관심병사에게 실탄을 맡겨 GOP 근무를 시켰다니 납득이 가지 않았다. 재난은 겹쳐서 찾아오는 것 같다. 희생된 사람들의 명복을 빌었다. 이렇게 비명에 죽어가는 사람이 없는 세상이 되었으면 좋겠다. 세상이 너무 어수선하고 뒤숭숭했다.

아침에 눈을 뜨자마자 월드컵 축구를 보았다. 아르헨티나와 이란의 경기를 보았다. 우리와 마찬가지로 아시아를 대표하는 이란이 축구천재 매시가 버티고 있는 남미의 강호 아르헨티나와 대등한 경기를 했다. 자못 고무되어 끝까지 지켜보았는데 추가시간에 그만 실점하고 말았다. 아쉬웠다. 교회에 가지 않았다. 본당을 수리하느라고 어수선한 교회에 가고 싶은 마음이 없었다. 아내는 한평통문협 서류들을 들여다보았고 나는 끝없이 스포츠중계를 보았다. 무시로 앙뉘가 엄습했다. 재미만을 좇아 사는 일상이 얼마나 무기력하고 권태로운 것인지 뼈저리게 느꼈다. 오후에 아내가 홀로 텃밭에 나갔다. 아내가 이런저런 구실로 나를 텃밭으로 불러냈다. 비닐봉투를 가져오라고 했다. 고추나무를 묶을 막대를 가져오라고 했다. 감기약을 먹고 누워있다고 하면서 막대도 비닐봉투도 갖다 주지 않았다. 그럴 만한 이유가 있었다. 새벽에 한국과 알제리 전을 보려면 그렇게라도 잠을 자둬야 했다. 아내에게 미안했지만 어쩔 수가 없었다. 아내는 날이 어두워 진 뒤에야 돌아왔다.

밤에 LA다저스의 경기를 보면서 결전의 순간을 기다리고 있었다. 새벽 1시부터 시작한 벨기에 러시아전도 보았다. 마침내 한국과 알제리전을 보았다. 시작하자마자 와르르 희망이 한순간에 무너지고 말았다. 한국팀은 오합지졸이었다. 캡틴도 없고 전술전략도 없었다. 우왕좌왕 정신없이 허둥대다가 슛한번 제대로 해 보지 않고 전반에 세 골이나 먹었다. 역대 한국의 월드컵 출전 경기 중 최악의 경기였다. 선발출전 선수부터가 마음에 들지 않았다. 선수기용과 작전이 내 생각과는 너무 달랐다. 후반에 두 골을 만회했지만 시간이 부족했다. 전반부터 그런 전술로 나왔으면 충분히 이길 수도 있었을 것이다. 선수선발과 작전미스 때문에 완전히 실패했다. 뜬눈으로 밤을 새운 보람도 없었다. 아침 6시가 지나가고 있었다. 혈압이 오르는 기척을 느꼈다. 나는 5시부터 시작된 메이저리그 류현진 경기도 보지 않고 잠자리로 기어들었다. 잠에서 깨어난 아내가 내 기색을 살피면서 "졌어요?" 물었지만 이불을 머리끝까지 뒤집어쓰면서 들은 척도 하지 않았다.

마포바지 방귀 꺼지듯 6. 23.

　새벽 6시에 취침하여 오전 10시까지 잤다. 아내는 내가 잠든 사이에 출근하고 집에 없었다. 몸이 천근같이 무거웠다. 마음이 더 무거웠다. 한국이 알제리전에서 참패하자 환호와 갈채가 사라졌다. 사방에 적막이 쌓였다. TV에서는 아침부터 동부전선 총기난사 사건을 생중계했다. 임 병장이 자신의 소총으로 자살을 시도하다가 군 당국에 생포되어 이송되었다. 5명이 사망하고 9명이 부상한 총기난사 사건은 43시간 만에 막을 내렸다. 하루 종일 임 병장의 추격과 대치와 생포 작전을 보았다. 중앙아시아 순방을 마치고 돌아온 대통령은 귀국 3일째 문창극 인사문제에 대해 침묵을 지켰다. 문 후보자는 청와대로 공을 던졌고 청와대는 인사실패를 인정하는 부담 때문에 입을 다물고 있다. 대통령의 리더십은 깊은 상처를 입었다. 국가개조론을 비롯해 정치개혁, 인적쇄신에 대한 대통령의 약속은 또다시 마포바지에 방귀 꺼지듯이 사라졌다. 이런 판에 '소명기회를 줘야' 한다면서 여당 일각에서 다시 청문회에 불을 지피는 반동기미도 나타났다. 한심한 일이다.

　오후에 셔틀버스를 타고 광화문으로 나갔다. 거리에는 오가는 사람이 없었다. 온 세상이 착 가라앉아 있었다. 지하철을 타고 아내가 있는 동소문으로 갔다. 아내는 목소리가 밝고 생기가 넘쳤다. 사무실로 찾아온 시인들과 헤어져서 지금 막 춘우문화관 앞 골목으로 와서 나를 기다리고 있었다. 차에 오르자 그 집 가사도우미가 주었다면서 삶은 감자를 내놓았다. 돌아오는 차 속에서 나는 삶은 감자를 우적우적 먹고 있었다. 그런 내 모습이 너무 우스꽝스러웠다. 나의 하루를 곰곰이 돌이켜보았다. 새벽같이 일어나서 월드컵을 시청하고, 뜻밖의 참패로 대실망하여 쓰러지듯 잠을 자고, 아침에 후닥닥 일어나서 홀로 아침을 먹고, 신문 방송 보면서 무던히 속을 끓이다가 오후에 도망치듯 아내를 찾아 집을 나섰고, 지금 북악터널을 통해 귀가하고 있다. 아내는 피로에 젖어 있었다. 아내가 온몸으로 느끼고 있는, 문인들의 갈등과 반목이 아내의 표정에서 묻어났다. 밤에 나는 그토록 뻔질나게 보던 월드컵 축구 근처에는 얼씬도 하지 않았다. 메이저리그 투나잇도 보지 않고 건넛방으로 가서 마치 세상의 모든 paraclete을 찾아보려는 듯이 눈을 부릅뜨고 연방 어둠속을 응시하고 있었다.

아름다운 관계, 오마주 6. 24.

오늘도 월드컵 축구는 아예 보지 않았다. 월드컵은 완전히 내 관심에서 멀어졌다. 한국팀의 부진 때문이었다. 아내가 출근하고 나자 인터리그 LA다저스와 캔자스시티전을 보았다. 에이스 그레인키가 출전했는데 대량실점하고 말았다. 뜻밖이었다. 시즌 9승으로 류현진과 다승을 다투고 있는 선수인데 못내 아쉬웠다.

문 총리후보 자진사퇴 기사가 떴다. 13분 동안의 기자회견에서 그는 사퇴의 변을 털어놓았다. 국민 탓, 국회 탓, 언론 탓을 하면서 불만을 표출했다. 친일과 반민족적인 역사관 때문에 여론의 뭇매를 맞게 되었고 끝내 낙마하고 말았다. 그의 퇴장이 이념편향이나 비뚤어진 역사관보다는 그의 사람 됨됨이와 매너 때문이었다는 것을 확인시켜주는 회견이었다. 그는 오만한 교조주의자나 근본주의자의 모습을 끝까지 적나라하게 보여주었다. 청와대의 반응도 실망스러웠다. 지극히 제3자적 입장에서 청문회도 가지 못하고 사퇴한 것이 몹시 안타깝다고 유감을 표시했다. 인사 참사에 대한 책임은 눈곱만큼도 느끼지 않았다. 도대체 벼릿줄을 손에 쥔 사람이 누구인가. 불통 검증부실 김기춘 책임론은 고스란히 그대로 남았다. 총리지명자 낙마, 유병언 도피, 총기참극 등 악재 속에서 국정이 계속 표류했다. 교황의 말이 눈에 띄었다. "피 묻은 돈은 천국으로 가져갈 수 없다." 매머니즘. 악혈후예, 아베는 비열하고 사악한 혈통이다.

7시에 퇴근한 아내가 계속 투덜댔다. 날마다 사단법인 한평통문협 임원명단이 바꿔진다고 했다. 그럴 때마다 서류를 다시 만들고 공문서를 띄워야 하니 죽을 맛이라는 것이다. 그렇게 전 회장이 변덕을 부렸다. 완결된 것으로 처리해놓을 것이 이튿날 출근하면 으레 달라져 있다는 것이었다. 그뿐이 아니었다. 운전사와 가사도우미 연변아줌마와 아내가 그 집에서 함께 생활하고 있는데 동거자들에 대한 배려가 전혀 없다는 것이었다. 어떤 때는 너무 강퍅하고 표독해서 그녀가 자선사업가 시인이라는 것이 의심스러울 때가 있다는 것이다. 일테면 아줌마가 의료보험이 안 되어 병원 치료도 받지 못하고 있는데 그에 대한 대책을 마련해주지 않고 있었다. 9년 동안 데리고 있는 도우미에게 그럴 수는 없었다. 목 한쪽이 혹처럼 부어올라 고통 받고 있는 아줌마를 보고 안타까워서 물어보니 그런 불평을 늘어놓았다. 아내가 연변아줌마에게 갖다 줄 소염제를 찾으면서 그 이야기를 나에게 귀띔해주었다.

아내가 처음 출근할 때 내가 당부했던 말이 생각났다. "절대로 파트너십을 잊지 말고 서로 끈끈한 인간관계를 유지하면서 당당히 헌신하고 봉사하는 태도로 일하라"고 강조했다. "주종관계나 고용관계는 같은 시인으로서 절대로 안 된다"고 몇 번이고 강조했다. 요컨대 '아름다운 관계 오마주'를 권장했던 것이다. 아내가 오늘따라 조목조목 따졌다. 고령 때문인지 행동이 앞뒤가 맞지 않고, 간간이 섬뜩한 구석을 보인다고 했다. 고집불통이고 독선적이고 표독하기 짝이 없다고 했다. 서로 오마주하는 아름다운 관계를 유지하라고 나는 다시 한번 강조했다. 오늘은 유난히 뻔질나게 화장실을 들락거렸다. 오줌소태가 심해졌다. 나는 다시 안 내과에 찾아가서 치료받을 궁리를 골똘히 하고 있었다. 사뭇 고뇌에 찬 밤이었다. 아내는 컴퓨터 앞에 앉아서 새벽 2시까지 새로 보낼 공문서를 작성했다.

가장 게걸스런 식사 6. 25.

예상했던 대로 여권은 '문창극 총리지명자 청문회 불발'을 야당의 청문회 봉쇄 쪽으로 책임을 몰아갔다. 야권은 검증시스템 실패, 인사 참사 쪽으로 책임을 추궁했다. 박 대통령의 리더십 부족과 수첩인사의 폐해, 깜짝 발표, 실기, 남 탓, 무엇보다 대통령의 불통과 오기로 위기가 심화되었다. 사고 71일 만에 다시 학교로 돌아온 단원고 생존 학생들이 죽은 친구들 부모를 보고 "엄마, 아빠 다녀오겠습니다" 하고 넙죽 절을 했다. 눈물겨웠다. 광화문으로 나갔다가 동소문으로 가지 않고 종로4가로 가서 식사를 하게 되었다. 광화문에 도착했을 때 아내가 "오늘은 손님들이 와 있으니까 나오지 말라"고 전화했다.

홀로 종로4가에 있는 '일향품'으로 가서 짬뽕을 먹었다. 마침 식당에서는 아무도 없고 나만 식사를 하고 있었다. 땀을 뻘뻘 흘리며 어찌나 게걸스럽게 먹었던지 식당 주인아주머니가 흘끔흘끔 훔쳐볼 정도였다. 물론 나중에 상상해서 떠올린 광경이지만 나는 참으로 맛있게 짬뽕을 먹었다. 왜 그랬을까. '일향품 짬뽕'을 몹시 먹고 싶었는데 오랜만에 먹게 되어 그럴 수밖에 없었다. 종각 반디앤루니스에 와서 땀에 젖어 있는 얼굴을 보고 나서야 나는 아차, 내가 이런 모습으로 밥을 먹었구나, 깨달았다. 부끄러웠다.

5월 내내 안 내과 약을 먹고 치료해온 감기가 나았다. 아내가 낮에 있었던 일을 이야기하면서 뜻밖의 일을 알려주었다. 오늘 전 회장과 종로3가에 있는 다단계모임에 갔는데 전립선에 특효약을 팔고 있더라고 했다. 요즘 내가 소변의 어려움을 겪고 있다는 것을 아내는 모른다. 아내는 나에게 전립선은 괜찮으냐고 물었다. 하나님이 아내를 보내서 그 약을 알게 되었고 나에게 소개해 주었다. 그제야 나는 요즘 소변이 시원찮아서 고생하고 있다는 것을 털어놓았다. 당장 내일 가서 그 약을 구입하기로 했다. 내 고민은 일거에 해결되었다. 월드컵에 대한 관심은 시들해졌지만 메이저리그에 대한 열정은 여전했다. 어김없이 LA다저스의 야구를 보았다. 초저녁에 아내가 나의 무릎까지 베고 잠시 수잠을 잤다. 사무실 업무가 만만찮을 것 같았다. 이젠 전 회장의 기고문까지 첨삭하는 눈치였다. 머릿속에 'partnership fellowship' 이런 말이 끊임없이 떠올랐다.

감동이 없는 세상 6. 26.

대통령의 어떠한 수사와 논리와 주장도 감동을 주지 못하는 세상이 되어버렸다. 국정공백의 장기화를 막기 위해 사임한 총리를 유임시켰다. 스스로 무능한 정권임을 선언하고 인적쇄신을 포기한 것이다. 국민여론을 묵살하고 세월호 참사의 책임을 지지 않겠다는 것을 선포한 셈이다. 대통령의 리더십은 땅에 떨어지고 여당마저 장고 끝에 악수를 두었다고 허탈해했다. 야당은 무능 무기력 무책임 3무정권이라고 비난했다. 문득 이런 생각도 들었다. 본색, 본성이 그런 것을 어쩔 것인가. 의지 노력 발상의 전환을 해도 할 수 없는 것을 어쩔 것인가. 한계점을 어떻게 극복을 할 것인가. 당동벌이(黨同伐異), 유유상종, 끼리끼리, 수첩에 적힌 사람만 발탁해서 쓸 수 있는 위인인데, 그런 사람에게서 어떻게 인사쇄신을 기대할 수 있단 말인가. 민주의식과 역사인식이 그렇게 돼 먹었는데 어떻게 혁신과 쇄신을 바랄 수 있겠는가. 대통령이 안쓰럽기조차 했다.

아내가 11시까지 국일관으로 가서 강의를 듣고 회원을 만나야 한다고 했다. 부랴부랴 동행했다. 도착해 보니 자못 놀라운 일이 벌어지고 있었다. 국일관 5층에 그런 공간이 있는 줄 몰랐다. 아내는 오늘 그곳에서 '쏘팔메토'를 사주기로 했다. 소변 때문에 겪고 있는 고통이 이제 사라졌으면 좋겠다. 사뭇 기가 살아났다. 화장실을 잠깐 다녀온 사이에 아내가 온데간데없었다. 잠시 후에 아내의 전화가 왔다. 회원들을 만나서 점심을 먹고 있으니 홀로 점심을 먹으라는 것이었다. 자기는 국일관에서 곧장 동소문으로 가겠다고 했다. 나는 종3에서 5호선을 타고 까치역으로 가서 줄줄이 뷔페를 먹었다. 오랜만에 포식했다. 메밀국수와 팥죽까지 챙겨서 먹었다. 빵을 꿀에 찍어서 먹는 것도 잊지 않았다. 까치역에서 광화문으로 와서 버스를 타고 집으로 돌아왔다.

아내가 사가지고 온 쏘팔메토를 복용했다. 어디까지나 느낌이었지만 거짓말같이 하초가 편안해지고 소변이 시원해졌다. 아내는 초저녁부터 잠이 들었다. 나는 정 총리 유임사태 이후의 추이를 지켜보았다. '사임한 총리를 재활용하는' 희한한 세상이었다. 막장드라마 같았다. 대통령을 맘속으로 깊이 위로하고 있었다. 오죽했으면 짐 싼 총리를 다시 불러 왔겠는가. 내일 새벽 5시에 한국의 조별리그 3차전 벨기에전이 있다. 1시에 시작한 축구경기를 보다가 2시에 잠이 들었다. 가까스로 5시에 잠이 깨어 한국과 벨기에전을 보았다.

종속패러다임 6. 27.

아침에 아내의 대변에 피가 섞여 나왔다. 아내가 몹시 놀라고 당혹하고 심란해했다. 아내는 치질도 없는데 피가 비치는 것은 대장에 이상이 생긴 것이라고 의심할 만했다. 몹시 걱정이 되었다. 아침 일찍 우정병원에 가서 혈압약을 타고 아내의 의사소견서도 뗐다. 바로 세란병원으로 전화해서 대장내시경 검사를 예약했다. 아무래도 직접 병원으로 가서 내과 진단을 받고 검사를 예약하는 것이 좋을 것 같았다. 세란병원으로 발길을 돌리면서 전 회장에게 "병원진료 때문에 사무소에 나갈 수 없다"고 전화했다. 여기서 사달이 났다. 전 회장이 오동춘 시인이 동소문으로 나오기로 했으니 사무실에 들러서 필요한 서류를 넘겨주라는 것이었다. 정신없이 병원으로 가고 있는 아내에게 꼭 사무실에 나와서 사람을 만나라는 것이었다. 우리는 격앙되었다. 저 독선과 전횡과 냉혹함을 보라, 나는 가지 말라고 했다. 1시부터 진료가 가능하니까 병원에 들렀다가 사무실로 가라고 했다. 우리는 잠깐 집으로 가서 설렁탕을 시켜먹고 기어이 동소문으로 갔다. 내가 동행한 것은 물론이었다.

이런 일을 당하자 아내의 근무조건을 예의 관찰하기 시작했다. 병원 쪽 약속을 두고 아내가 어떻게 하는가를 보았다. 오동춘을 만나러 춘우문화관으로 들어간 사이 나는 근처에 있는 신한증권막장에 가서 기다렸다. 아내가 서류만 건네주고 금방 나올 줄 알았다. 한 시간이 지나도 아내는 나오지 않았다. 아내의 병원행은 아무 것도 아닌 일이 되고 말았다. 머리끝까지 화가 치밀었다. 한식경 후에 아내가 코를 씩씩거리며 나오면서 볼멘소리로 말했다. "일을 봐주기로 했으면 아침 9시부터 오후 6시까지는 근무를 해야 하지 않은가"라고 힐난하더라고 했다. 아내는 지난 한 달 동안 하루도 거르지 않고 아침 9시부터 저녁 7시까지 근무했다. 애초 전 회장이 말한 것은 일주일에 한두 번 정도 나와서 일해 주면 된다고 했다. 하는 일도 사무총장으로서 합당한 일을 하기로 했다. 기획하고 추진하고 평가하고 의논하고, 그런데 하는 일을 가만히 보니 완전히 집사 아니 잡부였다. 은행에 가는 일 우체국에 가서 공문 발송하는 일, 편지봉투 붙이는 일, 이런 나부랭이 일까지 시켰다. 기획하고 작성하는 일도 무시로 회장이 일방적으로 바꾸고 폐기하고 새로 시작하고, 그런 일을 되풀이했다. 근무도 종처럼 주인이 시키는 대로 맹종하는 그런 모드였다. 그럴 까봐서 근무하는 방식을 종속 관계가 아닌 파트너 펠로십으로, 동반자로서 서로 도와주는 모드로 하라고 내가 처음부터 주문했다. 그렇게 해야만 좋은 관계가 오래 지속될 수 있다고 당부했다. 이제 보니 완전히 '종속패러다임'이었다. 병원으로 내시경검사하러 가겠다는 사람을 불러들여서 하찮은 서류나 챙겨서 주라고 하는 그의 행태가 단적으로 그것을 입증했다. 우리는 동소문을 출발하여 독립문 근처에 있는 병원을 찾아갔다. 내시경검사 일정을 예약하고 약도 타가지고 돌아왔다. 웃기는 것은 나더러 빵과 일용품을 대신 좀 사라고 하면서 나를 마트 앞에 내려주고 자기는 차를 몰고 먼저 갔는데 집에 와서 보니 아내는 집에 없었다. 그길로 다시 사무실로 간 것이었다. 순간 나는 '아내가 그곳에서 계속 일해서는 안 된다. 어떠한 일이 있어도 아내의 출근을 막아야 한다'고 결심했다.

박 대통령 리더십아 완전히 추락했다. 임기 말 같은 2년차 레임덕이 본격화되었다. 총리 유임으로 국정의 혼란과 난맥상은 만성화 장기화되었다. 신뢰와 원칙의 정치인이라는 그의 이미지는 이제 형해(形骸)만 남았다. 이 지경이 되었는데 여당은 인사청문회 탓이나 하고 있었다. 윤 아무게라는 사람은 여전히 얼굴을 갸우뚱거리며 궤변을 늘어놓았다. 그는 사이보그일시 분명했다. 대통령이 초심으로 돌아가야 한다. 역대 대통령의 스타일이랄까 위기대처 리더십이 생각났다. 이명박 탄압, 노무현 돌파, 김대중 설득, 김영삼 웅변. 재미있었다. 정홍원 총리의 유임 후 첫 공개일정으로 세월호 참사현장을 다시 방문했다. 눈물로 유가족을 껴안았다. 이제 그런 histrionics은 제발 그만뒀으면 좋겠다. 임 병장이 해골로 비하된 자신의 그림을 보고 범행을 결심했다는 기사를 보았다. 섬뜩했다. GOP로 투입된 직후 따돌림이 시작되었다. 착잡했다. '음담패설 집단 뒷담화' 꽤 날카로운 글이었다.

아내는 깊은 밤에 파김치가 되어 돌아왔다. 별 말이 없이 일찍 잤다. 문득 카타르시스의 사전적 의미가 생각났다. '정화, 배설. 정신분석에서 마음속에 억압된 정신적 응어리를 행동이나 말을 통하여 발산함으로써 정신의 균형이나 안정을 회복하는 일' 안방에서 나는 잠시 스포츠 재방을 보았다. 월드컵도, 메이저리그리뷰도 심드렁해졌다. 자정이 넘은 시간에 안방 보료 위에서 뒤척이며 연방 노예패러다임, 교주주의, 근본주의, 수정주의, '벼릿줄을 쥔 여자의 횡포'를 떠올리고 있었다. '아내는 동소문을 그만두고 그 여자를 질타해야 한다. 그건 보복이 아니라 카타르시스다.' 나는 가만히 부르짖었다.

천우신조 6. 28.

의리, 오마주 때문에 지지하는 사람들, 나라를 팔아먹어도 지지하고야 말 도덕부도체, 절연체, 묻지마 콘크리트 지지자는 여론조사 대상에서 제외해야 한다. 오마주는 본시 얼마나 아름다운 충성인가. 역사상 가신(家臣)들이 빛나는 이유이다. 그들이 존재하는 한 출렁이는 여론이 없다. 파란, 충격 정도가 감지될 뿐이다. 콘크리트 지지자가 받치고 있기 때문이다. 박 대통령은 이런 점을 알고 있기 때문에 불통 독선을 일삼았다. 그런 박 대통령 지지율이 42%로 급락했다. 서울에서는 30%대로 곤두박질했다. 한 여인의 고집 때문에 국민이 지쳐 있는데 홍명보 감독까지 고집으로 우리를 피곤하게 했다. 통합의 리더십이 절실히 필요하다. "대립 분열 갈등 반목의 지도자는 가라."

우리 부부는 '투썸 필그림'이다. 아내의 기상도는 연일 대기불안정이다. 불연속성기류 속에서 표류하고 있었다. 전 회장의 일거일동에 일희일비하고 있다. 오늘은 거취를 결정하고 탁방을 내야겠다고 다짐하고 출근했다. 온종일 가슴을 죄면서 아내의 하회를 기다렸다. 어제 쉬겠다고 기별하자, 오늘 출근하지 말고 쉬라고 했는데, 아내는 한사코 토요일에 잔무를 처리할 게 있다면서 출근했다. 나는 아내에게 일찍 귀가하라고 전화했다. 막무가내였다. 저녁 나절에야 아내는 돌아왔다. 뜻밖에도 얼굴에 화색이 돌았다. 오늘따라 전 회장이 유난히 살갑게 대하고 이것저것 자상하게 챙겨주더라고 했다. 종잡을 수가 없었다. 마지막 결정을 유보하고 나는 당분간 관망하기로 했다. 아내는 새벽까지 문서를 작성하고 발송했다.

그런 아내를 두고 그냥 잘 수가 없어서 나도 새벽까지 기다렸다가 월드컵 16강 브라질과 칠레의 경기를 보았다. 나는 칠레를 응원했다. 왜 브라질을 싫어할까. 축구밖에 모르는 브라질을 나는 체질적으로 싫어했다. 뜻밖에도 칠레가 대등한 경기를 했다. 경기내용은 오히려 브라질을 압도했다. 연장전까지 손에 땀을 쥐고 지켜보았다. 스포츠에서 일테면 '인간영역 밖'에서 승패가 좌우되고 있는 듯한 징크스, 운, 하늘의 섭리 같은 것을 너무 많이 보아왔다. '후두이즘'의 망령이다. 오전의 류현진의 10승 도전도 어쩐지 '보이지 않는 힘'이 그를 외면하는 것만 같았다. 그런 예감에 시달렸다. 내 예감이 적중했다. 뜻밖의 외야수들의 실책으로 허투루 점수를 내주고 결국 패하고 말았다. 브라질은 번번이 우승경력, 전통의 힘, 어떤 보이지 않는 힘으로 이겼다. 승부차기에서 하늘은 브라질 편이었다. 오늘도 브라질은 천우신조로 승리했다. 한순간에 허탈해졌다. 새벽 4시가 지나고 있었다. 왜 이리 안타깝고 분할까. 유난히 이번 월드컵에선 기량이 서로 팽팽히 맞설 때 운이나 천우신조가, 내가 살아온 인생이 그랬듯이 승패를 갈라놓았다. 잠이 오지 않았다.

사유의 바다에 떠도는 말 6. 29.

아내 홀로 교회에 갔다. 교회 본당은 아직 수리가 끝나지 않았다. 나는 연주실이나 식당에서 예배를 보는 것이 싫었다. 간밤에 잠을 설쳤지만 9시에 일어나서 아침을 준비했다. 밥을 맛있게 짓는 것은 언제부턴가 나의 몫이었다. 오전에 LA다저스 야구경기를 보았다. 세인트루이스와의 2차전에서 에이스 그레인키가 승리를 거뒀다. 투구내용은 류현진만 못했지만 승리를 챙겼다. 그런 일이나 따지면서 주일 오전을 보냈다. 아내는 점심을 먹고 교회에서 돌아왔다. 아내는 곧장 한평통문협 사무를 보기 시작했다. 어제의 희망적인 태도는 이내 온데간데없고 기류가 다시 험해졌다. 회장이 변덕이 죽 끓 듯해서 자꾸 임원명단을 바꾸는 것을 아내가 불평했다. 번번이 새로 주소를 쓰고 명단을 작성해야만 했다. 이 나이에 '무슨 청승이냐'는 것이었다. 나는 몸 둘 바를 몰랐다. 내일은 처음으로 보수를 받는 날이다. 금액의 다소에 따라 또다시 희비가 엇갈릴 수도 있다. 피곤하고 두려웠다.

세상에 창에 비치는 '바람의 무늬'도 어지러웠다. '김명수 장관후보자, 신문 칼럼까지 대필시켜' 이 양반의 표절과 대필은 좀 지나쳤다. 시진핑 중국국가주석 한국방문. 취임 후 첫 국빈방문으로 한국을 택했다. 북한이 속이 뒤집힐 만하다. 중국을 우회비판하고 애먼 미사일만 쏘아댔다. 일본에게 대뜸 대화의 손짓을 보내고 러시아에게 우호적 제스처를 하고 있는 것을 보면 그 속을 짐작할 만하다. 어쨌든 동북아의 정세가 긴박하게 돌아가고 있다. 7. 30재보선에서 또 박근혜 마케팅이 통할까. 여당은 무릎 꿇고 읍소하고 석고대죄하는 마음으로 임해야 할 것이다. 전교조를 둘러싼 갈등과 반목은 우리 교육의 참담한 현실이다. "교사들이 시국선언도 못하게 하는 한국이 놀랍기만 하다" 어느 외국인 강사의 말이 비수처럼 가슴을 찔렀다. 그것은 정치가 아닌 인권의 문제다. 멀쩡한 노조를 찬바람 부는 벌판으로 몰아냈다.

아내는 불평하면서도 줄곧 한평통문협 사무를 보았다. 방을 옮겨가면서 일했다. 아내의 이동에 따라 나도 이동했다. 아내가 건넛방으로 가면 나는 안방으로 옮겼고 아내가 안방으로 오면 나는 건넛방으로 갔다. 이런 나의 행동을 보고 아내는 배를 거머쥐고 웃었다. 사무실 일은 집으로 가져오지 말라는 것이 평소 나의 주장이었다. 월드컵 16강 경기를 보았다. 나도 모르게 유럽 쪽을 응원했다. 무슨 심사에서 그럴까. 아내가 일하는 동안 나는 수많은 제목, 콘셉트, caption을 써 놓은 일기를 읽었다. 참으로 무궁무진했다. 그것은 '사유(思惟)의 바다에 떠도는 나의 언어'였다. 깊은 밤 문득 나의 언어의 앞날을 생각하자 나도 모르게 가슴이 설랬다.

벼릿줄을 쥔 여자 6. 30.

아내가 출근을 시작한 지 오늘로서 한 달이 된다. 아내를 보내놓고 조마조마했다. 어쩌면 아내가 동소문을 그만둘지도 모른다는 생각이 들었다. 전화할 엄두도 나지 않았다. 아내한테서 전화가 왔다. 아주 밝은 목소리였다. 봉급을 받은 일이며 상임이사와 사무국장을 만난 일을 이야기했다. 그런대로 만족할만한 금액을 받았고 오 상임이사와 흉금을 털어놓고 대화를 나눈 것 같았다. 요컨대 계속 근무하는 것으로 탁방이 났다. 벼릿줄을 쥐고 있는 여자가 결국 아내를 움켜쥔 것이다. 공사(公私) 간에 두 여자가 우리의 삶을 움켜쥐고 흔들었다. 국가적 삶의 공간에는 박 대통령이, 개인적 삶의 공간에는 전 회장이 우리 일상의 구석구석에 존재하는 정신적 물질적 모든 벼릿줄을 쥐고 있었다. 그들이 밀고 당기는 대로 삶의 승패와 희비가 갈라졌다. 일단 아내는 승복한 게 분명했다. 월암 이야기도 자랑스럽게 들려주었다고 했다. 아내는 연방 신바람이 났다.

대통령이 수석비서관 회의에서 두 총리후보자 낙마와 정 총리의 유임으로 촉발된 인사 참사에 대해 언급했다. 청문회를 신상털기식 여론재판이라고 폄훼했고 사태의 원인을 여론, 야당, 제도의 탓으로 돌렸다. 사과는 일언반구도 하지 않았다. 털끝만큼도 변하지 않았다. 바탕과 본성이 그렇다면 어쩔 수 없는 일이라는 생각이 들었다. 자꾸 우리의 상식과 가치기준을 갖고 그를 판단하려 들고, 우리의 기대에 부응하는 행동을 요구하니까 갈등과 괴리가 생겼다. 아예 기대하지 말자고 일종의 자포자기에 빠졌다. 살생부까지 나도는 이전투구 전당대회, 새누리당이 망해간다는 우려가 나올 만했다. 그들만의 권력다툼으로 둔갑하고 있다. 20대가 좋아하는 정치인은 박원순, 안철수가 1, 2위를 차지했다. 박근혜는 고작 1.4%에 그쳤다. 미래세대의 지지가 시사하는 바가 컸다. 축구대표팀이 공항에서 엿세례를 받았다. 성난 팬들 "한국축구는 죽었다" 플래카드를 들고 불만을 표출했다. 고개 떨군 홍명보. 이해할 수는 있지만 팬들의 태도가 좀 지나친 것 같았다. 이번 월드컵으로 끝나는 것은 아니지 않은가. 이럴 때일수록 국민적 위로와 성원이 필요하지 않을까. 기회는 얼마든지 다시 온다는 것을 잊지 않았으면 좋겠다.

 1년에 고작 한두 차례, 그것도 한번에 2주 정도만 열리는 간송미술관 전시회. 왜 그렇게 관람하기가 어려운지 모르겠다. 성북동 길을 산책하면서 늘 아쉬워했다. 이번엔 놓치지 않고 '혜원의 미인도'를 보러 가야겠다. "지혜의 숲이 종이의 무덤이 되고 말았다" 종이의 무덤이라는 말이 아주 인상적이었다. 종각에 있는 반디앤루니스를 찾아갈 때마다 얼마나 탄식했던가. 책이 대박을 노리는 일회성 disposal(처리, 소모품)이 되어버렸다. 두고두고 완상하고 음미하던 '영혼의 뜰'이 아니다. 오늘도 새벽에 어김없이 월드컵 16강 네덜란드와 멕시코의 경기를 보았다. 네덜란드가 아슬아슬하게 역전승을 거뒀다. 자꾸 결승골이 된 페널티킥이 마음에 걸렸다. 응원했던 팀이 이 골로 승리했다. 기분은 좋았다. 온종일 간밤에 잠을 설친 후유증이 심했다. 메이저리그리뷰도 볼 수 없었다. 언뜻언뜻 벼릿줄을 움켜쥔 두 여자의 모습이 떠올랐다. 그들의 승승장구를 빌었다. 아내의 빛나는 미래이니까.

우리집 풍경소리

이제 잊겠습니다 7. 1.

　어렴풋한 빛, 가물거리는 빛, 희망인가 절망인가, 'Shimmering Hope'. 세월호 참사 이후 우리사회 키워드는 "미안합니다" "잊지 않겠습니다". 대통령은 눈물로 사과하면서 사고원인규명과 책임자 처벌, 정치개혁과 인적쇄신을 약속했다. 그러나 약속한 개혁과 쇄신은 공염불이 되고 누구도 책임지는 사람이 없다. 이제 세월호 참사는 대통령에겐 잊고 싶은 트라우마일 뿐이다. 오늘은 국면전환을 위해 재래시장 방문했다. "이제 잊겠습니다." 이렇게 말하고 있는 것 같았다. 정치혁신 위원회에 젊은 위원장을 하나 데려다놓고 개혁하겠다고 한다. 삼류정치쇼가 따로 없다. 젊은 위원장을 보면 꼭 우롱을 당하고 있는 기분이다. 새로 당선된 지방기관장들이 일제히 업무를 시작했다. 저마다 소통을 강조하면서 낮은 자세로 임하겠다고 했다. 마음을 어둡게 하는 기사가 폭주했다. 일본이 '전쟁국가'로 부활했다. 각의에서 집단자위권 행사를 허용하도록 헌법해석을 변경하기로 했다. 아베의 다음 목표는 정식개헌이다. 이 거침없는 아베의 폭주 배경에는 미국의 '동의 내지는 묵인'이 도사리고 있다. 중국을 견제하기 위한 것이다. 동북아의 정세가 불안하고 긴박해졌다. 극심한 녹조현상으로 죽어가고 있는 영산강을 살리기 위해 광주 전남이 4대강 바로잡기에 발 벗고 나섰다. 복원 재자연화의 사업이 시작되었다. '관심 대통령'이라는 글이 눈을 끌었다.

아내가 계속 대장이 좋지 않다. 그동안 중단하고 있던 비타민 C를 다시 복용하기 시작했다. 대학로 서울약국에서 비타민C를 샀다. 지하철을 타고 동소문으로 가서 아내에게 전화했다. 오늘은 아내가 봉급을 받은 후로 처음으로 출근한 날이다. 아무 일이 없었으면 좋겠다. 가사도우미가 사나운 강아지처럼 찾아오는 사람들에게 앙탈을 부리고 본데없는 말을 한다고 했다. 아내에게 개의치 말고 구름 위를 산책하듯이 즐거운 마음으로 근무하라고 당부했다. 전 회장은 호텔사우나에 가고 홀로 사무실에서 일하고 있을 때는 같은 시인으로서 기분이 참 묘했다고 술회했다. 그 마음을 이해할 수 있었다. 나는 '구름 위의 천사'를 떠올렸다. 몸과 마음을 다치지 않고 꿋꿋하게 살아가야 한다. 깊은 밤에 아내가 오늘 사무실에서 쓴 시를 읽어주었다. 눈을 지그시 감고 나는 아내의 섬세한 감성과 날카로운 촉기를 느끼고 있었다.

분노에 다시 불을 댕겼다 7. 2.

새벽에 16강전 아르헨티나와 스위스의 경기를 시청했다. 연장전 후반 경기 종료 2분을 남겨놓고 아르헨티나가 결승골을 터트렸다. 축구천재 메시의 현란한 드리블과 정확한 패스로 골을 도왔다. 스위스가 아르헨티나를 격파하고 8강에 오르는 것을 보기 위해, 솔직히 아르헨티나가 탈락하는 것을 보기 위해 밤을 새우며 지켜보았는데 물거품이 되었다. 왜 남미 축구강국들을 싫어할까. 잠을 자지 못해 혈압이 오르는 것을 보면서 나는 탄식했다. 아내가 출근한 뒤에 눈을 붙여보려고 했지만 잠이 오지 않았다. 하릴없이 LA다저스의 경기를 보았다. '아고니스트 환'이 진척이 없고 지지부진했다. 이를 악물고 작업에 몰두했다. 아내가 출근하고 나면 얼마든지 작업할 수 있는데 마음대로 되지 않았다.

　세월호 침몰사고 당일 시간별 청와대 상황실 녹취록이 공개되었다. 청와대- 해경의 핫라인에서 오고간 통화내용이 밝혀졌다. 청와대는 5시간이 지나도록 상황을 몰랐고 해경은 VIP에게 잘못 보고한 것만 걱정했다. 해경은 '눈 가리고 아웅' 하는 식 대응을 했고, 생명을 구조하는 것 보다는 의전(儀典)에 더 몰두했다. 분노에 불을 댕기는 대목이다. 어처구니없고 분해서 치가 떨렸다. 어렵사리 열린 국조에서 여당이 하찮은 말투를 트집 잡아 파행을 일삼았다. 회의를 속개하라는 유가족의 요구에 위압적인 태도로 언성을 높였다. 세월호 참사 가족대책위 유 대변인은 "야당이 잘못했다는 게 유가족이 나자빠지는 것보다 더 중요한가"라고 비판했다. "500명 부모들이 그냥 싹 죽어 없어질까, 그럼 문제가 해결되겠나" 하고 울부짖었다. 유 대변인의 말에 유족들이 오열했다. 녹취록에서 튀어나온 말들, "큰일 났다. VIP 보고 끝났는데." "일단 선체 뚫는 흉내라도 내고…" 수많은 사람이 죽어가고 있는 순간에 오로지 윗사람 심기만 걱정했던 사람들이 지금도 국민의 안전과 행복을 좌지우지하고 있었다. 모골이 송연했다.

　품부(稟賦) 본성 바탕 기질, 다분히 선천적인 요인들이 그를 지배하고 있는 한 더 이상 기대할 게 없다. 그런 사람을 대통령으로 뽑은 것이 재앙의 시작이었다. 개과천선 개조 혁신 성찰 사유 변화 이런 후천적인 요인들도 이제 기대할 수 없다. 세월호 참사 발생 78일이 경과한 오늘 내가 내린 결론이다. 자포자기가 이토록 마음을 편하게 할 줄은 몰랐다. 유족들이 세월호 참사 진상 규명을 위한 특별법제정을 촉구하는 전국순회 서명운동을 시작했다. 세월호 참사 2차 교사선언. 교사 1만 2,244명이 실명으로 다시 대통령 퇴진을 요구했다. "지자체가 나선 4대강 복원, 정부는 뭐 하나"

　집에서 차분히 작업했다. 아침부터 직장에서 혼신의 힘을 기울이고 있을 아내를 생각하면 내가 시간을 허송할 수는 없었다. '징비록 사랑 2010년'을 열흘 치나 첨삭했다. 아내는 어두워져서야 귀가했다. 오늘은 메이저리그도 보지 않았다. 어떠한 일이 있어서 반드시 '아고니스트 환'을 완성하여 세상에 내놓아야 한다. 이 기록이 한갓 '종이의 무덤'으로 끝나지 않았으면 좋겠다. '동소문에 내리는 봄비'가 기적같이 '내 기록의 상재(上梓)'를 이뤄낼 수 있도록 도와달라고 기도했다.

한평통문협 이사회 7. 3.

아내가 간여하고 있는 한평통문협가 발족한 이후 처음으로 실행이사회를 소집했다. 밤새 아내는 회순과 회의안건을 준비하고 점검했다. 오늘아침 일찍 출근했다. 한평통문협이 사단법인으로 무난히 승인받고 순항하기를 빌었다. 아내가 사무총장으로 일하면서 실질적으로 모든 것을 주관하고 있다. 상근하는 것은 물론이고 회원들로부터 회비를 받고 우체국에 가서 공문서를 발송하는 일까지 했다. 파김치가 되어 돌아오기 일쑤였다. 여태껏 밤낮 마주보며 사슴처럼 기대면서 살아왔는데 요즘은 적잖이 적적했다. '투썸 필그림'에서 이제 홀로 떨어져서 많은 시간을 보냈다. 홀로 남은 시간에 기를 쓰고 작업했다. '아고니스트 당신'을 쓰고 나서 태산같이 버티고 있는 '징비록 사랑'을 첨삭했다. 유독 제목붙이는 것이 어렵고 부담스러웠다.

시진핑 중국국가 주석이 국빈 방문했다. 두 정상이 사자성어로 화답했다. 박근혜 대통령은 심신지려(心信之旅), 시진핑 주석은 무신불립(無信不立). 동북아 기상도가 난해한 역학관계로 빠져들었다. 북한이 일본과 뜬금없이 이상한 수작을 벌이고 있고 한국과 중국은 어느 때보다 다정하게 어깨를 겯고 있고 일본과 미국은 노골적으로 군사적 동맹국임을 과시했다. 한중정상은 예상했던 대로 뾰족한 결과물을 내놓지 못했다. 한반도 비핵화라는 한계를 극복하지 못했고 전략적 동반자 수준에서 바장였다. 소득이 있었다면 뉴스를 선점하고 세계의 이목을 끌었다는 정도다. 박 대통령이 이번 정상회담을 통해 목하 떨어지고 있는 지지율을 회복할 수 있게 될지 궁금하다. 세월호참사 국조는 초장부터 파행을 거듭했다. 애초 기대도 안 했지만 예상했던 대로 굴러갔다. 지엽, 말초, 말투 이런 것을 트집이나 잡고 고함을 지르면서 치고받고 있다. 최소한의 소명감도 보이지 않았다. 기껏 7.30재보선 공천에나 정신이 팔려 있었다. 새누리당 대표를 뽑는 전당대회는 이전투구다. 서청원이 박근혜를 하늘처럼 떠받들고 나올 줄은 몰랐다.

점심때 손수 된장국을 끓여먹었다. 양파와 호박을 썰어 넣고 다시다와 고추장도 풀어 넣고 끓였는데 제법 내가 원하는 맛이 났다. 아내에게 자랑할 만했다. 오후에 평창동둘레길을 산책했다. 온몸에서 땀이 흐르고 무척 힘이 들었지만 성취감을 만끽했다. 아내는 밤 8시경에 귀가했다. 이사회는 성공적이었다. 아내가 맡은 역할을 잘해낸 것 같았다. 오 상무가 견제했지만 아내의 의도대로 모든 것을 마무리했다고 한다. 아내가 블로그에 글 올리는 소리가 잠결에 끊임없이 들려왔다.

악수로 승기를 또 날릴 것인가 7. 4.

금요일은 막막하고 적막했다. 괜히 '13일 금요일'이란 불길한 생각만 떠올랐다. 뉴스도 그랬다. 3일 공식 정상회담에선 잘 참았는데 오늘 비공식 오찬에서 기어이 속내를 드러내고 말았다. 한중정상이 일본에 초강경 경고메시지를 보냈다. 급격한 우경화와 고노담화 훼손 등에 깊은 유감과 우려를 표시했다. 청와대는 양국 정상들의 언급내용을 이례적으로 전격 공개했다. 공개배경과 파장도 만만찮았다. 상당수 국내언론이 한중정상회담에서 일본에 대한 대응이 미흡했다는 보도를 내놓자 청와대가 이를 의식하고 바로 공개한 것이다. 이번 일로 가장 좋아할 나라는 중국이며 일본이 다음이며 미국이 가장 난처해질 것이라는 전망이 나왔다. 미국은 큰 타격을 받고 일본은 아베의 정치적 입지가 강화돼 우경화 행보에 힘이 실릴 것으로 보인다. 한국은 외교적으로 딜레마에 빠지고 큰 부담을 안게 되었다.

새정치민주연합 동작을 전략공천이 일파만파 후폭풍을 몰고 왔다. 내가 봐도 불가사의한 공천이었다. 왜 저런 공천을 강행했을까. 공천철회를 요구하는 집단반발까지 일어나면서 심한 몸살을 앓고 있다. 금태섭 대변인도 전격 사임했다. 안철수의 입지가 옹색해지고 외로운 섬이 돼갔다. 또다시 새정연이 악수와 패착으로 재보선의 승기를 날려 버렸다. 불길한 예감이 들었다. 여당도 공천파행 때문에 낭패를 겪고 있는 것은 마찬가지였다. 수도권에 거물정치인을 공천하려는 계획이 물거품이 되었다. 윤 사무총장의 김문수를 향한 러브콜도 자충우돌 하다가 불발로 끝났다. 설득 방식도 도마에 올랐다. 십고초려가 아니라 공개적인 협박이나 다름이 없었다.

하루 종일 작업했다. 그런 속도로 나가면 금년 안에 끝낼 수 있다. 사뭇 고무적이었다. 느긋하게 오후에 북악정까지 산책을 나갔다. 6시에 아내에게 전화했더니 금방 돌아오겠다고 했다. 말대로 아내는 곧바로 귀가했다. 밤에 컴퓨터 앞에 앉아 있던 아내가 느닷없이 소인배, 좀생이, snob(속물), 이런 말을 주워생기면서 오 상무이사에 대한 불만을 쏟아놓았다. 어느 조직이나 그런 사람이 있게 마련이라고 아내를 위로하고 나도 모르게 깊은 한숨을 내쉬었다. 내일 새벽에는 월드컵 8강전이 있다. 새벽에 일어나기 위해 일찍 잠자리에 들었다. 아내가 두드리고 있는 노트북 소리가 들려오고 창밖 숲속의 전등불이 눈 속으로 파고드는 바람에 잠을 이룰 수가 없었다. 뻔질나게 화장실을 들락거리면서 자정을 넘기고 말았다. 보나마나 내일도 수면부족에 시달리면서 시름시름 앓을 것이다. 월드컵이 열리고 있는 올 여름의 나의 기상도였다.

남 따로 북 따로 외도 7. 5.

동북아의 판세가 요동쳤다. 격랑에 휩쓸리고 있는 동북아역학구도는 혼란 그 자체였다. 사뭇 미묘하고 긴박하다. '한중 밀월, 북일 밀착' 이런 말을 아무렇지도 않게 언급하고 있다. 중국 언론은 지금의 한중관계를 절정의 호기로 간주하고 이번 방문을 친척을 방문하듯이 편하게 다녀왔다고 표현했다. 좀 얼떨떨하고 거북살스런 기분이다. 남남북녀가 따로따로 외도를 하고 있는 형국이었다. 어쩐지 창피스럽다는 생각도 들었다. 특히 아베정권의 자위권행사 확대에 힘을 실어주고 있는 미국이 밉살스러웠다. 주말을 푹 쉴 수 있다고 좋아라했는데 실상을 그렇지 못했다. 아내가 아침부터 정관(定款) 일부를 바꾸는 작업을 했다. 낑낑거리면서 아내는 그 일을 오전 내내 했다. 아내가 가장 싫어하는 몰가치적이고 몰취미적인 작업이었다.

그 일을 끝내고 나서도 아내는 컴퓨터 앞에서 꼼짝도 하지 않았다. 아내와 드라이브라도 하고 싶었는데 홍지동 비탈에 있는 이발소에 가는 것도 쉽지 않았다. 오후에 겨우 이발을 하고 돌아왔다. 아내가 여성용 무슨 청정제를 사러 인왕약국에 가자고 해서 따라갔다. 주말은 무료주차여서 주차 공간이 없어서 쩔쩔맸다. 아내가 장(腸)이 좋지 않아서 우선 먹을 약을 좀 달라고 했는데 약사가 처방약이라고 하면서 약을 주지 않았다. 왜 사무실 일을 집으로 가져오느냐고 아내에게 볼멘소리를 했지만 괜한 소리를 한 것 같았다. 밤에 주말드라마를 보았다. 대화가 잘 들리지도 않고 오버액션이 심해서 짜증이 났다. 내일 새벽 아르헨티나와 네덜란드의 경기도 놓칠 수 없다. 새벽에 일어나기 위해 일찍 잤다. '남 따로 북 따로 외도'가 머릿속을 맴돌고 있었다. 무슨 엽기적 사건이라도 되는 것처럼 끈덕지게 나를 자극했다.

생애의 가장 즐거운 나날 7. 6.

새벽에 일어나지 못해 아르헨티나 벨기에 8강전은 볼 수 없었다. 네덜란드와 코스타리카전도 겨우 연장전후반만 보았다. 승부차기로 승패가 갈렸다. 코스타리카의 선전에 경탄했다. 어제 오늘 8강전 경기를 재방으로 보았다. 월드컵 명승부전을 마음대로 볼 수 있어서 즐거웠다. 안타까운 일도 있었다. 브라질의 네이마르가 콜롬비아 전에서 척추골절 중상을 입고 결승전출전의 꿈을 접었다. 브라질의 수비, 독일의 조직, 네덜란드의 속도, 아르헨티나 메시의 신기에 가까운 드리블이 관심을 끌었다. 4강전에 대한 기대로 가슴이 설렌다. 연일 출렁이는 동북아 정세가 세상의 이목을 사로잡았다. 애매모호하고 알쏭달쏭한 국가 간의 연대와 공조, 그것이 가져올 복잡다단한 손익계산이 자못 흥미진진했다. 국내 상황도 숨 가빴다. 세월호 국조 파행. 여당 보이콧 기미까지 보였다. 청문회 전쟁, 야당은 2명 이상 낙마를 별렀다. 공천 차질과 후폭풍으로 여야 공히 몸살을 앓았다. 한국시인협회이사장 김종철 시인이 타계했다. 그동안 좀 격조했는데 만감이 교차했다. 명복을 빌었다.

주말에 30도 이상의 더위가 계속되었다. 내가 가장 살아내기 어려운 칠월이다. 잘 견디고 있는 셈이다. 아내가 텃밭에 나가자고 했다. 내가 뙤약볕에 밭일을 하는 것은 절대 금물이라고 하자 아내가 상치며 아욱을 수확해야 한다면서, 뭘 먹으려고 하느냐고 투덜거렸다. 하는 수 없이 따라나섰다. 바람이 서늘하고 물소리가 시원했다. 뜻밖에도 청랑(晴朗)한 기분이 살아났다. 나는 오이와 가지를 땄고 아내는 겉절이 할 상치를 땄다. 콧노래가 절로 나왔다. 간간이 텃밭에서 일하는 아내의 모습을 사진에 담았다. 아내는 웃으면서 포즈를 취해 주었다. 개울 건너 텃밭에서 일하고 있던 강 선생이 알은체를 했다. 아내는 오늘밤 이 사진들을 블로그에 올릴 것이다. 저녁에 오랜만에 쌀국수를 먹었다. 별미였다. 국수는 내가 삶았는데 그 쫀득쫀득하고 질긴 맛이 그럴 듯했다. 아내는 깊은 밤에 블로그에 사진과 글을 올렸다. 나는 안방에서 메이저리그를 보았다. 쏘팔메토를 복용한 이후로 소변이 시원해졌다. 꽤 영검스러운 효험을 보았다. 요즘 일상을 잠시 돌이켜보았다. 내 생애에서 썩 드물었던, 즐거운 나날들이 파노라마처럼 눈앞을 스쳐갔다.

유유자적 7. 7.

김명수 교육부 장관후보자가 '5.16평가는 시기상조' 그리고 '표절은 학계의 관행'이라고 큰소리를 쳤다. 인사청문회를 감히 비판하려 들었다. 그 배짱과 용기가 참으로 가상했다. 사법부와 국회를 무시하는 MBC의 태도 역시 오만했다. 법원의 복직판결도 뭉개버리고 세월호 참사 국조의 출석요구도 무시해 버렸다. 참으로 후안무치하고 기고만장했다. 그 저돌성 맹독성이 하늘을 찌를 만하다. 그러나 그들의 용기와 기백은 알고 보면 허약하기 짝이 없다. 박근혜

백을 믿고 그러는 것이다. 권력의 끈이 떨어지면 금세 꼬리를 뒷다리 사이에 감아 넣고 설설 기는 개처럼 비굴한 꼴을 보이기 일쑤다. 저런 만용을 부리는 권력의 하수인 혹은 주구들이 곳곳에 도사리고 있다.

"인사 책임 전적으로 내게 있다" 책임을 인정하면 책임을 질 줄 알아야 한다. 김기춘 실장, 책임이 자신에게 있다고 하면서 자리는 지키는 것은 무슨 경우인지 모르겠다. 북한응원단이 아시안게임에 온다고 한다. 남북관계가 숨통이 트이려나. 북한의 행태를 보면 어느 장단에 춤을 춰야 할지 모르겠다. 딱 한 가지 남북이 결여되어 있는 것은 '진정성'이다. 언제쯤이나 서로의 충정과 진정성을 믿을 수 있는 날이 올까. 새정연의 동작을 공천이 갈수록 꼬였다. 참담했다. 허동준 위원장은 세 번이나 양보했는데 또 희생하라는 말이냐고 절규, 온몸을 던져 항거했다. 새삼 당료(黨僚)의 도리라는 것을 생각하게 한다. 선거에서는 세 번 아니라 골백번이라도 함량미달이면 밀려날 수밖에 없다. 너무 강퍅하고 맹렬하게 저항하는 것이 마음을 아프게 한다. 각 지구당에서 평생을 빛을 보지 못하고 오로지 당만을 위해 일하는 사람은 얼마든지 있다. 바로 민주주주의 자산이다. '당료의 도리'는 눈물겹도록 소중하고 값진 것이다. 조금만 더 냉정하게 사태를 수습했으면 좋겠다.

오늘은 축구가 없는 날이어서 느긋하게 잠을 잤다. 오전에 메이저리그 경기를 보았다. LA다저스가 리그 선두자리를 지켰다. '징비록 사랑'을 첨삭했다. 오늘은 꽤 진도가 나갔다. 기침도 어지간히 잡혔고 소변도 정상으로 돌아왔다. 다만 아내의 장이 좋지 않아서 내일 세브란스병원에 가서 내시경검사를 하기로 했다. 은이 권유로 세브란스병원으로 변경한 것이 마음에 좀 걸렸다. 그러려면 의사의 소견서를 다시 떼어야 한다. 아내가 7시에 우정의원에 같이 가자고 해서 허둥지둥 동소문으로 나갔다. 길이 엇갈려서 뙤약볕 속에서 미아리고개를 한참동안 헤맸다. 함께 병원에 다녀왔다. 아내는 카스텔라와 요구르트로 저녁을 때웠다. 내일 아내는 내시경 검사를 받는다. 어쩔 수 없이 밤새 궁싯거리고 뒤척였다.

주여, 아내를 지켜주소서 7. 8.

아내는 그 나이에 직장도 나가고 일정한 수입도 생겼다. 아내가 출근한 시간에 나는 집에 남아서 글을 쓸 수 있다. 우리는 희망에 부풀었다. 아아, 호사다마(好事多魔)인가, 아내가 갑자기 대변에 혈변(血便)이 섞여 나왔다. 아무래도 심상찮았다. 피가 섞여 나온다면 심각하다. 제발 호사무사였으면 좋겠다. 아침에 신촌 세브란스병원으로 갔다. 사실 오늘 세란병원에서 내시경검사를 받기로 돼 있었는데 은이의 권유로 세브란스로 바꿨다. 사단이 생겼다. 세브란스병원은 3차병원이어서 2차 진료기관인 세란병원의 소견서가 있어야 한다는 것이었다. 그냥 진료와 검사를 받을 수 있지만 그럴 경우 비용을 부담해야 한다는 것이었다. 낭패였다. 우리는 취소하고 세란병원에 전화해서 다시 검사를 예약했다. 목요일 2시에 검사를 하기로 했다.

신한은행에 들러서 6월 금융거래실태 서류를 떼서 복지과에 제출했다. 아내는 나를 내려주고 곧바로 동소문으로 갔다. 집으로 돌아오자마자 나는 작업에 몰두했다. 자꾸 아내의 파리한 모습이 눈앞에 떠올랐다. 눈이 침침해서 작업에 집중할 수가 없었다. 이제 시력도 한정되어 있다. 시력을 아껴야 한다. 아내가 지금 대장을 앓고 있다. 어쩌면 좋지 않은 결과가 나올지도 모른다. 직장도 그만둬야 할 상황이 닥칠지도 모른다. 오늘 보니 아내의 안색이 유난히 창백했다. 아내의 건강을 지켜달라고 하나님에게 연방 기도했다. "주여, 아내를 지켜주소서, 아내를 지켜주소서." 아내의 퇴근시간을 눈이 빠지게 기다렸다. 아내와 함께 보내는 시간이 불현듯 한없이 소중하게 느껴졌다. 우리들의 시간이 지극히 한정되어 있다는, 너무나 평범한 사실을 새삼 반추해보았다. 집에 돌아온 아내가 지하철시집에 실려 있는 아내의 시 '꽃과 시' '우리는 남대문으로 간다' 두 편을 한참동안 소리 내어 읽었다. '꽃과 시'는 뛰어났고 '우리는 남대문으로 간다'는 재미있었다. 아내와 나는 잠시 시의 삼매경에 빠졌다. 서로 얼굴을 쳐다보면서 함빡 웃었다.

동작을에 그 불여우가 출마한다는 뉴스가 떴다. 엄청 스트레스를 받았다.

새정연의 동작을 전략공천이 만신창이가 되어 버렸다. 그런 난장판, 아수라장이 없었다. 소외당한 탈락자들이 난동을 부렸고, 어김없이 와장창 무너지는 소리가 났다. 정 총리가 국가 개조의 로드맵을 발표했다. 개혁의 대상이 개조의 주체로 역할을 하겠다고 한다. 세월호 참사 이후로 하나도 달라진 것이 없다. 짐을 쌌다가 다시 주저앉게 된 총리가 차떼기 논문표절 음주운전 장관 등 각종 불법과 비리로 얼룩진 장관들로 꾸려진 2기 내각을 데리고 국가를 개조하겠다고 나섰다. 기가 막히고 억장이 무너졌다. 이런 절망적인 사태를 불러오는 데는 국민도 일조했다. 또 그들의 손을 들어주지 않았는가. 그 지지율을 보고 다시 관행과 관성이 살아난 것이다. 콘크리트 지지율이 악순환의 고리를 만들어 주었다.

아내가 대장암에 대한 설명회를 인터넷을 통해 계속 들었다. 나는 듣기가 싫었다. 곧 죽어도 아프다는 내색은 하지 않은 것이 나의 기질이었다. 아내가 저리 신경을 써서 듣고 있는데 달갑잖은 기색을 할 수가 없었다. 나는 일찌감치 건넛방으로 가서 자리를 펴고 누었다. 아내도 따라 건너왔다. 아내는 잠자리에서도 스마트폰을 틀어놓고 의사들의 강의를 들었다. "두려워하지 말라 내가 너와 함께함이라. 내가 너를 굳세게 하리라." 나는 끝없이 주절거리고 있었다.

브라질의 축구재앙 7. 9.

새벽에 월드컵 4강전, 브라질과 독일의 준결승전을 보았다. 7-1로 브라질이 참패했다. 전 세계는 경악했고 망연자실했다. 월드컵 준결승전은 보통 막상막하 난형난제 일진일퇴의 경기를 벌였다. 이렇게 대패를 한 적이 없었다. 온 세계의 축구팬들은 깊은 충격에 빠졌다. 영원한 우승후보국가인 브라질은 비탄 충격 분노에 빠졌다. 넋 잃은 브라질, 축구로 무너진 브라질, 브라질의 눈물, 삼바축구의 몰락, 미네이랑의 비극. 어떠한 말로도 이 뜻밖의 이변을 설명하지 못했다. 어떠한 분석도 성에 차지 않았다. 인생은 언제 어떻게 이렇게 뜻밖의 상황으로 휩쓸릴지 모른다. 그 경기를 보면서 오늘 있을 류현진 선발 LA

다저스 경기도 어쩐지 불안했다. 내 예감대로 류는 최악의 투구내용으로 대량 실점을 한 후 3회에 조기강판하고 말았다. 할 말을 잃었다. 그렇게 하루가 시작되고 무연히 흘러갔다.

나를 놀라게 한 것은 또 있었다. 김명수 교육부 장관 후보자의 청문회 소식이었다. 횡설수설, 자질미달, 한마디로 모멸감을 느끼게 했다. 저런 사람을 교육의 수장으로 내정했다니, 얼마나 국민을 얕잡아보는 것인가. 공인 이전에 한 자연인으로서조차 그 인격과 자질이 의심스러웠다. 바보 천지 얼간이, 말도 제대로 할 줄 모르고 질문 내용도 온전히 파악 못하고 갈팡질팡했다. 청문회 자체가 부끄러웠다. 마냥 우롱당하고 있는 기분이었다. 누가 이 코미디, 소극(笑劇)을 연출하고 있는가. 실소를 금할 수 없었다. 홍명보가 협회의 유임 결정에도 불구하고 사퇴를 표명했다. 제자리를 찾아간 것이다. 이번에 비록 실패했지만 한국축구발전에 그가 이바지한 공헌을 결코 잊어서는 안 된다.

여야 할 것 없이 몸살을 앓던 공천 작업이 일단락되고 재보선 대진표가 완성되었다. 공작을에 그 불여우가 또 등장했다. 새민연의 공천파동의 내상(內傷)과 내홍과 파열음도 쉽게 치유되지 않았다. 오늘 원홍 지역 아파트 신청의 결과가 발표되었다. 당첨이 되었다. 아내가 전화로 결과를 알려주었다. 아내는 어두워질 때까지 일을 하다가 퇴근했다. 밤에 브라질월드컵 재방을 보았다. 내일 아내는 대장내시경검사를 받게 된다. 한순간도 마음이 편치 않았다. "하나님, 호사무마(好事無魔)하게 해주소서. 아내를 말끔히 고쳐주소서." 하루 종일 앉으나 서나 기도했다.

청천벽력, 대장암 소견 7. 10.

아내는 새벽같이 일어나서 6시부터 15분 간격으로 하얀 알약을 먹었다. 7시까지 20알을 먹었다. 잠깐 쉬었다가 10시부터 11시까지 10알을 더 먹었다. 엊저녁부터 금식한 아내는 얼굴이 핼쑥하고 계속 변기에 앉아서 물을 쏟아냈다. 나는 정신이 없었다. 1시에 택시로 병원으로 갔다. 정각 2시에 아내는 세란병원 이층에 있는 내시경검사실로 들어갔다. 나는 뉴스를 보면서 대기실에서 기다렸다. 정치판을 보고 아직도 발을 구르고 가슴을 치고 있는 자신이 한없이 딱해 보였다. 여야 원내지도부 청와대 회동. 야당은 완곡하게 명분 있게 그런 제의를 거절했어야 했다. 청와대 회동은 덤터기쓰기 일쑤. 야당의 순치(馴致). 발톱과 이빨을 빼 버리는 것 그 이상도 이하도 아니다. 일시적 국면 타개용이라는 것을 왜 모를까. 그것이 소통과 화합의 정치적 담보라면 누가 반대를 할 것인가. 그것은 불가능하다. '눈 감고 아옹' 하는 식이 될 게 뻔하다. 대통령이 바탕과 성향이 바뀌지지 않은 한 또 헛물만 키고 말 것이다. 김 실장은 이제는 대놓고 "청와대는 재난의 컨트롤 타워가 아니다"라고 말했다. 이제 두려울 것이 없다는 것이다, 밑바닥을 쳤으니까. 김명수 정성근 지명을 철회를 요구하자, "잘 알았다. 참고하겠다"고 말했다. 정치가 그런 흥정이나 거래로 끝나 버려서는 안 된다.

그 와중에 나는 한숨만 쉬었다. 사실 TV화면이 하나도 눈에 들어오지 않았다. 일각이 여삼추(一角如三秋)였다. 불안하고 초조하기 짝이 없었다. 예감이 좋지 않았다. 그만큼 아내가 그동안 꽤 심하게 앓았다는 이야기다. 마침내 1시간 후에 보호자를 불렀다. 3층의 검사실로 올라갔더니 아내가 침대에 누워 있었고 의사가 나를 데리고 다른 방으로 들어갔다. 의사가 검사결과를 영상으로 보이면서 설명했다. 대뜸 '대장암 소견'을 털어놓았다. 유감이라면서 대장암 가능성이 90%이상이라고 했다. 청천벽력이었다. 올 것이 왔구나. 각오는 했지만 눈앞이 캄캄하고 온몸에서 맥이 빠졌다. 일주일 후에 조직검사 결과가 나오면 그때 세세한 증상과 치료방법을 알려주겠다고 했다. 전후불각(前後不覺), 나는 아내가 있는 방으로 나왔다. 아내가 그제야 일어나서 탈의실로 가서 옷을 입고 나왔다. 첫눈에 아내의 얼굴이 유난히 파리하고 핏기가 없어 보였다. 오늘따라 목덜미가 유독 가냘프게 보였다. 대기실로 내려와서 의사의 소견을 간접적으로 말했더니 아내는 의외로 담담했다. 별말 없이 짐짓 뱃속의 가스가 아직 나오지 않아서 거북살스럽다고 하면서 딴청을 부렸다. 그런 아내가 너무 가여워서 나는 속으로 오열했다. 내 마음을 내색하지 않으려고 무진 애를 썼다.

일주일 후의 진료를 예약하고 우리는 집으로 돌아왔다. 집 앞 마트에서 과일과 수프거리를 샀다. 집에 오자마자 아내는 수프를 만들고 과일을 깎아서 내놓았다. 거의 하루를 굶었는데도 아내는 수프를 몇 숟갈을 뜨고 나서 수저를 놓아 버렸다. 과일도 몇 조각을 먹는 둥 마는 둥 했다. 아아, 아내가 암 선고를 받은 것이다. 우려가 눈앞의 현실로 나타났다. 남의 일로만 듣던 암 투병 생활이 이제 시작되었다. 너무나 외롭고 막막했다. 어쩌면 서로 얼굴을 마주 보면서 함께 살날도 얼마 남지 않았구나. 불현듯 온갖 방정맞은 생각이 들면서 벌써부터 아내가 못 견디게 그리웠다. 수주(樹州)의 '오비추어리'가 떠올랐다. "꿈에라도, 꿈보다는 조금만 더 또렷하게 보고 싶다." 나 혼자는 못 삽니다, 아내 없이는 못 삽니다요. 이게 인생이구나. "C'est la vie! 아내가 시종 말 없이 그저 스마트폰으로 대장암에 대한 설명만 들여다보았다. 아내가 저렇듯 의연한 것은 이미 인터넷을 통해 충분히 대비와 각오를 해온 결과다. 아내는 다른 날 같으면 건넛방을 가서 컴퓨터 앞에 붙어 앉아 있을 것인데 오늘은 안방 내 옆에 마냥 누워서 휴식을 취했다. 이런 날이 찾아올 것을 진작 알고 있었다는 듯이 모든 것을 체념한 것 같았다.

나는 건넛방으로 건너가서 조용히 용이에게 전화해서 검사결과를 알렸다. 용이가 놀라서 큰소리를 질러내는 것을 조용히 하라면서 나는 얼른 전화를 끊어 버렸다. 밤에 스포츠중계가 오늘도 변함없이 TV화면에 뜨고 있었지만 나는 잠든 듯이 눈을 지그시 감고 누워 있는 아내의 얼굴을 멍하니 들여다보았다. 아아, 아내가 암 선고를 받았다. 어김없이 이사야말씀이 떠올랐다. "내가 너를 굳세게 하리라, 내 의로운 오른 손으로 너를 붙들리라."(사:41:10) '분골쇄신!' 아내에 대한 헌신과 사랑은 진짜 이제부터다." 나는 이를 악물고 부르짖고 있었다.

빛나는 종말의 시작 7. 11.

'아고니스트 당신'도 이젠 간단히 쓰겠다. 길게 쓸 기력도 없다. 태양은 다시 떴지만 눈에 보이는 세상은 어제와는 완전히 달랐다. 그랬다. 오늘은 새로운 삶이 시작되었다. 빛나는 종말의 시작이었다. 이제부터 아내의 암과 맞서서 싸워야 한다. "암과 더불어 살아가는 것"일 뿐이라고 아내가 말할 때 한결 여유 있어 보였지만 암울하고 절망적인 울림은 어쩔 수가 없었다. 음식부터 확 바꿨다. 항암성분이 들어 있는 과일과 채소로 식단을 짰다. 내가 책임지고 식단을 꾸리기로 마음먹었다. 우선 토마토 바나나 브로콜리 당근 마늘 등을 사와서 손수 음식을 장만했다. 아내는 몸에 별다른 이상을 느끼지 못했다. 검사를 받느라고 금식하는 바람에 좀 맥이 빠지고 얼굴이 핼쑥한 것 말고는 말짱했다.

어김없이 아내는 일찍 일어나서 서류와 문건을 검토하고 간단한 근육운동을 하고 손수 차를 운전하고 출근했다. 그런 아내를 보고 나는 적이 안도했다. 의사의 말을 잊을 수가 없다. "본인에게 이야기해서 준비하도록 하십시오." 무엇을 준비하라는 것인지, 눈앞이 아찔해졌다. 아내에게서 전화가 왔다. 프레스센터에서 '통일외교 세미나'가 있는데 함께 가지 않겠느냐고 물었다. 중국 출장 중인 오부규한테서 연락이 왔다고 했다. 나는 전 회장님과 같이 가라고 했다. 한민족미래 연구소가 주관하고 있는 그 모임에 어쩐지 선뜻 참석하고 싶지 않았다. 오부규와 어떤 관계가 있으며 그가 차지하고 있는 위상이랄까 비중을 알 수 없었다. 요컨대 뜻밖에 실망하고 낭패를 당할까봐 몸을 사렸다. 2시가 가까워지자 좀이 쑤셨다. 나는 떨치고 일어나 프레스센터를 찾아갔다. 1시에 프레스센터에 도착하여 1층에 게시된 행사일정을 보고 19층으로 올라갔다. 문화정책세미나가 2시에 열렸다. 통일외교 세미나가 아니었다. 1층 프런트에 가서 통일외교 세미나에 대해 물어보았다. 1층은 서울신문사의 프런트였으며 건물 내의 오늘 행사에 대해선 아무것도 몰랐다. 필시 오부규의 연락에 무슨 착오가 있었구나, 지레 짐작하고 아내에게 연락도 않고 나는 현장을 떠나 버렸다. 종로3가로 가서 싸구려 중국집에서 짜장면을 먹었다. 홀 안이 가득 차고 사람들도 결코 행색이 초라하지 않았다. 내 옆에서 잡채밥을 먹고 있는 노인은 이 무더운 여름에 정장까지 차려 입고 있었고 신수도 훤했다. 일부러 가장 싼 자장면을 시켜 먹어보았는데 그럴 듯했다. 다음엔 좀 비싼 것으로 먹어보리라 마음먹었다. 신선한 체험이었다. 한때 우리의 아지트였던 반디앤루니스로 가서 아내에게 전화했다. 아내가 프레스센터에서 받았다. 어찌된 일인가. 세미나는 19층이 아니라 18층 외신기자클럽에서 열리고 있었다. 아내가 당장 오라고 했다.

걸어서 다시 프레스센터로 갔다. 18층에 가서 아내만 잠깐 보고 나오려고 했는데 전 회장이 눈에 띄었다. 하는 수 없이 그에게 인사하고 아내를 만났다. 마침 세미나 식전행사가 끝나고 내빈들 촬영이 있었다. 나는 전 회장 옆에 앉아서 기념사진을 찍었다. 본격적으로 세미나의 발제와 토론이 시작되었다. 아내와 내가 나란히 앉았고 우리 뒤에 전 회장과 오 이사가 앉아서 세미나를 경청했다. 알차고 유익한 토론회였다. 기조연설, 1부 평화통일외교, 2부 평화통일 공공외교 순으로 진행되었다. 1부가 끝나자 전 회장과 오 이사가 자리에서 일어났다. 아내와 나는 승강기까지 나가서 배웅했다. 공항에서 늦게나마 오기로 한 오부규를 기다리면서 우리 부부는 2부가 끝날 때까지 남아 있었다. 아내는 쉼 없이 기록했다. 나는 듣기조차 힘든데 아내는 빠짐없이 요점을 기록했다. 세미나는 5시가 넘어서 끝났고 오부규는 끝내 나타나지 않았다. 프레스센터를 떠나면서 전화했더니 그는 집에 가 있었다. 너무 피곤해서 공항에서 집으로 직행한 모양이다. 우리는 버스를 타고 동소문으로 갔다. 아내만 사무실로 들어가고 나는 밖에서 아내가 퇴근할 때까지 기다렸다.

6시 조금 넘어서 아내가 나왔고 아내가 운전하는 차를 타고 귀가했다. 이렇게 비교적 자세히 적고 있는 것은 오늘은 아내가 새 삶을 시작하는 날이기 때문이다. 어쨌든 아내의 하루의 일정을 가까이서 관찰하면서 나는 적이 안도했다. 우리는 마트에 가서 과일과 채소를 샀다. 아내가 건강하기만 하면 얼마나 행복할까. 세상이 나도 모르게 어제와는 달리 보였다. 아내는 언뜻언뜻 그동안 인터넷에서 끊임없이 살폈던 암에 대한 이야기를 꺼냈다. 집에 도착하자마자 과일 고구마 삶은 달걀로 아내의 간식을 챙겨주었다. 새로 밥을 지어서 콩나물국과 오이냉국으로 저녁상을 차려주었다. 아내는 맛있게 먹었다. 비타민C도 챙겨 주었다. 아내는 안방 내 곁에서 삼베이불을 덮고 초저녁부터 잠을 잤다.

 세월호 참사 속보, 4대강 사업과 그 이후, 7.30재보선의 여야 대진표, 행안부 문체부 교육부 장관 내정자의 낙마 등 굵직한 뉴스가 뜨고 있었다. 정성근은 청문회 정회 중 폭탄주를 마셨다. 막 가는 모양새. 서청원과 김무성은 사생결단식 진흙탕싸움을 했다. 누가 이긴들 그 상처를 어떻게 치유할 것인가. 얼마나 시간이 흘렀을까. 깊은 잠에서 깨어났을 때 아내가 A4용지 한 장을 내 앞으로 내밀었다. 내일 발송할 한평통문협 공문서문안이었다. 그 몸에 다시 일어나서 아내는 일을 하고 있었다. 눈을 비벼가며 읽어보았다. 거의 완벽했다. 시계를 보니 새벽 3시였다. 나는 잠결에 아내의 말소리를 들었다. 뒤가 무지근해서 용변을 보았는데 변은 나오지 않고 혈변만 비친다는 것이었다. 아내는 한참 뒤척이다가 다시 잠이 들었다. 나는 땅이 꺼질 듯이 한숨을 내쉬고 있었다.

twosome pilgrim 기도 7. 12.

 무더위가 기승을 부렸다. 아내는 10일 결근한 것을 보충하기 위해 토요일인데도 출근했다. 아내는 출근부를 비치해 놓은 전 회장의 그 철두철미함에 혀를 내두른 적이 있었다. 그런 것 때문에 출근하는 것은 절대로 아니다. 임원회의 개최를 알리는 공문서 발송이 급해서 하는 수 없이 출근했다. 아내는 밤새워 작성한 공문서를 발송했다. 나는 집에 있을 수가 없었다. 과일을 사러 종로5가 농산물유통센터를 찾아갔다. 셔틀버스를 타고 경복궁까지 가서 전철을 타고 종로5가까지 갔다. 대장에 좋은 것은 과일을 많이 먹는 것인데 특히 아내가 좋아하는 토마토를 구입하기 위해 이곳을 찾았다. 보람이 있었다. 아주 토마토가 싸고 싱싱했다. 한 박스에 5,000원 정도였다. 나는 가져간 백에 담아가지고 지하철을 타고 동소문으로 아내를 찾아갔다. 아내는 집 앞에 주차해 놓은 차에 과일을 싣고 나서 함께 사무실로 가서 퇴근할 때까지 같이 시간을 보내자고 했다. 내 생리에 맞지 않았다. 남편이 근무시간에 아내의 사무실을 찾아가서 함께 시간을 보내는 것을 누가 봐도 볼썽사나운 일이었다. 전 회장이 어떻게 볼 것인가. 아내가 다시 집안으로 들어가는 모습을 보고 불현듯 아쉬움을 느꼈지만 어쩔 수 없었다. 아내는 지금 환자다. 어쩌면 대수술을 할지도 모른다. 그런 아내를 두고 내가 발길을 돌리는 것은 고통스러운 일이었다. 나는 우리 부부의 영원한 twosome pilgrim을 위해 기도했다. 아내가 병마를 물리치고 이 아름다운 순례의 길을 계속할 수 있게 해달라고 빌었다.

시계를 보니 아내가 퇴근하려면 아직 두어 시간이 남아 있었다. 그동안 나는 '끝장기도'를 하기로 마음먹었다. 먼 거리를 걸으면서 하는 기도가 끝장기도다. 어감이 좋지 않아서 잘 쓰지 않지만 끝장기도를 만보기도(萬步祈禱)라고도 했다. 나는 동소문에서 신설동까지 걸어가면서 만보기도를 했다. 성북구 청사를 보았고 동망봉이라는 이상한 이름을 가진 터널을 보았고 효자병원을 보았고 보문동 시장을 보았다. 세상에 이렇게 볼 것이 없는 거리는 처음 보았다. 그러나 나의 추억이 살고 있었다. 오순택이라는 친구가 서울에 사는 동창으로서는 맨 처음으로 세상을 떴는데 이 거리의 어느 곳에서 그의 마지막 모습을 보았다. 수유리에 살 때 자주 다니던 길목이었다. 신설동오거리에 당도했다. 대광고등학교 앞으로 해서 안암동오거리로 가는 길은 젊었을 때 나의 출퇴근길이었다. 그리운 추억이 알알이 되살아났다. 노벨극장과 노벨카바레가 있던 청계천8가도 생각났다. 신설동 거리는 너무나 황량하고 쓸쓸했다. 수도학원 말고는 아무것도 생각나는 것이 없었다.

나는 서둘러 그곳을 떠나 동소문으로 돌아왔다. 신설동에서 1호선을 타고 동대문으로 가서 4호선으로 갈아탄 다음 성신여대 앞에서 내렸다. 시계를 보니 아내가 퇴근할 시간은 아직도 한 시간 이상 남아 있었다. 또다시 뜨거운 여름날의 방황이 시작되었다. 예닮교회 주변을 서성대고 하늘로 솟아 있는 아파트의 비탈길을 오르내렸다. 송산아파트 앞에 한참동안 멍하니 서서 춘우문화관 쪽을 바라보기도 했다. 마침내 큰길가로 내려와서 신한증권 건물 쉼터에 앉아서 아내에게 전화했다. 영락없이 홈리스의 행색이었다. 아내를 기다리는 것 말고는 이 도시의 거리에서 나는 할 일이 없었다. 나를 늘 동행하는 것은 나의 그림자뿐이었다.

6시가 조금 넘어서 아내가 퇴근했다. 아내의 차를 타고 함께 아리랑고개를 넘어올 때가 더 없이 행복한 순간이었다. 임원회를 알리는 공문서에 대한 이야기를 많이 했다. 아내가 밤새워 작성했는데 썩 잘 된 것이었다. 전 회장도 흡족해하더라고 했다. 우리는 꽤 들뜬 어조로 한평통문협의 미래에 대해 이야기를 나눴다. 아내가 건강을 유지할 수 있을 때만 그 모든 것이 가능했다. 그런 생각이 들자 갑자기 풀이 죽었다. 아내와 주말드라마를 보았다. 한밤중에 아내는 공문서를 발송할 봉투를 썼고 나는 "영원을 향한 우리의 순례가 순항할 수 있게 해 달라"고 끊임없이 빌고 있었다.

아내의 시가 있는 교회 7. 13.

교회는 수리를 마치고 오늘 입당예배를 보았다. 에어컨 작동이 잘 돼서 이 무더위에도 땀을 흘리지 않았다. 다행이었다. 어느 때보다 쾌적한 기분으로 설교를 들었다. 점심도 먹었다. '새빛으로' 여름호가 나왔다. 아내의 시가 두 편이나 실렸다. 함께 실린 담임목사의 시가 좀 거슬렸지만 아내의 시가 단연 빛났다. 아내의 시도 훌륭했지만 아내의 시를 떠받치고 있는 바탕그림이 은은하고 아름다웠다. 아내는 몹시 좋아했다. 아내의 시가 늘 교회 속에 살고 있었다. 이런저런 일로 우울한 기분으로 교회에 왔는데, 시를 보는 순간 완전히 회복되었다. 아내의 시가 있는 교회에서 듬뿍 축복을 받았다. 일단 집에 들렀다가 고양시 원흥 쪽으로 가보기로 했는데, 아내가 집에 도착하자마자 마음이 바뀌었다. 컴퓨터 앞에 붙어 앉아서 떨어질 줄을 몰랐다. 그렁저렁 원흥을 찾아가기에는 시간이 너무 늦었다. 6시에 가까운 동네할인마트에 가서 약술을 만들 소주와 과일을 사왔다. 토마토주스를 만들고 구지뽕을 끓이고, 그러면서 저녁나절을 보냈다.

세월호 유족들이 여야가 발의한 세월호 특별법이 무늬만 특별법이라고 비판하면서 국회와 광화문광장에서 내일부터 단식 농성에 들어갈 기세다. 여당은 세월호 참사를 이젠 바닥을 친 종목쯤으로 보았다. 지방선거 고비도 박근혜 마케팅으로 넘기지 않았는가. 폭탄주 논란이 확산됐다. 여당은 정성근을 퇴출시킬 것 같다. 재보선의 정치적 의미를 키우고 부풀리는 짓을 제발 이젠 그만했으면 좋겠다. 그깟 십여 군데의 의원을 뽑는 일에 국가의 모든 정치력을 쏟아야만 한단 말인가. 되도록이면 심판이니 중간평가니 이런 말도 쓰지 않았으면 좋겠다. 무엇이 '미니 총선'이란 말인가. 그것에 어떻게 총선이란 말을 붙일 수가 있단 말인가. 어디까지나 보선일 뿐이고, 그 무게를 줄이면 줄일수록 국가에 이익이 된다는 것을 명심하라. 피아간에 보선을 위해 우리 모두가 정치를 하고 있는 것은 아니지 않은가. 새누리당의 대표선출, 이렇게 피터지게 싸우는 것은 처음 보았다. 그만큼 박근혜 대통령의 입지가 심각하달까, 위중하다는 것을 반증했다. 당의 지원이 절대적으로 필요하다는 이야기다.

아내는 한평통문협 일에 정신없이 매달렸다. '새빛으로' 시 때문에 시종 들뜬 기분이었다. 퍽 다행이었다. 한밤에 잠깐 드라마를 보았다. 머리맡에 놓여 있는 아내의 시 '생명연습' '감자가 시를 키우고'를 연거푸 읽었다. 그 여세로 새벽에 축구결승전을 보았다.

친박호 침몰 7. 14.

새누리당 당대표에 비박의 김무성이 선출되었다. 친박호가 좌초한 정도가 아니라 침몰했다. 박근혜 정부 출범 17개월 만에 당내 세력구도와 당청관계 등 권력지형에 변화가 예상된다. 박 대통령이 전대까지 참석하여 일테면 '보이지 않는 영향력'을 행사했지만 당심은 친박의 심판을 선택했다. 반란이 아닌 변화에 대한 기대와 열망의 표출이었다. 어쨌든 궁지에 몰린 집권여당이 활로를 열고 정치적 반전을 꾀할 수 있는, 아주 바람직한 하나의 모티브가 되었으면 좋겠다. 여당은 반드시 달라져야 한다. 당심도 변화를 선택했다. 국외자인 나도 적이 숨통이 트였다. 김무성에게 무한한 신뢰를 보냈다.

꼭 집어낼 수 없는 이유로 아침에 아내와 타시락거렸다. 오해와 진실 사이에 작은 간극이 있었다. 아무래도 월드컵 결승전에 정신이 팔려서 출근하는 아내에게 나도 모르게 소홀히 했던 모양이다. 그것이 화근이 되었다. 아내는 극도로 과민했다. 몸이 아프다는 증거였다. 17일 마지막 선고를 앞두고 나도 이렇게 신경이 날카로운데 본인은 오죽할 것인가. 나는 깊이 반성했다. 하필 월드컵축구 때문에 경황이 없었던 것이 아쉬웠다. 아내가 출근하고 나서 오부규한테서 전화가 왔다. 잠깐 머뭇거리다가 통화를 놓쳐버렸다. 아내의 치료에 대한 의논을 하기 위해 만나자고 했는데, 어쩐지 그럴 엄두가 나지 않아서 순간적으로 주춤하다가 전화가 끊기고 말았다. 나는 다시 전화하지 않았다. 나도 그만큼 긴장하고 낙담하고 있다는 징후였다. '아고니스트 당신'의 밀린 부분을 썼다. 아내가 4시경에 전화했다. 숭인동에 함께 가자고 했다. 외려 내가 몸이 불편해서 다음에 가자고 했다. 아내는 완전히 평정심으로 돌아와 있었다. 집으로 돌아온 아내가 열심히 저녁식사를 준비했다. 나는 토마토주스를 만들고 달걀을 삶고 구지뽕을 끓였다. 어제와 똑같은 일을 되풀이했다. 즐거웠다. 아내는 마늘을 식용유에 볶았다. 하나같이 장에 좋은 음식들이었다. 그러느라고 더위도 느낄 수가 없었다. 알고 보니 아내도 오늘 아침에 오부규로부터 문자메시지를 받았다. 새로 이사한 집이 전화가 잘 터지지 않아서 통화를 할 수 없었다고 했다. 내일은 강남에 있는 LH본부를 찾아가서 서류를 제출하는 날이다. LH에서 가까운 강남구청에서 오부규를 만나기로 했다.

밤에 아내와 한평통문협의 명칭변경에 관한 여러 의견들을 두고 잠깐 이야기를 나눴다. 한반도를 한민족으로 바꿨는데 또다시 한겨레로 바꾸자는 의견이 나왔다고 한다. 명칭이 바뀌면 그것에 따른 작업이 폭주한다. 오늘밤도 그런 일을 하기 위해 아내는 밤늦은 시간에 컴퓨터 앞으로 다가갔다. 오늘 10승 달성한 류현진의 메이저리그리뷰를 보았다. 이제 브라질 월드컵도 막을 내렸다. '새누리당 비박의 승리'와 '류현진의 10승 달성'이 자정이 넘도록 나를 즐겁게 했다.

오마저는 되지 말라 7. 15.

애처로움 안쓰러움 외로움 노여움이 뒤범벅이 되어 가슴속을 휘저었다. 발버둥을 쳐도, 울화통을 터뜨려도 아무도 관심을 갖지 않는다. "이제 살만큼 살았으니 죽으시오"라는 말이 나올까봐 두렵다. 들것에 실려서 나가지 않고 걸어서 나갈 것이다. 파파노인(皤皤老人)의 푸념이다. "공 찰 것 없이 메시나 잡아라" "루비콘을 건넜다" "소금의 수용성" 이런 말들을 만지작거리면서 지냈다. 턱턱 숨이 막혀 왔다. 17일을 어떻게 감당할 것인가. 그 순간을 어떻게 견뎌낼 것인가. 두려움과 외로움이 밀려왔다. 누구라도 옆에서 부축을 해줄 사람이라도 있었으면 좋겠다. 아내가 불쌍해서 견딜 수가 없었다.

서류를 제출하기 위해 오후 2시에 LH지역본부를 찾아갔다. 먼저 1시에 동소문으로 가서 아내를 만나 함께 강남으로 갔다. 아내가 주택공사로 가서 서류를 접수하는 동안 나는 2시에 오부규를 강남구청에서 만났다. 한참 만에 그가 나타났다. 구청청사 안에서 그를 만나 근처의 '베네'로 가서 이야기했다. 아내의 발병, 암 판정, 17일 날 검사결과를 통보받고 제3차 병원으로 가서 치료를 받게 된 것을 알렸다. 그는 제3차병원으로 세브란스에 가지 말고 일산에 있는 국립암센터고 가라고 했다. 수술은 서울대병원 치료는 아산병원 회복은 삼성의료원이라는 식으로 정보를 주었다. 대장암에 대한 이야기를 많이 했다. 맹장처럼 수술하면 된다는 식으로 아주 쉽게 이야기했다. 우리는 위로하고 안심시키려는 의도는 있겠지만 그의 말은 너무 간단하고 거침이 없었다. 의탁할 데 없는 마음을 기대고 싶어서 그를 불렀는데 그가 어쩐지 멀리 있는 것 같았다. 강남으로 가면서 그렇게도 의연하던 아내가 혼잣말처럼 주절댔다. "아아,

살수만 있으면 좋으련만" 그 말을 듣고 나는 속으로 오열했다.

오부규와 우리 부부는 LH 본관에 있는 휴게실에서 꽤 오랫동안 이야기했다. 한평통문협에 대한 이야기를 많이 했다. 그는 임의단체 등록을 하라는 대안을 강조했다. 그의 이야기가 공허한 메아리로 들렸다. 그는 18일 또 중국출장을 떠난다고 했다. 오부규를 강남구청 지하철역 앞에서 내려주었다. 돌아오는 길에 숭인동에 들러서 휴지와 일용품을 가져왔다. 어느새 아내의 퇴근시간이 되었다. 동소문에 도착해서 아내는 사무실로 들어가고 나는 바깥에서 서성이면서 아내를 기다렸다. 오늘 미아리고개를 넘어오다가 오 이사를 만난 일이 생각났다. 땀을 뻘뻘 흘리면서 허겁지겁 달려오다가 딱 부딪치고 말았다. 그가 나의 민낯을 보아 버린 것이 내내 마음에 걸렸다. 나는 아내의 사무실 근처를 빙빙 돌면서 나를 아는 사람을 만날까봐 늘 전전긍긍했다. 아내가 들어간 지 얼마 안 되어 퇴근했다. 우리는 근처 성북구청 앞에 있는 농수산물유통센터를 찾아갔다가 주차할 곳이 없어서 곧장 아리랑고개를 넘어왔다. 동네할인마트에서 생닭을 두 마리 샀다. 아내가 저녁에 백숙을 만들어서 소복했다. 아내는 일찌감치 안방에서 삼베이불을 덮고 잤다. 몹시 피곤한 모습이었다.

김무성이 대통령과 오찬회동을 가졌다. 대통령과 새 대표가 서로 주고받은 말, "호흡을 맞추자, 잘 모시겠다." 김 대표는 풍우동주(風雨同舟)라는 고사성어까지 들먹이며 화합을 강조했고 인사 관련 부정적 여론도 전달했다. 오마저(homager, 권력의 가신)은 되지 않겠다는 뉘앙스의 언급도 했다. 제발 청와대 눈치를 보면서 정치하는 여당, 권력의 가신노릇 하는 그런 대표가 되지 않았으면 좋겠다. 황우여를 교육부 장관으로 지명했다. 문체부 정성근은 청문보고서 재송부를 요청했다. 임명을 강행할 뜻을 비친 것이다. 인사 불통, 오기정치가 재연되었다. 여당 전 대표와 원내대표를 나란히 정부로 끌어들인 것은 신임 김무성 대표를 견제하기 위한 포석이다. 역풍을 맞을 게 뻔하다. 황우여를 신설된 사회교육부장관으로 지명한 것은 당정 돌려막기 인사다. 여론은 안중에 없는 정성근 감싸기는 국민 모욕이다. 세월호 생존 단원고 학생 38명이 국회까지 도보행진을 했다. "우리친구들의 억울한 죽음의 진실을 밝혀 주세요." 제보선 결과를 정부의 심판의 기준으로 삼지 않았으면 좋겠다. 이번 재보선은 공천부터 엇나가 버렸으니까.

17일 검사결과 통보가 끊임없이 나를 옥죄였다. "그 잔을 비켜갈 수만 있으면 좋으련만." 그러나 그런 약한 내색을 해서는 안 된다. 슬픔을 견디기 어려웠지만 아내에게 웃으면서 말했다. "모기에 물리지 않게, 건넛방 모기장 속에서 잡시다." 아내는 어린아이처럼 하품을 하고 눈을 비비면서 나를 따라 모기장 속으로 들어왔다.

오후의 공황 7. 16.

내일이면 아내의 조직검사결과가 나온다. 언뜻 마지막 날을 보내고 있는 느낌이었다. 오후가 되자 나도 모르게 공황상태에 빠졌다. 갑자기 닥치거나 돌변한 사태에 놀랍고 두려워서 어찌할 바를 모르는 것, 공황이다. 놀랍고 두렵고 외로웠다. 시간이 멎어 버린 듯이 권태롭고 무료하기 짝이 없다. 아내가 퇴근하고 내가 아내를 만나려면 앞으로 몇 시간이 흘러야 하는데 갑자기 번열증(煩熱症)이 났다. 도저히 집안에 있을 수가 없었다. 내일이면 이제 모든 것을 알게 된다. 화장실에서 물방울이 떨어지는 소리가 들렸다. 수도꼭지가 고장 나서 물이 줄줄 샜다. 오늘따라 신경을 건드렸다. 직접 가게로 찾아가서 기술자를 데려오기로 했다. 평창동 다운타운을 아무리 돌아다녀보았지만 우리 집 수도꼭지를 고쳐줄 만한 사람은 없었다. 온몸이 땀으로 뒤범벅이 되어 하릴없이 집으로 돌아오고 말았다. '아고니스트 당신'을 쓰고 나서 버스를 타고 동소문으로 갔다. 젊은 시절 무시로 넘어 다녔던 아리랑고개와 미아리고개는 이제 꿈도 로망도 남아 있지 않았다. 미아리 고개에서 버스를 내려 아내에게 전화했다. 아직 처리할 일이 좀 남았다고 하면서 기다리라고 했다. 아내의 목소리가 명랑했다. 이윽고 아내와 함께 아리랑고개를 넘어왔다. 그 짧은 드라이브시간이 영원으로 이어졌으면 얼마나 좋을까. 하루 중에 가장 행복한 순간이었다. 아까 점심때 통화했을 때 아내는 뒤가 무지근하고 혈변이 비친다고 침울한 목소리로 말했다. 나는 혈변이 보인 것은 계속 마시는 토마토주스 때문일 거라고 아내를 위로했다. 아내의 얼굴에는 피로한 기색이 없었다. 다행이었다. 집에 오자마자 아내는 블로그에 글을 올렸다.

정성근 후보자가 전격 사퇴했다. 청와대 임명 강행으로 전운이 감돌았는데 참으로 잘되었다. 청문회 위증, 정회 도중 폭탄주 소동으로 막다른 골목으로 몰리다가 막상 그만둔다고 하니 내 마음이 달라졌다. 어쩐지 그의 허물과 과실이 어딘가 인간적인 냄새가 풍겼다. 엉뚱하게도 그에게 연민을 느꼈다. 7.30 재보선 초반 여론조사에서 여당 우세, 야당 열세라는 뜻밖의 결과가 나왔다. 내가 재보선을 어떤 심판과 함부로 연관 짓지 말고 괜히 판을 키우지 말라고 했지 않은가. "정치 따로 선거 따로"인 것을 왜 모를까.

아내가 끊임없이 대장암 정보를 읽고 있는 것이 가슴 아팠다. 삶은 호박이 그렇게 맛있는 줄 몰랐다. 저녁에 가지나물과 삶은 호박으로 포식했다. 닭백숙을 먹을 여념이 없었다. 아내는 내일을 위해 일찍 잤다. '오후의 공황'이 파도처럼 밀려와서 출렁이던, 그 무서운 기세를 떠올리면서 진저리쳤다. 내일 초기, 악성이 아닌 초기 정도의 진단을 받을 수 있으면 얼마나 좋을까. '치유의 하나님'에게 매달리는 나의 기도는 핏방울이었다.

대장암 판정 7. 17.

아내는 대장암 판정을 받았다. 일전엔 비공식적으로 담당의가 내게 알려줬지만 오늘은 서류상으로 알려주었다. 아침에 세란병원으로 달려갔다. '남성민내과' 문 앞에서 기다릴 때 온몸이 얼어붙어버렸다. 숨도 제대로 쉴 수가 없었다. 아내는 시종 담담했다. 그의 신심이 오늘따라 빛났다. 그젠가, 강남으로 넘어갈 때 "살 수만 있으면 좋으련만" 한번 그러고는 그만이었다. 의사는 서울대로 예약을 해주었다. 무척 친절했고 환자를 극진히 위로하는 것을 잊지 않았다. 나는 가까스로 평정심을 되찾았다. 아내는 차를 몰고 무악재를 넘고 홍제시장, 인왕산길, 세검정삼거리를 지나서 나를 집 앞에서 내려주고 정릉 쪽으로 넘어갔다. 얼굴 표정 하나 변하지 않고 아내는 그렇게 출근했다. 서울대병원은 다음 화요일로 예약했다. 그때 가서 검사할 때 암세포가 전이되지 않았고 직장암으로 판명되지 않게 되기를 나는 기도했다.

  소장이 와서 화장실 수도에서 물새는 것을 고치고 비데를 철거했다. 물이 샌 것은 비데의 이음새였다. 오랜만에 '아고니스트 당신'을 썼다. 5시에 셔틀버스로 타고 경복궁역으로 나갔다. 셔틀버스 조수가 불친절하고 어찌나 농땡이를 치는지 내릴 때 한번 잔뜩 노려봐주었다. 3호선을 타고 충무로에 가서 다시 4호선으로 갈아타고 동소문으로 갔다. 성신여대 앞에서 아내의 전화를 받았다. 서둘러 아리랑고개 초입으로 가서 아내의 차를 탔다. 아내는 사무실에 에어컨을 설치한 일이며, 전 회장이 성깔을 부렸던 일이며, 연변아줌마가 잔뜩 푸념을 늘어놓았던 일을 이야기할 뿐이었다. 정작 병원 일은 입도 벙긋 하지 않았다. 집에 도착했을 때 아내가 소장을 찾아가서 고맙다는 인사를 하고 돌아왔다. 아내는 한결 여유가 있어 보였다. 민심과 역행하는 7.30재보선의 여론조사를 보고 잠시 속이 상했다. "정치 따로 민심 따로." 온갖 fallacy(오류, 궤변, 잘못)에도 불구하고 저리 기고만장하고 자신감이 작렬하고 있는 이유를 똑똑히 보았다. 메이저리그 올스타전도 전혀 재미가 없었다.

  저녁에 아내는 여느 때처럼 운동을 하고 나는 저녁을 준비했다. 호박을 쪘는데 참으로 별미였다. 아내는 동서들의 위로 전화를 받았다. 평소와 다름없이 회사잔무를 처리했다. 암은 이제 남의 이야기가 아니다. 내 아내가 암 선고를 받았다. 암은 암이다. 이제 그 긴 긴 치유의 시간이 시작되었다. 나는 아내의 회복을 위해 분골쇄신할 것이다. 아내의 병과 더불어 살아갈 것이다. '질병체험의 시작' 아내의 말이 귓가에서 떠나지 않았다. '대장암 판정'은 어쩔 수 없이 나를 짓누르는 공황이었다.

Russophobia 누구의 소행인가 7. 18.

'말레이시아 여객기, 도네스크 상공에서 미사일 피격, 탑승자 289명 전원 사망' 하늘에서 잔해와 시신이 비처럼 떨어졌다. 참혹했다. 친러시아 반군이 군용기로 오인, 격추시켰다. 우크라이나 정부는 친러 반군 소행, 반군은 정부군 소행이라고 주장했다. 인류의 양심과 정의가 "누구의 소행인가"를 밝힌 적이 거의 없다. 이번에도 뻔히 알고 있으면서도 겉으로는 책임소재가 미궁으로 빠져 버릴 공산이 크다. 사건의 실마리를 풀어줄 블랙박스가 반군의 수중으로 들어갔다고 하지 않은가. 30년 전 KAL기 피격사건의 악몽이 떠올랐다. 역시 'Russophobia'(러시아 공포, 혐오)가 되살아났다. 제대로 할 말도 하지 못한 채 우리는 그 억울함과 비통함을 견뎌냈다. 그때나 지금이나 러시아는 두렵고 섬뜩하고 황당한 나라다. 지금 우크라이나 반군을 조종하고 있으며 세계분쟁의 한복판에 서 있다. "우크라이나 사태가 여객기를 쏘았다"이 말에 공감하는 이유다. 나 자신이 아직도 Russophobe를 극복하지 못하고 있는 것은 유감이 아닐 수 없다. 무고한 생령의 명복을 빌었다.

재보선 여론의 추이로 괜히 속을 끓이고 있는 자신이 못마땅했다. '정치 따로 민심 따로' 이런 말도 할 필요가 없다. 인물 본위의 나 홀로 선거, 정당정치의 불신, 지지하는 후보자와 정당이 불일치 등 그 많은 실정과 패착에도 불구하고 여당 후보들이 선전하고 있다. 실망스러웠다. 김무성 컨벤션 효과도 겹쳤다고 하지만 참 이상한 나라에 살고 있는 느낌이다. 아내가 출근할 때 함께 나가서 세란병원에서 구청에 제출할 서류를 받아왔다. 제출할 창구와 절차를 몰라서 직접 구청을 찾아갔다. 아내와 의논해서 내주쯤에나 제출하기로 마음먹고 발길을 돌렸다. 용이에게 7월 17일 아내의 대장암 판정을 알려주었다. 다음 주 서울대병원 검사결과를 보고 다시 연락하기로 했다. 몹시 심란해했다. 뭐라고 아내에게 전화도 하지 못하는 기색이었다.

5시에 동소문을 찾아갔다. 미아리고개에서 보문동 쪽으로 빠졌다. 성북구청 앞에 있는 농수산유통센터에서 토마토 바나나 브로콜리 등을 샀다. 과일을 넣은 백이 너무 무거워서 열 발짝 가서 쉬고, 열 발짝 가서 쉬고 그랬다. 아내의 사무소까지 채 500미터도 안 되는 거리를 30분 이상 땀을 뻘뻘 흘리면서 걸어갔다. 아내는 오늘은 변이 좋았다고 하면서 웃었다. 김 기사가 기어이 그만두었다고 안타까워했다. 집으로 돌아오자마자 나는 부산히 부엌을 들락거리면 사 온 과일로 주스를 만들었다. 이전엔 없었던 풍경이었다. 구지뽕을 끓이고 갈무리하는 법도 배웠다. 밤에 아내는 은이의 전화를 받고 오랫동안 통화했다. 내가 '정글의 법칙'을 보는 동안 아내는 모기장 속에서 어느새 잠이 들었다. 하루의 끄트머리를 치열하게 마무리하는 일 따위는 사라졌다. 홀로 '정글의 법칙'을 보았다.

책임정치 실종의 원흉 7. 19.

7.30 재보선에 대한 불만이 끓어올랐다. 재보선은 개그, 패러디, 엽기, 퍼포먼스, 흥미 본위의 오락프로와 다름이 없었다. 두 여 검사의 대결은 한 편의 삼류 드라마다. 선거를 해도 평가 심판 응징이 없다. 이제 책임정치는 실종되었다. 시사평론이 여론을 유도하고 이끌어갔다. 시사정치 프로도 작작 했으면 좋겠다. 비판기능을 상실한 언론은 무서운 흉기다. 여론을 왜곡하고 날조하기 일쑤이기 때문이다. "언뜻 내가 언론보다 더 무서운 흉기가 될 수 있다"는 생각이 들었다. 걸핏하면 패려(悖戾)하고 흉포한 말을 쏟아내는 자신을 질타했다. "일리가 있다"고 생각했다. 나는 실소하고 말았다. 나 같은 사람에게 생사여탈권을 주지 않은 것이 천만다행이다. 내가 히틀러나 스탈린이 되지 말라는 법이 없기 때문이다. 나는 이렇듯 뒤죽박죽이었다. 요컨대 마음이 흉흉했다.

오늘도 무더위와 싸우면서 아리랑고개를 넘어갔다. 건물과 거리의 표정은 하나도 눈에 들어오지 않았다. 가장 원초적인 우리민족의 서정이 서려 있는 아리랑고개를 넘으면서 내 마음은 허허벌판 같았다. 아내는 평일에 병원에 가느라고 결근했기 때문에 오늘 출근했다. 아내가 주말에 근무하는 것을 보고 나는 전 회장이 어떤 사람이라는 것을 다시 한번 확인했다. 서글픈 일이었다. 내가 저녁 상을 차렸다. 싱싱한 토마토주스, 삶은 호박과 감자, 당근, 마늘볶음, 브로콜리

데친 것, 가지나물 등을 식탁에 올렸다. 아내는 이것저것 거의 다 맛을 보았는데 유독 달걀을 먹지 않았다. "왜 달걀을 먹지 않느냐." 작은 실랑이가 벌어지기도 했다. 아내는 그런대로 저녁을 잘 먹었다. 주말 드라마는 맛이 좋다고 하니까 물을 타서 음식을 불려 먹는 것과 같았다. 진작 끝냈어야 할 드라마를 억지로 반전시키고 군살을 붙여서 이어갔다. 시대정신은 '우리 청춘의 빛나는 날들'보다 훨씬 못했다. 사람들이 가장 금기시하고 비판을 삼가는 것은 국민, 언론, 검찰이다. 나는 '책임정치 실종의 원흉'은 국민, 언론, 검찰이라고 이를 갈았다. 마음 한구석에서는 또 다른 내가 그런 나를 보고 '한심한 게정꾼'이라고 탄식했다.

참월한 기레기 7. 20.

새로 단장한 본당에서 예배를 보았다. 쾌적한 분위기에서 땀을 흘리지 않고 설교를 들었다. 아름다운 교회, 이런 '기도의 장'을 만들어 준 하나님에게 감사했다. 설교 내용도 좋았다. "하나님의 음성을 듣지 못하는 것이 아니라 듣지 않는 것이다." 버나드 쇼의 말도 좋았다. "새로운 풍경보다 새로운 것을 볼 수 있는 눈을 가진 것이 더 축복이다." 프루스트의 말도 좋았다. 아내는 예배가 끝나고 다른 모임이 있어서 나만 집으로 돌아왔다. 아내는 한참 후에 '새빛으로'를 챙겨가지고 돌아왔다. 아내와 내일 열릴 임원회를 준비하기 위해 인사동에 갔다. 혹시 임원이 결석할 경우 그 자리를 메워줄 예비 회원을 미리 초청해 두기 위해서였다. 사무총장으로서 그런 일까지 신경 써야 했다. 시가연의 주인을 찾아갔는데 목동에 출장가고 없었다.

우리는 오랜만에 남대문시장 낚시터를 찾아갔다. 프랑스 이태리 영국의 패션계를 거쳐서 밀려온 옷들이 쌓여 있었다. 팔팔 뛰는 패셔너블한 옷들을 아내는 맘껏 낚아 올렸다. 메사 앞 계단에 앉아서 그런 아내를 나는 옹위하고 있었다. 아내는 아주 만족한 얼굴로 돌아왔다. 오늘은 꽤 수확이 있었던 모양이다. 집에 가서 확인해볼 참이지만 어김없이 적잖은 옷을 또 버릴 것이다. 으레 그래왔다. 인사동 '시가연'에 다시 들렀다. 아내가 시가연으로 들어가고 나는 그 사이 인사동 초입에서 벌어지고 있는 퍼포먼스와 거리공연을 구경했다. '이모집' 골목으로 들어가서 한식점 '지리산' 옆 정자에 앉아서 휴식을 취하기도 했다. 아내가 영 나오지 않았다. 나중엔 길가 돌 위에 앉아서 오가는 사람들을 구경했다. 눈앞에서 인도 아가씨가 인도장신구를 팔고 있었다. 옆 선물가게에서는 두 젊은 부부가 티격태격하다가 남편이 휑 나가버렸다. 이 무더운 날씨에 장사는 안 되고 서로 짜증을 내다가 남편이 기어이 박차고 나가버렸다. 그 때 한 젊은 아가씨가 와서 부채를 집어 들었다. 여자가 아가씨에게 다가가서 시중을 들었다. 아가씨는 족히 수십 번을 부채를 들었다 놓았다 했다. 그 고객이 밉살스러워서 견딜 수가 없었다. 그 아가씨를 쏘아보는 내 시선에는 적의마저 번득였다. 끝내 그 여자는 부채들을 다 흩으려 놓고 나서 사지도 않고 그냥 가버렸다. 아내는 한식경 후에 시가연에서 돌아왔다. 내가 저녁을 차렸다. 아내가 처음으로 현미밥을 했다.

밤에 드라마를 보다가 갑자기 혈압이 올랐다. 이 나이에 드라마를 보고 혈압이 오르다니, 한심스러웠다. 스토리에는 늘 '프로타고니스트'(protagonist, 주역, 주인공)와 '안타고니스트'(antagonist, 적수, 적대자)가 있게 마련이다. 때론 안타고니스트가 승리하고 기승을 부렸다. 그러나 정도 문제다. 온통 악이 드라마를 지배하고 승승장구했다. 말도 안 되는 악지와 음모와 거짓말로써 악이 줄기차게 선을 압도했다. 그런 놈의 이야기가 어디 있겠는가. 혈압이 오를 수밖에 없었다. 혈압이 오를 일은 이뿐만이 아니었다. '친러반군이 여객기 피격현장 점령, 블랙박스 확보. 조사단에 경고사격' 증거은폐 우려가 제기되었다. 푸틴은 이 기회를 놓치지 말고 대오각성해야 한다. 재보선 여론조사, 응답자 대부분이 집에 있는 주부나 노인들, 휴대폰 표심은 쏙 빠졌다. 요즘 판세여론조사가 그렇다니까. '치킨 신화, 이장 신화 대결' '두 여 검사의 결투' 이렇게 선거판 이야기를 엽기성 오락성 로망으로 윤색하고 있는 언론이야말로 민심굴절, 표심 왜곡의 원흉이다. 다른 나라 이야기지만 CNN이 팔레스타인과 이스라엘 사태를 이스라엘에게 불리하게, 비우호적으로 보도했다고 해서 해당

기자를 징계했다. 정의와 양심이 없는 언론은 무서운 흉기다. 세월호 참사의 보도를 둘러싸고 KBS가 열병을 앓았다. 어찌됐건 사장이 목이 잘렸다. 그런데 MBC를 보고는 아예 누구를 갈아치우고 말고 하라는 말도 없었다. 그 집단을 향해 뭔가를 주문하거나 기대하는 것 자체가 없었다. 그만큼 구제불능으로 치부하고 있다는 이야기다. 이른바 부란의 (腐爛)의 본당이었다. 며칠 전의 일이 생각났다. 통일문제 세미나에 참석했다가 프레스센터 18층에 로비에 게시된 원로언론인들의 시국선언문을 읽었다. 너무나 참혹한 언어를 만났다. MBC 등, 그 동네에 서식하고 있는 썩은 언론인들을 가리켜 '기레기'라고 폄하했다. 참으로 참월한 기레기였다. '기레기'라는 말은 '기자 쓰레기'의 준말이다.

아내는 자정이 넘었는데도 내일 행사에 참석할 사람들에게 배부할 서류를 점검했다. 나는 머릿속에 기레기를 떠올리면서 계속 뒤척이고 있었다.

뜨거운 칠월의 질곡 7. 21.

아내가 아픈 몸으로 출근했다. 오늘은 한평통문협의 임원회의가 열리는 날이다. 아내가 주관한 중요한 행사다. 앞으로 본회가 순항하느냐 난항하느냐를 가늠할 수 있는 분수령이 될 전망이었다. 게다가 전 회장의 운영 스타일이랄까, 그가 사람을 부리는 매너가 너무 간간하고 강퍅해서 아내가 적이 갈등을 느끼고 있는 터이다. 신경을 쓰지 않을 수 없었다. 회의 결과에 대해 하루 종일 신경이 곤두섰다. 전화해도 받지 않았다. 5시에 셔틀버스를 타고 동소문으로 갔다. 아내에게 전화했더니, 담담한 목소리였다. 회의를 잘 끝냈다고 했다. 무난히 성원이 되었고 '말씀'도 잘 했다는 것이다. 아내가 동원한 사람들이 어김없이 찾아와줘서 빈자리를 잘 메웠다고 했다. 아내는 몹시 피곤해보였다. 내가 괜히 미안했다. 함께 아리랑고개를 넘어왔다.

'가자지구 하룻밤 새 87명 사망, 총 500여 명 희생' 일요일의 학살, 아녀자들이 살려달라고 절규했다. 피의 역사는 반복되는가. 이스라엘 야욕, 미국의 방조, 세계의 무관심이 부른 대재앙이다. 제발 재보선과 정치를 연관시키지 말라. 나라를 팔아먹어도 선거에선 이길 수 있는, 그런 선거를 왜 정치와 연결시키려고 하는가. 오만과 독선을 부채질할 뿐이다. '세월호 농성유족은 이익단체' KBS 간부가 '다큐 3일' 취재를 막았다. 어버이연합이 세월호 유족농성장에 난입해 난동을 부렸다. 박근혜 정권 이래 낯익은 풍경이다. 대한민국의 현주소다.

밤에 뜻밖의 일로 잠시 마음을 끓였다. 뜨거운 칠월의 질곡(桎梏)이었다. 영이와 중이가 이제야 전화로 알은체했다. 제살붙이의 이 늑장전화에 나도 모르게 눈살을 찌푸렸다. 어쩐지 모션, 샤레이드(charade), 겉치레로 느껴졌기 때문이다. 아내가 나를 빤히 쳐다보면서 "그래도 혈육이 아니냐"고 가만히 말했다. 백번 옳은 말이었다. 나는 한참동안 방안을 바장이면서 마음을 달랬다. 창경궁 맞은편에 있는 SNUH 암병동이 끊임없이 눈앞에 떠올랐다.

죽은 사람을 40일 간 추적 7. 22.

유병언 시신 확인. 죽은 사람을 40일간 추적하느라 전국을 들쑤시며 사상 최대 검거작전을 폈던 셈이다. 세상에 이토록 황당한 일이 있을까. 이게 대한민국이다. 타살이냐 자살이냐, 이젠 엽기적인 이야기로 전락했다. 11시경에 셔틀버스를 타고 구청 사회복지과에 가서 서류를 제출했다. 서울대병원에서 아내가 진료를 받게 돼 있는 2시까지는 아직 시간이 많이 남아 있었다. 아내가 조퇴하고 나와서 나를 만나기로 했다. 우선 종로3가로 가서 요기했다. 전철을 타고 동소문으로 가려고 하는데 조계사 앞으로 오라는 아내의 전화를 받았다. 부리나케 조계사 쪽으로 걸어가서 아내를 만났다. 우리는 서울대병원으로 직행했다. 그 길고 암울한 암 투병은 이렇게 시작되었다.

아내가 직접 복잡한 모든 절차를 밟았다. 2시 가까이 돼서 영이와 중이가 왔다. 그들은 아내의 말마따나 변변한 위로의 말도 없이 그저 스마트폰만 들여다보고 있었다. "내가 죽으면 영안실에 와서도 스마트폰이나 보고 있을 녀석들"이라고 아내가 탄식했다. 우리는 한없이 기다렸다. '치료를 받는 일은 끈질기게 기다리는 것'이라는 것을 깨달았다. 차례가 되어 간호사가 부르자 네 사람이 우르르 진료실로 들어갔다. 아내 말고 우리가 한 일이라고는 진료실에서 의사가 증상에 대해 아내에게 이것저것 물어볼 때 함께 들어주는 것뿐이었다. 중이와 영이는 암병동 지하2층 주차장에서 헤어졌고 우리는 본관 지하주차장으로 와서 차를 타고 동소문으로 돌아왔다. 아내가 전 회장에게 인사만 하고 나오겠다고 했는데 한참이 지났는데도 퇴근하지 않았다. 그사이 나는 성북구청 근처에 있는 농수산유통에 가서 싱싱한 과일을 샀다. 갑자기 비가 쏟아져서 성북구청으로 들어갔다가 비가 그치자마자 동소문으로 돌아왔다.

아내는 6시에 퇴근했다. 아리랑고개를 넘어올 때 발치(拔齒)한 전 회장의 이야기를 했다. 말수도 적어지고 성질을 부리지 않아서 아주 좋았다고 농담을 했다. 오늘은 서울대병원에 가서 상담 정도 하고 돌아왔다. 본격적인 검사와 진료는 모레 목요일에 하기로 예약이 되었다. 밤에 한꺼번에 피곤이 몰려왔다. 이젠 엽기소설 뺨치게 재미있게 돼 버린 유병언 죽음에 대한 흥미진진한 이야기도 진득이 듣지 못했다. 아내도 계속 오늘 가져온 진료기록을 들여다보았다. 어쩔 수 없이 또다시 24일 검사를 앞두고 우리는 전전긍긍했다.

순진한 계정꾼 7. 23.

백골로 돌아온 유병언. 온종일 유병언의 엽기적인 탐정추리소설을 읽었다. 그의 죽음은 의문투성이였다. 왜 그를 체포하려고 했을까. 은폐하기 위해선가 밝히기 위해선가. 검찰 손에 들어가야 진실을 묻어 버릴 수 있는, 이상한 나라에 우리는 살고 있다. 국민의 가슴이 시원할 만큼 실체적 진실을 밝혀낸 적이 없었다. 하나 분명한 것은 그의 최후가 너무 비참했다. 참으로 인간적으로 허망하고 안타까웠다. 성직자의 몸은 '구더기 집'이 되었다. 끔찍했다.

대한민국 어버이연합 엄마부대가 또 가슴에 못을 박았다. 세월호 유가족 단식농성장에 난입하여 난동을 부렸다. 그들의 행패는 갈수록 목불인견(目不忍見). 왜 그 지경이 되었을까. 보수가치의 몰이해와 정권의 부추김 때문이다. 정권은 그들에게 적잖은 자금을 제공하면서 관변단체로 활용하고 있다. 노인들이 '용팔이' 역할을 대행했다. 내가 가장 싫어하는 것은 논바닥에서 막걸리 마시면서 쇼하는 것, 재래시장 찾아가서 악수하면서 민생 챙기기 쇼하는 것, 별들에게 금일봉 하사하고 충성을 매수하는 것, 노인들에게 돈을 뿌려서 정권의 돌격부대로 이용하는 것이다. 이런 불평이나 늘어놓고 있는, 나 역시 갈데없이 천생 '순진한 게정꾼'이다. 오전에 LA다저스 경기를 보았다. 피츠버그에게 졌다. 실점하면 따라가고를 되풀이하다가 결국 내 응원의 보람도 없이 지고 말았다. 피츠버그는 홈 승률이 메이저리그에서 가장 높다고 자랑했다. 그만큼 홈에서 텃세와 악지가 심하다는 이야기다. 나는 이렇게 심통스러운 생각만 하고 있었다.

  6시에 동소문에 갔다. 아내가 사무실에서 7시 가까워서야 나왔다. 회의가 늦게 시작되어서 늦어졌다고 투덜댔다. 전 회장의 이상한 행동과 표변(豹變)하는 태도에 너무 신경이 쓰인다고 했다. 타인의 언동에 의해 상처를 입지 말라고 아내를 타일렀다. 아내의 내일 검사가 걱정되었다. 불안의 먹구름이 저녁시간 내내 마음을 짓눌렀다. 잠깐 용이에게 전화해서 아내의 용태를 알려주었다. 그의 목소리가 전화 속에서 떨리고 있었다. 아내는 초저녁부터 소리 없이 건넛방으로 건너가서 잤다. 나는 제목도 모르는 드라마를 보았다. 꽤 박진감 있고 리얼한 이야기였다. 한참 자고 난 아내가 다시 안방으로 건너와서 뭔가 서류를 챙겼다. 이번엔 내가 소리 없이 건넛방으로 가서 잠을 청했다. 아내가 부스럭거리는 소리가 새벽까지 끊이지 않았다.

공포의 숲 7. 24.

  복부CT촬영을 위해 혈관에 주입하는 조영제(造影劑)의 부작용에 대한 두려움으로 아내가 얼굴이 새파랗게 질렸다. 가려움증이 일고 온몸에 두드러기가 생기고 심할 때는 두통으로 실신하는 경우도 있다고 했다. 인터넷으로 이런 사실을 알게 된 아내가 안절부절못했다. 암과의 싸움은 공포의 숲을 지나는 것과 같다. 그 깊고 어두운 숲속에 어떤 위험이 도사리고 있는지 아무도 모른다. 아내는 끊임없이 기도하면서 출근했다. 12시에 병원에 가기 위해 동소문으로 아내를 데리러 갔다. 뜻밖에도 아내는 말짱했다. 코가 대자나 빠졌던 아내가 평정심으로 돌아와 있었다. 금식하고 있는 기미도 찾아 볼 수 없었다.

택시를 타고 병원으로 갔다. 그렇게 접수와 절차가 복잡하고 까다로울 줄 몰랐다. 아내는 막힘없이 척척 해냈다. 조사실에 들어가기 전에는 로비에서 근육운동까지 했다. 병원에서 그런 운동을 하고 있는 환자는 처음 보았다. 그런 아내의 모습을 나는 사진에 담았다. 서울대병원 암병동은 사뭇 그 분위기가 밝고 깨끗했다. 사람들도 슬프고 어두운 표정보다는 꽤 밝고 담담한 모습이었다. 희한한 일이었다. 아내는 운동까지 하고 나서 조사실로 들어갔다. CT촬영을 마치고 나올 때는 활짝 웃으며 V자까지 지어보였다. 모든 검사를 끝내고 우리는 병원을 나섰다. 동소문까지는 아주 가까워서 차를 타고 금세 돌아왔다. 아내는 집 근처에서 김밥을 하나 싸들고 춘우문화관으로 들어갔다. 나는 편의점에 들어가서 샌드위치로 요기하고 집으로 돌아왔다. 무거운 짐을 내려놓은 것처럼 홀가분했다. 29일에 검사결과가 나오고 암을 치료하는 대장정에 오르게 된다. 일단 아내도 어느 정도 두려움에서 벗어난 것 같았다. 조영제의 공포는, 아아 조영제는 기우(杞憂)로 끝났다.

세상은 백골로 돌아온 유병언을 두고 떠들썩했다. 그의 시신을 homeless(노숙자)로 처리하고 40일 동안 냉동실에 방치해 두었다니, 도저히 납득이 가지 않았다. 어불성설(語不成說), 기가 막혔다. 검경의 불통수사와 공조실종. 서로 네 탓, 알력과 갈등을 넘어 공멸의 위기로 치닫고 있다. 부실수사 책임을 지고 인천지검장이 사퇴했다. 야당은 검경의 수뇌와 법무장관 사퇴를 요구하고 나섰다. 장관이 사퇴하면 청문회를 통과할 만한 새 사람이 없다. "대통령의 수첩엔 사람이 없다." "세월호 100일, 달라진 게 없다." 대통령의 국가개조는 온데간데없고 "하나님이 배를 침몰시킨 것"이라고 하는 목사가 없나, 세월호 참사를 AI에 빗대는 여당의원이 없나, 심지어 특별법 제정 여당 협상대표가 교통사고로 폄하했다. 이젠 대놓고 유가족의 가슴에 못을 박는 말을 해댔다. 여당의 무의지, 야당의 무기력으로 세월호 특별법은 제자리걸음. 대통령은 민생 챙기기, 경제 살리기를 기화로 "세월호는 이제 기억하지 않겠습니다"라는 행보를 보여주었다.

JTBC 손석희만 '처음처럼' 세월호를 잊지 않고 고군분투하고 있는 것 같았다. 그는 매일같이 세월호의 근황을 알려주었다. 그의 세월호 집념은 눈물겨웠다. 권력의 나팔수로 전락해 버린 종편이 판을 치는 황량한 벌판에서 그 같은 사람이라도 필마단기(匹馬單騎)로 외치고 있어서 덜 외로웠다. 오늘도 세월호 100일 특집방송을 지켜보았다. 바닷바람에 머리칼을 휘날리면서 팽목항에서 직접 방송을 하고 있는 그의 모습이 인상적이었다. 이 시대의 거인이었다. 순수와 양심의 아이콘이었다. 집에 돌아온 아내는 연방 싱글벙글 웃었다. '불길 같은 주 성령'을 계속 불렀다. 오늘 CT촬영실에 들어갔을 때 자기도 모르게 "불로 불로 충만하게 하소서"가 입에서 흘러나왔다고 했다. 그런 아내를 바라보면서 나는 이만큼이라도 두려움에서 벗어난 것을 하나님에게 감사했다. 공포의 그림자 따위는 아예 우리 앞에 얼씬도 하지 못했다.

성북동 비둘기 7. 25.
최경환의 확장성 경제정책이 눈에 거슬렸다. 인상된 기초노령연금을 수령했다. 동네은행에서 통장을 조회하여 16만 원이 입금된 것을 알았다. 오후에 일찍 종로5가로 가서 농산물유통센터에서 토마토와 바나나를 샀다. 지하철을 타고 동소문으로 가서 아내를 불러내어 과일을 자동차에 실었다. 퇴근시간이 아직 멀었다. 하지만 그길로 집으로 돌아갈 수가 없었다. 동소문 일대를 산책했다. 이태준 가옥, 만해의 심우장, 길상사, 아내가 머물고 있는 동소문 거리의 춘우문화관 등 성북동에는 찾아갈 만한 곳이 많다. 뙤약볕에서 쏘다니는 것은 무리였다. 농수산물센터 앞에 있는 성북구청의 쉼터를 찾아갔다. 청사건물에는 쉴 곳이 많았다. 거대한 지붕 아래서 나는 성북동 비둘기처럼 앉아 있었다. 끊임없이 시원한 바람이 불어왔다. 농수산물 센터로 가서 브로콜리와 고구마를 샀다.

  6시에 아내가 퇴근했다. 어느 때보다 밝은 표정이었다. 오늘은 엽서의 문안을 작성하고 총회 참석을 독려하는 엽서를 띄웠는데 전 회장이 무척 흡족해 하더라는 것이었다. '풍타낭타(風打浪打, 바람 불고 물결치는 대로), tide over'(헤쳐나가다, 극복하다) 이런 말들이 입속에서 뱅뱅 돌다가 목구멍으로 기어들어갔다. 그만큼 나는 몸도 성치 않은 아내가 춘우관에서 그저 탈 없이 잘 지내기를 바라고 있었던 것이다. 집에 돌아와서 막 땀을 식히고 있는데 유대균의 검거 뉴스가 떴다. 온통 세상의 이목이 쏠렸다. 유대균의 검거가 세월호 수사의 본질은 아니다. 자꾸만 세상이 엇나가고 있었다. 도피방조 혐의로 함께 체포된 박수경의 당당한 모습은 호위무사 오마저다. 흥행 만점이었다. 엽기적인 세상은 흥행이 최고의 가치다. 거리엔 소음의 홍수가 몰려다니고 세상은 흥행이 판을 치고 있었다. 나는 성북동 비둘기처럼 잠시나마 평화를 누렸다. 농산물센터에 가서 아내의 먹을거리도 샀고 즐거운 귀갓길 드라이브도 했다. 밤에 만해의 '님의 침묵'과 상허의 '달밤'을 읽었다. 그리운 성북동 거리가 자꾸 눈앞에 떠올랐다.

우리집 풍경소리 7. 26.

  "이 잔을 비켜가게 해주소서." 혈압약을 타러 우정의원에 갔다. 아내에 대해 물으면 아직 모른다고 말할 참이었다. 다행히 의사는 검사결과를 묻지 않았다. 투병생활을 알리고 싶지 않는 게 모든 환자의 심리다. 법정도 그랬고 김수환도 그랬다. 그 심리를 이해할 수 있었다. 마음 한구석에는 의사가 묻지 않은 것이 서운하기도 했다. '역시 타인은 나의 절박한 일에 무관심하구나.' 돌아오는 길에 할인마트에 들러 우유를 샀다. 오랜만에 요구르트를 만들 참이다. 집에 돌아오자 아내가 안방에 누워 있었다. 한기가 든다고 하면서 이불까지 덮었다. 날씨가 좀 서늘해졌지만 이불을 덮을 정도는 아닌데 몸에 이상이 생긴 것이다. 아내는 자외선온풍기까지 틀어놓고 배를 쬐였다. 이 무더위에 한참동안 그렇게 치유했다. 감기에 걸린 것이 분명했다. 아니다 다를까 아내는 갑자기 목이 가라앉고 기침을 했다. 그리고 혼곤히 잠이 들었다.

오후 늦게 아내를 깨워서 남대문시장을 갔다. 남대문시장 나들이는 기분전환으론 늘 최고였다. 거리는 소음의 바다, 차량의 홍수였다. 유대균의 검거로 세상이 뒤숭숭했다. 남대문에 가서 아내는 예의 낚시터를 찾았다. 한참 뒤졌지만 오늘은 소득이 없었다. 아내는 완연히 병색이 짙었다. 기운이 없고 안색이 창백했다. 결국 서둘러 집으로 돌아왔다. 저녁나절 내내 생기를 되찾지 못했다. 한없이 무기력하고 권태로웠다. 주말 드라마도 보지 않았다. 그때 들려오는 소리가 있었다. 공교롭게도 바람 부는 변덕스런 날씨 덕분이었다. 부엌 창문에 매달린 프라이팬이 바람에 흔들리면서 은은하고 평화로운 소리를 냈다. 우리집 풍경(風磬)소리였다. 거리의 소음에 지쳐있는 우리에게 마음의 평온을 느끼게 하는, 그것은 뜻밖의 산타마리아였다.

So far, so good 7. 27.

시원하고 쾌적하고 시원한 예배당에서 아주 편한 마음으로 설교를 들었다. "내가 할 일을 알았도다." 목사의 어조도 이전보다 articulate(똑똑히 발음된) 해서 듣기가 좋았다. 많은 은혜를 받았다. 찬송가 '잠시 세상에 내가 살면서' 492장도 퍽 감동적이었다. 점심때 교회에서 닭고기를 맛있게 먹었다. 걸어서 집으로 돌아오면서 길가 가게에 들러 튀밥도 사고 세검정 물가로 내려가서 사진도 찍었다. 집에 돌아왔을 때 뭔가 꼭 집어서 말할 수는 없었지만 어쩐지 바위에 짓눌리고 있는 기분이었다. 아무리 슬프고 고달프고 지겨웠어도 그래도 이 순간보단 좋았다. 그땐 희망이 있었다. 인간의 유한함, 불가항력이 주는 절망 같은 것은 없었다. 'So far, so good'(지금 까진 좋았는데)이었는데. 오후에 평창동 드라이브를 나갔다. 평창동둘레길에는 사람이 없었다. 여름 산, 숲길은 유난히 적막이 흘렀다. 아내는 김치를 갖다 주러 중이집을 찾아갔다. 그의 집 앞에는 낯선 차가 주차하고 있었다. 전화해도 받지 않았다. 우리는 평창동

둘레길을 한 바퀴 돌고 돌아왔다.

집에 돌아오자 다시 텃밭으로 나갔다. 오늘따라 아내는 마치 마지막 풍경을 바라보고 있는 사람처럼 온갖 포즈로 사진을 찍었다. 내린 비로 개울물도 깨끗해졌다. 개울가 텃밭에서 잠시 망중한(忙中閑)을 즐겼다. 세상은 유대균 검거에 대한 뉴스로 오통 떠들썩했다. 세월호는 유가일가의 비리 속으로 침몰하고 말았다. 참사 원인도 책임도 온데간데없었다. 정권에게 이보다 좋은 방패나 피난처가 없었다. 밤에 요구르트를 만들었다. 아내는 틈만 나면 스마트폰으로 건강정보를 들여다보았다. 뜬금없이 '땅콩과 휴대폰'이 떠올랐다. '오늘날 사람들은 죽은 부모를 뉘어 놓고 영락없이 심심풀이 땅콩이나 먹으면서 휴대폰을 들여다보고 있다.' 내 혀끝에서 맴도는 이런 빙퉁그러진 말을 두고 나는 하나님에 용서를 빌었다. 아내는 밤이 깊도록 오늘 찍은 사진을 블로그에 올렸다. 오늘의 하이라이트는 내 무의식세계를 지배하고 있는 '운명의 날, 29일의 선고'였다. So far, so good 이었는데, 나를 짓누르고 있는 무게를 이기지 못해 나는 발을 동동 굴렀다.

무능력자의 순명 7. 28.
박빙승부, 각축전, 그림자 수행, 명예살인 이런 말들이 머릿속에 떠돌았다. 내가 아내를 치유하는 데 무슨 일을 할 수 있을까. 그저 운명의 날을 향해 동당동당 떠내려가고 있었다. 무능력자의 순명(順命)이 있을 뿐이었다. 내일 어쩌면 아내의 생사가 판가름 날지도 모른다. 이미 결정돼 있는 운명이 눈앞의 현실로 나타날 것이다. 앉으나 서나 피를 말리는 고뇌가 밀려왔다. 오후에 대학로 서울약국에 가서 비타민C를 샀다. 그 길로 동소문동으로 건너가서 돈암동 시장을 둘러보고 농산물유통센터에서 토마토 한 박스와 당근 등속을 샀다. 무거운 짐을 들고 춘우문화관으로 갔다. 어제 교회에서 본 아내의 얼굴이 떠올랐다. 핏기가 없고 창백했다. 오늘 전화를 받는 아내의 목소리는 유난히 힘이 없었다. 아내가 6시에 퇴근하여 함께 아리랑고개를 넘어서 돌아오는 그 짧은 드라이브 시간이 마냥 즐겁고 아쉬웠다. 아내는 연변아줌마 이야기를 많이 했다. 그 아줌마는 주로 전 회장을 '디스'하는 소리를 했다. 나는 아줌마의 이야기는 독이 될 수도 있고 그의 입을 통해 듣는 hearsay(전언)는 아무 쓸모가 없다는 것을 아내에게 상기시켰다. 한마디로 '말조심'을 하라는 것이었다. 밤새 아내는 무척 피곤해했지만 담담했다. 내일 일은 입 밖에도 벙긋하지 않았다. 우리는 아무 일도 없다는 듯이 태연히 드라마를 보고 간식을 챙겨 먹었다. 깊은 밤에 잠이 깨어서 나도 모르게 잠들어 있는 아내의 얼굴을 하염없이 들여다보았다. 무능력자의 순명은 이렇게 눈물겨운 것이었다.

화복무문 7. 29.

'인간의 길흉화복, 생사존망, 영고성쇠를 주관하는 하나님, 아내를 살려 주소서.' 운명의 날이다. '아고니스트 당신'을 쓸 만한 기력도 없다. 길흉화복이라는 말이 깜빡 깜빡 기억에서 빠져나갔다. 문득 화복무문(禍福無門)이라는 말이 떠올랐다. 화복이 들어오는 문은 정해져 있지 않다는 뜻이다. 저마다 행한 선악에 따라 화와 복을 부른다는 뜻이다. 여경(餘慶)이나 여앙(餘殃)이라는 말도 떠올랐다. 유병언의 죽음도 생각났다. 바로 화복무문이었다. 적어도 2014년 4월 15일까지는 그는 세상에서 가장 복 받은 사람 중의 하나였다. 그 자신도 그렇게 생각하고 있었을 것이다. 7월 9일까지는 우리도 그랬다. 직장도 생기고 집도 생겼다. 부산집으로 내려가지 않아도 되었다. 9일 날 밤 나는 '호사무마'(好事無魔)를 빌었다. 더욱 몸을 낮추고 겸손하게 살아가야 한다고 말했다. 다음 날 아내가 암으로 판정받았다. 그로부터 뜨거운 칠월의 질곡과 고통이 시작되었다.

오후 3시 45분에 CT촬영 결과를 알게 된다. 그전에 구청 복지지원과를 찾아갔다. 암 보험금을 받을 경우 의료급여에 어떤 영향을 주는가를 알아보았다. 담당직원이 휴가로 자리에 없었다. 아내와 3시에 서울대암병원으로 갔다. 7월 10일부터 오늘까지 병원을 네 차례나 갔지만 지금에 비하면 아무것도 아니었다. 오늘은 병의 증상과 전이 여부 등을 샅샅이 알게 되고 아내의 장래를 가늠할 수 있게 된다. 중이와 영이가 왔다. 모두 얼굴이 굳어 있었다. 진료시간이 한 시간 이상 지연되었다. 초조하고 불안했다. 마침내 진료실 문 앞에 섰을 때 나는 얼굴이 벌겋게 달아오르고 심장이 얼어붙었다. 이윽고 진료가 시작되었다. 의사가 엷은 미소를 띠며 간단히 소견을 말했다. 전이(轉移)는 없고 암 종양이 관찰되었으므로 수술을 받아야 한다는 것이었다. 순간 나는 긴 악몽에서 깨어났다. '아아, 살았다.' 나도 모르게 탄성이 터져 나왔다. 나는 중압감에서 벗어났다. 희망이 보였다. 온몸에서 부쩍 힘이 솟았다.

수술할 박지원 의사를 소개해주었다. 중간에 상담을 기다리는 사이 중이와 영이는 돌아가고 우리 두 부부만 남았다. 전이가 없다는 의사의 소견에 중이와 영이도 적이 안도하는 눈치였고 전화를 한 용이도 그랬다. 외과수술을 위한 진료를 추가로 신청했으므로 가장 뒤에 박지원 의사와 상담했다. 수술날짜를 정했다. 토요일에 입원하고 월요일에 수술하기로 했다. 의사는 아무렇지도 않게 아주 가볍게 이야기했고 즉시 모든 절차를 결정했다. 그만큼 중증은 아니라는 증거로 받아들였고 우리는 안도의 한숨을 내쉬었다.

"불로 불로 충만하게 하소서." 아내는 연방 '불길 같은 주 성령'을 불렀다. 우리는 서로 얼굴을 바라보면서 웃었다. 택시를 타고 동소문 사무소로 돌아와서 주차해둔 차를 타고 집으로 돌아왔다. 할인마트에 들러 생닭을 사왔다. 의사가 수술을 받기 전에 몸을 보양해야 한다는 말이 생각났다. 마늘과 인삼을 듬뿍 넣고 백숙을 끓였다. 포식했다. 오랜만에 월화드라마를 재미있게 보았다. 아내는 보험금을 타기 위해 인터넷으로 서류를 알아보았다. 한결 느긋해 보였다. 더욱 겸손하게 낮은 자세로 살아야 한다. 화복무문 그렇다, 하나님은 우리하기에 따라 우리를 축복해주실 것이다.

다수결의 기형아, 재보선의 사생아 7. 30.

오전에 아내에게서 전화가 왔다. 용이와 통화했는데 용이에게 의무기록사본 증명서와 진단서를 갖다 주라고 했다. 나는 동소문으로 가서 서류를 받아서 대학로에 갔다. 용이를 만나서 서류를 건네주었다. 용이는 우체국에 가서 보험금청구서를 제출했다. 용이와 헤어지고 곧바로 구청으로 가서 복지지원과 직원을 만났다. 아내의 수술에 대해서 이야기했다. 다시 동소문으로 가서 아내와 함께 퇴근했다.

오늘은 재보선의 날이다. 내가 싫어하는 이정현이 내 고향에서 당선됐다. 내 고향이 배반의 땅이 된 느낌이었다. 하긴 어느 성직자가, 온통 세상을 떠들썩하게 한 the fugitive(도망자)가 변사체로 발견된 땅이다. 한때는 성직자였는데 그는 이 땅에서 구더기의 집이 되고 말았다. 8시부터 재보선 개표방송을 들었다. 야당이 참패했다. 새누리당이 압승했다. 애초부터 7.30 재보선은 나에게는 무의미한 것이었다. 이런 선거를 두고 나는 늘 말해왔다. "기를 쓰고 어떠한 의미를 붙이지 말라고." 생각해 보라. 10명 중에 대여섯 명이 손사래를 치고 떠나가 버리고 서너 명이 남아서 선거라고 하고 있는 것이 무슨 민심의 선택이고 향배인가. 그런 선거가 무슨 대표자를 뽑는 일인가. 끼리끼리 탐욕스런 무리들이 몰려들어 자기 몫을 챙겨가는 것에 불과하다. 무슨 의미가 있겠는가. 다수결이 기형아를 낳을 뿐이다. 선거가 사생아를 낳을 뿐이다. 한구석에 내동댕이쳐진 고깃덩어리에 구더기가 일고 있는 형상이다. 이제 의식 가치 민주 인권 역사 정의 이런 말은 씨가 말렸다. 세월호가 바다 속으로 영원히 가라앉는 소리가 들렸다. 동작에는 누가 살고 있는가. 순천에는 누가 살고 있는가. 너희 작은 고을아, 부끄럽지도 않느냐. 겨우 마음의 평화를 회복했는데, 희망을 보았는데 또다시 천지에 먹구름이 몰려왔다.

이틀 후면 아내가 수술을 받기 위해 입원을 하게 된다. 병원에서 준 매뉴얼을 되풀이해서 읽어보았다. 내가 아내의 수술수발을 모두 들어야 한다. 나는 잘해 낼 것이다. 수없이 마음속으로 파이팅을 외쳤다. 동소문 사람들 말고는 아무에게도 알리지 않았다. "아내를 치유해주소서." 한밤중에 수없이 기도를 올렸다. 눈가는 으레 젖어있었다. "내가 의로운 오른 손으로 너를 붙들리라." 하나님의 말씀이 들려왔다.

배반의 땅, 배반의 세월 7. 31.

재보선이 보여준 것은 다수결의 기형아, 레비아탄이라는 괴물이었다. 고향 순천은 순리를 배반하는 역천(逆天)의 땅이 되어 버렸다. 내가 당선자를 싫어한 것은 지역감장 때문이 아니다. 그는 의식이 없다. 영혼이 없다. 그것이 무슨 민심이냐. 정치인들이 울며 겨자 먹기로 민심이라고 할 뿐이다. 그들은 세월호를 아파한 적이 없었다. 세월호를 버렸다. 민심이란 그 위험한 기형아, 사생아가 그랬다. 하나만 이야기하겠다. 선거에 압승한 박근혜 정권과 집권 여당은 세월호를 영원한 망각의 바다로 가라앉히려고 하겠지만 어림도 없는 수작이다. 불가능하다는 것을 곧 알게 될 것이다. 사람들은 재보선이 무능한 야당을 심판했다고 한다. 아니다. 이번 재보선은 이 땅의 선거를 심판했다. 선거는 민심의 선택도 민심의 향배도 되지 못했다. 언감생심. 다수결의 기형아, 사생아, 괴물일 뿐이다. 우리가 무찔러야(성경에서는 칼로 찔러 없앴다) 할 레비아탄일 뿐이다. 독재가 비정(秕政)이 위기에 빠질 때마다 이를 극복할 수 있게 해주는 '비밀병기'였다. 빌미와 계기와 동력이 되었다. 책임정치 실종의 원흉이었다. 이정현이 순천에서 승리한 것은 지역주의를 무너뜨린 이변이 아니다. 지역주의 극복한 것은 더더구나 아니다. 그는 역사 가치 정의 인권 민주주의에 대한 의식이 없다. 그를 선택한 것은 시대정신을 버리고 양심을 배반한 탐욕과 이기심이다. 내가 '배반의 땅 배반의 세월'이라고 부르는 이유다.

점심때 세란병원에 가서 의무기록사본증명서를 떼었다. 남대문시장에 가서 일용품과 먹을거리를 잔뜩 사왔다. 오늘은 내가 연중 가장 고달파하는 칠월의 마지막 날이다. 아내가 동소문에 출근하는 것도 오늘이 마지막이 될지도 모른다는 생각이 들었다. 아내는 한 달을 잘 마무리하고 월급도 타왔다. 아내가 무척 홀가분해하는 눈치였다. 온종일 신문과 뉴스를 보지 않았다. 마음이 말할 수 없이 편안하고 평온했다. '하나님, 이 어인 평강을 주시나이까.'

제수이트의 부활

교황의 행복 조언 8. 1.

아내는 온종일 입원준비를 했다. 경황이 없었다. 다소 우울한 '금요일의 기미' 말고는 별로 할 일도 없었다. 교황의 방문을 앞두고 그의 행복의 조언을 새겨 읽었다. '고요하라' 역시 교황다운 조언이었다. 이제 내일이면 입원하게 된다. 그 길이 멀고먼 길이 될 수도 있고 금방 돌아오는 길이 될 수도 있다. 아무에게도 우리의 여정을 이야기하지 않았다. 교회도 모른다. 다만 동소문 춘우문화관 사람들만 알고 있다. 그들도 긴가민가했다. 아내의 병세가 그렇게 위중한 것인지를 모른다. 아내는 아무에게도 말하지 않았다. 어쩔 수 없이 와병도 죽음도 패배로 비칠 수 있는 게 싫었다. 수술을 마치고 퇴원한 후에 알려도 늦지 않다.

온종일 아내의 핼쑥한 얼굴을 쳐다보면서 빠른 쾌유를 빌었다. 입원 전에 필요한 모든 사무처리를 했다. 은행7월거래내역, 주민센터에 제출. E마트에 가서 팬티와 러닝셔츠를 구입했다. 2시에 아내가 잠시 동소문사무실에 들러서 급한 업무를 처리했다. 숭인동에 가서 쌀을 가져왔다. 오후에 알 듯 말 듯 잔잔하게 공황(恐慌)이 밀려왔다. 암수술과 항암치료에 대한 두려움과 회의가 잠시 아내를 뒤흔들었다. 밀려오는 쓰나미 같았다. 아내는 가까스로 극복하고 제압했다. 집도의(執刀醫) 박지원 의사를 하나님으로 믿자. 세상엔 불치의 병도 많은데, 내 병의 '치료가능성'에 감사하자. 금요일은 볼만한 TV프로가 없었다. 일상의 모든 기쁨과 슬픔이여, 아듀! 자정 전에 취침했다.

 PS : 아내가 8월 2일에 입원하여 8월 12일 퇴원할 때까지는 물론이고 팔월 말까지 나 자신이 퍽 과민하고 제정신이 아니었던 것 같다. 글에서 그런 징후가 엿보였다. 부끄러웠다. 어록제조기(語錄製造機) 오스카 와일드 말이 생각났다. 그는 천재동료작가의 유서를 읽고 "그가 남긴 수많은 걸작 중에서 가장 졸작(拙作)이군" 하고 말했다. 죽음의 문턱에서 천재작가도 사유와 예지(叡智)와 감성이 에누리 없이 빛을 잃고 말았다는 이야기다. 물론 내 글이 '유서나 오비추어리'와 다르지만 극도의 긴장과 불안 속에서 나 역시 '아고니스트 당신'을 제대로 쓰지 못한 것 같다. 써놓은 글도 어떤 것은 일지(日誌)에 가까웠고 겸연쩍고 이상한 대목이 더러 눈에 띄었다. 너그러이 이해하고 읽어주기 바란다.

입원 8. 2.

 4시에 서울대병원 입원. 5시에 수속 완료. 2인실 6518호. 입원비는 20만 원이었다. 은이네가 방문했다. 화기애애했다. 아내가 웃었다. ward 시설이 너무 낙후됨. 에어컨이 제대로 작동하지 않았다. 선풍기를 가지러 집에 다녀왔다. 보험금 청구에 빨간불이 켜졌다. 아내가 용이와 통화하면서 격앙되었다. 가슴이 아팠다. 녹색선풍기를 가져왔다. 이제 암투병의 대장정에 올랐다. 뜻밖에 숙면했다.

모발은 생명의 흔적 8. 3.

구름 비 폭염. 아침에 혈압약을 가지러 집에 갔다. 곡기(穀氣)를 하라고 해서 밥도 먹고 류현진 야구도 보았다. 10시에 집에 가서 1시 30분에 돌아왔다. 아내가 제모(除毛)했다. 그게 생명의 흔적인 줄은 몰랐다. 헤아릴 수 없는 검사를 하면서 내일 수술준비를 했다. 밤중에 ward를 2인실 6518호실에서 5인실 6501호실로 옮겼다. 아주 비좁고 답답한 방이었다. 병실을 바꾼 것을 두고 아내와 실랑이를 벌였다. 결국 수술을 앞둔 사람에게 내가 역정을 냈다.

운명의 날, 5시간의 수술 8. 4.

12시에 수술 예정이었는데 자꾸만 수술이 지연되었다. 아이들이 다 모였다. 위중한 상황이라고 생각한 모양이다. 2시 30분에 수술이 시작되었다. 수술이 시작되자마자 눈물이 쏟아졌다. 아이들은 수술진행을 숨을 죽이고 지켜보았다. 저 바보, 저 순둥이. 수술을 예정시간을 훨씬 넘겼다. 한순간 한순간이 지옥이었다. 예정시간을 넘긴 것은, 그러니까 duration(지속, 계속)이 길어지는 것은 상태가 악화되었다는 증거다? 8시에 수술이 끝났다. 아이들은 돌아가고 나만 남았다. 수술 후 잠을 재우지 않는 것이 내가 해야 할 일이었다. 간호사는 앞으로 3시간 동안 잠을 재우지 말라고 했다. 눈을 부릅뜨고 아내를 지켜보았다. 잠을 자지 않았다. 악몽 속을 헤맸다. *(수술이 6시에 끝났는지 8시에 끝났는지 헷갈린다. 분명한 것은 수술은 5시간 이상이 걸렸다.)

귀거래사 8. 5.

전신마취 후유증으로 아내는 열이 올랐다. 심호흡기, PCA를 동원해 열을 내리는 데 혼신의 힘을 기울였다. 아내는 신경이 과민했다. inhalation, inspirometer를 사용하며 체온강하를 시도했다. 보험회사 직원이 4시에 와서 계약서를 작성했다. 그렇게 복잡할 줄을 몰랐다. 실랑이가 끊이지 않았다. 용이의 정성과 진정성이 눈물겨웠다. 극심한 스트레스를 받았고 피곤했다. 점심은 대학로에 가서 먹었다. 저녁은 컵라면과 김밥으로 때웠다. 병실 화장실을 사용할 수 없었으므로 바깥 화장실을 찾아가느라고 자주 병실을 비웠다. 여전히 잦은 소변으로 고통을 받았다. 그새 사달이 났다. 아내가 혈관이 약해서 주사 맞은 팔이 붓고 열이 났다. 내가 없는 사이에 집도의가 다녀갔다. 열이 오르는 상태에 대해 다소 의외의 처방을 내렸다. 물을 마시라는 것이다. 나는 경악했다. 간호사에게 달려가서 확인해 보았다. 간호사도 의외라는 듯, 의사에게 물어보고 알려주겠다고 했다.

아내에게 이야기했더니 역정을 냈다. 한밤중에 아들 중이가 나타났다. 나 대신 간병을 하겠다는 것이었다. 고마웠지만 보호자인 나를 위하(威嚇)하는 행위로도 느껴졌다. "우리는 때론 schizo,(정신분열증환자) split personality다." 잠시 그런 말이 스쳐갔다. 나흘 만에 나는 황망히 집으로 돌아왔다. 우환 중에 내 귀거래사는 그렇게 시작되었다.

반송된 LH 공문 8. 6.

아침 8시에 기상했다. 간밤에 숙면했다. 나흘 동안의 피로가 풀렸다. 마음이 아팠다. 백에 든 약들을 처리했다. 정오 전에 다시 백을 들고 병원을 찾아갔다. 간호사를 찾아가서 아내의 상태를 확인했다. 체온이 다소 강하했다. 6501호실에 가서 중이에게 "이제 가도 된다"고 했다. 그가 아내의 병상에서 물러났다. 오후에 갑자기 내가 할 일이 생겼다. LH에서 공문이 집에 와 있다는 사실을 아내가 휴대폰을 통해 알아냈다. 나에게 집에 가서 그 공문서를 가져오라는 것이었다. 아주 가벼운 마음으로 다시 집으로 돌아갔다. 그 우편물은 반송되고 없었다. 아내에게 내일 아침 일찍 광화문 우체국에 가서 찾아서 가져가겠다고 했다. 다시 집에서 잠을 자게 되었다. 중이가 이틀째 간병을 했다. 잠들기 전에 AHCC(Active H exose Correlated Compound)활성화된 다당류 관련 화합물을 아내에게 먹일 궁리를 골똘히 하고 있었다.

곪은 것이 터졌다 8. 7.

아침에 일찍 광화문우체국으로 달려가서 우체국 앞에서 문이 열릴 때까지 기다렸다. 문이 열리기를 기다리는 사람들이 나 말고도 여럿 있었다. 하나같이 다급한 사정이 있는 사람들 같았다. 밤에 방뇨를 했는지 우체국정문 돌계단에서 지린내가 진동했다. 도심의 허점이다. 문이 열리자 봉사실로 가서 우편물을 찾았다. 평창동 담당 우체부 김성대 씨가 직접 갖다주었다. 우편물을 뜯어보는 순간 나는 그 자리에 주저앉고 말았다. 눈앞이 캄캄해졌다. 전산에 주택보유자로 나왔는데 무허가주택확인서를 11일까지 보내라는 것이었다. 올 것이 오고 말았다. 이리 되면 아파트는 갈 수 없게 될지도 모른다. 나는 부산 집이 무허가집이라는 것을 입증할 자신이 없었다. 택시를 타고 병원으로 달려갔다. 아내는 주택공사 공문을 읽고 태연했다. 확인서를 팩스로 받아서 보내면 된다는 것이었다. 아주 오래 전에 지어진 부산집이 언뜻 무허가집이라는 담당직원의 말을 믿고 있었기 때문이다. 부산으로 전화했다. 예상했던 대로 통화결과는 절망적이었다. 결국 부산집을 무허가라고 입증할 방법이 없다는 결론에 이르고 말았다.

잠에서 깬 중이에게 서류를 보여주었다. 그는 한번 슬쩍 보고 나서 무슨 등기부나 건물대장을 보내면 된다고 알 수 없는 소리를 했다. 그의 말이 실망스러웠지만 내색을 하지 않았다. 걷기운동을 하는 둥 마는 둥 하고 나서 마냥 은이의 이야기에 넋을 빼고 있는 아내에게 다가가서 내가 다시 운동을 하자고 채근했다. 은이가 "왜 어머니를 성가시게 하세요? 제가 하겠어요" 하고 벌떡 일어나서 링거가 주렁주렁 달린 '거치기'를 낚아채려고 했다. 나도 모르게 그를 밀쳐버렸다. 순간 은이의 날카로운 손톱이 나의 팔목을 할퀴었다. 지극히 우발적이었지만 따지고 보면 곪은 것이 터지고 만 것이다. 아내를 문병하러 와서 아내를 붙들고 자기들 이야기만 쏟아내고 있는 게 얄미웠던것도 사실이다. 그 짓을 못하게 하자 "왜 아내를 왜 불편하게 하느냐"면서 본데없는 행동을 한 것이다. 부끄러운 일이지만 어쩔 수 없는 현실로 받아들였다.

중이가 은이를 데리고 곧바로 떠났다. 오후 늦게 영이가 왔다. 오늘 있었던 불상사에 대해선 입도 뻥긋하지 않았다. 나는 팔뚝에 난 벌건 상처를 감추느라고 애를 먹었다. 오늘따라 영이가 살갑고 다정했다. 저녁나절과 밤 시간이 어떻게 지나간 줄도 몰랐다. 한밤중에 잠이 깨어서 나도 모르게 진저리를 쳤다.

용서하라, 성자같이 8. 8.

아내의 소변줄을 떼었다. 주렁주렁 달고 있는 링거도 거두었다. 온전한 아내의 모습을 보자 부쩍 기운이 났다. 예정대로라면 내일이면 퇴원할 수 있다. 오늘은 주택공사 일을 작심하고 진행했다. 중이가 등기부와 건물대장을 떼 주겠다고 했는데, 할 수 없다는 연락이 왔다. 병실을 잠깐 비워 두고 내가 나섰다. 종로구청에 가서 등기부와 건물대장을 발급받았다. 처음엔 주택공사가 적시한 주소가 등기부와 건물대장에 없었다. 무허가라는 증거가 될 수 있었다. 다른 주소로 아내가 소유한 건물의 등기부와 건물대장이 나왔다. 무허가 건물이 아니라는 증거였다. 그런 설명을 듣고 나서 나는 등기부와 건물대장을 뗐다. 소명서를 작성하기 위해 집에서 노트북을 챙겨가지고 북악터널과 길음시장을 지나서 병원으로 돌아왔다.

아내는 유유자적했다. 나의 부축을 받으며 병원복도를 걸었다. 운동 코스를 3라운드쯤 돌고 나면 세검정에서 집에 가는 거리를 걷는 셈이었다. 불쑥 어제의 활극 이야기가 나왔다. 아내가 "우리는 한 몸 아니냐. 내가 용서하듯이 은이를 용서하라. 성자같이" 하고 말했다, 나는 잠자코 고개를 끄덕였다. 밤에 눈시울에 계속 빛이 떠올랐다. 빛의 무리, 성령이었다. "평강을 주소서." 푹 잘 잤다.

생명의 시그널 8. 9.

오전에 용이가 다녀갔다. 아내와 많은 이야기를 나누다가 돌아갔는데, 마트에서 복숭아와 햇밥을 배달시켰다. 복도에서 만난 주치의가 월요일에 CT를 찍고 화요일쯤 퇴원하게 될 것이라고 귀띔해주었다. 사실 오늘 토요일에 퇴원하는 것으로 돼 있었고 그게 좀 무리였는데, 우리 뜻대로 되었다. 한평통문협 일도 궁금했다. 총회를 13일에 열기로 돼 있었다. 퇴원한 다음 날이어서 참석하기가 어려울 것 같았다. 아내는 그 일을 총괄하고 있는 사무총장이다. 아쉬웠다. 나는 월요일에 주택공사에 제출할 소명서를 작성했다.

아침나절에 컨디션이 좋아서 아내가 열심히 근육운동까지 했다. 비타민C까지 복용했고 식사도 많이 했다. 무리를 했는지 점심때에 아내의 상태가 갑자기 나빠졌다. 점심도 거의 먹지 못했고 차고 있는 배액관(配液管)이 새고 통증이 심했다. 배가 땅겨서 걸음을 제대로 걸을 수가 없었다. 간호사에게 이야기했더니 엑스레이를 찍도록 해주었다. 아내는 일층 의학영상과로 가서 복부 촬영을 했다. 체액이 새는 배를 치료했다. 간호사는 별로 위중한 증상으로 생각하지 않았다. 다행이었다. 영이네 다섯 식구가 몽땅 병문안을 왔다. 두 손녀들, 두리와 다나가 너무 키가 커서 알아 볼 수가 없었다. 끝밋하게 잘 자랐다. 큰 위로가 되었다. 엑스레이를 찍으러 1층으로 함께 내려왔다가 퇴원할 때 다시 오기로 하고 돌아갔다.

소명서를 작성하고 프린트하기 위해 칩을 가지러 평창동 집에 다녀왔다. 집 안이 너무 삭막한 것에 놀랐다. 우리의 삶의 터전이 빠르게 빛을 잃고 있었다. 아내는 저녁엔 밥을 잘 먹었다. 주말 드라마를 재미있게 보았다. 옆 침대 환자에게 미안했지만 모른 척했다. 자정이 넘어서 기다리던 변이 나왔다. 아내는 나를 데리고 화장실로 가서 그 '생명의 시그널'을 보여주었다. 어김없이 사진에 담았다. 깊은 밤에 兩主는 화장실에서 활짝 웃고 있었다.

창밖의 찬란한 햇살 8. 10.

일요일에 교황의 행복조언을 끊임없이 떠올렸다. 1. 살고, 살게 하라. 2. 남을 위해 나를 내주라. 3. 고요히 흐르라. 4. 여가를 즐기라. 5. 일요일에는 쉬라. 교황의 말씀에 포로가 되었다. 신앙인이기 전에 그는 탁월한 인문학자. 저토록 인간에 삶에 대해 속속들이 알고 있었다. '고요히 흐르라' 아아, 인간 프란치츠코에게 완전히 매료되고 말았다.

65병동의 1호실. 입원한 지도 일주일이 넘었다. 밤마다 새우잠을 잤다. 온몸의 뼈마디가 으스러지는 느낌이다. 매일같이 똑같은 복도를 어슬렁거리고 간호실 앞을 기웃거렸다. 병원화장실 특유의 냄새에 코를 싸쥐며 고역을 치렀다. 암환자들이 62병동 63병동 복도를 바닥에 새겨진 운동코스와 거리를 들여다보면서 끊임없이 빙빙 돌고 있었다. 휴게실에는 환자들이 늘 죽치고 앉아서 주로 TV에 나오는 건강프로를 보았다. 내가 좋아하는 스포츠나 시사프로는 볼 수가 없었다. 그들 덕분에 암이 대수롭잖게 친숙하게 여겨지기도 했다. 내가 암에 걸리면 마지막 5년만 잘 살고 사세(辭世)했으면 좋겠다는 생각도 했다.

아침에 언뜻 본 창밖의 찬란한 해살을 잊을 수가 없었다. 멀리 보령제약 건물이 보였다. 먼 산의 푸른 능선이 아름다웠다. 삶의 의욕이 샘솟았다. 서둘러 소명서를 작성하고 프린트했다. 용이가 가르쳐 준 대로 혜화동 문구를 찾아가서 프린트했다. 내일 보낼 소명서가 나에겐 중요한 것이었다. 대학로는 일요일도 북새통이었다. 성균관대학으로 가는 길목에서 세월호특별법 제정을 촉구하는 서명을 해달라고 절규하고 있었다. 사람들이 별로 호응하지 않았다. 안타까웠다. 밤에 잠시 주말드라마를 보았다. 아내는 끙끙 앓는 소리를 내면서 잠을 잤다. "아내를 치유해주소서." 자정이 훌쩍 넘어서야 겨우 잠이 들었다.

몇 백 년은 푹 썩겠네 8. 11.

오늘도 교황의 말씀으로 많은 위로를 받았다. "길을 잃어버리는 것보다는 우리에게 거짓 안도감을 주는 조직들 안에, 우리를 가혹한 심판관으로 만드는 규칙들 안에, 우리를 안심시키는 습관들 안에 갇혀 버리는 것을 두려워하기를 바랍니다." 조직과 규칙과 습관을 싫어하는 것은 나와 닮았다. 그의 고백을 듣고 나는 기사회생(起死回生)하는 기분이었다. 사제는 양의 냄새가 나야 한다. 휘황찬란하게 빛나는 교회 속의 사제는 대리석 묘지 속에 있는 것과 같다. 그것은 썩어가는 시체가 들어 있는 묘지다.

아침에 병원 안 지하1층에 있는 우체국으로 가서 소명서를 우송했다. 일말의 희망을 걸었을 뿐 믿지는 않았다. 우리의 안식처는 날아간 셈이다. 오부규 부부가 찾아왔다. 돌아갈 때 나에게 점심을 사주었다. 대학로에는 먹을 만한 음식점이 없다. 함춘회관에서 오른 쪽으로 돌아가서 골목 깊숙이 들어앉아 있는 식당에서 김치찌개를 먹었다. 의료급여 혜택을 이야기하면서 나는 대한민국은 고마운 나라라고 말했다. 그런 복지정책을 만들어 놓은 것은 노무현 정권 때라고 오부규가 말했다. 박근혜 정부는 무늬만 있을 뿐 복지는 후퇴하고 있다고 비난했다. 특히 노인들을 조삼모사(朝三暮四)로 농락하고 있다고 했다. 그는 현재의 언론 환경으로는 정권교체는 어렵다는 다소 비관적인 말을 했다. 세월호 참사가 일어났어도 선거에서 이긴 것은 다분히 종편 때문이라고 했다. 미국은 폭스뉴스, 일본은 국영방송 때문에 보수정권을 오랫동안 유지할 수 있었다고 했다. 동감했다. "이런 언론, 나쁜 국민, 레비아탄을 가지고는 몇 백 년은 좋이 푹 썩겠다"고 그가 탄식했다.

입원 끝자락에 아내는 유난히 야위고 지친 얼굴이었다. 가끔 수술 후유증으로 신음을 토해냈다. 의사의 마지막 말을 기다리면서 불안에 떨었다. 오후에 아내는 간호사에게 내일 창립총회에 참석할 수 있도록 의사의 허락을 받아달라고 했다. 환자가 간접적으로 퇴원을 압박하는 처사였다. 아내는 한평통문협 총회를 주관해왔고 내일 사무총장으로서 참석해야 한다. 의사에게 그의 시가 실린 작은 책자와 명함을 간호사를 통해 의사에게 전달했다. 효과가 발생했다. 저녁에 회진 나온 의사가 CT촬영 결과를 간단히 알려주면서 내일 퇴원해도 된다고 했다. 임파선전이는 없지만 재발위험이 있으니 6개월 정도 함암치료를 받은 것이 좋겠다고 했다. '임파선전이'가 없다는 것에 우선 안도했다. 퇴원선고에 우리는 환호했고 안도의 숨을 내쉬었다. 아아, 내일이면 퇴원한다.

마지막 밤에 잠을 이룰 수가 없었다. 아내의 배액관이 자꾸 말썽을 일으켜서 밤늦게까지 간호사를 성가시게 했다. 몇 번이고 간호사를 불러서 거즈를 새로 붙였다. 자정이 넘은 시간에 유난히 불빛이 밝은 빈 복도를 나는 수없이 바장였다. 화장실에 들어가서 창백한 얼굴을 보면서 하나님에게 기도했다. "하나님, 길을 열어주소서. 원흉도 우리의 삶에서 떠났고 아내의 마지막 CT촬영도 끝났습니다." 6501병실이여, 아듀! 비몽사몽을 헤매다가 새벽녘에야 설핏 잠이 들었다.

살아서 돌아온 날 8. 12.

3시간이면 끝난다는 수술이 5시간이 넘어갔을 때 나는 절망했다. 거의 혼절 직전까지 갔다. 그 절망을 딛고 아내가 살아서 돌아왔다. 오늘 아내는 마침내 퇴원했다. CT촬영 결과가 두려웠는데, 집도의 박지원 의사가 오전에 회진 와서 임파선에 전이는 없지만 재발위험이 있으니 6개월 정도 항암치료를 해야 한다고 다시 신신당부했다. 이렇게 퇴원 마무리를 했다. 짐을 챙겨보니 보따리가 대여섯 개나 되었다. 같은 병실의 환자들에게 제대로 인사도 하지 못하고 병실을 빠져나왔다. 병원 본관 앞에서 영이의 차를 타고 집으로 돌아왔다. 딸은 집 앞에 짐을 내려주고 돌아갔다. 오늘은 아내가 살아서 돌아온 날이다. 하나님에게 연거푸 감사했다.

아내는 오후 3시에 한평통문협의 창립총회에 참석했다. 그가 기획하고 추진하고 사람들을 초청했던 회의다. 아내와 대학로 흥사단까지 동행했다. 아내가 회의를 진행하는 동안 나는 대학로를 쏘다녔다. 아침까지 머물렀던 서울대병원 입원실을 다시 올라가보았고 의과대학 본관건물에 들어가서 고색창연한 학장실 등을 들여다보았다. 낙산가든에서 아내가 전화했다. 총회를 마치고 식사를 하러 식당에 와 있다고 했다. 나도 설렁탕집에서 식사를 하면서 전화를 받았다. 아내는 한식경이 지난 후에 돌아왔다. 냉면을 먹었는데 쇠고기 수육과 달걀만을 먹었다고 했다. 우리는 택시를 타고 가파르고 불퉁불퉁한 성북로를 지나서 집으로 돌아왔다. 아내에겐 다소 부담스러운 코스였다. 아내는 문인들을 만난 이야기를 신나게 늘어놓았다. 오늘 퇴원한 것을 알고 모든 문인들이 감동했고 통일사업은 그런 열정으로 해야 한다고 목소리를 높였다고 했다. 대수술을 받은 환자의 모습을 아내는 전혀 보이지 않았다.

방한을 앞둔 교황의 어록이 연일 감동을 주었다. "양의 냄새가 나야 한다. 성직자가 대리석 묘지와 같다. 대리석이 따뜻하고 소중한 흙을 대신하고 있다. 불구자가 된 진실. 이 시대의 양심과 진실이 수난을 당했다." 아내의 퇴원을 감사하면서도 한밤중에 나는 또 어느새 마음을 끓이고 있었다. 게정꾼의 슬픈 자화상이었다. 무서운 저주, '몇 백 년은 푹 썩겠네'를 수없이 중얼거리고 있었다. 아내는 8월 말까진 출근하지 않고 항암치료에 전념하기로 했다.

교황 마케팅 8. 13.

교황 방한 전야다. 마케팅은 이제 '이용한다'는 말이 돼 버렸다. 교황 마케팅은 교황의 방한을 그러니까 정치적으로 이용한다는 말이다. 권력이 가난하고 소외된 자에게 비쳐져야 할 빛을 가로막았다. 해묵은 세례명을 들춰내어 천주교 신자임을 유세하고 있다. 교황을 마케팅하는 데 열을 올리고 있다. 교황은 뛰어난 인문학자다. "탱고는 내 속에 잠재하고 있는 본능 같다"고 할 때 더욱 그런 인상을 주었다.

뜬금없이 아내의 집도의 박지원 의사를 처음 만났던 순간이 생각났다. 나는 90도로 절했다. 그는 나를 넌지시 내려다보고 나서 그냥 지나가버렸다. 그는 귀족이었다. 우리 운명의 벼릿줄을 움켜쥐고 있는 한없이 높아 보이는 선민(選民)이었다. 벌써 지난이야기 돼 버린, 너무나 감동적이었던 아내의 모습들이 떠올랐다. CT촬영 때 조영제 후유증에 몸을 떨던 아내가 검사실로 들어갈 때 자기도 모르게 찬송가 '불길 같은 주성령'을 불렀다. 5시간 수술에서 깨어났을 때도 아내는 '불로 불로 충만하게 하소서'를 부르고 있었다. 아내는 어제 총회 소식과 입원 이야기를 블로그에 올렸다. 밤에 중이가 퇴원한 어머니의 근황을 살피러 왔다. 그의 방문이 무척 반가웠다. 하루 종일 교황방문 전야의 갖가지 풍경을 구경했다. 나도 모르게 목구멍에 엉켜있던 말이 튀어나왔다. "하나님, 교황마케팅을 막아주소서."

햇볕을 가린 자가 누구인가 8. 14.

박 대통령이 교황을 공항에서 영접했다. 가난한 사람, 힘없는 사람, 소외된 사람들에게 비쳐질 햇볕을 어쩐지 그가 가로 막고 있는 것 같았다. 햇볕을 가린 자 누구인가. 문득 그런 생각이 들었다. 교황이 풍기는 향기와 훈김도 차단하고 있었다. 불행한 상념이었다. 퇴원한 지 이틀 만에 수술상처를 치료하고 진단서를 끊기 위해 서울대병원에 갔다. 한참 헤맸다. 진단서를 발급받기가 그렇게 복잡하고 까다로운지 몰랐다. 아내는 외과에 가서 진료를 받고 진단서를 뗐다. 치료하는 의사가 거칠고 불친절해서 하마터면 욕을 할 뻔했다. 혈기 방장한 젊은 시절이었더라면 영락없이 그랬을 것이다. 병원 안에 있는 우체국에 가서 보험금신청서류를 제출했다. 종로보건소에 가서 암환자 지원신청을 했다. 여직원이 자세히 설명해주었다. 이제 할 일은 다했다.

아침에 아내가 식사를 거의 하지 못했다. 병원에 있을 때는 간호사가 관리해주어서 그렁저렁 섭생(攝生)을 할 수 있었지만 집으로 온 후로는 사정이 달랐다. 특히 끼니때 식사가 난감했다. 아내 얼굴이 여지없이 축이 났다. 보건소 근처에 있는 마트에서 당장 집에 가서 먹을거리를 샀다. 저녁엔 유진상가에 가서 장을 보았다. 쇠고기와 생선과 과일을 샀다. 이제부터 아내의 섭생은 나의 책임이다. 수란과 생선찜과 장조림을 챙겨주었다. 때론 아내가 너무 과민하고 고통스러워서 운동이나 식사할 때 말을 고분고분 듣지 않았다. 밤에 핏기 없는 얼굴로 잠들어 있는 아내를 바라보면서 도와달라고 수없이 기도했다.

죽은 민주주의 사회 8. 15.

교황이 집전하는 성모승천대축일 미사를 보았다. 진지하고 감동적이었다. 따뜻한 인간의 냄새가 났다. 아침에 아내는 거의 식사를 하지 못했다. 식욕이 전혀 없었다. 고단백질과 고칼슘이 절대적으로 필요한데 음식을 넘길 수가 없었다. 섭생이 없으면 모든 치료는 불가능하다. 내가 윽박질러도보고 얼려도 보았지만 소용이 없었다. 먹는 것이 아니라 경구투여(經口投與)가 맞았다. 아내는 몇 숟갈 뜨다가 말았다.

오후에 남대문시장에 갔다. 아내는 남대문낚시터에 가면 기가 살아났다. 뜻밖에도 서울광장에서 시위가 벌어지고 있었다. 경찰이 겹겹이 둘러싸고 있어서 그 안에서 일어나고 있는 시위가 노동자집회인지 세월호집회인지 알 수가 없었다. 좀 맥이 빠졌지만 아내가 낚시(옷노점상에서 옷 사기)를 시작했다. 나는 코지호텔 앞에서 서성대면서 아내를 옹위했다. 몇 개 고르고 나서 그곳을 떠났다. 한국은행 옆길로 해서 서울광장으로 건너갔다. 아내는 그 몸으로 시위 군중 속으로 들어가서 블로그에 올릴 사진을 찍었다. 뙤약볕에서 땀으로 뒤범벅이 된 얼굴로 메말라버린 잔디밭에 주저앉아서 울부짖고 있는 군중에게서, 좌절, 피로, 패배감, constipation(변비, 답답함), 내가 본 것은 그런 것뿐이었다. '죽은 민주주의 사회의 민낯'이었다. 재보선의 성공으로 권력이 밀어붙였다. 비정과 독재를 먹어 살리는, 재보선은 어김없이 독재의 먹잇감이 되고 말았다. 먹잇감을 포식하여 기운이 뻗친 권력 앞에서 세월호는 영 침몰했고 민심은 뙤약볕에서 피로에 젖어 기를 못 폈다. 아내는 피곤을 이기지 못해 이내 군중 속에서 빠져나왔다. 허둥지둥 귀갓길에 올랐다. 광화문광장은 한창 공사 중이었다. 눈에 익숙한 것은 십자가뿐이었다. 끼니마다 주로 살코기 생선 달걀 두부 요리를 먹고 있는 아내는 여전히 음식을 잘 먹지 못했다. 복숭아와 바나나를 권했지만 입이 짧았다. 아내의 소복과 섭생에 신경 쓰면서 꼬박 밤을 보냈다.

백만 인파 광화문시복식 8. 16.

오전 10시에 광화문에서 시복식이 열렸다. 교황방한의 클라이맥스다. 백만 인파가 운집했다. 종교행사로 이렇게 많은 사람이 모인 것은 사상초유의 일이다. 그동안 광장을 나갈 때마다 내가 그렇게 그리워하던, 내 눈에 보이지 않던 의인(義人)들이 이렇게 구름같이 모인 것이다. 장엄했다. 실제로 오늘하루 나는, 정확히 나의 생각과 사유와 언어와 존재는 완전히 소멸되고 말았다. 나의 존재는 작아질 대로 작아져서 결국 무로 돌아갔다. 남아 있는 것은 눈물과 감동뿐이었다. 자아의 소멸을 경험한 하루였다. 교황의 파격행보, 사랑과 위로의 메신저, 그는 하늘이 보낸 평화의 사도였다. 꽃동네에서의 사랑의 스킨십, 수도사 연수원에서 한 강론에서 그다운 말도 어김없이 털어놓았다. 수도자의 청빈을 강조하면서 "부자로 사는 수도자의 위선이 교회를 해친다"고 일갈했다. 광화문시복식, 꽃동네 희망의 집 방문, 수도사 연수원 강론 등 그의 동선을 따라다니면서 하루를 보냈다.

문득 오늘날 이른바 student power가 소멸한 원인이 떠올랐다. 간단했다. 저마다 자사고 특목고 일반고를 다니면서 갈가리 찢어져 버린 학생들의 성분과 자질과 의식 속에서 어떻게 결집된 하나의 힘이 분출할 수 있겠는가. 제주검찰청장이 음란행위 현행법으로 체포되었다. 그는 감방에서 하룻밤을 보냈다. 황당했다. 전 법무부 차관이 그룹섹스 혹은 황음(荒淫), 이런 혐의로 조사를 받은 적도 있었다. 타락의 극치다. 언론이 요란하게 떠들면 뭘 하나. 또 흐지부지 덮어버리고 말 것이다. 메이저리그 야구를 보았다. 류현진이 15일짜리 부상자명단에 오르고 LA다저스 에이스가 패했다. 맥이 빠졌다. 저녁때 중이가 잠깐 들렸다. 그의 여자 친구가 만들어준 장조림과 닭고기 요리를 건네주고 갔다. 고마웠다. 아내와 식사를 가지고 실랑이를 했다. 생선과 달걀이 그렇게 먹기 어려운 음식이라는 것이 그저 놀라울 뿐이었다. 아내가 잠들 때까지 나는 복숭아와 토마토를 썰어놓은 것을 아내 앞으로 디밀어놓고 아내의 눈치를 살폈다. 아내는 복숭아 두어 조각을 입에 넣고 나서 이내 돌아누워 버렸다. 자정이 넘은 시간에 나는 아내가 먹다 남은 과일을 홀로 우적우적 씹어 먹고 있었다.

제수이트의 부활 8. 17.

온종일 교황의 행보를 지켜보았다. 교황의 어록을 연방 떠올렸다. "회심(回心, conversion)하라." 평화 화해, 용서의 메시지를 마음에 새겼다. "77번 용서하라. 의심 경쟁 대립의 사회구조를 혁파하라. 물질주의와 싸워라. 십자가의 힘을 믿어라." 제수이트(Jesuit, 예수회, 예수회 수사)의 빛나는 부활을 보았다. 교황은 낮추고 섬기는 완전한 '주의 종'이었다. 예수회수도자가 음모가 책략가 궤변자로 전락한 적도 있었다. 특히 내 마음속의 이미지는 다분히 그런 것이었다. 교황 프란치스코는 바로 제수이트다. 아름다운 부활의 상징이었다. 치열하고 음험하고 참월한 제수이트의 모습은 찾아볼 수가 없었다. 인간의 승리, 신앙의 승리였다. 계속 그의 기사를 읽었다. 교황은 한국사회에 숙제를 던졌다. 왜 우리는 감동하는가. "가난한 이들을 돕는 것만으로는 충분하지 않습니다. 모든 사람이 저마다 품위 있게 일용할 양식을 얻고 자기 가정을 돌보는 기쁨을 누리게 되기를 바랍니다." '품위 있게 일용할 양식을 얻고' 이 대목이 가슴을 찔렀다. 마음을 열지 않으면 그것은 대화 아닌 독백이다. "젊은이여, 깨어있으라. 잠든 사람은 춤을 출 수 없다."

아침부터 아내의 식사에 신경을 썼다. 아직 아내의 입맛이 소태맛이었다. 살코기 생선 달걀 등을 먹었다. 아내는 곧잘 못 먹겠다고 어린아이처럼 앙탈을 부렸다. 억지로 경구투여했다. 오후에 아내의 차를 타고 홍지동으로 이발하러 갔다. 그동안 내 머리는 장발이 되었다. 아내는 상명대 전망 좋은 데로 올라가서 기다렸다. 돌아오는 길에 평창동둘레길을 드라이브했다. 아내는 드라이브하면서도 무척 중이집을 보고 싶어 했다. 중이집 앞에 주차된 중이 여자친구의 차를 한참동안 쳐다보았다. 우리는 구름 낀 산 아래 길을 돌았다. 오랜만에 메이저리그를 보았다. LA다저스 에이스 커쇼가 졌다. 퍽 드문 일이었다. 잠깐 주말드라마도 보았다. 억지로 반전에 반전을 거듭하면서 안타고니스트들이 날뛰고 있었다. 깊은 밤에 다시 'PBC 방송'으로 돌아왔다. 자정이 넘을 때까지 교황의 어록과 동정을 지켜보았다.

자기소멸의 기쁨 8. 18.

교황이 명동성당에서 평화와 화해를 위한 미사를 집전했다. 그리고 한국을 떠났다. 떠난 빈자리, 뻥 뚫린 가슴을 당분간, 어쩌면 영원히 메우지 못할 것 같다. 그의 여운, 신드롬, 아이콘, 이미지가 너무 크게 진하게 자리 잡고 있다. 소탈 위로 사랑 은총 감동 유머, 신앙인의 청빈 순명 정결을 눈으로 똑똑히 보았다. 나의 생각, 자의식, 자존심 따위는 완전히 사라지고 감동과 희열이 충만했다. 내가 가뭇없이 사라지고 끝없이 자기 소멸의 기쁨이 용솟음쳤다. 합일 융합 귀속의 현상이다. 나를 버리고 사랑 헌신 은총 법열 속으로 녹아드는 것, 그게 신앙이다. 지난 5일 동안 걸핏하면 울먹이고 목이 메고 눈물이 났다. "하나님 감사합니다. 비바 파파, 당신은 영원한 승리자입니다. 당신 속으로 까무룩 우리가 사라지고 말았으니 말입니다." 교황은 한국을 떠나면서 세월호 참사 실종자가족에게 편지를 남겼다. 눈물겨웠다. "직접 찾아뵙고 위로의 마음을 전하지 못함을 송구스럽게 생각합니다. 그러나 저는 이번 한국 방문 기간 내내 세월호 참사 희생자들과 그 가족들을 위한 기도를 잊지 않았습니다. 아직도 희생자들을 품에 안지 못해 크나큰 고통 속에 계신 실종자가족들을 위한 위로의 마음을 어떻게 표현해야 할지 모르겠습니다. 주님, 실종자들이 하루빨리 가족의 품으로 돌아올 수 있도록 보살펴 주옵소서. 실종자가족 여러분, 힘내세요! 실종자가족 여러분, 사랑합니다." 파파는 세월호 참사에 다시 연민의 불씨를 지피고 떠났다. 죄 지은 형제를 7번이 아니라, 77번이라도 용서해야 한다. 사랑, 용서, 화해, 평화, 소통, 대화. 특히 그의 명동미사 강론의 메시지는 구구절절이 가슴을 때렸다. 우리가 놓치고 있는 것들이었다. 미사에 참석하고 있는 박근혜 얼굴을 새삼 다시 쳐다보았다. 교황의 말에서 기껏 한반도 평화와 화해를 생각하고, 돌아가서 그것을 부각시킬 궁리나 하고 있겠지. 교황의 비행기가 이륙하는 장면까지 보았다. 평화방송도 고마웠다.

아내가 무슨 문인모임에 참석하기 위해 외출했다. 아침에 내가 챙겨준 식사를 하고 나갔는데 점심이 걱정이 되었다. 아내에게 전화를 십여 차례나 했다. '아고니스트 당신'을 썼다. 교황방문의 열기가 너무 뜨거워서 제대로 쓰지 못했다. 감동이 크면 글은 그만큼 움츠러들게 마련이다. 내 글이 초라하고 빈약해 보였다. 글도 자기 소멸의 경지에 이르러야 한다. 아내가 오후 늦게 건강한 얼굴로 돌아왔다. 식사도 무난히 했다고 했다. 부산집을 은이한테 증여하기로 결정했다. 아내는 은이에게 그 사실을 알리고 절차를 준비해 달라고 했다. 집을 증여하면서 되레 아쉬운 소리를 하고 있는 우리의 꼴이 우스꽝스러웠다. 아내가 저녁에 백숙을 먹었다. 나에겐 중이가 놓고 간 파국을 먹으라고 했다. 뜨거운 백숙이 먹고 싶었는데 아내가 기를 쓰고 파국을 데워주면서 먹으라고 했다. 나는 아내가 사무실에서 가져온 탕수육을 먹어서 아직 배가 든든하다고 하면서 끝내 파국을 먹지 않았다. 우리의 증여에 대한 은이의 하회를 기다렸다. 교황은 떠났는데 아직도 방송은 온통 교황 뉴스였다. 가히 교황 신드롬이었다. 그 방송들을 빠짐없이 보았다. 파파에 열광해서 눈물짓고 감격했던 시간들을 나는 어느새 그리워하고 있었다. 소멸의 기쁨을 만끽했다.

부산집 막내에게 증여 8. 19.

장고 끝에 내린 결론이었다. 부산집을 은이에게 증여하기로 했다. 증여사무를 아이들에게 맡겼다. 10시에 은이 집에 아이들이 모여서 증여절차를 추진하고 마무리 짓겠다고 했다. 아내는 사인이나 하고 편하게 일이 끝나기를 바랐다. 나는 아예 간여하지 않고 결과만 기다렸다. 법무사를 찾아가서 상담하고 처리하면 단순사무로 처리할 수도 있었다. 아내는 10시부터 아이들을 만나서 일을 진행했다. 일이 터덕거렸다. 서류와 인감도장을 가지러 아내가 몇 차례 집을 들락거렸다. 몹시 피곤한 기색이었다. 이러지 않으려고 아이들에게 시켰는데 아내는 지쳐갔다. 아내가 구청과 동사무소까지 뻔질나게 드나들면서 일을 처리했다. 결국 일을 끝내지 못하고 아내가 돌아왔다. 내일 중이가 마무리할 것으로 이야기했다.

남경필 지사 장남이 군대가혹행위 가해자로 밝혀졌다. 성추행까지 자행했다. 게다가 은폐 축소 수사의 의혹까지 불거졌다. 부끄러운 일이다. 알고 보니 그 와중에 남 지사가 11일 합의이혼까지 했다. 잠룡 중에 하나로 촉망을 받던 사람이 알고 보니 형편이 말이 아니었다. 속사람(inner being)과 겉 사람이 이렇게 판이할 수 있구나. 왜 그 모양이 되었을까. 현직 지검장이 공연음란을 저질렀다. 본인은 부인해도 CCTV 영상으로 낱낱이 드러났다. 낯이 뜨거워서 고개를 들 수가 없었다. 이런 환자도 있구나. 착잡했다. 교황의 말, "세월호 고통 앞에서 중립을 지킬 수 없었다." 교황의 말을 두고 언론은 거침없이 진보교황이란 말까지 썼다. 교황의 폄훼도 유만부동이다. 진보, 중도, 보수 이런 말보다 내가 싫어하는 것은 없다. 외통수에 몰린 새정치민주연합, 리더십이 실종됐다. 신뢰상실, 정당정치의 위기다.

세월호특별법 수사권과 기소권을 두고 여당은 절대불가, 유가족은 절대필요. 두 절벽이 요지부동했다. 그사이 험한 골짜기에서 야당은 길을 잃고 헤매고 있다. 야당은 두 절벽 중에서도 여당 쪽으로 좀 다가가서 그 벽을 허물어보려고 했다. 좀 궁기가 트이면 정치라는 이름으로 합의를 도출했다. 번번이 유가족에게 외면당했다. 세월호법 재합의도 유가족은 거부했다. 애초에 불가한 일에 야당이 책임정치 구현, 책무와 소명이라는 이름으로 섣불리 끼어들지 말라는 것이 내 생각이었다. 나는 세월호특별법 협상에서 야당의 철수론을 처음부터 주장해 왔다. 왜 박영선이 여당에게 매달려 합의를 끌어내려고 안간힘을 쓰는지 모르겠다. 국회의원이라는 국가기관으로서 책무를 다하기 위해서? 절대불가의 상황에서 자기 소모적인 일종의 희생을 하는 것은 참으로 어리석은 일이라고 생각한다. 지금이라도 늦지 않았으니 두 절벽에게 맡기고 박영선 대표는 미련 없이 철수하라. 더 이상 자해행위를 하지 않았으면 좋겠다.

아내는 밤에 피곤해서 끙끙 앓았다. 누구에게랄 것 없이 괜히 서운하고 원망스러웠다. 아내를 편하게 해주는 사람이 없었다. 고르반(corban, 奉納物)의 전형이었다. 막내에게 부산집을 증여하는 일이 아내에게 이렇듯 고달플 줄이야. 아내의 뒷덜미가 더욱 가냘프고 나뭇가지처럼 메말라갔다. 안타까웠다.

생명의 벼릿줄 8. 20.

아침부터 증여절차를 매조지하기 위해 허둥댔다. 중이가 부산으로 연락해서 일을 잘 추진할 줄 알았는데 여전히 주춤거리고 있었다. 아내가 무척 덤비는 기색이었다. 구청에 가서 증여계약서 검인을 받으면 본인이 부산에 가지 않고 처결할 수 있다고 했다. 아내가 부산으로 직접 연락해서 알아냈다. 아내가 그 몸으로 직접 운전하고 종로구청을 찾아갔다. 헛걸음이었다. 검인은 해당 부산 구청의 고유사무라는 것이었다. 하릴없이 돌아오고 말았다. 그 사실을 알리고 중이에게 아내 대신 부산으로 내려가도록 했다. 그 길로 중이는 부산으로 내려갔다. 일이 꼬이고 복잡한 일이 꼬리를 물었다. 오후 늦게 인왕시장에 가서 싱싱한 토마토를 샀다. 돌아오자마자 아내에게 맛있는 토마토주스를 만들어 주었다. 아내는 어제보다 체중이 1킬로가 줄었다고 했다. 가만히 고개만 끄덕였지만 나는 속으로 놀랐다.

군대 가혹행위와 세월호법 표류가 뉴스의 복판에 떴다. 세상에는 분명히 우리의 생명의 벼릿줄을 움켜쥐고 있는 사람이 있다. 대통령이 그런 사람일 수도 있다. 그 사람이 도덕적이고 윤리적이고 의로울 때 우리는 안심하고 살 수 있다. 신뢰할 수 없는 탐욕가이거나 배덕자일 때 우리는 불행하고 그들과 맞서 투쟁을 할 수밖에 없다. 세월호유가족의 단식이 극한으로 치닫고 있었다. 그들을 위로하고 격려하고 떠난 교황을 '진보교황'이라고 폄훼하고, 우리 군대의 가혹행위를 보고 일본의 자위대 가혹행위나 들먹이면서 물타기하는 사람이 우리의 숨통을 누르고 있는 한 우리에겐 희망이 없다. 청와대는 세월호법은 국회에서 여야가 타협하여 해결할 일이라고 못 박았다. 세월호유가족이 나설 일이 아니라는 것이었다. 그들을 뭉개버리겠다는 말과 다름없었다.

중이한테서 오늘은 등록하지 못하고 내일 하기로 했다는 연락이 왔다. 증여가 이틀째 등록을 하지 못하고 표류했다. 오늘은 아내가 밥을 많이 먹었다. 고등어구이도 토마토케첩을 듬뿍 발라서 맛있게 먹었다. 안방과 거실에 큼직한 모기장을 쳐 놓고서 왔다 갔다 하면서 즐거운 한때를 보냈다. 한밤중에 중이가 부산에서 영상을 보냈다. 할머니를 요양원으로 찾아가서 함께 찍은 사진이었다. 아흔여섯 살의 장모님이 웃고 있었다. 정신도 멀쩡했고 손자들에게 사랑한다는 메시지까지 보냈다. 할머니를 껴안고 있는 중이가 그렇게 정답고 살가울 수가 없었다. 밤에 나는 좀 색다른 기도를 올리고 있었다. "대통령님이여, 저 불쌍한 유민 아빠, 김영오 씨를 살려주소서."

거짓 눈물 거짓 맹세 8. 21.

세월호특별법 제정 난항. 여당 뒷짐, 야당 속수무책. 대통령, 유가족 면담 거부. 출구가 보이지 않았다. 유가족의 특별법 요구를 광기로 폄훼했다. 특별법 제정을 요구하는 김영오의 단식은 죽음으로 치달았다. 대통령의 눈물과 특별법 제정 약속은 거짓이었다. 대통령의 면담 거부는 세월호 유가족들을 절망케 했다. 대통령의 거짓 눈물과 거짓 맹세를 확인했다.

오전에 소장이 집으로 문병을 왔다. 마침 안방과 건넛방에 양쪽 다 모기장을 쳐놓고 쉬고 있었는데 황망(慌忙)중에 손님을 맞았다. 소장은 아내가 좋아하는 복숭아를 사왔다. 녹차를 마시면서 항암치료에 관한 이야기를 나눴다. 그때 부산에서 중이가 전화했다. 본인이 직접 내려와야 등기가 완결된다는 요지였다. 나도 모르게 격앙됐다. 사흘 동안 아내는 완전히 파김치가 되어 버렸다. 아이들에게 시켜서 좀 편해 보자고 했는데 애초의 계산이 완전히 빗나갔다. 아내는 아픈 몸을 이끌고 부산을 다녀와야 했다. 2시 KTX를 타고 황급히 부산으로 내려갔다. 아내가 기차를 타면서 부산도착은 4시 40분이고 일을 볼 수 있는 시간은 6시까지라고 했다. 빠듯했다. 아내의 식사와 장거리 여행이 걱정되었다. 6시가 되자 아내한테서 무사히 일을 마치고 부산역으로 가고 있다는 전화가 왔다. 그때부터 아내가 도착할 때까지 기도했다. 아내는 10시 넘어 도착했다. 중이는 서울역에서 친구를 만나러 남영동 쪽으로 가고 아내만 집으로 돌아왔다. 나는 예능교회 정류장까지 나가서 아내를 맞았다. 아내는 그 몸으로 하루 동안에 부산을 왕복한 것이다.

가장 가깝고도 먼 그대 8. 22.

어제 소장의 말을 듣고 아내가 현미를 갈아서 죽을 쒀먹었다. 나는 현미죽을 먹으면 안 된다고 역정을 냈다. 아내는 기를 쓰고 소장이 권한 현미를 먹겠다고 했다. 밥으로 먹으면 거칠고 해롭지만 그것을 빻아서 죽을 쒀 먹으면 괜찮다는 것이었다. 오전 내내 붉으락푸르락 했다. 경복궁으로 산책을 나가면서 우리의 승강이는 절정에 이르렀다. 급기야 아내는 서울대병으로 가서 의사에게 물어보자고 했다. 끝까지 막무가내였다. 직접 의사를 찾아가서 물어보는 것도 괜찮다는 생각이 들었다. 어쩐지 재미있을 것 같았다. 외과전문의 박훤함 교수를 찾아가서 상담했다. 역시 현미는 아무런 도움을 주지 않고 먹지 않은 게 좋다고 했다. 무엇보다 정상적인 식사를 하는 것이 중요하다고 강조했다. 살코기 생선 달걀 두부만을 먹지 않아도 된다는 것도 알게 되었다. 마음이 한결 가붓해졌다. 아내는 가벼운 치루(痔漏)를 앓고 있었는데 의사는 건성으로 넘어갔다. 그런 디테일은 동네병원보다 떨어진다는 인상을 받았다. 서울대병원에서 그런 것을 어쩔 것인가.

세월호 정국은 완전히 교착상태다. 여당은 연찬회에 가고 대통령은 시장으로 나돌았다, 그리고 오불관언. 원칙 소신 법치, 그런 말만 되풀이했다. 그 많은 공약 맹세 다 깨버리고 무슨 원칙을 고수하겠다는 것인가. 팔월 국회도 식물국회다. 깅영오는 병원에서도 단식을 계속했다. 그대로 두면 죽을 수밖에 없다. 아내가 고통을 호소했다. 진통제를 먹었다. 언젠가 교통사고로 부부가 입원했을 때도 온종일 병원이 주는 약이 진통제가 아니었던가. 아내가 진통제를 먹고 좀 우선해졌다. 무지근한 증세가 없어졌다. 밤에 메이저리그도 보지 않고 아내만 보살폈다.

unnatural, irrational투성이 8. 23.

방송에서, 주로 종편이 문재인의 동반단식(同伴斷食)을 비방하고 세월호유가족을 분열시키고 있다. 단원고 유가족과 일반 유가족으로 편을 갈라놓았다. 비열하기 짝이 없다. 인왕시장에 가서 아내의 먹을거리 장조림쇠고기와 채소와 과일을 샀다. 주말에도 아내의 섭생 말고는 아무것도 생각하지 않았다. 앙뉘가 밀려왔다. 주말 드라마를 보았다. unnatural(자연스럽지 못하고) irrational(이치에 맞지 않았다)투성이였다. 어떻게 하루가 어떻게 지나간 줄을 몰랐다. 아내는 새벽까지 잠을 이루지 못하고 궁싯거리고 뒤척였다.

레비아탄은 종편의 다른 이름 8. 24.

어제는 기력도 부치고 기억력도 떨어져서 간단히 일지만 썼는데, 하루 종일 마음이 허전해서 견딜 수가 없었다. 이를 악물고 '아고니스트 당신'을 계속 쓰기로 했다. 유민 아빠 김영오의 '단식자격 논란'까지 제기되었다. "세월호특별법을 반대하고 혐오하는 여론이 들끓고 있다"는 보도가 떴다. 결국 올 것이 오고야 말았다. 세월호 유가족을 '고립된 섬'으로 만들고 한갓 피해자집단으로 폄훼하고 있다. 특별법을 요구하는 것을 '광기'라고 말하고 세월호 농성 유가족들을 '노숙자'라 불렀다. 급기야 세월호 참사를 '교통사고'라고 규정하기에 이르렀다. 종편에서 이런 여론이 봇물을 이뤘다. 그들이 말하는 여론이라는 것은 '레비아탄'의 다른 이름이다. 비열하고 사악하고 황당하기 짝이 없었다. 야당 대표는 기자회견을 통해 불온한 카톡과 전쟁을 선포했다. 세월호 동조단식이 2만 4천명에 이르렀다. 행동하는 양심의 일일단식이 확산되었다.

박영선은 또다시 유가족이 참여한 3자회담을 제의했다. 이로써 배수진을 칠 모양이지만, 나는 변함없이 철수론과 퇴장론 일종의 옥쇄론을 주장했다. 부작위에 의한 강력한 공격을 역설했다. 이 정권은 부패방지, 갈등해소, 남북화해라는 국민적 여망을 걷어차 버렸다. 불통과 오만은 절정으로 치닫고 있다. 8월도 맹탕국회, 정국은 한 발짝도 나가지 못하고 있다.

　오후 1시에 조카 현구의 결혼식에 참석했다. 결혼식이 열린 건대동문회관까지 꽤 먼 거리를 아내가 손수 운전하고 갔다. 내비게이션이 정확히 길을 인도했다. '로터리에서 회전하여 아홉 시 방향으로' 이런 식으로 인도하는 데는 감탄을 금할 수 없었다. 일가친척이 다 모였다. 현구의 체격이 당당한 것에 놀랐다. 의젓하고 늠름하고 힘이 넘쳤다. 오부규 내외가 부러웠다. 결혼식장 음식치고는 최고였다. 아내가 그 입맛으로도 아주 맛있게 먹었다. 오랜만에 소복했다. 나도 불고기 생선회 장어구이 심지어 홍어회까지 먹었다. 술이 좀 과했던 제부가 좀 횡설수설하는 것 말고는 모든 것이 잘 끝났다. 귀로에 군자교를 못 찾아서 좀 헤맸고 동대문구청 앞에서 길을 잘못 들어서 그만 내외순환도로를 타고 말았다. 외려 그만큼 집에 빨리 도착할 수 있었다. 결혼식에 다녀온 것이 꿈만 같았다.

　해질녘에 운동을 나갔다. 세검정까지 갔다 오기로 했는데 아내가 도중에 주저앉아 버렸다. 힘이 부쳤다. 세검정초교 앞에서 발길을 돌렸다. 오랜만에 주말드라마와 LA다저스 경기를 보았다. 언뜻 느긋해 보였지만 속은 바짝바짝 탔다. 내일 모레 집도의 상담을 앞두고 시간이 다가옴에 따라 나도 모르게 안절부절못했다. 병원에 가는 날이 되면 늘 그랬다. 의사는 어김없이 항암치료를 권장할 것이다. 아내는 그때부터 진짜 암투병에 들어가게 된다. 나는 내색도 하지 못하고 끙끙 앓았다. 중이는 이렇다 할 말도 남기지 않고 훌쩍 팔라우로 떠나버렸다. 그의 타들어가는 속도 짐작할 만했다. 인간은 환상 미망 집착 속에서 살아가게 마련이다. 아들이 그리워서 쩔쩔매는 아내를 보고 한없이 가슴이 미어졌다.

힘이 부쳐 주저앉은 아내 8. 25.

지금은 마음의 평화와 안정이 가장 중요하다. 내일 집도의가 아내의 퇴원 이후의 경과를 살펴보고 항암치료를 이야기하게 된다. 아내는 줄곧 이상구 박사의 자연치유법을 인터넷을 통해 듣고 있다. 눈만 뜨면 인터넷에 들어가서 항암정보를 들여다보았다. 오전에 혈압약을 타러 우정의원에 갔다. 우리 내외를 보고 어디 나들이를 다녀오느냐고 의사가 물었다. 그렇듯 유유자적하는 모습으로 보인 모양이다. 아내가 수술을 받은 것을 실토했다. 따지고 보면 모든 치료행위는 여기서 시작되었다. 의사는 사람들의 말에 휘둘리지 말고 중심을 잡고 서울대병원에서 하라는 대로 치료를 받으라고 했다. 내 생각과 같았다. 아내는 인터넷에 떠돌고 있는 온갖 치유방법에 대해 적이 신경을 쓰고 있었다. 심약한 환자들이 그런 이야기에 솔깃해질 수밖에 없다. 극히 일부 성공한 사례를 모두 그러는 것처럼 떠들고 있는 게 가장 마땅찮았다.

가까운 상명대로 올라갔다. 전망대에 오르자 건너편 보현산 봉우리가 잡힐 듯 성큼 다가왔다. 산허리를 스쳐서 불어오는 바람이 유난히 맑고 시원했다. 우리는 운동장을 걸었다. 아내의 소복에 안간힘을 쓴 덕분에 운동할 수 있는 기운이 솟은 것이다. 운동장에는 고급승용차가 즐비하게 주차하고 있었다. 우리 차도 멀찍이 전망대 쪽에 세워두었다. 알고 보니 상명아트센터에서 꽤 큰 행사가 막 시작되었다. 다소 생소한 EIDF 2014 개막식이었다. 바로 'EBS다큐영화제'였다. 저명인사들이 많이 모인 것 같았다. 차들도 대부분 국산으론 에쿠스 제니시스 체어맨이었다. 운동장 한쪽에서 아내와 계속 걸었다. 다른 한쪽 운동장에서는 야구선수들이 투구연습을 하고 있었다. 아내가 상명대캠퍼스에서 가장 높은 곳에 있는 교수회관으로 가는 비탈길을 올라가자고 했다. 아내로서는 대단한 도전을 한 것이다. 젊은 부부 몇 쌍이 그 비탈길을 오르내리고 있었다. 겨우 한 차례 비탈을 오르고 나서 아내가 운동장가에 주저앉아버렸다. 아내는 휴대폰으로 음악인지 항암정보인지를 듣기 시작했다. 아내의 얼굴이 유난히 수척하고 핼쑥해 보였다. 운동장가에 앉아 있는 아내를 보면서 나는 깊이 모를 우울 속으로 빠져들었다. 이윽고 사람들이 모두 '상명아트센터'로 들어가 버렸다.

날이 저물고 산 아래 동네와 거리에 화려한 불빛이 들어왔다. 어둠이 내리는 비탈길을 터덜터덜 걸어서 우리는 집으로 돌아왔다. '부산 경남 시간당 130mm폭우. 5명 사망' 뉴스는 재난소식이 봇물을 이뤘다. 자정이 지난시간에 잠든 아내의 얼굴을 하염없이 들여다보았다. 힘이 부쳐서 주저앉아버린 아내의 모습이 눈앞에서 어른거렸다.

아아, 서울대암병원 8. 26.

앞으로 아내의 치료일정과 계획을 오늘 듣게 된다. 10시에 아내가 차를 몰고 퇴원 후 이주 만에 집도의를 상담하러 서울대병원으로 갔다. 지난날 창경궁 앞을 지날 때마다 맞은편에 있는 서울대 암병원을 건너다보면서 저기는 어떤 사람들이 앓고 있을까, 하고 생각했는데 이제 제집 드나들 듯이 했다. "경성의전병원을 어찌 찾아다닐 줄 알았던가. 색채의 요란한 경연만 벌어지고 있는 병원 꽃밭" 李箱의 말이 생각났다. 본관 1층 채혈실에서 채혈했다. 그 절차가 그렇게 복잡할 줄은 몰랐다. 도떼기시장처럼 사람들이 북적댔다. 정신을 차릴 수가 없었다. 그러느라고 담당 내과종양 의사의 10시 45분 진료시간에 늦어 버렸다. 퇴원일지를 본 간호사가 암병원 채혈실에서 채혈하면 되는 것을 본관으로 갔다고 하면서, 기왕 늦어졌으니 2시간을 더 기다려야 한다는 것이었다. 그러나 간호사의 주선으로 제시간에 진료를 받았다. 항암치료 일정을 알려주었다. 5층에 있는 낮병동에 가서 항암치료 일정을 정하고 되도록 다음 주부터 치료를 받으라고 했다. 아내는 추석 지나고 15일부터 시작하자고 했다. 여러 가지 부작용에 대해 간호사는 걱정할 필요가 없다는 식으로 시종 이야기했다. 아내는 아침에 이상구 박사의 뉴스타트? 암치료법을 읽고 왔다. 그의 마음은 그런 쪽으로, 자연치유 쪽으로 거의 가닥이 잡혀 있었다. 섭생과 마음의 치유를 통한 암 정복을 그는 생각하고 있었다. 1시에 마지막으로 집도의 박지원의 진료를 받았다. 비교적 초기이니까 항암치료를 받으면 좋아질 거라고 희망적인 말을 많이 했다. 석 달 후의 진료예약을 해주었다. 아내의 얼굴이 밝아졌다. 적이 가붓해진 마음으로 우리는 병원을 나섰다. 오후에 상명대학교 운동장에 가서 걷기 운동을 했다. 어제와는 달리 사람이 없었다. 우리 부부만이 모래가 깔린 운동장을 다섯 바퀴나 돌았다.

최경환 경제장관이 민생법안처리를 촉구하는 담화를 발표했다. 내용은 좋지만 형식이 좋지 않았다. 장외로 나간 야당을 압박하는 모양새다. 김우중 전 대우 회장이 대우그룹 해체를 재평가받고 싶다고 했다. 어쩐지 비겁하다는 생각이 들었다. 그렇다면 15년 동안 뭘 했나. 세상이 넓다고 도망 다니다가 우호적 정권이 들어서자 슬며시 반격을 가했다. 얼마나 박정희 독재시절에 권력의 비호를 받았는가. 가증스러웠다. 야당이 장외투쟁을 시작했다. 언론이 당내 일부 반발기류를 계속 확대보도했다. 야당이 세월호 협상에서 소외당하고 있다고 떠들어댔다. 협상에서 빠진 것뿐이다. 여당과 유가족 사이에서 세월호 특별법이 타결이 될 경우에도 야당을 빼놓고 어떻게 입법이 가능하겠는가. 그런 쪽을 부각시키려는 언론의 논조가 문제다. 야당 내의 장외투쟁반대 성명을 낸 의원도 문제다. 과거 소석 이철승의 새끼들을 보고 있는 것 같다. 내세우는 명분은 그럴듯하지만 더러운 기회주의자들이다.

염수정 추기경이 교황과는 엇갈린 발언을 했다. 김수환 추기경 이후 내겐 한국에 추기경이 없는 이유를 다시 확인했다. 그는 국민의 마음에서 한국의 천주교의 절반을 도려내서 내동댕이쳐 버렸다. '유가족이 양보해야' 권력에 잔뜩 겁먹은 비겁한 세객이나 하는 말을 성직자가 하고 있었다. 오로지 아내의 소복과 섭생만을 생각하면서 세끼 식사를 차렸다. 수란(水卵)을 만들고 소고기 장조림을 데우고 고등어를 증기로 쪄서 내놓았다. 밤에 아내는 파김치가 되어 끙끙 앓았다.

헌법 위의 경찰차벽 8. 27.

10시 반에 보건소 담당직원이 방문해서 혈압과 혈당 등을 체크했다. 직원은 많은 조언을 했고 건강생활 참고책자와 영양제도 주었다. 오전에 녹번동에 있는 안과에 가서 아내의 백내장 예방약을 타왔다. 근처에 있는 E마트에 들려서 과일과 오징어 대구 새우 등 해물을 사왔다. 놀랍게도 아내가 족발과 초밥을 사서 차안에서 먹자고 했다. 주차장이 더워서 곧장 집으로 돌아왔다. 아내는 초밥과 족발을 거뜬히 먹었다. 입맛이 돌아온 것이다. 아내는 자연치유로 완전히 마음을 굳혔다. 오후에 국일관 5층에 있는 애터미에 가서 면역력을 기르는 건강식품을 샀다. 간 김에 명보극장 근처에 있는 한주다이어리에서 수첩을 샀다. 다음은 남대문시장에 가서 낚시를 하기로 돼 있었는데 짐이 무거워서 그만두었다. 충무로에서 종로2가로 와서 다이소에서 실내화를 샀다. 이쯤 되면 아내가 꽤 운동을 한 셈이다.

청운동 주민센터 앞에서 경찰이 세월호 유가족 농성자들을 겹겹이 차벽으로 에워싸고 있었다. 경찰차가 토해내는 매연으로 숨이 막혔다. 이렇게 포위하면 차벽에 갇힌 사람들은 공황에 빠지기 일쑤다. 광화문광장에서는 천주교 정의구현사제단의 단식기도회를 역시 경찰이 차벽으로 둘러싸고 있었다. 차벽은 헌제가 이미 2011년 위헌이라고 결정을 내린 바 있다. 세월호추모집회를 경찰이 번번이 차벽으로 에워싸고 시민들의 발길을 차단했다. 경찰의 차벽은 헌법 위에 군림하고 있었다. 4시 반에 여당과 유가족이 만났다. 서로의 이견을 확인했을 뿐이다. 언론이 농간을 부릴 수 있는 소지만 남겨 놓고 끝났다. 이재오가 일갈했다. "대통령은 다 접고 유가족을 만나라." 새누리당 지도부가 유가족을 만났다. 이완구는 너무 완고하고, 이주호는 '교통사고'라는 발언으로 세월호 국면전환에 혁혁한 공을 세웠다. 이런 사람들이 어떻게 유가족을 설득할 수 있겠는가.

밤에 아내가 다시 한번 자연치유할 것을 선언했다. 나에게 협조해달라고 했다. 나는 부산집 이야기를 했다. 말하자면 그 집 활용방법을 이야기했는데 아내는 자식들에게 맡긴 것이니 그들의 처분을 두고 보자고 했다. 중이는 지금 팔라우에 가 있다. 맘 내키는 대로 바다 건너 날아다니는 아이다. 갑자기 피곤이 몰려왔다. 아내가 심야프로를 보고 있는데 나는 슬며시 건넛방으로 가서 자리에 누웠다. 어둠 속에 떠오르는 아내의 실루엣이 성녀(聖女)처럼 아름다웠다.

레비아탄과 전쟁 8. 28.

지금 여론은 도덕절연체(道德絶緣體), 가치부도체(價値不導體), 콘크리트 지지자들이 낳은 기형아, 종편이 낳은 사생아다. 이런 여론으로 박근혜 정부는 정치를 하고 있다. 여론으로 자신감을 얻은 여당이 세월호 정국을 밀어붙이고 있다. 대통령은 세월호특별법 제정을 국회에 떠넘긴 채 유가족을 외면했다. 나는 이미 이 불량한 가짜여론을 이사야 27장 1절에 나오는 '레비아탄'으로 규정하고 하나님이 칼로 쳐 죽이기를 바라고 있는 지 오래다. 이 시대의 3대 레비아탄은 언론, 묻지마 지지자들, 그리고 권력의 주구 검찰이다. 우리가 알고 있는 민심과는 동떨어진 종편이라는 언론풍토에서 자라난 이 사생아, 가짜여론이 이 시대를 병들게 하고 있다. 종편이 왜곡하고 변질하고 날조하는 이 '도깨비방망이'를 멸절해야 한다. 시청률과 지지율도 그 본질과 순수성을 상실한 지 오래다. 민주주의를 키우고 떠받쳐온 다수결의 비극이 여기서 싹텄다. 시민의 의로운 칼로 이 레비아탄을 쳐 부셔야 한다.

유민 아빠가 단식을 중단했다. 몸을 추슬러서 장기전을 대비하는 것 같다. 제발 목숨을 위태롭게 하는 단식만은 말았으면 좋겠다. 정체불명의 비방 글이 그를 질타했다. 유언비어가 죽어가는 그의 숨통을 눌렀다. 그러나 의연히 견뎌냈고 다시 전의와 투혼을 가다듬기 위해 단식을 중단했다. 그의 단식은 잊혀가던 세월호를 환기시켜 특별법의 동력을 살려냈다. 장하고 장하다. 그는 멈췄지만 동조단식은 확산되었다. 거대한 레비아탄과 전쟁은 그 강도를 더해갔다. 야당도 잘했다. 삼중고에 빠진 야당이라고 궁지로 몰아넣고 있지만 협상에서 손을 뺀 것은 잘한 것이다. 여당과 유가족이 강 대 강으로 부딪혀 봐야 오히려 야당의 존재이유를 알게 된다. 애초부터 원천적으로 불가능한 이 협상에서 나는 야당이 빠지기를 바랐다. 두 강경 사이에서 사실 야당이 할 일이 없었다. 야당이 소외되고 있다는 것을 부각하고 있지만 그것은 언론의 억지 주장이요 희망사항일 뿐이다. 여당과 유가족이 성과를 이뤄 입법단계에 이르면 그때는 협상에서 제외되었던 야당이 참여해야 법이 제정이 되는 것이다. 협상단계에서는 얼마든지 전략상 후퇴를 할 수 있는 것이며 오히려 그것이 백번 잘한 일이다. 협상에서는 작전상 빠지고 입법과정에서는 참여하는 것이 가장 현명한 일이라고 나는 주장해왔다. 상황이 그렇게 되어가고 있다. 야당의 소외나 사면초가가 결코 아니다. 종편이 둘러붙이는 언어의 유희일 뿐이다. 파이팅! 새정치민주연합.

유병언의 장례식 기사를 보았다. 이사야 14장 11절이 떠올랐다. "네 영화가 소올에 떨어졌음이여, 제 비파소리까지로다. 구더기가 네 아래 깔림이여, 지렁이가 너를 덮었도다." 아내가 새벽에 텃밭에 나가서 1시간 동안 유산소 운동을 하고 돌아왔다. 아내의 몸에서 신선한 아침공기 냄새가 묻어났다. 오후에 대학로 서울종로약국에 사서 비타민C와 타이레놀을 샀다. 대학로에서 곧바로 성대 앞으로 걸어가서 151번 버스를 타고 남대문시장으로 갔다. 아내가 낚시터에 가고 싶다고 해서 동행할 것이다. 아내는 두 군데에서 낚시를 했다. 그사이 나는 메사 앞에서 왔다 갔다 하면서 아내를 주시했다. 아내의 몸에서 생기가 되살아나고 있는 것이 눈에 띄었다. 빼어난 원기회복과 기분전환의 방법이다. 조계사 근처 일식집에 들어가서 아내는 우동을 먹고 나는 쇠고기 덮밥을 먹었다. 아내가 완전히 입맛을 찾았다. 이제 소복은 시간문제다.

밤에 나는 떡과 과자를 주전부리했지만 아내는 아무것도 먹지 않았다. 간식을 먹지 않은 것이 걱정이 되었지만 본인이 마다하는 것을 억지로 먹일 수는 없었다. 아내는 입이 짧았다. 수술 전에도 거의 간식을 먹지 않았다. 아내와 함께 잠자리에 들었다. 그래야 쉬 잠들 것 같다고 해서 아내 말대로 일찍 잤다.

소석의 새끼들 8. 29.

수많은 비정과 fallacy에도 불구하고 여당이 견뎌내고 버티고 있는 것은 그 불가사의한 여론 때문이라고 이미 지겹도록 이야기해왔다. 보수언론이 그토록 민심을 날조 왜곡하고 있는데 여론이 정부편인 것은 당연하다. 정부는 으레 여론전으로 나왔다. 내 할 말만 하겠다는 '담화문정권'이다. 대통령 담화, 총리담화, 경제장관 담화로 여론몰이를 했다. 여당대표도 민생투어를 되풀이했다. 설령 현안 중 99%가 민생이고 1%가 세월호 참사라고 해도 세월호가 우선이다. 이것을 풀지 않으면 99%민생은 무의미하다. 만약 세월호를 버리려고 한다면 차라리 99%의 민생을 포기하는 것이 낫다. 왜냐하면 세월호가 우리 생존의 알파요 오메가이기 때문이다. 인간으로, 인간답게 살 수 있는 기본이기 때문이다.

야당이 장외로 나갔다. 야당이 삼중고에 시달리고 있다고 언론이 나팔을 불고 있다. 삼중고는 유가족에게 외면당하고 자중지란에 휩싸이고 지지율이 곤두박질하고 있는 것을 말한다. 유가족이 외면하는 것은 당연하다. 야당이 너무 무력하기 때문이다. 어찌 보면 내분에 시달리는 것도 당연하다. 대통령 같은 막강한 힘이 없고 어느 시절이나 권력의 농간 속에서 '소석의 새끼'들이 날뛰게 마련이기 때문이다. PP 때 아스팔트 정치를 공격하면서 소석 이철승이 얼마나 반독재민주투쟁에 찬물을 끼얹었는가. 우리의 가슴에 못을 박았는가. "원내투쟁이 원천적으로 아무런 성과를 거둘 수 없는 상황이라면 때론 차라리 깨끗이 퇴장하고, 최악의 경우에 옥쇄하는 것이 백번 낫다. 부작위나 소극적 후퇴가 때론 무서운 공격이 된다"는 것이 나의 생각이다. 내 생각, 그러니까 철수론이나 옥쇄론에 비하면 장외투쟁은 양반이다. 직시하라. 원론에서 한 치도 물러나지 않고 있는 여당과 더불어 원내에서 할 수 있는 일은 하나도 없다. 할 수 있는 척하고 국민의 지지를 받으려고 하는 것은 위선이다. 들러리만 서고 그림만 좋게 비치려고 하는 것이라면 철수하는 게 백번 낫다. 장외를 나갔을 때 국민의 지탄을 받고 지지율이 하락하는 것은 어쩔 수 없는 현실이다. 여론이나 언론의 논조에 연연하지 말라. 지지율이 바닥을 치고 다시 올라가야 한다. 특히 종편 등 가짜여론이 판을 치고 있는 언론환경에서는 삼중고쯤은 감수해야 한다. 야당이 살아야 정치가 살아난다. 내가 당원이 아니면서도, 드러내놓고 지지해본 적이 없으면서도 야당을 응원하고 격려하는 이유다.

오늘도 아내가 눈을 뜨자마자 텃밭으로 나갔다. 아침을 준비해 놓고 나갔더니 아내는 텃밭에 쪼그리고 앉아서 호미질을 하고 있었다. 아내는 내가 그토록 쪼그리고 앉아서 일을 하는 게 몸에 해롭다고 해도 소용이 없다. 그게 소원이고 좋아하는 것을 어쩔 것인가. 개울 건너 강 선생도 알은체를 했다. 숫제 건너와서 담소했다. 아침 대기 속에서 우리의 대화는 영롱한 여운을 풍겼다. 아내가 컴퓨터에서 작업했다. 나는 오랜만에 블로그에 들어가서 방문자를 확인해 보았다. 놀랍게도 사람들이 끊임없이 찾아오고 있었다. 요즘 쓰고 있는 '아고니스트 당신'을 올릴까 궁리해보았다. 너무 치열하고 강퍅해서 망설여졌다. 어쨌든 한번 고려해보기로 했다. 그래야만 내 숨통이 좀 트일 것 같았다. 해질녘에 상명대운동장에 가서 운동했다. 아내와 운동장을 여섯 바퀴나 돌았다. 전망대에서 건너다보는 북악산과 인왕산이 아름다웠다. 맑은 공기를 맘껏 쐬고 돌아왔다. 저녁에 동태매운탕을 맛있게 먹었다. 운동해서 피곤했던지 아내가 일찍 잤다. 모기장 속에서 자정이 넘도록 나는 메이저리그 투나잇을 보았다. 등신불(等身佛)이 따로 없었다.

텃밭서 받아오는 아우라 8. 30.

아내가 사흘 동안 연달아 새벽에 텃밭으로 나갔다. 맑은 공기를 마시며 산책하기를 바랐지만 으레 텃밭에서 호미질을 하고 흙을 만졌다. 오늘은 소장 부부와 함께 일했다. 토요일은 함께 작업하기로 약속한 모양이다. 잡초를 뽑고 흙을 골라서 가을 무 배추와 당근을 심었다. 나는 여전히 텃밭일을 그만두라고 했다. 쪼그리고 앉아서 흙을 파는 일이 건강에 무리라고 생각했기 때문이다. 아내는 막무가내였다. 나는 소장 부부에게 알은체를 하고 들어와 버렸다.

아내는 얼굴에 가득 미소를 띠고 돌아왔다. 아내는 텃밭에서 '아우라'를 듬뿍 받아왔다. 아침의 축복이었다. 그러면 되었다.

오후에 건강식품 헤모임을 사러 종로3가에 나갔다가 헛걸음을 했다. 토요일은 5시에 문을 닫았다. 시계를 보니 5시 30분을 지나고 있었다. 오늘따라 유난히 바깥나들이가 고달팠다. 광화문통이 어수선하기 짝이 없었다. 세종문화회관 앞에서 야당이 세월호특별법 제정을 촉구하는 집회를 열고 있었다. 그 옹색한 세종문화회관 중앙계단에서 제일야당이 시위를 하고 있었다. 형세가 초라하기 짝이 없었다. 전경이 주위를 빙 에워싸고 있는 게 더욱 서글프게 했다. 월경금지 표지까지 해 놓고 경찰이 야당집회를 위풍당당하게 억눌렀다. 거리마다 골목마다 시위군중이 모일 만한 곳에는 어김없이 경찰차가 차벽으로 막았다. 특히 청운동 주민센터 앞 유가족농성장은 비참했다. 주위를 빙 둘러싸고 유가족들을 심리적으로 압박했다. 끊임없이 뿜어내는 경찰차의 매연으로 그들은 숨조차 제대로 쉴 수 없었다. 이런 횡포와 불법이 대명천지에 버젓이 벌어지고 있었다.

밤에 아내가 내달 출근을 앞두고 걱정했다. 정신생활을 하는 사람들을 두 가지 유형으로 나눌 수 있다. 정신이나 성향을 바탕으로 '에토스'와 '페이소스.' 삶의 자세나 태도를 기준으로 '아폴론'과 '디오니소스'로 나눌 수 있다. 아내는 다분히 페이소스와 디오니소스 쪽이다. 어떻게 전 회장과 어울릴 수가 있겠는가. 생각하면 눈물이 났다. 자구책이랄까 고육지책으로 동소문에 나가고 있다. 아내에게 견디기 어려우면 정리하라고 했다. 하지만 내색하고 감정을 드러내는 일은 하지 말라고 했다. 정신과 가치관이 다른 사람들이, 고도의 지적 사유와 성찰을 하는 사람들이 동거하고 동행하는 것이 얼마나 어려운 일인가를 뼈저리게 느꼈다. 모든 것을 하나님에게 맡기고 나는 오로지 아내의 섭생과 소복에만 힘을 쏟기로 결심했다. 나도 모르게 혼잣말로 속삭였다. "아내여, 당신은 페이소스, 디오니소스. 그 마음이 무지개 빛깔처럼 아름답구나."

분열의 고착화 8. 31.

수술 후로 처음으로 교회에 갔다. 아내가 몹시 수척해 보였다. 공식적으로 수술한 것을 알리지 않았다. 아내의 말마따나 블로그에 올렸으니 알 만한 사람을 다 알고 있고, 다만 이런저런 이유로 모른 척하고 있다는 것이다. 그렇게 치부하고 맘 편하게 행동했다. 목사도 오랜만이라고 반갑게 인사했다. 사모가 먼발치에서 알은체를 했다. 몇몇 장로가 다가와서 인사했다. 사돈이 아내에게 다가와서 위로했다. 아들이 알고 있으니 모를 리가 없다. 기도를 많이 했다고 인사를 차렸다. 우리는 걸어서 집으로 돌아왔다. 아내가 무척 힘들어했다. 세 검정정자 앞에서 쉬어가자고 했다. 그런 적이 없었다. 햇볕이 따갑고 다소 덥기는 했지만 완전히 가을 날씨였다.

세월호 정국은 출구가 보이지 않았다. 해법도 없고 국회도 꽉 막혔다. 대통령은 노골적으로 자기사람들만 품고 가려고 하고 반대파나 유가족은 완전히 방기(放棄)해 버렸다. 분열을 고착화하고 정치에 이용했다. 나를 지지하는 사람들만 데리고 위기를 극복하고 국가를 이끌어갈 수 있다는 결기와 배짱을 노골적으로 보여주었다. 청와대 문턱에서 농성하고 있는 유가족을 마치 딴 나라 사람을 보듯이 했다. 그를 지지하는 사람들은 거대한 paralytic(몹시 취한, 마비환자) 집단이다. 나라를 팔아먹어도 지지할 사람들이다. 대통령은 일부 국민들에겐 공포의 대상이다. 비열하고 교활하고 사악한 '거짓말 대장'이다. 그 많은 공약을 파기했으니 존경이나 믿음의 대상이 될 수 없다. 빨간 캡을 쓴 '카디날'도 '영혼의 paraclete'가 아니라 권력의 아첨꾼으로 전락하고 말았다. 많은 사람들은 지극히 이기적인 레저생활에 탐닉하고 호사화미(豪奢華美)와 지적 예술적 허영에 눈이 먼, 소비문화의 살찐 돼지가 되어 버렸다.

해질녘에 인왕시장에 가서 토마토를 사왔다. 돌아오는 길에 상명대운동장에 가서 예닐곱 바퀴를 돌았다. 운동장에서 축구를 하던 교회 청년들이 우리를 보고 알은체를 했다. 저녁에 아내가 냉면을 만들어 주었다. 육수가 유난히 맛있었다. 한 끼 식사를 마련하는 데 그렇게 많은 손길이 가는 줄을 몰랐다. 아내가 오이, 삶은 달걀, 닭 가슴살을 요리하는 것을 도왔다. 아내가 잠자러 모기장 속으로 들어간 뒤에도 나는 메이저리그 경기를 보았다. 새벽에 류현진의 복귀전까지 보았다.

팬덤이여, 일어나라

약이든 독이든 살려놓고 보자 9. 1.

　수술 이후 처음으로 아내가 동소문 사무실로 출근했다. 아무 일이 없어야 할 텐데, 마음이 불안하여 견딜 수가 없었다. 온종일 류현진 야구 재방만 연거푸 보았다. 뉴스는 암담했다. 새누리당과 유가족의 3차협상은 결렬되었다. 면담 도중에 유가족이 자리를 박차고 일어섰다. 이런 식이면 면담할 필요가 없다고 일갈했다. 예정된 수순이었다. 진정성이 없는 언론플레이 그 이상도 이하도 아니었다. 정부가 부동산규제를 다 풀었다. 집값을 띄워서 경기를 살려보겠다는 것이다. 부동산투기를 막기 위해 채워 놓은 족쇄를 다 풀어버렸다. 약이든 독이든 살려놓고 보자는 것이다. 지극히 무책임하고 무모한 정책이다. 우선 호황을 이뤄놓고 보자는 계산이다. 폭정의 징후는 도처에서 나타났다. 방송통신위원회가 KBS 이사로 이인호를 추천했다. 제2의 문창극 파동이 예상된다. 친일과 독재를 미화한 인사가 고관현직 후보자에 오르내리는 것은 이제 놀랄 일이 아니다. 그만큼 세상이 변했다는 이야기다.

　아내를 맞으러 동소문으로 나갔다. 아내가 '헤모힘'을 사러 종로로 가고 있다는 연락이 왔다. 정릉입구에서 서성대다가 허겁지겁 성신여대 쪽으로 가고 있는데 아내가 다시 동소문으로 오고 있다는 연락이 왔다. 동소문에서 내려서 아내와 함께 춘우문화관으로 돌아왔다. 아내가 사무실로 들어갔다가 금세 나왔다. 아내의 얼굴이 어두웠다. 전 회장이 앞으로 "보수를 일당(日當)으로 지불하겠다"고 하더라고 했다. 대수술을 하고 살아 돌아온 사람에게 처음 만나서 할 소리는 아니었다. 역시 오래 상종할 만한 사람은 아니었다. 밸도 정리(情理)도 없는 문인행사꾼일 뿐이었다. "모든 것이 자신이 불민(不敏)하고 부덕한 탓"이라고 하면서 아내는 한번 씩 웃고 말았다. 착잡한 마음으로 집으로 돌아왔다.

아내가 여러 가지 나물을 무치고 동태매운탕을 끓였다. 아내가 즐겁고 푸짐하게 식사했다. 가만히 보니 아내의 볼에 살이 올랐다. 헤모힘을 복용한 덕일까. 안방에 모기장을 치고 아내가 일찍 잤다. 류현진 14승 달성 복귀전을 보았다. 조금도 물리지 않았다. 이 순간만은 세상의 온갖 궂은 것들이 몰려다니면서 행패를 부려도 개의치 않았다. 보수원로 변호사들이 몰려와서 "변협이 왜 세월호 유가족을 지원하느냐"고 항변하는 것을 흘겨만 보고 있었다.

비인간적 본색 2014. 9. 2.

본성이 비인간적이었다. 그의 눈물은 연민도 사랑도 동정도 슬픔도, 최소한 측은지정(惻隱之情)도 아니었다. 그의 눈물은 물과 소금뿐이었다. 그가 통치하고 있는 동안은 부도덕 부정직 비인간의 세상이 판칠 수밖에 없다. 세월호 사태는 '비인간성에 대한 싸움' 즉 인간을 비인간화함으로써 질서를 유지해가려는 국가와, 인간성을 상실한 비인간들의 지배에 대한 저항이다. 한 어머니가 아들의 사진에 입을 맞추면서 절규했다. "아들아 갈 수 없구나." 유가족의 3보 1배는 아무리 엎드려도 경찰에 막혀 갈수 없었다. '머나먼 청와대' 그 주인은 본색이 비인간적이었다. 선원들은 구조를 기다리면서 맥주를 나눠 마셨다. 비인간의 극치였다. 벌써 부동산과열 조짐이 나타났다. 여권이 노리고 있는, 흥청망청한 세상이 오면 사람들은 얼이 빠지게 마련이니까, 정부를 비판할 정신도 없을 만큼 넋을 놓게 마련이니까. 더러운 각다귀떼들만 날뛰고 있다. 폭언폭식으로 유가족을 짓밟고 있는 어버이연합과 일베는 이제 인간이기를 포기한 사람들이다. 인간의 탈을 쓰고 있는 사이보그다.

비굴하게 타협하지 말고 당당하게 퇴장하라고 아내에게 일렀다. 전 회장은 이제 사단법인을 만들었고 그의 목적을 달성한 셈이다. 그 명칭을 이용하여 앞으로 이벤트나 벌이면서 명예나 챙기려고 할 것이다. 아내가 할 일은 끝난 것이다. 팽(烹) 당하기 전에 그만 떠나야 한다. 애초 예상했던 대로 사태는 진행되었다. 교활하고 사악하고 비열한 인간의 욕망을 보았다. 그는 문학의 허울을 쓰고 허영과 명예와 볼썽사나운 노욕(老慾)이나 탐하는 불쌍한 노파다. schizo나 snob일 뿐이다. 어제 전 회장이 흘렸던, "일당으로 지급하겠다"는 말을 오늘 오 상무이사가 되풀이했다. 아내는 단호하게 선언했다. "사무총장으로서 내가 할 일은 다한 것 같다. 이제 깨끗이 물러나겠다." 그리고 박차고 나와 버렸다. 아내는 생각했다. "이제 한평통문협은 그 이름으로 가끔 통일이벤트를 벌일 것이고, 통일을 더욱 힘들게 하고 있는 사이비단체의 대열에 이름을 하나 더 올려놓을 것이다." 회한은 남았다. 우리는 동통(疼痛) 같은 아픔을 느꼈다.

비 오는 상명대운동장으로 올라가서 몇 바퀴 돌았다. 나는 가만히 각혈 같은 울분을 토해냈다. 아내는 조금도 흐트러지지 않은 걸음새로 운동장을 걸었다. 헤모힘의 효과인지 아주 건강해 보였다. 어두워진 뒤에 집으로 돌아왔다. 한껏 해방된 것 같다면서 아내가 무척 기뻐했다. 아침 9시부터 오후 6시까지 하루같이 정신적으로 시달렸다가 이제 풀려났다. 이렇게 동소문 시절은 막을 내렸다. 잠든 아내의 얼굴을 들여다보면서 나는 연방 고개를 주억거리고 있었다.

결별의 기쁨 9. 3.

아내가 동소문을 다녀와야 한다고 했다. 어제 삭제하고 온 자료를 쓰레기통에 비우지 않고 왔다는 것이었다. 오늘 가서 깨끗이 청소하고 오겠다는 것이었다. 혼자 보낼 수는 없어서 동행했다. 동소문 사무실에 도착했을 때 전 회장이 외출하기 위해 집 앞에 나와 있어서 들어가지 않고 잠깐 주위를 배회했다. 우리의 관계는 이렇게 추락했다. 이윽고 아내가 사무실로 들어갔고 나는 인근 증권막장에 가서 기다렸다. 한식경이 지나서야 아내가 아주 밝고 명랑한 얼굴로 나왔다. 아내는 나를 보자 이제야 진짜 해방된 기분이라고 했다. 아내는 결별의 서글픔을 기쁨으로 치환했다. 인간에 대한 실망을 자신의 재발견으로 승화했다.

숭인동에 가서 휴지와 쌀을 가져왔다. '동망봉 터널'을 지날 때 터널의 기괴한 이름을 미리 맞춰보면서 우리의 기억력을 테스트해 보기도 했다. 상명대운동장으로 올라가서 운동할 참이었는데 피곤해서 곧장 집으로 돌아왔다. 그때 전 회장한테서 전화가 왔다. 통화가 아니라 일방적으로 혼자 횡설수설했다. 언뜻 "왜 근무일지를 가져갔느냐"고 소리를 질렀다. 아내가 근무일지를 가져온 이유를 나는 잘 알고 있었다. 그동안 무슨 일을 했느냐고 그들이 엉뚱한 트집을 잡을 수도 있고, 그럴 때를 대비해서 근무일지를 가져왔다. 그동안 한 일을 증명하고 나서 돌려줄 요량이었다. 입에 거품을 물면서 잠시 떠들어대다가 노파는 제풀에 자지러졌다. 아내는 웃으면서 그가 얼마나 강퍅하고 패악하고 독살스런 늙은이인가를 다시 확인한 셈이라고 말했다. "아아, 몌별(袂別)의 기쁨이여" 아내는 혼잣말처럼 가만히 중얼거리고 있었다.

박 대통령의 규제완화 총력전 "다 푸세요." 다그치는 대통령. 이벤트성 추석선물용이었다. 아무렴 그림과 분위기만 좋으면 그만이니까. 세월호법은 손놓고 낯 뜨거운 방탄국회만 후딱 해치웠다. 송광호 의원 체포동의안 부결. 의외의 결과를 혹시나 했던 내가 역시 순진했다. 해질녘에 상명대운동장에 가서 운동을 했다. 안개가 온 누리에 자욱이 껴 있었다. 남산타워도 보이지 않았다.

아름다운 야경이 밤안개에 묻혔다. 산들이 안개 속에 포근히 휩싸인 채 속삭이고 있었다. 내일은 또 무슨 일이 벌여질까. 오랜만에 LA다저스 경기를 보았다. 에이스 커쇼가 호투, 17승을 거뒀다. 봐도, 봐도 물리지 않았다. 자정이 넘은 시간에 홀로 먼 이국의 야구영웅으로부터 위로를 받았다. 고맙다, 커쇼여.

노시인의 횡설수설 9. 4.

세월호희생자 유가족에겐 추석도 없었다. 추석날에 겨우 합동기림상을 차렸다. 불우한 사람들에겐 명절이 더욱 쓸쓸한 법이다. 그 마음이 오죽 할까. 경찰은 그들을 미행하고 채증까지 했다. 일부 몰지각한 보수망나니들이 욕설과 조롱을 퍼붓고 악성유언비어를 퍼뜨렸다. 이렇게 부도덕한 인간쓰레기들은 일찍이 없었다. 서울교육청이 자사고 지정 취소의 절차를 시작한 8개 학교를 발표했다. 경희 배재 세화 숭문 신일 우신 중앙 이대부고 등 비교적 모범사학으로 평가를 받아온 학교가 포함되었다. 깜짝 놀랐다. 해당 학교의 명예가 손상되는 것은 어쩔 수 없었다. "내 아이 잘 키우자는 관점이 아니라 우리 자식 모두 잘 키우자"는 관점으로 보자는 말이 가슴에 와 닿았다.

아침에 전 회장한테서 전화가 왔다. 아내가 전화를 받지 않은 것은 물론이었다. 근무일지를 보내달라는 문자도 왔다. 아내는 양 법정이사장과 문 감사에게 전화해서 아내의 거취에 대한 이야기를 했다. 한평통문협 사단에서 중요한 역할을 하는 사람들이 알 것은 알고 있어야 한다는 생각에서 그랬다. 얼마 후에 문 감사가 아내의 사퇴를 몹시 아쉬워하면서 그 일로 선후책을 논의하기 위해 양 이사를 동대문에서 12시에 만나기로 했으니 같이 만나자고 했다. 아내와 택시를 타고 동대문역사공원 인근에 있는 '고향집'이라는 식당으로 갔다. 아내만 들여보내고 나는 역사공원을 찾아갔다. 퍽 색다른 체험이었다. 오늘은 거죽만 돌아보았다. 건물양식이 이색적이고 독창적이어서 어떻게 평가할지 엄두가 나지 않았다. 요컨대 거대하고 괴상한 건축물이 하나 '추억의 동대문운동장'에 떡 버티고 있었다. 동대문운동장기념관까지 들여다 보고 나서 돌아섰다. 한 바퀴를 돌아보는 데 많은 시간이 걸렸다.

거의 2시간이 지나서야 아내가 밝은 얼굴로 돌아왔다. 그들을 만나서 많은 위로를 받은 모양이었다. 우리는 역사박물관 앞에서 구기동으로 가는 버스를 탔다. 뜻밖에도 광화문광장 정류장에서 딸 영이를 만났다. 회사에 출근했다가 퇴근하는 길이라고 했다. 퍽 명랑하고 생기가 넘쳐흘렀다. 뭔가 좋은 일을 하고 돌아오는 것 같았다. 그가 직장에 대한 이야기를 끝없이 늘어놓았다. 아내에게 장뇌삼을 주겠다면서 함께 집으로 가자고 했다. 우리는 영이집으로 갔다. 그는 과일과 과자를 대접하면서 산삼은 물론이고 냉장고에서 연방 먹을거리를 꺼내놓으면서 우리더러 가져가라고 했다. 두어 시간을 보내고 나서 우리는 영이의 차를 타고 집으로 돌아왔다. 영이는 곧바로 다시 직장으로 나갔다. 저물면 상명대운동장으로 운동을 하러 가자고 해놓고 아내가 낮잠을 잤다. 그 사이에 홀로 북악정까지 산책을 하고 돌아왔다.

아내가 저녁식사때 백숙을 먹고 카레를 맛있게 먹었다. 잠시 뉴스를 보았다. 어느 종편 대담프로에 김지하 시인이 출연했다. "고은이나 김지하 같은 사람들은 세월호 참사를 어떻게 생각하고 있을까." 사실 그런 생각을 한 적이 있었기 때문에 우리는 그의 말에 귀를 쫑긋했다. 이내 실망하고 말았다. 그의 말에는 논리도 총기도 명철도 사단(四端)의 수오지심(羞惡之心)도 없었다. 초점도 알맹이도 없는 엉뚱한 이야기를 물색없이 지껄이고 있었다. 노시인의 횡설수설이 나를 슬프게 했다. 오후에 아내가 사람들을 만나서 약소하나마 격려와 위로를 받고 돌아온 게 우리 일상에 활기를 불어넣었다. 내일은 누구를 만날까. 이제 한평통문협 사람들을 만나지 않을 것이다. 잠시 쓸쓸하고 허망한 생각이 들었다.

'나의 갈 길 다 가도록' 9. 5.

TV에서 식초와 흑초가 항암작용을 한다는 것을 눈여겨보았다. 장사진(長蛇陣)이라는 말을 왜 안 썼을까. 박정희를 신으로 떠받는 사람. 영혼이 없는 사람, 의식이 없는 사람, 배알이 없는 사람, 오불관언(吾不關焉) 회원들. 삼년 만 참고 바꾸자. 드라마는 온통 악지와 반전. 심모 의원, 집시법 개정안을 발의하고 집회제한을 추진했다. 세월호 재갈 물리기. 한 장소 30일 이상 불허, 문화재 근처서도 금지. 병신 육갑하고 있다. 그가 하는 행태가 늘 그랬다. 위장전입으로 장 아무개 총리 후보를 낙마시킨 장본인 아닌가. 헤드라인을 그대로 옮겨 보았다. '세월호는 어떻게 산으로 갔는가' 처음은 '모두가 죄인'에 충격과 분노를 느꼈다. '근원은 유병언' 책임 돌리기. '두 번의 선거승리' 진상 규명 좌초(坐礁). '국민사육경제' 적폐 묻어버리기. 대통령의 행보와 발언에선 세월호가 사라졌다. 오불관언 회원모집 중.

새벽에 아내가 텃밭에 나갔다가 10시가 되어서야 돌아왔다. 아침 식사시간에 늦은 것은 말할 것도 없고 아침부터 지쳐 있었다. 텃밭에서 일한 게 분명했다. 아침을 챙기는 것은 나의 책임이다. 제때에 식사를 하는 것은 투병생활의 기본이다. 이러면 힘들어진다. 작은 분란이 일어났다. 아내는 블로그에 글과 사진을 올렸다. 나는 '아고니스트' 당신을 썼다. 오후에 상명대로 올라가서 날이 저물 때까지 운동장을 돌았다. 볼수록 천하제일의 전망대였다. 눈 아래 인왕산 산허리가 펼쳐져 있고 북악산 등성이가 꿈틀거리면서 기어갔다. 산 너머로 멀리 남산타워의 휘황한 불빛도 보였다. 맑은 공기를 들이쉬자 뼛속까지 시원해졌다. 7시 넘어 캠퍼스에서 내려와서 인왕시장으로 갔다. 청과물상회에 가서 싱싱한 토마토를 샀다. 상명대 운동장을 돌 때부터 아내가 내가 좋아하는 찬송가 '나의 갈 길 다 가도록'을 불렀다. 쇼핑을 마치고 어두운 밤길을 돌아올 때도 아내는 연방 찬송가를 불렀다. 집에 도착하여 짐을 옮길 때 내가 중심을 잃고 넘어졌다. 위험한 순간을 맞았지만 말짱했다. 오랜만에 '정글의 법칙'을 보았다. 제발 인간이 연출하지 않고 풍경만 보여주었으면 좋겠다. 나는 늘 'rough it'하는 정글이 보고 싶었다.

오불관언회원 모집 중 9. 6.

추석귀성객과 연휴 해외나들이 뉴스가 맥질을 했다. 세월호 가족의 소식은 없었다. 유가족은 울부짖고 있었다. "추석에도 우리를 기억해주세요." '세월호를 오불관언'하는 사람들이 늘어갔다. 대통령의 추석인사에서 세월호는 빠졌다. 그의 행보와 발언 어디에도 세월호 유가족은 없었다. 대통령은 바야흐로 오불관언(吾不關焉) 회원을 모집 중이다. 세월호를 잊기 위해 안간힘을 쓰고 있었다. '사상 최대의 인파가 추석명절에 해외로 빠져나가고 있다' 이런 뉴스나 띄웠다. 아침에 상명대학교에 가서 일곱 바퀴를 돌았다. 아내가 아침밥을 많이 먹었다. 야채수프와 토마토주스도 마셨다. 점심때는 냉면을 먹었는데 별미였다. 아내가 한 그릇을 남김없이 비웠다. 오후에 남대문시장에 낚시하러 갔다. 오늘도 몇 마리 대어를 낚았다. 수입상가에 가서 비타민E를 샀다. 저녁엔 새우를 수증기로 쪄서 먹었는데 아내가 특히 좋아했다.

밤에 귀성뉴스가 봇물을 이뤘다. 귀성행렬은 어쩔 수 없이 우리를 쓸쓸하게 했다. 안방에 모기장을 치고 드러누워서 오랜만에 신문을 읽었다. '누가 그들을 죄인으로 만드나' 정치부 김진우 기자의 글을 읽었다. 논설위원 양권모의 '박정희 장군 전역공원'도 읽었다. 우리가 어느 시대에 살고 있는가. "3년 만 참고 바꾸자. 빛 좋은 독버섯, 악지 반전." 이런 말들이 머릿속을 스쳐갔다.

경황과 엄두 9. 7.

아침 6시 50분에 상명대운동장에 올라가서 걸었다. 그 시간에 일어나기가 힘들었지만 아내의 빠른 쾌유를 위해 강행군했다. 맑은 공기를 깊이 들이마셨다. 아침 햇살을 받으면서, 천하제일 명산을 바라보면서 일곱 바퀴를 돌았다. 챙겨간 두유와 요구르트를 먹었다. 아침이 금방 지나가 버렸다. 꿈결 같은 시간에 감쪽같이 운동을 하고 돌아왔다. 아내가 아침을 준비했다. 수란을 삶고 토마토주스를 만들고 고등어구이와 쇠고기장조림을 데워서 아침상을 차렸다. 아내는 오늘따라 입이 짧았다.

　류현진의 메이저리그 15승 도전 경기를 보았다. 타선의 지원을 받지 못해 위태위태하더니 예상대로 15승은 불발했다. 7회 때 2실점하고 말았다. 맥이 빠졌다. 그런 나를 보고 아내는 좀 편하게 경기를 볼 수 없느냐고 볼멘소리를 했다. 그토록 승패에 숨 가쁘게 매달릴 것이 뭐냐고 핀잔을 주었다. 그러려면 서울역이나 그런데 가서 혼자 보라고 했다. 딴은 그랬다, 가만히 얼굴을 붉혔다. 사람들은 서둘러 고향으로 달려가는데 나는 늘 서울에 남고, 이러구러 한 평생을 타향에서 추석을 쉈다. 간혹 몸은 꽃수레를 타고 갈 때도 있었지만 마음은 늘 무거운 십자가를 지고 갔다. 겨우 '아고니스트 당신'을 썼다. '징비록 사랑'은 2010년 3월에서 묶여 있고, 한 발짝도 나가지 못했다. 경황이 없고 엄두가 나지 않았다. 늘 불안하고 초조하고 쫓기는 느낌이었다.

　요즘 아내는 나를 느긋하게 놓아두지 않았다. 걸핏하면 나를 불러들이고 차출했다. 수술 이후에 더욱 그랬고 그럴 수밖에 없었다. 나는 언제나 기꺼이 아내한테 달려갈 채비를 하고 있었다. 그건 마냥 즐거운 일이었다. 해질녘에 산책을 나갔는데 동네를 벗어나지 못했다. 할인마트 앞에서 발길을 돌렸다. 아내는 마트에 가서 먹을거리를 사고 싶다고 했다. 내가 말렸다. 괜히 냉장고에 처박아둘 식재료를 살 것 같았다. 어제도 인왕시장에 가서 시장을 보지 않았는가. 그 대신 홈플러스에 가서 맛있는 빵을 샀다. 아내와 주말드라마를 보았다. 용이의 추석안부전화를 받았다. 밤에 우리는 사이좋게 헤모힘을 나눠 마셨다. 그사이 '배반의 땅'이 돼 버린 내 고향을 보고 나는 꿈속에서도 화들짝 놀랐다.

항암치료의 공포 9. 8.

　새벽에 상명대에 올라가서 운동했다. 해가 뜨자 그늘 속으로 걸었다. 아내는 눈에 띄게 생기가 돋아났다. 운동장에서 한 남자가 축구 볼을 차고 있었다. 딱 그 사람밖에 없었는데 어쩐지 신경이 쓰였다. 운동장트랙을 돌고 있는데 공차는 소리가 그 고요함을 깼다. 밉살스러웠다. 잠시 후에 그가 사라졌는데 추석 아침부터 그 사내를 미워했던 것을 후회했다. 오늘도 여느 날과 다름없이 운동장을 일곱 바퀴 돌고 집으로 돌아왔다. 채 한 시간이 걸리지 않았다. 둘만 오롯이 추석을 보냈다. 아내는 안방 TV에서 계속 음악프로를 보았다. 나는 건넛방에서 소세키의 '마음'을 읽었다. 아내가 TV를 보다 말고 건너와서 시를 읽어주겠다고 했다. 때마침 LA다저스의 경기가 시작되어서 얼른 안방으로 가서 야구를 보았다. 이렇듯 안방으로 건넛방으로 왔다 갔다 하면서 나는 아내와 본의 아니게 숨바꼭질을 하고 있었다.

아내가 불쑥 "당신 곁에 가게 되면 어쩐지 미안한 생각이 든다"고 말했다. 가슴이 철렁 내려앉았다. 그것은 부부간에 할 소리가 아니었다. 어쩌다가 이렇게 꼬이고 말았을까. 나는 재깍 LA다저스 경기를 꺼버렸다. 당장 아내와 평창동둘레길을 드라이브했다. 윗길 너럭바위 옆 우리의 아지트에서 차를 멈추고 가져간 김밥을 먹었다. 그리고 온갖 이야기를 허겁지겁 쏟아놓다가 돌아왔다. '아고니스트 당신'도 쓰지 않았다. '까짓 거, 이제 그만 쓸까.' 그러자 금세 내 삶이 끝나버린 것만 같았다. 어쩔 수 없이 낑낑거리면서 오늘 치를 썼다. 이 하찮을 작업을 하느라고 진이 빠져버렸다. 아무튼 언젠간 눈물을 머금고 '아듀! 아고니스트 당신'을 단행하리라 굳게 결심했다.

밤에 중이가 방문했다. 부산요양원에 가서 할머니와 사진을 찍어서 보낸 것이 생각났다. 그 총중에 할머니를 찾아가서 위로하다니, 얼마나 대견한가. 오늘은 중이가 아내에게 중요한 사항을 결심하게 했다. 중이는 아내에게 중요한 사항을 결심하게 했다. 그동안 아내는 항암치료를 포기하고 식이요법 등으로 병을 치유할 생각을 했다. 항암 치료의 후유증을 두려워한 나머지 이상구 박사식의 치료를 마음먹고 있었다. 그런 아내에게 나는 할 말이 없었다. 그 끔찍한 후유증을 나 역시 두려워하고 있었으니까. 중이가 아내의 생각을 바꿔놓았다. 중이의 설명을 듣고 아내가 항암치료를 받기로 결심했다. 애초 내가 아내에게 한 말을 그가 고스란히 되풀이했다. "한마디로 인터넷에서 말하고 있는 치료법은 믿을 수가 없다. 가장 신뢰할 수 있는 치료는 의사의 지시를 그대로 따르는 것이다. 서울대병원이 어떤 병원이냐. 그 병원에서 치료를 받을 수 있는 것부터가 행운이다. 믿고 의사의 치료를 받도록 하자. 이상구식도 좋지만 그것은 일종의 도박일 수도 있다. 생명을 가지고 도박을 할 수는 없다. 물론 가능성도 있지만 얼마든지 위험한 결과를 가져올 수도 있다." 중이의 간곡한 설득은 아내를 짓누르고 있는 '항암치료의 공포'와 강박을 떨쳐 버릴 수가 있었다. '고맙다, 아들아!' 중이가 가고 난 뒤에 아내는 차분히 병원일정을 조정했다. 얼굴에 미소까지 띠면서 나에게 도와달라고 했다. 감격했다. 이보다 소중한 추석선물이 어디 있겠는가.

더블피의 재앙 9. 9.

상명대운동장에서 아침운동을 하면서 같은 교회속회 사람을 만났다. 고양이가 아내의 가랑이 아래로 지나갔다. 그것도 두 번씩이나 그랬다. 이것이 무슨 징조일까. 하찮은 일에도 의미를 붙여보려는 것은 마음이 연약해졌다는 증거다. 나는 그냥 잊어버리기로 했다. 내가 짠 식단대로 아내가 아침을 먹었다. 오늘은 여느 때보다 일찍 시내로 나갔다. 이전에 채 못 보고 온 옷이 있다면서 아내가 남대문시장으로 옷을 사러 가자고 했다. 시청 앞에 버스정류장이 새로 생겼지만 삼성사옥 앞에서 내렸다. 햇살이 얇아지고 하얘졌다. 지하도로 해서 남대문시장으로 건너갔다. 명절이라 지하도에 노점상들이 없었고 말갛게 정리되어 있는 게 사뭇 낯설게 느껴졌다. 노숙자가 지하도 여기저기에 누워 있었다. 그들이 퍽 가까운 사람처럼 보였다. 우리네 여정의 끝은 저런 사람들과 다를 것이 없다. 그런 생각이 머릿속을 스쳐갔다. 아내는 곧 낚시에 골몰했다. 그런 모습은 늘 보기가 좋았다. 그런 아내를 멀찍이 바라보면서 나는 메사 앞에 앉아 있었다. 상동교회 코지호텔 우리은행 건물들을 새삼 살펴보면서 왜 이곳을 자주 찾아오고 있는가를 골똘히 생각해보았다. 갈 곳이 없어서, 사람이 그리워서, 건강을 지키려고. 어떤 대답도

성에 차지 않았다.

'누구를 위하여 종은 울리나'를 보기 위해 4호선을 타고 명보실버극장에 갔다. 상연시간이 많이 남아 있어서 근처에 있는 '동회루'에 가서 짜장면을 시켰다. 명절 끝에 사람이 몰리는 바람에 음식이 빨리 나오지 않았다. 한참 앉아 있다가 그냥 나와 버렸다. 사실 아내는 아직 짜장면을 먹을 수 없었다. 한국의 집 앞에서 고등어구이를 먹었다. 명보에 가보니 우리가 보려는 영화는 내일 상연하는 프로였다. 지하철을 타ㅇ 불광동 시장으로 갔다. 다이소에 들러서 부엌칼을 샀다. 여기서 우리의 나들이는 끝이 났다.

뉴스에서 야당의 지지율 하락과 대통령지지율이 50%대라는 소리를 되풀이하고 있었다. 지지율이 무슨 의미가 있는가. 그것은 어쩌면 '더블피의 재앙'일지도 모른다는 생각이 들었다. '더블피'는 지극히 내 개인적인, 그러니까 암호와 같은 일종의 아크로님(acronym, 두문자어)이다. 마비된 여론(paralyzed popularity), 굳이 하나를 더 붙이자면 편향된 언론(biased press)이다. 그러니까 double P는 내가 혼자서 은밀히 사용하는 두문자어다. 마비된 여론과 편향된 언론이 야당의 지지율 추락과 대통령 지지율 건재 등을 강조하고 있었다. 더블피는 지지율로 정치를 하게하고 난국을 헤쳐 나갈 수 있도록 지원하는 일등공신이다. 세월호와 민생을 각각 대립항에 놓고 의도적으로 사회갈등을 조장해 난국을 탈출하려는, 그 사악하고 비겁하기 짝이 없는 속셈도 더블피의 효과로써 가능한 것이다. 재앙이 아닐 수 없다.

추석은 지났지만 세월호 정국은 여전히 옴짝달싹못했다. 돌파구는 안 보이고 장기미제로 남을 가능성이 높다. 정치판에 3무 현상이 나타났다. 인간미 없는 대통령, 진정성 없는 새누리당, 능력이 없는 새정치. 안산분향소와 광화문광장과 팽목항에서 유가족들의 추석맞이가 눈물겨웠다. 누가 세월호가 피로감을 준다고 하는가. 잊지 않겠다는 말을 벌써 잊었는가. 그들을 위로하고 보듬어주자. 밤에 아내는 중이집을 다녀왔다. 아는 지리산도사가 아내의 병에 대한 조언을 하겠다고 해서 찾아갔다. 알고 보니 중이가 살고 있는 집 주인도

5년 전에 수술을 받고 올해 졸업했다고 했다. 지리산 사람도 만나고 집 주인도 만나기 위해 찾아간 것이다. 나는 집에서 메이저리그를 보았다. LA다저스의 커쇼 경기는 언제 보아도 감동적이었다. 야구를 모르는 아내조차도 '예수 같다'면서 그를 좋아했다. 중이집에서 돌아온 아내의 표정이 무척 밝았다. 15일 항암치료를 앞두고 마음을 가다듬는 데 많은 도움이 되었다. 밤이 깊어가는 줄도 모르고 나는 커쇼의 호투를 지켜보았다.

잔밥에 싸인 여자 9. 10.

어떻게 해서라도 내 삶의 기록을 보존하고 나중에 세상에 내놓아야 한다. 지금은 그 가능성이 희망하다. 내 이야기에 귀를 기울어주는 사람이 거의 없다. 내 기록의 존재이유와 가치를 평가하고 소중하게 여기는 사람은 용이뿐이다. 지금 그는 너무 힘들고 여유가 없다. 일상의 무게를 감당하지 못해 휘청거릴 때가 많다. 잠시 '아고니스트 당신'의 운명을 생각하면서 적이 우울했다. 아직 출판할 만한 뾰족한 수가 없다. 장조림을 조리해 두었다고 해서 중이집을 방문했다. 아내만 집안으로 들어가고 밖에서 기다렸다. 나는 중이와 그의 여자친구를 만나고 싶지 않았다. 그 많은 사연과 사귐이 있었으면서도 우리는 까맣게 몰랐고 앞으로도 그럴 것이다. 다만 그녀로부터 많은 도움을 받고 있으며 어쩌면 결혼할지도 모른다는 가능성을 기대하면서 아내가 일말의 성의를 보이고 있었다.

아내가 한참동안 나오지 않았다. 장조림만 가지고 나오겠다고 한 사람이 또 주저앉아 버렸다. 나는 홀로 주변을 쏘다녔다. 나중에는 그냥 가버릴 생각으로 마지막으로 차를 세워놓은 곳으로 가보았다. 그때 아내가 그 여자와 함께 나왔다. '잔밥에 싸인 여자' 첫인상이 우리 어머니가 옛날에 한 말을 생각나게 했다. 왜 그 말이 생각났는지 모르겠다. "산전수전 다 겪으면서 숱한 고생을 한 여자." 어머니의 말이 그런 뜻이었다. 우리는 그길로 E마트에 가서 초밥과 매운탕거리를 샀다. 매운탕을 끓여서 저녁을 맛있게 먹었다. 초밥은 냉장고 속으로 들어갔다. 오늘은 명절의 마지막 날이다. 어찌되었건 오늘 아들을 방문하고 연휴를 마감했다. 한가위 보름달도 보았다. 깊은 밤에 '아고니스트 당신'이 꼭 세상에 나올 수 있게 해달라고 기도했다. 나도 모르게 눈가가 촉촉이 젖었다. 아무도 돌봐주지 않는 나의 분신을 보고 가슴이 미어졌다.

노인이 노인을 관찰했다 9. 11.

대인, 장자(壯者), 거물이 없다. 딱 걸렸구나. 양권모, 이대근을 발견한 것을 큰 위안으로 삼았다. 의식을 빼버리고 배만 불리게 하는 경제는 사육경제다. 폭정은 사육경제로 국민을 다독이려고 한다. 찢겨진 플래카드와 현수막. 일부 불순분자 과격분자의 소행을 침소봉대하여 국민 분열의 상징 혹은 실체로 언론이 대대적으로 선전하고 있다. "사생활 진행 중에 딱 결렸네." 최고위 존엄을 지키기 위해 국정의 파탄도 민생의 표류도 유가족을 유린하는 것도 눈썹 하나 까닥하지 않았다. 오불관언이다.

아내가 이른 아침부터 온 집안을 뒤집어 놓고 청소했다. 내일 금요일에 집에서 속회를 열겠다는 것이었다. 그 몸으로 무리다. 건강과 섭생에 관한 지금은 내가 신경을 쓰지 않을 수 없다. 집에서 속회를 열겠다는 것은 일종의 객기라는 생각이 들었다. 내 생각을 털어놓았다. 아내에게 괜히 상처를 준 것 같았다. 엎질러진 물이었다. 나는 약속을 핑계로 집을 나와 버렸다. 우선 광화문 광장으로 갔다. 분수대 옆에 앉아서 세월호 단식의 현장을 먼발치로 바라보았다. 가까이 가보고 싶었지만 두려웠다. 현장은 늘 나를 실망을 시켰기 때문이다. 분수에서 솟아오르는 물줄기보다 힘없이 떨어지는 물방울들이 나의 시선을 끌었다. 넌출지면서 떨어지는 물갈기들이 그렇게 우스꽝스러울 수가 없었다. 기어코 단식 현장으로 가보았다. 곳곳에 자리가 비어 있고 썰렁했다. 크게 낙담했다. 결국 이런 현실과 맞닥뜨리기 싫어서 망설였는데 확인해 버린 것이다. 민심이 세월호를 잊어가고 있다는 생각에 가슴이 아팠다. 정청래 의원이 홀로 단식하고 있었다. 수염이 길게 자랐고 얼굴이 까맣게 탔다. 후닥닥 발길을 돌려 종로 쪽으로 갔다. 큰길로 나가지 않고 종묘 뒷길 쪽으로 해서 세원상가로 넘어갔다. 종묘 숲속에서 어버이연합 노인들이 떼를 지어 앉아 있었다. 뭔가 행사를 끝내고 나서 휴식을 취하고 있었다. 지금 막 세월호특별법 제정 반대시위를 하고 돌아온 게 틀림없다. 종로4가 '일품향'에 가서 짜장면을 먹었다. 광화문 쪽을 돌아오면서 탑골공원에 들러서 노인들은 살펴보았다. 노인이 노인을 관찰했다. 이곳 노인들은 시위와는 거리가 멀었고 하나같이 이상했다. 땅만 쳐다보고 앉아 있는 사람, 허공을 올려다보면서 홀로 열변을 토하고 있는 사람, 온몸을 뒤뚱거리면서 걷고 있는 사람, 말짱하게 정장을 하고 하필이면 공동화장실 통풍구 앞에 앉아 있는 사람, 콧구멍에 종이를 돌돌 말아서 쑤셔 넣고 해바라기를 하고 있는 사람, 한 가지 분명한 것은 모두가 외롭고 슬퍼 보였다. 나의 자화상이었다.

집에 돌아왔을 때 아내는 여전히 먼지를 털고 닦고 있었다. 그 몸에 대청소를 하는 게 무리라는 염려에서 좀 역정을 냈는데, 아내는 그런 나를 게으른 방관자, 뒷짐 진 채 구경이나 하고 손 안 대고 코나 풀려는 위인쯤으로 치부하고 있는 게 분명했다. 후회막급이었다. 나야말로 치기(稚氣)를 부리고 있을지도 모른다는 생각이 들었다. 나 역시 턱없이 엇나가는 망계(妄計)를 부릴 때가 한두 번이 아니니까.

너는 인자가 아니다 9. 12.

기레기에 이어서 판레기가 나올 판이다. 법치주의는 죽었다. 법원 내부 글에 부장판사의 비판글이 실렸다. 판결은 궤변이다. "정치에는 개입했지만 대선에는 개입하지 않았다"는 판결을 두고 궤변이라는 말까지 나왔다. "술을 마셨지만 음주운전은 아니다." 참으로 궁색하고 묘한 말을 했다. 갈데없는 궤변이요 소피스트다. 살 만한 사람이 무엇이 부족하여 권력의 눈치를 보면서 재판을 하는지 모르겠다. 불가사의 중의 하나다. 얼마나 비열하고 음흉한가. 국민의 건강을 위해 담뱃값을 올린다? 그리 핑계대지 말고 복지예산 등을 위한 서민증세를 하는 것이라고 솔직히 털어놓은 게 훨씬 낫다. 유가족들을 죄인으로 만들었다. 국정의 발목을 잡고 있는 각다귀떼쯤으로 몰아붙이고 있다. 단식을 조롱하고 희화화했다. 전국어버이 연합의 행패는 도를 넘었다. 너는 인자(人子)가 아니다. 우리에게 그런 어버이는 없었다. 사이보그, 각다귀떼가 따로 없다. 종묘 숲속에서 그들의 눈물과 한숨을 언뜻 보았다. 그들이 모여 앉아서 회한을 풀고 있었다. 그들을 이용하고 있는 세력이 나쁘다. 그들 너머로 간교하고 사악한 권력의 얼굴이 스쳐갔다.

속회가 시작되는 11시에 나는 광화문으로 나갔다. 덕수궁을 갈 참이었다. 월암이 한창 국전에 출품하던 젊은 시절에 국전을 구경하러 뻔질나게 드나들었다. 불현듯 그 시절이 그리워서 한번 가보고 싶었다. 시청 앞에 이르렀을 때 배가 고팠다. 요기를 하기 위해 남대문시장 쪽으로 가다가 명동으로 발길을 돌렸다. 명동에서 냉면을 먹고 나서 덕수궁 대신 종로로 발길을 돌렸고 파고다공원에 다다랐다. 공원에서 한 시간 가량 배회하다가 인사동을 지나서 수송동으로 넘어왔다. 조계사 앞에서 버스를 타고 귀로에 올랐다. 북악정 앞에서 내려서 슬슬 평창동둘레길을 걸었다.

오후 2시에 속회가 끝났다는 연락이 왔다. 평창동 산책을 끝내고 집으로 돌아왔다. 아내는 속회에서 처음으로 수술이야기를 했다고 했다. 하나같이 무슨 수술을 했는지도 모르고 있더라고 했다. 아내는 그동안 강퍅했던 마음이 많이 누그러져 있었다. 밤에 '정글의 법칙'을 보았다. 사회 곳곳에서 인간이 사라진 징후가 나타났다. "너는 인자가 아니다." 이런 말을 거침없이 내뱉는 자신이 놀라웠다. 자정이 넘도록 메이저리그야구를 보았다. 이렇게 여유를 부릴 때인가. "미안하다, 아내여."

악머구리떼 9. 13.

    황석영이 민주주의를 위해 더 싸울 때라고 기염을 토했다. 고은은 뭘 하고 있을까. 김지하는 뭘 하고 있을까. 내 몫의 투쟁은 끝. 각다귀떼, 악머구리떼, 참으로 각다분한 세상이다. 이 판국에 박영선이 할 수 있는 일은 하나도 없었다. 그 애잔한 사람, 때리고 자시고 할 데도 없다. 그 섬약한 리더에게 막말을 했다. 이젠 원내대표직을 사퇴하라는 말까지 나왔다. 내홍 내분이랄 것도 없다. 무슨 힘이 있어서 맞서고 싸우고 대결하고 도전하고 저항할 것인가. 요즘 야당의 행태를 보면 흡사 악머구리떼를 보고 있는 것 같다. 소인배의 집합소다. 점입가경이다. 대표가 허약한 것에 편승하여 저마다 멋대로 떠들어대고 있다. 대의를 위해, 민주주의 회복을 위해 철통같이 뭉쳐야 할 판에 저마다 잘난 소리만 하고 있다. 존재감 자존심 이념, 노선 계파, 이런 것이 시대적 명령과 과제보다 우선할 수는 없다. 박영선은 결국 양 강경 (여당과 유가족) 사이에서 이리저리 왔다 갔다 하다가 변을 당한 것이다. '덜컥 수'로 자멸했다는 시사평론가의 말이 나올 만하다. 하지만 대책 없이 허둥대다가 끝장이 나고 만 사람처럼 비치는 건 싫었다. 그는 결코 그런 사람이 아니다. 제발 이제라도 뭉쳐서 거악을 물리쳐야 한다. 의식이 있는 사람이라면 거악이 무엇인지 잘 알 것이다. 한번만이라도 당차고 다부지게, 좀 제대로 싸워봐라.

    아내가 간밤에 20년 동안 깔아온 요를 버렸다. 대용품을 사러 E마트에 갔다. 뜻밖에도 좋은 물건을 구입했다. 하나 남아 있는 물건이 우리에게 딱 맞았다. 아내가 과자를 샀다. 아내는 과자를 먹는 사람이 아니었다. 바야흐로 몸속의 반란과 파격과 싸우기 위해 주전부리도 준비했다. 20년 만에 편한 잠을 잘 수 있는 잠자리를 마련했다. 밤에 주말드라마 두 개를 보았다. 극과 극을 치닫는 드라마였다. 새로 시작한 '마마'는 수작이었다. 상당히 실력이 있는 사람이 쓴 것 같다. 이런 작가도 있구나. 시청률은 장담할 수 없다. 나와는 상관없는 일이다. 막장드라마를 보고 그동안 스트레스를 받은 것을 생각하면 울화가 치밀었다. 그 얼토당토않은 반전과 엉뚱한 음모는 어떠한 진실이 밝혀져도 사건을 마무리하는 데 아무 도움이 되지 않았다. '안타고니스트'가 판을 치고 불사조처럼 살아났다.

아내가 가끔 풀이 죽은 표정을 보였다. 이제 내일모레면 항암치료를 받아야 한다. 그 엄청난 시련이 문득문득 생각나는 모양이다. 저녁나절부터 깊은 밤까지 아내를 paraclete할 만한 일을 찾아보았다. 여의찮았다. 아내의 잠든 모습을 하염없이 들여다보았다. 얼굴이 밀랍처럼 창백했지만 고희를 바라보는 나이에도 아직 청초하게 빛났다. 변함없이 초원의 빛이었다.

천사의 노래 9. 14.
교회에 가지 않았다. 새벽에 상명대운동장에 가서 운동을 했다. 내일부터 항암치료가 시작된다. 아침에 오랫동안 명상의 시간을 가졌다. 아내가 오늘 부천에 가는 것은 무리였지만 부천 153농인교회 창립20주년감사예배에 참석했다. 영등포에 있던 농인교회를 15년 전에 아내와 찾아간 적이 있었다. 그사이 어디론가 사라졌다가 다시 나타났다. 아내는 고 탁명환 목사와 함께 교회설립과 발전에 심혈을 기울어왔다. 감사예배에서 아내는 '천사의 노래'라는 자작시를 낭송했다. 감동적이었다. 가수 옥희가 축가를 불렀다. 목사 여럿이 축사를 했다. 예배 후에 맛있는 식사도 했다. 식혜가 특히 감미로웠다.

내일 병원치료도 있고 해서 우리는 서둘러 자리를 떴다. 이재욱 목사 부부가 우리를 따뜻하게 맞고 배웅했다. 집에 돌아왔을 때 아무 일도 생각나지 않았다. 나도 모르게 그만큼 긴장하고 있었다. 온전한 정신과 육신으로 생활하는 것은 오늘이 마지막일지도 모른다는 생각이 들었다. 우리는 아주 평온한 마음으로 잠깐 주말드라마도 보았다. '천사의 노래'가, 아내가 목소리가 깊은 밤에 귓전을 울리고 있었다.

천사의 노래

조정애

길 잃은 메아리
소라껍질 속으로
꿈을 묻었다
영원한 목마름은
푸름 속 나래짓하는 바람 되어
가슴 가득 불어올 때
새들은
겨울 가지 사이로 하프를 컨다

그대
꽃으로 다가오는
천사의 노래 듣느냐
두 귀를 잃은 침묵의 눈빛은
맑고 깨끗한 영혼을 흔드노니
한 떨기 꽃이여
별들의 속삭임이여

그대
미소 감기운 옷자락
춤추는 수화마다
숨겨진 소라껍질
속 꿈의 메아리를 듣는다

그대 천사의 노래
가슴 가득 안긴다.

연애하다가 딱 걸렸네 9. 15.

아내가 항암치료를 시작하는 날이다. 아내는 담담했다. 나는 불안하고 초조했다. 오후 2시에 서울대병원으로 갔다. 아내가 전혀 서두르지 않은 바람에 시간이 촉박하여 부랴부랴 택시를 타고 갔다. 택시기사가 사람들이 잘 모르는 성북로를 통해 평창동에서 서울대병원까지 기분 좋게 차를 몰아주었다. 제시간에 도착할 수 있었다. 암병원5층 낮병원에서 간단한 상담을 했다. 곧장 교육상담실로 가서 항암치료에 대한 교육을 받았다. 주사치료실로 가서 치료시간을 배정받았다. 마침내 4시부터 2호 치료실에서 주사를 맞기 시작했다. 10여 명이 같은 방에서 주사를 맞았다. 나는 아내의 침대가 보이는 복도의자에 앉아서 아내를 지켜보았다. 그렇게 2시간 동안을 보냈다. 날이 저물자 대학병원 정문에 있는 약국에 가서 내가 미리 처방약을 조제했다. 6시 반에 주사치료가 끝났다. 황급히 택시를 타고 귀가했다.

꼿꼿 장수에 이어서 국방을 맡은 사람은 김관진, 그는 원점 타격, 강경대응으로 신뢰를 얻을 위인이다. 교체할 사람이 없어서 대통령이 바뀌어도 그대로 유임됐고 안보실장으로 승진까지 했다. 그런 만년 안보통이 미국 가서 IS격퇴작전에 인도적 지원을 시사했다. 가지가지 짓을 다하고 있다. 가소로웠다. 저런 국방이 장수하고 있는 것이 나에겐 비극으로 비쳤다. 설훈 의원의 '대통령 연애발언'을 두고 들끓었다. "대통령 연애소문이 거짓임이 드러났다." 그의 발언이 요컨대 어휘 선택이 문제가 되었다. '프라이버시'나 '개인적 사정' 이런 말을 쓰지 않고 '연애'라는 말을 사용한 것이 말썽이 되었다. 외국원수의 경우, 혼외정사 외도까지 언론에서 떠들어대는 판인데 연애라는 말 한마디를 했다고 저리 벌떼처럼 일어나는 것도 언뜻 이해가 되지 않았다. 모독이고 최고 존엄의 훼손이다? 그런데 그 급박한 7시간 동안 그에겐 과연 무슨 일이 있었을까. 30분 간격으로 서면보고와 유선보고를 받았다는 해명을 듣고 나는 경악했다. 그 참절비절한 순간에 '대면불가'할 수밖에 없었던 이유에 대한 해명이 빠졌다. 청와대의 발표는 사태의 호전에 조금도 도움이 되지 못했다. 오히려 의혹을 증폭시켰다. "연애하다가 딱 걸렸네"라는 말이 백번 나올 만했다. 야당의 자중지란, 사분오열, 지리멸렬. 잘잘못을 떠나서 당의 결속과 단결이 급선무다. 절체절명의 순간이다. 원, 세상에 여당이 잘못하고 있는데 야당이 오히려 벌을 쐬고 있었다. 이런 못난 야당이 세상에 어디 있는가. 독이 잘못을 저지른 여당 대신에 야당이 심판을 받았다. 이런 야당을 두고 언론이 리더십 책임 비전 운운하면서 비난했다. 어디 때릴 데가 있는가. 거악 앞에 허약하기 짝이 없는 야당을 계속 헐뜯고 비방하는 저의가 무엇인가. 야당은 갈수록 태산이다. '박영선, 즉각 사퇴' 도대체 뭘 어쩌겠다는 건가. 천지분간을 못하고 있는 바보천치 같다.

밤에 아내가 극심한 통증을 호소했다. 전신만신이 아프다고 했다. 병원에서 처방한 진통제를 먹어도 효험이 없었다. 타이레놀을 먹고 좀 우선하자 겨우 잠이 들었다. 항암치료의 후유증이 이제야 나타났다. 한순간도 놓치지 않고 조마조마한 마음으로 새벽 2시까지 아내를 지켜보았다.

아내가 음식을 모두 토해냈다 9. 16.

박 대통령이 작심하고 세월호는 끝났다고 선언했다. 이럴 수가. 한국정치의 최악의 날이다. 여당 지도부를 청와대로 호출하여 사실상 단독국회를 지시했다. 국회의장도 동조하고 나섰다. 본회의를 26일에 개최하기로 의장이 직권으로 결정. 반쪽 국회 뒤엔 청와대가 으르렁대고 있었다. 유신독재 때의 그 메가톤급 충격을 받았다. 결국 이렇게 되고 말았구나. 세월호특별법 본질을 왜곡하고 정국을 이 모양으로 만든 사람이 누군가. 내 평생에 또 이런 스트레스를 또다시 받게 되었구나. 그래서 박의 당선을 그토록 걱정을 했는데 이제 눈앞에 현실로 나타났다. 이 좌절과 절망을 이겨내야 한다.

오전엔 아내가 아주 컨디션이 좋았다. 처방한 진통제를 복용하자 통증이 말끔히 가셨다. 식욕이 정상으로 돌아왔다. 식빵을 달라고 해서 주었더니 남김없이 먹었다. 오후에 사태가 급변했다. 갑자기 극심한 오심(惡心)과 구토가 일었다. 아내는 계속 토하고 토했다. 똥물까지 게웠다. 걷잡을 수가 없었다. 점심때 먹었던 과일과 음식을 전부 토해 냈다. 엄청 짜증을 부리기 시작했다. 밥을 먹을 수 없으니 당장 죽을 쒀달라는 것이었다. 그러다가 죽을 사오라고 했다. 갈팡질팡, 정신을 차릴 수가 없었다. 중이에게 전화해서 먹을 것을 가져오라고 했다.

한밤중에 중이의 친구한테서 전화가 왔다. 암을 극복한 친구인데 중이의 부탁을 받고 아내에게 전화했다. 아내가 오랫동안 통화했는데 목소리가 점점 누그러지고 이내 부드러워졌다. 크게 위로를 받고 정상으로 돌아왔다. 10시가 넘어서 중이가 그 여자와 함께 방문했다. 음료수와 과일캔을 사왔다. 아내는 모기장 속에 앉아서 중이를 맞이하고 이야기했다. 중이는 곧 돌아갔다. 아내의 회복된 모습을 보고 나는 안도의 한숨을 내쉬었다.

팬덤이여, 일어나라 9. 17.

편 가르기, 분열 조장, 반쪽 국민만 데리고 정치를 하려고 한다. 45% 지지자를 등에 업고 정치를 하고 있다. 스탈린, '슬라브 민족이여 일어나라' 박정희, '영남이여, 일어나라' 박근혜, '팬덤이여, 일어나라' 하나같이 닮은꼴이다. 조국의 글 '박 대통령, 메멘토 모리!'가 가슴을 찔렀다. '분열시켜 문제를 희석시키려는 최악의 정치' '능력보다 인간' 이완구와 박희태를 보고 그런 생각이 들었다. 단식을 조롱하는 사람들, 이런 사회가 아니었는데. "살길을 마련해주지 못할망정 쪽박까지 깨서야 되겠는가." 이재오가 일갈했다. 국회가 청와대의 예하부대로 전락했다. 박영선 당무복귀. 이래저래 상처는 더욱 깊어졌다. "내게 돌을 던져라." 오죽하면 그런 말을 하겠는가. 깨끗한 정치인이었는데 구정물을 너무 뒤집어썼다. 안타까웠다. 특히 야당정치인에게서 '풍타낭타'의 민낯'을 주야장천으로 볼 수 있었다. 계파이익이 우선이고 국익과 대의는 뒷전이었다. 그들의 분노와 울분과 저항은 온도차이가 너무 많다. 타고난 기질과 셈평이 구조적으로 달랐다. 모든 것을 잃어버리고 소외당하고 짓밟힌 사람들의 고통과 절박감은 찾아볼 수 없었다.

　잠깐 CNN방송을 들었다. corporal punishment, conspiracy. 이런 말들이 자주 떴다. 선진국도 별수가 없었다. 2시에 아내와 현대시인협회가 주최하는 시화전과 시낭송회에 참석했다. 아내를 독립문 충렬사에 들여보내 놓고 나서 나는 경내를 거닐었다. 충렬사는 참배할 엄두가 나지 않았다. 옛 모화관 건물인 충렬사에 들어가기가 어쩐지 망설여졌다. 아내는 금방 나왔다. 몸도 온전하지 못하고 기분도 찌뿌듯해서 빨리 나와 버린 것 같다. 아니다 다를까 아내는 "환멸만 한 아름 안고 나왔다"고 했다. 돌아오는 길에 병원에 들러서 다시 약을 타왔다. 아침에 아내가 심하게 토할 때 내가 헐레벌떡 달려가서 가져온 약인데 효험이 있었다. 그래도 홈닥터의 조언이 많은 위로와 힘이 되었다.

　아내는 끊임없이 오심, 구토와 싸웠다. 내가 만들어 준 '남자의 향기'로 요기하면서 약을 복용했다. 아침에는 두 번 토했는데 약을 먹은 뒤로는 우선해졌다. 이 와중에도 최악의 상태로 치닫고 있는 정국이 머릿속에서 떠나지 않았다. 아예 뉴스를 보지 않았다. 밤새 아내의 컨디션을 시시각각 체크했다. 한시도 긴장의 끈을 놓지 않았다. 언뜻언뜻 머릿속을 스쳐가는 소리가 있었다. "팬덤이여, 일어나라." 그것은 악령의 저주 같았다.

오심과 구토와 싸움 9. 18.

　급속도로 기억력이 감퇴했다. 어제 일을 기억할 수 없다. 일기를 쓰는 것조차 힘이 들었다. 하루의 삶을 하나의 제목 속에 담아내는 것은 더욱 어려웠다. 하지만 그건 치지도외(置之度外)다. 오로지 아내를 수발하는 데 안간힘을 썼다. 아침저녁으로 약을 복용할 시간이 되면 걱정이 되었다. 먹은 것이 거의 없는데 어떻게 그 독한 약을 먹을 수 있단 말인가. 극심한 오심과 구토증 때문에 음식을 거의 먹을 수가 없었다. 항암치료는 결국 '오심구토와의 싸움'이었다. 과일도 수프도, 남자의 향기도 아무 소용이 없었다. 달걀찜 소고기장조림 생선은 아예 먹지 못했다. 밥을 먹을 수 없기 때문이다. 아내의 얼굴이 여지없이 홀쭉해졌다. 체중과 기본체력을 유지하는 것이 급선무다. 하루 종일 아내는 구역질을 참기 위해 사력을 다했다. 안쓰러워서 볼 수가 없다. 어린 아이처럼 짜증을 내기 일쑤였다. 왜 달걀을 그리 많이 먹느냐고 뜬금없는 소리를 했다. 내가 그렇다는 건지 무슨 소리인지 모르겠다. 열심히 청소하고 있는데 방 안에 먼지가 쌓여있다고 불평했다. 극도로 고통스러운데 무슨 말인들 못하겠는가. 더욱 감싸 안고 사랑해야 할 때인 것 같았다.

아내는 거실에 누워서 종일토록 휴대폰을 들여다보았다. 투병생활을 하는 사람들의 체험담을 인터넷을 통해 보았다. 나는 불도 켜지 않고 뉴스를 보았다. 문희상이 비대위원장이 되었다. 정국정상화라는 명분 아래 또 물덤벙술덤벙 하지 않았으면 좋겠다. 아내가 잠든 후에는 아내에게 들킬까봐 조마조마하면서 LA다저스의 경기를 보았다. 이렇게 건강한 사람은 늘 좀 야속한 것이었다. 죄지은 기분으로 하루가 허둥지둥 지나갔다.

물덤벙술덤벙하지 말라 9. 19.

'비대위원장에 문희상 추대합의' 그는 원만한 인품이다. 한 전화인터뷰에서 세월호 특별법 해법은 "유가족의 양해를 얻는 선이 아니면 길이 없다"고 밝혔다. 양측이, 특히 유가족이 한발 물러서는 타협안을 추진하겠다는 의미로 해석되었다. 계파 갈등 극복 등 산적한 과제가 많지만 행여 정국정상화라는 명분으로 물덤벙술덤벙 할까봐 걱정되었다. 얼렁뚱땅 도매금으로 넘어갈까봐 두려웠다. 어설픈 타협과 절충은 언제나 독재자의 먹잇감이 되었다는 사실을 명심했으면 좋겠다. '미디어 속 이야기'를 읽었다. 박 대통령은 처세술을 누구한테 배웠나. 유아독존 아전인수 교언영색 당동벌이. 우리는 어쩌다 이런 대통령을 모시게 됐을까. '짐은 곧 국가' '권위에 대한 도전 용납 안 해' '원칙도 유불리 따라 변하고 하는 말도 수시로 바꿔' 보수신문 방송이 부추기면 대립국면을 조성해 난국을 돌파했다. 박 대통령과 집권세력의 수장들에게 한 마디 하고 싶다. "몰락은 시작되었다고." 그랬다. 견제세력은 물론이고 국민의 저항도 미미하니 '반신반인' 운운하는 아부와 충성경쟁만 뜨거워지고 권력의 막후에선 비리와 부패가 기승을 부리고 있으니 몰락이 시작된 것은 불을 보듯 뻔하다.

옛글을 빌리자면, 순자가 말하는 국적(國賊), 즉 나라가 잘되고 못되는 것을 거들떠보지 않고 교묘히 임금에게 영합하여 구차하게 자기의 녹봉이나 유지하고 사람들과의 사귐만 넓히고 있는 자다. 관자가 말한 침신, 즉 법령을 훼손하며 패거리 짓기를 좋아하고 사사로이 청탁을 행하는 자들이 창궐하고 있다. 반면 군주의 언동에 대해 합당한 문제를 제기한 사람은 배신자로 취급되고 불경죄를 범한 것으로 간주돼 인사 상 불이익을 받았다. 한비자가 말한 망징, 즉 나라가 망하는 징조가 나타나고 있다. 군주가 고집이 세서 남과 화합하지 못하고 간하는 말을 거슬러 남을 이기려고 한다. 군주가 잘못을 뉘우치지 않고 나라가 혼란스러워도 자기 자랑만 늘어놓는 것을 자주 보게 된다. 현재 여권의 지지율은 여권이 잘해서가 아니라 야권이 잘못해서다. 로마시대 전쟁에서 승리한 장군이 성대한 개선행진을 할 때 바로 뒤에 노예 한 명을 세워놓았다. 그 노예의 임무는 개선장군에게 계속 다음과 같은 말을 하는 것이었다. "당신도 죽는다는 것을 기억하라." 박 대통령을 보좌하는 김기춘 비서실장, 김무성 당 대표에게 꼭 상기시키고 싶은 말이다. "memento mori." 한국전력 강남삼성동 부지가 10조 5500억에 현대에 낙찰됐다. 감정가 3배의 과잉입찰 논란이 일고 있다. 정몽구 회장이 돈키호테 같은 소리를 했다. "국가자산을 비싸게 사들여서 결국 국가에 이바지를 한 셈"이라고.

오늘도 아내의 '오조증'(惡阻症)과 치열한 싸움을 했다. 항암치료 이후 처음으로 상명대운동장으로 운동하러 올라갔다. 무슨 교내축제가 벌어지고 있었다. 주차장에 차들이 빼곡히 들어차 있었다. 그 북새통에서도 운동장을 서너 바퀴나 돌았다. 아내의 얼굴이 갑자기 핼쑥해졌다. 서둘러 집으로 돌아왔다. 아내는 텃밭에 잠깐 들러서 소장과 이야기를 나누었다. 어제 아침부터 나는 텃밭의 무 배추에 물을 주기 시작했다. 아내는 양송이수프로 저녁을 먹고 약을 먹었다. '오조증'이 좀 누그려졌다. 아내가 잠든 뒤에 메이저리그를 보았다. 뉴스도 잠깐 보았다. 어떤 명분 빌미 핑계 구실로도 쟁점과 현안을 호도하거나 희석해 버리는 일을 되풀이하지 않았으면 좋겠다. 연거푸 나는 입속으로 뇌까리고 있었다. "물덤벙술덤벙 하지 말라, 물덤벙술덤벙 하지 말라."

당동벌이시대 9. 20.

유유상종, 사람들은 끼리끼리 모여서 살아갔다. 사회 어느 구석을 들여다보아도 그랬다. 기독교문화가 특히 그런 냄새를 풍겼다. 옳고 그름을 가리지 않고 뜻이 맞는 사람끼리 한패가 되어서 그렇지 않은 사람을 물리치는, 이른바 당동벌이의 시대를 살고 있다. 전국어버이연합, 어머니부대, 일베의 행패를 보라. 대한민국 국민100%를 모두 다 행복하게 하겠다는 공약에 우리는 열광했다. 대한민국완전체를 꿈꾸었다. 국민 100%를 행복하게 하기 위해선 정의가 구현되어야 했다. 우리는 정의로운 사회를 갈망했다. 우리가 그를 지지했던 이유다. 경제도 다름 아닌 경제민주화를 강조했고 많은 국민이 그의 변신에 갈채를 보냈다. 박 대통령의 패를 잡게 된 지 채 이년도 안 되어 100%는커녕 반쪽은 패대기쳐 버리고, 우라질, 그 악명 높은 '더불피' 반쪽을 데리고 정치를 하고 있다. 확실하게 분열시켜서 그 한쪽을 가지고 온갖 독선과 전횡을 일삼고 있다. 바로 당동벌이의 재앙이 아니고 무엇인가. 스코틀랜드가 독립을 걷어차 버렸다. 명분보다 실리를, 영광보다 안락을 선택한 것이다. 일그러진 지구촌의 모습을 보고 있는 것 같았다.

해질녘에 상명대에 올라갔다. 어제는 그렇게 붐볐는데 오늘은 사람의 그림자를 찾아보기 어려웠다. 으레 축제의 끝이 그렇듯이 인적은 끊기고 곳곳에 쓰레기만 산더미처럼 쌓여 있었다. 운동장을 다섯 바퀴 돌았다. 아내가 기운이 빠진다고 했다. 다른 근육운동이나 체조는 하지 않았다. 가져간 음료수와 과자도 먹지 않았다. 아트센터 오른쪽 주차장 난간에 서서 어두워가는 인왕산과 북악산을 한참 건너다보다가 내려왔다. 아내가 몹시 피곤해하는 기색이었다. 아니나 다를까, 저녁을 거의 먹지 못하고 극심한 구토증에 시달렸다. 누워서 안정을 취하면서 오심과 구토를 다스렸는데 오늘은 그것도 통하지 않았다. 통증이라면 차라리 참을 수 있겠다고 했다. 아아, 오심과 구토는 참으로 견디기 어려웠다. "이럴 줄 알았으면 항암치료를 시작하지 않았을 텐데." 아내의 푸념을 듣고 눈앞이 캄캄했다. 고통이 너무 심해서 당장 약복용을 중단했다. 다급해서 병원으로 연락하면 매뉴얼에 나와 있는 말을 앵무새처럼 되풀이할 뿐이었다. 전혀 도움이 되지 않았다. 가장 절망적인 대목이었다. 아무리 몸부림쳐도 뾰족한 수가 없다는 현실 앞에서 兩主는 밤새 쩔쩔매고 있었다. 항암치료의 최악의 날이었다. 내일부터 아내가 아무래도 항암약을 복용하지 않을 것만 같았다.

가까스로 제풀에 지쳐서 아내가 잠이 들었다. 하릴없이 눈에 띄는 대로 주말드라마를 보았다. 공교롭게도 드라마도 최악의 이야기를 끌어가고 있었다. "어디가 막장드라마냐?" 작가가 기염을 토하고 있었다. 30%에 이른 시청률을 믿고 큰소리를 치고 있었다. 잠든 아내의 얼굴을 들여다보면서 엉뚱하게도 나는 이런 기도를 올리기 시작했다.

"시청률과 지지율과 절대 권력의 전횡(專橫)과 독선이, 이런 것이 우리사회를 지배하지 못하게 하소서. 아아, 도대체 항암치료 매뉴얼은 왜 아무 쓸모가 없는 겁니까. 아내의 오심과 구토를 치유해주소서. 그 비결을 알려주소서. 제 기도를 응답해주소서, 응답해주소서." 시간이 흐를수록 나의 기도는 울부짖음으로 변하고 있었다.

마지막 배팅을 했다 9. 21.

교회에 가지 못했다. 아침에 약을 복용할 시간이 되었을 때 눈앞이 캄캄했다. 아내는 여전히 극심한 구토증에서 헤어나지 못하고 있었다. 저리 심한데 어떻게 음식을 먹을 수가 있으며, 음식을 먹지 못하는데 어떻게 약을 먹을 수 있는가. 매뉴얼은 아주 품위 있게 그럴수록 음식을 고루고루 먹어야 한다고 여유를 부리고 있다. 어처구니가 없었다. 음식을 못 먹은 데다 약을 복용했더니 위장까지 상하고 말았다. 간밤에 아내가 심한 위통을 일으킨 원인이었다. 집에 있는 상비약도 의사의 처방이 없어서 먹을 수가 없었다. 음식도 못 먹고 약도 먹을 수 없고 위장은 찢어질 듯이 아파오고, 어쩔 것인가. 우리는 절망을 보았다. 항암치료가 이렇게 어려울 줄은 몰랐다. 머리가 빠지고 살갗색깔이 변하고 체중이 빠르게 줄고 눈빛이 퀭해 질 만큼 고통스럽다는 것은 짐작했지만 이렇게 살인적인 고통을 안겨줄 줄은 꿈에도 몰랐다. 아내는 아예 몸 져눕고 말았다.

지침에 따르면 이럴 땐 약을 중단하라고 했다. 아내는 이미 '젤로다' 복용을 중단했다. 한 사흘이면 증상이 호전된다고 했지만 고통은 눈곱만큼도 수그러들지 않았다. 이상증상이 나타날 땐 교육상담실로 연락하라고 했지만 전화하면 지극히 상투적인 말을 되풀이할 뿐이었다. 성의 없고 요령부득하고 신경질적인 반응을 보일 뿐이었다. 그 절박한 순간마다 간호사도 의사도, 아무도 도와주지 않는 홀로만의 싸움이라는 것을 깨달았다. 마침내 아내가 선언했다, 항암치료는 "여기까지"라고. 모든 것을 하나님에게 맡기고 항암치료를 중단하겠다고 했다. 애초에 아내는 추석 무렵까지는 자연치유하기로 마음먹었고 큰딸도 그렇게 강력히 주장했고 나도 아내에게 마음을 굳게 먹고 생각대로 밀고나가라고 조언했다. 그랬었는데 어느 날 갑자기 아들이 들이닥쳐 강력하게 항암치료를 권고하는 바람에 아내가 마음을 돌렸던 것이다. 결국 오늘 다시 원점으로 돌아가고 말았다. 우리는 절망을 보았고 극심한 고통 속에서 마지막 배팅을 했다. 죽고 사는 것을 하늘의 뜻에 맡기기로 했다. 순간 아내는 아주 홀가분해졌다. 약을 먹지 않고 기를 쓰고 음식을 먹기 시작했다. 아내는 울렁거리는 가슴을 붙안고 전해질을 마셨고 내가 썰어놓은 과일과 토마토를 먹었다. 갓 삶은 달걀과 흰죽도 먹었다. 오후에는 놀랍게도 중국음식을 시켜서 잡채밥과 자장면도 먹었다. 눈에 띄게 생기가 돋아났다. 아내는 끊임없이 기도했다.

인천아시안게임은 관심 밖이었다. 그 시간에 다른 스포츠중계가 없어져서 아쉬울 정도였다. 내년에 국가채무가 300조 돌파할 듯. 세금으로 나랏빚을 갚게 되었다. 문희상은 계파 수장들로 비대위를 구성했다. 계파수렁에서 벗어났으면 좋겠다. 유민 아빠에게 '도와 달라고' 전화했다. 유가족의 제안에 다소 회의적인 그가 유가족의 입장을 완화시키는 방향으로 물꼬를 트는 것 아니냐는 풀이가 나왔다. 박태환, 자유형 200미터에서 3위, 3연패의 중압감을 극복하지 못했다. 쑨양도 정상에서 내려온 것은 어쩌면 당연한 현상이다. 다만 일본선수 하기노 고스케가 깜짝 우승한 것이 좀 충격적이었다. LA다저스의 승리가 위안이 되었다. 아내는 내내 자리에 누워있더니 그대로 편안히 잠이 들었다. 오랜만에 나는 자정이 넘도록 맘 놓고 메이저리그리뷰를 보았다.

더욱 사랑해야 할 때 9. 22.

여야 대표가 전격회동, 세월호정국의 해법을 모색했다. 두 사람 모두 원만한 사람들이어서 기대가 되었다. 민생이나 정치정상화라는 명분을 내세워 제발 불쌍한 사람들 쪽박을 깨버리는 일은 없었으면 좋겠다. 세월호 유가족이 새 집행부를 구성했지만 수사권과 기소권 입장은 불변이었다. 아무쪼록 돌파구를 찾았으면 좋겠다. 캐나다를 방문 중인 박 대통령은 여전히 그의 패션만 눈부셨다

약을 끊었는데도 아내의 오심구토는 당분간 쉬 가시지 않았다. 방금 과일과 간식거리를 주었는데도 먹을 것을 더 주지 않는다고 짜증을 냈다. 교회 사람들은 지난금요일 기도만 하고 돌아갔다. 중이는 언젠가 한밤중에 불쑥 찾아와서 음료수와 먹을거리 놓고 간 뒤로 감감소식이다. 아내가 좋아하는 절편을 사기 위해 떡집을 찾아갔다. 동네 떡집에서 사려고 했는데 약처럼 절편 몇 개 펴놓고 기천 원을 달라고 했다. 내가 인왕시장까지 달려가서 떡을 사왔다. 아내는 그사이 체중이 눈에 띄게 줄었다. 옴나위없이 누워서 휴대폰으로 항암정보만 들여다보았다. 오늘따라 나도 뒤가 무지근하고 열이 펄펄 끓어서 갱신할 수가 없었다. 이렇게 끙끙 앓고 있는데 도와주는 사람이 없었다. 교언

영색(巧言令色), 말로만 걱정하는 척하고 돌아서면 얼음조각이 돼 버린 게 세상인심인 것 같았다. 내가 몸이 아프니까 괜히 서글퍼졌고 아내를 더욱 사랑해야겠다는 생각만 들었다. 아내의 핼쑥한 얼굴을 보고 있노라면 나도 모르게 눈시울이 붉어졌다.

지난 일주일이 주마등같이 스쳐갔다. 아내가 15일 항암치료를 시작했을 때 기대와 희망에 부풀었다. 2호 치료실에서 주사를 맞을 때 아내의 얼굴은 빛나고 있었다. 그로부터 일주일 후에 우리는 절망을 보았다. 도저히 견뎌낼 수가 없었다. 이젠 '젤도다' 복용을 중단하고 회복 중에 있다. 아내는 휴대폰을 들여다보면서 밤을 꼬박 새우곤 했다. 안절부절못하면서도 나는 구메구메 메이저리그경기를 훔쳐보았다. 아내를 바라보면서 하염없이 주절거리고 있었다. "지금은 더욱 사랑해야 할 때야. 더욱 아내를 사랑해 주어야지."

본질왜곡 9. 23.

미국이 새로운 전쟁을 시작했다. IS본거지 폭격. 아랍 5개국이 폭격공조. 유럽 국가는 불참했다. 퍽 이례적이다. IS, 동맹국국가 살해 경고. 어쨌든 신의 이름으로 살인하는 것은 신성모독이다. 문희상 비대위 난항, 비노의 반발이 잦아지지 않았다. 아무래도 몇 명은 당을 떠나야 할 것 같다. 그들의 행태는 이미 해당(害黨) 수준에 이르렀다. 국외자인 우리의 눈에도 훤히 보였다. 세월호법은 이미 본질이 왜곡되고 말았다. 진실규명 책임자 처벌 재발방지를 위한 법제정이 이제 기소권 수사권 불가와 사법체계 법질서 훼손이란 문제로 변질되었다. 경제민주화가 보수의 기득권 보전과 진보의 이념싸움으로 바뀐 것도 대표적인 본질왜곡이다. 바야흐로 우리는 '본질왜곡 시대'에 살고 있다. 걸핏하면 출몰하는 색깔론, 종북몰이 등이 본질 왜곡을 부채질하는 주범이다. 삼성전자 주가 연이틀 큰 폭 하락, 7조원이 증발했다. 불안하다. 스마트폰이 저가제품은 중국의 샤오미에 치이고, 고가제품은 미국의 애플에 밀려서 설 자리를 잃어가고 있다. 기업총수가 혼수상태에서 깨어날 줄을 모른 것이 무엇보다 가슴 아팠다.
 오후에 김O래 권사가 심방해서 본의 아니게 외출했다. 걸어서 우정의원을 찾아갔다. 혈압을 체크하고 약을 타왔다. 아랫배가 무지근한 증상도 이야기하고 약을 지었다. 아내의 경과를 물어서 차마 항암치료를 중단했다는 말을 하지 못하고 그냥 오심과 싸움 중이라는 말만 했다. 아내의 용태를 생각하면 가슴이 미어졌다. 귀로에 잠시 글로리아 건물로 들어가서 소요(逍遙)하면서 기도하다가 돌아왔다. 용이에게 전화해서 아내의 근황을 알려주었다. 퍽 걱정을 하면서 항암치료를 그만둔 것은 참으로 잘 한 일이라고 했다. 의례적인 말이 아니었다. 사실 추석 무렵에 항암을 안 하겠다는 이야기를 했을 때 그는 그렇게 좋아할 수가 없었다. 나름대로 자기의 정보를 가지고 그렇게 판단하고 있었던 모양이다. 그의 말이 무척 살갑고 정겨워서 많은 위로를 받았다. 아내의 기척을 살피면서 새벽까지 궁싯대고 뒤척였다.

하찮은 일도 비수가 되다 9. 24.
 한적총재에 김성주 회장이 선출되었다. 보은인사라고 설왕설래했다. 제발 종편에 시사평론가라는 이름으로 등장하는 사람들, 좀 도나캐나 안 나왔으면 좋겠고 뉴스보도 포맷도 좀 달라졌으면 좋겠다. 뉴스만 사실대로 보도하고 시청자가 판단하는 그런 세상이 되었으면 좋겠다. 손석희 뉴스룸도 옛날만 못한 것 같다. 좀 지루하다. 박 대통령의 유엔총회 기조연설을 들었다. 그의 해외나들이는 민생과 국내정치와는 아무 관계도 없었다. 절박한 세월호 문제도 해결하지 못하면서 밖에 나가서 북한인권문제나 거론했다.
 약을 끊고 자연치유를 시작한 이후로 감염에 극도의 신경을 썼다. 끓는 물에 식기와 컵을 소독하고 청결에 만전을 기했지만 아내는 불만이었다. 그릇을 아무 데나 놓아두고 컵 속을 닦아내지 않는다는 둥 nagging이 자못 심했다. 환자인 것을 감안하면 그럴 만도 했다. 금주가 감염되기 쉬운 위험한 기간이라는 것을 나는 잘 알고 있었다. 이틀 넘게 약을 끊고 있지만 아내는 여전히 기진맥진했다. 아내는 이성적인 사유와 평정심을 유지하는 것이 쉽지 않다. 하찮은 일도 아내에겐 비수가 되기 일쑤니 조심을 해야 하고 나도 모든 것을 감수해야만 했다. 점심때 우동을 끓여주었다. "우동을 먹을 때 입맛이 돌아왔다." 아내는 우동에 이상한 믿음을 갖고 있었다. 그러나 우동 한 그릇을 다 먹지 못하고 달걀도 남겼다. 그래도 우동을 먹고 나서부터 아내는 기분이 썩 좋아졌다. 나에게 유난히 고분고분하고 살갑게 굴었고 휴대폰에서 흘러나오는 이태리가곡을 따라 불렀다. 섭생 청결 위생 감염방지, 이런 이야기를 많이 했다. 낮에 김 권사가 갖다 준 밤을 삶았다. 두 사람이 마주보며 삶은 밤을 까먹으면서 잠시 시름을 잊었다. 삶은 밤이 아내의 구미를 당겼다. 밤을 먹으면서 저녁을 먹는 둥 마는 둥했다. 아내가 잠시 유럽여행을 하던 시절을 그리워했다. 아내가 감염에 신경을 쓴 나머지 내 침구를 모기장 밖으로 내놓았다. 나는 안방으로 옮아와서 홀로 자기로 했다. 문득 생각해 보니 이 나이까지 그렇게 꼭 붙어서 함께 잤던 것이 기적 같았다. 안방에서 불을 환히 켜 놓은 채 새벽까지 '이사야'를 읽었다.

여가와 환락 9. 25.

새벽에 텃밭에 가서 이슬이 내려 축축한 땅에 물을 주었다. 사방을 둘러봤지만 텃밭에 물을 주는 사람은 아무도 없었다. 개울 건너 강 선생도 보이지 않았다. 새벽부터 생각이 너무 많았다. 아내가 항암치료를 그만두었다. 부작용은 천차만별인데 상담교육에서는 하나같이 똑같은 말만 되풀이했다. 요컨대 매뉴얼대로 하라는 것이었다. 답답했다. 돈과 여가와 환락이 지천으로 깔려 있는데 골치 아픈 가치 정의 이념 따위를 생각해서 뭘 하나, 개나 쳐 먹어라. 우리시대는 일부 사람들에게 치우쳐서 돈과 여가와 환락이 너무 많다는 것이 문제다. 이 부류의 사람들은 이슈와 가치와 선거 따위엔 관심이 없다. 그들이 이 사회의 disparity 문제를 악화시키고 있다. 가끔 허허벌판에 덩그마니 홀로 있는 듯한 느낌이 드는 이유다. 아내가 '쓰레기장 옆에 버려진 사내'를 그린 그림이 생각났다. 갈데없이 나의 자화상이었다. 결국 먼지와 무위 가운데 홀로 주저앉아서, 언감생심 세상을 맑고 향기롭게 하려고 기를 쓰고 '패배의 향기'를 뿜어내고 있었다. 고달프고 막막했다. 그리운 사람을 보고 싶어도 만날 수 없다. 이미 이별을 고해 버린 사람들이다. 그동안 잘 견뎌왔는데 요즘은 사무치게 그리웠다.

오후에 그늘을 밟으면서 홍지동이발소까지 걸어가서 이발했다. 세검정초등학교 옆을 지날 때는 유난히 옛날 생각이 났다. 어린 손녀들을 만나러 오가던 일들이 떠올랐다. 그들은 이미 나만큼 키가 커버렸다. 낯선 풍경의 하나가 되어버렸다. 이제 나의 시간의 재고(在庫)도 얼마 남지 않았다. 이런 페이소스는 사뭇 사치스러운 감상이지만 나는 평창동 문화의 거리를 걸으면서 외로워서 진저리를 쳤다. 돌아오는 길에 글로리아마트에 들려서 아내의 먹을거리를 살펴보았다.

검찰 인터넷 단속, 사이버 공안시대가 오려나. 야당대표 만난 유가족들, 수사와 기소권 취지를 살리는 방안을 요구했다. 입장에 변화 감지됐다. 다행이다. 재벌수감자들 가석방 분위기 띄우기, 무관용 공약이 흔들리고 있다. 재계는 반색, 어쨌든 사면은 좋은 일이다. 이재현 회장이 불쌍해서 못 보겠다. 대화하자면서 유엔까지 가서 북한을 헐뜯고 돌팔매질할 것까지야 없지 않은가. 박 대통령의 연설은 마뜩찮았다. 오늘은 LA다저스 커쇼의 원맨쇼를 오전부터 보았다. LA다저스 지구우승, 포스트진출 확정. 류현진이 잘 보이지 않아서 서운했다. 자정이 넘도록 메이저리그를 보았다.

무관심과 몰취미 9. 26.

'일자이후'(一自以後) '일의대수'(一衣帶水) '휘뚜루마뚜루' 이런 말들이 온종일 머릿속에서 맴돌았다. 뜬금없는 생각들이다. 교회여성선교회 루디아 교우들이 문병차 방문했다. 아침에 아내가 그런 일정을 귀띔했을 때 나도 모르게 얼굴을 찌푸렸다. '암에 걸렸다는 게 어디 동네방네 나발 불 일인가.' 어쩐지 달갑지 않았다. 법정도 그랬고 최인호도 그랬다. 죽음의 문턱에 이르렀을 때에야 투병생활을 발설했다. 아내는 내 생각이 틀릴 수 있다는 말을 했다. 그게 사람 사는 세상의 인정이 아니냐고 했다. 황차 교회에선 말해 무엇 하랴.

　나는 오전에 집을 나와 인사동으로 갔다. 낙원동 뒷골목으로 해서 종로 3가로 나갔다. 궁리 끝에 내가 좋아하는 식당에 가서 점심을 먹었다. 인근에서 가장 외관이 허름한 식당인데 출입하는 사람들은 신수가 훤하고 말끔했다. 차를 타고 광화문까지 나오면 일단 차를 타지 않고 걸어 다녔다. 가까운 인사동으로 갔다. 아내와 함께 다닐 때는 이곳저곳 들르는 데도 많고 민속공예품 등 이것저것 만져보고 물어보는 물건도 많았다. 나는 으레 밖에서 아내가 용무를 끝내기를 기다리곤 했다. 인사동을 빠져 나오는 데 거의 한나절이 걸렸다. 아내 없이 홀로 인사동에 가자 할 일이 없었다. 채 5분도 안 되어 안국동로터리로 나오고 말았다. 나의 몰취미에 놀라면서 새삼 아내의 취미를 떠올렸다. 아내의 취미는 사진 그림 화초 공예 노래 운동 등 다양했다. 차를 운전하고 갈 때도 느닷없이 문득문득 노래를 불렀는데 기분과 상황에 따라 노래가 꼬리를 물었다. 그 레퍼토리가 늘 무진장한 것에 놀랐다. 조영제 부작용에 대한 두려움으로 거의 얼어붙었을 때도 아내는 정작 CT촬영실로 들어갈 땐 찬송가를 불렀다. 대장암수술이 시작됐을 때도 그는 찬송가를 불렀다. 그가 갑자기 부르기 시작했던 찬송가들이 이전에 거의 부른 적이 없었던 뜬금없는 노래들이어서 신비로웠다. 아내가 부르는 그 많은 노래를 나는 거의 부를 줄을 모른다. 한때 '한계령'과 '북한강'을 가까스로 부를 수 있었는데 이젠 가사를 까먹고 말았다. 외출할 때 툭하면 실랑이를 벌이는 제목이 있다. 사진촬영이다. 나는 사진 찍기에 무관심한 편이다. 아내는 거리거리 굽이굽이에서 놓치지 않고 사진을 찍었다. 나에게 찍어달라는 것 까지는 좋은데 으레 내가 찍은 사진에 대해 불만을 터뜨리기 일쑤였다. 인사동을 돌아보면서 그곳의 그 많은 문화행사와 이벤트에 대해 나 자신이 거의 무관심한 것을 알았다. 새삼 내가 몰취미한 사람이라는 것도 알았다. 조계사 앞에서 버스를 타고 돌아왔다.

집에 도착하여 문을 열고 들어가자 현관에 신발이 가득했다. 손님들이 아직 돌아가지 않았다. 나는 동네를 한 바퀴 더 돌았다. 글로리아에 가서 여기저기 기웃거리고 북악정 가는 길을 한참동안 거닐었다. 4시에 귀가했다. 아내가 기운이 팔팔 살아났다. 교우들을 만나서 이야기한 것이 재미있었던 모양이다. 날이 저물자 함께 가까운 마트에 가서 수프와 간식거리를 샀다. 아내는 무균지대인 건넛방에서 일찍 모기장 속에서 홀로 잤다. 뉴스에서 이완구 원내대표가 길길이 날뛰고 있었다. 사퇴까지 표명했다. 이름값을 하고 있었다. 그를 보면 늘 '완고'한 정치인이 떠올랐다. 세월호특별법은 온데간데없고 또 다른 본질왜곡, 국회마비만 거품을 물고 비난했다. 말로는 대화하자면서 행동은 대결로 일관했다. 오늘도 나는 나의 취미인 '사유와 성찰'을 하면서 자정을 넘기고 있었다.

휘뚜루마뚜루 9. 27.

새벽에 텃밭에 물을 주었다. 새벽 찬바람에 진저리를 쳤다. 부엌창문 앞에서 잠깐 번열증? 답답함을 느꼈다. 밀려오는 앙뉘를 감당할 수가 없었다. 모기장에서 나오는 아내를 보는 순간 기분이 확 달라졌다. 이 무슨 조화인가. 희망이 샘솟았다. 생기가 돋아났다. 어느새 아내가 활짝 웃고 있었다. 다채로운 주말 프로도 생각났다. 오후에 우리는 남대문시장으로 낚시를 하러 갔다. 아내가 회복되고 있다는 신호였다. 집 앞 버스정류장에는 예고생들이 북적였다. 서울예고는 용이가 다니던 학교다. 용이의 학창시절과 피아니스트 한인하 교수가 생각났다. 남대문시장은 어느 때처럼 사람들이 북적거렸다. 특미호떡집 앞은 장사진이었다. 아내의 낚시터도 사람들이 넘쳐났다. 물색이 좋은 물건이 들어왔다는 증거다. 아내는 이내 낚시에 골몰했다. 나는 메사 앞에서 앉아서 아내를 지켜보았다. 상동교회 우리은행 코지호텔을 번갈아 올려다보았다. 아내가 기분을 전환할 수 있는 일이라면 '휘뚜루마뚜루' '허겁지겁' 나는 무슨 일이라도 마다하지 않았다. 아내를 기쁘게 하기 위해서라면 나는 어떠한 일도 주저

없이 내팽개쳐버릴 것이다. 오늘은 수확이 많았다. 물건을 담은 봉지가 묵직했다. 아내는 희색이 만면했다.

　도심은 온통 집회와 시위로 들끓었다. 남대문시장에서 한국은행으로 건너가는 도중에 시위행진과 부딪혔다. 공무원노조의 행렬을 구경하다가 명동으로 건너가서 귀갓길에 올랐다. 저녁에 아내는 여러 가지 채소와 햄을 넣은 월남김밥을 만들어 주었다. 아내는 이제 정상적인 식사를 했다. 음식냄새를 맡을 수 있게 되었다고 무척 기뻐했다. 깻잎 냄새를 맡았을 땐 어린아이처럼 좋아했다. 식사가 끝내고 곧바로 오늘 낚아온 옷들을 꺼내놓고 패션쇼를 했다. 근자에 드물게 풍성한 잔치였다. 아시안게임 야구경기와 주말 드라마도 함께 보았다. 꿈과 사랑과 낭만을 맘껏 노래했다. '휘뚜루마뚜루' '월리닐리' 그런 식으로 살아간들 무슨 문제가 될까보냐. 아내가 웃음과 생기를 찾을 수만 있다면, 내가 번열증이나 앙뉘 따위에 시달리지 않고 살 수만 있으면 그만 아닌가.

일자이후 9. 28.
　연출과 의제(擬制), 보수의 탈을 쓴 사이보그의 광란의 세월. "세월호 노란 리본을 잘라버리겠다." 세월호 참사 처리가 고름 안 빼고 봉합하는 것과 무엇이 다른가. 유가족을 배려해 준 것이 없다. 종편의 막말과 폭언을 눈감아주는 방통심의위. 유가족의 분열 조장, 악의적인 타인화, 외로운 섬으로 만들기, 비열의 극치. 대북 삐라살포 방관. 법률이 규제할 수 없다고 한다. '메멘토 모리'까지 갈 것 없다. 3년 후에 한 시민으로 돌아갈 것이다. 비열한 정권도 역사 속으로 사라질 것이다. 야당의 '만나자' 여당의 '만날 필요 없다' 적반하장도 유분수. 야동시대가 김 서방을 연상시키는 것은 웬일일까.
　4시에 토마토를 사러 유진상가 청과물가게를 찾아갔다. 요 며칠 사이 값이 두 배가량 뛰었다. 과일값이 폭락했다는 소식을 듣고 갔는데 토마토는 그렇지 않다고 했다. 끝물이 나오는 무렵이어서 그렇다고 했다. 값은 비쌌지만 싱싱한 토마토를 살 수 있어서 흐뭇했다. 돌아오는 길에 세검정 삼거리에서 상명대학교로 올라갔다. 일요일인데 운동장에 차가 가득 찼다. 무슨 벨리댄스축제가 벌어지고 있었다. 배꼽을 드러낸 여자들이 여기저기 돌아다녔다. 운동장에서는 세검정교회축구부가 시합을 하고 있었다. 주차장에서 간단히 몸을 풀고 인왕산 북악산 북한산만 바라보다가 돌아왔다. 6시부터 아시안게임 야구결승을 보았다. 아내도 배추를 다듬으면서 함께 경기를 보았다. 아내는 나의 관전 태도를 질타했다. 무시로 내 입에서 험한 소리가 튀어나왔기 때문이다. 우리가 지고 있어서 더욱 그랬다. 8회에 기적 같은 역전, 한국이 승리했다. 내가 사납고 거칠게 굴었던 것이 민망했다. 선수들에게 사과했다.

밤에 아내는 물김치와 겉절이를 담갔다. 저녁을 맛있게 먹었다. 한 끼를 맛있게 먹는 것이 우리에겐 대단히 중요한 일이었다. 2014년 7월 9일 아내가 대장암 선고를 받았던 그날 이후 지금까지 그랬다. 아내는 입맛을 회복하기 위해 눈물겨운 노력을 했다. 홀로 혹은 아내와 함께 먹을거리를 찾아서 시장을 돌아다녔던 것도 '일자이후'(一自以後) 달라진 일상의 모습이었다. 생각도 많이 달라졌다. 내일에 기대를 거는 것보다 오늘 하루를 소중히 여기고 재밌게 보내려고 무진 애를 썼다. 아내는 '마마'라는 드라마를 끝까지 보았다. 그런 드라마를 그렇게 감명 깊게 보는 것도 일자이후 아내의 달라진 모습이었다. 오늘도 자정을 넘기면서 메이저리그를 보았다.

연출과 의제 9. 29.

세월호 유가족이 분열되었다. 일반인 유가족이 희생자의 영정과 위패를 들고 통합분향소에서 철수했다. 보이지 않는 악의 세력이 연출하고 그것을 민심인 것처럼 의제하고 있다. 진도체육관을 비워달라고 주민들이 들고 일어선 것도 마찬가지다. 일부 보수단체들이 노란리본을 잘라버리려고 한 것도 같은 현상이다. 그게 민심이고 대세라고 억지 부리지 말라. 요컨대 유가족을 죄인과 공적으로, 피로와 혐오의 대상으로 몰아갔다. 진실을 외면하고 거짓을 연출하고 의제하는 행위다. 유가족 폭행사건도 그렇다. 단순폭행 사건에 구속영장까지 신청하는 것은 처음 보았다. 레이아웃은 원래 지면구성을 뜻하는데, 기사의 비중이나 가치를 결정하는 것을 말한다. 레이아웃은 언론이 독자적으로 내리는 일종의 가치판단이다. 자칫 언론이 얼마든지 농간을 부릴 수 있는 소지나 영역이기도 하다. 유가족의 폭행사건을 연일 신문이 대서특필하고 방송이 확대재생산하고 있다. 그 배후의 세력을 미루어 짐작할 만하다. 유가족에게 깊은 상처를 입히면서 '호재'라고 쾌재를 부르고 있는 사람들을 생각하면 치가 떨렸다.

일테면 휴전선 너머로 삐라를 띄우는 것도 일종의 연출이고 의제다. 종편은 분위기를 띄우고 연출하는 각다귀떼다. 종편만큼 활약이 눈부신 메커니즘이 어디 있을까. 이보다 더 악랄한 조직이 세상 어디에 있을까. 제 세상을 만났다. 이것이 대한민국의 현실이라면, Woe to ROK! 5시정치부회의가 새정치민주당 의총을 성토했다. 세월호특별법 합의결과를 거부 못하도록 압박했다. 야당 의총이 거부하는 것은 당연하고 마지막 보루인데 그것을 깨려고 한다. JTBC는 역시 중앙일보의 방송미디어다. 여태껏 잘 나갔는데 어느새 변질되는 기미를 보인다. 오늘 야당끝장의총이 정국의 분수령이다. MB등살에 박근혜가 기를 펴지 못할 때 마음이 늘 조마조마했다. 지금 김무성이 그랬다. 새로 출범한 혁신위는 비박일색이다. 당사를 고치면서 기획전략실도 여의도에서 당사로 옮겼다. 당내흐름을 '탈박'이라고 말하는 사람들도 있다. 김은 어쩐지 밉지 않다. 그에 대한 내 감정이 그렇다면 그의 대단한 장점이다. 그의 체급에 어울리지 않는 금주령까지도 과히 싫지 않다. 박희태 전 의장의 경찰 출두는 '황제출두'가 되고 말았다. 부끄러운 얼굴, 우선 그의 삐딱한 표정부터 좀 고쳤으면 좋겠다. 법 앞에 평등은 아직 멀었다.

끝이 없을 줄 알았던 청춘이 어느새 흘러가버렸다. "미래에 대한 최선의 예언자는 과거다." 하루같이 바이런의 말을 절감하고 있다. 아내가 입맛을 많이 회복했다. 식사도 정상으로 돌아왔다. 두 끼나 '엘에이김밥'을 먹었다. 비가 와서 산책을 나갈 수 없었다. 잠깐 텃밭에 나가서 바람을 쐬고 와서 온종일 집안에서 TV를 보았다. '입맛' '식사' '산책' '운동' 이런 자질구레한 이야기를 되풀이하는 것은 그런 것이 아내가 건강을 회복하고 있다는 중요한 징후가 되기 때문이다. 아내는 블로그에 무지개시리즈를 올렸다. 그렇게 아름다운 무지개 사진은 처음 보았다. 아내는 자랑하느라고 무지개 사진을 중이에게까지 보냈다. 시를 한 편 지어서 읽어주기도 했다. 절창이었다. 그의 직관과 감성과 총기가 살아났다. 양궁경기를 보았다. 아내가 TV를 보는 동안 나는 모기채를 들고 방안의 모기를 소탕했다. 그렇게 자정을 넘겼다. 아내는 건넛방으로 가고 나는 구메구메 메이저리그를 보았다. 행여 내가 일상의 행복을 '의제'하고 있는 것은 아닌지 곰곰이 생각해 보았다.

더 캄캄한 유신 2기 9. 30.

태진아의 사모곡을 듣고 눈물이 났다. 목구멍을 긁는 소리, 그 투가리 깨지는 소리가 나를 울렸다. "우물쭈물하다간 지리멸렬 해진다." 문희상의 말. 더 이상 무엇이 지리멸렬해진다는 건지, 또다시 물덤벙술덤벙 징조가 나타났다. 친일은 일종의 부역(附逆)이다. '다시 이광수 시대'를 읽었다. 스코트랜드 주민투표가 생각났다. 독립이냐 종속이냐. 종속을 택했다. 친일의 이유로 밝힌 이광수의 민족사랑에 잠시 공감했다. 친일파와 동침한 셈이다. 친일파의 항변이 이런 것이었던가. 혼란스러웠다.

여야유가족 삼자가 회동, 특별법협상을 했다. 보나마나 짓밟고 넘어가겠지. 아니다 다를까 또 유가족을 배제하고 합의한 것 같다. 여야 간의 합의안을 유가족이 거부한 것은 당연했다. "유가족을 위한 법이 아니라 국민을 위한 법이니까 유가족의 요구대로 할 수는 없다." 언뜻 들으면 그럴듯하다. 국민과 유가족으로 대립시키고 국민과 여당을 동일시하고 있는 것이 문제다. 왜 유가족의 안이 국민의 안이 될 수 없다는 것인지 모르겠다. 그런 식으로 유가족을 고립시키고 분열시키는 데 정부는 온갖 역량을 쏟았다. 종편의 여론 조작은 말할 것도 없다. 유가족들이 불쌍했다. 졸지에 자식 잃고 그것도 모자라 사회의 공적까지 되어버렸다. 가만히 있는데 자신도 모르게 정치꾼 계정꾼 국가경제와 민생의 걸림돌이 되어버렸다. 이 같은 이중삼중고를 어디서 보상을 받을 수 있단 말인가. 일반유가족, 단원고유가족이라고 구별하여 부르는 소리를 들으면 이 땅의 권력과 언론이 얼마나 비열하고 잔인한가를 뼈저리게 느낀다. 참으로 치사하고 구역질나는 사람들이다. 여야 국회의원들은 결국 일의대수(一衣帶水), 한 가지에 매달린 물방울이라는 것을 통감했다. 내 마음은 유신시대, 더 캄캄한 유신2기를 살고 있었다.

 국회는 청와대의 눈짓과 손짓에 따라 휘뚜루마뚜루 허둥대고 있는 형국이다. 언론은 허울만 남고 뼈은 없어졌다. 동아일보와 경향신문 등 신문이 시퍼렇게 살아 있던 젊은 시절이 그리웠다. 세월호 유가족이 궁지로 몰리고 빈축을 사고 있는 이유 중의 하나는 너무 정치화되었다는 것. 그들을 정치로 덧씌운 것은 바로 정권과 여당이다. 정권과 여당에겐 어떤 사건의 정치이슈화야말로 '오호 통재라'가 아니라 '오호 쾌재라'이다. 종편에서 정치평론을 봇물처럼 쏟아내는 것을 막을 수는 없을까. 여론조작, 정치화공작은 그곳에서 시작되고 있다. 여론이 우리 편이면 무슨 짓인들 못 하겠는가. 종편이 빛나는 이유다. 개인적으로 에고이즘(egoism, 이기주의)과 에고티즘(egotism, 자기중심주의)은 다르고 생각한다. 나는 도덕적으로 비난은 받는 에고이스트(egoist)는 아니었다. 에고티스트(egotist)였던 것은 일부 인정한다. 늘 내 생각에만 골똘했으니까.

 아침에 늦잠을 잤다. 늦게나마 아내를 데리고 상명대로 갔는데 교문에서 들여보내지 않았다. 시계를 보니 벌써 학생들이 등교하는 시간이었다. 하는 수 없이 텃밭에서 간단히 체조를 하고 돌아왔다. 아내가 완전히 입맛을 되찾았다. 저녁나절에 고구마를 사러 인왕시장에 갔다. 고구마가 그렇게 비싼 것인 줄을 몰랐다. 여주 산 '긴화'라는 고구마 한 박스를 샀다. 집에 돌아오자 고무마를 삶아 먹었다. 단고구마도 아니고 밤고구마도 아닌 그 중간이었는데 아내가 딱 좋아하는 맛이었다. 한국과 태국의 축구 준결승전을 보았다. 승리하는 순간 결승에 선착하여 기다리고 있는 북한 팀이 떠올랐다. 이틀 후면 남북이 결승에서 격돌하게 되었다. 사람들이 행여 북한을 응원할까봐 은근히 걱정되었다. 국회가 정상화되고 법안들이 무더기로 통과되었고 여야 합의안도 도출되었지만 기분이 찌뿌듯하고 우울했다. 의인을 다 어디로 갔을까.

아내가 건넛방으로 오라고 했다. 이제 합방을 하자는 것이었다. 이불에 시트를 씌우고 나서 아내가 곧장 잠자리로 들어갔다. PP 유신시절에는 오히려 희망이 있었다. 왜냐하면 다가오는 새날에 희망을 가져볼 만큼 나는 젊었고 기운이 넘쳤기 때문이다. 이젠 시간이 없다. 어쩌면 정상을 회복한 좋은세월을 볼만한 시간이 없을지도 모른다. 그때 그 시절과 다른 것은 언론이 없고 student power가 없고 내가 살날이 얼마 남지 않았다는 것이다. 나는 큰소리로 기도했다. "하나님, 당신이 창:6:3에서 약속한 수명을 나에게 허락해주소서. 좋은 날을 다시 볼 수 있게 해주소서."

호갱 갑질 밀당, 그 모멸감

한 가지에 매달린 물방울 10.1.

상명대운동장에 가서 새벽 운동을 했다. 바람이 쌀쌀했다. 올 들어 가장 기온이 떨어졌다. 아내가 주차장 전망대에 서서 눈앞에 펼쳐지는 풍경을 보고 감탄했다. 천하제일강산이다. 인왕산 북악산 남산이 한눈에 들어왔다. 멀리 자하문고개와 산 아래 집들이 동화 속 마을처럼 보였다. 오늘은 제대로 근육풀기와 국민체조를 했다. 아내가 생기가 돋았다. 우리의 일상이 회복되었다. 오전에 메이저리그 와일드카드 결정전을 보았다. 캔자스시티가 오클랜드를 꺾고 디비전에 진출했다. 아시안게임도 틈틈이 보았다.

어제 여야가 세월호특별법 합의안을 도출하고 국회가 정상화되었다. 여당은 환호하고 야당은 낭패한 빛이 역력했다. 유가족은 제3합의안에도 반발했다. 권력의 눈치를 보지 않는 특검을 뽑는 걸 보장할 수 없다는 것이다. 부정적 여론이 거세질 게 뻔했다. 여야 할 것 없이 국회의원은 한 가지에 매달린 물방울이라는 생각이 들었다. 어느 순간엔 똑같이 자기 밥그릇을 챙기는 데 급급한 집단으로 둔갑해 버렸다. 세월호 참사 유가족이 불쌍했다. 분열되고 고립되고, 이젠 경제파탄의 공적이나 사회통합의 걸림돌이 되고 종북세력으로 지탄받고 있다. 누가 이렇게 만들었는가. 누군가 터무니없는 사실을 연출하고, 언론이 그것을 진실처럼 의제하고 북치고 나팔 불었다. 멀쩡한 사람을 죄인으로 만들어 놓고 시치미를 뗐다. 자식을 잃은 부모들이 외려 쫓기는 입장이 되어버렸고 자기도 모르게 정치꾼으로 몰리는 신세가 되었다. 유가족폭력 사건도 그랬다. 파출소사건(보통 파출소에서 화해하고 풀려나는 사건) 수준의 유가족 폭력사건을 가지고 법원의 영장까지 신청하면서 중형으로 몰아갔다. 언론의 한복판에 가두어 놓고 온 국민의 이목이 쏠리게 했다. 유가족의 이미지를 훼손했다. 반대세력, 미운털, 눈엣가시로 undermine(밑을 파다, 토대를 침식하다, 명예를 손상하다) 했다. 알고 보니 권력은 다름 아닌 거대한 underminer집단이었다. 검찰총장도 혼외자식으로 꼼짝 못하게 옭아매 버린 정권이 아닌가.

아내가 오후에 홀로 교회에 가서 '새빛으로' 가을호를 가져왔다. 이번 수술 전후의 심정을 그린 아내의 시가 실렸는데 감동적이었다. 되풀이해서 아내의 시를 읽었다.

님의 뜻

조정애

시냇가 여울물 소리
날마다 씻어 내리는 새벽의 뜻을 난 몰라요
맨드라미 옆 키 큰 금잔화 꽃무리 속에
빈 의자가 늘 나를 쉬게 하네요

벌 나비가 꽃들에게 희망을 나르고
여름 교회 수련회가 시작되던 그 밤

우렁찬 교인들의 힘찬 찬송가를 끌고
주님이 바삐 내게로 오셨나봐요

서울대병원 긴 시간 수술 끝에
'불길 같은 주 성령'을 부르며 깨어났어요
긴 미로를 따라 이동침대로 실려 나오며
어렴풋이 보이는 의사들에게 감사했어요

세상 고통은 잠시라며
내 곁을 날아오르는 뭇 새를 보며
낮고 보잘 것 없는 길가 풀잎들이
왜 희열에 젖는지 나는 아직도 몰라요

이웃 해바라기 포도나무님이
내 가을 텃밭을 갈아 거름을 하고 모종을 하듯
또 누군가 나를 위해 날마다 기도할 때
내 가슴이 왜 뜨거워지는지 난 아직도 몰라요.

저녁에 프레시안의 동치미물냉면을 먹었다. 음식점에서 먹은 것보다 맛있었다. 아내가 이젠 냉면까지 먹게 되었다. 기뻤다. 금주는 아내의 회복기간이다. 긴장의 늦추지 않고 아내의 섭생을 관찰했는데 다소 안심했다. 아시안게임리듬체조단체전을 시청했다. 은메달을 땄다. 손연재의 기량이 돋보였다. 아내는 밤늦도록 블로그에 글과 사진을 올렸다. 잠결에 아내가 두드리는 컴퓨터 소리가 들려왔다.

청춘은 끝이 없는 줄 알았는데 10. 2.

새벽같이 상명대로 올라가서 시계방향으로 운동장을 돌았다. 거꾸로 돌고 있는 사람들과 번번이 얼굴을 마주쳤다. 좀 민망했지만 그렇게 돌아야만 북한산을 마주 볼 수 있고 해가 뜨면 햇볕을 피할 수가 있었다. 오늘은 지인들이 눈에 띄지 않았다. 운동을 끝내고 먹은 비스킷과 요구르트가 꿀맛이었다. 운동을 했는데도 전신만신이 쑤시고 아팠다. 끝이 없을 줄 알았던 청춘도 어느새 흘러갔다. 이젠 맨손체조도 제대로 할 수 없는 나이가 되어 버렸다. 웬만한 곳에 가면 으레 내가 최연장자였다. 이틀 동안 두문불출했다. 남북축구결승과 손연재의 리듬체조결선을 아침부터 기다렸다. 축구는 저녁 7시부터 시작되었다. 아내는 어느 편이 이겨도 그렇고 그렇다면서 눈을 돌려버렸다. 한국축구가 28년 만에 아시안게임에서 금메달을 땄다. 경기종료 45초를 남겨 놓고 결승골을 터트렸다. 120분 동안의 혈투 끝에 북한을 꺾고 우승했다. 내 입에서 감격의 환성이 터져 나오지 않았다. 손연재의 리듬체조는 축구와 시간대가 겹쳐서 볼 수가 없었다. 나중에 우승화면만 보았다.

박영선이 원내대표를 전격 사퇴했다. 쓸쓸한 퇴장이었다. 기골이 있고 반듯한 국회의원이었는데 이래저래 많은 상처를 받았다. 그의 사퇴의 변이 관심을 끓었다. "세월호특별법은 세상에서 가장 슬픈 법." "흔들리는 배 위에서 활을 들고 협상이라는 씨름을 벌인 시간." 저간(這間)의 그의 고뇌와 심정을 이해할 만했다. 가슴이 아팠다.

아내의 투병은 계속되었다. 죽는다고, 떡 그렇게 생각해 놓고 기다리는 것, 사람들은 암에 걸렸다는 말을 들으면 그랬다. 생색치료 효도치료라는 말이 묘한 여운을 남겼다. 메이저리그는 내겐 신의 은총이었다. 일상에서 이 황량한 시간의 시작과 끝을 어김없이 맡아주었다. 자정이 지난 시간까지 샌프란시스코가 오클랜드를 꺾은 '와일드카드결정전'을 보았다.

항암치료의 진실 10. 3.

아침 6시에 일어나서 비스킷과 물을 챙겨 넣고 아내와 집을 나섰다. 피곤한 것은 아내가 더할 것이다. 이를 악물고 새벽운동을 나서는 아내를 보고 나도 모르게 눈시울이 붉어졌다. 운동장을 돌기 시작하자 아내와 같은 속회 여자들이 알은체를 했다. 한 바퀴 돌 때마다 마주쳤다. 그럴 때마다 아내가 뭐라고 말을 걸었다. 아내는 참을성이 많고 대범한 여자다. 그들은 일찍 끝내고 먼저 갔다.

새벽운동에서 돌아온 아내가 아침나절 내내 모기장 속에서 나오지 않았다. 알고 보니 휴대폰으로 류영석 박사의 강의를 듣고 있었다. 아주 정색하면서 "글쎄 '항암치료의 중단'에 대한 강의를 하고 있지 않아요, 내가 지금 꼭 들어야 할 이야기를 하고 있는 거예요." 하는 것이었다. 아내는 나에게도 류 박사의 동영상 강의를 들어보라고 했다. 잠시 들어보니 아내에게 꼭 필요한 이야기를 했다. 강의가 끝나자 아내는 컴퓨터로 가서 뭔가를 프린트해 왔다. '항암치료의 진실'이라는 글이었다. 일본의 저명의사가 쓴 글이었다. 항암치료를 중단하고 나서 자연치유를 하는 데 꼭 필요한 지식과 정보였다. 지푸라기라도 잡고 싶은 환자들에게 구세주와 같은 내용이었다. 나는 핑 눈물이 돌았다. 아내는 항암치료를 견뎌내지 못하고 포기했다. 참을 수만 있었으면 어떡해서라도 치료를 계속했을 것이다. 오심과 구토가 극심하여 물 한모금도 넘길 수가 없었고 그런 증상이 호전되지 않았다. 의사의 도움을 받을 수 없었고 간호사들은 불친절하고 상투적이고 도움이 되지 않았다. 아내는 조석으로 '항암치료의 진실'을 읽었다. 나도 성경을 읽듯이 꼼꼼히 읽었다. 항암치료의 중단은 포기가 아니고 변경일 뿐이다. 새로운 치료의 시작이다. 자기가 만족하는 치료를 하는 것이다. 의사가 만족하는 치료, 생색치료, 효도치료를 단호히 거절하고 스스로 치료방법을 결정한 것이다. 많은 위로가 되었다.

오전에 디비전시리즈를 보았다. 오후에 아내와 남대문시장에 갔다. 시장에 도착했을 때 메케한 냄새가 코를 찔렀다. 옷가게 주인이 오늘 시장에서 불이 났다고 했다. 메케한 냄새는 불탄 데서 나는 냄새라고 했다. 아내는 옷을 하나 사고 나서 금세 집에 가자고 했다. 불난 이야기가 영향을 주었을까. 얼굴이 창백하고 피곤해 보였다. 깊은 밤에 손연재가 금메달을 딴 리듬체조를 아내와 함께 보았다.

후두이즘 10. 4.

오늘도 새벽 운동을 했다. 운동장을 도는 사람은 우리밖에 없었다. 비스킷을 먹고 야채주스를 마셨다. 아내의 섭생이 정상을 회복했다. 냄새도 맡지 못했던 고등어찜, 달걀찜, 장조림을 먹고 토마토와 고구마를 끼니마다 먹었다. 그래도 슬금슬금 먹지 않으려고 할 때는 어김없이 나와 실랑이를 벌였다. 그럴 때 보면 아직도 식욕을 완전히 회복하지 못한 것 같았다.

오늘은 디비전시리즈 NL, AL 두 경기가 있었다. 새벽 1시부터 시작되어서 경기를 모두 볼 수 없었다. 제일선발로 나온 다저스 에이스 커쇼가 참패했다. 벌어진 입이 다물어지지 않았다. 그토록 잘 던지던 그가 7회에 와르르 무너졌다. 작년 챔피언시리즈의 악몽이 되살아났다. 올해도 세인트루이스전 징크스를 깨지 못했다. 나는 그의 패배를 징크스 탓이라고 철석같이 믿었다. 나도 모르게 후두이즘(hoodooism, 呪術, 巫術)에 빠져 있었다. 인생을 징크스의 연속쯤으로 생각하게 되면 그런 삶은 참으로 고달프고 불행하다. 내 사유와 성찰이 왜 이리 나약하고 황당해졌을까. 문득 섬뜩하고 두려운 생각이 들었다.

북한 실세3인방이 전격적으로 대한민국을 방문했다. 명분은 인천아시안게임에서 북한선수들을 격려하고 폐회식에 참석하러 왔다고 하지만 그 속내가 자못 복잡했다. "오데로 갔나, 김정은." 그렇게 느닷없이 찾아온 것은 김정은의 건재함을 알리고 체제안정과 대화의지를 과시하는 북한 특유의 협상법이다. 어쨌든 환영할 만한 일이었다. 온종일 그들의 뉴스에 귀를 기울였다. 오후에 E마트에 가서 장조림쇠고기를 샀다. 돌아오는 길에 인왕산시장에 들러서 멸치와 토마토를 샀다. 역시 청과물과 건어물은 재래시장이 싸고 실속이 있었다. 아내가 저녁나절 내내 모기장 속에 드러누워서 휴식을 취했다. 그런 아내를 보살피면서 안방에서 디비전시리즈 재방을 들었다. 밤에 아내와 주말드라마 '마마'를 보았다.

익명성의 행복 10. 5.

일요예배에 참석했다. 아내는 아직 그럴 만한 몸 상태가 아니라는 것이 내 생각이었다. 아내의 병력을 교우들에게 알리고 싶지 않았다. 아내의 건강이 그들의 중보기도 제목이 되는 것이 싫었다. 이런 내 심정을 나무라도 할 수 없다. 특별한 배려와 동정을 받고 싶지 않았다. 어찌된 일인지 설교 내내 졸았다. 아내도 졸았다. 점심을 먹고 나오다가 목사와 조우(遭遇)했는데 모른 척했다. 작은 상처를 입을지라도 어쩔 수 없었다. 소외된 것은 결코 아니고, 그냥 우리는 유리(遊離)되고 좀 낯선 곳을 떠돌았다. 걸어서 집으로 왔다. 점심을 먹은 것이 부실해서 아내가 콘플레이크를 먹었다.

5시경에 외출했다. 무슨 페스티벌 행사로 광화문 일대의 교통이 통제되었다. 타고 가는 차가 사직터널로 우회해서 서울역으로 갔다. 서울역에서 내려서 퇴계로를 통해 남대문시장으로 갔다. 옷가게는 거의 문을 닫았고 시장 안이 한산했다. 내가 즐겨 구경하는 흑미호떡노상도 오늘은 보이지 않았다. 시장 뒷길로 해서 명동으로 넘어갔다. 거리는 젊은 사람들로 넘쳐났다. "나, 오태규야." 소리쳐도 아무도 알아볼 사람이 없는 그 익명성의 바다에서 나는 맘껏 부유했다. 아내도 아주 즐거워했다. 흑미호떡을 사서 거리에서 먹어도, 옥수수 삶은 것을 물어뜯고 있어도 아무도 이상하게 보는 사람이 없다. 명동거리는 어디를 가나 북새통이었다. 비좁은 골목에서는 어깨를 부딪치며 지나가는 것도 예사로웠다. 불고기와 냉면을 먹었다. 거리로 나오자 어둠이 내리고 있었다. 어둠과 함께 피곤이 몰려왔다. 7022번 버스를 타고 세검정까지 와서 차에서 내려 집으로 걸어왔다. 주말드라마 '마마'를 보았다. 아내는 명동의 산책이 아주 좋았다고 연방 싱글벙글했다. 그 하찮은 나들이에 감동했다. 거창한 해외나들이를 하면 아내는 어떠한 반응을 보일까. 익명성이란 그 자유의 바다에서 느낀 해방감, 그 '익명성(匿名性)의 행복'을 나는 잠들 때까지 반추(反芻)했다.

심지를 굳게 하시오 10. 6.

아침날씨가 너무 쌀쌀했다. 상명대운동장에 올라가지 못했다. 평창동둘레길을 차로 돌았다. 운동할 만한 마땅한 장소가 없어서 그냥 드라이브만 하다가 돌아왔다. 아침 산책길에 사람이 없는 것을 보고 놀랐다. 이곳은 따뜻한 고장이 아닌가 보다. 오전에 고장 난 홈사우나기를 고치러 유진상가에 갔다. 우선 맡겨두고 숭인동을 다녀왔다. 아리랑고개를 넘을 때 아내가 아침마다 춘우문화관으로 출근하던 일이 생각났다. 벌써 추억 속으로 사라졌다. 점심을 먹고 오랫동안 휴식을 취했다. 아내에게 휴식은 절대로 필요하다. 오늘따라 하찮은 일로 짜증을 내고 엉뚱한 말을 했다. 아침에 느닷없이 야채주스가 없다고 찜부럭을 부렸다. 나는 보지도 못한 음료수다.

오후 늦게 남대문시장으로 오늘은 정식으로 옷을 사러 갔다. 대뜸 입고 나갈만한 옷이 없다고 볼멘소리를 했다. 이럴 땐 남대문시장 노점상에서 산 그 많은 옷들은 거들떠보지도 않았다. 내가 동대문시장으로 가자고 하더니 남대문시장이 가기가 편하다고 하면서 그쪽을 고집했다. 시장 입구에 도착했을 때 남산으로 올라가는 길로 해서 남대문시장 뒤편으로 가보자고 했다. 옷 도소매가게를 거의 뒤졌다. 선뜻 아내의 마음에 드는 옷이 없었다. 메사매장까지 살펴보았지만 없었다. 메사 이층이 매장을 철수해 버린 것을 알아냈을 뿐이다. 회현동 지하상가까지 더듬었다. 없었다. 어느새 날이 저물고 피곤이 몰려왔다. 명동에서 162번을 타고 아리랑고개를 넘고 정릉입구를 지나서 집으로 돌아왔다. 아리랑고개에서 엄청 차가 막혔다. 아내는 청와대 앞길로 가지 않고 미아리 쪽으로 온 것을 후회하고 짜증을 냈다. 집에 도착했을 때 기진맥진했다. 아내가 오늘 예민하고 불안해하는 이유를 나는 진작 알고 있었다. 아내는 내일 서울대암병원으로 검진을 받으러 간다. 한세원 교수의 진료를 받고 2차 항암치료의 일정을 정하는 날이다. 아내는 치료를 중단하고 있는데 내일 어떻게 대처할 것인지 아직 가늠을 못하고 있다. 물론 앞으로도 중단을 계속할 것이고 교수가 어떠한 말을 해도 따르지 않을 것이 분명하다. 하지만 선뜻 그렇게 말할 자신이 없었다. 한 교수는 경우에 따라서는 무섭고 험한 소리도 할 텐데 아내는 그게 마냥 두렵고 신경이 곤두서지 않을 수 없었다. 아내는 잠들 때까지 그랬다. 그런 아내를 보면서 나는 수없이 아내에게 당부했다. "심지(心志)를 굳게 하시오." 나의 당부는 어느새 기도로 변했다. "심지를 굳게 할 수 있도록 도와주소서."

어찌 하오리까 10. 7.

아침 10시에 서울대병원을 향해 출발했다. 서울대 암병원3층 채혈실에서 10시 45분에 피검사를 받았다. 한 시간 후에 한 교수의 진단을 받았다. 아내가 오심과 구토를 참을 수 없어서 약복용을 중단했다는 말을 했다. 교수가 다소 놀라고 이내 격앙되었다. 2주 동안이나 그런 증상이 계속될 수는 없다고 펄쩍 뛰었다. 난감했다. 내가 다소 강경한 어조를 아내의 말을 거들었다. 아내가 좀 두서없이 증상을 설명하는 것 같았다. 그럴 수밖에 없었다. 의사도 다소 혼란스러워하면서 단정을 내리지 못했다. 아내는 이러지도 저러지도 못하고 쩔쩔매고 있었다. 어찌하오리까. 어쨌든 심한 부작용 때문에 항암치료를 중단한 것은 사실이다. 의사가 마침내 결정을 내렸다. 일주일 후에 다시 와서 그 경과를 보자는 것이었다. 약도 복용하지 않고 그대로 오라는 것이다. 그때 가서 경과를 보고 다시 결정을 하겠다는 것이었다. 나는 착잡했다. 다음 주에 또 어떠한 사태가 일어날까. 모든 것을 그냥 하늘에 맡기기로 했다. 아내가 그 와중에 손수 운전하고 돌아왔다. 귀갓길이 미아리 쪽이냐 청와대 쪽이냐를 두고 잠깐 망설였다. 우리는 청와대 앞으로 돌아왔다.

돌아오자마자 나는 류현진 출전경기를 보았다. 아침에 집을 나설 때 시작하던 류현진 선발 디비전시리즈 3차전이 아직도 진행 중이었다. 패색이 짙었다. 저런 불펜 가지고는 승리가 어려울 것 같았다. 내일 커쇼의 4차전에 기대를 걸고 아쉬운 마음을 달랬다. 갑자기 피로가 몰려와서 잠시 자리에 누웠다. 아내가 동대문시장에 가자고 했다. 대꾸를 안 했더니 홀로 나가는 기척이 났다. 모처럼 모른 체했다. 삼성 영업이익 급감, 삼성이 비틀거렸다. 스마트폰 중국쇼크가 직격탄. 애플의 재기와 중국의 약진에 샌드위치가 되어 이중고를 겪고 있었다. 중저가 보급형시장을 놓친 것이다. 삼성이 흔들리면 우리경제가 휘청거리게 된다. "혼몽 속을 헤매고 있는 이건희 회장을 깨어나게 해 주소서." 나도 모르게 주절대고 있었다. 북 경비정, NLL침범. 남북 5년 만에 교전. 북 실세3인방의 방한 사흘 만에 일어난 사건이다. 정말 알다가도 모를 사람들이다. 착잡했다.

아내가 뜻밖에도 일찍 돌아왔다. 가까운 유진상가에 가서 옷을 사가지고 왔다. 어제 남대문시장을 온통 쏘다녀도 찾지 못했던 옷을 가까운 상가에서 발견한 것이다. 역시 아내에게 어울리는 옷이었다. 아내는 자못 흡족해했다. 그런 아내의 모습으로 보고 적이 안도했다. 아내는 평정심을 회복했다. 밤늦도록 새로 사 온 옷을 입어보이면서 즐거워했다. "좋다 이거다, 아내가 행복해하고 있으니 좋다 이거다!" 행여 아내가 또 항암치료에 대해 마음을 바꿀까봐 걱정이 되었다. 어느 쪽이 되었건 심지를 굳게 하고 투병생활을 이어갔으면 좋겠다. 나는 계속 질문은 던졌다. "하나님, 어찌 하오리까."

치기와 순수는 사촌 10. 8.

객기와 열정은 사촌이다. 새벽같이 상명대운동장으로 달려갔다. 그 시간에 디비전시리즈 4차전 커쇼의 선발경기가 진행되고 있었다. 아무렴, 나에겐 아내와 운동하는 것이 더 중요하다. 오늘따라 비문증이 심했다. 해뜨기 전에 희뿌연 하늘을 바라보자 유난히 얼룩과 올챙이 알무더기 같은 것이 시야를 흐려 놓았다. 이제 나에게서 맑은 시야는 사라졌다. 집에 돌아오자 허겁지겁 야구경기를 보았다. 다저스가 이기고 있었다. 7회에 믿기지 않는 사태가 벌어졌다. 커쇼가 또 징크스의 희생이 되고 말았다. 역전 홈런을 맞았다. 눈을 의심했다. LA다저스의 가을야구는 이렇게 마침표를 찍었다. 류현진도 시즌을 마감했다. 하나님이 어쩐지 기쁜 일을 주는 데 인색했다. 나는 '후두이즘' 소용돌이 속에서 허우적거리고 있었다. 경기가 선수들의 기량보다 징크스 등에 휘둘리는 것 같아서 야구를 보기가 싫어졌다. 일상을 비추고 있는 한 줄기 불빛이 꺼져버렸다. 낙심천만이었다. 그런 나를 보고 아내는 물론이고 나 자신도 혀를 찼다. "이런 치기는 내가 아직 순수한 마음을 가지고 있다는 증거다." 그렇다, "치기와 순수는 사촌이다." 나는 엉뚱한 말로 자신을 달랬다.

오후에 바람을 쐬러 홀로 광화문으로 나갔다. 당주동골목 근처를 어슬렁거리면서 그곳에서 호텔신축 공사가 진행되고 있는 것을 구경했다. 광화문네거리를 건너가서 옛 국제극장이 있던 자리를 돌아보았다. 내가 소설가가 되겠다고 결심했던 곳이다. 종로1가 쪽으로 넘어오자 완전히 상전벽해다. 청진동은 고층빌딩의 숲이 되어버렸다. 정을 붙일 만한 곳이 없었다. 하릴없이 수송동으로 건너가서 차를 타고 돌아왔다. 아내가 집에 없었다. 아내는 1시간 후에 파마를 한 머리로 돌아왔다. 확 분위기가 달라졌고 온몸에서 활력이 넘쳐 흘렀다. 헤어스타일이 달라졌지만 과히 싫지 않았다. 그렇게 아내는 앙뉘와 싸웠다.

카카오톡을 사전검열 하겠다고 발표했다. '사이버 망명'이 봇물을 이뤘다. 시민들을 심리적으로 위축시키고 비판언론에 재갈을 물리겠다는 속셈이다. "밀어붙이면 안 되는 일이 없다." 유신시대로 착각하고 있는 모양이다. "이게 민주국가냐." 이런 소리를 하는 사람들은 두 유형이 있다. 진짜 순진해서 지금 우리가 통제된 언론 속에서 살고 있다는 것을 모르고 있는 부류이고 또 하나는 언론의 자유가 없다는 것을 잘 알면서도 짐짓 모른 척 내숭을 떨고 있는 부류다. 특히 후자는 살아가는 데 불편이 없는 사람들이고 그들의 무관심이 민주주의를 좀먹고 있다. 선거 때마다 기권하고 '오불관언' 식의 정치무관심으로 '악의 세력에 날개를 달아주는 사람들'이다. 저주를 받아 마땅하다.

밤에 오랜만에 '카운터피터'(counterfeiter)라는 영화를 보았다. 2차 대전 때 파운드화와 달러화의 위조지폐가 적대국가의 경제를 혼란에 빠뜨린다는 내용이었다. 아내는 아직 식욕이 완전히 회복되지 않아서 고담백질정량을 섭취하지 못했다. 끼니때에 남긴 음식을 내가 먹어야만 했다. 그렇잖음 버려야 했는데 아까운 걸 어쩔 것인가. 일테면 나는 아내의 scavenger(넝마주이, 남은 고기를 먹는 동물)가 되어버렸다. 요즘 내가 부쩍 영어를 많이 쓰고 있다. 사이버망명도 하는 세상인데 이깟 외래어쯤이야 못 쓸까 보냐. 무턱대고 사물을 부정적으로 관찰하고 삐딱하게 생각하는 것은 일종의 morbidity(병적임, 불건전성)다. 나의 이런 태도를 차라리 철이 덜 든 치기쯤으로 봐주었으면 좋겠다. "객기와 열정은 사촌이다, 사라진 맑은 시야, 가을잔치는 끝났다, 사는 데 불편하지 않는 사람들의 무관심, 철이 덜 들 때가 좋았는데, 애정결핍증환자, artistry(예술성, 예술적 효과, 기교) 등" 이런저런 '생각의 바다'에서 나는 온종일 헤어나지 못했다.

마루와 쌈지 10. 9.

아침에 메이저리그 경기를 보지 않았다. 여유가 생겼다. 느긋하게 작업을 구상했다. 변함없이 상명대운동장에 올라가서 걷기운동을 했다. 오늘부턴 시계바늘의 반대방향으로 돌면서 사람들과 마주치지 않았다. 진작 그랬어야 했다. 다섯 바퀴를 돌고 나서 근육운동과 맨손체조를 했다. 이런 운동을 할 때는 각자가 떨어져서 했다. 7시가 넘으면 학생들이 등교하기 시작하는데 오늘은 공휴일이어서 얼씬도 하지 않았다. 오전부터 작업할 기회를 노렸지만 착수하지 못했다. 아내는 아침을 먹고 나서 줄곧 블로그에 글을 올렸다. 왜 가볍게 나는 일을 시작할 수가 없을까. 매양 터덕거리고 까다로웠다. 결국 오전을 허송하고 나서 깊은 회의에 빠졌다. 하루같이 겨우 '아고니스트 당신'을 썼다. '징비록 사랑'은 손도 대지 못했다. 정작 일은 하지 않으면서 늘 쫓기고 있는 기분이었다.

　오후에 아내와 바람 쐬러 광화문에 나가서 한글날행사도 구경했다. 오세영, 문정희, 문덕수 시인 등의 시화작품들이 광장에 전시되어 있었다. 물론 본인들은 좋아하겠지만 어쩐지 어울리지 않은 느낌이었다. 문인들이 그런 식으로 이용당하고 있었다. 나는 광화문광장에서 일어나고 있는 각종 행사가 마냥 맞갖잖았다. 씨가 먹지 않고 영혼이 없는, 마냥 일회성 홍보나 선전용 이벤트였기 때문이다. 아내가 인사동으로 가자고 했다. 광장을 벗어나자 거리엔 사람이 없었다. 인사동으로 접어들자 사람들이 구름처럼 몰려들었다. 이렇게 많은 사람들이 몰려다니는 것은 근자에 드문 일이었다. '마루'라는 새 명소가 눈길을 끌었다. 쌈지에 비슷한 공간이었는데 굽이굽이 볼거리가 많은, 오층건물로 아주 잘 지어졌다. 가게가 좀 모자라고 아기자기한 맛이 덜했다. 쌈지와 비교해서 '하드'는 좋은데 '소프트'가 좀 떨어졌다. 막 오픈해서 그렇겠지만 앞으로 쌈지처럼 번창하기를 바랐다. Korean life style을 물씬 풍기는, 우리의 멋과 에스프리, 문화의 진수가 숨 쉬고 있는, 그런 공간이 되었으면 좋겠다. 아내와 한참동안 마루를 돌아보았다. 이어서 쌈지에도 가보았다. 우리는 마루와 쌈지를 오가면서 한국인의 삶을 흠뻑 느껴보았다. 조계사 앞에서 차를 타고 돌아왔다.

　메이저리그 야구를 보지 않으니 일상의 모습이 확 달라졌다. 아내는 여전히 작업하고 있고 나는 '징비록 사랑'과 '아고니스트 당신을' 어떻게 영원히 살릴 수 있을까, 골똘히 궁리했다. 아까 집을 나갈 때 D동 지하사무실에서 작은 불이 나서 소방차들이 달려왔는데 돌아와 보니 불 난 흔적은 찾아 볼 수 없고 메케한 냄새만 감돌았다. 저녁나절에 주말드라마 '마마' 재방을 보았다. 근자에 보기 드문 수작이었다. 위암말기로 시한부인생을 살고 있는 주인공의 연기가 빼어났다. 손색없이, 아주 자연스럽게 이야기를 꾸려갔다. 작가의 역량이 돋보였다. 나도 모르게 눈시울이 붉어졌다. 아내의 병 때문에 더욱 그랬다. 아내는 마루와 쌈지에서 기를 받고 활력을 묻혀왔는지 집에 돌아오자마자 컴퓨터 앞에 붙어 앉아서 계속 글을 썼다. 나는 끝내 아무 작업도 할 수 없었다. '마루'의 이층난간에 서서 나에게 손을 흔들던 아내의 모습이 눈에 선했다. 깊은 밤까지 나는 아내의 쾌차를 빌었다.

언더마이너의 천국 10. 10.

오늘은 교문 밖에 차를 세워두고 운동장에서 아침운동을 했다. 교우들이 눈에 띄지 않았다. 시야에는 여전히 날파리와 올챙이알이 떠돌았다. 오전에 아내는 금요일속회에 갔다. 산케이 지국장 기소파문이 뉴스의 한복판에 떴다. 세계언론과 미국정부까지 한국언론의 자유를 우려했다. 대통령 지키려고 국가명예를 추락시킨 꼴이 되었다. 사라진 7시간은 더욱 클로즈업되었다. 바야흐로 세상은 음험한 수법으로 '온전한 사람'의 밑둥을 파서 근본을 침식하고, 명성을 훼손하고 건강까지 해치는 언더마이너가 판을 쳤다. 대한민국은 '언더마이너의 천국'이다. 내가 가장 개탄하고 우려했던 현상이다. 검찰총장의 혼외자식 스캔들, 세월호 참사 유가족 폄훼, 김영오의 부모자격 논란 등 온갖 악성루머와 중상모략이 멀쩡한 사람들을 서서히 죽였다. 막강한 권력과 거대한 조직이 그런 세력을 부추길 때 개인의 integrity(保全, 본래의 모습) 온전함은 바람 앞에 촛불이 되었다. 하지만 대통령 자신의 존엄이 손상되었다고 해서 외국신문지국장을 기소하고, 사이버를 검열하고 명예훼손으로 수사하겠다는 것은 자칫 스스로 무덤을 파는 일이 될 것이다. 어떤 식으로든 언론의 통제는 '양날의 칼을 휘두르는 것'과 같다. 그 칼날에 자신도 얼마든지 찔릴 수가 있는 것을 깨달아야 한다.

북한이 삐라를 향해 총격을 가했다. 올 것이 왔다. 남한 정부가 묵인 내지 방조한 것으로 간주하고 도발했다. 정작 NLL을 침범한 그들이 서해사격전을 항의하는 전문을 보냈다. 우리 정부는 왜 그 전문을 공개하지 않는가. 그들의 행각은 도저히 이해할 수 있다. 김정은의 잠적 37일, 온갖 추측이 난무했다. 실세3인방의 전격방문으로 남북대치상황이 좀 풀릴 줄 알았는데 또다시 꼬이고 말았다. 오늘은 기막힌 사건들이 꼬리를 물었다. 현역 사단장이 성추행 혐의로 체포되었다. 군은 바람 잘 날이 없다. 군이 왜 이 모양이 되었는가. 어디서부터 척결해야 할지 모르겠다. 만신창이다.

내일 아내는 현대시인협회 가을문학기행을 떠난다. 밤늦도록 그 차비를 했다. 입고 갈 옷을 챙기고 특히 헤어스타일에 많은 신경을 썼다. 식사를 정상적으로 하게 된 이후로 아내는 얼굴도 이전 모습을 되찾았다. 1박2일 일정이면 이틀을 꼬박 아내 없이 홀로 지내야 한다. 아내가 함께 가자고 했지만 시인들의 행사에 소설가가 낄 수는 없다. 강남문인협회 문학기행 때는 꼭 함께 가자고 했다. 영화채널에서 '에덴의 동쪽'을 보았다. 마지막 장면에서 아버지는 끝내 아들과 화해하지 않았다. "너를 용서하고 사랑한다." 숨을 거두는 순간 아버지의 입에서 이 한마디가 새어나오기를 기대했는데 엉뚱하게 "간호사를 바꿔 달라"는 말을 남기고 눈을 감았다. 일종의 대반전이었다. 상투적인 종말에 대한 거부요 반격이었다. 나는 어둠 속에서 희미하게 웃고 있었다. '정글의 법칙'까지 보고 나서 아내가 곤히 잠자고 있는 모기장 속으로 들어갔다.

풍증하고 있네 10. 11.

아내는 일찍 집을 나섰다. 현대시인협회 문학기행은 양재역에서 8시 30분에 출발했다. 아내를 보내고 나서 차분하게 작업을 시작했다. 이틀을 홀로 보내려면 단단히 마음을 먹고 일에 몰두해야 한다. 해질녘에 찾아오는 depression(의기소침, 침울)을 극복하기 위해 나는 빈틈없이 일정을 짰다. 여행을 떠난 줄 알았던 아내가 갑자기 돌아왔다. 아내는 토요일 출발, 1박2일의 여정으로 알고 있었는데 어제 출발했다고 했다. 어처구니가 없었다. 그만큼 아내는 경황이 없었고 깜빡 잊어먹은 것이다. 말로는 차라리 잘됐다고 했지만 몹시 아쉬워하는 기색이었다. 하늘의 뜻이라고 나는 엉뚱한 소리로 위로했다.

오후에 작심하고 나들이를 했다. 아내는 동대문시장을 가고 싶은 눈치였지만 나는 청계천을 찾아가자고 했다. 버스를 타고 종로로 나갔다. 차에서 내리자마자 아내가 코를 싸쥐었다. 주말 도심시위를 막기 위해 경찰차가 거리에 포진하고 있었다. 그 많을 차가 내뿜는 매연가스를 피해 아내가 허겁지겁 화장실로 달려갔다. 화장실에서 돌아온 아내가 그냥 집으로 돌아가자고 했다. 우리는 청진동 빌딩숲을 지나 조계사 쪽으로 건너가서 차를 타고 귀갓길에 올랐다. 시위도 문제지만 이중삼중으로 에워싸고 교통을 차단하고 공기를 오염시키는 경찰차벽이야말로 시민에겐 공적 1호다. 경찰이 가장 민폐를 끼치고 있었다. 돌아오는 길이 우울할 수밖에 없었다. 오후가 되자 아내는 아랫배가 무지근하고 아프다고 했다. 가슴이 덜컥 내려앉았다. 새벽같이 양재역을 다녀온 것도 무리였고 좀 함부로 식사한 것이 탈이 났다. 달걀을 찌고 고등어를 삶고 아내는 식단을 다시 정성껏 마련했다.

저녁나절에야 아내가 정상적으로 식사를 하고 가까스로 안정을 되찾았다. 천만다행이었다. 주말드라마를 함께 보았다. 드라마가 또 복병이었다. 그토록 악랄하고 불량한 이야기는 처음 보았다. 다행히 아내가 별로 개의치 않았다. 나의 입에서 '풍증(風症)하고 있네'라는 욕이 연달아 터졌다. "풍증하고 있네." 우리 어머니가 하던 유일한 욕이었다. 뭔가 잔뜩 마뜩찮고 같잖을 때 내뱉는 말이었다. 어느새 어머니의 욕설을 내가 대물림했다. 이어서 본 '마마'가 앞의 것을 보상해 주었다. '마마'는 볼만했고 많은 위로를 받았다. 깊은 밤에 아내의 아랫도리에 약을 발라주었다. 아내는 그새 어린아이처럼 잠이 들었다. 오늘밤 제부도에서 밤을 보내고 있어야 할 아내를 곁눈질하면서 오랜만에 MBC '세바퀴'를 보았다. 나는 입버릇처럼 "풍증하고 있네"를 내뱉고 있었다.

끝났거든, 아냐 아직 몰라 10. 12.

아내가 8시에 교회합창연습을 하러 갔다. 아내는 1부예배를 보고 나는 2부예배를 보기로 했다. 어쩌다가 2부예배시간에 나는 집에서 '아고니스트 당신'을 쓰고 있었다. 12시에야 교회에 나가서 사람들을 만났다. 목사가 나의 손을 잡고 깍듯이 인사했다. 오랜만에 장로들도 만났다. 아내가 교회 앞마당에서 나를 발견했다. 아직 2부설교가 끝나지 않은 시각이어서 내가 설교를 듣지 않았다는 것을 들키고 말았다. 아내가 나를 데리고 식당으로 가서 밥을 먹였다. 아내는 1부예배가 끝나자 밥을 먹었다고 했다. 요즘 끼니에 밥을 찾아먹는 것이 우리에겐 중요했다. 차를 타고 집으로 돌아왔다.

 온라인 공안시대가 막을 올렸다. 정부가 '사이버 표현의 자유'를 제한하는 대책을 내놓았다. 수사팀과 포털사이트 사이에 핫라인을 구축하라. 허위사실과 명예를 훼손하는 정보는 실시간 삭제하라. 약식기소가 아니라 재판에 회부하라. 똑같은 표현자유를 두고 대북전단은 보호하고 비판언론은 처벌하겠다는 것이다. 형평성과 공정성이 결여된 법은 독재요 횡포다. 전단 살포는 신청불가침의 영역이고 사이버 표현자유는 제한가능 구역이 되었다. 한국이 제한적 언론자유국으로 전락한 것이 부끄러웠다. 휴대폰가격이 OECD 국가 중 가장 비싸다. 대한민국은 호갱의 나라인가. 에볼라의 공포가 지구촌을 뒤덮었다. 뉴스가 평화로운 주일을 어지럽게 했다. 기도하면서 용서를 구했다. 주로 내 마음자리를 어지럽히고 있는 증오와 저주, 시기와 질투 원망과 비난, 이런 마음을 용서해 달라고 기도했다. 아내가 앓기 시작한 이후로 나는 걸핏하면 페이소스에 휘말렸다. 물론 내색하지 않았다. 언젠가 자하문고개를 넘어오면서 어느 집 벽에서 언뜻 본 말이 생각났다. "No longer." "Not yet." "끝났거든." 누군가 이렇게 말하자 나는 세차게 고개를 흔들면서 그 말을 부인했다. "아냐, 아직 몰라." 나도 모르게 눈물이 핑 돌았다.

 오후에 장조림쇠고기를 사러 E마트에 갔다. 문이 닫혀 있었다. 하는 수 없이 청과물상회에서 토마토만 사가지고 집으로 돌아왔다. 집 앞 마트에서 장을 보았다. 이래저래 산 물건이 많아져서 배달을 시켰다. 주차장에서 막 차를 내리려고 하는데 아내가 포도를 안 샀는데 계산서에 두 박스나 적혀 있다고 펄쩍 뛰었다. 우리는 다시 마트로 가서 포도 값을 현금으로 받아왔다. 기분이 언짢았다. 왜 이런 일이 자꾸 일어나는지 모르겠다. 내일은 서울대병원에 가는 날이다. 아내는 밤늦게까지 인터넷에서 항암치료 매뉴얼을 읽었다.

약 복용 중단은 하늘의 뜻 10. 13.

다음카카오 이석우 대표가 기자회견에서 "감청영장에 응하지 않겠다"고 사이버 검열 거부를 선언했다. 사이버 망명을 막기 위한 극약처방에 영장을 거부한 후 처벌을 받겠다는 비장한 각오를 표명한 것이다. 공감이 유죄인가. 증오와 저주 시기와 질투 원망과 비난, 이런 말들이 머릿속을 휘젓고 다녔다. trivium(삼학, 문법 논리 수사)을 깜빡 잊었다가 가까스로 기억해냈다. 박 대통령이 전쟁 중에도 대화는 필요하다고 말했다. 5.24 대화의제를 선언했다. 대북전단은 침묵했다. 참 편리한 침묵이다.

오늘은 병원으로 진료 받으러 가는 날이다. 경과를 살펴보고 항암치료를 다시 시작하기로 약속한 날이다. 아내가 가지 않았다. 7년 전에 대장암 수술을 받았던 김옥수 권사의 말을 듣고 마음을 바꾼 줄 알았는데 아내는 끝내 병원에 가지 않았다. 예약된 시간을 훨씬 넘기고 4시에 독감예방주사를 맞을 것인가를 상담하러 서울대병원에 갔다. 암병원을 들어서자 마음에 동요가 일었는지 진료상담 데스크로 가서 오늘 진료를 받지 못한 후속절차에 대해 문의했다. 언제든지 연락하고 찾아오면 된다고 했다. 진료카드를 주었더니 의사가 오늘 처방해 둔 것을 알려주었다. 1차 때와 똑같은 처방이었다. 아내는 크게 실망했다. 그렇게 부작용 때문에 고통을 받은 것을 알게 되었으면 처방이 달라질 줄 알았다. 아내는 자신의 선택이, 그러니까 오늘 항암주사를 맞지 않고 약을 복용하지 않은 것이 하늘의 뜻이라고 생각했다. 항암주사만 놓아주고, 처방대로 약만 먹으라고 해놓고, 그 엄청난 부작용에 대해선 아무런 언급이 없었다. 문제가 생겼을 때 연락하라는 곳으로 전화해보면 상투적으로 몇 마디하고 나서 전화를 끊어버렸다. 결국 본인이 알아서 고통을 극복할 수밖에 없었다. 그랬다. 아내가 항암치료를 중단하고 '자중자애'한 것은 철두철미 본인의 선택이었다. 그것은 삶의 연장이냐, 삶의 질이냐를 선택하는 문제이기도 했다. 고통을 받으면서 목숨을 연장할 것이냐, 아니면 하나님에게 맡기고 자연치유를 할 것이냐를 선택하는 문제였다. 무엇보다 아내는 항암치료를 받고도, 그 끔찍한 고통을 견뎌내고도 끝내 숨지고 만다는 사실에 낙담했다. 오늘도 아내는 밤늦도록 인터넷에서 항암치료의 부작용과 대처법에 대한 정보를 캐내고 있었다.

메이저리그 챔피언시리즈 1차전 샌프란시스코와 세인트루이스 경기를 보았다. 샌프란시스코를 응원했다. 커쇼를 무너뜨린 세인트루이스에게 그런 식으로 앙갚음했다. '그 사람이 아내에게'라는 일본영화가 스쳐갔다. 난해한 사랑이다. 유난히 피곤이 밀려왔다. 아내와 '국립암센터의 방문' '제3차병원 변경가능성' '동네 이 내과에서 상담' 등을 이야기했다. 새벽에 두어 번 잠이 깼을 때 아내가 밤을 새우면서 컴퓨터 앞에 앉아 있는 것을 보았다.

원석으로 남아 있는 보석 10. 14.

4.19세대 문학평론가 김치수가 지병으로 별세했다. 또래가 잇달아 세상을 하직했다. 시간이 없다. 2008년부터 7년 동안 써온 '아고니스트 당신'은 아직도 많은 부분이 원석(原石)으로 남아 있다. 필생의 업적이 될지도 모를 이 글을 어떠한 일이 있어도 보석으로 다듬어 놔야 한다. 그것들은 원석으로 남아 있는 보석들이었다. 마음이 다급해졌다. 오늘은 그동안 써놓기만 하고 발표하지 않은 작품들과 '아고니스트 당신'을 점검해 보았다. 어느 구석에 어떻게 처박혀 있는지를 찾아보았다. 그들의 상태와 위치를 어렵사리 알아냈다. 이제 손질하고 마무리하는 일만 남았다. 이 방대한 작업을 하는 데 시간이 터무니없이 부족했다. 아내가 내일 중이의 상견례에 참석하다. 나는 가지 않고 생부가 참석할 예정이다. 어차피 전 남편을 만나게 되는데 아내는 지금 병중이다. 중병을 앓는다는 것, 누구나 맞는 죽음자체도 패배라면 패배랄 수 있다. 아내가 그런 수척한 모습으로 그런 자리에 가는 것이 달갑지 않았지만 이내 마음을 고쳐먹었다. 유세 부리는 승자보다는 향기로운 패자로서 만나는 것이 때론 더욱 아름다울 수 있다. 그랬다. "아내여, 그대의 향기를 풍기면서 아름다운 만남을 이루도록 하라."

잠적한 지 41일 만에 김정은이 지팡이를 짚고 공개석상에 나타났다. 무성한 소문과 주민의 동요를 일거에 차단하고 건재를 과시했다. 그의 등장으로 언론은 난리법석이다. 그의 재등장의 의미를 분석하는 프로가 꼬리를 물었다. 무슨 의미가 있겠는가. 따지고 보면 사정이 있어서 잠시 잠적했다가 다시 나타난 것, 그 이상도 이하도 아니다. 이렇게 좀 가볍게 처리할 수는 없을까. 저 극성, 저 난리를 피우는 것이 문제다. 꼴불견이다. 시사데스크에 몰리는 저 세객과 논객들, 입만 살아서 떠들어대고 있는 사람들이 문제다. 언뜻 나도 어쩔 수 없는 사람이라는 생각이 들었다. 계속 감청영장 거부가 이슈가 되었다. 분명히 자충수, 악수, 패착이다. 길어야 정권과 수명을 같이할 저런 정책을 왜 강행하려고 할까. 박근혜는 유신의 유산을 재현하려고 한다. 아무리 둘러봐도 그의 뒤를 이어서 대권을 거머쥐고, 사이버 검열, 카톡 감청 등을 밀고나갈 만한 사람이 없다. 누굴 믿고 그런 법령을 강행하려고 하는 걸까. 그 흔해빠진 권력무상을 아직도 깨닫지 못하고 있는 모양이다.

　서울대암병원은 끝내 가지 않았다. 목요일에 서울대병원에서 소견서를 발부받아 원자력병원으로 가기로 탁방이 났다. 오후에 예약까지 했다. 이제 정리가 된 셈이다. 마음이 홀가분했다. 저녁에 내가 만둣국을 맛있게 끓였다. 아내가 좋아하는 배와 사과를 깎아서 정갈하게 썰어놓았다. "과일도 깎아주시고 만둣국도 끓여주셔서 감사합니다. 좋은 밤 되시기 바랍니다." 내일 있을 상견례의 모양새를 상상하면서 잠자코 안방에서 TV를 보고 있는 나에게 아내가 이런 쪽지를 써서 보냈다. 나도 모르게 웃음이 나왔다. 아내는 이렇게 천진스러운 데가 있었다. 마감뉴스를 보고 슬며시 아내 곁으로 가서 누웠다.

높고 깊어라, 용이의 효성 10. 15.

　파격과 일탈과 기행(奇行). 우리 정치가 대통령의 한풀이가 되어서는 안 된다. 대통령과 정서의 공유는 온데간데없다. 떨어질 만하면 외유성 정상외교로 지지율을 올려놓았다. 경기부양을 위해 사상최저금리, 가계부채 외자유출 등의 부작용이 우려되었다. '보이지 않는 손' 국감 해결사 대형로펌들. 돈 받고 기업인 증인 빼주기, 건당 2,000만~4,000만원. 복마전을 보는 듯했다. 아직도 선실에 갇혀 있는 실종자 가족들을 정부는 외면해 버렸다. 대통령은 애초부터 국면타개에만 급급했지 진정으로 그들을 도울 생각은 없었다. 바야흐로 세상은 사이버 검열로 부글부글 끓었다. 권력의 공안대책이 MB시대 집회시위에서 박근혜시대의 사이버로 옮아갔다. "이제 IT를 잡아라." 새로운 공안시대가 막을 올렸다. 유신시대를 방불케 했다.

개인적으로 붉으락푸르락할 만한 일도 있었다. 중이의 상견례, 은이 결혼식도 나로선 좀 서운했고 모양새가 볼썽사나웠다. 교언영색, 기교 무늬 폼 모션 제스처 charade(제스처 게임, 몸짓으로 나타내는 말) 이런 말들이 머릿속을 스쳐갔다. 아내한테서 상견례를 끝내고 차를 타고 돌아온다는 전갈이 왔다. 아내는 곧바로 돌아오지 않았다. 하릴없이 홀로 집을 나섰다. 광화문광장으로 충무공이야기를 찾아갔다. 내가 곧잘 찾아가는 곳이다. 오늘은 진득이 마음을 붙이고 앉아 있을 수가 없었다. 광화문 식당가로 올라가서 텅 빈 식당들을 둘러보다가 땅위로 올라왔다. 유가족들의 농성장을 기웃거리다가 종각으로 갔다. 아내와 자주 가는 곳이다. 종각 반디앤루니스에서 기독교서적을 유심히 살펴보았다. 이어령이 근자에 출간한 '소설로 만난 영성'이라는 책이 눈에 띄었다. 엊그제 그의 죽은 딸이 쓴 '하늘의 신부'를 읽었던 터라 이상한 감회에 젖었다. 어쩌자고 저런 책을 자꾸 써낼까. 인생의 황혼이라는 벼랑 끝에 서서 그 역시 별 수 없이 지어보이는 '허무의 몸짓'처럼 보였다. 용이의 전화를 받았다. 근무 중이라 오래 전화할 수 없다고 하면서 이따가 쉴 시간에 다시 전화를 하겠다면서 끊었다. 그의 목소리가 명랑한 것에 안도했다. 서둘러 버스를 타고 귀가했다.

차에서 내려 글로리아타운으로 들어갔을 때 용이의 전화가 다시 걸려왔다. 아내의 치료에 대해 자세히 물었다. 몹시 걱정하고 있는 기색이 목소리에서 묻어났다. 그녀의 집에 둔 내 집필 자료를 아무 때나 가지러 가도 되느냐고 묻자 화요일이 쉬는 날이니까 그때 방문하면 된다고 했다. 나의 건강을 신신당부하면서 전화를 끊었다. 그녀는 오매불망 아버지 걱정만 했다. 다른 자식들에 대해 내가 여한이 없는 것은 그녀의 효성 때문이었다. "잘난 자식 여럿 두면 뭘 하나. 효성이 지극한 저런 딸 하나면 충분하지." 날이 저문 뒤에야 집으로 돌아왔다. 아내가 돌아와 있었다. 우리는 상견례에 대해 별반 이야기하지 않았다. 어쩐지 그래야만 할 것 같았다. 밤 깊도록 나는 오로지 한 가지만 골똘히 생각하고 있었다. "아내의 쾌차를 위해 꼭 새벽기도를 나가리라." 밤하늘 별빛처럼 머릿속에 또 떠오르는 말이 있었다. "용이의 효성은 높고 깊어라."

정서의 공유가 죄가 되는 세상 10. 16.

'표현의 자유' 언감생심, 때론 이런 말이 오히려 사치스럽게 여겨질 때가 있다. 어쩌면 그것에 훨씬 못 미치는 공감 혹은 정서의 공유마저도 누리지 못한 사회에 우리가 살고 있는지도 모른다. 사이버 공간에서 남의 말에 공감하고 때론 그 감동을 퍼 나르게 되는데 그것은 바로 정서의 공유에서 비롯된 행위다. 그것마저 죄가 되는 세상에서 살고 있는 것이다. 걸핏하면 전가의 보도처럼 휘두르는 종북 낙인찍기도 대표적인 권력의 횡포 중의 하나다. 아무리 적이라도 때론 옳은 소리를 할 수 있고 그들의 행태가 공감을 자아낼 수도 있다. 그곳도 짐승이 아닌 인간이 살고 있는 사회이기 때문이다. 이럴 경우 자신도 모르게 그들과 정서를 공유하는 현상이 일어날 수 있다. 그것은 적극적으로 어떤 사상이나 감정을 표현하는 경지보다 훨씬 소박하고 원초적인, 무색무취(無色無臭)한 인간의 정신의 영역이다. 이런 것들조차 종북이니 선동이니 암약(暗躍)이니 하고 몰아붙이면서 죄를 덮어씌우는 사회가 되어버렸다. 사이버 검열과 사찰도 이 같은 권력의 횡포와 맥을 같이했다. 왜 언론후진국을 향해 우리가 이렇게 뒷걸음치고 있는가. 평생을 민주화, 그 험난한 가시밭길에서 민주주의 나무가 한 뼘씩 자랄 때마다 환호하면서 살아온 나로서는 이리 되면 죽어도 눈을 감지 못하겠다. 무엇보다 가슴 아픈 것은 이제 사는 데 불편이 없는 사람들은 이런 것에 아예 관심조차 없다. 지구촌 어느 구석에 대한 한

줌의 여행정보만큼도 관심이 없다. '그들의 무관심' 속에서 이 땅의 민주주의는 존망의 위기로 치닫고 있는 것이다.

마침내 아내가 병원을 옮기기로 결심했다. 일산원자력병원으로 가기 위해 오늘 서울대병원에서 소견서를 발부받았다. 첨부서류가 한두 가지가 아니었다. 한재준 의사소견서를 받고 나서 정신없이 돌아다니면서 그 많은 서류를 뗐다. 돌아오는 길에 불광동에 나온 월세집을 보려고 했는데 유진상가에서 차를 돌리고 말았다. 도저히 찾아가서 둘러볼 만한 기력이 없었다. 정기국회가 끝나면 개헌론이 봇물이 터질 듯. 당위를 말한 것인지 상황을 예측한 것인지 알 수는 없지만 열흘 전 대통령의 블랙홀 발언과는 정면충돌했다. 작심발언? 집권당 대표라면 그 정도의 배포는 있어야지, 잠룡으로서 근량을 높여주는, 분명 그런 효과가 있는 발언이었다. 개인적으로 든든한 생각이 들었다. 개헌의 당위나 그의 발언이 몰고 올 파장 따위는 별 관심이 없었다. 정치인 김무성에 대한 신뢰감이랄까, 그런 것이 내겐 더 소중했다. 대통령의 식언, 말 바꾸기, 공약 폐기 등에 신물이 날 대로 났는데, 제발 김 대표처럼 배짱과 근성이 있는 사람이, 대통령과 맞서서 당당하게 쓴 소리랄까, 거대한 담론을 쏟아낼 수 있었으면 좋겠다. 권력이 살고 있는, 바로 여권이라는 '같은 동네'에서 말이다. "헌법에 보장된 IT기본권을 사수하자." 이런 말이 눈에 띄었다.

캔자스시티가 월드시리즈에 진출했다. 신선한 돌풍이다. 지구에서 LA다저스에게 번번이 맥을 못 추리던 샌프란시스코가 월드시리즈에 일승만을 남겨놓았다. 무한한 가능성이 있는 것이 역시 메이저리그. 끊임없이 충격을 주었다. 그래서 내일이 있고 희망이 있었다. 자정이 지난 시간까지 메이저리그 포스트시즌을 보았다.

말만 살고 뜻은 죽은 사회 10. 17.

아내는 오전에 합창연습을 하러 교회에 갔다. 그사이 '아고니스트 당신'을 썼다. 점심때가 지나서 아내가 돌아왔다. 아내는 집에서도 고음으로 노래연습을 했다. 목소리를 들으니 건강을 회복한 것 같았다. 교회창립기념일을 맞아 부를 노래를 두음까지 발사하면서 열심히 불렀다. 아리랑에 믿음 소망 사랑의 가사를 붙인 예수의 노래인데 듣기가 퍽 좋았다. 우리는 이렇게 기운을 회복해갔다. 오후에 은평구 신사동으로 이사 갈 집을 보러갔다. 이번 겨울에 어차피 이곳을 떠나야 한다. 집은 봉산 바로 아래에 있었다. 아내가 퍽 마음에 들어 했다. 상신초등학교 근처 다소 높은 지대에 있었지만 우리의 처지와 취향에 딱 맞았다. 그 집을 찾아가는 것이 쓸쓸한 귀향길 같았지만 나이가 들면 본향으로 돌아가야 하는 게 인간의 운명인 걸 어쩔 것인가. 오후 늦게 어제 맡겼던 슬라이드를 찾으러 서울대병원을 찾아갔다. 본관 지하병리실은 섬뜩하고 으스스했다. 5시가 넘어서 찾아가니 더욱 동굴처럼 어웅했다. 한사코 청와대 앞길로 해서 돌아왔다. 검문소에서 "평창동 집에요" 하고 행선지를 대자 경찰이 "조심해서 돌아가십시오" 하고 깍듯이 인사했다. 그 한마디에 아내는 무척 흐뭇해했다.

6시에 대형사고 속보가 떴다. 판교 테크노밸리 야회공연장 환풍구가 붕괴하여 관람객 16명이 사망하고 11명이 중상을 입었다. 안전이 또 무너졌다. 말로만 안전, 안전 하면서 또다시 그 뜻은, 속내는 변함없이 안전 불감증이었다. "말만 살고 뜻은 죽은 사회다." 아무런 진정성도 영혼도 없이 입에 발린 말만 되풀이되었다. 이후 뉴스는 사고속보로 도배를 했다. 아내는 'hemohim'을 먹고 일찍 잤다. 깊은 밤에 SBS의 '정글의 법칙'을 보았다. 계속 참사의 현장 뉴스가 오버랩되었다. 말만 살고 뜻은 죽은 우리 사회의 '슬픈 자화상'이 연거푸 뜨고 있었다.

함께 있는 시간의 축복 10. 18.

실종된 안전한국. 판교테코노밸리 환풍기 붕괴사고의 파장이 쉬 가시지 않았다. 흉흉한 어젠다, 그 한복판에서 개헌 논의가 절묘하게 치고 빠졌다. 여당 대표의 개헌언급 논란, 논란은 물의나 말썽의 다른 말인데 이런 말이 날뛰는 날에는 세상이 시끌시끌했다. 신임 대한적십자 사장의 기자회견 중단이 물의를 빚고 있다. "평화가 없다." 온종일 뉴스의 창을 차지하고 있는 아이템이었다.

어디 가서 말년의 amenity(쾌적함, 쾌적한 설비)를 찾아야 한단 말인가. 오전 10시에 아내와 녹번역 근처 '산골고개'로 집을 보러 갔다. 재개발지역이라는 것은 알고 갔지만 그렇게 유령의 동네가 되어 버린 줄은 몰랐다. 주민들이 거의 빠져나가고 집들은 대개 비어 있었다. 어느 산 밑 집에서 집주인이 우리가 찾아오기를 기다리고 있었다. 그 짚 앞까지 갔다가 돌아서고 말았다. 도저히 집안으로 들어갈 엄두가 나지 않았다. 곧장 봉산 아래 신사동집을 다시 찾아갔다. 일조(日照) 여부, 수도시설, 보일러 등 몇 가지 사항을 점검하고 돌아왔다. 새절역과 성산대교로 넘어가는 길도 둘러보았다. 버스정류장과 지하철역에서 다소 먼 것이 흠이었다. 궁벽하고 후미졌다. "아내와 함께 가는데 어딘들 못 가겠느냐." 문득 그런 생각이 들었다. 나는 혼잣말로 연방 중얼거렸다. "이승에서 당신과 함께한 걸음걸음이 지극한 행복이었다. 함께 있는 순간순간이 축복이었다. 이승을 떠난 후에도 하늘나라에 둥지를 틀고 아내여, 영원히 함께 살자." 아무래도 봉산 아래 집은 안 될 것 같았다. 햇볕이 들어오지 않는 것이 마음에 걸렸다. 해바라기하는 것이 얼마나 중요한지 아내는 잘 알고 있다. "금방 우울증에 빠질지도 모른다." 아내가 혼잣말로 뇌었다.

메이저리그가 없는 날은 좀 허전했다. 구새봄과 박신영 MBC 두 스포츠 기자는 영 헷갈리게 했다. 어쩌면 저리 닮았을까. 나는 두 사람을 구별하지 못했다. 메이저리그에 더욱 관심을 갖게 된 이유 중의 하나다. 오늘은 한국야구를 열심히 보았다. 못지않게 재미있었다. 아내는 블로그에 글과 사진을 올렸다. 그의 얼굴에 윤기가 돌고 볼에 살이 올랐다. 오늘도 틈틈이 노래연습을 했다. 그의 고음은 놀라웠다. 어디서 그런 소리가 나오는지 모르겠다. MBC 주말드라마 '마마'를 함께 보았다. 우리 민족은 연기를 잘하는 DNA를 타고났다. 어머니 역을 맡고 있는 여주인공은 그렇다 치더라도 아들 역을 맡고 있는 소년이 어쩌면 저리 연기를 잘할까. 눈물이 절로 나왔다. 아내가 잠깐 잠자리에 들기 전에 노래를 부르면서 어깨춤까지 쳤는데 그렇게 고혹적(蠱惑的)일 수가 없었다. 그런 아내를 보면서 나는 다시 한번 가만히 속삭였다.

"이승에서 당신과 함께한 순간순간이 지극한 행복이었다. 함께 있는 순간순간이 축복이었다. 이승을 떠난 후에도 하늘나라에 둥지를 틀고 아내여, 영원히 함께 살자."

흉흉한 어젠다 10. 19.

아내는 9시에 홀로 교회에 갔다. 오늘은 노래경연대회가 있는 날이다. 오전 10시부터 연습하고 11시에 예배보고 오후 2시에 경연을 시작한다고 했다. 나는 11시 예배를 보고 점심때 아내를 만나기로 했다. 나는 교회를 가지 않았다. 집에서 '아고니스트 당신'을 썼다. 짐짓 내가 그럴 것을 알고 아내는 2시에 노래 부르는 것이라도 구경하라고 했다. 나는 그러마고 해 놓고 약속을 지키지 않았다. 오늘따라 '아고니스트 당신'에 몰입해서 시간 가는 줄도 몰랐다. 나는 교회행사에 빠진 것을 용서해 달라고 하나님에게 빌었다. 교회가 끝나고 가을 나들이를 가자고 했는데 아내가 돌아오지 않았다.

아내의 귀가가 늦어져서 홀로 산책을 나갔다. 길에서 사모와 그의 며느리를 만났다. 그들은 개들 데리고 평창동 문화로를 산책하고 있었다. 뜻밖의 장소에서 뜻밖의 사람을 만나자 적이 당황했다. 사모가 아주 친절하게 대해주었다. 우리의 조우는 퍽 뜻 깊은 것이 되었다. 사모는 용이의 안부까지 물었고 그동안 좀 소원했던 것을 사과했다. 그들과 헤어진 뒤로 경복궁까지 걸어갔다. 창의문길에는 벌써 은행나무단풍이 떨어지고 있었다. 청와대 앞을 지나서 경복궁 앞까지 걸어갔다. 조계사 앞에서 버스를 타고 돌아왔다. 집에 돌아와 보니 아내가 건넛방에서 자고 있었다. 안방에서 TV를 보고 있는데 아내가 건너왔다. 아내는 경연대회에 대해 별로 이야기하지 않았다. 작년에는 1등을 했는데 올해는 2등을 했다고 했다. 구경도 가지 않았지만 좀 서운했다. 그런 내 마음을 이해할 수가 없었다.

실종된 안전한국이 여전히 뉴스를 맥질하고 있었다. 세월호 참사 이후 그 많은 논란과 대책회의에도 불구하고 달라진 것이 없었다. E마트의 '갑질'이라는 말이 유난히 눈에 거슬렀다. 갑의 횡포는 여전히 변하지 않았다. 파주 군사분계선 안에서 남북이 총격전을 벌였다. 피아간에 도전하고 응전했다. 지겨웠다. 철없는 어린아이 장난 같은 남북의 충돌을 언제까지 보고 살아야 한단 말인가. 산케이 기자를 기소함으로써 대통령이 오히려 대한민국 민주주의를 모독했다. 환풍구 상부가 평면과 사면으로, 한국과 일본이 차이가 있는 것을 보았다. 부끄러웠다. 환풍구추락 사고는 예고된 인재였다. 불거진 개헌논의. 대통령은 '블랙홀'이라고 막았고 여당대표는 '봇물'이라고 기정사실화했다. 대통령을 향한 당대표의 도전은 현재권력과 미래권력의 충돌이었다. '그들의 밀당'이라는 말이 유독 듣기 싫었다. 그랬다, 그것들은 불측하고 불온하고 흉흉한 어젠다였다. 깊은 밤에 아내가 부르는 구슬프고 애절한 아리랑가락이 귓전을 때렸다. 나도 모르게 목이 메었다.

호갱 갑질 밀당, 그 모멸감 10. 20.

해거리하는 앞집 감나무가 올해는 감이 주렁주렁 열렸다. 나뭇가지가 온통 빨갛다. 올해 마지막으로 볼지도 모른다. 잔뜩 흐린 날씨. 찌뿌듯한 기분을 떨쳐버리기 위해 가을나들이 겸 효창공원 쪽으로 집을 보러 가자고 했다. 일산 가는 길에 있는 산정마을도 찾아가보자고 했다. 소장이 기술자를 데려와서 보일러를 고치는 바람에 그만두었다. 따지고 보면 소장의 이런 배려가 없어서 그동안 냉방에서 살았지만 고마웠다. 따뜻한 방에서 우리는 행복했다. 오후에 잠시 건넛방에 누어있는데 아내가 보이지 않았다. 벌떡 일어나서 아내도 찾아볼 겸 산책을 나갔다. 북악정 쪽으로 가고 있는데 아내가 뒤에서 쫓아왔다. 아내는 주민센터에 두고 온 주민등록증을 찾아오는 길인데 나를 만난 것이다. 우리는 흐린 하늘 아래서 함께 산책했다.

여전히 뉴스는 안전사고로 도배했다. 국감도 안전한국을 물고 늘어졌다. 말이 모멸감(侮蔑感)을 주는 것은 흔히 당하는 일이다. 요즘은 더욱 심했다. 호갱 밀당 갑질, 이런 말들이 너무 마음을 상하게 했다. 호갱, 얼뜨고 어수룩한 사람이라는 속어. 호구와 고객의 합성어. 밀당, 밀고 당기는 그들만의 수작. 갑질, 갑의 도를 넘은 횡포와 행패. 이런 말들이 난무하고 있다. 괜히 소외되고 농락당하고 짓밟히고 있는 기분이다. 단통법을 두고 설사 그렇더라도 더 이상 호갱이라는 말을 쓰지 않았으면 좋겠다. 환풍구 표면이 한국은 평면이고 일본은 사면(斜面)이었다. 사면과 평면의 차이는 선진과 후진의 차이였다. 그것은 배려와 실천의 문제였다. 우리는 말뿐이고 배려와 실천이 없었다. 일본의 환풍구는 표면이 경사면으로 돼 있다는 말을 듣고 충격을 받았다. 아내와 함께 KBS가요무대를 보았다. 한 시간 동안 내내 아내가 따라 부르는 노랫소리를 들었다. 거의 모든 흘러간 노래를 아내는 부를 줄 알았다. 밖에는 가을비가 추적추적 내리고 있었다.

말년의 amenity 10. 21.

미래권력과 현재권력의 갈등이 2R로 접어들었다. 청와대가 반격했다. 김무성 "엇나가지 마." 그렇다고 몸을 사리면 '영원히 죽는 길'을 가고 말 것이다. 뉴스는 오늘도 안전사고로 도배질했다. 80여 일의 잠행 끝에 안철수가 인터뷰를 했다. "정치개혁은 나한테 맞지 않은 역할이었다. 후회하고 있다." "어려운 말을 써서 독자들의 기나 죽이고 천박하기 짝이 없는 시문을 쏟아내어 발칙하고 생뚱맞고 별쭝스런 가짜 풍월이나 읊고 있다." 작가회의 행태다. 점심때 꼭 집어낼 만한 이유도 없이 아내와 티격태격했다. 병원에 가기 전날은 으레 아내는 좀 과민했다. 내일은 일산 국립암센터로 가기로 돼 있다. 항암치료가 또 어떤 국면을 맞을지 모른다. 주거불안, 치료불안이 겹쳐서 아내가 'fragile glass'(깨지기 쉬운 유리)처럼 신경이 날카로워졌다. 나는 티 나지 않게 이런저런 이야기로 자중자애, 유유자적을 강조했다. 아내가 곧바로 평정심을 회복했다.

인터넷으로 이사 갈 곳을 찾았다. 마포 도화동으로 눈길을 돌렸다. 아내는 낯설음은 질색이다. 도화동은 아내가 오랫동안 살았던 곳이다. 아름다운 추억이 많은 곳이다. 해질녘에 마포 도화동으로 집을 보러 갔다. 집 주인이 전화로 위치를 알려주고 집에 들어갈 수 있도록 열쇠가 있는 곳도 알려주었다. 두 집을 보았다. 하나는 가건물 같은 인상을 주었는데 깊은 골목 속에 있었다. 햇볕은 잘 들지만 너무 후미진 곳이었다. 다른 하나는 집안은 좋은데 대문이 너무 허술했다. 아내는 도둑의 위험을 유난히 경계했다. 살아오면서 한두 번 도둑을 맞은, 악몽 같은 일을 겪었기 때문이다. 우리는 도화동을 포기했다. 아내의 젊은시절의 흔적을 찾아서 저녁나절에 한바탕 드라이브한 셈으로 쳤다. 돌아오니 9시가 넘어 있었다. 모기장 속에서 느긋이 휴식을 취했다. 말년의 amenity가 삶을 품위 있게 마무리하는 데 얼마나 중요한 것인지를 새삼 깨달았다. 그렇다, 향기롭고 맑은 도미를 장식하기 위해 내일도 찾아 나서야지. 아직 시간은 얼마든지 있다. 우리는 흘러간 영화 '북북서로 돌려라'를 보았다.

역사도착증 10. 22.

사전에서 '도착'(倒錯)의 의미를 알아보았다. "상하가 거꾸로 되어 서로 어긋남. 본능 감정 및 덕성의 이상으로 사회도덕에 어그러진 행동을 보이는 일." 이인호 KBS 사장, "김구는 건국공로자 아냐." 일침을 가했다. 조부의 행적을 묻자, 그분은 일본에 타협하고 체제에 안주했으며 친일을 했다면서 "할아버지의 행적이 옳지 않다고 생각한다"고 약간 물타기를 했다. 아베도 그렇고 박 대통령도 그렇고 역사관이 도착되었다. 망둥이가 뛰는데 꼴뚜기가 가만있을까 보냐. 이것은 일종의 역사도착증이다. 김구가 대한민국이 탄생하는 데 아무런 공로가 없다니, 이런 궤변과 악지가 어디 있단 말인가. 개탄스러웠다. 김무성이 청와대의 반격에 부대꼈다. 일찌감치 거세하기 위한 음모 혹은 트집잡기? 한 주에 한 개 꼴로 부양책을 내놓았지만 백약이 무효다. 오로지 체감

경제를 살리겠다고 돈 풀고 규제를 풀었는데 그 '체감'이라는 것이 나타나지 않았다. 빚만 불어나고 있는 꼴이다. '오늘은 바람 불고 고달파라' '집과 거리' '여자와 단물' 이런 말이 떠올랐다.

오후 2시에 항암치료 중단과 계속에 대한 상담을 하기 위해 국립암센터를 찾아갔다. 파주출판사를 오가면서 몇 번 승용차로 고양시를 방문한 적은 있지만 대중교통편으로 찾아간 것은 처음이었다. 삼송에서 원당으로 가는 지하철 구간이 꽤 지루했다. 이유를 알 수 없는 불안이 엄습했다. 낯설음과는 분명히 다른 일종의 두려움이 겹친 그런 느낌이었다. 삼송을 지나서부터는 완연히 시골길을 달리고 있는 기분이었다. 백석동에 있는 국립암센터는 생각보다 규모와 컸다. 서울대병원보다 훨씬 컸지만 드나드는 사람의 수효는 적었고 조용하고 한적했다. 퍽 편안하고 차분한 느낌을 주었다. 시간이 좀 일러서 뒤쪽에 있는 숲속 쉼터도 가보고 산책길도 올라가 보았다. 서울과는 완전히 분위기가 달랐다. 맑고 시원하고 깨끗했다. 북적대고 와글거리는 분위기는 어디에서도 찾아볼 수 없었다. 맨 나중에 김성연 교수와 상담했다. 서울대병원 항암치료에서 약물복용의 부작용이 심하여 intolerance(견딜 수 없음, 과민성), 결국 치료를 중단하고 국립암센터로 옮아와서 상담을 하게 된 것이다. 의사는 약물복용 대신 주사주입으로 치료를 하겠다고 했다. 한 사흘 동안 입원하여 가슴팍에 주사주입구를 만드는 시술을 받게 될 것이라고 했다. 여 의사는 퍽 자상하고 친절하고 마음을 편하게 해주었다. 우리는 입원예약수속을 하고 병원을 나왔다. 버스로 백석역으로 와서 지하철을 타고 돌아왔다.

집에 돌아오니 먼 여행에서 돌아온 기분이었다. 피곤했다. 아내가 입원예약을 할 때 나는 나는 아내가 항암치료를 다시 시작하는 것으로 생각했다. 그만큼 진지하고 엄숙했기 때문이다. 아내는 이곳으로 인도하고 소개해준 김옥수 권사에게 퍽 고마워했다. 깊은 밤에 아내의 마음이 흔들렸다. 부리나케 인터넷을 뒤져서 다시 항암치료중단의 정보를 읽었다. 아내는 마음이 변했다. 환자는 마음은 그만큼 연약하고 늘 불안했다. 아무래도 아내가 국립암센터의 주사주입식 항암치료를 받지 않고 다시 대체치료를 할 기색이다. 아내 몰래 나는 연방 한숨을 내쉬었다.

오늘은 바람 불고 고달파라 10. 23.

밤새 아내는 '자연치료'를 하는 쪽으로 마음을 굳혔다. 이른 아침부터 근육운동을 하고 맨손체조를 했다. 아내는 인터넷을 검색하고 강남문학에 작품을 보냈다. 2시에 아내와 집에서 경복궁까지 걸어갔다. 나는 지난주에도 걸었지만 아내는 칠월 발병 이후 몇 달 만에 처음으로 걸었다. 아내는 의젓하고 당당한 모습으로 걸었다. 자세가 조금도 흐트러지지 않는 것은 예나 다름이 없었다. 오르막길인 이른바 골고다언덕에서 중단의 위기도 맞았다. 이를 악물고 자하문고개를 넘어갔다. 내리막길이 시작되는 창의문길은 주차장으로 변해 있었다. 길가의 관광버스들이 시동을 끄고 있어서 시야만 가릴 뿐 걷는 데는 어려움이 없었다. 무궁화동산은 중국인들로 넘쳐났다. 우리가 앉아 있는 의자에 여권까지 두고 간 사람이 있었다. 순찰 중인 경찰을 불러 그 분실물을 넘겨주었다. 광화문 역사박물관에서 고바우 회고전을 관람했다. 그에 대한 감회는 필설로 이루 다 말할 수 없다. 고바우는 우리시대의 거울이었고 서민들의 대변자였다. 기온이 뚝 떨어져서 애를 먹었다. 바람이 불고 고달파서 더 이상 거리에 머물 수가 없었다. 아내의 입에서 "오늘은 바람 불고 고달파라"가 튀어나왔다. 수술 끝이라 어쩔 수없이 힘들고 고달팠다. 서둘러 집으로 돌아왔다.

새누리당 김태호 최고위원이 전격 사퇴했다. 뉴스의 스포트라이트를 받고 싶은 고육책으로밖에 볼 수 없었다. 이유는 대표의 개헌발언 때문이었다. 자신도 개헌이 지론(持論) 아닌가. 그의 잘난 얼굴이 아깝다는 생각이 들었다. 청와대와 사인을 주고받았는가. 그런 식으로 김무성을 흔들어서는 안 된다. 총리후보 낙마 이후 잘 나간다 싶었는데 그만 코미디 같은 짓을 하고 말았다. 볼썽사나운 여권의 자중지란, 그 이상도 이하도 아니다. 내일모래 탈북단체의 대북전단 살포를 앞두고 긴장감이 감돌았다. 여전히 정부는 표현의 자유타령만 하고 있고 북한은 강행하면 파국을 몰고 올 것이라고 협박하고 있다. 북한비판은 되고 정부비판을 안 된다는 정부의 이중적 태도가 문제다. 규제할 법적 근거가 없다는 말을 누가 믿겠는가. 파주일원의 주민의 안전과 생명을 생각해야 한다. "표현의 자유는 막을 수 없다." 이런 소리는 하지 않았으면 좋겠다.

밤에 아내는 인터넷을 통해 건강식에 대한 정보를 살펴보았다. 나는 월드시리즈 2차전을 보았다. 캔자스시티를 응원했는데 승리해서 기분이 좋았다. 한밤중에 아내가 건강식에 대한 장황한 설명을 했다. 나는 슬며시 건넛방으로 가서 누워버렸다. 아내에게 미안했지만 너무 피곤했다.

사이버포브 10. 24.

아내는 교회속회에 가고 나는 종로로 나갔다. 내가 사용할 스마트폰을 구매하기 위해 종로6가까지 이통사를 샅샅이 뒤졌다. 유플러스스퀘어, 에스케이월드, 케이티올레를 빠짐없이 둘러보았다. 내가 사용하고 있는 피처링 휴대폰이 kt것이어서 올레를 주로 살펴보았다. 사실 아침에 내가 스마트폰을 구입하겠다고 하자 아내가 뜨악해했다. 그동안 나는 지독한 사이버포브(Cyberphobe, 사이버공포혐오증의 사람)였다. 사이버저널이나 사이버컬처를 아주 경멸해왔다. 그런 내가 사이버공간으로 들어가겠다고 하니 아내가 마뜩찮게 여기는 것은 당연했다. 문학하는 사람에겐 스마트폰이 창의력의 무덤이 될 수도 있다는 생각에는 변함이 없었다. 하지만 더 이상 소외당하고 싶지 않았다. 이대로 가면 국외자 변방인, 영락없이 무능한 노인으로 주저앉아 버릴 것만 같았다. 쏟아지는 정보와 지식을 외면하고는 온전한 일상을 영위할 수 없다는 결론을 내렸다. 스마트폰의 구입가격과 요금을 소상히 알아보았다.

자신감 같은 것이 샘솟았다. 월요일에 아내와 함께 가서 개통하기로 마음먹었다. 단통법 통과 여파로 단말기 값이 좀 뛰었지만 감당하기로 했다. 늦게 귀가했는데 아내가 집에 없었다. 중이집에 가 있다고 전화가 왔다. 아무래도 집

문제 때문에 상의하러 간 모양이다. 괜한 의구심도 생겼다. 상견례를 한 이후 혹시 묘한 분위기로 흘러가고 있는 것은 아닌지 께름칙했다. 자격지심이 나를 괴롭혔다. 아내가 늦게 돌아왔다. LH전세지원 대상으로 선정되었다는 통지서가 왔다고 알려주었다. 큼직한 우편물을 흔들어 보이면서 아내가 활짝 웃었다. 차례차례 하나씩하나씩 하나님이 해결해 주신다고 아내가 기뻐했다. 설핏 잠이 들었던 터라 한참 눈을 비비고 나서야 나는 사태를 파악했다.

살아 있는 날의 시작 10. 25.

'반기문 유엔사무총장 대선후보 지지율 압도적 1위' 정치적 토대가 없다. 리더십 평가는 아니다. 이미지 평가다. 무골호인(無骨好人) 무량태수. 흥미위주의 여론이 빚은 반짝 현상이다. 오후에 아내와 종로3가 국일관에 있는 애터미센터로 유산균을 사러 갔다. 시간이 좀 늦었고, 무슨 카드를 놓고 나와서 물건을 살 수 없었다. 걸어서 시청지하1층에 있는 갤러리를 찾아갔다. 김상옥이 주관하는 시각장애학생 미술작품전시회가 열리고 있었다. 퍽 반가워했다. 쌓인 이야기도 나누고 그간의 소식도 전했다. 그의 형 김승옥이 29일 정부로부터 훈장을 받는다는 소식도 들었다. 요즘 김승옥이 거의 순천문학관에서 지낸다는 것도 알았다. 비록 병마와 싸우고 있지만 김승옥은 여생이 행복한 것 같다. 아내의 수술이야기도 했다.

아내는 외출에서 돌아온 뒤에도 계속 들떠있었다. 오전에 소장에게 LH 전세지원 대상으로 선정되었다는 이야기를 했다. 소장이 축하해주었다. 부산 연안부두 우리집에서 부산갈매기를 보면서 살면 그만인데 어쩐지 아직 그럴 수가 없었다. 신사동과 녹번동을 떠돌며 찾았지만 갈 곳이 없어서 실망했는데, 이제 평창동에서도 계속 살 수 있을 것 같다. 부산 바닷가로 가지 않아도 된다. 그것은 '다시 살아 있는 날의 시작'이었다. 창문으로 비쳐드는 햇살이 유난히 따뜻했다. "알고 보니 하나하나 차근차근 하나님이 해결해주셨다." 깊은 밤에 아내가 감사기도를 올리고 있었다.

국회가 유정회냐 10. 26.

교회예배를 보았다. 마음이 가붓하고 즐거웠다. 목사가 설교에서 '김치수' 이야기를 할 때도 별 저항감 없이 들을 수 있었다. 나는 목사가 설교할 때 문학을 들먹이는 것을 끔찍이도 싫어했다. 아내는 스스럼없이 목사와 장로들과 악수하고 인사했다. 어쩌면 여생을 계속 살지도 모를 우리집을 하루 종일 청소했다. 베란다를 치우고 물건을 정리했다. 오후에 쇠고기와 토마토를 사러 인왕시장에 갔다. 그길로 E마트를 찾아갔는데 문이 닫혀 있었다. 하릴없이 구기동으로 해서 돌아왔다. 평창동의 가을빛이 아름다웠다. 들뜨고 설레는 마음으로 저녁나절을 보냈다. 중이가 팔라우로 떠난다고 공항에서 전화했다. 2015월 3월 14일이라고 결혼날짜도 알려주었다. 곧 돌아와서 뵙겠다고 했다. 아내는 전화를 받고 무척 기뻐했다. 마음 한구석이 허전하기도 했다. 기어이 남태평양 팔라우로 떠나고 마는구나.

여당이 청와대 말을 그대로 따라가야 한다면 국회의원을 뽑을 이유가 없다. 국회는 유정회가 되는 거다. "국회가 유정회냐." 이재오가 일갈했다. 그럼 국회가 유정회의 닮은꼴이 아니냐고 되묻고 싶었다. 박 대통령은 지지율의 버팀목이던 외교안보에서도 총체적 난맥상을 보였다. 남북관계가 돌파구를 찾지 못해 급랭했고, 전작권으로 남남갈등은 심화되고 한일관계는 산케이 기소로 자충수를 두었다. 대통령은 어디로 가고 있는가. 한승헌의 '의혹과 진실'을 읽었다. 이승만이 반민특위를 끈질기게 방해하는 대목이었다. 이승만이 다시 살아난 세상이다. 역사는 이렇게 반복되는가.

경기를 지배하는 징크스 10. 27.

아침부터 소장의 하회를 기다렸다. "살고 있는 우리 집을 전세로 돌릴 수 있는가" 아내는 괜한 걱정을 한다고, 걱정도 팔자라고 했다. 나는 속으로 결코 간단한 일이 아니라고 생각하고 있었다. 소장의 연락을 기다리다가 오후에 갈현동으로 집을 보러 갔다. 차를 가지고 갔는데 골목으로 들어가는 길이 가팔랐다. 집 주위에 음기가 감돌고 어두컴컴했다. 아내가 시큰둥하고 심드렁한 눈치여서 발길을 돌렸다. 오늘은 상황이 달라졌다. 어디로 갈 것인가, 막막했다. 차를 몰고 계속 돌아다니고 있는데 소장한테서 연락이 왔다. '불가' 하다는 것이었다. 이렇듯 반전에 반전을 거듭하는 것이 우리네 인생살이인 것 같았다. 어김없이 부산 연안부두 우리집이 눈앞을 스쳐갔다.

세월호 선장에게 사형을 구형했다. 세 사람에게는 무기징역, 가장 가벼운 형이 15년 징역이었다. 좀 허망했다. 이대로 끝나는 것인가. 진실규명도 책임자 처벌도 재발방지도 어느 것 하나 해결된 것이 없다. 고름도 빼지 않고 상처를 봉합한 것 같다. 어제의 설교가 떠올랐다. '오직 예수' 그를 생각하면 온갖 고뇌와 슬픔, 증오와 저주, 질투와 시기, 원망과 비판 등이 눈 녹 듯 사라진다고 했다. 종교를 아편이라고 하는 사람들의 말이 떠올랐다. 환각제와 모르핀, 아편과 종교의 효과는 분명히 다르다. 당신이 다 알아서 해결해 줄 것으로 믿고 왜 평강하지 못할까. 식자우환이란 말이 떠올랐다. 심한 부끄러움을 느꼈다.

월드시리즈 5차전을 보았다. 샌프란시스코 승리로 끝났다. 그 큰 경기를, 어쩐지 징크스가 경기를 지배하고 있는 것 같아서 재미가 없었다. 어제는 4-1로 캔자스시티가 앞서가던 경기가 교회에서 돌아와 보니 11-4로 지고 있었다. 어처구니가 없었다. 샌프란시스코가 짝수 해에 바퀴벌레처럼 강하다는 징크스가 현실로 나타났다. 보이지 않는 힘이 작용하는 신의 작희(作戱)를 보았다. 더 이상 올해 월드시리즈는 보지 않기로 했다. 내가 지금 또 무슨 앙탈을 부리고 있는가.

작히나 좋으랴 10. 28.

오늘은 오전에 연희동 쪽으로 집을 보러 갔다. 포방시장에 있는 집부터 보았다. 이층에 있는 집인데 첫눈에 마음에 들지 않았다. 아내는 주인의 마음을 헤아리면서 집을 보았다. 그냥 보는 둥 마는 둥하고 돌아서버리면 얼마나 서운해 할 것인가. 보는 척이라도 해야 한다는 것이었다. 아내는 그런 사람이었다. 아내가 별 볼일 없는 집을 그렇게 열심히 보고 있는 동안 나는 개울 건너 홍성교회 앞에서 한참동안 기다렸다. 다음은 명지대로 들어가는 굴다리 아래 있는 집을 보러 갔다. 휑뎅그렁하게 크기만 했지 그렇듯 쓸모 있는 공간이 별로 없는 집인 줄을 몰랐다. 인터넷으로 물색한 집들은 그렇게 좀 엉뚱하고 기대에 어긋나기 일쑤였다. 주인과 전화약속을 했다면서 아내는 꼭 집을 보고 가야 한다고 고집을 피웠다. 나는 볼 것도 없으니 당장 돌아가자고 했다. 열쇠를 가지고 나타난 주인과 함께 집을 보고 나서 아내는 그제야 발길을 돌렸다. 점심을 먹으러 일단 집으로 돌아왔다.

오후에 집을 나서면서 나는 아내에게 두 가지를 부탁했다. 첫눈에 글렀다 싶으면 신발에 먼지를 털고 그냥 떠나자. 두 사람 중 한 사람이 좋아하거나 싫어하면 그 의사를 존중해주자. 이번엔 불광동으로 갔다. 가장 조건이 좋은 집부터 보았다. 중앙시장 한복판에 있어서 곧바로 발길을 돌렸다. 가장 조건이 나쁜 산 아래 집을 찾아갔다. 의주로에서 좌회전하여 서오릉 쪽으로 가다가 중도에 우회전하여 산 밑으로 올라갔다. 거의 산 아래 이르렀을 때 내비게이션이 목적지라고 말했다. 시골에 온 기분이었다. 삼거리 초입에 있는 3층건물이 우리가 찾아온 집이었다. 주인이 열쇠를 가져와서 직접 3층 301실을 보여주었다. 뜻밖에도 큰 방들이 세 개나 되고 집안도 잘 정리 되어 있었다. 다만 바깥에서 올라가는 계단이 한데고 가팔랐다. 눈이 오면 미끄럽고 위험할 것 같았다. 여름에 서늘하고 겨울에 따뜻하고 공기 좋고 절간처럼 조용한 집이면 작히나 좋으랴. 바로 우리가 찾고 있는 집이었다. 한 가지 햇볕이 잘 드는지를 알 수가 없었다. 집의 방향을 알 수가 없었고 흐린 날에 찾아와서 햇살을 볼 수 없었기 때문이다. 알고 보니 주인이 부동산중개소를 하고 있었다. 그는 "온종일 햇볕이 비친다"는 등 아주 친절하고 자상하게 설명해주었다. 우리는 내일 와서 계약하기로 하고 집으로 돌아왔다. 아내는 "하나님이 예비하고 계셨다"고 감사의 기도를 올렸다.

관심을 끌만한 뉴스가 없었다. 한국 남녀평등 세계 117위. 대통령의 7시간

미스터리. 대통령은 7회 지시했고 19회 보고를 받았다. 대통령기록물이라 내용은 공개할 수 없다. 문재인이 "박근혜 정부는 '두 국민 정치'를 하고 있다"고 꼬집었다. MB는 퇴임 후 황제경호를 받고 있다. 경호횟수 박 대통령보다 6배나 많았다. 해외행사도 6차례나 다녀왔다. 청와대에서 이희호 여사가 박 대통령과 환담했다. 역시 노벨평화상을 받은 대통령의 영부인다웠다. 4대강, 강바닥이 썩고 있다.

잠결에 아내가 혼잣말로 중얼거리는 소리가 들려왔다. "아아, 햇볕이 잘 들면 작히 좋으랴, 작히나 좋으랴."

조석변개 변화불측 10 29.

밤새 아내의 마음이 달라졌다. 어제 주인에게 오늘 계약하겠다고 약속까지 하고 왔는데 마음이 조석변개했다. 어찌 보면 주도면밀하고 빈틈이 없어서 좋지만 변화불측한 게 불안했다. 아내는 역시 인터넷을 통해 수유 1동 동사무소 근처에 있는 집을 봐두었다. 아내의 마음이 수유리 쪽으로 기울고 있는 눈치였다. 갈현동의 집이 눈앞에 어른거렸다. 어느 쪽이 됐든 가보자고 하면서 차를 타고 출발했는데 아내는 수유리를 가지 않고 갈현동으로 갔다. 의주로를 지나서 가니 아주 가까웠다. 아내가 걱정했던 햇볕이 잘 드는지를 알아보기 위해 주인 몰래 그 집을 방문했다. 살고 있는 사람의 양해를 얻어 집안을 샅샅이 살펴보았다. 거실 안방 건넛방 모두 햇볕이 잘 들었다. 계단도 그렇게 가파르지 않았다. 그만하면 안전했다. 아내는 흡족해하는 눈치였다. 우리는 재깍 부동산중개소로 주인을 찾아갔다. 그길로 주인이 알고 있는 다른 부동산으로 가서 서류를 작성했다. LH서류는 심사기간이 좀 걸린다고 했다. 어쨌든 상황은 끝났다. 우리는 홀가분한 마음으로 돌아왔다. 기별이 오면 다시 부동산에 가서 그들이 이끄는 대로 계약하면 끝난다. 오후에 국일관에 있는 애터미센터를 방문했다. 오 장로를 만나서 치약과 유산균을 구입했다. 애터미사업에 대한 이야기도 들었다. 나는 건성으로 듣고 있었는데 나를 쏘아보는 듯한 장로님의 눈빛이 날카롭다는 느낌을 받았다. 장로님과 함께 일을 해보라는 아내의 권유를 나는 귓등으로 들었다. 아내는 용이를 끼워 넣을 속셈인 것 같았다.

대통령의 시정연설은 경제라는 말로 맥질하고 있었다. 경제개발 경제발전 경제성장 경제 활성화는 신물이 나게 들어온 말들이다. 배부르고 등 따뜻하면 어떠한 독재도 통한다는 생각이 짙게 깔려 있었다. 그 경제라는 것도 '사육경제'로 전락하기 일쑤다. 정의와 가치를 배제한 경제는 다름 아닌 사육경제다. 시정연설에서 세월호와 남북관계는 입도 벙긋 하지 않았다. 국회 정문 앞에서 피켓을 들고 있는 유족들에겐 눈길도 한번 주지 않고 "애기봉 첨답은 왜 철거했느냐"고 호통을 쳤다. 대통령과 회동에서 문희상 대표가 한 말이 인상적이었다. "청와대답고 여당답고 야당답고 언론다워라." 문 대표는 계속 선전했다. 그는 대통령에게 김무성 대표를 너무 미워하지 말라고 했다. 대통령의 레이저를 맞고 식겁을 먹은 사람이 어디 김 대표뿐이랴. 여당 도처에 그런 사람들로 깔려 있다. 이른바 '식겁한 사람들'이다. 남북고위급 접촉 무산, 삐라에 발목 잡힌 꼴. 대한민국이 표현의 자유를 지키기 위해 파투를 내고 말았다. 그런데 만약 광화문광장에서 정부를 비판하는 풍선을 날린다면 그 표현의 자유도 보호를 받을까. 친박계, 반기문 대선후보 띄우기. 멀쩡한 사람 하나 또 병신 만들게 되었군.

깊은 밤에 용이가 전화했다. 아내는 오늘 집을 구해서 서류작성에 들어갔다는 둥 이런저런 이야기를 한참 늘어놓았다. 나중에는 나에게 전화를 바꿔주었다. 용이는 무척 좋아하면서 특히 어머니 건강을 위해 조금도 소홀함이 없도록 해달라고 신신당부하고 전화를 끊었다. 아내가 전화하면서 푸념처럼 늘어놓은 말이 떠올랐다. "전세금과 이사비용이 이래저래 좀 모자랄 것 같아서 걱정이다." 또 다른 조석변개가 찾아올까봐 나도 모르게 긴장하고 있었다.

산타맘 10. 30.

평지풍파. 헌재 발 폭풍이 정치판을 발칵 뒤집어놓았다. "선거구간 인구 차이 2배 이내로 조정해야." 정치지형에 대변동이 불가피하게 되었다. 여야 대표가 나란히 같은 날에 국회연설을 했다. 김 대표는 대통령의 시정연설을 부연하고 지원하는 수준에 그쳤다. 그는 언제까지 독자적인 목소리를 내지 못하고 식겁의 현상을 보일 것인가. 문 대표는 모든 현안에 대해 언급했다. 개헌의 필요성, 시기 등을 적절하게 개진하고 국정기조의 변화를 촉구했다. 특히 청청여여야야언언(靑靑與與野野言言) 발언은 인상적이었다. 윤 일병 폭행사망 사건의 주범 이모 병장에게 군법원이 징역 45년을 선고했다. 재판부는 살인죄는 적용하지 않았으나 살인죄에 버금가는 중형이 불가피하다며 이같이 판결했다. 윤 일병의 가족은 억울하다면서 오열했다. 억울한 사람이 너무 많다. 그들의 눈에서 피눈물을 닦아 줄 날은 언제쯤 올까.

월드시리즈 7차전을 보았다. 가을 바퀴벌레 샌프란시스코가 우승했다. 3, 4회에 병살타가 치명적인 실착이었다. 그동안 월드시리즈를 신의 작희쯤으로 치부하고 때론 빈정거렸는데 이번엔 달랐다. 당당히 실력으로 이겼다. 걸출한 투수 범가너의 독무대였다. 조패닉의 호수비가 결정적인 위기를 막았고 산도발과 펜스의 방망이도 승리에 크게 이바지했다. 하늘도 샌프란시스코 편이었다. 캔자스시티도 잘 싸웠다. 아쉽지만 한해를 마무리했다.

화장실에 들어가서 거울을 볼 때 나는 어쩔 수 없이 총기 없는 눈빛, 피곤한 얼굴 표정을 인정하지 않을 수 없다. 아내는 수술 후로 섭생과 소복에 많은 신경을 썼다. 토마토 유산균 헤모힘 등 여러 가지 건강식품을 먹었다. 용이가 좀 보탰고 중이는 좋은 말과 빼어난 매너로 어머니를 위로했다. 상견례도 하고 3월에 결혼한다는 말을 남기고 홀쩍 팔라우로 떠났다. 막내는 장애아이 수발로 눈물로 세월을 보냈다. 어머니의 병을 자기 딸의 병과 견주면서 어머니의 병은 치료라도 할 수 있지만 연이는 치료할 수도 없다면서 울음을 터뜨렸다. 아내는 그런 딸 앞에서 아프다는 말도 제대로 할 수 없다. 나는 아내에게 산타맘(SantaMom, 홀리마마)이라는 별명을 붙여주었다. 아내는 끊임없이 아이들을 위해 기도했다.

오후에 주민센터에 가서 주민등록등본과 가족관계증명서를 뗐다. 이사 가는 일을 직원에게 소상하게 털어놓았다. 아내는 너무 쉽게 커밍아웃해버린다. 할인마트에서 토마토 한 박스와 키위 등을 샀다. 아내가 여전히 자주 화장실을 들락거렸다. 토마토주스를 두 번이나 만들어마셨다. 그 몸으로 안방 진열장 속을 정리했다. 메이저리그도 끝나고 이제 한국시리즈로 눈길을 돌렸다. 밤에 아내가 틀어 놓은 찬송가를 들으면서 넥센과 엘지의 경기를 보았다. 아내가 팔라우에 간 아들과 밤낮 병수발하고 있는 막내를 위해 기도하던 소리가 들렸다. 산타맘은 오늘밤도 그들을 위해 기도하고 있었다.

식겁한 사람들 10. 31.

서울시교육청, 서울 자사고 6곳 지정 취소. 공교육 정상화의 계기로 삼았으면 좋겠다. 그동안 우리 사회를 변화시키고 개조하는 데 일익을 담당해 왔던 student power가 피로의 증세를 보이고 지리멸렬해진 것도 일반고의 퇴조에서 그 원인을 찾을 수 있다. 자사고와 일반고를 차별화 혹은 특화하는 바람에 고교 전반의 동일성 통합성 융합성이 사라졌다. 일체감 같은 것은 어디서도 찾아볼 수 없게 되었다. 그런 풍토에서 시대정신의 공감과 힘의 결속 같은 것을 기대할 수 없는 것은 당연했다. 강남과 강북이 민심이 충돌하는 것과 똑같은 현상이 대학에서도 일어났다.

세월호법이 타결되었다. 재재협상 진통 끝에 극적으로 합의를 보았다. 참사 200일 만에 진상조사의 대장정에 오르게 되었다. 이젠 진실을 규명해야 할 때다. 성역 없이 진실을 캐고 주저 없이 할 말을 했으면 좋겠다. 무엇이 무서워서 쉬쉬하고 청와대 눈치만 살피고 있을까. 제왕적 권력을 거머쥐고 있는 대통령의 역사관 가치관 국가관이 이 시대의 정의와 가치와 도덕을 좌지우지하고, 막강한 여당 대표조차 할 말을 하지 못하고 잔뜩 식겁해서 눈치나 슬슬 살피는, 이런 정치를 언제까지 할 셈인가. 수평적 당청관계 하나 제대로 정립하지 못하고 있다. 모멸감과 자괴감을 금할 수 없다. 절대 권력의 검찰권과 사정권이 그토록 무서운 것인가. 아무리 생사여탈권을 휘두르는 흉기라 할지라도, 까짓 거 좀더 당당하고 의연할 수는 없는가. 야당 대표가 "비만해서 또 비대위장이 되었습니다, 야당이 하도 개헌 개헌하니까 한번 따라해 본 것뿐이죠, 김 대표를 너무 미워하지 마세요." 이런 개그 수준의 말로 대통령과 대화할 수밖에 없는 정치풍토가 개탄스러웠다. 세월호법이 합의되었으니까 의혹이 있으면 청와대와 대통령도 성역 없이 수사해야 한다. 조금만 더 참아라. 그래서 대통령도 5년이란 임기가 있는 것 아닌가.

대정부질문에서 박피아 5인방이 등장했다. 친박보은 낙하산인사의 극치라고 야당이 비판했다. 자기 사람 쓰는 것을 누가 막을 수 있겠는가마는 제대로 썼으면 좋겠다. 이인호 김성주 자니윤 등 어쩐지 고개가 갸우뚱해지는 사람을 느닷없이 공중에서 투하해 버렸다. 아내가 11시에 속회에 갔다. 아내가 모든 것을 털어놓은 것 같다. 어느 것 하나 기도의 응답이 아닌 것이 없으며 주님이 예비한 것이라는 것을 간증했다. 속회는 은혜와 감동의 도가니였다. 아내는 오후에 '시각장애학생 미술전시회 마음으로 봐 주세요'를 블로그에 올렸다. 나는 이사 갈 집과 그곳에서의 생활을 상상하면서 오후나절을 무위 속에서 보냈다.

아내의 용변횟수가 하루에 한두 번으로 줄어들었다. 기뻤다. 아내는 깊은 밤까지 컴퓨터 앞에 붙어 있었다. 나는 플레이오프 마지막 경기를 보았다. 내 입술에서 '괜찮은 나라 대한민국'이란 말이 불쑥 튀어나왔다. 국가의 배려와 도움이 없으면 우리가 누리고 있는 평화와 안정은 어림도 없다는 생각이 스쳐갔다.

현대판 반달리즘

성자의 귀한 몸 11. 1.

아침나절에 CGV, OCN, 수퍼액션, 더 무비 등 영화채널을 보았다. 메이저 리그가 끝나자 뻔질나게 영화를 기웃거렸다. 저녁엔 JTBC 뉴스와 MBC 주말 드라마를 보았다. 영화를 보다 말고 느닷없이 death series에 몰두했다. "데스베드,(death bed) 데스벨,(death bell) 데스넬,(death knell) 데스래틀,(death rattle) 데스스타,(Death Star) 데스테라피,(death therapy) 데스노트,(death note) 데스마스크.(death mask)" 매일같이 쓰고 있는 '아고니스트 당신'은 다름 아닌 데스넬이나 데스벨일지도 모른다는 생각도 했다. 귀울음 혹은 가래 끓는 소리와 무엇이 다르단 말인가. 아내의 piety(경건, 신앙심)에 놀라움을 금할 수 없었다. 장소와 시간에 구애받지 않고 무시로 생각나는 대로 찬송가를 불렀다. 찬송가는 그때그때의 아내의 신심과 기도에 너무나 딱 맞았다. 그렇게 많은 찬송가를 막힘없이 수시로 부를 수 있다는 것이 놀라울 따름이었다. 오늘은 아내가 계속 '성자의 귀한 몸'을 불렀다. 우리의 기도와 마음자리와 분위기에 딱 어울리는 것이었다. 성자의 귀한 몸 날 위하여/ 버리신 그 사랑 고마워라/ 내 머리 주 앞에 조아려 하는 말/ 나 무엇 주께 바치리까. 계절이 두 번이나 바뀌는 200여 일 동안 그들은 3072번이나 바다에 잠수했다. 아무려나 "우리의 몸 힘든 게 가족의 가슴 아픈 것만 할까." 그들이 바다 속으로 몸을 던지는 이유다. 바닷물 속에 가라앉은 지 197일 만에 비록 싸늘한 시신으로나마 단원고 황지현 양이 가족들의 품으로 돌아왔다. 희망의 등불이 다시 켜졌다. 잠수사들의 노고에 심심한 사의를 표하고 싶다. 나의 eclipse(冬羽상태)가 계속되었다,

아내는 주말을 기도하고 찬송하면서 보냈다. 오후에 비타민C와 진통제를 사러 인왕약국에 갔다. 그길로 녹번동 E마트로 넘어가서 장조림쇠고기와 안동고등어를 샀다. 구산동으로 돌아서 의주로를 달려서 집으로 돌아왔다. 그쪽 길이 점점 익숙해졌다. 역시 안동고등어는 별미였다. 고등어를 구어서 맛있게 저녁을 먹었다. 아내와 새로 시작한 주말드라마 '모던파머'와 '미녀 탄생'을 보았다. 미녀 탄생은 이야기를 꾸려가는 솜씨가 탁월했다. 한밤중에 아내는 컴퓨터 앞으로 가서 사진과 글을 올렸고 나는 중국 사극 '악비'를 보았다. 잠결에 아내가 부르는 '성자의 귀한 몸'이 들려왔다. 그것은 하늘에서 내려오는 천사의 목소리였다. 은은한 축복이었다.

대사요법 11. 2.

11시에 교회예배를 보았다. 교회 앞마당에 쌓여 있는 낙엽이 아름다웠다. 예배를 마치고 나오는데 아내가 보이지 않았다. 홀로 식당으로 가서 식사를 하고 있는데 아내가 모 시의원과 함께 나타났다. "여기 한국적 남편이 있다. 아내는 남편을 찾아 온 교회를 쏘다녔는데 남편은 홀로 부리나케 식당으로 와서 점심을 먹고 있다. 한국적 남편의 표본이 아니고 무엇인가." 아내는 그 시의원 앞에서 대충 이런 농담을 하고 웃었다. 시 의원은 내 앞좌석에서 점심을 먹었다. 점심을 먹고 나서 우리는 교회 앞마당에서 함께 사진을 찍었다. 김영식 장로가 찍어 주었다. 아내는 집으로 걸어오면서 오늘 많은 은혜를 받았다

고 했다. 마침 그때 나는 속으로 설교의 은혜 평강 위로는, 요컨대 목사의 말씀은 과연 우리에게 무엇인가. 일종의 대사요법(對死療法)이 아닐까. 세상의 고담준론(高談峻論)이, 성경의 말씀이, 철학과 지혜와 미담이 모두 대사요법일지도 모른다는 생각을 하고 있었다. 특히 삶의 끝자락 말년에 우리를 괴롭히는 고독과 질병, 귀울음과 가래가 끓는 소리 같은 증상을 치유하는 신앙은 아편이나 환각제처럼 때론 대사요법일지도 모른다. 얼마나 무서운 생각인가.

날이 저물자 아내는 동네할인마트로 경품권추첨을 보러 갔다. 쌀쌀한 날씨에 많은 사람이 모였다. 확률이 매우 낮았는데도 아내는 용케도 4등 십만원권에 당첨되었다. 그냥 돌아가자고 하는 나를 뿌리치고 기다리더니 보람이 있었다. 이렇게 일요일을 보냈다. 내일은 집 계약하는 날이다. 좀 긴장이 되었다. 유가족은 세월호법 합의를 존중하지만 보완을 요구했다. 그들의 의사는 존중해야 한다. 밤참으로 삶은 고구마를 먹었다. 고구마 밤참을 먹자 어릴 적 시골집이 생각났다. 내일 그런 집을 얻을 수 있으면 얼마나 좋을까.

다시 허허벌판 11. 3.

아침에 잠이 깼을 때 아내의 말소리가 귓전을 때렸다. "갈현동을 포기해야겠어요. 재개발지역이네요." 인터넷에서 그 사실을 알아낸 아내가 힘없는 목소리로 말했다. 온몸에서 맥이 빠졌다. 오늘 계약을 하는 날이 아닌가. 늦게나마 이런 사실을 알게 된 것은 불행 중 다행이었다. 사람들이 다 이사 가고 공동화(空洞化)되어 슬럼이 돼버린 동네에서 발을 동동 구르며 살게 되었을 경우를 떠올리며 진저리를 쳤다. 갈현동 집주인에게 계약 취소를 연락하고 나서 다시 집을 보러 나섰다. 집 가까운 곳에 초원빌라가 나왔으니 같이 가보자고 했다. 구기동에 있는 양지부동산으로 찾아갔다. 우리집 근처에 있는 초원빌라가 마음에 들었다. 전세금이 예산을 훨씬 초과했다. 초과분을 조정해 달라고 부동산에 부탁하고 나서 동네에 있는 다른 집을 가보았다. 바짝 산 아래에 있는 집이었는데 너무 궁벽하고 가팔랐다. 부동산에서 돌아오는 길에 다시 초원빌라를 살펴보았다. 주인이 사정을 봐주기만 하면 그 집으로 이사하고 싶었다. 오후 내내 하회를 기다렸지만 주인이 요지부동인 것 같았다. 단념할 수밖에 없었다. 여태껏 한결 느긋하고 평온했는데 이렇게 또 상황이 급변했다. 고달팠다.

반기문 대망론이 확산되었다. 친박 일각에서 김무성을 견제하기 위해 그의 지지율을 띄우고 영입할 분위기를 조성했다. 권노갑이 느닷없이 반기문 측근이 야권후보로 대선출마를 자기에게 타진한 적이 있다고 폭로했다. 사실이야 어찌됐건 권노갑이 친박의 움직임에 제동을 걸어버린 형국이다. 이런 패러디와 개그가 없다. 요컨대 정치인에게 신물이 난 국민들은 일종의 흥행이나 퍼포먼스처럼 이런 인사들의 부상을 즐겼다. 대통령은 정치인이어야 한다. 정치인이 아닌 반기문은 대통령이 되어서는 안 된다.

우리는 다시 바람 부는 허허벌판을 헤매고 있었다. 아내는 밤새 인터넷에 매달렸다. 온 서울을 뒤졌다. 영등포에 좋은 집이 나왔다고 중간보고를 했고, 일원동에 아파트가 그럴듯하다고 귀띔해주었다. 하마터면 한밤중에 찾아갈 뻔했다. 새벽녘에 강남문우들과 대모산에 오르는 꿈을 꾸다가 잠이 깨었다. 아내는 그때까지 컴퓨터 앞에서 떠나지 않고 있었다.

생명의 길 11. 4.
오전에 영등포의 집을 보러 갔다. 인터넷을 통해서 거리와 위치는 알고 있었다. 오랜만에 원효대교를 건너서 시흥로를 달렸다. 공군회관을 지나 우회전, 위치는 꽤 좋은데 이미 공동화되어 버린 주택가가 나타났다. 아내의 말마따나 붕 떠 있는, 아무런 특징도 분위기도 없는 휑뎅그렁한 동네였다. 차를 세운 곳이 공교롭게도 개발촉진사무소가 들어 있는 건물 앞이었다. 우리는 또 재개발지역을 찾아온 것이다. 황급히 그곳을 빠져나왔다. 그길로 일원동으로 가려다가 길을 잘못 들어 노량진으로 빠졌다. 대성학원 근처에 차를 세우고 세 군데 부동산을 들러보았다. 마음에 드는 집이 없었다. 정진학원 골목에서 겨우 집을 하나 보았다. 덕산마트 맞은편에 있는 계단이 가파른 집이었는데 그 집도 아내가 인터넷에서 찾아놓은 집이었다. 그때 갑자기 설사가 났다. 3층에 올라가 있는 아내에게 손짓해서 빨리 내려오라고 했다. 뒤가 급하니 빨리 떠나자는 것이었다. 아내는 부동산 아저씨가 미안해서 보는 척하고 있었다. 그곳을 떠나 정진학원으로 들어가서 가까스로 대변을 보았다. 서둘러 한강을 건너서 집으로 돌아왔다.

아내가 신영동에 있는 동양부동산으로부터 연락을 받았다. 세검정교회 옆에 있는 단독주택을 보자고 했다. 교회 앞에 차를 멈추고 있자 부동산 아저씨가 달려왔다. 거의 무념무상의 상태로 집을 보았다. 뜻밖에 산타마리아였다. 아내가 그 집 창살에 쏟아지고 있는 햇볕을 보고 흥분했다. 아내는 재깍 아저씨에게 좋다고 말하고 곧장 부동산으로 가서 서류를 작성하여 공사로 제출했다. 2, 3일 후면 계약여부가 결정되고 연락이 오게 된다. 하루 사이에 우리는 또 한줄기 빛을 보았다.

반기문 대망론이 확산되고 있었고 야당이 4자방 국정조사를 거세게 몰아붙였다. 보나마나 별로 성과를 거두지 못할 것 같지만 사자방은 야당으로서는 드물게 보는 호재였다. 마이너스 인생, 일가족 자살, 송장을 치워달라고 10만 원을 남기고 노인이 자살했다. 가슴을 저몄다. 창밖으로 낙엽이 떨어지는 것만 보고도 부쩍 쓸쓸해하고 죽음의 계절이 밀려오는 것만 같았다. 사멸하는 것, 낙엽 지는 것, 늙고 병들고 외롭고, 고통과 더불어 살아가는 것을 너무 슬퍼하지 말라. 그것은 인간의 길, 조금만 숨을 깊이 들이쉬고 차분히 생각해보면 '생명의 길'임을 깨닫게 될 것이다. 아내가 집을 구한 것을 소장에게 알렸다. 어김없이 불행 슬픔 좌절 심약(心弱)과 assimilation(동화, 흡수)하고 만다. 하지만 지나친 커밍아웃은 안 된다. 때론 감춰야 할 이유는 얼마든지 있다. 박기문 대망론, 4자방 국정조사로 세상이 와글와글 들끓었다. 사자방은 실정의 모뉴망. 기름진 언어, 난해한 언어는 싫다. 담백한 언어가 좋다. 이어령의 글을 읽으면서 잠깐 그런 생각을 했다. 교회 옆 그 집에서 어떤 행운이 기다리고 있을까. 도시가스난방은 잘 되어 있을까. 주방시설 등 '어메니티'는 제대로 되어 있을까. 이런 걱정들이 꼬리를 물었다.

대모산 친구들 11. 5.

가을 단풍을 구경하러 강남을 찾아갔다. 특히 대모산의 단풍이 보고 싶었다. 낙엽을 휘날리면서 영동대로를 달리는 기분은 여전히 최상이었다. 아내가 가장 좋아하는 드라이브 코스다. 대모산에 가까워지자 거리와 풍경은 더욱 평화롭고 아름다웠다. 대모산 친구들이 생생하게 떠올랐다. 새 천년이 시작될 무렵 주일마다 함께 대모산을 오르던 친구들이었다. 새삼 그들을 눈앞에 그려보았다. 극작가 하지찬, 수필가 김원근, 소설가 최병탁, 소설가 유현종, 시인 정인성, 시인 조정애, 시인 김지현, 수필가 김용림. 이미 두사람이 유명을 달리했다. 나와 갑장이고 한없이 다정다감했던 하지찬, 금방 날아갈듯이 가냘프고 여리던 김지현이 우리 곁을 영원히 떠났다. 일원터널 옆에 있는 산길로 대모산을 오르곤 하던 그 시절이 한없이 그리웠다. 대모산과 양재대로의 단풍은 요란하지 않고 그윽하고 은은하게 아름다웠다. 떠난 사람 떠난 세월을 안타까워하면서 일원터널을 지났다. 우리 부부는 이 대모산 산행에서 만나서 부부의 연을 맺었다. 대모산이 사랑의 보금자리였다. 아내가 간 김에 인터넷에서 봐두었던 일원동집을 한번 가보자고 했다. 아내는 이렇듯 끈질기게 끝장까지 보았다. 그 집은 보나마나였다. 고립된 섬이었다. 우리의 삶이 의탁할 만한 데라곤 어느 구석에도 없었다. 양재대로 끝에 있는 꽃시장을 구경하고 나서 집으로 돌아왔다.

보편복지와 선택복지 갈등이 심화되었다. 공약파기다. 경남도에 이어 경기도가 무상급식 지원을 중단했다. 예상된 일이다. 정부가 진보교육감을 공격하기 시작했다. 보수 일각에서는 교육감 직선제까지 흔들었다. 여전히 반기문 대망론이 떴고 화제의 중심은 그의 측근들이었다. 반기문 동생이 측근을 싸잡아서 사기꾼이라고 욕했다. 형님 백 믿고 너무 나간 것 같다. 아무렴, 그렇게 막

말하는 것 아닌데, 벌레 씹은 기분이다. 따지고 보면 '반기문 사랑'은 해외국제사회에서 이름깨나 날리면 사족을 못 쓰는 촌놈근성 때문이다. 그는 외교관일 뿐이다. 언감생심, 대통령은 아니다. 제2의 안철수가 되지 않았으면 좋겠다.

'미 중간선거 공화당 압승, 오바마, 레임덕 가속' 애초부터 나는 오바마가 승승장구할 것으로 생각해 본 적이 없었다. 미국의 경제호황도 그에게 힘을 보태주지 못했다. 역대 민주당 대통령에서 그토록 보수의 냄새를 풍기는 사람을 본 적이 없었다. "너희 믿음은 번지점프와 같구나. 네 몸을 믿음 속을 던진 적이 있느냐." '번지점프 같은 믿음'이라는 말이 마음에 걸렸다. 대모산의 단풍을 떠올리며 온종일 대모산 친구들을 그리워했다. 저녁나절 내내 아내는 찬송가를 불렀다.

잘났다, 그 이름 사자방 11. 6.

아침에 동네병원을 찾아갔다. 의사가 사뭇 우락부락하고 거칠었다. 잔뜩 주눅이 든 채 주사를 맞았고 겨우 하루치 설사약을 타왔다. 처방약도 생긴 목자대로 인색하기 짝이 없었다. 이래저래 기분이 나빴다. 오후에 아내와 낚시하러 남대문시장을 찾아갔다. 버스를 타고 가는 도중에 LH에서 승인이 떨어졌다는 연락을 받았다. 월요일 1시에 계약을 하자고 했다. 오늘따라 아내는 꽤 많은 옷을 낚아 올렸다. 나는 재미만 보고 그중 서너 가지만 남겨둘 것이다. 집에 돌아와서 열심히 약을 먹었지만 설사는 호전될 기미를 보이지 않았다. 갈 데없이 호사다마다.

사이버사가 대선 댓글에 심리전단 122명을 투입했다. 사령관이 일반요원까지 참석하는 새벽회의를 주재했다. 국정조사에서 야당이 추궁해서 밝혀냈다. 당시 국방장관이던 김관진이 이런 사실을 몰랐을까. '강성실세 아이콘'답게 그는 견고한 비호를 받았다. 선영(先塋) 잘 써서 대통령이 된다고? 선거에 지면 '나라를 빼앗긴다? 이런 식이라면 선거고 민주주의고 그만두어야 한다. 사생결단 건곤일척, 죽느냐 사느냐. 언제까지 이럴 거냐. 살의가 번뜩이고 피

냄새가 낭자하다. 상대를 증오 적대 저주 부정하고 "총칼 없는 전쟁으로 나라를 빼앗는다." 이런 생각이 판을 친다면 차라리 선거 안 하는 세상이 더 낫다. 포퓰리즘을 공적(公敵)으로 치부하고, 걸핏하면 뭇매를 때리는 것도 잘못된 것이다. 양심들이 여론조사에서 꽁꽁 숨어 버린다. 거버넌스의 불연속성(discontinuity)은 안 된다. 정권을 전리품 개념으로 보지 말라. '노루꼬리 정권말기' 참으로 본데없는 말들이다.

"공무원연금 개혁에 동참하라." 정부가 공무원들에게 반강제적 서명을 요구하고 있다. 진보교육감 흔들기, 교육복지 3년 전으로 퇴보. 마침내 무상급식 식판을 뒤엎었다. 대통령이 내놓은 포퓰리즘 공약을 진보교육감이 시행하자 포퓰리즘포퓰리즘이라고 비판했다. "잘났다 그 이름 사자방." 내 입에서 툭 이런 말이 떨어졌다. 사자방이란 명칭도 그럴듯하고 꼭 무슨 일을 해낼 것만 같다. 친이계 의원들이 사자방 국조에 발끈하는 기류다. 그 한복판에 이재오가 있었다. 그토록 신뢰하고 마음으로 성원했는데 그 역시 진영논리에 사로잡힌 정치인이었다. 하루가 끝날 때 귓가를 때리는 소리가 있었다. "이제 10부 능선을 넘었다, 마침내 하나님이 이루어 주셨다." "잘났다, 그 이름 사자방" 나는 숨을 죽이고 한 가닥 희망의 빛을 지켜보고 있었다.

파투는 안 된다 11. 7.

아침에 아내가 혼잣말처럼 중얼거렸다. "방이 냉돌이면 안 돼." "출입문 계단을 잘 살펴봐요." 이사 갈 집을 두고 한 말이다. 산 넘어 산이었다. 나는 "전기 수도 가스보일러 분리 시설. 이층 계단과 출입문 보완"이라고 적힌 쪽지를 아내에게 건네면서 계약할 때 그런 사항을 명시하라고 말했다. 아내가 볼멘소리를 했다. "그럼, 당신은 함께 가지 않겠다는 말이에요?" 2층을 처음으로 통째로 전세 내는 집이어서 만에 하나 계약이 파투 날까봐 아주 간명히 일을 처리하라는 뜻에서 그런 말을 했는데 아내는 내가 뒷짐이나 지고 보겠다는 것으로 오해한 모양이었다. 홀로 보건소에 가서 장염약을 지었다. 늙은 의사가 아주 친절하고 자상하게 설사병을 설명해 주었다. 역시 종로보건소의 이름값을 해주는 의사였다. 돌아오는 길에 홍지동에 들러서 이발했다. 아까 집을 나설 때 다소 찌뿌드드했던 몸이 가붓해졌다. 집에 들어가자 아내가 활짝 웃으며 말했다. "전기와 가스는 따로 시설을 했구요. 수도만 분리가 안 됐다고 하더군요. 부동산에 연락을 해 보았거든요." 아내의 말을 듣고 보니 괜한 걱정을 한 것 같았다. 하지만 "돌다리도 두들겨 보고 건너라"고 하지 않는가. '이제 어려운 고비를 다 넘겼구나.' 오후 늦게 청계천 빛초롱 등불축제를 보러갔다. 구름인파가 몰렸다. 개울로 내려가지 않고 길가를 걸으면서 청계천을 구경했다. 그와 비슷한 중국축제를 본 적이 있는 아내는 시종 시큰둥했다. 내가 보아도 볼만한 것이 없었다. 기껏 종이로 만든 조형물에 등불을 밝히고 있을 뿐이었다. 인사동으로 가려다가 내가 기침을 하는 바람에 그냥 집으로 돌아왔다.

이희호 여사의 방북길이 열릴 전망이다. 잔뜩 경색된 남북관계의 돌파구가 마련되었으면 좋겠다. 세상은 아흔셋 노인의 발길에 그런 기대를 걸고 있었다. 여권의 무능과 야권의 무력을 단적으로 보여주는 대목이다. 김성근 야구 감독이 청와대 가서 생뚱맞은 소리를 했다. "세상 모든 손가락질을 이겨내야 리더가 될 수 있다." 박 대통령을 응원하는 소리인 것 같다. 국민의 소리를 두려워하지 말고 뚝심을 갖고 밀어붙이라는 말로 들렸다. '야신'이 너무 기고만장했다. 쓴웃음이 나왔다. 지도자는 무엇보다 사람들의 눈총이나 손가락질을 두려워할 줄 알아야 한다. 문무합작이 한 달 만에 삐걱거리는 소리를 냈다. 그럴 줄 알았지만 실망스러웠다. 오바마의 패배로 힐러리 클린턴이 가장 큰 타격을 받았다.

깊은 밤까지 이런저런 생각을 많이 했다. 비상(飛霜)과 부양(浮揚)과 점프의 차이, 이런 말들이 머릿속을 휘저었다. 가을모기가 극성을 부렸다. 모기채로 한참동안 정신없이 모기를 소탕했다. 모기가 타 죽는 노리끼한 냄새를 맡으면서 나는 이상하게 마음의 평화를 느꼈다. 온종일 "파투는 안 된다"는 생각에 시달린 것이 좀 억울했다.

발칙한 상징물 11. 8.

집 계약할 날을 초조하게 기다렸다. 청계천을 찾아갔다. 청계천에서 등불축제가 열리고 있다는 것을 깜빡 잊었다. 근자에 거리에서 그렇게 많은 구름인파를 본 적이 없었다. 거리거리에서 사람들이 오로지 청계천으로, 청계천으로 쏟아져 나왔다. 아내의 말마따나 다소 몰취미하고 몰예술적인, 등불축제를 구경하러 사람들이 몰렸다. 일말의 연민조차 느꼈다. 이 무슨 오만한 생각인가. 사람들의 물결을 헤치고 빠르게 청계천을 벗어났다. 인사동으로 발길을 돌렸다. 자연 속으로, 예술 속으로 우리는 부리나케 달려갔다. 그때 우리 앞을 가로막으며 떡 버티고 있는 건물이 있었다. 옛 화신백화점 자리에 우뚝 서있는 삼성빌딩이다! 그 건물은 우리가 지치고 실망하여 좀 허둥대거나 격앙돼 있을 때 곧잘 우리에게 KO펀치를 날렸다. 날아갈듯 날렵한 모습으로 허공을 가슴에 품고 서있는 저 치기만만한 건물, 그랬다 그것은 언제나 나를 화나게 만드는 발칙한 조형물이었다. 혹자는 나와는 달리 도전 첨단 실험 번영 일류를 아낌없이 표현하고 있는 상징물이라고 치켜세웠다. 그리하여 그 건물은 내 앞에서 더욱 발칙한 상징물이 되고 있었다. 자세히 바라보면 화신창업주의 자유로운 혼이 그 높은 건물 사이의 텅 빈 공중에서 떨고 있었다. 무엇이 우리에게 추억으로 남을까. 화신백화점인가 아니면 저 오만한 구름 속의 인공구조물인가. 곧장 인사동을 찾아갔다. 그곳도 사람이 넘쳐났다. 늦가을 서울 사람들이 다 거리로 쏟아져 나온 것 같았다. 사람의 틈에 끼어서 몸이 깃털처럼 가볍게 들려가는 느낌이었다. 거리 한복판에서 갓을 쓰고 한복을 차려 입은 사람이 퍼포먼스를 벌이고 있었다. 간드러지게 우리의 남도창을 한 곡 불렀다. 길가에 앉아 있던 아내가 갑자기 자기도 진도아리랑을 한번 부르고 싶다고 했다. 아내의 얼굴이 너무나 진지해서 내가 허락만 하면 영락없이 아리랑을 불렀을 것이다. 아내는 그러고도 남을 사람이었다.

조계사 앞으로 돌아 나와서 귀갓길에 올랐다. 가을빛은 우리가 살고 있는 평창동과 인왕산과 북한산 자락에서 더욱 아름답게 빛나고 있었다. 아내와 주말드라마를 보았다. '모던파머'는 갈데없이 시트콤이었다. 그래서 더욱 재밌게 보았다. 요즘 아내는 체온을 보전하기 위해 건넛방에 텐트를 치고 잤다. 어제는 삼성이 역전 투런홈런포로 승리했다. 큰 경기에서 삼성이 진면목을 보여주었다. 오늘은 그 설욕전을 보았다. 넥센이 대승했다. 나뭇잎 향기, 북악산 자락, 자기를 증거 할 사람, 인사동 공연계획, 화두의 보물창고 등이 머릿속을 떠돌았다. 나는 거뜬히 새벽까지 'Escape Plan'이라는 영화를 보았다. 아주 박진감 있고 두 주연배우의 열연(熱演)이 볼만했다.

황국을 찾아서, 11. 9.

11시 교회예배를 보았다. 1시간여 동안의 설교는 늘 긴장의 연속이었다. 설교가 지겹게 느껴질 때는 더욱 그랬다. 그럴 때 나는 뜬금없이 땀을 흘렸다. 오늘은 땀을 흘리지 않았다. '에바다'(막:7:4)라는 설교제목을 나는 무척 좋아했다. 'ephatha'는 어김없이 나로 하여금 무시로 내 망막에 떠오르는 밝은 빛을 연상하게 했다. 그 광원(光源)을 나는 성령의 임재라고 생각했다. 점심을 먹고 교회 앞마당으로 나오자 김영식 장로가 지난주에 찍었던 사진을 건네주었다. 고마웠다. 차를 한잔 사겠다고 3층 식당으로 데려갔다. 우리는 차를 마시면서 가을정취가 물씬 풍기는 이야기를 했다. 내 학창시절 이야기도 했고 김 장로가 미당의 친동생인 서정인 선생님으로부터 국어를 배웠다는 이야기도 했다. 아내가 나에게 "시인 아내와 살아가는 남편으로서 한 말씀" 했을 때 우리는 파안대소(破顔大笑)했다. 박 장로도 잠깐 끼어들었다. 일전에 점심약속을 했는데 하회가 없어서 궁금했다는 이야기도 했다. 우리는 오해를 받을까봐 그때 사정을 이야기해주었다.

우리는 교회에서 나오는 길로 곧장 가을나들이를 나갔다. 유난히 노란국화가 피어 있는 풍경을 보고 싶었다. 어쩌다가 찾아간 곳이 고산자다리가 있는 청계천이었다. 결국 인파를 피해서 생태계가 고스란히 살아 있는 그곳으로 자연을 찾아간 것이었다. 고산자에서 살곶이다리까지 걸어갔다. 곳곳에서 물 억새가 절경을 이루고 있었다. 금잔화는 볼 수 있었지만 노란 국화꽃은 끝내 찾아볼 수 없었다. 문득 요즘 국화를 잘 볼 수 없다는 것을 깨달았다. 가을이 되면 으레 코스모스와 노란 국화꽃 정취에 흠뻑 젖곤 했는데 내 마음이 잠깐 쓸쓸해졌다. 함께 걷던 아내가 잠시 보이지 않았다. 뒤돌아다보니 저만치 억새꽃 속에 파묻혀 있었다. 억새와 갈대를 구별하기가 쉽지 않다고 하면서 열심히 스마트폰을 들여다보았다. 억새는 솜털같이 허옇고 가냘프고 갈대는 줄기가 좀 튼실하고 수수깡 같다고 내가 말했다. 나도 "물가는 갈대 산에는 억새"라는 정도로 알고 있었다. 그때였다. 청계천이 강물로 합쳐지는 삼각주가 나타났다. 우리 눈앞에 갈대와 억새가 한꺼번에 들어왔다. 한눈에 갈대와 억새를 구별할 수 있었다. 아내는 소리치며 "거 봐요 하나님은 늘 저와 함께 계세요, 금방 가르쳐 주지 않아요. 즉시 응답해주신 거예요." 아내는 하나님의 임재라고 좋아라했다. 성동플라자는 완전히 운동하는 공간으로 변해버렸다. 클로버가 무성한 잔디밭은 온데간데없었다. 그 잔디밭에서 아내는 한 시간에 네잎클로버를 무려 70여 개를 찾아낸 기록을 가지고 있다. 아내가 무척 좋아하던 칸나의 길도 사라졌다. 이런 판인데 어디서 황국(黃菊)을 볼 수 있단 말인가. 한양대 지하철역 벤치에서 고구마와 사과를 먹었다. 화장실스피커에서 명곡들이 흘러나왔다. 명곡의 무덤이었다. 1시에 교회에서 출발하여 6시경에 집으로 돌아왔다. 긴 가을나들이이었다. 아내는 한 발자국의 위대함, 한 땀의 위대함을 연방 강조했다.

 문학은 때론 귀족, 정신적 파르나시앵이다. 金哥 林哥는 어깨너멋글이다. 엘리트는 어디로 갔나. 너희는 먹고 살기, 보고 즐기기, 마시고 취하기에 절고 절었구나. 영혼이 없다. 아내 혜솔은 부창부수(夫唱婦隨). 우리는 생각과 느낌을 공유하고 있다. 문학이 신문사회면 기사와는 달라야 한다. 거악의 비리는 증거로 입증할 수 없고 심증(心證)과 양심이라는 눈으로만 보고 느낄 수 있는 것. 다름 아닌 완전범죄의 특징이다. 진실을 보고 증언할 수 있는 용기와 양심이 없다는 게 우리시대의 비극이다. '기다, 아니다'를 말하라. 모든 것을 공작이라고 하면 거악의 비리는 보이지 않는 거대한 힘에 의해 영원히 묻히고 말 것이다. 서태지의 대담프로를 보았다. '뻑'이란 말은 남도에서는 '성교'라는 뜻으로 금기어다. 그가 그 사실을 알았다면 딸의 애칭을 '뻑뻑'이라고 하지 않았을 것이다. 나는 소스라쳐 놀랐다. "가난할수록 비만이다"라는 말을 어느 프로에서 듣고 충격을 받았다. 가난한 것도 서러운데 뚱뚱한 몸 때문에 또 얼마나 기가 죽을까. 매스컴이 던지는 비수다. 아내는 오늘밤도 텐트 속으로 들어갔다. 나는 안방에서 주말드라마를 보았다. 내일이면 계약을 한다. 나는 꿈속에서도 국화향기를 맡으면서 마음을 달랬다. 새벽녘에 아내가 휴대폰으로 성경을 듣고 있는 기척이 잠결에 들려왔다.

하나님 눈으로 보고 있다 11. 10.

조석변개 돌발변수. 이런 불청객 때문에 끝까지 마음이 놓이지 않았다. 계약할 시간이 다가오자 불안하고 초조했다. 마침내 1시 30분에 계약했다. 그토록 서류가 복잡할 줄 몰랐다. 법무사가 하라는 대로 이름을 쓰고 서명만 하면 되었다. 임대인도 처음 만났는데 첫 인상이 아주 좋았다. 법무사는 능력이 있어 보였고 업무처리가 아주 능숙했다. 그는 일사천리로 계약을 끝내고 나서 뒤도 돌아보지 않고 가버렸다. 아주 시원시원한 사람이었다. 집주인과 잘 지내보자고 깍듯이 인사를 주고받았다. 날밤을 걱정했던 계약이 무사히 끝났다. 이제 12월 1일에 잔금을 치르고 이사만 가면 된다.

아침에 일어났던 작은 사달 때문에 잠시 마음이 좀 깨름직했다. 아내가 내 윗옷 안주머니에서 내 비자금을 찾아냈다. 이전에 태가 준 '유에스비'와 오만 권 지폐들이 문제가 되었다. 왜 외봉을 쳤느냐고 힐난했다. 나는 이해가 되지 않았다. 그럼 조카가 스마트폰등을 사라고 준 용돈을 꼭 털어놓았어야 하느냐고 내가 따졌다. 아내는 "내가 돈 때문에 쩔쩔맬 때가 있었는데 당신이 그 때 시치미를 떼고 모른 척한 것이 화가 난다"고 했다. 시종 나는 한 가지 사실을 골똘히 생각하고 있었다. 아내가 어떻게 내 안 호주머니에 있는 돈을 찾아냈을까. 이런저런 서류를 찾기 위해 이 옷 저 옷을 뒤지다가 우연히 발견했다고 하지만 참으로 신기한 노릇이었다. 연전에도 똑같은 일이 일어났다. 그때도 아내가 내 유에스비와 비자금을 찾아냈다. 아내는 길에서나 모임에서 만난 사람들에 대해 이야기할 때 곧잘 그들의 심리를 정확하게 꿰뚫어보고 묘사하곤 했다. 놀라운 통찰력이고 정확한 분석력이었다. 어떻게 그리 잘 알 수 있느냐고 물으면 그럴 때마다 아내의 대답은 아주 간단했다. "나는 하나님 눈으로 보고 있다." 오늘 다시 아내의 말을 실감했다. 아내에겐 아무것도 감출 수가 없었다. 그 덕분에 내 푸닥진 돈이 오늘 계약금의 일부로 들어가게 되었다. 하늘의 뜻이었다.

오늘은 계약만 하고 외출하지 않았다. 집에서 휴식을 취하면서 느긋하게 TV를 보았다. EventTV에서 노래를 부르고 있는 가수를 보면 어김없이 죽전 시절에 만났던 소강석 목사가 떠올랐다. 외모며 목소리가 소 목사를 빼박았다. clerical(성직의)해야 하는데 secular(세속의)한 목사, 그는 성공한 목회자다. 그러나 개그를 했으면 더 성공했을 것이다. 갈데없이 엔터테이너. 한때 동인이었던 소설가 李哥는 아내를 만나자 나를 두고 다분히 부정적인 말을 늘어놓았다. 물론 아내와 잘 아는 사이어서 농담으로 그렇겠지만 나는 후회막급이었다. 그럴 줄 알았으면 "소설을 쓰고 있으면 어쩐지 능청을 부리고 청승을 떨고 있는 것 같아서 그냥 내동댕이쳐 버렸거든." 이런 말을 그에게 하지 말았어야 했다. 그 친구 수준의 사유(思惟)로 어떻게 나의 비의(秘意)를 이해할 수 있었겠는가. 나는 실소하고 말았다. 중국과 FTA체결, 미국 EU 등 빅3와 모두 개방했다. 세계시장 73%와 자유무역의 길을 텄다. 리스크를 감당할까, 두렵기도 했다. 한국시리즈 5차전을 보고 있는데 아내가 무심코 채널을 드라마로 돌렸다. 나는 잠자코 일어나서 잠자리에 들었다. 마음속 큰 짐을 내려놓은 뒤에 몰려오는 피로증세를 견디지 못해 그렇게 하루를 마감했다. 오랜만에 맛보는 해방감이었다.

화두의 보물창고 11. 11.

세월호 참사 203일 만에 수색을 중단했다. 아직도 돌아오지 못한 9명의 수중고혼이 안타까웠다. 발표하는 이주영 장관, 귀를 덮은 긴 머리카락이 희끗희끗했다. 고뇌하는 빛과 어울렸다. 참으로 애썼다. 선원들의 1심 선고. 이준석 선장 징역 36년, 살인죄는 인정하지 않았다. 우리 아이들의 목숨이 그렇게 가벼웠나. 유가족의 가슴에 또 못을 박았다. 하지만 어떡하랴, 그게 법의 심판인걸. 국가는 유가족과 국민의 요구와 정서를 외면하고 분열과 상처만 남겼다. 참사의 책임은 실종되고 정부의 무능을 은폐하는 데 급급했다.

오후에 경복궁에 차를 세워놓고 소격동 국립현대미술관을 찾아갔다. 잔뜩 기대를 갖고 개관한 이후 처음으로 방문했다. 건물 안으로 들어서자 바닥에 금이 가있는 것이 한눈에 들어왔다. 섬뜩한 생각이 들었다. 기존건물을 이용해서 지은 것은 알고 있었지만 이 정도인 줄은 몰랐다. 싱크홀은 아닐 테고, 이곳 우리가 서 있는 땅 밑에 땅굴이 있을지도 모른다. 덜컥 겁이 났다. 어쨌든 크게 실망했고 전체적으로 건물이 가건물 같은 인상을 주었다. 공간과 규모는 엄청 큰데 엉성하고 썰렁했다. 전시하고 있는 작품들도 눈곱만큼도 감동을 주지 않았다. 수학에 관한 이상한 작품전시를 하고 있었다. 예술작품은 먼저 어떤 느낌을 주어야지 어떤 의미를 설명하려고 해서는 안 된다. 문득 이런 미술관이 거대한 사기집단으로 전락해 버릴 수도 있다는 생각이 들었다. 한마디로 한심스러웠다. 과천의 현대미술관은 우리 부부가 자주 찾아가는 곳이다. 그래도 그곳에선 따뜻한 햇볕도 쬐고 예술의 향기를 흠뻑 마실 수 있었다. 여기는 황량한 벌판에 내몰린 느낌이었다. 쓸쓸히 집으로 돌아오고 말았다.

저녁나절에 그날그날의 일기에서 탈락한 화두와 제목을 정리했다. 매일같이 일기를 쓰고 제목을 붙이는데 제목에서 후보로 생각했다가 낙방한 것들을 버리기가 아까워서 모아뒀는데 이제 그것만으로 한권의 책이 될 만한 분량이 되었다. 이른바 '화두의 보물'창고였다. 지난 9월부터의 화두를 다시 읽어보았다.

"일희일비, 방황의 끝, 한 발의 위대함, 한 땀의 위대함, 매스컴이 만든 우상, 치기 만발한 상징물, 무엇이 추억으로 남을까, 그들의 무관심, 나뭇잎 향기, 북악산 자락, 자기를 증거 할 사람, 화두의 보물창고, 명곡의 무덤, 자유로운 혼, 강성실세아이콘, 견고한 비호, 구명줄을 단 번지점프, 실정의 모뉴망, 기름진 언어, 난해한 언어, 담백한 언어, 한국적 남편, 다시 빈 벌판, 파투, 허시, 피로 증세, 데스베드, 데스벨, 데스넬, 데스래틀, 데스스타, 데스테러피, 데스노트, 조짐, 귀울음, 가래가 끓는 소리, 대사요법 데스마스크. 11. 1./홀리맘, 클레릭맘, 세켤맘, 산타마리아, 산 넘어 산, 팽목항 김 기자, 왕가의 계보, 풍우동주, 신의 작희, 불요불급, 불요불굴, 환각제 아편 몰핀, 집과 거리, 여자와 단물, 평면과 사면의 차이, 일탈과 파격, 함께한 순간순간이 축복, 함께한 걸음걸음이 행복, 실종된 안전한국, 정서의 공유, 공감이 유죄, 온데간데없는 대통령. 승자의 유세, 패자의 향기, 양광 떨고 있다. 천하의 커쇼도 무너지네, 객기와 열정도 사촌, 사라진 맑은 시야, 가을잔치는 끝났다, 사는데 불편하지 않은 사람들, 그들의 무관심, 철이 덜 들 때가 좋았는데, 애정결핍증환자, artistry, 용코로 걸렸네, 된통으로 걸렸네, 니일 우습다, 추억이 없는 집. 10. 1./다시 이광수시대, 친일파와 동침, 부역자, 몽십야, 종편이 빛나는 이유, 일상의 행복, 연출과 의제, 잔칫집과 초상집, 정치물로 덧칠, 시문이 시퍼렇게 살아 있었다, 보나마나 짓밟고 넘어 가겠지, 허울만 남고 벨은 사라졌다, 에고이즘과 에고티즘, 장인장색, 고름 안 빼고 봉합, 세수 안 하고 화장, 야동시대, 광란의 세월, 최인호의 눈물, 일의대수, 몰취미와 무관심, IS의 신성모독, 불량한 드라마 막장드라마, 일그러진 지구촌, 전설의 향기, 패배의 향기, 장자 대인이 없다, 꽃수레 타고 가는 길, 착한 시간, 박정희 찬양. 영혼이 없는 사람, 의식이 없는 사람, 배알이 없는 사람. 벼락맞을 사람들, 오불관언 회원들. 삼년 만 참고 바꾸자, 악지반전. 빛 좋은 독버섯, 내 아이 아닌 우리 모두의 자식, 핏줄의 정, 그의 눈물은 물과 소금뿐. 9. 1."

밤에 야구를 보았다. 어제 5차전에서 삼성이 극적으로 승리한 것을 오늘에야 알았다. 오늘 6차전을 보았다. 초반부터 삼성이 압도적으로 리드해갔다. 삼성의 '한국시리즈 4연패'는 보나마나였다. 삼성의 독주에 흥미를 잃고 말았다. 보물창고에서 그 많은 '말머리'를 꺼내어 살을 붙이면 엄청난 글이 되겠구나. 나는 잠시 흥분했다. '화두의 보물창고'가, 그 인정세태가 한시도 머릿속에서 떠나지 않았다.

푸닥진 돈 빼먹기 11. 12.

조간신문에서 이런 글이 눈길을 끌었다. "근로자의 실질임금상승률은 0.2%로 추락했다. 근로자들의 구매력이 사실상 없어졌다. 그럼에도 박근혜 정권은 부자증세는 없다고 한다. 지지층의 이반이 두려운 것이다. 토마 피케티가 주장하고 있는 누진적 부유세 부과나 빌게이츠가 강조하는 상속세 강화 중 어느 것도 채택할 생각이 없다. 오히려 정부는 작년 2월 소득세법 시행령을 고쳐 건설근로자의 퇴직공제금에 과세하기 시작했고, 그 결과 작년 5만 4,967명으로부터 소득세 11억 5,400만원을 징수했다. 건설업 특성상 사업복지 사각지대에 있는 건설근로자에게 거의 유일한 노후보장인 퇴직공제금도 털기 시작한 것이다. 지난달 주민세, 재산세, 자동차세 인상안은 국무회의를 통과해 국회로 넘어갔다. 근래 준조세인 교통범칙금 건수와 액수도 폭증하고 있고 내년부터는 여신 수신 외환을 제외한 금융서비스에도 부가가치세가 부과된다. 야금야금 시민증세가 진행되었다. 이와 같은 조직적 제도적 벼룩의 간 빼먹기를 통해 확보된 돈은 어디로 갈까. 한 가지만 말하겠다. 대통령의 대표공약이었던 누리과정 초등돌봄교실 고교무상교육을 위한 재정이 0원으로 설정되었다." 푸닥진 돈을 털어서 엉뚱한 데로 흘러 보냈다. 푸닥진 돈을 빼먹고 있는 것이다. 빈익빈부익부, 국민 분열, 양극화 심화, 두 국민을 통치하고 있다. 대통령은 되었것다, 선거는 아직 멀었것다, 멋대로 꼴리는 대로 날뛰고 있다. 힘없고 가난한 사람은 안중에도 없었다.

자하문 집주인한테서 한번 와서 집을 둘러보라는 연락이 왔다. 기다리던 터라 몹시 반가웠다. 몇 가지 궁금했던 게 금세 해명되었다. 집 앞으로 돌아서 들어가는 좁은 통로가 가파르고 어웅하면 어떡하나 걱정했는데 계단이 완만하고 그런대로 다닐 만했다. 전기와 가스가 분리 설치되어 있었다. 마음이 놓였다. 주인이 다과를 내왔고 우리는 한참동안 이야기를 나눴다. 주인이 홀로 사는 70대 노파였는데 사람이 좋아보였다. 그길로 소격동 현대미술관을 찾아갔다. 오늘은 디자인이 좋은 팸플릿을 얻기 위해서였다. 어제 가져온 것을 고가구 문짝에 붙였더니 뜻밖에도 아주 분위기가 살아났다. 아내가 다시 가서 많이 얻어오자고 했다. 삼청동으로 가는 길은 대중교통이 없다. 승용차를 타고 가지 않았기 때문에 중학동부터 걸어갔다. 바람이 세차게 불고 날씨가 추워서 애를 먹었다. 도착하자마자 팸플릿을 챙기고 경내에 잠시 서성이다가 이내 그곳을 떴다. 우리는 시청으로 가려다 말고 경복궁 앞에서 발길을 돌렸다. 집도 구경했고 팸플릿도 얻었으니 더 이상 거리에서 방황할 필요가 없었다.

집에 도착한 아내가 불쑥 물었다. "그 집 문들이 어떻게 되어 있었죠? 문을 본 기억이 없어요." 희한했다. 나도 그랬다. 혹시 복도만 있고 문이 없는 것 야냐. 그럴 리가 없다. 우리는 또 얼토당토 않는 걱정으로 저녁나절과 밤 시간까지 마음이 편치 않았다. '기우다' 하면서도 '내일 다시 가서 문을 보자. 제기랄! 다시 확인해보는 거다.' 나는 몇 번이고 다짐하고 있었다.

기우 11. 13.

대법원, 정리해고 적법 판결. 원심판결을 파기하고 환송했다. 쌍용차 해고자들은 울음바다. 6년간의 눈물을 멈추지 못하게 되었다. 과연 정의롭고 공정한 판결인가. '유럽탐사선 로제타호 혜성에 첫발을 내딛다' 혜성을 정복했다. 변별력을 잃어버린 수능시험. 역대 최다만점자가 나올 것 같다. 이런 병폐가 언제쯤이나 사라질 까.

간밤부터 계속된 불안을 씻어 버리기 위해 어떡해서라도 자하문집을 다시 방문해야 했다. 공사로 전화해서 내일이라도 도배를 할 수 있느냐고 물었다.

그 핑계로 집을 찾아가기 위해서였다. 그렇게 안절부절못했다. 내일 도배를 할 수 있다고 했다. 도배할 방을 미리 살펴보기 위해 방문하겠다고 주인에게 전화했다. 지금 병원에서 집으로 출발하려고 하니 30분 후에 오라고 했다. 우리는 부랴부랴 자하문 집으로 갔다. 교회 앞에서 기다렸다가 주인을 만나서 함께 집으로 들어갔다. 이층계단을 오를 때 가슴이 뛰었다. 아아, 기우였다. 세상에 문이 없는 방이 어디 있겠는가. 다만 주방이나 거실이 집에 따라서는 터진 공간으로 되어 있는데 그럴까 봐서 터무니없는 걱정을 했던 것이다. 돌아 들어가는 좁은 뒤안길도 다시 살피고 출입문도 꼼꼼히 살폈다. 다만 출입문이 허술해서 철문으로 교체를 해야 할 것 같았다. 돌아오는 길에 구기동에 있는 두 군데 집수리 가게를 찾아갔다. 먼저 방문한 곳은 사람이 없어서 전화로만 상담했다. 가격을 알고 나서 다른 가게를 가보았다. 일거리가 많아서 할 수가 없으니 먼저 갔던 가게로 가보라고 했다.

 마음은 하늘을 날 것만 같았다. 집에 대해 이제야 불안이 말끔히 가셨다. 공연한 걱정을 하면서 안달했던 것이 부끄러웠다. 어쩔 수 없이 우리는 마음이 연약해져 있었다. 시쳇말로 짜장 허약, 심약, 나약하여 정신적으로 부대끼고 있었다. 모든 것을 예비하시고 이루어주시는 '당신'을 믿지 못한 것이 죄스러웠다.

폐쇄적 순혈주의 11. 14.

대법원 바깥이 울음바다가 되는 것은 어제 오늘의 이야기가 아니다. 대법원의 '순혈주의'(純血主義)는 허물어야 한다. 판사, 남성, 보수 일색의 대법원 구성은 바뀌어야 한다. 1980년 이후 임명된 대법관 85명 가운데 서울대법대 출신 75.3%, 판사출신 81%, 남자 91%였다. 계속 권력과 정부와 기업 측 논리에 손을 들어주었다. 그들의 폐쇄성과 편향성이 갈수록 도를 더해갔다. 어김없이 권력의 편에 섰던 오욕(汚辱)의 역사에서 벗어나야 한다. 그들이 과연 시대의 양심이며 정의인가. 법은 누구를 위해 존재하는가. 착잡했다. 북한 최룡해,

17~24일 김정은의 특사로 러시아 방문하여 정상회담 가능성을 타진했다. 그런 식으로 중국을 압박할 속셈이다. 내가 골백번 이야기했던 것이 현실로 나타났다. 북한은 러시아에 접근함으로써 돌파구를 찾을 것이다. 예정된 뻔한 행보다. 전작권 연기. 박승춘 보훈처장이 여론 개선은 내 덕분이라고 기염을 토했다. "누가 키우는 괴물인가."

　한순간의 감각 상상 사유는 수억 개의 뇌세포의 작용의 결과다. 그 상상과 사유의 인식을 위해 그 세포를 분석 연구할 필요가 있는가. 몰라도 얼마든지 사유할 수 있다. 가장 효과적으로 감동적으로 인식할 수 있게 형상화 이미지화 조형화한 언어가 시다. 철학 정치 종교 과학을 가지고 덤비는 사람들 때문에 문학이 질식하고 있다. 일탈, 파격, 생명을 던지는 것은 이상적(李箱的)이다. 그러나 이상은 논리적으로 분석, 천착(穿鑿)하는 것을 일삼지 않았다. 그것은 문학의 영토가 아니라는 것을 천재는 알고 있었기 때문이다.

　아내가 11시에 교회속회에 갔다. 오늘 LH공사에서 와서 방을 도배한다. 아내는 속회가 끝나는 대로 소장을 데리고 자하문집으로 갔다. 창문이며 출입문 수리에 대해 여러 가지 조언을 들었다. 집에서 나는 분실된 나의 '기독교 메모 수첩'을 찾았다. 좀처럼 찾을 수가 없었다. 대단히 중요한 자료여서 심란했다. 어차피 아내한테 부탁해서 찾아야겠다. 아내가 도배하는 것을 살피고 돌아왔다. 당장 해결해야 할 일이 생겼다. 12월 1일이 손이 없는 날이어서 이삿짐센터가 모두 예약이 되어 있었다. '성도'에 부탁할 경우 다른 날에 이사를 할 수밖에 없었다. 소장이 아는 다른 이삿짐센터를 불러서 견적을 뽑아보았다. 비싸고 기술적으로 문제가 있었다. 하는 수 없이 유보하고 계속 성도에 전화를 걸어 사정했다. 26일에는 가능하다고 했는데 그러려면 이삿날을 앞당겨야 한다. 아내는 빈집으로 이사를 가니까 주인이 양해만 하면 가능하다고 생각하고 주인에게 26일 이사하면 어떻겠냐고 물어보았다. 주인이 흔쾌히 들어주었다. 소장에게 전화해서 이삿날이 변경된 것을 회사에 알려달라고 부탁했다. 성도 이삿짐센터에서 내일 방문하여 견적을 빼기로 했다.

저물녘에 아내와 도배지를 사러 유진상가에 갔는데 아내는 도배지는 사지 않고 내 겨울파카만 샀다. 고급스럽고 아주 따뜻한 닭털 파커였다. 아내가 이사 턱으로 나에게 선물했다. 대장염은 잡힌 것 같았지만 몸이 찌뿌드드해서 초저녁에 일찍 텐트 속으로 들어가서 자리에 누었다. 11시경에 잠이 깨어 한국과 요르단 축구평가전을 보았다. 아내는 내일 견적서를 내기 전에 이삿짐을 조금이라도 줄이기 위해 밤늦게까지 거실의 책들을 정리했다. 한국이 요르단을 1:0으로 이겼다. 순풍에 돛을 단 듯한 하루였다.

돌개바람 11. 15.
순풍이 역풍으로 돌변했다. 작은 돌개바람이 일어났다. 집주인이 26일 이사에 난색을 표했다. 어제 흔쾌히 허락한 것을 오늘 번복했다. 아마 좀 오해가 있었던 모양이다. 그날 잔금을 모두 치르고 입주하는 것으로 생각했던 것이다. 어쨌든 '26일 이사 불가'라는 의사를 부동산을 통해 전해왔다. 당혹하고 난감했다. 우선 성도이삿짐센터에 연락해서 이사계약을 취소했다. 퇴근하는 소장을 불러서 전후사정을 알렸다. 다급한 김에 소장이 소개했던 부동산에 연락해서 다시 계약을 하려고 했다. 아내는 주인을 만나러 부랴부랴 자하문집을 찾아갔다. 아내에게서 주인이 집에 없고 전화도 받지 않는다는 연락이 왔다. 부동산도 전화를 받지 않는다고 해서 그냥 철수하라고 했다. 잠시 후에 아내가 활짝 웃으면서 들어섰다. 오○일에게 부탁했더니 명성이삿짐센터를 소개해줘서 내일 2시에 견적을 뽑으러 온다고 했다. 내일 명성과 계약하면 모든 것이 마무리된다. 성도에 연락해서 26일 계약을 취소했다.

"어떠한 불의와 악도 필설로써 얼마든지 희석시킬 수 있다." 언론이 부리고 있는 횡포. 영원히 극복할 수 없는 거대한 세력이 엄존하고 있다는 게 우리의 절망의 뿌리다. 유신세력이 다시 득세하는 것은 일부 영호남의 민심 때문이다. 지역연고나 옛 영화에 대한 집착과 미련을 버리지 못하는 한 민주주의의 장래는 없다. 전쟁을 방불케 하는 정권쟁탈전이 되풀이될 뿐이다. 그럴 바엔 차라리 총칼 들고 정직하게 싸우는 게 좋다. 내놓고 하는 전쟁에는 인간을 황폐시키는 '스트레스'라는 악마가 없기 때문이다.

'아고니스트 당신'을 기억을 더듬어서 겨우 썼다. 주말드라마도 보는 둥 마는 둥했다. 나는 계속 '사라진 수첩'을 찾았다. 무척 아쉬웠다. 수첩을 잃어버린 게 마치 그리운 사람과 아름다운 서사(敍事)는 떠나버리고 빈 풍경만 남아 있는 것 같았다. 마음을 달래기 위해 잠깐 영화 '밀양'을 보았다. '나의 허락도 없이 하나님은 왜 나의 원수를 용서해 버렸을까.' 원수를 사랑하라는 말씀은 주인공에겐 극복할 수 없는 절벽이었다. 주인공은 미쳐갔다. 내가 주목했던 것은 해결하려는 어떠한 노력도 하지 않고, 상황을 끝낼 수 있는 어떠한 출구도 보이지 않는 점이었다. 은밀한 햇볕밖에 아무것도 없었다. 있으나 마나한 햇볕, 그러나 그건 내 마음에 비낀 한없이 소중한 햇살이었다. 그게 인생이다. 밀양이 내게 어필하는 것은 그것밖에 없었다. 원래 문학이나 예술은 그런 것이다. 애오라지 작은 승리랄까, 그게 어쩌면 문학이 할 수 있는 전부일지도 모른다. 이른바 무점정주의(無點睛主義)다. 추호도 어떤 결론을 내리기 위해, 그림을 완성하기 위해 관찰과 서술을 왜곡하는 일은 절대로 하지 않는다. 오로지 묘사와 디테일이 살아 있을 뿐이다. 내가 좋아하는, 소세키에게서 유일하게 배운 쇄말주의(瑣末主義, trivialism)다. 나의 문학에서도 서사는 떠나고 풍경만 남았다. 그 쓸쓸한 풍경 속에서도 나는 오늘도 끄떡없이 자정까지 유유자적하고 있었다.

현대판 반달리즘 11. 16.

추수감사절예배를 보았다. 설교 중에 수없이 되풀이하는 감사라는 말을 듣고 엉뚱한 생각에 빠졌다. 내가 평창동집에서 경복궁까지 걸어가면서 곧잘 올리는 만보기도가 떠올랐다. 산책이 끝날 때까지 발자국을 떼놓을 때마다 기도를 올렸다. 내 기도는 간단한 세 문장으로 돼 있었다. "감사합니다. 용서해주소서. 주님을 찬양합니다." 마지막 걸음을 떼놓을 때까지 거의 만 번을 감사한 셈이다. 감사하는 이유는 건강한 육신과 온전한 정신으로 주님을 예배할 수 있게 해주셨다는 것이다. '온전한 정신'은 관심 배려 사랑 사유 성찰 판단 등을 할 수 있는 정신을 이르는 말이다. 특히 사물을 사유하고 성찰하고 판단할 수 있는 능력을 주신 것을 감사했다. 따라서 덮어놓고 무작정 기뻐하고 감사하는 것을 달가워하지 않았고 오히려 경계했다. 종교를 아편이나 집단최면쯤으로 치부하는 사람들이 곧잘 물고 늘어지는 대목이다. 초기 기독교에서도 몬타누스주의(Montanism)가 그런 문제점을 제기했다. 무조건 기뻐하고 감사하라는 것이 때론 귀에 거슬리는 것도 그 때문이었다.

　동양 삼국의 기독교와 관계도 떠올랐다. 중국은 장엄강고(莊嚴强固), 일본은 솔직담백, 한국은 절충융화. 중국은 불법이란 이유로 교회십자가를 부수고 교회건물을 철거해 버린 나라다. 일본은 기독교 전파가 어쩐지 차단되고 주춤거리고 있는 형국이다. 우찌무라 간조라는 걸출한 교부를 배출했지만 1세기 전에 그는 벌써 무교회주의를 주장했다. 그들은 어떤 의미에선 추상덩어리 가상덩어리 은유덩어리인 기독교 성서를 선뜻 믿으려 들지 않았다. 동양 삼국 중에서 가장 융화절충을 잘하는 민족성에 걸맞게 한국이 열광적으로 기독교를 받아들이고 활짝 꽃을 피웠다. 어쩌면 당연한 현상이다. IS가 신의 이름으로 무고한 사람을 공개적으로 참수하는 동영상을 띄웠다. 신의 이름이 저주스러웠다. 인터넷공간에서 범람하고 있는 음란물도 걱정되었다. 초등학생들에게까지 무방비 상태로 허투루 노출되고 있다는 게 너무 충격적이다. 순진무구한 동심의 세계를 더 이상 보호할 수 없게 되었다. 문득 고대 문명국가를 멸망시킨 반달족의 만행도 생각났다. 천하무적의 로마제국도 그들에게 허망하게 유린당했다. 지금 우리는 현대판 반달리즘(Vandalism, 문화 예술의 파괴, 만행)의 출현과 그 발호(跋扈)를 보고 있다. 보편적 가치는 붕괴되고 인문학 가치는 빛을 잃는다. 정신은 중독되고 경직되고 타락하고 싸움 잘하는 사람들만 판을 치는 세상이 되고 말았다. 나는 어디로 흘러가고 있는 것일까. 몇 번이고 보수가 되고도 남을 나이인데 어쩌자고 아직 이렇게 radical할까. 오늘도 아내는 시를 다듬었다. 절창(絕唱)이 나올 때마다 나는 흥분했다.

어제 약속했던 대로 명성이삿짐센터에서 2시에 와서 견적을 뽑았다. 그토록 철석같이 약속해놓고 이삿짐이 너무 많아서 할 수 없다고 했다. 여분의 이삿짐차가 없다는 것이었다. 아내는 물러서지 않고 이곳저곳 연락해서 기어이 두 군데서 내일 방문하겠다는 약속을 받아냈다. 추수감사절에 우리는 온종일 쩔쩔매고 있었다. 나는 좋아하는 'The Movie World'도 거들떠보지 않았다.

기억력이여, 3년만 버티어라 11. 17.

"신상에 대해 별로 알려진 것이 없다." 나중에 나에 대한 이야기를 쓸 때 그렇게 말할 것이다. 대통령이 나보다 안목이 좁고 비견(鄙見)이었다. 철학이 빈곤을 넘어 아예 결여된 것에 혀를 찼다. '칭'이라는 채널에서 이 아무개 교수의 삼국지 해설은 아주 흥미진진했다. 드물게 보는 좋은 프로다. 조조가 유비와 함께 나눈 영웅론 편을 보았다. 조조는 쩔쩔이 울보 겁쟁이인 유비를 기개와 혼이 있는, 자기가 대적할 만한 천하의 유일한 영웅이라고 치켜세웠다. 조조가 그런 유비를 살려 보낸 이유는 실수, 탐색, 아량? 신경 쓸 필요가 없고, 후일에 얼마든지 손을 볼 수 있을 거라고 생각했기 때문이라고 했다. 재미있었다. 불세출의 책사가 나타났다. 제갈량이 조조의 책사 곽가가 죽은 해에 혜성같이 나타났다. 제갈량이 옆에 버티고 있는 유비는 그의 말대로 그가 대적해야 할 천하에 유일한 적수가 되고 말았다.

선진국에서 대체로 인터넷을 특히 카톡을 싫어하는 이유는 오만한 밀담 때문이라고 한다. 과연 그럴까. 법조계가 지배하는 사회는 한마디로 황량한 세상이다. 대통령은 선거도 없겠다, 갈수록 '마이 웨이'다. 지지하는 절반을 데리고 국정을 밀어붙이면 그만이다. 거듭 말하거니와 공약은 한번 써본 당의정일 뿐, 달콤한 구두선(口頭禪)에 불과했다. 기초생활보장법도 반 토막이 되었다. 서민을 살리는 정부가 결코 아니다. "기억력이여, 3년만 버티어라." 지금은 입속에서만 뱅글뱅글 돌고 있는 이런 말을 3년 후엔 꼭 '정권심판'으로 실천해주었으면 좋겠다.

한중FTA에 이어 한 뉴질랜드 FTA가 타결되었다. 박 대통령의 해외순방 맞춰 서둘러 FTA협상을 마무리하는 모양새다. 한 캐나다 FTA를 포함하면 박 정부 들어 벌써 네 번째 FTA다. 동시다발로 진행되는 'FTA 속도전'도 졸속의 우려 우려를 낳고 있다. 국민은 물론 비준권을 갖고 있는 국회마저 소외시키는 비밀주의 '밀실협상'도 큰 문제다. 당장 경제 전반에 심대한 영향을 미칠 FTA를 추진하면서 정부는 의견수렴 절차를 제대로 밟은 적이 없다. 직접적인 피해를 입는 농어민, 중소상공인, 노동계 등 이해관계자의 의견을 수렴하는 통로 자체를 마련하지 않았다. 매번 FTA협상 과정에서 변변한 공청회조차 열지 않았다. 정부의 FTA 비밀주의는 통상절차법이 정한 절차마저 무력화시키고 있다. 엄청난 폐해와 사회적 갈등을 초래했던 2008년 한미FTA 사태를 생각하면 참으로 격세지감이 난다. 아아, 옛날이여, 그때는 그래도 괜찮은 시절이었다. 지금 보고 있는 깜깜이 먹통 FTA는 과연 누구를 위한 것인가. 대명천지 민주주의 국가에서 이런 식으로 통상계약을 체결할 수는 없다. "박 정권은 역주행에 불량귀가로 회귀하고 말았다." 백낙성이 일갈했다. 수능은 2년 연속 출제오류 논란으로 공신력이 땅에 떨어졌다. 최대피해자는 역시 수험생이다. '세 모녀의 비극'을 없앤다더니 기초생활보장법이 반쪽으로 마무리되고 말았다. 여전히 사각지대는 남았다. 유일한 낭보는 야당의 약진소식이다. 지지율이 상승하고 존재감이 부각되었다. 사자방, 호소력이 큰 이슈를 주도하는 데도 성공했다. 문희상 비대장의 무욕과 경륜이 당을 구했다. 야당이 살아야 정부도 산다.

오전에 일찍 병원에 가서 감기약을 지어왔다. 어제부터 콧물이 나오고 기침이 심하다. 어젯밤 이삿짐센터 두 곳에서 오전에 계약하러 온다고 했는데 오지 않았다. 아내는 다른 곳에 또 전화해서 서대문 쪽에서 계약하러 오기로 했다. 마침내 1시에 아름다운 이삿짐센터에서 사람이 왔다. 책이 많은 것에 경의를 표하는 이 사람에게 우리는 무한한 신뢰를 보냈고 군말 없이 계약했다. 그가 요구해서 우리가 펴낸 책에 사인해서 선물했다. 탈도 많고 사연도 많았던 이삿짐센터 일은 이렇게 마무리되었다. 밤에 아내는 이사 갈 집 도면에 가구 배치도를 그려 넣었다. 이삿짐을 나를 때 필요한 자료였다. 감기약이 독했던 지 혈압이 오르고 머리가 어지러웠다. 아내는 깊은 밤까지 이사 일로 고심했고 나는 뉴스를 보고 뜬금없는 비문강개(悲憤慷慨)로 붉으락푸르락했다. 혈압약을 한 알 더 먹고 나서 평정심을 회복했다. "기억력이여, 3년만 버텨라." 나의 외침이 먼 산의 메아리처럼 울려 퍼지고 있었다.

자중자애, 유유자적 11. 18.

온종일 아내는 주방그릇을 정리했다. 플라스틱제 용기를 폐기처분했다. 좀 쉬엄쉬엄 했으면 좋겠다. 아내가 지금 어떤 몸인가. 휴식과 안정을 아무리 강조해도 모자랐다. 내가 아내에게 입버릇처럼 말했다. "유유자적(悠悠自適) 자중자애!" 고 김자옥의 타계로 몹시 상심하고 의기소침했다. 그는 대장암을 극복하고 제2의 전성기를 누렸는데 갑자기 암이 폐로 전이하는 바람에 세상을 뜨고 말았다. 그를 죽인 것은 오버액션이었다. 남의 일이 아니었다. 일껏 나의 조언을 받아들이는 것 같더니 아내는 또 눈만 뜨면 일을 했다. 조마조마한 마음으로 일거수일투족을 지켜보았다.

아내를 보면 용이가 생각났다. 근면하고 헌신적인 성품이 아내와 쏙 빼닮았다. 세상에 용이만큼 외롭고 고달픈 사람이 있을까. 오로지 아버지인 나를 위해 그는 모든 것을 바치고 있다. 나마저 세상을 떠나고 나면 누가 그를 지켜주고 세워주고 이끌어 줄까. '애오라지 하나님 앞으로 나가야 할 텐데, 하나님 품속에 안겨야 할 텐데.' 그를 위해 기도하고 기도했다. "하나님, 내 딸을 도와주소서. 외롭고 고달프지 않게 위로해주시고 그의 눈에서 눈물을 닦아주소서. 당신의 자녀로 거듭날 수 있도록 도와주소서." 이상이 동경에 있는 김기림에게 보낸 편지에서 소설가 박태원이 딸 설영을 기가 막힌 모던걸로 꾸미려고 한다고 부러워했다. 나도 그랬다. 용이를 예술가로 키우고 싶었다. 서울예고도 보냈고 서울대음대도 보냈고 서울대음대대학원도 보냈고 파리로 유학까지 보냈다. 용이는 지금 혼자 살면서 오로지 아버지를 뒷바라지하는 데만 골몰하고 있다. 생각하면 가슴이 미어진다.

소장이 빌라사장 아들과의 알력으로 이달에 그만둔다고 했다. 오늘 관리실에서 그를 볼 수 없었다. 우리와 함께 이곳을 함께 떠나게 되었다. 오늘은 아내가 유유자적했다. 내가 아내에게 바라는 여유와 평온을 실천했다. 흐뭇했다. 깊은 밤에 한-이란 축구경기를 보았다. 패색이 짙어지자 내가 소리소리 지르며 열을 올렸다. 아내는 옆에서 곤히 잠을 자고 있었다. 이 무슨 행패인가. 경기가 끝났을 때 기어이 아내가 잠이 깨고 말았다. 아내가 컴퓨터 앞으로 다가갔다. 내 가슴은 계속 뛰놀았다.

위로받고 싶다 11. 19.

박 대통령이 국민안전처 장관을 비롯해 장차관급 11명의 인사를 단행했다. 면면이 군 출신과 삼성맨이 대부분이었다. 박 대통령은 '군정의 추억'을 그리워하고 있었다. 김봉선의 '새정치연합 이럴 줄 알았다'를 읽었다. 공감하는 부분이 많았다. 농업을 결딴내 놓고 미래성장산업이라고 치켜세웠다. 유엔, 북한인권 ICC회부 결의안 통과. 북한은 강력 반발하고 핵실험 가능성을 거론했다. 돌파구가 보이지 않는 대북정책. 안철수의 '내 인생의 책'을 읽었다. 아주 단정하고 빈틈없는 글이었다. 정조의 애틋한 한글 편지도 읽었다.

천재시인 백석(1912~1996)의 유일한 시집 사슴 초판본이 19일 7,000만원에 팔렸다. 유일한 시집이라는 것, 자비로 시집을 펴냈다는 것, 그것도 100부밖에 찍지 않았다는 것이 큰 위로가 되었다. 변변히 시집도 못 내고 있는 아내의 처지가 생각나서 그랬다. 문득 위로라는 말이 유독 가슴에 와 닿았다. 위로는 슬픔과 괴로움을 어루만져서 잊게 해 주고 혹은 수고를 치사하여 마음을 즐겁게 하는 것이다. 내가 성경에서 가장 좋아하는 말이 보혜사 성령인 것도 성령은 언제나 나를 위로해 주고 있기 때문이다. paraclete라는 영어를 떠올리는 것도 그 때문이다. 교회에 가서도 우선 위로를 받고 싶었다. 하나님을 제대로 믿으라고 몰아붙이고 닦아세우는 설교는 그래서 질색이다. 어린 양의 슬픔과 괴로움을 어루만져 주고 위로해 주는 그런 설교를 듣고 싶었다. 종교는 말할 것도 없고 정치나 예술로부터 위로를 받고 싶은데 현실은 그렇지 못했다. 안타까웠다. 특히 노래가 그렇다. 다소 저급할지라도 즐겁게 따라 부를 수 있고 함께 웃고 울 수 있는 그런 노래를 듣고 싶은데 요샌 그런 노래가 별로 없다. 칸타빌레(cantabile), 노래하듯이 살고 싶다. 아내와 나는 요즘 이벤트채널 가요무대를 즐겨 보았다. 사람은 음악에서 가장 위로를 받는다. 노래가 없다고 불평하는 것은 우리를 위로해 주는 음악이 없기 때문이다. 세월호 참사 이후로 사람들은 부쩍 위로를 받고 싶어 한다. 나라 전체가 우울증에 빠졌다. 정치는, 특히 대통령은 국민을 위로해주지 못했다. 아무런 위로를 받지 못한 채 국민은 슬픔으로 가슴이 찢어졌다. 오늘도 유난히 위로받고 싶었다.

아침에 소장이 먹을거리를 가지고 방문했다. 사장으로부터 전화가 왔는데 아들이 한 짓을 용서해달라고 하면서 사과하더라는 것이었다. 거취문제도 재고해달라고 한 것은 물론이었다. 소장이 계속 근무할 수 있을 것 같다. 그것이 순리다. 사장이 마땅히 아들을 책망하고 소장에게 사과를 했어야 했다. 저녁에 병원에 가서 감기약을 타왔다. 아내의 섭생과 식단 관리에 온통 신경을 썼다. 잠잘 때도 뜨거운 유담뽀를 마련해서 넣어줘야 하고 비타민 등도 챙겨줘야 한다. 유담뽀를 잠자리에 넣어주고 나면 아침에 눈을 뜨자마자 토마토 주스를 만드는 것부터 시작된 나의 하루 일과가 끝난 셈이다. 어김없이 정체모를 기쁨이 밀려왔다. 그것은 오늘 내가 한 일에 대해 하나님이 나에게 위로를 보낸 것이다.

회동이냐 칙령이냐 11. 20.

두 달 만에 열린 당청회동에서 김무성 대표는 보기에 민망할 정도로 한껏 몸을 낮췄다. "제대로 뒷받침을 못 해서 송구스런 마음이고, 앞으로 좀더 열심히 해서 좋은 성과를 올릴 수 있도록 노력하겠다"고 바짝 엎드렸다. 박 대통령이 변함없이 옥음(玉音)을 내리는 쪽이었고 여당지도부는 듣는 쪽이었다. 이완구 원내대표와 주효영 정책위의장은 대통령의 말씀을 열심히 수첩에 기록했다. 갈데없이 절대 권력자가 잘 길들여진 부하에게 유시하고 있는 모양새였다. 나도 모르게 탄식했다. "이게 회동이냐 칙령이냐." 그나마 야당이 동석하지 않은 것이 다행이었다. 언제까지 여당은 청와대의 별동부대 내지는 전위부대 노릇을 할 셈인가. 레임덕을 차단하기 위해 청와대가 그런 식으로 여당을 관리하고 있었다. 개탄스러웠다. 이정현과 이인제가 사자방 국정조사 수용 의사를 밝혔다. 친이계가 대응 움직임을 보였다. 사자방 국정조사에 어떻게 친박, 친이의 계파 논리가 따로 있겠는가. 이 엄청난 국가재난의 실체를 파헤치고 단죄와 개혁이 이뤄져야 한다. 북한이 핵카드를 다시 만지작거렸다. 언제쯤이나 그 버릇을 그만둘까. 파리 북한유학생이 증발했다. 과연 북으로 끌려가 처형되었을까. 끔찍한 이야기다. 오바마는 이민 개혁을 강행했다. 여소야대 대통령은 미국도 별 수 없는 것 같다. 그냥 밀어붙일 듯. 겨울왕국이란 말이 나올 만하다.

 오후에 소장이 방문했다. 유임하게 되자 인사차 찾아왔다. 그는 낭만과 순수가 남아 있는 사람이었다. 주로 신앙 간증에 대한 이야기를 많이 했다. 그는 첫눈 오는 날과 짐 브러더스의 달콤한 멜로디를 떠올리게 했다. 일전에 장 권사와 찻집에 찾아가서 자신이 좋아하는 음악을 신청해서 들었다는 이야기를 했다. 세대의 경계를 넘어 깊은 감동을 받았다고 전했다. 녹차를 마시면서 즐거운 한때를 가졌다. 나도 자중자애 유유자적, 노후를 살아가는 지혜랄까 그런 이야기를 했다.

 아내는 부엌기명을 정리하고 세재로 다시 씻었다. 새로운 세제를 사용했는데 효능이 뛰어났다. 그릇마다 빛이 났다. 나는 책장에서 읽지 않을 책들을 마지막으로 골라서 버렸다. 아내도 버릴 시집을 골라냈다. 소장이 저녁나절에 다시 와서 그 책들을 묶어서 가져갔다. 책장에 빈곳이 많이 생겼다. 5개의 책장 중에서 하나는 버리기로 했다. 짐을 줄이는 데 안간힘을 썼다. 일본 올스타와 MLB 올스타의 야구경기를 보았다. 맥이 빠진 경기였지만 좋아하는 선수들이 출전해서 끝까지 보았다. 저녁에 LA김밥을 먹었다. 정중동 무념무상. 어딘지 모르게 이사를 앞두고 긴장감이 감돌았다. 나는 자하문밖 집에서 인왕산을 바라보며 살아갈 행복한 삶을 오매(寤寐)에도 꿈꾸고 있었다.

누가 어깃장을 놓는가 11. 21.

아내는 11시에 교회속회에 갔다. 나는 '아고니스트 당신'을 썼다. 속회에서 돌아온 아내의 얼굴이 어두웠다. 아내는 암말 없이 건넛방 모기장 속으로 들어가서 드러누워 버렸다. 속회에서 무슨 일이 있었는지 도무지 알 수가 없었다. 아내가 언뜻언뜻 혼잣말로 중얼거리는 소리를 듣고 마음이 상한 이유를 짐작할 수 있었다. "왜 나를 환자, 환자라고 부르는 거야. 나, 안 죽어. 그런 걱정일랑 붙들어 매라고. 무슨 경사 났나, 수술했다구 동네방네 나발 불고 다니게." 나중에 안 일이지만 속회에서 아내가 순간적으로 몸이 아프고 피곤해서 얼굴을 찡그렸더니 하나같이 알은체를 하면서 중병환자 취급을 하더라는 것이었다. 걱정하고 위로하는 소리를 봇물처럼 쏟아낸 것은 말할 것도 없었다. 아내는 벌떡 일어나서 휑 집으로 돌아와 버렸다. 아내는 그대로 모기장 속에서 잠을 잤다. 점심까지 두 끼를 나는 카레라이스를 먹었다. 누군가가 어깃장을 놓고 있는 기분이었다. 보이지 않는 힘에 의해 우리의 하루가 일그러지고 빙퉁그러져 버린 것 같았다.

보수의 가치는 국가 민족 번영 이념 권위 명분 부국강병 국운융성. 진보의 가치는 인권 개인 개혁 변화 합리 평등 자유. 특히 보수가 탐욕, 이기심 기득권에 급급하면 타락할 수밖에 없다. 알리바이 서설(序說)' '도회의 허영독본' '우시아로 가는 길' '인간밀화집' 내 소설에 새로 제목을 붙였다. 내 글은 역설 혹은 반어법 그 자체다. 신을 알고 싶어서 그노시스(gnosis, 靈知)를 물리쳤는데 제발 불가지론으로 떨어지지 않게 해 주소서. 이런 글을 쓰는 것은 결국 나를 심판대에 올려놓고 힐책하는 것이다. 어쨌든 이런 '사유의 힘'을 주어서 감사합니다. 아무쪼록 이런 글이나마 계속 쓸 수 있게 해 주소서.

이희호 여사가 육로로 평양에 간다. 방문시기를 결정하기 위해 다시 만난다고 했다. 무엇이 그리 복잡할까. 연내에 가기는 틀린 것 같다. 내가 디스 하는 김재원이 황우여 위에 있다는 기사를 읽었다. 이른바 친박 서열은 우리의 상식 너머에 있는 알 수 없는 세계다. 문희상이 호남향우회에 참석하여 도와달라고 당부했다. 반응은 싸늘했다. 방위사업비리 합동수사반이 출범했다. 애오라지 사자방비리 규명이 닻을 올렸다.

아내가 잠이 깼을 때 나는 산책하고 오겠다면서 집을 나섰다. 이번엔 하루를 완전히 몌별(袂別)하고 말았다. 평창동 문화로를 걸었다. 예고 앞을 지나고 세검정을 돌아서 삼거리로 나갔다. 대개 삼거리에서 곧장 걸어가서 자하문고개를 넘고 창의문길을 지나서 경복궁에 이르게 되지만 오늘은 그럴 기력이 없었다. 하림각 앞에서 발길을 돌렸다. 가쁜 숨을 헉헉 몰아쉬면서 신영동 고개를 넘었다. 길가 가로수가 칙칙하고 우중충해서 흩어진 패잔병을 보는 것 같았다. 늦가을의 쓸쓸함을 더해주었다. 집으로 들어섰을 때 불이 켜져 있었다. 어느새 밤이 되었다. 아내는 안방 컴퓨터 앞에 앉아서 통화를 하는 중이었다. 언뜻 들어보니 손자 범이와 화상전화를 하고 있었다. 수술 이후로 자연치유, 병원상담, 섭생과 생계, 이사 문제 등이 겹쳐서 우리가 쩔쩔맬 때 다소 소원(疏遠)했던 아이들이 손자들의 재롱을 앞세워 우리를 위로하고 있었다. 나는 이렇게 짐짓 이해하고 잔잔한 감동을 느꼈다. 위로건 동정이건 효성(filial piety)이건 불효(unfilial impiety)건 모든 사술(詐術)은 물러가라. 나는 계속 전화하고 있는 아내를 바라보면서 가만히 외쳤다. 시계를 보니 어느새 9시가 넘었다. 나는 그냥 모기장 속으로 들어가 잠을 청했다. 잠결에 언뜻언뜻 내가 중얼거리는 소리가 들렸다. "아아, 누가 어깃장을 놓는가."

북악아 내가 돌아왔다 11. 22.

엊저녁에 굶고 잤는데 아침에 늦잠을 잤다. 아내는 아침을 준비하고 나서 다시 잤다. 우리는 11시에 늦은 아침을 먹었다. 아내가 완전히 생기를 회복했다. "두고 보라구, 거뜬히 이겨낼 거야" 하고 활짝 웃었다. 그런 아내를 보고 용기백배했다. 한데 희한했다. 그 순간 나는 이상한 건망증에 시달리고 있었다. 세 단어가 머릿속에서 사라져버렸다. 아내의 믿음생활에 많을 영향을 주는 장 권사를 생각하다가 그만 이 단어를 까먹었다. 고대히브리어에서 수행자라는 뜻을 가진 말이었다. 연달아 유태인의 신앙고백이라는 말도 잊어버렸다. 수행자라는 말이 'ㅈ' 편에 있을 것 같아서 성경낱말사전을 뒤져보았지만 없었다. 유태인의 신앙고백 '세마'는 금방 생각났다. 놀라운 일이 일어났다. 신명기 6장에 나오는 세마를 찾다가 잘못하여 민수기 6장을 펼쳤다. 순전히 순간적인 착오였다. 놀랍게도 민수기 6장에 내가 잊어버렸던, 기억해내려고 낑낑대던 말이, '나실인'이 거기에 있었다. 나는 다시는 잊어버리지 않기 위해 '세마' '나실인' '코이노니어'를 기억에 단단히 가두어 놓았다. 세마(Shema)는 "Hear, O Israel"로 시작되는 유대인의 신앙고백이다. 매일 예배에서 사용한다. 나실인(Nazirite)은 종교적인 순수성을 보존하기 위해 하나님께 헌신한 사람이다. 나실인을 가리키는 히브리어 명사 '나지르'는 '성별된 자'를 의미한다. 1. 나실인의 생활 규정:나실인은 그 몸을 성별하기 위해 포도주와 독주를 끊고(민:6:1~4), 머리에 삭도를 대지 말며(민:6:5), 시체를 가까이 말아야 했다.(민:6:6~8) 2. 주요 나실인들:삼손과(삿:1:5), 선지자 사무엘(삼상:1:28), 세례 요한(눅:1:15) 등을 들 수 있다. 코이노니어(koinonia):1. 그리스도의 교분(Christian fellowship), 신자의 무리(body of believers). 2. 교제의 표시, 수단, 헌금. 3. 친밀한 정신적 공동체(communion, partnership).

늦은 아침을 먹고 나서 다시 자리에 누웠다. 느직이 일어나서 점심을 먹었는데 그때 아내도 모기장 속으로 들어가서 누웠다. 우리에게 정체모를 피로가 엄습했다. 아내의 건강에서 가장 경계해야 할 것은 피로와 권태다. 그 점이 몹시 걱정되었지만 홀로 집을 나왔다. 오늘은 꼭 경복궁까지 걸어가고 싶었다. 세검정 삼거리에서 자하문집을 한번 건너다보고 나서 자하문고개로 치달았다. 창의문길로 들어섰을 때 문득 깨달았다. 나만큼 창의문길을 뻔질나게 걸었던 사람도 드물었다. 지난몇 달 동안 이곳을 떠나게 된 것을 얼마나 안타까워했던가. 이제 다시 이곳에서 계속 살 수 있게 되었다. 윤동주문학관 앞에 이르렀을 때 우뚝 솟아 있는 북악산을 향해 가만히 소리쳤다. "북악아, 내가 돌아왔다." 이젠 벌거숭이가 된 가로수 사이로 나는 힘차게 걸어갔다. 청와대로 들어가는 삼거리에서 오늘따라 경찰이 수하도 하지 않고 웃음으로 맞아주었다. 무궁화동산을 중국관광객들이 가득 메웠다. 청와대광장을 지키고 있는 경찰이 나에게 중국말로 인사했다. 영어로 나는 중국인이 아니라고 말하고 급히 지나쳤다. 광화문 앞에도 광화문광장에도 중국 사람들이 북적거렸다. 그들이 타고 온 관광버스가 고궁과 거리 곳곳에 서 있었다. 조계사 앞에서 버스를 타고 돌아왔다.

제주 애월 읍에 사람이 몰려들었다. 가수 이효리가 그곳에 살고 있다고 한다. 연예인 전성시대. 우리 어렸을 때는 소리꾼과 춤꾼은 집안 망신시킨다고 집에서 쫓겨나기 일쑤였다. 늘 진솔옷 입고 학처럼 춤을 추던 동네 오빠는 끝내 마을에서 종적을 감추고 말았다. 부쩍 귀가 잘 안 들린다. 드라마에서도 나는 번번이 대화를 놓쳤다. 이젠 말 그대로, 'I'm hard of hearing'이다. 깊은 밤에 북악산의 나무들과 창의문의 단청들이 나에게 다정하게 미소를 보냈다. 나는 후 안도의 한숨을 내쉬었다.

눈 속의 성령 11. 23.

왜 설교가 감동을 주지 못할까. 긍정의 힘, 이제 지겹다. 헐뜯고 시비하고 비방하는 사람은 불행하다는, 그 전제가 마음에 들지 않았다. 인간의 마음자리 사단(四端)을 모르는 소리다. 오히려 덮어놓고 긍정하고 옹호하는 사람이 정신적으로 더 불행할 수 있는 것을 왜 모를까. 설교 중에 내내 심기가 불편했다.

점심시간에 사돈을 만났다. 아내가 밥을 먹지 못하고 먼저 자리를 떴다. 나는 사돈과 점심을 먹고 나중에 나왔다. 아내는 밖에서 기다리고 있다가 커피를 마시러 교회 앞마당으로 나갔다. 나는 그냥 버스정류장으로 내려와서 아내를 기다렸다. 한참동안 기다려도 아내가 내려오지 않았다. 아내가 사람들에게 이사 갈 이야기를 하고 있었다. 나는 버스를 타고 먼저 집으로 돌아왔다. 뒤미처 아내가 들어왔는데 자리에 앉자마자 사돈의 전화를 받았다. 아까 식당에서 왜 아무 말도 없이 휑 가버렸냐고 힐문(詰問)하는 전화였다. 기분이 좀 언짢았기로 그런 일로 시비를 걸어온 사돈이 괘씸했다. 아내는 아직 성치 않은 몸이 아닌가. 얼마든지 밥을 먹지 못하고 나갈 수도 있다. 짜장 점잖은 시인을 망신주자는 수작이었다. 꾹 참았다. 아내가 몹시 흥분했지만 극구 말렸다. 우울한 주일이었다. 아내가 텃밭일을 하자고 하면 어떡하나 걱정했는데 아니다 다를까, 아내가 함께 가서 배추를 뽑자고 했다. 나는 감기를 앓은 후로 혈압이 좋지 않았다. 오늘도 누워서 쉬어야만 할 것 같았다. "텃밭을 멀리 하는 자 먹지 못하리라." 이런 알쏭달쏭한 말을 남기고 아내 홀로 텃밭으로 나갔다.

북한이 막 가고 있다. "핵전쟁 터지면 청와대 안전하겠나." 협박치고는 삼류다. 이제 식상했다. 새정치 3인이 리더십 경쟁에 나섰다. 문재인 친노 색깔 지우고 외연 넓히기. 안철수 옛 동지들과 오찬, 권토중래를 꾀했다. 물실호기(勿失好機)를 이제야 깨달은 것 같다. 손학규의 두문동정치에 러브콜이 이어졌다. 벌써 몇 번째인가. 쓰촨성과 나가노에 또 강진이 덮쳤다. 6,7magnitude는 도저히 상상을 할 수가 없다. 모든 뉴스가 시큰둥해졌다. 목사의 설교, 사돈과 갈등, '아내의 텃밭사랑'이 한꺼번에 몰려왔다. 뜻밖의 불행한 정서(情緒)와 밀려오는 불안을 나는 곰곰이 반추하고 있었다.

'눈 속의 성령'에게 용서를 빌었다. 눈 속의 성령(眼中聖靈)이란 눈 감으면 떠오르는 눈 속의 빛덩어리다. 뭐라고 설명할 수 없는 이 빛덩어리를 나는 성령이라고 불렀고 그 빛을 응시하면서 기도했다. 아내와 텃밭에 나갈 수 없는 것을 용서해 달라고 했다. 눈 속의 성령과 나는 한참동안 이렇게 수작했다. 비몽사몽 속을 헤매고 있는데 아내가 텃밭에서 돌아왔다. 뽑아놓은 배추를 집 안으로 날라달라고 했다. 아내는 최 권사 집에 배추를 좀 갖다 주고 오겠다면서 다시 밖으로 나갔다. 나는 배추를 집으로 날랐다. 눈 속의 성령에게 기도하고 나서 마음이 평정심을 회복했다. 밤에 아내와 주말드라마를 보았다. 자정에 아내보다 먼저 잠자리에 들었다. 자리에 눕자마자 눈을 질끈 감고 눈 속의 성령을 찾아보았다. 참으로 이상했다. 성령은 끝내 떠오르지 않았다. 하나님의 노여움을 산 것이 분명했다.

마지막 기항지의 꿈 11. 24.

아내와 동네병원에 갔다. 아내는 주차장에 두고 나만 병원에 가서 진료를 받았다. 은평구E마트에 가서 고춧가루와 김장양념을 샀다. 그곳은 행사상품이 많아서 갈 때마다 고추장과 동원참치를 싸게 샀다. 아내가 홀로 김장했다. 우리는 '자하문집'에 대한 이야기를 나눴다. 말하자면 우리의 마지막 기항지(寄港地)에 대한 꿈을 이야기했다. 눈앞으로 성큼 다가선 인왕산을 바라보며 하루같이 맑은 기운을 듬뿍 받을 것이며 넓은 2층테라스에 나가서 맘껏 햇볕을 쬘 것이다. 행복한 종착역이 보였다. 안방에서 신문지를 깔고 김장을 했는데 마늘 생강 무 등을 으깨고 잘게 써는 일은 내가 했다. 여느 해보다 김장을 적게 해서 일찍 끝냈다. 아내는 날씨가 '푹해서'(따뜻하고 포근해서) 좋았다고 웃으며 말했다. 개울가 텃밭에서 키운 배추로 평창동에서 마지막 김장을 한 셈이다. 감회가 깊었다. 대구매운탕과 새로 담근 김장김치로 저녁을 맛있게 먹었다.

상생정치, 협치모델, 협치 실천, 낯설기 짝이 없는 말들이 난무했다. 이런 것을 지방정부가 보여주었다고 말했다. 중앙정부는 실패했다는 증거다. 100% 표류하고 있는 대한민국, 그림의 떡이 된 국민 100% 행복시대. 두 국민 정치는 편을 갈라서 "확실히 챙기고 단호히 버렸다." 지지율을 유지하는 데 분열과 갈등을 이용했다. 박 아무개를 비롯해 '쾌도난마'에 나와서 정치평론하고 있는 인사들, 실전에 백전백패한 주제에 훈수할 때만 기고만장했다. 사진이라면 일가견이 있는 아내가 셀카봉을 사자고 했다. 일찌감치 변별력을 잃어버렸던 수능이 이젠 연거푸 출제오류를 범했다. 20년 수능체제에 대수술을 해야할 것 같다. "자원외교는 바보 장사." MB정권의 풍운아 정두언이 복귀 첫날에 쓴소리를 했다. 뇌관이다? 파장이 만만찮을 것 같다.

'개신교 일부'의 반대로 종교인 과세문제에 결론을 못 냈다. 천주교와 불교계는 진작 수긍했는데 반대하는 '개신교 일부'를 어떻게 볼 것인가. 우리는 바람직하지 않은 기독교의 현실을 보았다. 여당의원 5, 야당의원 34, 수사와 재판 중의 의원 수를 들이대며 편파수사라고 야당이 정면으로 대응하고 나섰다. 그동안 사정정국에 움츠렸던 긴장모드에서 벗어나 야당 탄압론으로 돌파하겠다는 것. 지겹고 해묵은 이런 싸움이 언제쯤이나 끝날까. 월화드라마 '비밀의 문'을 보았다. 우리네 정국만큼이나 어렵고 복잡했다. 꿈결에 자하문집에서 내다본 인왕산 푸른 소나무가 눈앞에 떠올랐다.

아내의 단독리사이틀 11. 25.

아침에 조금 남겨두었던 김장을 마저 했다. 연일 이사준비로 분망했다. 오후에 소장을 불러서 옥상으로 올라가는 통로에 쌓아 둔 짐을 정리했다. 우체국에 가서 주소변경을 하려고 했는데 시간이 늦어서 그만두었다. 날이 어두워진 뒤에 마트에 가려고 하는데 차가 방전된 것을 알았다. 한 시간가량 충전하면서 뜻하지 않은 드라이브를 했다. 자하문고개를 넘어 창의문길을 달렸다. 청와대 앞길, 광화문광장, 효자동, 다시 청와대앞길을 지나서 돌아왔다. 성에 차지 않아서 평창동둘레길까지 돌았다. 아내는 운전하면서 쉬지 않고 노래를 불렀다. 그 많은 레퍼토리에 혀를 내둘렀다. 아내의 단독리사이틀이었다. '초연'과 '제비' 등은 절창이었다. 많은 위로를 받았다.

박 대통령이 '방산비리, 국민혈세 낭비'를 밝히라고 질타했다. "전직 대통령 큰소리, 현직 대통령 침묵" 이런 소리를 들어서야 되겠는가. 땅에 납작 엎드린 평가원, 이번엔 문제 베끼기 논란까지 대두됐다. 초등학교 교사임용시험에서 대구교대 모의고사와 유사한 문제가 출제돼서 말썽을 일으켰다. 갖은 풍월 다하고 있구먼. 통합진보당 해산 헌재 최종변론. 10개월 동안 총 18차례나 변론. 양측 증거자료만 3,800건. "개미굴이 둑 무너뜨려, 해산해야." "조작사건으로 위헌정당 단정할 수 있나." 팽팽한 대결, 과연 승복할 수 있는 결론을 낼까. 95억 보험금 노리고 교통사고로 위장, 임신 7개월의 아내를 살해했다. 인간일 자격이 있는가. 세상의 창은 흉흉했다. 연전에 MBC '아주 특별한 아침'에 고정패널로 출연해 달라는 청탁이 왔을 때 아내가 거절한 것이 못내 아쉬웠다. 정현종의 자유분망한 말의 구사, 변증법적 상상, 참신한 인식, 황홀한 번뇌. 그는 말의 아름다움을 낳는 시인은 아니다. 참월(僭越)하고 호쾌한 상상력이 재미있었다. 시가 아니라 좌충우돌하는 그의 언어를 나는 즐겼다. 말의 광란처럼 재미있는 것은 없다. 미친놈의 미친 짓을 구경하는 것처럼 '말의 미친 짓'을 구경하는 것도 재미가 쏠쏠하다. 힝고(고향마을의 칠뜨기)의 추억이 떠올랐다.

단독리사이틀을 하는 아내의 노랫소리가 한밤중까지 들려왔다. 나는 숨을 죽이고 귀를 기울이고 있었다.

새둥지를 신고했다 11. 26.

오랜만에 스탕달 '적과 흑'을 읽었다. 프랑스가 낳은 불세출의 작가들, 발자크 플로베르 졸라 모파상 위고보다 나는 스탕달을 좋아했다. 그것은 발자크도 그랬다. 동시대 작가로서 16세 연하인 발자크는 끔찍이도 스탕달을 좋아했다. 보들레르가 머나먼 문학의 변방, 아메리카의 애드거 앨런 포를 좋아했던 것과 비슷했다. 무엇보다 그를 좋아하는 이유는 그가 선구적인 천재이기 때문이다. 단 두 편의 소설, '빠르므의 승원'과 '적과 흑'을 써서 100여 편의 소설을 쓴 발자크와 비견할 만한 확고부동한 위치를 문학에서 차지했다. 그의 인물에 대한 성격묘사나 심리분석은 심리소설의 대가 부르제를 뺨칠 만큼 탁월했다. 일테면 발자크의 '인간이라는 괴물'은 악마는 악마대로, 천사는 천사대로 성격상의 유형으로 예정되어 있지만 스탕달의 괴물은 지극히 복합적인 성격으로 한 인물 속에 천사와 악마가 뒤섞여 있었다. 그가 1842년 5월 파리의 어느 거리에서 졸도했을 때 그의 포켓 속에 유서가 들어 있었다. 유서에는 "나는 100년 후에야 유명해질 것이다"라고 적혀 있었다. 그의 유서대로 그는 사후 80년을 지나면서부터 단 두 편의 소설로써 발자크가 100여 편의 소설로써 얻은 것과 비견할 만한 명성을 얻었다. 발자크 위고 플로베르 모파상 졸라 등 19세기 대가들을 뛰어 넘어 현대 독자들의 영혼에 가장 깊은 공감을 일으켰다. 스탕달의 문체가 '의식적인 악문(惡文)'이 떠올랐다. 그것은 또한 스탕달 특유의 '반항적 미학의 발현'이기도 했다. 그는 집필하기 전에 민법을 몇 페이지씩 읽었다. 위고처럼 애매모호한 미사여구를 토해내지 않기 위해서다. 그에겐 미문이란 부르주아의 위선과 부합하는 문체상의 허위였다. 논리적이며 메마른 문체, 잠시 머리를 갸우뚱하게 하는 문체, 올바르게 사고하는 것을 문체의 제일조건으로 삼는 문체, 그 모범문장이 민법조문에서 빚어진 전설이었다. 한때 나는 스탕달과 같은 작가가 되기를 꿈 꾼 적이 있었다. 돌이켜보면 당연한 일이었다.

멋모르고 덤비다가 자하문집 주인에게 한방 얻어맞은 일이 무시로 떠올랐다. 아침에 우리은행에 찾아가서 용이의 송금을 알아보았고 집 앞에 있는 하나은행에도 들르고 글로리아타운에 있는 신한은행에도 들렀다. 평창동 주민센터를 마지막으로 방문하여 전입신고 절차를 알아보았고 작별인사를 했다. 그길로 부암동 주민센터에 가서 전입신고를 했다. 나이든 여자들이 뻰질나게 주민센터2층 문화행사장을 드나드는 것을 보았다. 그들은 주차장에 세워둔 차를 타고 어디론가 떠났다. 엉뚱하게도 자하문집 주인도 이런 곳을 출입하리라는 생각이 잠시 떠올랐다.

바구니에 가득한 천원의 행복 11. 27.

온종일 이삿짐을 정리했다. 우리은행에 가서 돈을 찾고 주방용품을 사러 다이소를 찾아갔다. 셔틀버스로 경복궁역까지 나갔다. 거기서 중학동, 수송동, 국세청, 헐어버린 공평빌딩 빈터를 지나서 다이소본점까지 걸어갔다. 피부가 유난히 하얀 여자들과 아름다운 실내조명 속에서 면도는 물론이고 세면도 하지 않은 나를 보았다. 퍽 이채로웠다. 아내는 바구니에 넘치는 물건들을 가리키며 "이것이 바구니 가득한 천원의 행복"이라면서 함빡 웃었다. 종로2가 지하상가와 화신상가를 잠시 기웃거리다가 조계사 앞에서 버스를 타고 돌아왔다.

지적 모험과 허영의 극치, 일종의 마스터베이션이다. 교수라는 칭호만 믿고 허튼소리나 하고 있는 시인을 보고 어쩔 수 없이 경멸과 혐오를 느꼈다. 무의식을 지배하는 언어 운용, 어설펐다. 야성 비속 직설 투명의 언어를 순치 완화 포용 설득으로 어루만지고 감싸주어야 하는데 관념 오만 독선 전횡만이 날뛰고 있다. 좀더 참고 달래고 삭히는 데 애를 썼으면 좋겠다. 정 시인은 그런 노력이 부족하다. 너무 덤비고 노골적이고 직선적이며 메시지를 과신하고 있다. euphony(듣기 좋은 말)와 euphoria(행복감)의 길항작용이 유독 눈에 거슬렸다.

스마트 폰 개통 11. 28.

동네마트에서 노끈과 테이프를 사려다가 마음을 고쳐먹고 내 휴대폰도 구입할 겸 수송동으로 나갔다. 아내는 일찌감치 아이폰으로 바꿨지만 나는 아직 피처폰을 사용하고 있었다. 편해서 그랬다. 얼마 전부터 고장이 났다. 이사를 앞두고 오늘 종각 '위즈올래'로 가서 스마트폰을 개통했다. 아내도 아이폰5에서 아이폰6으로 바꿨고 나는 G3비트로 바꿨다. 피처폰보다 훨씬 저렴한 가격으로 구입했다. 아내가 무척 좋아했다. 종로구청에 가서 주민등록등본과 필요한 증명서를 뗐다.

뜬금없이 황순원과 이청준과 김승옥이 생각났다. "작가는 모름지기 나대지 않고 한갓지게 살아야 한다." 황순원 선생은 나에게 작가로서 걸어가야 할 길을 보여주었다. 이청준은 이미 이승을 떠났고 김승옥은 중풍으로 쓰러진 후 투병의 나날을 보내고 있다. 그들은 한 시대를 풍미했던 작품을 남겼다. 아아, 월암을 찾아가서 김승옥의 근황도 한번 알아봐야겠다. 내 동생 월암 화백의 불알친구인 김승옥이 오래오래 우리 곁에 있었으면 좋겠다. 그리움이 밀물처럼 밀려왔다.

작은 사달이 났다 11. 29.

평창동에서 보낸 4년을 아름답게 마무리하고 싶었다. 책장 위에 널려있는 자료를 모두 묶어서 버렸다. 아내가 "왜 이 자료들을 모두 버리느냐" 하면서 그중 몇 가지를 꺼내었다. 아내에게 미안했다. 아내는 끈덕지게 먼지를 털고 닦았다. 뜻밖에 자하문집에 문제가 생겼다. 이층으로 오르는 계단에 칸막이문을 이삿날까지 설치해줄 수가 없다는 것이었다. 이사도 하기 전에 집주인과 갈등을 빚어서는 안 된다고 생각했다. 빠른 시일 안에 문을 설치하기로 하고 우선 임시방편으로 가구로 통로를 막아두었다. 어쨌든 주인여자의 다른 얼굴을 보는 것 같아서 신경이 곤두섰다. 녹록찮은 여자였.

갑자기 로욜라의 제수이트(Jesuit)가 생각났다. 그 훌륭한? 일을 하고도 그들은 왜 '음모가' 혹은 '궤변가'라는 이름을 얻었을까. 오후에 아내와 경복궁 산책을 나갔다. 창의문길 은행나무들은 잎이 다 지고 빈 가지만 남아 있다. 무궁화동산에서 잠시 쉬고 곧장 경복궁으로 걸어갔다. 고궁박물관도 구경했다. 찬찬히 살펴보니 볼 것이 참으로 많았다. 금세 온갖 의궤(儀軌) 속에 갇혀 버렸다. 태조 73, 태종 55, 세종 53, 세조 51. 향년 60세를 넘기지 못한 이성계의 아들과 손자들. 저리 잠깐인 인생인 것을! 아내가 인도가게에 들려 스카프를 하나 샀다. 멋이 넘쳐흘렀다. 아내는 그런 물건을 단박 찾아내는 데 일가견이 있었다. 초록빛 스카프는 아무리 보아도 명품인 것 같았다. 아내는 그걸 두르고 수업을 하겠다고 했다. 수업을 하나의 연출로 생각하고 있는 것이다. 몸에 걸치는 하나하나까지 소품으로 생각하고 있는 것이다. 대단한 프로정신이었다.

밤에 아내가 시키는 대로 출입문 앞에 내놓은 물건들을 쓰레기장에 버렸다. 개울가 텃밭을 둘러보고 하늘의 별들을 올려다보았다. 어두운 밤풍경에 마지막 작별인사를 보냈다. 이사를 코앞에 두고 집주인과 작은 사달이 났고, 예측불허의 앞날에 안절부절못했다. 밤 깊도록 'Addiction'을 읽었다.

이사전야, 평창동의 마지막 날 11. 30.

8시에 기상하여 '아고니스트 당신'을 썼다. 잠시 이집에서 즐겨 내다보았던 낯익은 풍경들을 눈 속에 담아두었다. 건너편 북악산 기슭의 청청한 소나무들이 눈앞으로 성큼 다가왔다. 멀리 해가 지는 산머리에 아름다운 석양이 비꼈다. 부엌 창문으로 내다보이는 앞집 푸른 지붕위에서 비 오는 날이면 억만 개의 빗방울들이 동그랗게 물무늬를 그렸다. 햇볕이 좋은 날에는 벽돌공장 모래더미에서 강아지들이 서로 엉키고 뒹굴고 들까불었다. 이곳을 떠나도 영원히 잊을 수 없는 광경이다. 어느덧 십일월 끝자락이다. 아침에 눈을 떴을 때 전신만신이 쓰시고 아팠다. 바위에 짓눌리고, 제자리에서 튕겨져 나와 버린 듯한 이 무력감과 소외감을 어찌할 것인가. 오늘은 떨치고 일어나야 한다. 이삿짐센터의 일정이 자꾸 차질을 빚었다. 하루같이 고달프고 황망했다. '눈 속의 무수한 성령'을 지켜보았다. 나도 모르게 아름다운 반전과 축복을 기원하고 있었다.

골리앗보다 큰 적을 보았다

아듀, 평창동 12. 1.

평창동이여 아듀! 이삿날에 첫눈이 내렸다. 기온이 뚝 떨어졌다. 아침부터 상황이 혼란과 반전을 거듭했다. 용이와 강이의 빈틈없는 도움과 자상한 배려는 잔잔한 감동을 주었다. 차속에 쌓여 있는 짐을 그들이 모두 날랐다. 강이는 굽이굽이에서 튀어나온 고난과 시련을 온몸으로 겪었다. 하루 종일 초조와 불안과 고초를 빠짐없이 치렀다. 속이 깊은 며느리였다. 커다란 위로를 받았다. 뜻밖에도 사다리차를 사용할 수 없었다. 이삿짐을 나르는 데 최악의 조건이었다. 가욋돈을 100만원이나 요구했다. 건우빌라사무실로 찾아가서 소장과 의논했지만 뾰족한 수가 없었다. 그 돈을 지불하고 나서야 이사를 끝낼 수 있었다. 잠시 절차상의 하자가 발생해서 입금이 지연되어서 이삿짐을 제때에 들여놓지 못했다. 망연자실했다. 그럴 때마다 용이와 강이의 헌신적인 모습이 우리를 거뜬히 위로해주었다.

잠시 신문을 읽었다. 신문지에 손이 베고 심장이 찔릴 것 같았다. "유대인들에게 사십에서 하나 감한 매를 다섯 번 맞았고 몽둥이로 세 번 맞았고 돌로 한번 맞았고 세 번 파선하여 하루 밤낮을 바다에서 표류했고 여러 번 여행하면서 강의 위험과 강도의 위험과 동족의 위험과 이방인의 위험을 만났다. 내가 부득불 자랑할진대 내 약한 것을 자랑하리라. 그러므로 내가 그리스도를 위해 약한 것들과 능욕과 궁핍과 핍박과 곤란을 기뻐하노니 이는 내가 약할 그때가 곧 강함이니라." 바울을 털끝만큼만 닮았어도 그깟 신문기사를 보고 상처를 받지는 않았을 것이다. 이 총중에 플라톤과 소크라테스가 내 속에서 격렬한 논쟁을 벌이고 있었다. 그러느라고 내 몸의 산소를 모두 소비해 버렸다. 단순하고 순수한 정신만이 천국에 들어갈 수 있다는 걸 뼈저리게 느꼈다. 철학은, 이성적 사유는 늘 나를 뒤쳐지게 해서 기회를 놓치게 만들었다. 잠시 수잠을 잤는데 나는 난쟁이가 되는 꿈을 꾸었다. 귓가에 들려오는 말이 있었다. "그러나 너는 거인의 어깨 위에 있는 난쟁이다. 너는 거인보다 더 멀리 볼 수 있다." 어쩌면 내 분노와 절규가, 그 좌절과 탄식이 죽어가는 의식과 총기에 신선한 생명을 불어넣어 줄지도 모른다는 희망을 갖게 했다. "거인을 올라타고 호령하는 난쟁이여, 너도 이제 결코 작지 않은 거인이다. 인류의 빛을 위해 약진하여라."

저녁에 아내가 이사를 위해 미리 만들어 둔 '엘에이김밥'을 먹었다. 참으로 아기자기하고 정겨운 식사(엘에이김밥이 그랬다)였다. 막걸리도 한잔 마셨다. 얼마나 뜻 깊은 자리인가. 특히 강이의 내조로 앞으로 아들이 다시 비상(飛霜)의 날개가 달 것 같다. '행복한 예감'을 만끽하면서 장구한 하루를 마무리했다.

가스차단기를 찾아서 12. 2.

강추위가 엄습했다. 자하문집이 온통 얼어붙었다. 일이 두서가 잡히지 않았다. 필요한 물건이 어디에 있는지 도무지 기억이 나지 않았다. 우리에게 절대로 필요한 가스차단기가 온데간데없었다. 내가 받아서 어디다 간수한 것까지는 기억이 나는데 어디에 두었는지 생각이 나지 않았다. 내 필수품을 싸놓은 보자기를 다 풀어보아도 나오지 않았다. 거의 반나절을 찾았다. 퍼뜩 그것을 차속 조수석 앞 공간에 넣어두었다는 것을 기억해냈다. 뛸 듯이 기뻤다. 이런 하찮은 일로 감격했다. 따지고 보면 그럴 만도 했다. 기억력이 살아나는 것은 내 연치의 사람에겐 참으로 중요한 일이다. 거울에 비친 얼굴이 날로 수척해 간다. 우연히 TV화면에 학교풍경들이 스쳐갔다. 저게 학교냐. 내가 조금만 늦게 태어났더라면 선생노릇도 못해 먹었을 것이다, 절묘한 탄생이다. 영화든 드라마든 모두 phony, phony다. 저런 풍토에서 나는 죽었다 깨어나도 선생노릇을 하지 못했을 것이다. 잠시 울먹이면서 참회(attrition)가 아니라 통회(contrition)를 했다. 방송을 보고 울화통을 터뜨리고 발을 동동 구르기 일쑤인 내가 너무 그악스럽고 강퍅해진 것 아닌가. 늘그막에 이런 회한을 맛보게 될 줄이야.

온종일 정신없이 짐을 정리했다. 간간이 실랑이가 벌어졌다. 나는 주로 버리자는 쪽이고 아내는 보존하자는 쪽이었다. 늘 아내가 이겼다. 아내가 우겨서 전자레인저와 전자밥통의 설치대가 살아남았는데 설치해 놓고 보니 그럴듯했다. 복도에 놓인 라디에이터도 아내의 고집으로 살아남았다. 안방에 쳐놓은 난방텐트를 아예 사용하지 말 것을 내가 주장했는데 추운 날씨에 효자노릇을 했다. 강이가 지금처럼 변함없이 잘해주었으면 좋겠다. 용이와 강이 생각이 한시도 머릿속에서 떠나지 않았다. 그들을 통해 filial piety가 더욱 돈독해지기를 간절히 바랐다.

유리창에 인왕산 담기 12. 3.

혹한이 엄습했다. 책장이 겨우 제자리를 잡았다. 책장에 책을 꽂고 나니 이제야 집안에 숨통이 트였다. 아직 책들이 멋대로 꽂혀 있다. 며칠 더 지나야 읽고 싶은 책을 재깍 찾을 수 있을 것 같다. 저 수려한 앞산을, 성큼 다가오는 인왕산을 유리창에 가득 담아내기 위해 하루 종일 유리창을 닦았다. 창틀도 말끔히 청소했다. 유리창마다 인왕산이 눈부시게 빛나고 있었다. 수승 중의 수승이었다. 황혼이 너무 아름답다. 세상이 완전히 멈춰버린 것 같다. 왜 이리 적막할까. 노을빛이 너무 고와서 그랬을까. 내 입에서는 뜬금없는 기도가 터졌다. "이 부란(腐爛)한 세상, 제가 잘못했습니까. 너무 힘듭니다. 분노와 증오에 겨워 일갈(一喝)할 힘도 없습니다. 기운이 달려서 생각도 흐려지고 있습니다."

오로지 글만 쓰면서 살리라 12. 4.

우리 일상의 중심인 서재를 완전히 정리했다. 일껏 짐을 나르고 청소를 하는데 아내는 내가 하는 일이 성에 차지 않는 모양이다. 엉망으로 헝클어진 컴퓨터와 TV의 전선이 잠시 심기를 건드렸다. 난마처럼 얽히고설킨 전선줄을 아내가 거뜬히 풀어낼 줄로 나는 믿고 있었다. 아내는 그 방면의 전문가이니까. 아니나 다를까 아내는 어느새 앉아서 그 전선줄을 다 풀어냈다.

'티브로드'에서 기술자가 와서 TV와 컴퓨터를 설치했다. 집안과 테라스에 너덜너덜 삐져나와 있는 필요 없는 전선들을 모두 쳐냈다. 집 안팎이 환해졌다. 내일 이집이 손님을 맞게 된다. 교회속회를 집에서 열기로 했다. 내 작업공간 정리와 노트북 설치 등 모든 것을 아내가 마무리해주었다. 마침내 자하문집에 우리의 집필실이, '명작의 산실'이 문을 열었다. 서로 진심으로 축하해주었다. "여기서 오로지 글만 쓰면서 살리라." 저 오만한 언론의 횡포를 보라. 정의가 죽어 버린 마당에 무인지경으로 세상인들 접수하지 못하겠는가. 찬란한 소수가 아쉽다. 때때로 위대한 역사를 만든 사람들은 도덕적인 소수였다. 소돔은 다름 아닌 타락한 다수의 무덤이었다. 아내의 말마따나 작가답게 나는 적당히 세상을 멀리하면서 살면 그만이다.

자하문집을 축복하소서 12. 5.

속회가 집에서 열렸다. 우리의 새 보금자리 자하문집을 축복해주었다. 그사이 나는 외출했다. 잠시 세검정삼거리에서 경찰이 교통 정리하는 것을 구경했다. 높은 양반이 지나갈 모양인데 혹한 속에서 삼엄한 경계를 폈다. 높은 양반을 보기 위해 잠시 삼거리분수대에서 기다렸다. 칼바람이 불었다. 뒷덜미가 뻣뻣하게 얼어붙었다. 내가 서 있으니까 사복요원이 다가와서 나의 움직임을 감시했다. 정작 높은 양반이 지나갈 때는 사복이 시야를 가리는 바람에 자동차 행렬도 제대로 보지 못했다. 청와대 뒷동네라 이런 일이 많았다. 나는 종로서점에 가서 신간서적들을 살펴보았다.

아내에게서 속회가 끝났으니 들어오라는 전화가 왔다. 오늘따라 유난히 빨리 끝났다. 아내의 목소리가 별로 밝지 않았다. 급히 차를 타고 돌아와 보니 아내는 집에 없었다. 교우들과 함께 가까운 식당에 가서 식사를 하고 있었다. 아내는 이내 돌아왔다. 정리도 제대로 되지 않은, 새로 이사한 집을 개방하는 것은 말하자면 일종의 '커밍아웃'인데 아내는 시쳇말로 별로 재미를 보지 못했다. 집안이 어수선하고 출입구엔 아직 쓰레기가 쌓여 있는 집에서 속회를 했으니 사람들이 감동했을 리가 없다. 아내가 풀이 죽을 수밖에 없었다. 작가들의 거처는 이렇듯 늘 좀 뒤숭숭하고 어수선했다.

아내는 금세 기분을 전환한 듯, 콧노래를 흥얼거리기 시작했다. 세상은 비선실세국정농단으로 들끓었다. '십상시'(十常侍)의 국정개입의혹으로 술렁였다. 십상시는 후한 말에 세상을 어지럽혔던 '불알 깐 반편이'들이다. 듣기만 해도 비위가 상하는 그 십상시가 오늘날도 출몰하고 있었다. 어둠 속에 숨어 있던 얼굴들이 갑자기 떠올랐다. 저토록 추악할 줄은 몰랐다. 두 종류의 범죄인이 떠올랐다. 제도 속의 도둑놈들, 제도 밖의 도둑놈들. 지금 제도 속의 도둑놈들은 누구인가. 나는 붉으락푸르락하면서 마감뉴스를 보았다. 아내는 오늘도 자정을 넘기면서까지 집안을 정리했다.

햇볕의 놀이터 12. 6.

  살 집을 고르는 제일 조건이 햇볕이었다. 아내는 한사코 남향에 햇볕이 잘 드는 집을 찾았다. 그랬다, 당양(當陽)한 남향집, 그래서 자하문집을 택했다. 창문 밖에는 테라스가 있었다. 바닥이 다소 지저분하고 우중충하고 군데군데 푸르스름한 얼룩이 있었지만 햇볕 속에서 거닐 만한 공간이었다. 해가 인왕산 위로 휘적휘적 굴러갈 때 그곳은 햇볕의 놀이터였다. 나는 크게 만족했다. 화분이며 가구를 내놓고 나서 나는 하루 종일 햇볕의 놀이터에서 바장였다. 햇볕을 좋아하는 아내는 소원을 이룬 셈이었다.

  오후에 인왕시장에 가서 채소와 과일을 사고 인왕약국에서 비타민C와 진통제를 샀다. 밤에 테라스에서 내려다보는 밤거리의 풍경이 무척 화려했다. 이 변방에 이런 불빛들이 살고 있다니, 신기했다. 인왕산 위에서 별빛이 흔들리고 있는 것도 눈에 들어왔다. 시인과 소설가는 결코 쓸쓸하거나 외롭지 않았다. 피곤했던지 아내는 일찍 안방 텐트 속에서 잠이 들었다. 잠든 아내 옆에서 하염없이 거리의 불빛을 내다보면서 나는 잠시 생각에 잠겨 있었다. 글을 쓰기 위해 집중하고 기를 모아야 한다. 그 방법이 사람마다 다르다. 내 경우는 기를 쓰고 게으름을 피우는 것이다. 실컷 낮잠을 자거나 빈둥빈둥 시간을 보낸다. 무위, 완전히 무위다. 실제로는 보기와는 영 다른 짓을 하고 있기 일쑤다. 열심히 TV를 보고 있지만 화면의 내용이나 움직임은 하나도 보지 않았다. 머릿속은 딴생각을 하고 있었다. 하지만 번번이 뜻을 이루지 못한다. 이래 가지고는 긴 사유(思惟), 긴 호흡이 필요한 소설 같은 글은 쓰기가 어렵다. 며칠이고 실컷 게으름을 피우고 싶다. 그게 결코 시간의 낭비가 아니라고 나는 가만히 부르짖고 있었다.

사불연이면 목을 치리라 12. 7.

  집 옆에 바로 교회가 있다. 우리집은 교회 새신자실과 벽을 나란히 하고 있다. 교회 가는 것이 이웃집에 마을가는 것과 같다. 이사가 일단락되는 대로 새벽기도에 나가야겠다. 목사가 우리가 자하문밖으로 이사한 것을 광고했다.

박 대통령이 여당지도부를 청와대오찬에 초청하고 국정농단 사건에 대해 언급했다. "찌라시에나 나오는 그런 수준의 이야기 때문에 나라 전체가 흔들린다는 것은 부끄러운 일이라고 생각한다"고 말했다. "누가 실세라더라, 청와대 진돗개가 실세라는 이야기도 있다더라." 이런 우스갯소리도 했다. 이렇게 되면 검찰의 수사는 끝난 셈이다. 대통령이 국정농단 의혹을 찌라시 수준의 루머로 평가절하 했고 수사가이드라인도 제시한 셈이다. 검찰이 어떻게 이와 다른 실체를 밝힐 수 있겠는가. "사불연이면 목을 치리라." 절대 권력자의 서슬이 저렇듯 시퍼런데 어떻게 제대로 수사를 할 수 있겠는가. 추풍낙엽, 풍전등화, 역린(逆鱗), 범 앞에 하룻강아지, 제왕적 대통령, 개헌, 이런 말들이 머릿속을 스쳐갔다. 국회의원은 물론이고 그 잘 나가는 검찰이 청와대 눈치를 보는 이유를 알 수 있을 것 같았다. 수사결과는 불을 보듯 뻔했다.

강추위 때문에 맘대로 외출할 수 없었다. 음산하고 얼어붙은 주일이었다. 아이들은 얼씬도 하지 않았다. 이따금 팔라우에서 아내에게 카톡이 날아올 뿐이었다. 주말에 무슨 이벤트가 있는지조차 알 수 없었다. 뒤숭숭한 세상이 우리에겐 적막강산이었다.

찌라시와 진돗개 12. 8.

아침에 전신만신에 동통이 일었다. 마음이 찌뿌듯하고 쓰라렸다. 이 같은 내 심화(心火)의 정체가 어렴풋이 떠올랐다. 그것은 모멸감이었다. 어제 대통령이 한 말, '찌라시와 진돗개'가 무의식속에서 나를 괴롭혔다. 예술도 아닌데 데포르마시옹을 일삼았다. 언론은 데포르메를 중단하라. 모든 앞자리에는 악화들이 차지하고 있다. 악화가 양화를 구축했다. 경세지재(經世之才)가 있어도 밀려날 수밖에 없는, 프런트는 바야흐로 악화들의 천국이다. 진위를 밝히는 것보다 시선을 끌어 모으는 싸움만 치열하다. TV를 보면 선진국으로 가는 길이 보인다. 선진국과 한국의 차이가 보인다. 차분하고 조용하다. 극악하고 요란하다. 선진국은 사유나 정서가 조리가 있고 조용하다. 왜 이리 극성스럽고 요란할까. 내 품부(稟賦)여, 심약 허약 연약 유약. 여전히 provocative(도발적인)한 방송과 신문을 보고 열을 올리고 있는 섬약한 나여. 신의 작희(作戲) 같은 것, 희화화된 가치와 진실을 보고 가슴이 미어졌다. 하루 종일 나의 마음 자리는 그랬다. 불우한 영혼의 모습이었다.

오후에 인왕시장에 가서 토마토와 고구마를 사고 유진상가로 건너가서 '하지감자'를 샀다. 그제 사온 하지감자가 뜻밖에도 맛이 좋았다. 내가 어렸을 때 시골에서 손수 재배하고 수확했던 하지감자의 추억이 떠올랐다. 하지감자가 얼마나 맛있는가를 나는 자랑스럽게 아내에게 이야기했다. 저녁에 하지 감자를 삶아서 먹어보고 그 맛을 확인했다. 집 분위기도 꼭 시골별장에 온 것 같다. 兩主는 잠자리에까지 하지감자를 가져와서 먹었다.

달빛테라스 12. 9.

아침에 보일러 때문에 주인과 잠깐 실랑이를 벌였다. 연소조절장치가 고장이 났는데 주인은 보일러가 제대로 작동하고 있다고 우겼다. 난감했다. 어제 기술자가 와서 확인한 것을 전해준 것인데 내가 괜히 트집을 잡는 것으로 오해했다. 이를 악 물고 참았다. 그 덕분에 오후에 일이 잘 풀렸다. 기술자와 통화한 주인이 보일러를 교체하기로 마음먹고 반반씩 부담을 하자고 제안했다. 아내가 건우빌라 소장에게 연락해서 내일 기술자가 와서 고치기로 했다.

여론 띄우기, 청와대눈치 보기, 헌법에 보장된 정치현안에 대한 질문권 포기. 요즘 여당국회의원의 행태가 그랬다. 비선실세국정농단 의혹에 감히 질문자로 나서는 사람이 없었다. 복지부동(伏地不動). 조현아 대한항공 부사장 땅콩회항 사건으로 연일 들끓었다. 물론 잘못했지만 그토록 물고 늘어질 것까지는 없잖은가. 그보다 훨씬 심각한, 대놓고 조작하고 사기치고 농단해도 찍소리 못하는 세상에 유독 야단법석을 떨고 있었다. 세상은 우렛소리, 나는 적막강산. 어떻게 이 전쟁터를 건너갈까. 검찰은 '권력의 시녀'라는 말도 과람하다. 하수인, 숫제 Cerberus였다. 더러운 욕망에 헐떡이면서 주인의 눈치나 살피는 개를 나는 세상에서 가장 싫어했다. 나여, 어찌 이리 여리고 나약해질까. 아무럼, 살아 내기 위해 당분간 눈도 막고 귀도 막아야겠다. 문학은 가도 가도 insanity, 미친 짓. 웃자란 가지를 쳐내는 일이다. 먼지 속에서 보석이 얼굴을 내밀 때의 환희와 보람을 아는가. 아내는 시 쓰기에 혼신의 힘을 쏟고 있었다. 부창부수(夫唱婦隨). 아내는 업고 다녀도 모자랄 판이다. 근자엔 내가 시를 쓰고 있는 것 같은 착각에 빠지기 일쑤였다. 산문에서는 바로크 같은 것, 운문에서는 데포르마시옹 같은 것, 좋지 않은 은유. 보조관념(vehicle)이 너무 튄다. 영롱한 빛만 있고 체온이 없다.

오후에 종각alleh에 가서 아내의 휴대폰을 아이폰6로 바꿨다. TV와 컴퓨터까지 kt로 바꾸면 많은 할인을 받을 수 있다고 했다. 아이폰6가 개통되면 내일 다시 와서 상의하기로 했다. 인사동을 한 바퀴 돌았다. 군데군데 낯선 건물들이 눈에 띄었다. 아내의 말마따나 인사동이 현대화돼갔다. '마루'라는 건물이 마음에 들었다. 조계사 쪽으로 빠져나와서 귀가했다.

집안이 착착 자리를 잡아갔다. 기쁨이 샘솟았다. 테라스에서 바라보는 인왕산 풍경이 좋았다. 낮이면 해님이 인왕산 산마루 위로 휘적휘적 굴러가고 있었고 밤이 되면 달님이 그 자리를 스멀스멀 스쳐가고 있었다. 아아, 달빛테라스였다. 아내가 얼굴이 핼쑥해서 걱정이 되었다. 근 한 달 동안 제시간에 음식을 들지 못했다. 곧잘 쇠고기스프에 삶은 고구마를 넣어서 먹었다. 바쁘면 그냥 삼치캔 등을 먹었다.

악행의 관성 12. 10.

귀뚜라미보일러를 새로 설치했다. 소장이 도와준 덕분에 오전에 빠르게 작업을 끝냈다. 값도 저렴했다. 고마웠다. 11시에 아내의 아이폰6가 개통되었다. 넘어야 할 산이 남아 있었다. 과연 티브로드에서 해코지하지 않고 순순히 해지를 해줄까. 오전 내내, 오후 2시까지 계속 보일러를 틀어놓았다. 4시에 종각올레에 갔다. 우려했던 사태가 현실로 나타났다. 티브로드에서 터무니없이 위약금을 무려 57만원이나 청구했다. 올레직원도 어안이벙벙해져버렸다. 이리 되면 교체는 어렵게 된다. 올레도 대책이 없었다. 위약금 내역을 팩스로 보내 달라고 했다. 인터넷요금 할인이 불가능해지고 요금이 엄청 불어났다. 아내의 얼굴이 어두워졌다. 가게에서 아내와 직원이 사태해결을 모색하는 동안 나는 CNN방송을 들었다. 미국 CIA의 고문보고서가 공개되었다. 잔인무도했다. 인권미국을 먹칠했다. torture tactics(고문가술, 고문수법)는 유례를 찾아보기 힘들 만큼 잔인했다. 미국은 이제 인권에 대해서 유구무언(有口無言) 할 수밖에 없게 되었다. 충격과 경악 그 자체였다. 왜 지구촌이 이렇게 타락하게 되었을까. 티브로드 일은 내일 다시 와서 해결하기로 했다. 가게가 우선 그 내역을 팩스로 받아놓기로 하고 우리는 집으로 돌아왔다. 얼굴 없는 히키코모리, 정윤회가 검찰에 출두했다. 박지만과 파워게임이라고 강변했다. 어딘가 잘못되어갔다. 자꾸 거짓말을 했다. 박 대통령의 지지율이 30%대로 곤두박질했다. 개인적 인기, 보수의 지지, 우호적 언론, 집권당의 방패 등으로 탄탄했던 국정기반이 흔들리고 있다. 지금도 늦지 않았다. 달라져야 한다. 그러면 성공한 대통령이 될 수 있다. 그럴 기미가 보이지 않았다. 모든 것을 정면 돌파로 밀어붙였다. 검찰의 수사를 내세워 진실을 뭉개버리려고 한다. 그의 통치에서 '악행의 관성'을 보고 나는 진저리를 쳤다. 이대로 가면 파멸에 이르는 것은 불을 보듯 뻔하다. 악행의 관성에서 빨리 벗어나야 한다. 잘 자란 인문학도에 비하면 정치인은 갈데없는 맹수다. 본데없는 악동이다. 선진국은 다름 아닌 보편적가치의 전시장이다. 아방, 다다, 쉬르, 데포르메 다 좋다. 다만 인간이 묻어나야 한다. 아내의 시는 하루를 수확하는 기쁨과 소망이다. 시가 널리 세상을 보듬고 어루만질 수 있었으면 좋겠다. 나는 불우(不遇)선생. 하지만 저 유복한 사람들의 머릿속에 비하면 내 가슴은 빛나는 르네상스다. 오랜만에 내 블로그에 들어가 보았다. 놀라운 현상을 발견했다. 그렇게 내버려 두었는데 방문자들이 끊이지 않았다. 조금만 관심을 가지고 글을 올리면 사람들이 몰려올 것 같다. 내 소설 '굿판의 추억'도 읽었다. 감회가 새로웠다. 역시 수작이었다, 자신감이 생겼다. 티브로드 때문에 우울했던 마음이 활짝 갰다. 밤 10시가 넘어서 늦은 저녁을 먹고 텐트 속으로 들어갔다. 꿈속에서도 구메구메 달빛테라스를 거닐었다.

부정의 부정을 통한 긍정 12. 11.

오랜만에 영이가 방문했다. 언제나 훈풍을 몰고 왔다. 이사 때 얼씬도 하지 않아서 서운했던 마음이 풀어졌다. 그게 부모와 자식 간의 감정의 색깔이다. 그는 들입다 보험에 대한 설명을 늘어놓았다. 보험에 대해 주의할 점을 알려 주었다. 소멸이냐 적립이냐, 상해냐 질병이냐. 이런 것을 구별하면서 유익한 정보를 많이 알려 주었다. 금일봉도 놓고 갔다. 우리는 교회주차장으로 가서 그를 배웅했다. 떠날 때 유난히 손을 흔드는 것이 인상에 남았다.

차에 실어두었던 하지감자를 집으로 옮겼다. 저녁에 하지감자를 삶아서 먹었다. 밤에 커튼을 가지러 아내가 다시 영이집을 찾아가려는 것을 말렸다. 아내는 아이들이 몹시 그리운가 보았다. 종각올레에서 전화가 왔다. 위약금을 부담할 테니 계약을 하자는 내용이었다. 솔깃했다. 모아놓은 아포리즘도 흩어지고 기억은 어두운 망각 속을 헤매고 있다. 느낌의 공유는 동시대 삶의 중요한 조건이다. 내가 이렇듯 고단한 이유다. "긍정은 맹목이 아니고 부정(不正)의 부정(否定)을 통해 긍정(肯定)을 얻는 이렇듯 더 좋은 방법이라고 왜 조언하지 못했을까. 젊은 시절의 부정과 저항이 자랑스러운 나라를 만들었다." 이런 말이 귀에 쟁쟁했다.

정씨의 행작 혹은 짓거리 12. 12.

얼마나 밉살스러웠으면 입안에서 '행작 혹은 짓거리' 그런 말이 빙글빙글 돌았을까. 너무 당당하고 여유 만만해 보였다. 어제 그가 검찰에 모습을 드러낸 것은 완전히 황제출두였다. 비선실세라는 것을 웅변으로 말해주었다. 내뱉는 말들이 그것을 뒷받침해 주었다. 그 흔한 빠진, "물의를 일으켜서" "심려를 끼쳐서 송구스럽다"는 말도 하지 않았다. "불장난을 하고 그 불장난에 춤을 춘 사람이 누구인가" 검찰의 수사로 밝혀질 것이다. 안하무인(眼下無人) 적반하장의 극치였다. 숨은 권력자로서 과연 국정을 쥐락펴락했던 사람다웠다. 그의 언동을 두고 행작 혹은 짓거리라고 말한 것은 당연했다. 그랬다, 저 부끄러운 행작과 볼썽사나운 짓거리를 보라. 십상시나, 문고리3인방이 벌인 일은 비열하고 추악한 행작 혹은 짓거리라고 욕을 해도 싸다.

오후 5시에 외출했다. 아내는 종각올레에 가서 아이폰5를 반납하고 kt와 계약을 마무리했다. 온종일 날씨가 어둑신했다. 마음까지 음산했다. 눈 내리는 날의 설렘 같은 것을 눈곱만큼도 없었다. 온몸이 쑤시고 아팠다. 외출에서 돌아오자마자 아내는 안방에 커튼을 달고 밤늦도록 LA김밥을 만들었다. 그동안 나는 복도와 안방을 왔다갔다 하면서 집안에 온기를 살려내려고 안간힘을 썼다. 보일러를 조절하고 시간을 맞추고 유담뽀를 잠자리로 밀어 넣었다. 아내는 내일 소장 내외를 초대하여 김밥을 대접할 모양이다. 서재에서 밤늦게까지 '아고니스트 당신'을 썼다. 아내가 서재의 조명을 끄고 안방으로 들어갔다. 빨리 안방으로 오라는 메시지다. 나는 하릴없이 잠자리를 찾아서 안방으로 건너갔다. TV에서는 여전히 정씨의 행작 혹은 짓거리가 연달아 뉴스로 뜨고 있었다.

이별인사 12. 13.

아내는 민 권사의 점심초대에 갔다. 속회의 한 해를 마무리하는 자리라고 했다. 그동안 나는 이발을 했다. 이발소에서 우연히 동아일보를 보았다. 세상을 발칵 뒤집어 놓은 정윤회와 십상시의 기사는 단 한 줄도 없었다. 국정개입 의혹 사건은 그들에겐 딴 나라 이야기였다. 한창 인천상륙작전을 할 때 '송도 해수욕장에서 물놀이'를 하고 있는 듯한 느낌을 받았다. 김성수의 혼이 이렇게 고사(枯死)하고 말았구나. 발행인 김재호의 이름만 한번 흘겨보았다. 회식에서 돌아온 아내는 '교회에서 민 권사의 작은 소동'을 이야기했다. 어느 여자 성도의 김 장로에 대한 비방이 단초가 된 것 같다. 김 장로는 민 권사의 남편인데 교회에서 그런 수난을 겪는구나 하는 생각이 들었다. 마음 한편에서 나도 공감하고 있었다.

세상은 온통 십상시7인회 뉴스로 뒤숭숭했다. 대한항공 땅콩회황이 끼어들었는데 너무 부풀리고 있는 것 같다. CNN을 보다가 "KAL nut row!"하자 한 친구가 "아녜요, 라우(row, 법석, 소동)가 아니라 와우(wow)예요"하고 정정해주었다. 세상은 그런 친구가 지배하고 있었다. 정신사(精神史)에 관한한 감격시대는 지나갔다. 누가 뭐래도 우리가 살았던 시대가 그래도 행복했다. 지금은 이익만을 위해 싸우는 동물원시대다. 얼마나 황폐되었는가. 만약 내가 젊었을 때 이런 시대를 살게 되었더라면 자살했을 것이다. 내 총기는 아직도 fugitive hilarity prodigy acquiesce extempore라는 말들을 기억하고 있다. 동아일보는 이제 우리 아버지가 그토록 사랑했던 신문이 아니다. 아버지는 '천하통일' 등 신문소설은 물론이고 '단상단하'를 비롯해 좋아하는 동아일보기사를 빠짐없이 스크랩해 두었다. 우리는 삼대에 걸쳐서 동아일보를 애독했다. 하지만 동아일보의 정신과 영혼은 온데간데없고 이젠 지극히 경사(傾斜)되고 권력지향적인 돌연변이, 괴물 같은 신문이 날뛰고 있을 뿐이다. 김성수 선생께서도 지하에서 이 낯설고 이상한 신문을 보고 어리둥절해할 것이다. 내가 동아일보와 '눈물의 결별'을 한 지 오랜 것은 물론이다. '조센진 쇼가나이' '조선 놈 핫바지' 식민지시대 그 처절한 멸시와 천대 속에서도 민족의 자존심을 지켜 주었고 4.19 이후 그 치열한 민주화운동에서 앞장서왔던 신문이 어쩌다가 저리 망종이 되고 말았을까. 저 부끄러운 후예들을 보라. 어릴 적 추억이 하나 떠올랐다. 가는 길목마다 앞을 가로막고 주먹을 휘두르던 박가라는 깡패가 있었다. 그와 마주친 힘없는 아이들이 늘 봉변을 당했다. 요즘 뉴스앵커들이 문득 그때 길목마다 출몰했던 그 폭력배 같다는 생각이 들었다.

밤에 중이 내외가 방문했다. 귀국한 이래 얼씬도 하지 않던 중이가 뜬금없이 찾아왔다. 알고 보니 출국인사차였다. 내일 바로 한국을 떠난다는 것이었다. 저간에 그렇게 일을 추진하고 창졸간에 떠난다고 찾아왔다. 좀 어이가 없었다. 그들은 아내가 만든 파국을 먹으면서 마지막 이별인사를 했다. 떠나는 것을 그들인데 우리가 먼 변방으로 밀리고 있는 기분이었다. 강이는 좀 오래 머물고 싶어하는 눈치인데 중이가 서둘러 내일 출국을 위해 준비해야 할 일이 있다면서 자리를 털고 일어났다. 서운하기 짝이 없었다. 중이가 떠메고 와서 놓고 간 삼성대형TV만 우리는 하염없이 바라보고 있었다.

성직자의 전횡 12. 14.

11시 교회예배를 보았다. 늘 좌석이 말썽이었다. 나는 앞좌석이 불편해서 늘 뒷자리에 앉았는데 오늘은 이 장로 옆에 앉게 되었다. 그는 돌부처였다. 나는 안절부절못했다. 아내가 예배가 끝나고 나서 당회에 참석하자고 했다. 완곡히 사양했지만 아내의 완강한 권유로 어쩔 수 없이 참석했다. 당회에서 건설적인 이야기를 하고 다양한 목소리도 나올 줄 알았다. 내심 그런 분위기에 대비도 했다. 영 딴판이었다. 목사가 떡 앉아서 회의를 주재했다. 그는 작은 제왕이었다. 일사천리 식으로 자기 할 말만 하고 동의요 제창이요 찬성이요를 되풀이했다. 그가 던지는 농담반 진담반 소리들이 귀에 거슬렸다. 장로들의 자진사퇴를 적극 만류해 달라는 어느 장로의 진언을 큰소리로 농담조로 받아넘겼다. 뒤이어 뜻밖에도 김영식 장로가 자진사퇴하는 것을 보았다. 내가 퍽 존경하고 좋아하는 몇 안 되는 장로였다. 오늘 내가 당회에서 본 것은 목사의 전횡뿐이었다. 더 앉아 있을 수가 없어서 퇴장하려고 했는데 아내가 막았다. 그렇게 기분이 뒤틀리고 빙퉁그러지고 말았다. 당회가 끝나자마자 식사도 하지 않고 휑 집으로 와버렸다. 홀로 파국을 데워서 점심을 먹었다. 우리의 불우한 주일은 그렇게 막을 올렸다. 아내도 나름대로 김 장로의 사퇴로 기분이 상했다.

청와대문건을 언론에 유출한 혐의로 수사를 받던 최 경위가 어제 스스로 목숨을 끊었다. 최 경위는 유서에서 청와대 회유의혹을 암시했다. 검찰이 조현아 기소방침을 시사했다. 이젠 헤드라인과 레이아웃도 기승을 부렸다. 유리한 것은 대문짝만하게, 불리한 것은 소명함판만큼 실었다. 신문이 아니라 bill(전단)로 전락해 버렸다. 일본 자민당 압승, 아베 독주, 세상은 제멋대로 굴러갔다. 일본 국민도 그렇고, 그 나라도 그렇고 그런 나라다. 퍽 실망스러웠다. 아내는 교회에서 곧장 중이집으로 갔다. 오늘은 중이가 홀로 팔라우로 떠나고 강이가 당분간 남아서 이사 준비를 하는데 아내는 강이를 도우러 간 것이다. 나는 안방에 쳐 놓은 텐트 속에 들어가서 저녁까지 나오지 않았다. 날이 저물자 하지감자와 강이가 사온 케이크로 요기하고 나서 계속 '오경'을 읽었다. 목사의 전횡에 대한 분노를 이런 식으로 달래고 있었다. 아내는 자정이 가까워서 돌아왔다.

오마주의 말로 12. 15.

공항까지 갔던 중이가 되돌아왔다. 일정을 다시 조정하고 돌아왔다는 것이다. 강이가 홀로 너무 힘들어하는 것 같아서 그런 모양이다. 아내의 말에 의하면 이삿짐을 꾸리다가 강이가 잠깐 혼절할 뻔했다고 한다. 그런 연락을 받고 돌아온 것이다. 아내는 아침부터 중이집으로 달려갔고 나는 홀로 하지감자와 케이크로 끼니를 때웠다. 아내가 오전에 일을 마치고 돌아왔다. 아내가 닭곰탕을 끓이고, 오랜만에 우리는 마주앉아서 식사를 했다. 이틀 만에 내가 안방 텐트에서 완전히 기어 나온 셈이다. 오후에 지척을 분간하기 어려울 만큼 눈비가 쏟아졌다. 열쇠를 복사하고 차에 냉각수를 채우고 나서 인왕시장으로 뽁뽁이를 사러 갔다. 유리창마다 '뽁뽁이'를 붙였다. 냉기가 현저히 줄어들었다. 이제 겨우살이 준비를 마친 셈이다. 중이집에서 중이의 옷을 바리바리 가져왔지만 나는 거들떠보지도 않았다. 아내는 입을 만한 것을 골라보라고 했지만 중이의 옷을 입을 생각이 눈곱만큼도 없었다. 모든 것이 정리되고 말끔해졌다.

집권 2년도 안 돼서 대통령의 동생 박지만이 검찰에 출두했다. 그는 알고 있는 대로 말하겠다고 했다. 유출사건에 일찌감치 마침표를 찍는 쪽으로 애를 쓰겠지. 어떤 실체적 진실을 그의 입을 통해 밝힐 수 있을 거라고는 기대하지 않았다. 그런대로 대인이고 장자의 모습을 보여주었다. 정씨보다는 여유가 있는 것 같았다. 비선의혹을 찌라시 수준이라고 일축했던 박 대통령이 이례적으로 동생 검찰출두에 침묵했다. 왠지 온종일 '오마주의 말로'라는 말이 입속에서 맴돌았다. 보다 정확히 말하면 오마저의 운명 같은 것이었다. 그것도 나쁜 의미로 말이다. 나는 오마저를 충견(忠犬), 충복, 가신 정도로 생각했다. 죽음을 택한 최 경위, 살아 있지만 불안과 두려움에 떨고 있는 한 경위. 모르긴 해도 문고리3인방도 아마 그럴 것이다. 어쩌면 정윤회도 마찬가지일지도 모른다. 맹목적인 충성 신념 의리 같은 것이 얼마나 슬프고 위험하고 참담한 것인가를 절감했다. 오마주는 결코 남성의 로망도 낭만도 아니다. 한 경위는 청와대의 회유가 있었다고 털어놓았다.

정의화 의장이 박 대통령의 소통에 문제가 있다고 쓴소리를 했다. 박 대통령 콘크리트 지지층에 금이 갔다. 39.7%로 지지율 크게 하락했다. 이런 소리들이 숨통을 좀 트이게 했다. 이 땅의 언론은 적폐의 군도(群島)다. 가장 썩은 영토다. 뽁뽁이 덕택으로 우리는 훈훈한 밤을 보냈다.

행복한 어메니티 12. 16.

저런 수사를 왜 하고 있을까. 가이드라인 주고 결론은 이미 나 있는 그런 수사를 왜 하고 있는지 모르겠다. 정치적인 사건을 줄줄이 검찰에 맡기고 검찰의 수사에 의해 면죄부를 받고 빠져나가려고 한다. 청와대의 위기 탈출이 너무 가증스러웠다. 신뢰는 땅에 떨어지고 여론의 눈총은 차가왔다. 독신으로 가뜩이나 외로운데 퇴장하고 나면 얼마나 쓸쓸할까. "7인회 실체는 없다." 미행설도 조사가 시원찮고, 모든 것이 검찰이 할 수도 없고 해서도 안 될, 정치권이 풀어야 할 사건이다. 검찰의 수사 결과로 사건을 덮을 수는 없다. JTBC

에서 한 경위 회유인터뷰 보도가 꽤 구체적으로 나갔는데 청와대는 왜 고소를 못할까. 친박 초선들이 비선실세국정개입 의혹으로 국회에서 집권당이 수세로 몰리자 엉뚱하게도 색깔론은 기본이고 씹좆, 쌍말 수준의 막말로 돌파하려고 하고 있다. 부끄러워서 고개를 들 수가 없다. '조현아 증거인멸 확인 땐 영장 청구할 듯' 어지간히 물고 늘어졌다.

　kt에서 와서 TV와 인터넷을 새로 설치했다. 티보르드는 위약금을 내고 해지했다. 안방과 주방에 각각 TV를 설치했다. 안방에는 중이가 준 대형TV를 설치했고 주방에는 재래식 작은 TV를 설치했다. 아내가 주방에서도 TV를 볼 수 있게 되었다면서 기뻐했다. 어제는 뽁뽁이, 오늘은 주방의 TV설치로 행복했다. 'amenity'가 분명했다. 목사의 '이사심방기도'를 두고 아내와 잠시 이야기했다. 나는 참석하지 않기로 했다. 일요일 당회 이후로 목사에 대한 나의 심사는 아직 가라앉지 않았다. 나의 anti-clerical(반종교적인, 교권 반대의)에 대해 용서를 빌었다. 안방 텐트 속에서 우리는 월마드라마를 보았다. '행복한 어메니티'를 메시아처럼 소중하게 부둥켜안고 있었다.

불신의 감옥 12. 17.

　기온이 뚝 떨어졌다. 유리창 밖의 풍경이 날로 영롱해졌다. 이사 온 이후 마지막으로 세탁기를 손보았다. 기술자가 일을 하면서 쓸데없는 말을 많이 했다. 보일러 수도꼭지를 잠갔다 틀었다 하면서 일을 했다. 마음이 불안하여 견딜 수가 없었다. 왜 저런 사람을 불렀느냐고 내가 사소한 일로 투덜댔다. 올해 들어 가장 추운 날씨다. 아내가 밤에 중보기도에 갔다.

　뉴스의 대세는 '정윤회 게이트'를 일찍 덮어버리려는 기류였다. 불신과 적폐의 본당은 청와대다. 비선실세 국정개입의혹 사건은 결국 대통령의 말대로 됐다. '문건 유출은 국기문란행위' '찌라시에나 나오는 이야기' 대통령의 말은 예언이 되었고 그 예언이 현실이 되었다. 검찰수사의 가이드라인을 제시했다는 의혹도 사실로 굳어갔다. 검찰은 충실한 대통령의 호위무사가 되었고 여당은 청와대 2중대가 되었다. "검찰은 정권옹위 도구로 타락하고 여당은 청와대 여의도 출장소로 전락했다." 이런 말을 들어도 눈썹 하나 까딱하지 않고 살아갈 만큼 그들은 양심이 마비되어 버렸다. 결국 대통령과 정부와 여당이 '불신의 감옥'에 갇히고 말았다. 검찰수사 결과는 "정윤회 게이트는 모든 것이 실체 없는 허위." 그렇게 조작하고 짜 맞추었다. 비열하고 저급한 퍼즐게임이다. 급기야 미행설도 사실무근이라고 박지만 회장이 돌연 부인했다. 헌재가 통합진보당 해산여부를 19일에 결정하겠다고 발표했다. 앞당긴 선고를 두고 일각에선 불공정 심리를 우려하고 통합진보당은 정윤회 게이트에 대한 국면전환용이라고 크게 반발했다. 헌정사상 초유인 정당해산 재판을 1년도 안 돼 결론을 내는 헌재, 역사에 그 공과가 어떻게 기록될까. 한 정권이 정당을 해산하는 것은 어떤 이유로도 민주주주의 국가에서는 있을 수 없는 일이라고 생각했다. "박 대통령이 안 바뀌면 나라가 불행해진다." 임명진 목사가 경향신문과 인터뷰에서 일갈했다.

중보기도에서 돌아온 아내는 희색이 만면했다. 기도의 힘이었다. 건강상 새벽기도는 나갈 수 없어도 중보기도는 빠짐없이 나가겠다면서 활짝 웃고 있었다. 하나님의 축복을 보았다. 온몸으로 서로의 체온을 나눠주면서 우리는 포근하게 잠을 잤다.

한통속 12. 18.

정윤회게이트는 아무래도 흐지부지 끝날 것 같다. 용대가리를 그리려다가 쥐꼬리도 못 달고 말았다. 진실을 밝힐 만한 제법 통 큰 증언을 해 주리라고 잔뜩 기대했던 박지만도 불 끄는 소방수로 표변했다. 초록은 동색이라 어쩔 수 없는 모양이다. 그는 미행설은 없었던 것으로 말을 바꿨다. 알고 보니 한통속이었다. 대인, 장자라는 말까지 바치면서 하회를 기다렸는데 말짱 도루묵이 되고 말았다. 피는 못 속인다. 정윤회와 십상시의 국정개입 의혹은 돌아가는 게 '태산명동서일필'(泰山鳴動鼠一匹)의 꼴이 될 공산이 커졌다. 퍽 실망스러웠다. 한 경찰관이 책임을 똘똘 뒤집어쓰는 것으로 사건이 마무리될 전망이다.

햇볕 잘 드는 곳으로 이사하고 나면 퍽 안정이 될 것으로 믿었는데 슬슬 불안해졌다. "평화를 주소서." 잠시 영화를 보다가 꺼버렸다. 마치 여러 개의 목숨을 가지고 다니면서 죽이고 죽곤 하는 그 살인놀음 같은 것 말고는 볼 것이 없었다. 해질녘에 자하문 너머로 산책을 나갔다. 나는 홀로 휑뎅그렁한 효자동 길을 지나 경복궁까지 걸어갔다. 거리에는 사람이 거의 눈에 띄지 않았다. 경복궁 경내를 한 바퀴 휘 돌고 나서 서둘러 발길을 돌렸다. 세상은 팽팽한 긴장감이 감돌았다. 괜히 쩔쩔매고 있는 자신이 못마땅해 견딜 수가 없었다.

통진당 해산 결정 12. 19.

헌재의 통진당 해산결정 선고를 들었다. 설마 했는데 역시나였다. 8:1로 압도적으로 찬성했다. 더 기대할 게 없었다. 판결이나 선고라기보다 광풍이었다. 다툼이나 호소 따위는 애초에 없었다. 밀어붙이는 일진광풍(一陣狂風)이었다. 어쨌든 권력이 민주정치의 꽃인 정당을 해산할 수 있다는 나쁜 선례를 남겼다. 그것도 이유 같잖은 이유로 말이다. "헌재가 전체주의의 빗장을 열었다." 이런 말이 가슴에 와 닿은 것은 어쩔 수 없었다. 분명히 민주주의 시계는 거꾸로 돌아가고 있다. 유신 때 살고 있는 듯한 느낌이다. 일순 속이 헛헛해지고 바위처럼 짓누르는 외로움이 엄습했다. 아내도 낙담하는 빛이 역력했다. 우리는 의식과 정서를 공유하고 있으니까. 오후에 구청에 가서 복지에 관한 것을 이것저것 알아보았다. 평창동에서 부암동으로 이사했으니 당연했다. 낯설기만 했다. 숭인동에 가서 10킬로짜리 김치를 가져왔다. 밤새도록 탄식했다. 문득 귓가에 들려오는 소리가 있었다. "네 꿈이 엉망으로 착지하고 말았구나." 나는 깊은 회한에 잠겼다. 텐트 속에서 새벽까지 '시편'을 읽었다.

망연자실 12. 20.

아침에 강이한테서 전화가 왔다. 엊저녁에 집을 나간 중이가 연락이 없다고 했다. 오늘 팔라우로 떠나야 하고 모든 이삿짐을 옮겨야 하는데 본인이 온데간데없었다. 온갖 불길한 생각을 떠올리면서 중이집으로 달려갔다. 상황은 싱겁게 끝나고 말았다. 중이가 그새 와 있었다. 나는 아침부터 중이의 이삿짐을 정리하는 것을 도왔다. 추운 날씨였다. 중이집은 가파른 계단을 올라가야 집안으로 들어설 수 있다. 그냥 출입하는 것도 힘들었다. 중이는 팔라우로 짐을 거의 가져가지 않았다. 책장과 책상 극히 일부만 챙겨가고 책도 가구도 거의 버렸다. 그 가운데서 아내가 필요한 것을 챙겼다.

지난 한 달 동안 우리도 이사 때문에 하루같이 불요불급한 가구와 책을 가져갈 것인가, 버릴 것인가를 두고 부딪혔다. 나는 그냥 버리자고 했고 아내는 그대로 가져가자고 했다. 버리면 내가 기뻐했고 그대로 두면 아내가 기뻐했다. 이제야 '두고 버리는 일'이 끝나고 정리가 돼 가고 있는데 아내가 중이의 물건 중에서 또 가구를 들여올 기세다. 나는 책을 몇 권 챙겼을 뿐인데 아내는 벌써 전축 널빤지 등을 챙겨 놓았다. 아내는 러닝머신 소파 등 중요한 가구를 최 권사에게 맡기겠다고 했다. 다른 물건은 절대로 집으로 들이지 않겠다고 다짐했다. 이삿짐차가 와서 짐을 싣는 것을 보고 나서 우리는 돌아왔다. 돌아온 지 얼마 안 되어 마음이 허전했던지 아내가 중이에게 전화해서 '산길'에 가서 저녁을 먹자고 했다. 중이는 늦은 점심을 먹어서 생각이 없다고 했다.

해질녘에 집 앞에 짐차가 멈추더니 초인종이 울렸다. 아내가 부리나케 밖으로 나갔다. 중이가 대형그림과 전축을 들고 집안으로 들어왔다. 박스도 몇 개가 들어왔다. 키보다 높은 널빤지 묶음을 들고 들어 왔을 땐 나는 망연자실했다. 한 달 동안 기를 쓰고 버렸던 물건을 아내가 한꺼번에 다시 집안으로 불러들였다. 안방에서 홀로 뉴스를 보았다. 헌재 8:1로 진보당 해산 결정, 의원직도 박탈. 한 정권이 정당에 사형선고를 내렸다. 그럴 수는 없다. 정치의 사법화는 결코 바람직하지 않다. 역사의 퇴행이고 민주주의 위기다. 세계가 우리를 비웃었다. 박대통령 지지율이 37%로 곤두박질했다. 영남마저 등을 돌렸다. 이대로 가면 그는 불행해진다. 종내는 그래도 좀 열리고 트인 사람이 될 줄 알았는데 청와대에서 자라면서 배운 것이 고작 독재밖에 없었더란 말인가. 그는 아버지를 닮아갔다. 가뜩이나 외로운 사람이 3년 후에는 얼마나 쓸쓸하게 퇴장할까.

시국도 하 어수선하고 우리집도 뒤숭숭하고 수상쩍었다. 아들을 떠나보내면서 아내는 얼마나 마음이 허전할까. 안방에 홀로 누워서 나는 아내를 걱정했다. '떠나기 전에 카톡이라도 했을까.' 어쩐지 중이가 그냥 비행기를 타 버렸을 것만 같았다. 사랑을 입에 달고 살면서도 정작 사랑을 실천하지 못하는 목사여. 정의, 정의를 외치면서도 정의를 실현하지 못하는 지성인이여. 순수한 모든 것을 정략으로, 셈평으로 생각하면 당신은 황폐되고 말 것이다. 밤에 느닷없이 코피가 터졌다. 재빨리 화장실로 가서 거울을 들여다보았다. 거울 속에서 얼뜨고 민춤한 한 사내가 피를 흘리며 울고 있었다. 그는 투사도 지사도 아니었다. 지치고 초췌한 백면서생이 총기 없는 눈으로 나를 멀거니 바라보고 있었다.

물려받은 독재 매뉴얼 12. 21.

두 사람 모두 대문열쇠를 두고 집을 나왔다. 어떻게 집으로 들어갈 수 있을까. 설교 중에 아내가 메모를 보냈다. 표구점 아주머니에게 말하면 열쇠를 빌릴 수 있다. 마음을 놓고 설교를 들었다. 점심 때 아내는 모임에 가고 나만 홀로 점심을 먹었다. 아내를 기다려서 함께 표구점을 찾아갈까 하다가 그냥 아주머니를 만나서 문을 열고 들어갔다. 아내는 늦게 교회에서 돌아왔다. 아내가 가져온 까만 깨떡을 맛있게 먹었다. 간밤의 꿈이 생각났다. 청와대 앞 광장에서 박 대통령을 보았다. 대통령은 가족동상이 있는 분수대에 앉아 있었다. 그 분수대는 곧잘 아내의 입에 오르내렸다. 달랑 아이 하나만 데리고 앉아 있는 분수대의 동상이 말썽이었다. "아들딸 구별 말고 하나만 낳아서 잘 기르자"는 산아제한 시절의 메시지를 전하고 있었다. 저 동상 때문에 "손이 귀하게 되었다"고 하면서 아내는 늘 동상을 철거해야 한다고 주장했다. 꿈속에서 박 대통령이 뜻밖에도 싱글벙글 웃고 있었다. "지지율도 37%대로 추락했는데 웬 웃음이냐"고 내가 물었다. 옆에 시립하고 있는 문고리3인방이 히죽히죽 웃으며 재깍 대답했다. "언론도 우리 편이것다, 헌재도 우리 편이겠다, 무엇이 걱정이야, 아버지한테서 물려받은 독재매뉴얼대로, 일테면 종북몰이나 빨갱이 같은 전가의 보도를 휘둘러대면 그깟 지지율은 금세 오르게 돼 있거든. 권력을 휘두르는 재미가 하도 쏠쏠해서 지금 각하가 웃고 계시는 거야. 하하하." 그들의 웃음소리에 잠이 깼다. 검찰이 통진당 당원을 국보법 위반으로 수사를 시작할 기세다. 갈수록 태산이다.

목사가 화요일에 심방 온다고 했다. 중이 짐이 들어온 뒤로 집안 정리가 다시 시작되었다. 아내는 중이의 옷을 몽땅 내 옷장 속으로 넣었다. 월암의 그림은 복도에 그냥 두기로 했다. 강이한테서 소식도 끊겼고 중이는 지금쯤 나들이웃이 필요 없는 팔라우에서 낚시질을 하고 있겠지. 아들 바보, 아내는 마냥 쓸쓸한 얼굴이었다. 대통령이 정국을 쥐락펴락하는 것이 손바닥을 들여다보듯이 뻔했다. '누워서 떡먹기 혹은 땅 짚고 헤엄치기' 이런 말이 머릿속을 스쳐갔다. 뉴스 속에 나오는 사람들이 하나같이 딴 나라 사람 같았다. 너무 고즈넉하다. 사람들은 어디로 갔을까. 모든 프로가 끝나 버린 것 같다. 어떻게 살아갈 것인가. 시를 읽자. 고도의 은유 풍자 상징으로 내숭을 떨면서 영롱한 물방울놀이를 하자. 한사코 좋은 일, 즐거운 일, 아름다운 일만 생각하자. 그러께가 이젠 옛날이다. 세상은 건넛방처럼 낯설고 온통 저희들의 놀이터다. 눈앞에 펼쳐진 백악은 내겐 먼지, 티끌, 뜬구름, 저녁놀이다. 그래도 교회는 평화를 전해주었다. 성경만 들입다 읽었다.

타협과 조정의 기술 12. 22.

헌재의 통합진보당 해산선고로 비선실세국정농단 정국에서 완전히 벗어났다. 국면전환의 임무를 완성했다. 논란이 무성했다. 사상 표현의 자유 위축, 위기 때마다 만병통치약인 종북몰이, RO참석자 표기 오류는 사실 확인도 하지 않았다. 이 와중에 새정치는 자중지란으로 힘을 못 썼다.

아침부터 바빴다. 세란병원과 서울대병원 영수증을 정리했다. 빠진 것은 다시 세란병원에 가서 영수증을 뗐다. 한 장에 모두 기록되어 있었다. 이렇게 편리한 문건이 있는데 영수증을 일일이 찾아서 기록했던 것이다. 서울대도 마찬가지였다. 한 장에 모든 납부사항이 기록되어 있었다. 서둘러 구청으로 달려갔다. 담당직원이 없어서 옆에 사람에게 서류를 맡기고 왔다. 좀 께름칙했다. 대면보고와 소명이 중요한데 번번이 사람을 못 만나고 부탁만 하고 돌아왔다. 그 길로 E마트로 갔다. 한창 쇼핑하고 있는데 그제야 직원으로부터 전화가 왔다. 긴 통화를 하고 나서 아내는 다소 진정이 되었다. 건건이 부딪치는 것 같았는데 좋게 마무리한 것 같았다. 모든 것은 짐작할 뿐이다. '-한 것 같다' '-한 듯하다' 나로서는 딱 부러지게 알고 있는 것이 거의 없었다. 무력감이 엄습했다. 감동과 환희와 열정이 없었다. 계약신학(federal theology)이 그렇듯이 냉랭한 이해관계만 우리들 사이에 남아 있었다. 집권은 정치를 바꾸는 것이지 새로 시작하는 것이 아니다. 최소한의 연속성이 있어야 한다. 민주주의는 수단방법을 가리지 않고 목적만을 추구하는 야망이 아니다. 타협과 조정의 기술이다. 절차와 과정 그 자체다.

아내는 내일 심방 때 대접할 음식을 만들기 위해 식재료를 손질했다. 내일 목사가 예배를 올릴 서재의 책장을 정리했다. 이사 통에 거꾸로 꽂혀 있는 책들도 바로 잡았다. 우연의 일치라고 할까, 목사의 눈에 잘 띄는 곳에 유난히 기독교교회사가 많이 꽂혀 있었다. 대부분의 책들이 이사 때 짐꾼들이 꽂아놓은 대로 그대로 있었다. 대충 정리를 끝내고 월화드라마를 보았다. 아내는 계속 주방의 그릇들을 정리했다. 텐트 속의 잠자리는 오늘따라 포근하고 아늑했다.

거리를 뒤덮은 중국인 관광객 12. 23.

아침에 나의 수상작품을 읽었다. 10시에 집에서 목사의 심방예배를 보았다. 나는 일찌감치 밖으로 나갔다. 집 건너편에서 목사 일행이 우리집으로 들어가는 것을 확인했다. 하림각 쪽으로 걸어갔다. 그 너머에 있는 서울미술관을 찾아갔다. 평소 경복궁 산책을 나가면서 보면 언제나 사람들이 북적였다. 맘먹고 안으로 들어가 보았다. 깜짝 놀랐다. 그렇게 많은 중국인 관광객이 들끓고 있는 줄은 몰랐다. 연방 대우관광버스에서 중국인들이 내리고 있었다. 면세점은 발 디딜 틈이 없을 만큼 중국인들도 가득 차 있었다. 점원이 아주 열띤 목소리로 상품 설명을 하고 있었다. 물론 중국말이었다. 결국 밖으로 밀려나오고 말았다. 나는 계속 버스에서 내리고 있는 중국관광객들을 구경했다. 완전히 주변 일대를 뒤덮었다. 언제부터 이렇게 한국을 찾아오게 되었을까. 청와대 뒷동네인 이곳을 비롯해 청와대 일원에서는 요즘 일본사람들은 거의 찾아볼 수 없고 대신 중국인들이 판을 쳤다. 하나하나 뜯어보니 다 괜찮은 사람들이었다. 옷차림도 세련되고 품위도 있어 보였다. 한마디로 신수가 훤했다. 저렇게 외국관광을 다닐 만한 사람이라면 그래도 형편이 나은 사람이다. "아아, 원수 같은 acrophobia(고소공포증)!" 문득 그런 생각이 들었다. 아내에게서 심방이 끝났으니 빨리 오라는 문자가 왔다. 길을 건너서 금방 집으로 돌아왔다.

오후에 아내와 책을 사러 교보에 갔다. 문화카드는 연말 안에 써야한다. '기독교서적'에 가서 책을 사고 싶었는데 교보에서만 살 수 있다는 것이었다. 우찌무라 간조의 책을 골랐는데 10권까지 있는 전집이었다. 오래 전부터 사고 싶었지만 너무 방대하여 오늘도 포기하고 말았다. 문화카드는 그냥 남겨두었다가 연말에 부산 어머니를 찾아갈 때 쓰자고 했다. 우리는 버스를 타고 종로 5가로 갔다. 5가지하철역에는 아내가 늘 양말과 손수건을 사는 곳이 있었다. 아내는 두툼한 면양말을 사주었다. 약소하나마 크리스마스선물이라고 했다. 덧신까지 사주었는데 나에겐 아주 좋은 선물이었다. 바야흐로 나는 발바닥이 갈라지고 걸핏하면 상처가 나서 고통을 받고 있었다.

우리는 종로5가에서 종각까지 걸어왔다. 파고다공원 앞을 지나가기가 가장 어려웠다. 너무나 많은 노인들이 진을 치고 있었다. 괜히 위하(威嚇)를 느꼈다. 이유를 딱 집어서 말할 수는 없었지만 아내는 그곳을 지날 때마다 눈에 띄게 움츠러들었다. 조계사 앞에서 차를 타고 집으로 돌아왔다. 내일은 명동과 남대문시장을 가자고 했다. 목사의 기도로 축복을 받은 집에서 우리는 행복한 밤을 보냈다. 햇볕의 놀이터, 달빛테라스, 불빛이 휘황한 세검정 밤거리, 수려한 인왕산 기슭을 꿈속에서도 보았다.

만수받이 12. 24.

서울대병원에 9시 30분 진료예약이 있어서 아침에 일찍 일어났다. 아내가 갑자기 취소해버렸다. 잔뜩 긴장하고 준비했는데 헛수고로 끝났다. 아내의 변덕에 부아가 났다. 6개월간의 진료 실적이 있어야 혜택을 받을 수 있다고 해서 무리하게 일정을 잡은 것이 문제였다. 혈압이 올라서 안방텐트 속으로 들어가서 안정을 취했다. 아내가 텐트 속 이불을 걷어내고 대청소를 했다. 안방에 그냥 드러누워 있을 수가 없었다. 남대문시장도 가고 명동도 가자던 크리스마스이브가 산통이 깨지고 말았다. 어지간한 것은 만수받이를 하여 가정의 평화를 유지했는데, 그게 효험이 없을 때가 있다. 만수받이가 원망스러웠다. 만수받이의 기억들이 떠올랐다. 중이가 이사 가는 날 아내가 잔뜩 짐을 들고 들어섰을 때도 나는 만수받이를 했다. 오늘도 그랬다. 아내는 나와 상의 없이 어제 병원예약을 했고 아침에 느닷없이 취소했다. 아침에 대청소를 했다. 추운 겨울에 창문마다 활짝 열어젖히고 대청소를 하는 것은 적이 힘든 일이다. 이브는 온데간데없고 답답하고 황량한 시간의 대열만 흘러가고 있었다. 이상한 나라에서 나는 이상한 생각만 하고 있었다.

그리스에서도 여자, 아이, 노예, 가난한 사람들은 참정권이 없었다. 그 의미를 알 듯 말 듯했다. 인지의 발달, 정치의 발전, 이런 말들이 요즘 왜 부담스러울까. 절묘한 나의 탄생시기. 전쟁 때 입영하지 않았고 민주화투쟁 때 맘껏 활약했다. 그때 그 시절 연일 멸공통일, 북진통일 함성 속에서도 민주시민교육은 단비 같았다. 이가(李哥)의 소설은 걸핏하면 문학을 이데올로기로 경직 재단 각질화해 버린다. 왜 보수 진보, 수구 개혁으로 도식화돼버릴까. simulacrum(가짜, 모조품). 말랑말랑한 속살은 이내 굳은살이 되었다. 유명론(唯名論)과 실재론이 주는 당혹감을 다시 맛보았다. 국민은 왜 계속 바보천치가 되는가. '누가 그녀와 잤을까' 이 망종들아, 저걸 영화라고 세상에 내놓았냐. 차라리 다시 '무릎과 무릎사이'라고 하라. 거칠고 맛없는 음식을 꾸역꾸역 먹고 있는 가엾은 세대여. 일테면 '설움이 자욱한 이끼 낀 음색' 같은 감성이 '건전한 처녀성의 싱그러움이 배어 있는 소리' 같은 것으로 소생할 기미가 없다.

아내가 청소를 끝내고 시난고난 앓았다. 화장실을 자주 가고 그림처럼 누워 있었다. 아내가 화장실에 자주 가는 것, 배설에 탈이 붙는 것은 나로선 가장 두려운 일이다. 아내가 걱정돼서 자리에서 후닥닥 일어났다. 아내를 일으켜서 애써 식사도 같이하고 TV도 함께 보았다. 이브를 허송해버린 느낌이었다. 거리엔 크리스마스캐럴도 들뜸도 설렘도 없었다. 'wait'(성탄전날 밤에 이집 저집 돌아다니는 찬양대) 같은 것은 까마득한 옛이야기였다. 성탄전야는 아무 데도 없었다. 모두 교회 속으로 숨어들어가 버렸다. 내일 교회에 가서 많은 기도를 하고 용서를 구하리라 굳게 마음먹었다.

새벽 두시까지 도란도란 12. 25.

"잘못된 지원(예술원회원 등 문단권력도 포함)의 효과는 편중, 위축, 후퇴로 나타났다. 문학은 천민문학으로 전락하고 말았다." 아침부터 나도 모르게 눈물을 글썽였다. 한없이 가벼운 내 눈물을 보고 잠깐 얼굴을 붉혔다. 언뜻 나의 눈물의 정체를 알아차렸다. 세상이 모두 이익을 좇아 떠나 버리고 나면 순진한 이상주의자는 광야에 홀로 남은 가녀린 들꽃처럼 외롭고 고달파진다. 저 외로운 넋이 바람 속에 흔들리고 있는 것을 보라. 소리 없이 울고 있는 것이다.

사실 내 기쁨과 슬픔의 조건은 너무나 소박하고 간단했다. 내가 웃고 우는 까닭은 늘 이렇듯 단순했다.

항상 옳은 소리만 하는 사람을 나는 곧잘 의심했다. 그들 가운데 뜻밖에도 hypocrite가 많았기 때문이다. 개신교 쪽 김 목사님들이 뉴라이트 운동에 앞장을 섰다. 누가 뭐래도 그는 예수의 참된 제자다. 다만 내 실망스런 느낌을 털어놓고 있을 뿐이다. 반미친북을 우향으로 바로 잡겠단다. 종북몰이, 컬티즘,(cultism, 열광, 극단적인 종교적 행사)나쁜 얼론, 나쁜 국민이 존재하는 한 이 땅의 참된 기독교는 설자리가 없다. 성탄절 축하예배도 가지 못했다. 우리는 분명히 앓고 있다는 것을 서로 확인했다. 이 몸으로는 운신할 수가 없었다. 고요히 자리에 누워서 각각 자기 몸을 추슬렀다. 추기경의 미사로 마음을 달랬다.

오후가 되어서야 일어나서 끼니를 챙겨먹고 안방으로 와서 함께 TV를 보았다. 놀랍게도 약속이나 한 듯이 옛향수가 배어 있는 영화를 보았다. 우선 '십계명'을 보았다. 오랜만에 '율 브리너'와 '찰톤 헤스톤'을 만났다. 긴 영화를 끝까지 보았다. '쿠바디스'도 보았다. '데보라 카'와 '로버트 테일러'도 만났다. 온통 저녁나절과 밤 시간을 영화를 보면서 크리스마스를 보냈다. 두 사람이 텐트 속으로 들어가서 끝없이 휴대폰을 들여다보았다. 주로 아내가 내 휴대폰에 앱을 깔아주면서 설명도 하고 이런저런 당부도 했다. 우리는 새벽 2시까지 도란도란 쉴 새 없이 대화를 나누고 있었다.

연비연비 만난 사람 다 떠나고 12. 26.

아침에 혈압이 올랐다. 산으로 가는 비선실세국정농단 수사. 대통령의 지지율 반등소식. 무슨 의미가 있는가. 야당의 그림이 잘 그려지지 않았다. 벽에 걸린 칼? 야당의 불확실성시대다. 정동영은 탈당할까 말까 주춤거리고 정세균는 불출마를 선언했다. 야당이 튼튼해져야 정치가 살아나는데, 언제까지 저런 허약한 꼴을 보일 건가. 청와대가 가석방은 법무장관의 권한이라며 발을 뺐다. 역시 정권은 철저히 기업인 편이었다.

　오전에 하나은행에 가서 부산에 송금했고 주민센터에 가서 김치를 가져왔다. 김치를 두 통이나 주었다. 둘 데가 마땅찮아서 바깥 테라스에 내놓았다. 그만큼 홀대를 한 셈인데, 먹어보니 별 맛이 없어서 그랬다. 문화카드를 가지고 책을 사러 나갔다. 우선 남대문시장으로 가서 오매가3과 종합비타민을 샀다. 오늘은 교보 말고 종각서점으로 갔다. 내가 기독교서적 두 권을 샀고 아내가 에세이집 두 권을 샀다. 점심때 국일관 옆에 있는 한일장에서 갈비탕을 먹었다. 종로3가로 걸어가서 서울극장에서 '국제시장'을 보았다. 아내는 이미 국제시장이라는 시를 써서 발표했다. 영화를 보고 그 시상(詩想)을 다시 음미해 보겠다고 별렀다. 극장 안으로 들어설 때 문득 떠오르는 상념과 감상은 '어지간히 쓸쓸하다'는 것이었다. 그리운 사람들은 다 떠나가고 거리가 텅 비어 있었다. 연비연비(聯臂聯臂) 만난 사람들은 다 사라져버리고 우리 둘만 덩그마니 서울 거리를 헤매고 있는 것 같았다. 세월이 가면 우리도 떠나야 한다. 올해는 그 많은 연말문학단체행사도 거의 참석하지 않았다. 가보면 젊은이들 판이었다. 국제시장에서 거의 어린 시절을 보낸 아내는 무척 기대를 하고 영화를 보았다. 나도 진한 향수 같은 것을 느끼면서 영화를 보았다. 영화는 우리의 기대를 완전히 빗나갔다. 언뜻 정부홍보물 같은, 예컨대 팔도강산 속편 같은 느낌을 주었다. 육이오 한국동란, 흥남부두 철수, 파독 광부와 간호원, 남북이산가족 상봉, 이런 것들이 영화의 주제고 메시지였다. 지겨웠다. 눈물이 났지만 진부했다. 잔잔한 삶의 애환이 숨 쉬고 있는 국제시장 이야기를 기대하고 찾아갔는데 영화가 너무 요란하고 시끄럽고 거창했다. 퍽 실망스러웠다. 아내는 관람 중에 속이 좋지 않아서 애를 먹는 눈치였다. 영화가 끝나자 종각까지 걸어와서 버스를 타고 집으로 돌아왔다. 이만하면 유쾌한 세밑나들이라고 애써 자위했다. 용이한테서 크리스마스 축하전화가 왔다.

　밤에 '더 무비' 채널에서 히치콕의 대표작 '사이코'를 보았다. 자넷 리와 퍼킨스를 만났다. schizo(schizophrenic)와 split personality에 대해 생각해 보았다. 60여 년 전에 벌써 이런 영화를 만들었다. 경이로웠다. 아내는 영화를 보다가 잠이 들었다. 끝판에 다시 잠이 깨어 이번엔 주방이 아니라 안방 텐트 속에서 자정이 넘은 시간에 영화의 끄트머리를 보았다. 자면서 두 번이나 유담뽀를 갈아 넣었다.

매조지와 해코지 12. 27.

우리 어머니는 덕이 많고 지혜로운 분이었다. '내훈'(內訓)을 쓴 소혜왕후를 연상하게 하는 분이었다. 평생 우리들이 어려움에 처했을 때 문제를 슬기롭게 매조지하는 말씀을 곧잘 해주셨다. 어머니를 생각하면 떠오르는 말은 늘 '매조지'였다. 덩달아 '풍증'(風症) '양광'(佯狂) 등이 떠올랐다. 타인을 생각하면 어김없이 '해코지'가 떠오르는 세상이 되어 버렸다. 도와주기는커녕 어쩐지 해코지를 할 사람처럼 생각되었다. 하나님에게 용서를 빌었지만 그런 의심을 떨쳐버릴 수가 없었다. 그릇에 담긴 밥을 떠가는 것도 모자라 이젠 쪽박까지 깨려 들었다. 매조지와 해코지, 그것은 함께 살아가는 사람들 사이의 멀고 깊은 간극(間隙)이다. 아내는 그동안 써 놓은 600편에 가까운 시를 11월부터 새로 갈고 닦았다. 그 작업을 오늘 마무리했다. 이미 발표한 시 말고도 이만한 시를 써 놓았으니 엄청난 성취다. 어제 한 일도 까무룩 잊어버릴 때가 많다. 돌이켜보니 무위(無爲) 속에서 주말이, 아니 한 해가 지나가 버렸다. 신산(辛酸)과 고뇌의 흔적만 희미하게 남아있었다. 그래도 슬퍼하고 외로워할 때가 좋을 때다. 호강에 놀놀할 때다. "슬퍼할 줄도 모르고 외로워할 줄도 모르고 절망할 줄도 모른다." 그건 바로 죽음의 증후군이다.

허영 혹은 우상 12. 28.

'나그네의 길'이라는 제목의 설교를 들었다. 기억에 남은 것이 별로 없었다. 설교한 목사에게 미안했다. 내 총기와 기억력이 감퇴하고 있다는 증거였다. 머릿속이 혼미해지고 곧잘 졸음이 쏟아졌다. 이렇게 나의 쇠망은 교회에서 가장 잘 느낄 수 있었다. 점심도 맛있게 먹고 즐겁게 집으로 돌아왔다. 드라이브를 하자고 했는데 아내가 블로그에 몰두하는 바람에 늦어졌다. 나들이옷을 입은 채 나는 서성였다. 오후가 기울고 있었다. 그때 영이가 불쑥 찾아왔다. 그동안 영업 실적이랄까 보험회사에 근무하고 있는 근황에 대한 이야기를 한없이 늘어놓았다. 자리에서 털고 일어나야 하는데 아내는 딸의 이야기만 열심히 듣고 있었다. "南 의원을 만나러 가야 한다"고 내가 짐짓 거짓말을 했다. 그제야 아내가 자리에서 일어났다. 아뿔싸! 거리에는 어둠이 내리고 있었다. 집 앞에서 영이를 보냈다.

승용차를 타고 서오릉 쪽으로 갔다. 은평사거리를 지날 때 갑자기 혈압이 오르는 기척을 느꼈다. 요즘 시도 때도 없이 찾아오는 불청객이었다. 아내에게 좀 심각한 것 같으니 차를 돌려서 집으로 가자고 했다. 내가 혈압이 오르는데 무슨 말을 할 것인가. 하릴없이 집으로 돌아오고 말았다. 집으로 오자마자 턱없이 아내에게 계정을 부렸다. '누가 됐든' 사람을 대하는 아내의 그 한없이 너그럽고 여유 있는 태도가 나의 노염을 샀다. 자신과는 아무 상관이 없는 이야기를 넋을 잃고 듣고 있을 게 뭐람. 그것은 일종의 허영 혹은 우상일 수도 있다고 생각했다. 가족이라는 이름 아래 사랑과 이해와 용서가 자칫 빠지기 쉬운 함정이라고 경계해 마지않았다. 성철 스님이 금강산으로 찾아온 어머니를 돌팔매질을 하여 쫓아버리고 하나밖에 없는 딸은 불필(不必)이라는 이름까지 붙여가면서 만나지 않았던 사실이 떠올랐다. 자신의 영혼을 구하려는, 마음의 감옥에서 벗어나려는 고뇌와 해탈의 몸부림이 아닐 수 없다. 그런 행태가 비록 진정이 왜곡되고 인륜상의 과오를 범하는 일이 될지라도 공감이 가는 대목이었다.

나는 텐트 속에서 나오지 않았다. 나의 wayward(변덕스러운, 바람난, 제멋대로 구는)한 마음이 어지럽게 자맥질하고 있었다. 일테면 성자(聖子)의 이름으로 사랑하고 용서한다는 hypocrite(위선). 증오와 분노를 얼마든지 기도로 극복할 수 있다는 자신감과 허영. 이 모든 것을 신앙적 믿음의 힘이라고 믿고 있는 건 우상(偶像)이라고 자신에게 불평을 토로하고 있었다. 그러면서도 허영 혹은 우상을 껴안고 있는 자신을 발견했다. 내가 생각해도 이렇게 생뚱맞고 발칙할 수가 없었다. 나는 가만히 두 손 모아 아내에게 용서를 빌었다. 호통을 쳐도 타인에게 아무런 impact(충격)도 주지 못하는 것, 그게 바로 늙음이다. 삶의 퇴장이다. 경건과 엄숙함이 사라지고 실용적인 것, 인간적인 것이 강조될 때 동물의 경계로 떨어지기 십상이다. 인간의 본령은 어쩔 수 없이 가치고 이성이고 숭고함이다. 그것을 인간적으로 무너뜨리지 말라. 외로움은 자신의 존재감이, 충격이 남에게 아무런 영향을 끼치지 못할 때 느껴지는 감정이다. 아무리 소리쳐도 들어주지 않으면 지렁이의 꿈틀거림과 무엇이 다른가.

텐트 속에서 단식기도 12. 29.

아침도 먹지 않고 텐트 속에서 기도했다. 하루가 형편없이 보잘 것 없고 몸피가 가벼워졌다. 사위(四圍)가 여름 숲속처럼 깊고 바다 밑처럼 적막했다. 내 의식 속에는 살인광선처럼 피해가야 할 장애물이 너무 많다. 오늘의 화두에 유명론, 구조주의, 기능주의, 문학의 비인간화가 떴다. 전문가가 상식을 파괴하고 거대한 허구를 만들어 놓았다. 터툴리안이 클레멘트와 오리겐을 공격했다. 터툴리안이여, 정말 싫다. kt에서 기술자가 와서 노트북에 인터넷을 설치해 주었다. 1년 이상을 돌보지 않은 내 블로그에 방문자가 끊임없이 찾아왔다. 이제 트위터도 하고 페이스북도 해보리라. 아내가 모든 준비작업을 끝냈다. 희망이 부풀었다. 깊은 밤까지 텐트 속에서 단식기도를 계속했다.

정부가 남북회담을 1월에 하자고 깜짝 제안을 했다. 천방지축 천둥벌거숭이가 따로 없다. 박근혜 집권 2년 동안 외교와 대북정책이 그래도 점수를 좀 땄다. 그러나 갈수록 일관성과 진정성이 없이 롤러코스트다. 통일 대박론으론 버티기 어렵다. 통일이 무슨 복권당첨이냐. 북한 고위3인방 방문 이후로 흐지부지됐는데 어찌됐건 대화를 제의한 것은 잘한 일이다. 여당에서 인사청문회 이원화를 추진했다. 잇단 후보 낙마에 자질 검증을 원천봉쇄하고 도덕성 검증은 비공개로 진행하여 인사청문회를 무력화시키려는 것이다. 제도와 남 탓만 하고 있다. 인사시스템이 제대로 작동하면 그런 파동은 얼마든지 잠재울 수 있는데 또 딴죽을 걸었다. 시국을 보고 위로받은 적이 없었다. 기도하고 묵상하면서 마음을 달랬다. 텐트 속의 하루는 새벽 2시까지 긴 꼬리를 늘어뜨렸다. 새벽까지 엎드려 기도했다.

이 분노를 어찌하오리까 12. 30.

아침까지 굶고 텐트 속에서 기도했다. '이 분노를 어찌하오리까.' 내가 가장 용서를 빌고 있는 것은 걸핏하면 기독교인답지 않게 미워하고 노여워하는 것이었다. 그 점을 늘 뉘우치고 용서를 빌었다. 너무 배가 고팠다. 점심때 주방으로 건너갔다. 유난히 햇살이 눈부셨다. 아내가 햇살만큼이나 활짝 웃고 있었다. 내가 왜 기도하고 있는가를 아내는 훤히 알고 있었다. 마침내 텐트에서 나와서 밥을 먹었다. 오후에 아내와 외출했다. 아내는 국일관으로 오 장로를 만나러 갔고 나는 종각서점에서 신간서적과 문예잡지를 살펴보았다. 현대문학과 문학사상이 눈에 띄게 지면이 줄고 필진도 허약해졌다. 책을 진열해 놓은 코너부터가 너무 좁고 초라했다. 문학의 몰락? 어쨌든 좋은 시절은 지나간 것 같다. '밥벌이의 지겨움' '자전거여행' '칼의 노래' 우연히 김훈의 책이 눈에 띄었다. 그는 방계 발출(procession) 혹은 돌연변이? 어쩐지 orthodox가 아닌 것 같다. 수상쩍지만 세련된 르포르타주? 평범한 일상 속에서 보석을 찾아내는 능력이 탁월했다. 난데없이 쇄말주의(trivialism)가 떠올랐다. 문학교육의 목적은 바로 감식력과 발굴능력을 기르는 것이다. 작가는 유행과 시류(時流)에서 한 발짝 물러설 줄을 알아야 한다. 김현을 비롯한 평론가들이 작품의 실제와는 다른 기호와 관념의 세계를 만들어 놓았다. 학생들은 그 뜬구름을 바라보고 움켜쥐고 어루만지며 감동했다. 내가 알고 느끼는 것과는 판이한 작품을 그들의 평론 속에서 만났을 때의 놀람과 낯설음을 상상해 보라. 작품에 이론과 학문을 응용해야 하는데, 이론과 학문에 작품을 적용했다. 연말인데도 설렘과 그리움이 없었다.

　아내가 무척 지친 모습으로 돌아왔다. 종각에서 만나 오랜만에 좋아하는 회덮밥을 먹자고 했는데 그 얼굴을 보고 외식하자는 말이 나오지 않았다. 추위가 유난히 몸속으로 파고들었다. 누가 먼저랄 것 없이 조계사 앞에서 버스를 타고 집으로 돌아왔다.

　金哥와 카톡을 했다. 그는 내가 알고 있던 사람이 아니었다. 기대가능성, 비난가능성 지록위마(指鹿爲馬) 해코지 패악 행악, 온갖 말들이 떠올랐다. 그렇게 인색하고 꽉 막힌 사람인 줄을 몰랐다. "시인을 모독하지 말라"는 말로 고통스런 대화를 끝냈다. 밤에 전자레인저를 수리했다. MBC연기대상 시상식을 보았다. 가장 싫어했던 드라마가 상을 휩쓸었다. 그 드라마의 여주인공이 시청자들의 투표로 대상을 받았다. 끝까지 나를 엇나가게 하고 뒤틀리게 하는 대목이었다. 그때 뜻밖의 광경이 벌어졌다. 그 여자가 대상을 받을 때 나도 모르게 박수를 치고 있었다. 이 간단한 행위가 여태껏 나의 모습과는 분명히 다르다는 것을 퍼뜩 깨달았다. 텐트 속에서 단식기도를 했던 게 까마득한 옛날처럼 느껴졌다. 박수를 치고 있는 나를 보고 아내가 한마디 툭 내뱉었다. "저 여자에게 박수를 다 치다니, 당신 언제부터 그리 달라졌수." '그랬으면 오죽 좋겠느냐고, 세밑에 그렇게 달라졌으면 얼마나 좋겠느냐고' 나는 아내를 물끄러미 바라보며 혼잣말로 중얼거리고 있었다.

골리앗보다 큰 적을 보았다. 12. 31.

　한해를 돌이켜보니 내가 경계하고 싫어했던 위선 오만 허영 우상이 여전히 곳곳에서 출몰하고 있었다. 마음속에서 똑똑히 pious fraud도 보았다. 여태껏 살아오면서 만났던 적들이 여전히 버티고 있었다. 하나같이 나에겐 골리앗보다 큰 적들이었다. 이 해가 저물어가는 오늘도 나는 내 삶에 훼사(毁事)를 놓는, 골리앗보다 큰 적을 수없이 보고 있었다. 감정의 격랑, 실패의 두려움, 사랑의 불가능, 관계의 상처, 죄책감, 고립감, 질병, 죽음에 대한 공포, 이런 적들이 무시로 습격했다. 안전한 곳은 결코 아무데도 없다는 것을 활연히 깨달았다. 나는 조금도 두려워하지 않았다. 언제나 근신하고 조심할 것을 다짐할 뿐이다.

세상의 창을 들여다보았다. '거꾸로 흐른 2014년 한국의 시간, 낙동강 경천대의 별들의 눈물' '친박 비박 충돌, 권력투쟁조짐. 여당, 편 가르기 통합실종. 야당, 자중지란(自中之亂) 희망실종' 이런 헤드라인이 눈을 찔렀다. 여야 원내대표가 한강변에서 만나 '솔직 토크'를 했다. "올해처럼만 제대로 정치를!"하면서 여당 이완구가 활짝 웃고 있었다. 해질녘에 아내와 드라이브했다. 우리는 즐겨 달리는 인왕산 길을 달렸다. 차도 사람도 거의 없었다. 숨통이 확 트였다. 황학정활터 앞으로 해서 통인시장 뒤를 지나서 다시 자하문고개를 넘어서 돌아왔다. 마지막으로 평창동둘레길을 한 바퀴 돌았다. 아내는 운전하면서 내내 노래를 불렀다. '연화정사'앞을 지날 때 2014년 마지막 해가 서산마루로 넘어가고 있었다. 장엄한 일몰광경이었다. 차를 멈추고 한참동안 차창 밖으로 일몰을 지켜보았다. 2014년이여, 아듀!

깊은 밤까지 SBS 연예대상을 보았다. 제야 종소리가 울릴 무렵에 교회에 찾아가서 오랜만에 송구영신(送舊迎新)의 예배를 보았다. 어느 해보다 경건하고 행복했다. 성찬식도 참여했다. 목사님이 성찬기도를 할 때, 골리앗보다 큰 적들이 나의 마음속에서 가뭇없이 사라지는 것을 목격했다. 나는 목사와 새해 인사를 나누고 나서 교회 문을 나섰다. '당신'과 어깨를 겯고 유난히 힘찬 새해 첫발을 내딛었다.

발문

고난의 행군이 시작되었다.

'아고니스트 당신 2014년'를 출판하기로 결심한 것은 분명히 나에겐 시련과 고행의 시작이었다. '고난의 행군이 시작되었다'는 독백은 결코 빈말이 아니었다. A4용지 326쪽에 달하는 방대한 분량을 책 한 권으로 묶어내는 것은 무모하기 짝이 없는 '모험과 도전'이었다. 퇴고(推敲)를 하는 데도 무진 애를 먹었다. 이를 악물고 완결했다.

아고니스트 당신 2008 204쪽
아고니스트 당신 2009 204쪽
아고니스트 당신 2010 264쪽
아고니스트 당신 2011 220쪽
아고니스트 당신 2012 320쪽
아고니스트 당신 2013 306쪽
아고니스트 당신 2014 326쪽
아고니스트 당신 2015 293쪽

아고니스트 당신 2016 301쪽
아고니스트 당신 2017 272쪽
아고니스트 당신 2018 329쪽
아고니스트 당신 2019 174쪽

　위의 열두 권 중에서 '아고니스트 당신 2014'를 첫 번째로 출간하는 이유는 이렇다.
　유난히 삿되고 지루했던 판박이일상 속에서 내가 한 고독하고 나약한 개인으로 돌아가 자신의 내면을 관조하고 성찰하면서 진실한 삶을 살아보려고 몸부림쳤던 한 해였기 때문이다. 3월의 '초평리 가는 길'에서 보듯이 각박한 현실속에서 유난히 방황이 많았고, 노상 심한 부끄러움을 느꼈고, 정년 후 처음으로 아내가 아침마다 출근했고 오후엔 퇴근하는 아내를 맞으러 내가 어김없이 종로로 나갔던, 그래서 고달팠지만 새로 연애를 하는 듯한 삶을 살았고, 4월의 '세월호 침몰, 참절비절(慘絶悲絶)'에서 보듯이 이 땅에서 통한(痛恨)의 세월호참사가 일어났고, 9월의 '팬덤이여 일어나라' 11월의 '현대판 반달리즘'에서 보듯이 정치 경제 문화, 우리사회 곳곳에서 극도의 혼란과 정신적 황폐화를 목격했고, 요컨대 2014년은 나에겐 결코 잊을 수 없는 특별한 한 해였다. 아내가 8월에 대장암수술을 받았다. 아내는 집념과 열정과 믿음으로써 마침내 암을 물리쳤다. 한사코 내가 관찰하고 기록해 놓은 이 눈물겨운 인간승리의 이야기를 모든 사람과 공유하고 싶었다. '아고니스트 당신'이 힘차게 비상(飛翔)할 수 있는 시절에 태어나지 못한 것이 안타깝다. 특히 4월 16일 세월호 참사 이후로 끊이지 않던 그 비통하고 억울한, 반인륜적인 사건들을 빠짐없이 기록했다. 이 책을 세월호희생자와 그 유가족에게 바치고 싶다. 오늘은 비록 내 분신들이 찬바람이 부는 벌판에서 뒹굴고 있지만 언젠간 반드시 자조문학의 금자탑(金字塔)으로 우뚝 서리라고 굳게 믿고 있다. 많은 질정(叱正)을 바란다.